Sozialer und
demographischer Wandel
in den neuen
Bundesländern

KSPW: Transformationsprozesse

Schriftenreihe der Kommission
für die Erforschung des sozialen und politischen Wandels
in den neuen Bundesländern e.V. (KSPW)

Herausgegeben vom Vorstand der KSPW:
Hans Bertram, Stephan Leibfried,
Hildegard Maria Nickel, Oskar Niedermayer,
Gisela Trommsdorff

Sozialer und demographischer Wandel in den neuen Bundesländern

Herausgegeben von
Hans Bertram, Stefan Hradil
und Gerhard Kleinhenz

Akademie Verlag

Die Deutsche Bibliothek – CIP-Einheitsaufnahme

Sozialer und demographischer Wandel in den neuen Bundesländern : / hrsg. von Hans Bertram ... – Berlin : Akad. Verl., 1995
   (Transformationsprozesse)
   ISBN 3-05-002517-4
NE: Bertram, Hans [Hrsg.]

ISSN 0944-1115

© Akademie Verlag GmbH, Berlin 1995
Der Akademie Verlag ist ein Unternehmen der VCH-Verlagsgruppe.

Gedruckt auf chlorfrei gebleichtem Papier.

Das eingesetzte Papier entspricht der amerikanischen Norm ANSI Z.39.48 – 1984 bzw. der europäischen Norm ISO TC 46.

Alle Rechte, insbesondere die der Übersetzung in andere Sprachen, vorbehalten. Kein Teil dieses Buches darf ohne schriftliche Genehmigung des Verlages in irgendeiner Form – durch Photokopie, Mikroverfilmung oder irgendein anderes Verfahren – reproduziert oder in eine von Maschinen, insbesondere von Datenverarbeitungsmaschinen, verwendbare Sprache übertragen oder übersetzt werden.
All rights reserved (including those of translation into other languages). No part of this book may be reproduced in any form – by photoprinting, microfilm, or any other means – nor transmitted or translated into a machine language without written permission from the publishers.

Redaktion: Wolfgang Schütze
Satz: GSFP mbH, Berlin
Druck: GAM Media GmbH, Berlin
Bindung: Dieter Mikolai, Berlin
Einbandgestaltung: Ralf Michaelis unter Verwendung einer Idee von Karsten Wittig (Halle)

Printed in the Federal Republic of Germany

Inhalt

Editorial VII

Teil 1
Migrationsprozesse in Deutschland
vor und in der Transformation

Siegfried Grundmann
Die Ost-West-Wanderung in Deutschland (1989–1992) 3

Winfried Hansch
Wanderungsbewegungen aus den alten Bundesländern
in die Region Berlin/Brandenburg:
Zustrom aus der Gruppe der Eliten 47

Teil 2
Soziale Ungleichheiten in Ostdeutschland

Dietmar Dathe
Zur Einkommenslage ausgewählter Haushaltstypen
in den neuen Bundesländern 71

Thomas Gensicke
Modernisierung, Wertewandel und
Mentalitätsentwicklung in der DDR 101

Ursula Schröter
Ostdeutsche Frauen zwischen Verlieren und Gewinnen 141

Heidrun Großmann und Sabine Huth
Sozialhilfeabhängigkeit Alleinerziehender
als Folge des gesellschaftlichen Umbruchs 159

Kerstin Schweigel, Astrid Segert und Irene Zierke
Das Eigene und das Fremde:
regionale soziale Milieus im Systemwechsel 189

Bernd Hunger
Das Beispiel Rostock-Warnemünde: Fallstudie zum sozialen Wandel 209

Detlev Ipsen, Thomas Fuchs
Die Zukunft der Vergangenheit
Persistenz und Potential in den Altstädten der neuen Bundesländer,
untersucht am Beispiel der Stadt Erfurt 235

Eckhard Kienast und Helga Marburger
Arbeits- und Lebensbedingungen polnischer Arbeitsmigranten
in den neuen Bundesländern 257

Teil 3
Soziale Problemgruppen in den neuen Bundesländern

Klaus-Peter Schwitzer
Lebensbedingungen und Handlungsintensionen älterer Menschen
im Zuge des Transformationsprozesses in den neuen Ländern 277

Monika Genz
Veränderungen und Kontinuitäten der Lebenslage und des
Gesundheitszustandes älterer Menschen zwischen 1989 und 1992 307

Gudrun Prengel
Ältere Menschen im Umbruch der lokalen Alltagspraxis Ost 329

Albrecht Kretzschmar und Petra Wolf-Valerius
Vorruhestand – eine neue soziale Realität in Ostdeutschland 361

Die Autoren des Bandes 381

Namenverzeichnis 387

Editorial

Der vorliegende Band faßt Ergebnisse der ersten Projektförderphase der Kommission für die Erforschung des sozialen und politischen Wandels in den neuen Bundesländern e.V. (KSPW) zusammen.

Die KSPW, Ende 1991 auf Anregung des Wissenschaftsrates gegründet und aus Zuwendungen des Bundesministeriums für Forschung und Technologie sowie des Bundesministeriums für Arbeit und Sozialordnung finanziert, hat es sich zur Aufgabe gemacht, den sozialen und politischen Wandel in den neuen Bundesländern zu erforschen bzw. seine Erforschung zu fördern, damit auch die empirischen und theoretischen Grundlagen zur Formulierung von politischen Handlungsempfehlungen zu verbessern sowie den wissenschaftlichen Nachwuchs in den neuen Bundesländern und die Neugestaltung der Sozialwissenschaften an den dortigen Hochschulen zu unterstützen.

Die Arbeit der KSPW, die wesentlich von Arbeitsgruppen zu den verschiedenen Dimensionen des sozialen und politischen Wandels organisiert wird, konzentrierte sich zunächst auf die Erarbeitung der technischen und inhaltlichen Grundlagen der Fördertätigkeit und auf die Realisierung einer ersten Projektförderphase, die Ende 1992 abgeschlossen wurde. In dieser ersten Förderphase wurden sogenannte Kurzstudien ausgeschrieben, begutachtet und vergeben, die zum einen den Stand der Diskussion in den jeweiligen Forschungsbereichen festhalten, zum anderen aber auch aktuelle Themen des Transformationsprozesses aufgreifen sollten. Fördermittel zur Bearbeitung jener „Kurzstudien" wurden ausschließlich an Wissenschaftler aus den neuen Bundesländern vergeben. Von den insgesamt 750 eingegangenen Projektanträgen dieser Phase wurden 176 bewilligt.

Die Reihe „Transformationsprozesse", die der Vorstand der KSPW herausgibt, ordnet sich in die oben genannten Ziele der KSPW ein. Zum einen finden interessierte Leser aus der Wissenschaft, der politischen Administration sowie aus der sozialen und politischen Praxis Materialien, Analysen und anwendungsbezogene Konzeptionen, die für die tägliche Auseinandersetzung mit dem und im Transformationsprozeß genutzt werden können. Zum anderen gibt die Reihe „Transformationsprozesse" Sozialwissenschaftlern der neuen Bundesländer Gelegenheit, die Ergebnisse ihrer Forschung, die teils in einem für sie neuen Feld durchgeführt wurde, hier zu präsentieren.

Diese Präsentation von Forschungsergebnissen seitens ostdeutscher Wissenschaftler erfolgt aus der Perspektive einer oft unmittelbaren Betroffenheit von den Umwälzungsprozessen und vor dem Hintergrund einer gegenüber den westdeutschen Kollegen unterschiedenen wissenschaftlichen Sozialisation. Wissenschaftler aus den alten und neuen Bundesländern, die ehrenamtlich in der Kommission und für die Kommission tätig waren, haben zur Abstimmung zwischen den Studien und im Sinne ihrer Zielsetzung im Forschungszeitraum Gespräche mit den Autoren geführt, in denen sie den gegenseitigen Perspektivenwechsel auf das Transformationsgeschehen erleben und mitunter auch methodologisch-methodischen Rat geben konnten. Der Vorstand und die Herausgeber des vorliegenden Bandes hoffen in diesem Sinne, mit der Reihe „Transformationsprozesse" auch die Integration der Sozialwissenschaften der alten und neuen Bundesländer zu befördern.

Die in dem hier vorgelegten Reader „Sozialer und demographischer Wandel in den neuen Bundesländern" präsentierten Forschungsergebnisse basieren im wesentlichen auf Befunden, die im Rahmen der durch die KSPW geförderten Kurzstudien und Projekte im Themenbereich erbracht wurden. Die Gesamtanlage des Readers gestattet jedoch gleichzeitig, diese in einen übergreifenderen Diskussionszusammenhang zu stellen.

Im ersten Teil **Migrationsprozesse in Deutschland vor und in der Transformation** wird das nach dem Fall der Berliner Mauer und der Öffnung der Grenzen zur Bundesrepublik auffälligste Phänomen der ersten Phase der deutschen Wiedervereinigung untersucht – die rasch anschwellenden Wanderungen von DDR-Bewohnern in den Westen. Siegfried Grundmann hat dieses Ereignis der ersten Wochen und Monate der Vereinigung dokumentiert. Die nunmehr verdichtet vorliegenden Zahlen über diese Wanderungen ermöglichen erste differenziertere demographische und sozialpolitische Einschätzungen. Hierbei dürfte die Hervorhebung von Aspekten wie die Lokalisation der Herkunftsgebiete von Migrantenströmen sowie ihre Alters- und Geschlechtsstruktur von besonderem Interesse sein.

Einen korrespondierenden Aspekt dieser deutschen Binnenwanderung behandelt Winfried Hansch mit seiner Darstellung von Wanderungen in die andere Richtung, von West nach Ost. Dokumentiert werden die Migrationen in das Land Brandenburg durch Angaben zu Übersiedlungen und Neugründungen von Firmen aus Westdeutschland, die mit dem Umzug von Fachpersonal und Mitarbeitern in die neuen Bundesländer verknüpft sind sowie durch Angaben zu den beträchtlichen Umsiedlungen von westdeutschen Beamten, die offiziell Amtshilfe in den östlichen Länderverwaltungen leisten u.a.m. Zusammen mit aus dem Westen zurückkehrenden DDR-Migranten, „echten" West-Ost-Umsiedlern, die aus Erwerbsgründen in den Osten ziehen, bilden sie eine wachsende Population einer neuen Binnenwanderung in West-Ost-Richtung und tragen dazu bei, daß die seit

Editorial

1989 erheblich negative Migrationsbilanz Ostdeutschlands in bestimmtem Umfang allmählich kleiner wird.

Die Arbeiten des zweiten Teils **Soziale Ungleichheiten in Ostdeutschland** erfassen eine Vielzahl von Aspekten des Transformationsprozesses in den neuen Bundesländern.

Dietmar Dathe untersucht die Entwicklung der privaten Haushaltseinkommen in den ersten Jahren nach 1989 in Abhängigkeit von der Beschäftigungslage in den verschiedenen wirtschaftlichen Sektoren Ostdeutschlands.

Drei Sozialwissenschaftlerinnen haben sich in zwei Beiträgen mit Problemen von Frauen beschäftigt, sie haben u.a. durch Interviews die veränderte Lage der vom sozialen Umbruch besonders betroffenen Gruppen von Frauen dargestellt. Dabei geht es Ursula Schröter um das Bewußtmachen des Tatbestands, daß sich – als Folge der sich plötzlich ergebenen neuen Handlungs- und Erwerbsmöglichkeiten – die früher eher normiert verlaufenen Biographien von Frauen differenzierter und individualisierter gestalten. Die Spanne der Möglichkeiten reicht von arbeitslos bis unternehmerisch erfolgreich, was die Autorin die Frage stellen läßt, ob die ostdeutschen Frauen in „Gewinnerinnen" und „Verliererinnen" der Vereinigung eingeteilt werden müßten. Heidrun Großmann und Sabine Huth haben in einer Gruppe alleinerziehender Mütter und Frauen nach den Gründen geforscht, weshalb diese Frauen Leistungen der Sozialhilfe in Anspruch nehmen müssen.

Die komplizierten Regelungen der Eigentums- und Besitzverhältnisse infolge der Bestimmungen des Einigungsvertrages gehören zweifellos zu den tiefgreifendsten Veränderungen in Ostdeutschland. Bernd Hunger sowie Detlev Ipsen und Thomas Fuchs zeigen in ihren Studien verschiedene Seiten dieses umfangreichen Problemkomplexes auf. Während sich Bernd Hunger für die Probleme der Stadtentwicklung des alten, zu DDR-Zeiten stark vernachlässigten Ostsee-Bades und -Hafens Warnemünde engagiert und sich als Beteiligter in konzeptionellen Planungsgruppen für eine maßvolle, moderne soziodemographische Gegebenheiten nicht vernachlässigende, Erneuerung dieses traditionsreichen Ortes einsetzt, versuchen Ipsen und Fuchs (Fachbereich Stadt- und Landschaftsplanung der Gesamthochschule Kassel) zusammen mit Weimarer Fachkollegen die zu Zeiten der DDR erhalten gebliebenen, teilweise bis ins Mittelalter zurückreichenden Siedlungsstrukturen der thüringischen Landeshauptstadt Erfurt mit dem Ziel zu dokumentieren, sie als Elemente einer lebendigen Stadtentwicklung bewahren zu helfen.

In den Themenkreis dieses Teils des Readers ist die Arbeit von Thomas Gensicke zu Wertewandel und Mentalitätsentwicklung in der DDR eingeschlossen. Der Autor unternimmt den interessanten Versuch, den Stand der Entwicklung der Wertevorstellungen in der DDR und in der Bundesrepublik zu Zeiten vor der Wiedervereinigung zu vergleichen. In diesem Zusammenhang wirft er die Frage auf, welche Rolle die Herausbildung westlicher Wertestrukturen bei den DDR-Bewohnern gespielt und mit dazu beigetragen hat, daß sie dem sozialistischen Einheitsstaat den Rücken kehrten.

Das Stichwort Ungleichheiten bezieht sich in diesem Teil des Readers nicht nur auf die internen sozialpolitischen Tatbestände in den neuen Bundesländern, sondern, wie der Beitrag von Helga Marburger und Eckard Kienast zu den Arbeitsmigranten aus Polen demonstriert, auch auf die außenpolitischen Verhältnisse der Bundesrepublik zu ihren östlichen Nachbarländern; im Ergebnis der Beseitigung der totalitären Regime in der Tschechslowakei und in Polen ist die Republik nunmehr auf ihrer gesamten Ostgrenze Nachbarstaat zu den wirtschaftlich noch wenig entwickelten Ländern des Ostens. Über die abgeschlossenen völkerrechtlichen und partnerschaftlichen Verträge hinaus gilt es, die Staatsgrenzen zu diesen Ländern nicht als Wohlstandsgrenzen zu zementieren und, wenn auch zunächst nur in begrenzten Bereichen wie diesem, im Hinblick auf die künftige Erweiterung der Europäischen Union durch die unmittelbaren östlichen Nachbarländer Deutschlands, deutliche Zeichen von kooperativer Gemeinsamkeit zu setzen.

Der dritte Teil des Bandes **Soziale Problemgruppen in den neuen Bundesländern** beschäftigt sich in drei Beiträgen mit den Lebenslagen und individuellen Befindlichkeiten der älteren Generation in Ostdeutschland, die auf den Verlauf des Vereinigungsprozesses einen einesteils geringen, aber anderntails einen als zustimmende Wähler in den Herbstwahlen von 1990 bedeutenden Einfluß ausgeübt hat. Zurechtzukommen mit den neuen, ungewohnten sozialen Gegebenheiten und ein etwas anders geartetes Rollenverständnis als sogenannte Senioren zu adaptieren, ist für die Älteren ganz offensichtlich nicht leicht zu schaffen.

Klaus-Peter Schwitzer, Monika Genz, Gudrun Prengel und Albrecht Kretzschmar mit Koautorin Petra Wolf-Valerius haben sowohl in Längsschnittuntersuchungen, Interview-Aktionen als auch unter Einbeziehung des für diesen Personenkreis verfügbaren relevanten Datenmaterials ein jeweils differenziertes Bild von diesem von der Vereinigung in der Mehrzahl mehr „betroffenen" denn agierenden Teils der Bevölkerung gezeichnet. Ein Thema, das auch hier im Vordergrund der Untersuchung stand, war die Charakterisierung und Einschätzung der wirtschaftlichen Lage der Rentnerhaushalte als einem wesentlichen Gradmesser der allgemeinen sozialen Befindlichkeit der älteren Mitbürger in den neuen Bundesländern. Wenngleich hier kaum Probleme der direkten Existenznot anzutreffen waren, wird als ein Argument für nicht zu erreichendes Einverständnis und Behinderung einer Identifikation mit der neuen, gewandelten existentiellen Situation der Bruch der Lebensbiographien genannt. Dies hat psychosomatische Auswirkungen und kann bis zu ernsthaften gesundheitlichen Schädigungen führen, was die Sozialmedizinerin Monika Genz in ihrer Arbeit als nachgewiesen betrachtet.

Halle (Saale), im Juli 1994

Der Vorstand der KSPW Die Herausgeber des Bandes

Teil 1

Migrationsprozesse in Deutschland vor und in der Transformation

Die Ost-West-Wanderung in Deutschland (1989–1992)

Siegfried Grundmann

1. Umfang und zeitlicher Verlauf

Nach der Maueröffnung in Berlin und dem Wegfall restriktiver Reisebestimmungen der DDR wurde der Monat November 1989 zu einem bis dahin nicht gekannten und seitdem nicht wieder erreichten Höhepunkt der Ost-West-Migration in Deutschland. Ein umfangreiches, in Jahren angestautes Migrationspotential konnte plötzlich und ungehindert in Richtung Westen fließen (Diagramme 1 bis 3 sowie Tabelle 1[1])[2]. Einen wesentlichen Einfluß darauf hatte zunächst auch, daß die Öffnung der Staatsgrenze zur Bundesrepublik Deutschland von den Bürgern der DDR nicht als unwiderrufliches Faktum angesehen werden konnte – eben darum, weil sie in der Konsequenz zum mehrheitlich damals noch nicht für möglich gehaltenen Zusammenbruch der DDR führen mußte[3].

Der Umfang der Ost-West-Migration ging danach zwar schnell zurück, blieb in den Monaten Dezember 1989 bis März 1990 trotzdem auf einem Niveau von monatlich jeweils etwa 50.000 Personen. Die Prognose eines raschen Rückgangs

---

1 Die diesem Beitrag zugrunde liegenden Migrationsdaten stammen weitgehend aus dem Ende 1992 geschlossenen Zentralen Einwohnerregister Berlin-Biesdorf (ZER). Wenn Daten aus anderen Quellen verwendet werden, wird darauf ausdrücklich hingewiesen.
2 Die Zahl der Ost-West-Migranten war laut ZER-Angaben geringer als laut Angaben aus dem Statistischen Bundesamt. Der Umfang der Ost-West-Migration wird tatsächlich größer gewesen sein als von ZER angegeben, weil eine Ost-West-Wanderung vom ZER als eine solche registriert wurde, wenn die amtliche Meldung aus der BRD über den im Westen „angekommenen" Migranten an die Meldeämter der DDR erfolgt war. Daß diese Rückmeldung eine mehr oder weniger lange Zeit benötigte, war auch der Grund für permanente Präzisierungen der Wanderungsstatistik. Ob und in welchem Umfange in der BRD Wanderungsfälle doppelt gezählt wurden, ist eine andere Frage.
3 Andernfalls wäre insbesondere die massenhafte Übersiedlung von Ost-Berlinern nach West-Berlin ein völlig irrationaler Vorgang gewesen. Als feststand, daß Mauer und Stacheldraht nicht wiederkehren und die frühere DDR zu einem Teil des vereinigten Deutschlands wird, ist die Ost-West-Migration aus Ost-Berlin folgerichtig zu einer bedeutungslosen Größe zusammengeschrumpft. Das Arbeitspendeln wurde zu einer massenhaft gewählten Alternative zur Migration.

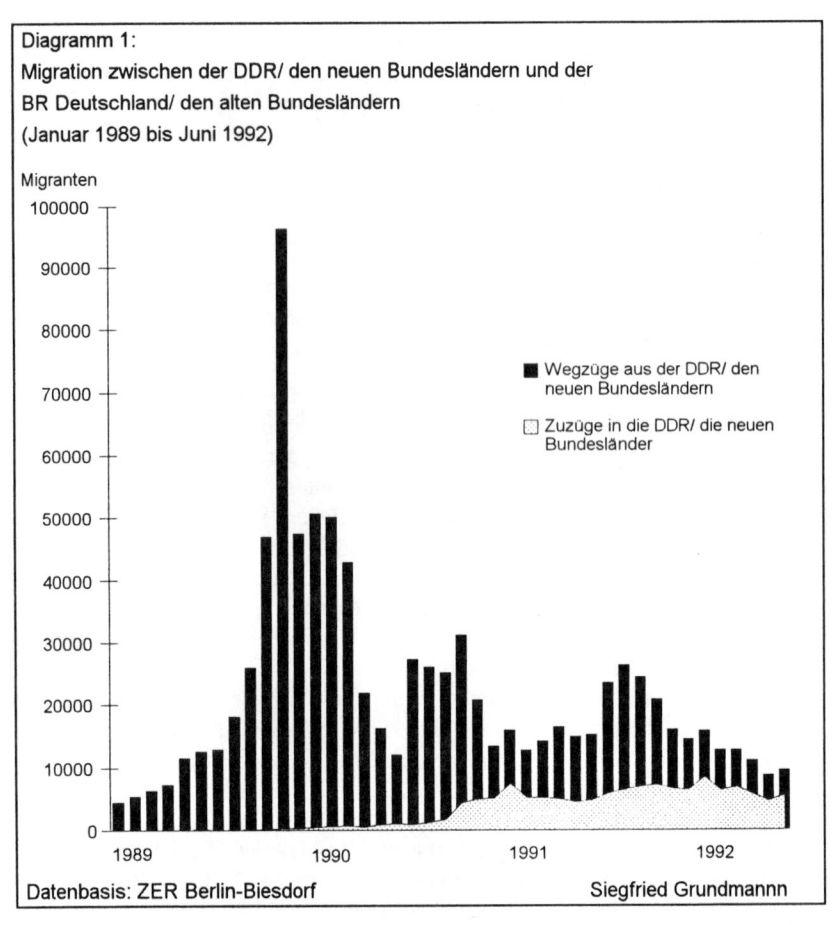

Diagramm 1:
Migration zwischen der DDR/ den neuen Bundesländern und der
BR Deutschland/ den alten Bundesländern
(Januar 1989 bis Juni 1992)

■ Wegzüge aus der DDR/ den neuen Bundesländern
☐ Zuzüge in die DDR/ die neuen Bundesländer

Datenbasis: ZER Berlin-Biesdorf   Siegfried Grundmannn

nach der Klärung der politischen Verhältnisse in der DDR (erste freie Volkskammerwahlen am 18. März 1990) und dem Herankommen an die Wirtschafts- und Währungsunion (1. Juli 1990)[4] schien sich in den folgenden Monaten zu bewahrheiten. Im Monat der Herstellung der Wirtschafts- und Währungsunion – zugleich des Beginns der Schulferien – und bis zum Monat des Beitritts der DDR zur Bundesrepublik Deutschland erreichte die Ost-West-Migration mit jeweils über 20.000 Migranten monatlich aber wiederum ein bedenkliches Ausmaß, wobei an die Stelle von vormals primär politischen Wanderungsmotiven primär ökonomische Motive getreten waren. Ein erneuter Anstieg der Migration war abermals in den Sommermonaten 1991 zu verzeichnen.

---

4 Vgl. Schäuble, Wolfgang (1991: 58 ff.).

Die Ost-West-Wanderung in Deutschland (1989–1992)

Tabelle 1
Wanderungen in die BRD/ die alten Bundesländer aus der DDR/ den neuen Bundesländern (für Ostberlin ohne 1991 und 1992)

Migranten je 100 000 Einwohner am Jahresbeginn						
Jahr	Ost-Berlin	Branden-burg	Mecklen-burg	Sachsen-Anhalt	Sachsen	Thü-ringen	DDR/NBL insgesamt
1989	2747	1347	967	1336	2360	1723	1774
1990	2104	1816	1825	2337	2023	2273	2070
1991		1330	1664	1530	1414	1384	1348
1992		430	617	493	478	442	450

Tabelle 2
Korrelatinen zum Verlauf verschiedener Migrationsformen in gleichen Zeiträumen (auf der Basis des Wanderungsumfanges aus/ nach/ in der DDR bzw. den NBL

Ost-West-/ West-Ost-Migration				
Jan.–Dez. 89	Jan.–Dez. 90	Jan.–Dez. 91	Jan.–Jun. 92	Jan.89–Jun. 92
0,8902	–0,3955	0,4767	0,9792	–0,2772

Ost-West-/ West-Ost-Migration, Wegzüge über die Kreisgrenzen innerhalb der DDR bzw. der NBL				
Jan.–Dez. 89	Jan.–Dez. 90	Jan.–Dez. 91	Jan.–Jun. 92	Jan.89–Jun. 92
0,8902	–0,3955	0,4767	0,9792	–0,2772

West-Ost-/ West-Ost-Migration Wegzüge über die Kreisgrenzen innerhalb der DDR bzw. der NBL				
Jan.–Dez. 89	Jan.–Dez. 90	Jan.–Dez. 91	Jan.–Jun. 92	Jan.89–Jun. 92
0,8902	–0,3955	0,4767	0,9792	–0,2772

Unverkennbar ist der wellenförmige Verlauf der Wanderung bei sukzessive kleiner werdender Amplitude. Trotzdem ist der Verlauf der Wanderungen in den Jahren 1989, 1990 und 1991 nicht der gleiche gewesen. Die Gipfelpunkte liegen 1989 im November, 1990 im Oktober und 1991 im August. Darin kommt zum Ausdruck, daß der Verlauf der Ost-West-Migration zunächst vor allem durch politische Ereignisse bestimmt wurde (Öffnung der Grenzen der DDR, Beitritt der DDR zur Bundesrepublik), daß danach jedoch eine Anpassung an den normalen Verlauf von Binnenwanderungen stattgefunden hat (mit jährlich wiederkehrenden Höhepunkten der Migration in der Urlaubs- und Ferienzeit).

Die Veränderungen im Ablauf der Wanderung sind aus dem Diagramm 1 bereits optisch erkennbar. Exakter sind die mathematischen Werte für die Korrelation zwischen den Jahren 1989, 1990 und 1991 (Tabelle 2).

Aus Tabelle 2 folgt: Der zeitliche Ablauf der Wanderungen war 1990 ein anderer als 1989 und 1991 wiederum anders als 1990; zwischen den Jahren 1989 und 1991 ist kein regelhafter Zusammenhang erkennbar. Völlig entgegengesetzt

Tabelle 3
Korrelationen zum Verlauf der Ost-West-Wanderung in verschiedenen Zeiträumen

Korrelation für	89/90	90/91	91/92	89/91	89/92
Januar bis Dezember	−0,3697	−0,1383		0,0328	
Januar bis Juni	0,9247	−0,4215	−0,0074	0,1572	−0,904

war der Wanderungsverlauf im 1. Halbjahr 1989 gegenüber dem 1. Halbjahr 1990 sowie dem 1. Halbjahr 1992. Der Vergleich verschiedener Etappen des Wanderungsverlaufs zeigt an, daß die Migration allmählich ein zeitlich völlig anders strukturierter Prozeß zu werden beginnt: Die Ost-West-Migration in Deutschland wird aus einer spezifischen Form der „Außenwanderung" zu einem zeitlich gesehen „normalen" Prozeß der Binnenwanderung (mit den hinlänglich bekannten Höhepunkten in der Zeit der Sommerferien sowie im 1. Quartal des Jahres).

Diese Aussage wird auch durch den Vergleich des Verlaufs der verschiedenen Migrationsströme in gleichen Zeiträumen gestützt (Tabelle 3).

Während im Jahre 1989 kein Zusammenhang zwischen dem zeitlichen Ablauf der Ost-West-Migration einerseits und dem Verlauf der ostdeutschen Binnenmigration andererseits erkennbar ist, verlief die Wanderung 1990 und noch mehr im 1. Halbjahr 1992 in gleichem Rhythmus. Der Verlauf der West-Ost-Migration war 1990 wesentlich anders als der Verlauf der anderen Migrationsströme. Anders ausgedrückt: der Zusammenhang zwischen dem Verlauf der West-Ost-Wanderung (vgl. dazu das Diagramm 4) einerseits und der Ost-West-Wanderung bzw. der ostdeutschen Binnenwanderung andererseits war eng – aber „eng" mit negativem Vorzeichen. Im 1. Halbjahr 1992 verändert sich der Umfang der Wanderung in allen drei Migrationsströmen monatlich in gleicher Weise; der Rhythmus im Verlauf der drei Migrationsströme ist der gleiche geworden. Auch das ist ein Beleg dafür, daß sich die „Außenwanderung" der DDR bzw. der neuen Bundesländer strukturell zur Binnenwanderung verändert hat.

Hinsichtlich des zeitlichen Verlaufes der Ost-West-Migration gibt es – bisher und vor allem im Jahre 1989 – eine hohe Übereinstimmung auch zwischen den ostdeutschen Ländern und Kreisen. Einen optischen Eindruck davon vermitteln die folgenden Diagramme 2 und 3.

Statistisch wird die im Diagramm 3 dargestellte Situation in Tabelle 4 erfaßt. Die vermutete extrem hohe Übereinstimmung zwischen den ostdeutschen Kreisen im zeitlichen Verlauf der Ost-West-Migration wird damit bestätigt. Der Mittelwert der Korrelationen zwischen dem zeitlichen Ablauf der Migration aus den Kreisen und dem Mittelwert des zeitlichen Verlaufs der Migration aus allen Kreisen hatte den ungewöhnlich hohen Wert r = + 0,8258.

Aus dem Diagramm 3 und der Tabelle 4 ist aber auch ersichtlich, daß die Ähnlichkeit der Kreise sukzessive sich vermindert – die kreisliche und regionale Differenziertheit wird immer größer. In Prozent zum Mittelwert hatte die Streu-

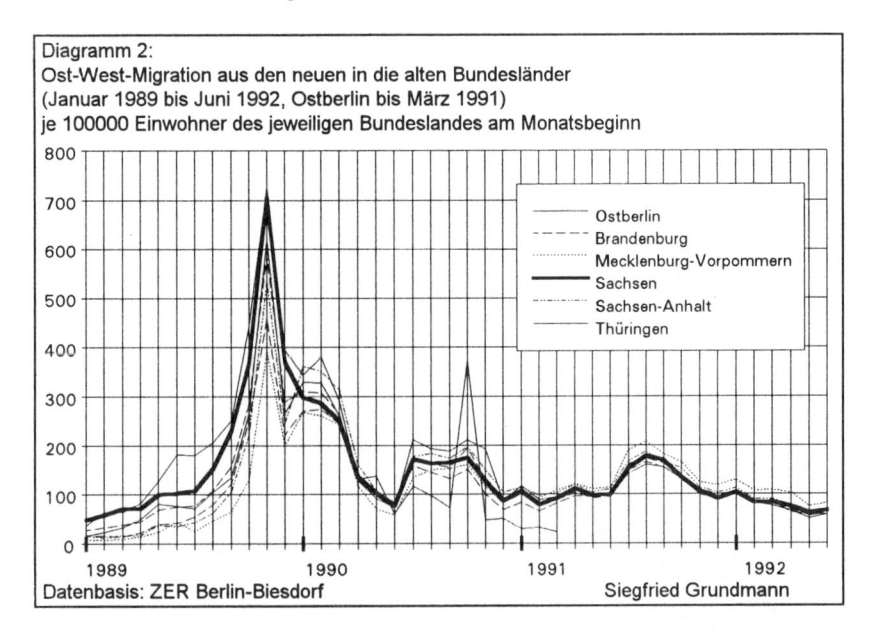

Die Ost-West-Wanderung in Deutschland (1989–1992)

Diagramm 2:
Ost-West-Migration aus den neuen in die alten Bundesländer
(Januar 1989 bis Juni 1992, Ostberlin bis März 1991)
je 100000 Einwohner des jeweiligen Bundeslandes am Monatsbeginn

— Ostberlin
---- Brandenburg
.... Mecklenburg-Vorpommern
— Sachsen
—·—· Sachsen-Anhalt
— Thüringen

Datenbasis: ZER Berlin-Biesdorf   Siegfried Grundmann

ung im Jahre 1989 nur 4,5% ausgemacht, 1990 aber bereits 20,8%, 1991 dann 29,2% und im 1. Halbjahr 1992 schließlich 50,4%[5]. In bezug auf die Ost-West-Migration in kreislicher Dimension geschieht also genau das Gegenteil von dem, was in bezug auf den Verlauf von Ost-West-Wanderung, West-Ost-Wanderung und ostdeutscher Binnenmigration gesagt werden konnte: es entsteht (im Sinne der Chaostheorie) keine neue „Ordnung", vielmehr zerfällt die Ende 1989 entstandene „Ordnung".

Daraus ergibt sich abermals der Schluß, daß sich der Charakter der Ost-West-Migration von Jahr zu Jahr verändert. Die einstmals bestimmenden politischen Ursachen[6] sind gegenstandslos geworden. Die soziale und ökonomische Kluft zwischen dem Osten und dem Westen Deutschlands bleibt weiterhin von entscheidendem Einfluß – und zwar von so großem Einfluß, daß die Ost-West-Richtung die bestimmende Richtung der Migration aus den ostdeutschen Ländern und

---

5 Das im Diagramm 3 infolge der Dichte und der Kreuzung von Linien schwarz markierte Band kann interpretiert werden als das „Wahrscheinlichkeitsfeld", in dem die Werte für die einzelnen Kreise liegen. Ende 1989 löst sich dieses Band von seinem Grunde ab: über einen Zeitraum von mehr als 24 Monaten hinweg gibt es keinen ostdeutschen Kreis ohne eine Abwanderung in die alten Bundesländer. Dann aber bestimmt die Null-Linie wie vor dem Herbst 1989 das unterste Niveau der Ost-West-Migration. Je größer die zeitliche Distanz zum Jahre 1989 wird, um so schwieriger wird die Voraussage des Wanderungsverlaufes für kleine territoriale Einheiten - für die Kreise.
6 Vgl. Meck, S./Belitz-Demiriz, H./Brenske, P (1992). Ferner Schmidt, I. (1992).

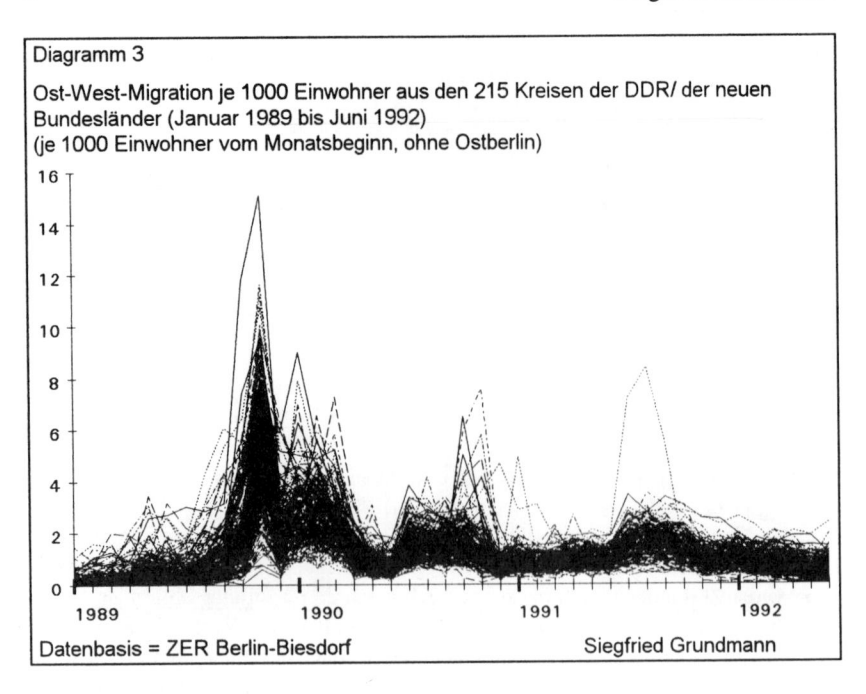

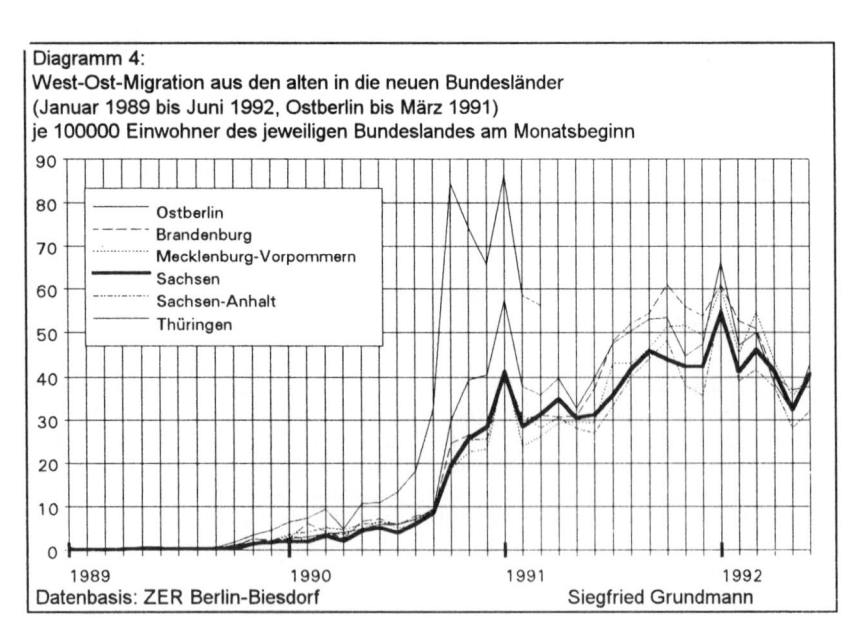

Diagramm 3

Ost-West-Migration je 1000 Einwohner aus den 215 Kreisen der DDR/ der neuen Bundesländer (Januar 1989 bis Juni 1992)
(je 1000 Einwohner vom Monatsbeginn, ohne Ostberlin)

Datenbasis = ZER Berlin-Biesdorf   Siegfried Grundmann

Diagramm 4:
West-Ost-Migration aus den alten in die neuen Bundesländer
(Januar 1989 bis Juni 1992, Ostberlin bis März 1991)
je 100000 Einwohner des jeweiligen Bundeslandes am Monatsbeginn

- Ostberlin
- Brandenburg
- Mecklenburg-Vorpommern
- Sachsen
- Sachsen-Anhalt
- Thüringen

Datenbasis: ZER Berlin-Biesdorf   Siegfried Grundmann

Die Ost-West-Wanderung in Deutschland (1989–1992)

Kreisen bleibt; zunehmend wächst jedoch der Einfluß der konkreten sozialen und ökonomischen Situation in den Kreisen und Ländern, der räumlichen Distanz zu den alten Bundesländern bzw. West-Berlin, der regionalen Perspektive, der demographischen Struktur des jeweiligen Territoriums und anderer Faktoren.

Zusammenfassend kann festgestellt werden: Die Ost-West-Migration nahm im Jahre 1989 aus allen ostdeutschen Kreisen und Ländern weitgehend den gleichen Verlauf; die Differenziertheit zwischen Kreisen und Ländern wuchs von Jahr zu Jahr. Das Gesetz, dem der Verlauf der Ost-West-Migration im Jahre 1989 und noch im Jahre 1990 folgte, hat 1991 und mehr noch 1992 seine Gültigkeit verloren.

2. Quell- und Zielgebiete der Ost-West-Migration

2.1 Quell- und Zielländer der Ost-West-Migration

Wie aus der Darstellung des Verlaufs der Ost-West-Migration zu ersehen war (Diagramm 2), hatten die einzelnen ostdeutschen Länder nicht nur in den einzelnen Monaten, sondern auch in den einzelnen Jahren und im gesamten Zeitraum 1989 bis 1991[7] einen unterschiedlichen Anteil an der Ost-West-Migration. Das gilt nicht nur in bezug auf den Umfang der Migration, sondern auch und – was für den Ländervergleich viel wichtiger ist – in bezug auf den Anteil der Migranten an der Gesamtbevölkerung (d.h. in bezug auf die Migrationswahrscheinlichkeit).

Aus Sachsen kamen sowohl 1989 als auch 1990 und 1991 die meisten Ost-West-Migranten; infolge der sehr umfangreichen Ost-West-Migration im Jahre 1989 war die Migrationswahrscheinlichkeit auch im gesamten Zeitraum 1989 bis 1991 höher als in den anderen ostdeutschen Ländern. Nicht weniger beachtenswert ist auch hier der Abfall der Migrationswahrscheinlichkeit in den Jahren 1990, 1991 und schließlich auch im Jahre 1992.

Eine detailliertere Betrachtung verdienen auch das Migrationsniveau und die Veränderungen im Falle der einzelnen Länder.

Für die Jahre 1989, 1990 und 1991 kann folgende Kurzcharakteristik gegeben werden (vgl. dazu auch die Tabelle 5 und die Karten 1 bis 3).

1989

Nirgendwo sonst ist die Ost-West-Migration in kürzester Frist und in so rasanter Weise angeschwollen wie im Falle Sachsens.

---

7 Da sich dieser Abschnitt der Studie mit den Quell- und Zielländern der Migration befaßt und Angaben zu beidem aus dem ZER nur für die Jahre 1989, 1990 und 1991 vorliegen, werden hier nur die Jahre 1989, 1990 und 1991 zusammengefaßt.

Tabelle 4
Statistische Berechnungen zum zeitlichen Verlauf der Ost-West.Migration aus den Kreisen der DDR/ NBL in verschiedenen Zeiträumen
(Bezugsbasis: Korrelationen zwischen dem zeitlichen Verlauf der Migration aus den einzelnen Kreisen/ zeitlicher Verlauf im Durchschnitt aller Kreise aus der DDR bzw. den NBL)

Mittelwerte M	1989–1992	1989	1990	1991	1992
alle Länder	0,8258	0,9659	0,8102	0,6668	0,6548
Brandenburg	0,8161	0,9594	0,8009	0,7367	0,6067
Mecklenburg-V.	0,7031	0,9365	0,8048	0,7742	0,6072
Sachsen	0,8889	0,9446	0,8681	0,8211	0,6165
Sachsen-Anhalt	0,8303	0,9613	0,8069	0,7283	0,7312
Thüringen	0,8602	0,9641	0,7853	0,6693	0,5828

Standardabweichung	1989–1992	1989	1990	1991	1992
alle Länder	0,1412	0,0255	0,1686	0,3206	0,3456
Brandenburg	0,1314	0,0361	0,1534	0,1856	0,3497
Mecklenburg-V.	0,1925	0,0648	0,2032	0,1818	0,2355
Sachsen	0,0520	0,0441	0,1116	0,1110	0,3403
Sachsen-Anhalt	0,1474	0,0236	0,1954	0,2658	0,2847
Thüringen	0,0980	0,0290	0,1848	0,3032	0,3344

Var. koeff.(S in % zu M)	1989–1992	1989	1990	1991	1992
alle Länder	17,0971	2,6408	20,8103	48,0852	52,7791
Brandenburg	16,0996	3,7577	19,1578	25,1874	57,6497
Mecklenburg-V.	27,3729	6,9152	25,2451	23,4798	38,7795
Sachsen	5,8469	4,6642	12,8566	13,5234	55,1961
Sachsen-Anhalt	17,7577	2,4547	24,2215	36,4918	38,9391
Thüringen	11,3925	3,0104	23,5315	45,3047	57,3724

Median	1989–1992	1989	1990	1991	1992
alle Länder	0,8783	0,9767	0,8668	0,8026	0,7750
Brandenburg	0,8485	0,9695	0,8576	0,7992	0,7460
Mecklenburg-V.	0,7402	0,9558	0,8558	0,8080	0,6454
Sachsen	0,8968	0,9591	0,9128	0,8371	0,7195
Sachsen-Anhalt	0,8748	0,9657	0,8811	0,8000	0,8040
Thüringen	0,8807	0,9765	0,8499	0,8027	0,6524

Anzahl der Kreise unter M in Prozent zu allen Kreisen des Landes					
alle Länder	33	52	30	23	41
Brandenburg	39	41	39	32	43
Mecklenburg-V.	68	65	24	14	54
Sachsen	13	63	22	9	41
Sachsen-Anhalt	30	50	30	28	20
Thüringen	23	38	35	35	50

Die Ost-West-Wanderung in Deutschland (1989–1992)

Tabelle 5
Ost-West-Migration aus den Ländern der DDR/ den neuen Bundesländern der BRD

	1989			1990			1991			1989–1991		
	männl.	weibl.	insg.	männl.	weibl.	insg.	männl.	weibl.	insg.	männl.	weibl.	insg.
Tabelle 5a: Wegzüge in die BRD/ die alten Bundesländer (Anzahl)												
Berlin (Ost)	17977	17178	35155	15469	11177	26646	1179	981	2160	34625	29336	63961
Brandenburg	19464	16443	35907	26969	20689	47658	17469	16746	34215	63902	53878	117780
Mecklenburg	10430	8679	19109	20278	15403	35681	16181	15721	31902	46889	39803	86692
Sachsen	61769	56703	118472	55027	43681	98708	34567	32681	67248	151363	133065	284428
Sachsen-Anhalt	21459	18671	40130	38257	30527	68784	21934	21905	43839	81650	71103	152753
Thüringen	24585	22095	46680	34152	26144	60296	17833	18010	35843	76570	66249	142819
DDR/NBL insg.	155684	139769	295453	190152	147621	337773	109163	106044	215207	454999	393434	848433
Tabelle 5b: Prozent aller Ost-West-Wanderungen (männlich, weiblich, insgesamt) (Spaltensumme = 100)												
Berlin (Ost)	11,55	12,29	11,90	8,14	7,57	7,89	1,08	0,93	1,00	7,61	7,46	7,54
Brandenburg	12,50	11,76	12,15	14,18	14,01	14,11	16,00	15,79	15,90	14,04	13,69	13,88
Mecklenburg	6,70	6,21	6,47	10,66	10,43	10,56	14,82	14,82	14,82	10,31	10,12	10,22
Sachsen	39,68	40,57	40,10	28,94	29,59	29,22	31,67	30,82	31,25	33,27	33,82	33,52
Sachsen-Anhalt	13,78	13,36	13,58	20,12	20,68	20,36	20,09	20,66	20,37	17,95	18,07	18,00
Thüringen	15,79	15,81	15,80	17,96	17,71	17,85	16,34	16,98	16,66	16,83	16,84	16,83
Spaltensumme	100	100	100	100	100	100	100	100	100	100	100	100
Tabelle 5c: Prozent aller Ost-West-Wanderungen (100 = alle Ost-West-Wanderungen aus der DDR bzw. den NBL im jeweiligen Jahr)												
Berlin (Ost)	6,08	5,81	5,81	4,58	3,31	3,31	0,55	0,46	0,46	4,08	3,46	3,46
Brandenburg	6,59	5,57	5,57	7,98	6,13	6,13	8,12	7,78	7,78	7,53	6,35	6,35
Mecklenburg	3,53	2,94	2,94	6,00	4,56	4,56	7,52	7,31	7,31	5,53	4,69	4,69
Sachsen	20,91	19,19	19,19	16,29	12,93	12,93	16,06	15,19	15,19	17,84	15,68	15,68
Sachsen-Anhalt	7,26	6,32	6,32	11,33	9,04	9,04	10,19	10,18	10,18	9,62	8,38	8,38
Thüringen	8,32	7,48	7,48	10,11	7,74	7,74	8,29	8,37	8,37	9,02	7,81	7,81

Datenbasis = ZER Berlin-Biesdorf. 1991 für Ostberlin unvollständig

12   Siegfried Grundmann

Karte 1:
Migration aus der DDR/ den neuen Bundesländern in die BRD/ die alten Bundesländer im Jahre 1989   (mit Vergleichen zu 1990 und 1991)

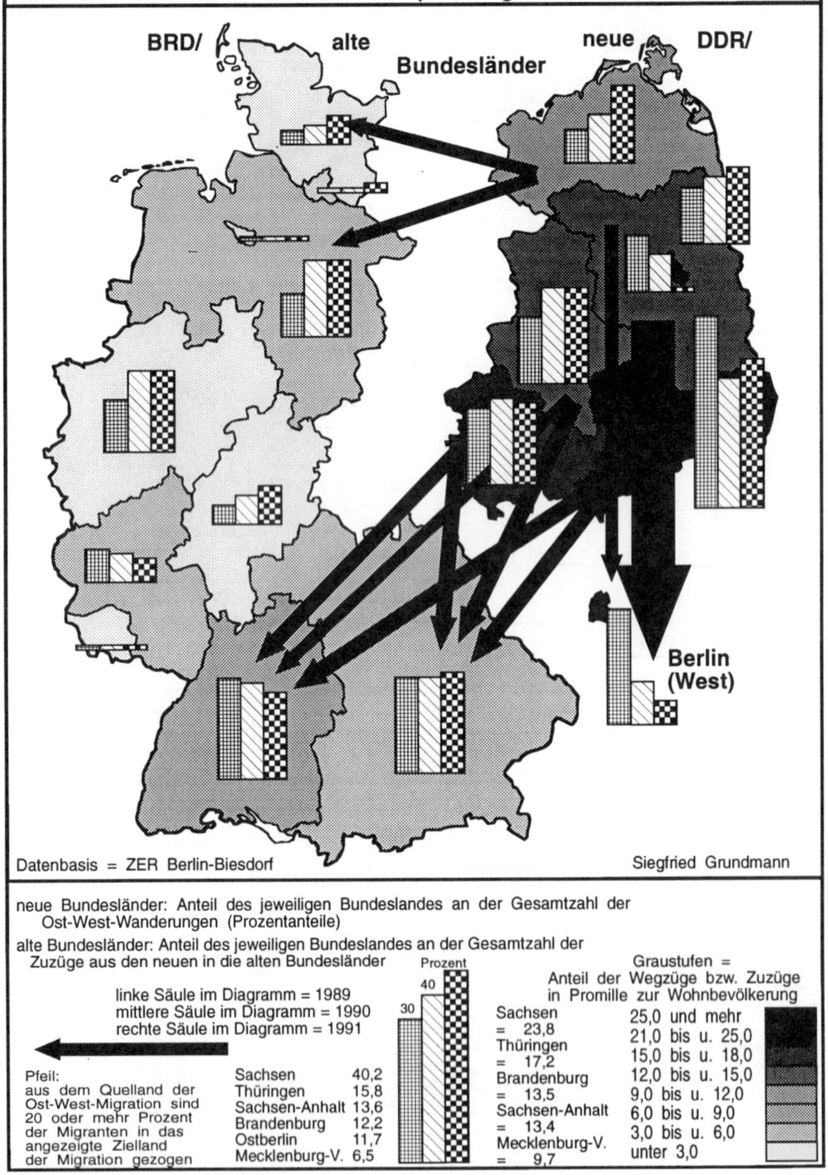

BRD/ alte Bundesländer   neue DDR/ Bundesländer

Berlin (West)

Datenbasis = ZER Berlin-Biesdorf   Siegfried Grundmann

neue Bundesländer: Anteil des jeweiligen Bundeslandes an der Gesamtzahl der Ost-West-Wanderungen (Prozentanteile)
alte Bundesländer: Anteil des jeweiligen Bundeslandes an der Gesamtzahl der Zuzüge aus den neuen in die alten Bundesländer

linke Säule im Diagramm = 1989
mittlere Säule im Diagramm = 1990
rechte Säule im Diagramm = 1991

Pfeil:
aus dem Quelland der Ost-West-Migration sind 20 oder mehr Prozent der Migranten in das angezeigte Zielland der Migration gezogen

	Prozent	
Sachsen	40,2	
Thüringen	15,8	
Sachsen-Anhalt	13,6	
Brandenburg	12,2	
Ostberlin	11,7	
Mecklenburg-V.	6,5	

Sachsen = 23,8
Thüringen = 17,2
Brandenburg = 13,5
Sachsen-Anhalt = 13,4
Mecklenburg-V. = 9,7

Graustufen =
Anteil der Wegzüge bzw. Zuzüge in Promille zur Wohnbevölkerung
25,0 und mehr
21,0 bis u. 25,0
15,0 bis u. 18,0
12,0 bis u. 15,0
9,0 bis u. 12,0
6,0 bis u. 9,0
3,0 bis u. 6,0
unter 3,0

Die Ost-West-Wanderung in Deutschland (1989–1992) 13

Karte 2:
Migration aus der DDR/ den neuen Bundesländern in die BRD/ die alten Bundesländer im Jahre 1990 (mit Vergleichen zu 1989 und 1991)

BRD/ alte Bundesländer   neue DDR/

Berlin (West)

Datenbasis = ZER Berlin-Biesdorf   Siegfried Grundmann

neue Bundesländer: Anteil des jeweiligen Bundeslandes an der Gesamtzahl der Ost-West-Wanderungen (Prozentanteile)

alte Bundesländer: Anteil des jeweiligen Bundeslandes an der Gesamtzahl der Zuzüge aus den neuen in die alten Bundesländer

linke Säule im Diagramm = 1989
mittlere Säule im Diagramm = 1990
rechte Säule im Diagramm = 1991

Pfeil:
aus dem Quelland der Ost-West-Migration sind 20 oder mehr Prozent der Migranten in das angezeigte Zielland der Migration gezogen

Sachsen   29,3
Sachsen-Anhalt   20,4
Thüringen   17,9
Brandenburg   14,1
Mecklenburg-V.   10,6
Ostberlin   7,8

Sachsen-Anhalt = 23,0
Thüringen   = 22,2
Sachsen   = 19,8
Mecklenburg-V. = 18,1
Brandenburg   = 17,9

Graustufen = Anteil der Wegzüge bzw. Zuzüge in Promille zur Wohnbevölkerung

21,0 und mehr
18,0 bis u. 21,0
15,0 bis u. 18,0
6,0 bis u. 9,0
3,0 bis u. 6,0
unter 3,0

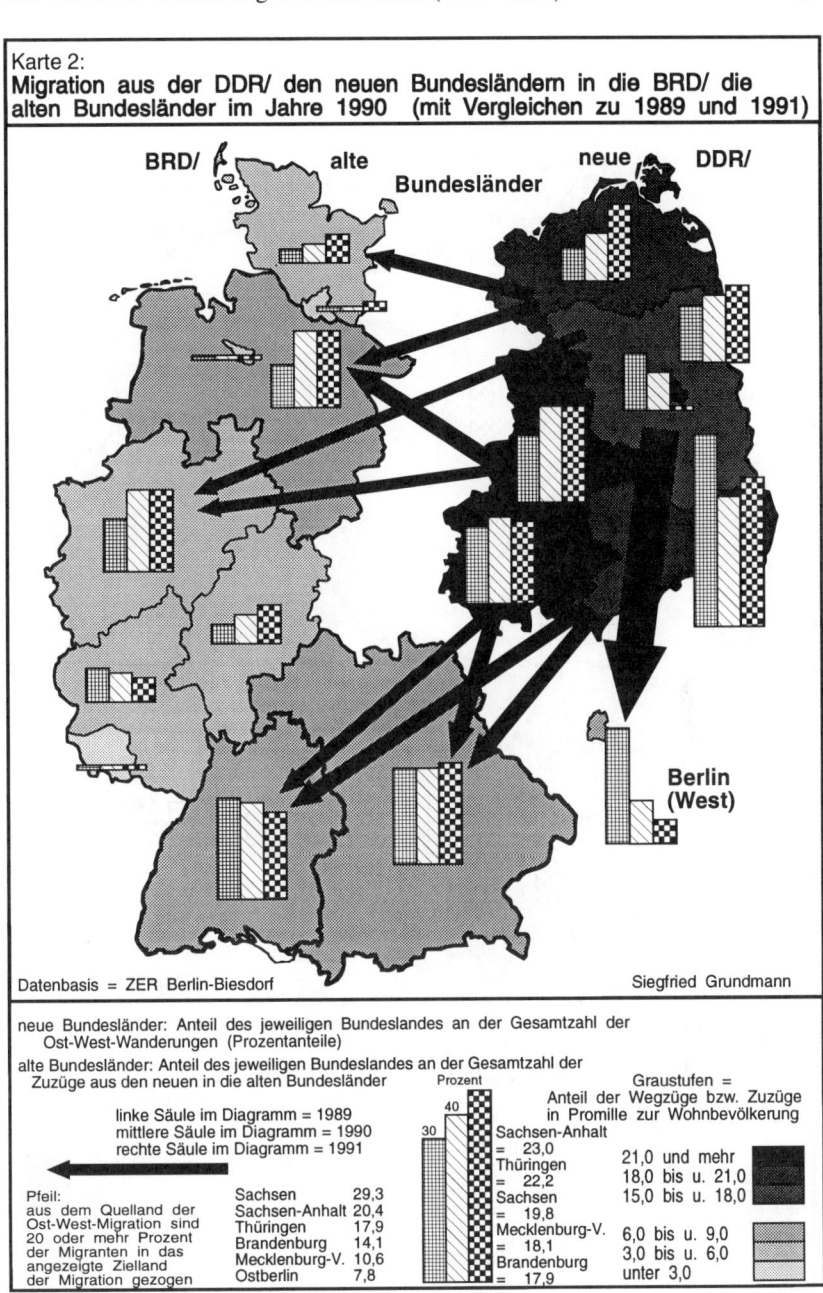

14 Siegfried Grundmann

Karte 3:
Migration aus den neuen Bundesländern in die alten Bundesländer im Jahre 1991 (mit Vergleichen zu 1989 und 1990)

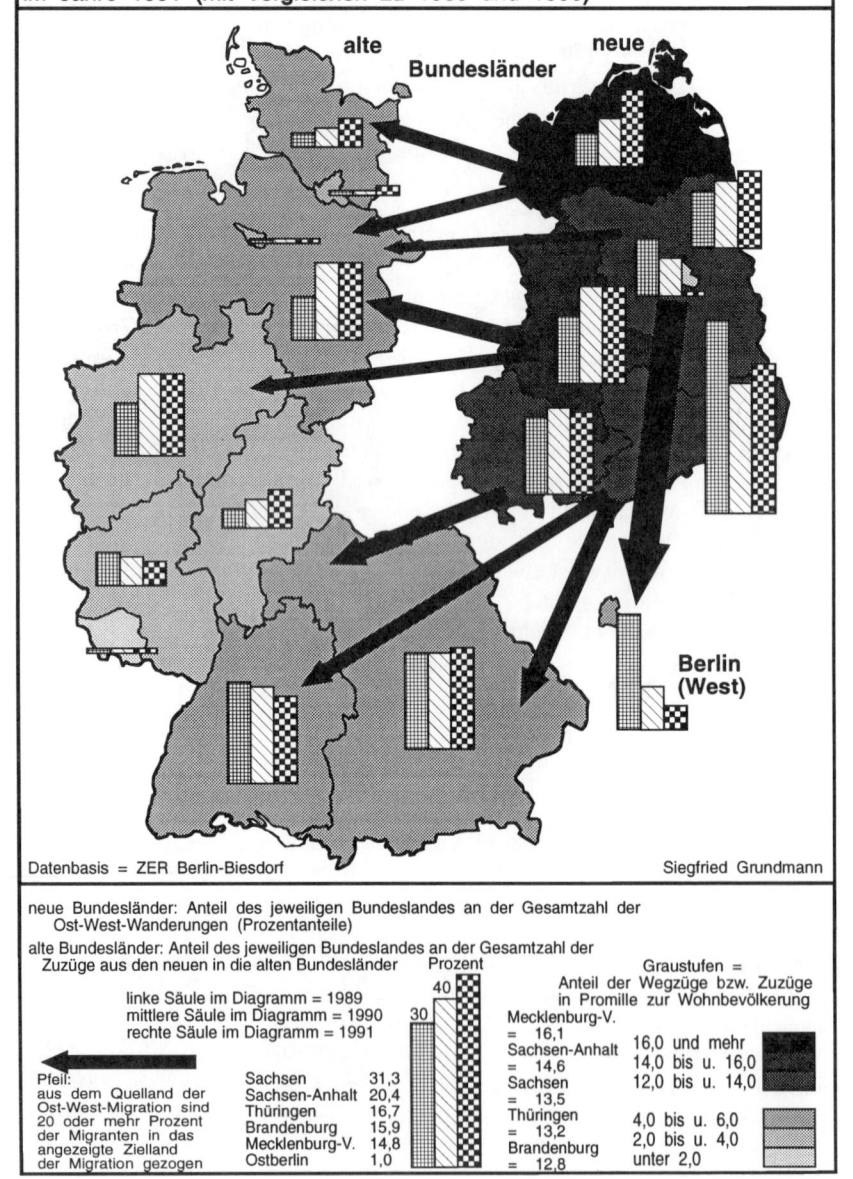

alte Bundesländer   neue Bundesländer

Berlin (West)

Datenbasis = ZER Berlin-Biesdorf   Siegfried Grundmann

neue Bundesländer: Anteil des jeweiligen Bundeslandes an der Gesamtzahl der Ost-West-Wanderungen (Prozentanteile)

alte Bundesländer: Anteil des jeweiligen Bundeslandes an der Gesamtzahl der Zuzüge aus den neuen in die alten Bundesländer

linke Säule im Diagramm = 1989
mittlere Säule im Diagramm = 1990
rechte Säule im Diagramm = 1991

Pfeil: aus dem Quelland der Ost-West-Migration sind 20 oder mehr Prozent der Migranten in das angezeigte Zielland der Migration gezogen

Sachsen	31,3
Sachsen-Anhalt	20,4
Thüringen	16,7
Brandenburg	15,9
Mecklenburg-V.	14,8
Ostberlin	1,0

Graustufen = Anteil der Wegzüge bzw. Zuzüge in Promille zur Wohnbevölkerung

Mecklenburg-V. = 16,1
Sachsen-Anhalt = 14,6
Sachsen = 13,5
Thüringen = 13,2
Brandenburg = 12,8

16,0 und mehr
14,0 bis u. 16,0
12,0 bis u. 14,0

4,0 bis u. 6,0
2,0 bis u. 4,0
unter 2,0

Die Ost-West-Wanderung in Deutschland (1989–1992)

Vergleichsweise zaghaft war im Vergleich dazu der Beginn der Ost-West-Migration aus dem Land Mecklenburg-Vorpommern. Nichtsdestoweniger erreichte die Ost-West-Migration aus allen Ländern der DDR im November 1989 ihren Höhepunkt. Die Dramatik der Ereignisse hatte völlig neue Akzente der Migration aus, nach und in der DDR gesetzt. Die Migration nahm einen Verlauf, der allen bisherigen Regeln und Erfahrungen zu widersprechen schien – insofern, wertfrei verstanden, einen „chaotischen" Verlauf.

1990

Während der Anteil Sachsens und Ost-Berlins an der Ost-West-Migration stark zurückgegangen ist (von 40% auf 29% bzw. von 12% auf 8%), ist der Anteil der anderen ostdeutschen Länder gewachsen.

Im Falle von Sachsen mag dies daraus zu erklären sein, daß ein Großteil des angestauten Migrationspotentials bereits 1989 in Richtung Westen geflossen ist; im Falle von Ost-Berlin spiegelt sich wohl am deutlichsten die veränderte politische Situation: die Unwiderruflichkeit der Grenzöffnung und Herstellung der Einheit Deutschlands. Man mußte fortan nicht nach West-Berlin übersiedeln, um dort arbeiten zu können. Daß die Migration nach West-Berlin die Hauptrichtung der Ost-West-Migration aus Ost-Berlin geblieben ist, ändert daran nichts.

Sachsen-Anhalt wurde 1990 zum Land mit der höchsten Wegzugswahrscheinlichkeit, und zwar mit einer etwa ebenso großen Wegzugswahrscheinlichkeit wie die von Sachsen im Vorjahr.

Gleichzeitig „ordnen" sich die Migrationsströme in räumlicher Beziehung. Räumliche Nähe oder Distanz zu den alten Bundesländern prägen in immer stärkerem Maße die Richtung der Ost-West-Migration.

1991

Die Tendenz zur Migration in das nächstgelegene (alte) Bundesland hat sich weiter verstärkt. Die Wegzugswahrscheinlichkeit aus Sachsen und Brandenburg hat sich wieder geringfügig erhöht; die Ost-West-Migration aus Ost-Berlin ist zu einer bedeutungslosen Größe geschrumpft. 1991 wurde Mecklenburg-Vorpommern zum Land mit der höchsten Wegzugswahrscheinlichkeit. Bezogen auf die Jahre 1989, 1990 und 1991 kann somit festgestellt werden, daß sich die maximale Migrationswahrscheinlichkeit sukzessive im Uhrzeigersinne vom Süden über den Westen nach dem Norden des Gebiets der (früheren) DDR verlagert hat. In ähnlicher Weise hat sich die Migration in Richtung der nördlichen (alten) Bundesländer intensiviert, was nichts daran ändert, daß Bayern und Baden-Württemberg quantitativ gesehen die wichtigsten Zielländer der Ost-West-Migration geblieben sind. Zusammenfassend kann zur Charakteristik des gesamten Untersuchungszeitraumes 1989–1991 festgestellt werden:

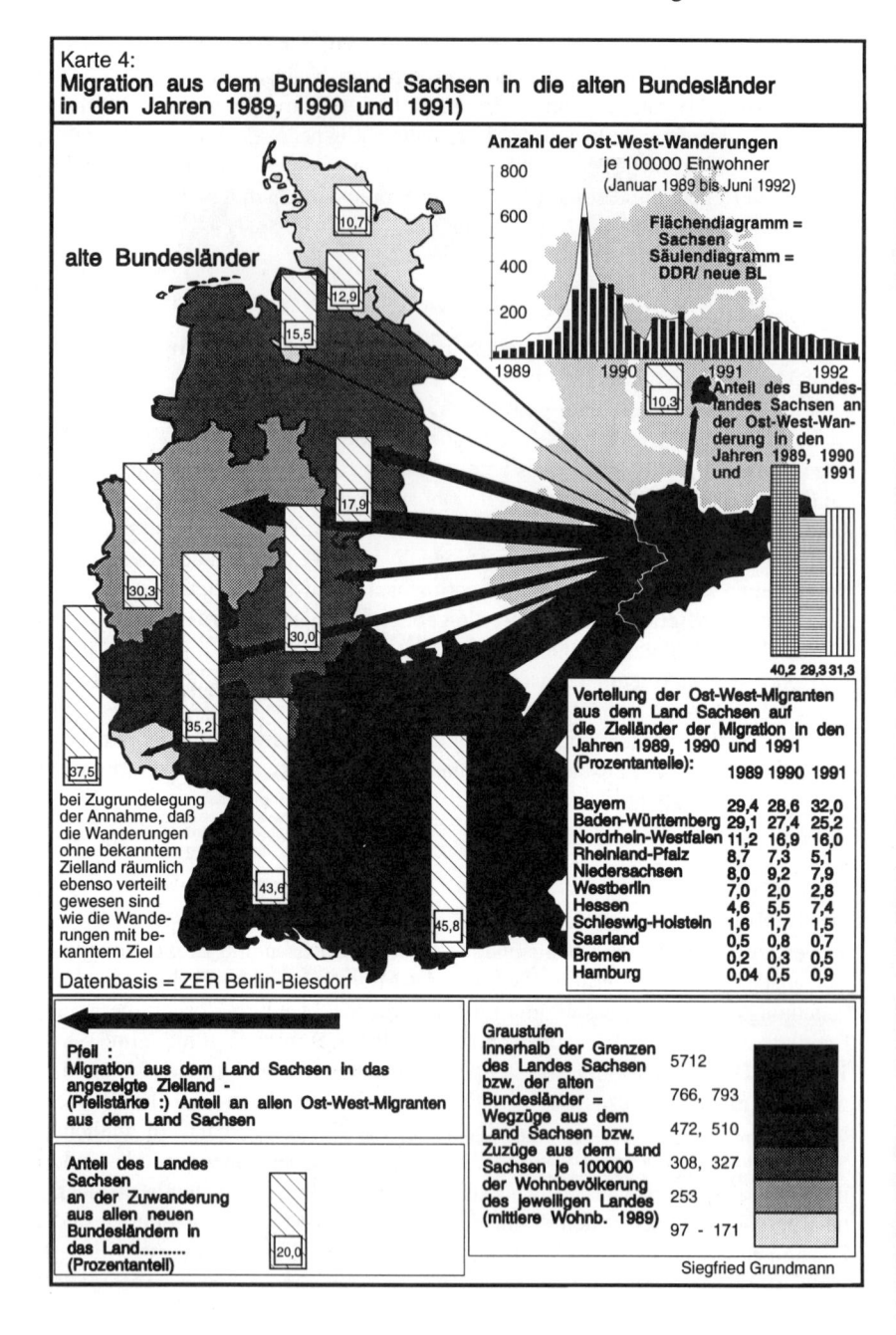

Karte 4:
Migration aus dem Bundesland Sachsen in die alten Bundesländer in den Jahren 1989, 1990 und 1991)

Anzahl der Ost-West-Wanderungen je 100000 Einwohner (Januar 1989 bis Juni 1992)

Flächendiagramm = Sachsen
Säulendiagramm = DDR/ neue BL

alte Bundesländer

10,7
12,9
15,5
10,3
17,9
30,3
30,0
35,2
37,5
43,6
45,8
40,2 29,3 31,3

Anteil des Bundeslandes Sachsen an der Ost-West-Wanderung in den Jahren 1989, 1990 und 1991

bei Zugrundelegung der Annahme, daß die Wanderungen ohne bekanntem Zielland räumlich ebenso verteilt gewesen sind wie die Wanderungen mit bekanntem Ziel

Datenbasis = ZER Berlin-Biesdorf

Verteilung der Ost-West-Migranten aus dem Land Sachsen auf die Zielländer der Migration in den Jahren 1989, 1990 und 1991 (Prozentanteile):

	1989	1990	1991
Bayern	29,4	28,6	32,0
Baden-Württemberg	29,1	27,4	25,2
Nordrhein-Westfalen	11,2	16,9	16,0
Rheinland-Pfalz	8,7	7,3	5,1
Niedersachsen	8,0	9,2	7,9
Westberlin	7,0	2,0	2,8
Hessen	4,6	5,5	7,4
Schleswig-Holstein	1,6	1,7	1,5
Saarland	0,5	0,8	0,7
Bremen	0,2	0,3	0,5
Hamburg	0,04	0,5	0,9

Pfeil :
Migration aus dem Land Sachsen in das angezeigte Zielland -
(Pfeilstärke :) Anteil an allen Ost-West-Migranten aus dem Land Sachsen

Anteil des Landes Sachsen an der Zuwanderung aus allen neuen Bundesländern in das Land.......... (Prozentanteil)
20,0

Graustufen innerhalb der Grenzen des Landes Sachsen bzw. der alten Bundesländer = Wegzüge aus dem Land Sachsen bzw. Zuzüge aus dem Land Sachsen je 100000 der Wohnbevölkerung des jeweiligen Landes (mittlere Wohnb. 1989)

5712
766, 793
472, 510
308, 327
253
97 - 171

Siegfried Grundmann

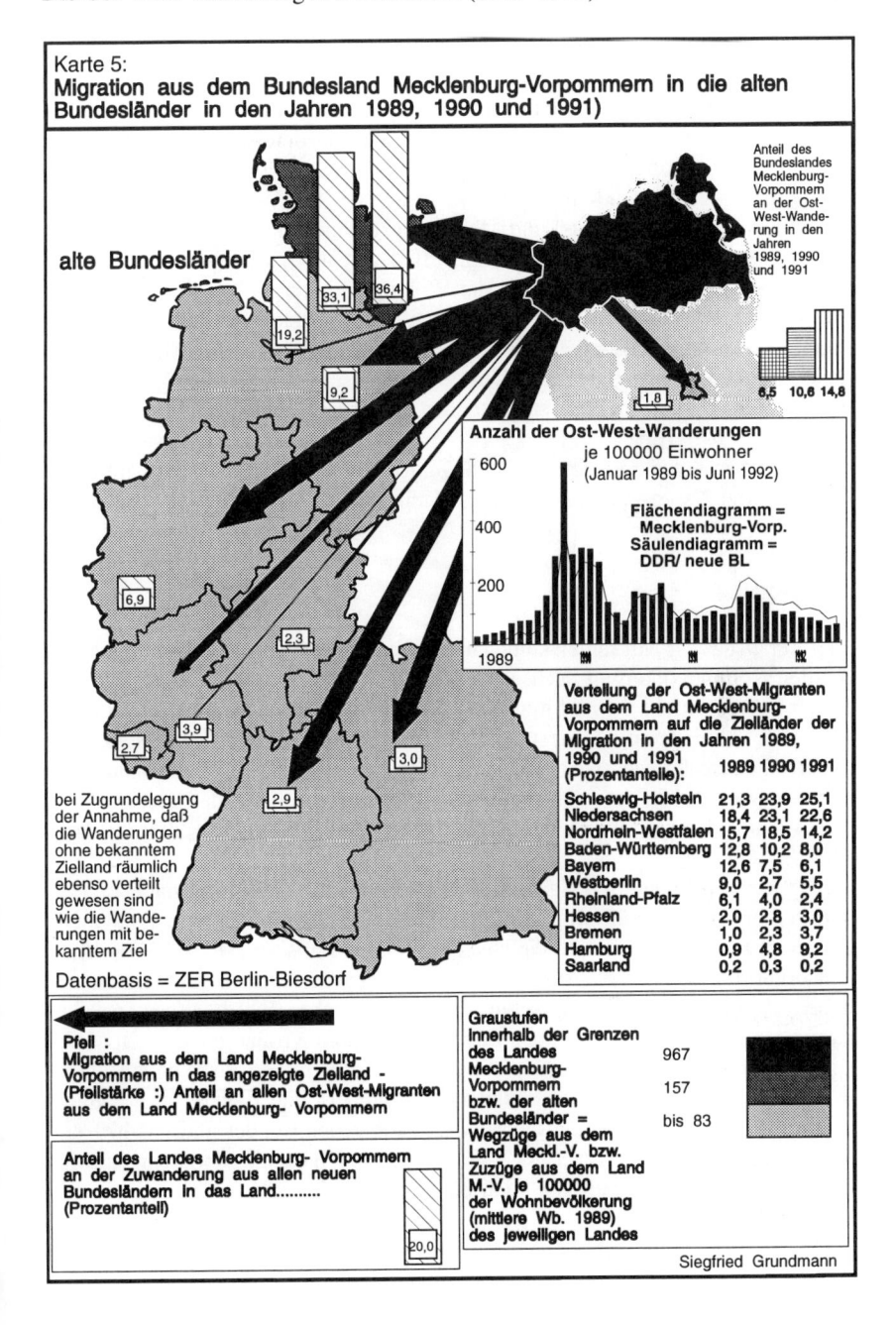

Die Ost-West-Wanderung in Deutschland (1989–1992) 17

Karte 5:
Migration aus dem Bundesland Mecklenburg-Vorpommern in die alten Bundesländer in den Jahren 1989, 1990 und 1991

Anteil des Bundeslandes Mecklenburg-Vorpommern an der Ost-West-Wanderung in den Jahren 1989, 1990 und 1991

alte Bundesländer

33,1   36,4
19,2
9,2
1,8
6,5 10,6 14,8

Anzahl der Ost-West-Wanderungen
je 100000 Einwohner
(Januar 1989 bis Juni 1992)

Flächendiagramm = Mecklenburg-Vorp.
Säulendiagramm = DDR/ neue BL

6,9
2,3
3,9
2,7   3,0
2,9

bei Zugrundelegung der Annahme, daß die Wanderungen ohne bekanntem Zielland räumlich ebenso verteilt gewesen sind wie die Wanderungen mit bekanntem Ziel

Datenbasis = ZER Berlin-Biesdorf

Verteilung der Ost-West-Migranten aus dem Land Mecklenburg-Vorpommern auf die Zielländer der Migration in den Jahren 1989, 1990 und 1991 (Prozentanteile):

	1989	1990	1991
Schleswig-Holstein	21,3	23,9	25,1
Niedersachsen	18,4	23,1	22,6
Nordrhein-Westfalen	15,7	18,5	14,2
Baden-Württemberg	12,8	10,2	8,0
Bayern	12,6	7,5	6,1
Westberlin	9,0	2,7	5,5
Rheinland-Pfalz	6,1	4,0	2,4
Hessen	2,0	2,8	3,0
Bremen	1,0	2,3	3,7
Hamburg	0,9	4,8	9,2
Saarland	0,2	0,3	0,2

Pfeil :
Migration aus dem Land Mecklenburg-Vorpommern in das angezeigte Zielland - (Pfeilstärke :) Anteil an allen Ost-West-Migranten aus dem Land Mecklenburg- Vorpommern

Anteil des Landes Mecklenburg- Vorpommern an der Zuwanderung aus allen neuen Bundesländern in das Land..........
(Prozentanteil)
20,0

Graustufen innerhalb der Grenzen des Landes Mecklenburg-Vorpommern bzw. der alten Bundesländer = Wegzüge aus dem Land Meckl.-V. bzw. Zuzüge aus dem Land M.-V. je 100000 der Wohnbevölkerung (mittlere Wb. 1989) des jeweiligen Landes

967
157
bis 83

Siegfried Grundmann

1989 bis 1992

Ungeachtet der Veränderungen in der Aufeinanderfolge der einzelnen Jahre war Sachsen im Gesamtzeitraum nicht nur das Land mit dem größten Umfang der Ost-West-Migration (34% von allen Ost-West-Migranten), sondern auch der größten Wegzugswahrscheinlichkeit (5,7% = Anteil der Ost-West-Migranten an der Wohnbevölkerung Sachsens) und Mecklenburg-Vorpommern das Land sowohl mit dem geringsten Wanderungsumfang (10% von allen) als auch der geringsten Wegzugswahrscheinlichkeit (4,4% der Wohnbevölkerung). Verglichen mit den anderen neuen Bundesländern war die Ost-West-Migration aus dem Land Brandenburg am wenigsten zielgerichtet. Die Erklärung hierfür dürfte erstens die große räumliche Distanz zu den alten Bundesländern sein, zweitens die geringe Differenz in der Distanz zu den verschiedenen alten Bundesländern und drittens die Nähe zu West-Berlin.

Betrachten wir die einzelnen Quell- und Zielländer der Ost-West-Migration (darunter die Karten 4 und 5) genauer, dann ergeben sich folgende zusätzliche Informationen.

Sachsen

34% der Ost-West-Migranten kamen im Zeitraum 1989–1991 aus Sachsen. Etwa 6% der Wohnbevölkerung Sachsens sind in diesen 3 Jahren in die alten Bundesländer übergesiedelt. Sowohl hinsichtlich des Wanderungsumfangs als auch der Migrationswahrscheinlichkeit stand Sachsen damit an erster Stelle. In der Aufeinanderfolge der Jahre hat sich die Relation zwischen den 5 neuen Bundesländern in bezug auf die Migrationswahrscheinlichkeit derart verschoben, daß Sachsen vom 1. auf den 3. Rangplatz gekommen ist (hinter Mecklenburg-Vorpommern und Sachsen-Anhalt).

57% der Migranten aus Sachsen sind im Zeitraum 1989–1991 nach Baden-Württemberg und Bayern migriert (Karte 4). Beide Länder waren auch in jedem einzelnen Jahr das bevorzugte Zielland der Wanderung, wobei sich die Proportionen zugunsten von Bayern (dem näher gelegenen alten Bundesland) verschoben haben (1991 = 30 zu 27%). Abgesehen davon, daß im Jahre 1990 die Wegzugswahrscheinlichkeit aus Thüringen nach Bayern geringfügig größer gewesen ist (Thüringen = 2,96% der Bevölkerung, Sachsen = 2,86%), war die Wegzugswahrscheinlichkeit aus Sachsen nach Baden-Württemberg und Bayern im gesamten Zeitraum 1989–1991 größer als aus den anderen neuen Bundesländern. 46% der Migranten, die in den Jahren 1989-1991 aus den neuen Bundesländern nach Bayern gegangen sind, kamen aus Sachsen, und 44% der Migranten gingen nach Baden-Württemberg.

An 3. Stelle als Zielland der Migration aus Sachsen rangiert Nordrhein-Westfalen. Die Migration in die nördlichen Bundesländer Schleswig-Holstein, Ham-

Die Ost-West-Wanderung in Deutschland (1989–1992)

burg und Bremen hat für Sachsen zu keinem Zeitpunkt eine wichtige Rolle gespielt.

Folgerichtig ist der Anteil von Migranten aus Sachsen nach 3 Jahren Ost-West-Wanderung an der Wohnbevölkerung Bayerns und Baden-Württembergs (wenn wir absehen von Rückwanderungen) am höchsten: etwa 0,2% bzw. 0,8% (bei über 0,4% bzw. 2% aus Ostdeutschland insgesamt). So bedeutsam die Ost-West-Migration gewesen ist – rein quantitativ ist dadurch keine sehr große „Last" für die alten Bundesländer entstanden!

Thüringen

Ähnlich gerichtet wie aus Sachsen war die Ost-West-Migration aus Thüringen, wobei sich die Migration im Jahre 1991 ganz eindeutig auf Bayern verlagert hat. 1989 sind 28% der Ost-West-Migranten aus Thüringen nach Bayern übergesiedelt, 27% nach Baden-Württemberg. 1991 hatten sich die Relationen auf 30% bzw. 18% verschoben. Die räumliche Nähe – gemeinsame Grenze – zu Bayern dürfte dafür der ausschlaggebende Faktor gewesen sein. Mehr als verdoppelt hat sich 1991 gegenüber 1989 der Anteil der Migranten, die nach Hessen übergesiedelt sind (von 8% auf 18%). Auch in diesem Falle war die räumliche Nähe und gemeinsame Grenze entscheidend.

Thüringen wurde im Jahre 1990 für des Land Hessen zum wichtigsten Quelland der Ost-West-Migration. 1989 kamen nur 29% der Ostdeutschen, die nach Hessen übergesiedelt sind, aus Thüringen (39% aus Sachsen), 1990 aber 40% und 1991 37%. Folgerichtig ist der Anteil von Migranten aus dem Land Thüringen an der Wohnbevölkerung Hessens höher als der Anteil von Übersiedlern aus anderen ostdeutschen Ländern – mit weniger als 1% aber quantitativ trotzdem sehr gering.

Ähnlich wie im Falle von Sachsen hat so gut wie keine nennenswerte Migration aus Thüringen nach Schleswig-Holstein sowie in die Stadtstaaten Hamburg und Bremen stattgefunden.

Der Anteil Thüringens an der Ost-West-Migration wuchs 1990 geringfügig (von 16% auf 18%), er hat sich danach aber wieder verringert (auf 17%). Insgesamt jedoch ist zu bemerken, daß sich der Ablauf der Ost-West-Migration (Migranten je 100.000 Einwohner pro Monat bzw. Jahr) aus Thüringen vom Gesamtverlauf der Migration aus dem früheren Gebiet der DDR nur wenig unterscheidet (vgl. auch Diagramm 2). Das gilt sowohl für Thüringen insgesamt als auch für die Kreise des Landes Thüringen.

Sachsen-Anhalt

Sachsen-Anhalt ist ein Musterbeispiel dafür, wie die räumliche Nähe und gemeinsame Grenze in immer stärkerem Maße die Richtung der Ost-West-Migration beeinflußt bzw. verändert haben[8].

1989 und 1990 waren auch für die Migranten aus Sachsen-Anhalt die Bundesländer Bayern und Baden-Württemberg die bevorzugten Zielländer der Wanderung (mit einem Anteil von 22% bzw. 21% am Strom der Ost-West-Migration aus Sachsen-Anhalt). Diese Dominanz wird vor allem aus dem besonders guten Ruf resultieren, den Bayern und Baden-Württemberg lange vor dem Ende der DDR im Osten hatten. Räumliche Distanzen dürften im Jahre 1989 nur eine sekundäre Rolle gespielt haben. Solange die Grenze zur BRD für die meisten Bürger der DDR faktisch undurchlässig war, waren für sie alle Länder der Bundesrepublik so gut wie „gleich weit entfernt". Der Ruf von Bayern und Baden-Württemberg aber war der beste – also haben sich die meisten Ost-West-Migranten zunächst dorthin auf den Weg gemacht. Für die Ost-Berliner und Brandenburger war die Situation eine etwas andere: West-Berlin lag vor ihrer Tür.

1990 wurden Niedersachsen und Nordrhein-Westfalen die wichtigsten Zielländer der Migration aus Sachsen-Anhalt (mit Anteilen von 29% bzw. 21% an der Gesamtzahl der Ost-West-Migranten aus Sachsen-Anhalt). Auf dem gleichen Niveau verharrte die Struktur der Migration im Jahre 1991 (30% bzw. 21%). Der Anteil der Migranten, die nach Bayern gingen, verringerte sich von 22% im Jahre 1989 auf 15% in den Folgejahren. Etwa das gleiche gilt in bezug auf Baden-Württemberg.

Niedersachsen wurde zum wichtigsten Zielland der Ost-Migration aus Sachsen-Anhalt. Bezogen auf den gesamten Zeitraum 1989-1991 kann gesagt werden:
– Nach Niedersachsen sind 28% der Ost-West-Migranten aus Sachsen-Anhalt übergesiedelt und damit prozentual mehr als in irgendein anderes altes Bundesland.
– 36% der Zuzüge aus den ostdeutschen Ländern nach Niedersachsen kamen aus Sachsen-Anhalt, kein anderes Land hatte einen so hohen Anteil.
– An der Wohnbevölkerung des Landes Niedersachsen hatten die Migranten aus Sachsen-Anhalt den höchsten Anteil (0,6% der Wohnbevölkerung) – mit deutlichem Abstand gefolgt von den Migranten aus Sachsen (0,3%).

Mecklenburg-Vorpommern

Wie die Migration aus dem Lande Sachsen von Anfang an vor allem auf Bayern

---

8 Ausführlich über Umfang, zeitlichen Verlauf, Richtung und Gründe der Migration aus dem Land Sachsen-Anhalt in: Grundmann, S., Migrationsbilanz des Landes Sachsen-Anhalt, Teil A + B (1992, 1993).

und Baden-Württemberg gerichtet war, hatte die Migration aus dem Lande Mecklenburg-Vorpommern von Anfang an vor allem ein Ziel: die Länder Schleswig-Holstein und Niedersachsen. So unterschiedlich die Lage von Sachsen und Mecklenburg-Vorpommern ist, so unterschiedlich war auch die Richtung der Ost-West-Migration (Karte 5).

Dabei hat sich die Migration aus Mecklenburg-Vorpommern nach Schleswig-Holstein von Jahr zu Jahr verstärkt. 1989 gingen 21% der Migranten nach Schleswig-Holstein, 1990 24% und 1991 25%. Der Anteil der Migranten nach Niedersachsen an der Gesamtzahl der Migranten aus Mecklenburg-Vorpommern wuchs von 18% (1989) auf 23% (1990 und 1991). Nordrhein-Westfalen rangiert an dritter Stelle.

Abgesehen von den Lagebeziehungen, unterscheidet sich die Richtung der Migration aus dem nördlichsten der neuen Bundesländer vom südlichsten auch darin, daß die Migration aus Sachsen in den Norden der alten Bundesrepublik zu keiner Zeit eine nennenswerte Rolle gespielt hat. Demgegenüber war im Jahre 1989 ein Migrationsstrom von nennenswerter Stärke aus Mecklenburg-Vorpommern auf den Süden der alten Bundesrepublik gerichtet – nach Bayern und Baden-Württemberg gingen immerhin 25% der Ost-West-Migranten aus Mecklenburg-Vorpommern. Darin äußert sich abermals die besondere Attraktivität dieser zwei Zielländer für Bürger der DDR bzw. potentielle Migranten aus der DDR. Räumliche Nähe bzw. Distanz haben als Determinanten der Migrationsrichtung aber auch im Falle von Mecklenburg-Vorpommern einen immer stärkeren und schließlich entscheidenden Einfluß erlangt.

Eine abermalige Bestätigung für diese Gerichtetheit der Migration finden wir, wenn die Menge der Zuwanderer in Beziehung zur Bevölkerungszahl des Aufnahmelandes der Migranten gesetzt wird. 58% der Migranten, die im Zeitraum 1989–1991 nach Schleswig-Holstein kamen, wohnten vorher in Mecklenburg-Vorpommern. Nirgendwo sonst hatte eines der ostdeutschen Länder einen relativ so großen Anteil an der Zuwanderung. 0,8% der Bevölkerung von Schleswig-Holstein (bezogen auf die Jahre 1989–1991) sind Migranten aus Mecklenburg-Vorpommern. Wenn wir absehen vom Sonderfall West-Berlin, hatte keines der alten Bundesländer migrationell eine derartig enge Beziehung zu einem ostdeutschen Bundesland.

Brandenburg

Wie bereits bemerkt wurde, war die Migration aus Brandenburg in die alten Bundesländer im Gesamtzeitraum 1989–1991 bei weitem nicht so zielgerichtet wie im Falle der anderen ostdeutschen Länder. Das gilt allerdings nicht für das Jahr 1989. Damals sind 32% der Ost-West-Migranten aus Brandenburg nach West-Berlin übergesiedelt. Insofern war die Migration aus Brandenburg (wenn wir absehen von Ost-Berlin) damals räumlich stärker gerichtet als die Migration aus einem anderen ostdeutschen Land.

Die Anzahl der Migranten aus Brandenburg in Richtung West-Berlin hat sich zwar rasch verringert, der Anteil des Landes Brandenburg an allen Migranten, die nach West-Berlin übersiedeln, jedoch sprunghaft vergrößert – von 19% 1989 auf 24% 1990 und 43% im Jahre 1991. Etwa 1% der Bevölkerung Westberlins sind (die „Rückwanderungen" wiederum nicht mitgerechnet) in den letzten drei Jahren aus Brandenburg zugezogen.

2.2 Quellkreise der Ost-West-Migration

Daß es hinsichtlich des Umfanges und der Richtung der Ost-West-Migration neben vielen Gemeinsamkeiten auch gravierende Unterschiede zwischen den neuen Bundesländern gibt, wurde bereits festgestellt.

Aus Karte 6 ist ersichtlich, erstens, daß es auch große Unterschiede zwischen den Kreisen der neuen Bundesländer gibt und die Charakteristik des Landes erheblich von der Situation des Kreises abweichen kann, zweitens, daß – wie auf Grund der Ländercharakteristik nicht anders zu erwarten – die Ost-West-Migration (in Relation zur Wohnbevölkerung) vor allem aus den Kreisen im Süden der DDR überdurchschnittlich hoch gewesen ist und drittens, daß die Stadtkreise der DDR die höchsten Migrationsverluste hatten (vgl. Karte 6).

Ost-Berlin und die Stadtkreise hatten im Jahre 1989 nicht wie bisher eine überdurchschnittlich hohe Zuwanderung (damals Zuwanderung aus anderen Kreisen der DDR), sondern vielmehr eine extrem hohe Abwanderung (Abwanderung vor allem in die alten Bundesländer). Das bisherige DDR-spezifische Migrationsmodell wurde insofern ins Gegenteil verkehrt. Eine völlige Außerkraftsetzung bisheriger Mechanismen freilich bedeutet das nicht: Die Migration war mehrheitlich eine Wanderung hin zu den territorial besseren Lebensbedingungen. Diese waren in der DDR vor allem in Ost-Berlin und in den Bezirksstädten zu finden. Ein weitere Stufe zur Verbesserung der Lebensbedingungen wäre die Übersiedlung in die Bundesrepublik gewesen. Wie hinlänglich bekannt, waren die damit verbundenen „Kosten der Migration" für die Mehrzahl der Migrationswilligen zu hoch. Erst mit der Öffnung der Grenzen zur BRD wurde der Weg hin zu den insgesamt besseren Lebensbedingungen im Westen Deutschlands freigemacht.

Statistische Berechnungen zur Ost-West-Migration aus den ostdeutschen Kreisen hatten folgendes – hier zusammengefaßtes – Ergebnis (vgl. Tabelle 6). Erstens:
– Daß die Korrelation zwischen der Wegzugswahrscheinlichkleit aus den Kreisen und der Bevölkerungsdichte 1989 sehr eng gewesen ist, bestätigt, daß die Wegzugswahrscheinlichkeit aus den Städten und Industriegebieten am höchsten war. Das gilt im Prinzip für alle Bundesländer, vor allem aber für die im

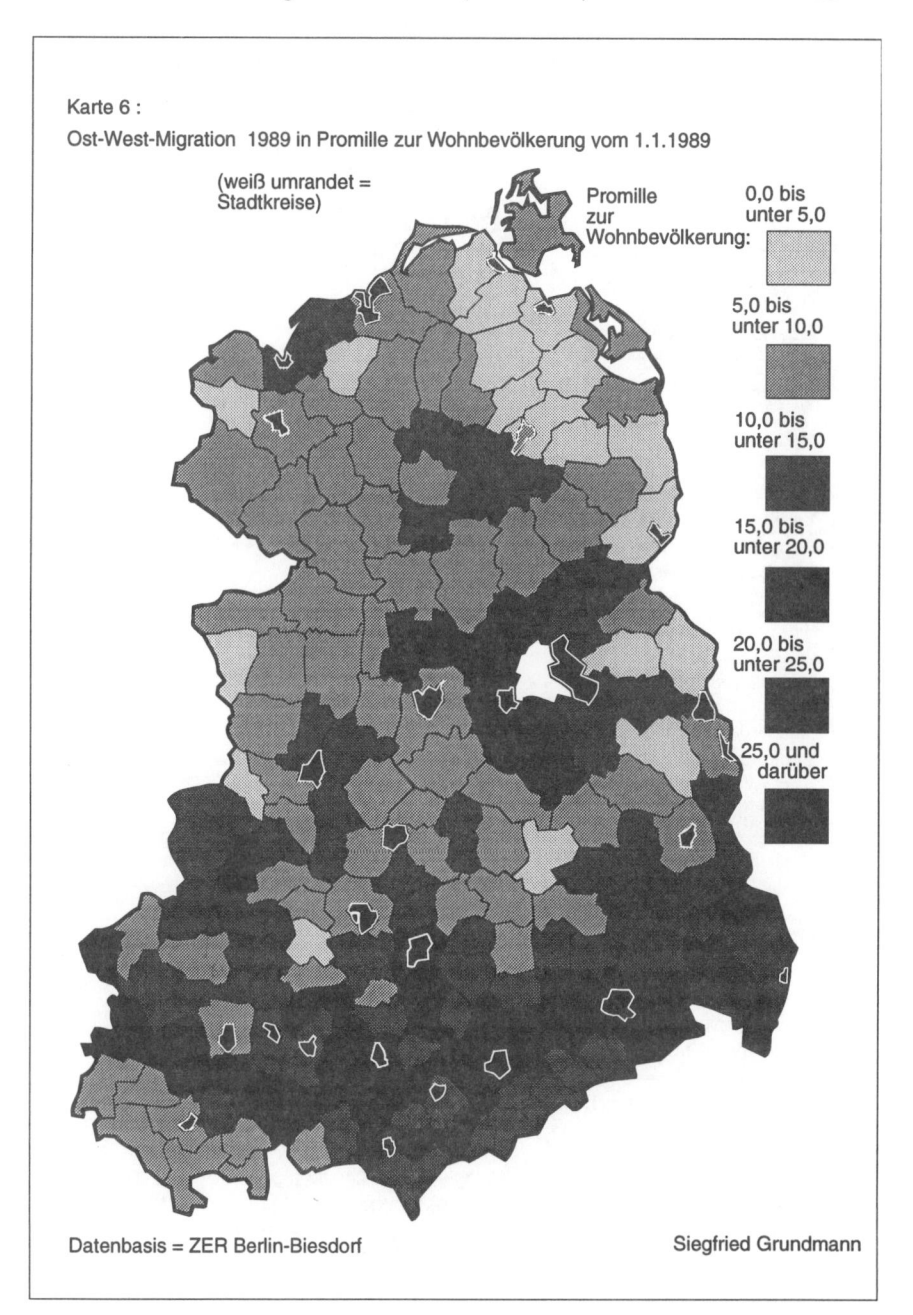

Die Ost-West-Wanderung in Deutschland (1989–1992)

Karte 6 :
Ost-West-Migration 1989 in Promille zur Wohnbevölkerung vom 1.1.1989

(weiß umrandet = Stadtkreise)

Promille zur Wohnbevölkerung:

0,0 bis unter 5,0

5,0 bis unter 10,0

10,0 bis unter 15,0

15,0 bis unter 20,0

20,0 bis unter 25,0

25,0 und darüber

Datenbasis = ZER Berlin-Biesdorf

Siegfried Grundmann

Tabelle 6
Ost-West-Wanderung insgesamt aus Kreisen je 100000 Einwohner des Kreises am Jahresbeginn

KREIS	(für 1989-91 am Jahresbeginn 1989)				
	1989	1990	1991	1.Hj.92	89–91
1. BRANDENBURG	2356,52	3043,23	1531,57	390,62	6758,22
2. COTTBUS	2054,70	2196,79	1848,28	538,85	6019,34
....	......	......	......	......	......
214. WORBIS	943,28	2753,33	1252,81	546,23	4896,66
215. ZEULENRODA	2049,51	2056,31	1510,61	486,16	5489,35
statistische Berechnungen für alle Kreise ohne Berlin					
	1989	1990	1991	1.Hj.92	89–91
Median	1219,66	1810,54	1362,03	449,91	4281,90
Mittelwerte M	1324,75	1864,38	1390,57	458,95	4488,38
Standardabweichung S	745,73	552,95	386,94	179,67	1279,23
Var.koeffizient V (S in % zu M)	56,29	29,66	27,83	39,15	28,50
Korr. Wegzüge je 100000 Ew./ Ew. je qkm 1989	0,64	0,48	0,24	0,26	0,64
statistische Berechnungen für die Kreise des Landes Brandenburg					
	1989	1990	1991	1.Hj.92	89–91
Median	1036,47	1522,02	1284,59	373,59	4096,01
Mittelwerte M	1146,63	1709,59	1353,78	408,05	4133,49
Standardabweichung S	529,89	630,40	515,39	228,84	1309,27
Var.koeffizient V (S in % zu M)	46,21	36,87	38,07	56,08	31,67
Korr. Wegzüge je 100000 Ew./ Ew. je qkm 1989	0,58	0,37	0,24	0,34	0,50
statistische Berechnungen für die Kreise des Landes Mecklenburg-Vorpommern					
	1989	1990	1991	1.Hj.92	89–91
Median	769,32	1584,18	1526,88	518,02	3753,46
Mittelwerte M	787,92	1658,64	1563,62	570,13	3941,61
Standardabweichung S	407,26	392,73	336,28	158,03	953,57
Var.koeffizient V (S in % zu M)	51,69	23,68	21,51	27,72	24,19
Korr. Wegzüge je 100000 Ew./ Ew. je qkm 1989	0,66	0,68	0,50	0,49	0,72
statistische Berechnungen für die Kreise des Landes Sachsen					
	1989	1990	1991	1.Hj.92	89–91
Median	1619,38	1582,24	1350,08	427,03	4517,97
Mittelwerte M	1875,80	1770,35	1323,17	445,53	4860,74
Standardabweichung S	811,06	518,90	311,95	167,25	1298,48
Var.koeffizient V (S in % zu M)	43,24	29,31	23,58	37,54	26,71
Korr. Wegzüge je 100000 Ew./ Ew. je qkm 1989	0,71	0,53	0,12	0,20	0,66

Die Ost-West-Wanderung in Deutschland (1989–1992)

statistische Berechnungen für die Kreise des Landes Sachsen-Anhalt					
	1989	1990	1991	1.Hj.92	89–91
Median	898,70	1983,34	1343,37	448,30	4341,57
Mittelwerte M	1055,01	2072,62	1395,16	434,73	4426,18
Standardabweichung S	486,20	495,91	327,69	147,53	1125,98
Var.koeffizient V (S in % zu M)	46,08	23,93	23,49	33,94	25,44
Korr. Wegzüge je 100000 Ew./ Ew. je qkm 1989	0,70	0,59	0,38	0,43	0,65

statistische Berechnungen für die Kreise des Landes Thüringen					
	1989	1990	1991	1.Hj.92	89–91
Median	1357,95	2040,23	1295,56	442,32	4793,18
Mittelwerte M	1543,09	2143,65	1357,34	454,43	4944,02
Standardabweichung S	778,00	530,54	383,77	145,04	1362,47
Var.koeffizient V (S in % zu M)	50,42	24,75	28,27	31,92	27,56
Korr. Wegzüge je 100000 Ew./ Ew. je qkm 1989	0,74	0,68	0,33	0,12	0,76

Süden und Südwesten der früheren DDR gelegenen – für Thüringen, Sachsen und Sachsen-Anhalt.
- Daß die Korrelation in der Folgezeit zwar positiv blieb, aber abnahm, belegt, daß die Wegzugswahrscheinlichkeit aus den weniger dicht besiedelten, stärker agrarisch strukturierten Gebieten zugenommen hat. Die Dominanz der Stadtgemeinden blieb bestehen, tendenziell jedoch wurde die Ost-West-Wanderung immer mehr durch die Migration aus Landgemeinden gespeist.
- Die Vermutung freilich, daß das Land Mecklenburg eine Ausnahme bilde und die hohe Quote der Ost-West-Migration im Jahre 1991 vor allem als „Abwanderung aus agrarisch strukturierten Gebieten" zu interpretieren sei, bestätigt sich nicht. 1990 und 1991 war die genannte Korrelation gerade im Land Mecklenburg-Vorpommern höher als in allen anderen ostdeutschen Ländern.

Zweitens:
Von wenigen Ausnahmen abgesehen (Sachsen 1991, Sachsen-Anhalt 1992), lag der Mittelwert für die Wanderungen je 100.000 Einwohner aus den Kreisen in allen analysierten Jahren und für alle Bundesländer über dem Median. Das heißt:
- Die Mehrzahl der Kreise hatte eine unterdurchschnittlich hohe Wegzugswahrscheinlichkeit.
- Um so höher war die Wegzugswahrscheinlichkeit aus relativ wenigen Kreisen
- aus Städten.

Abweichend davon hatten die meisten Kreise das Landes Sachsen im Jahre 1991 (Sachsen-Anhalt 1992) eine überdurchschnittlich hohe Migrationswahrscheinlichkeit. Man muß annehmen, daß das Migrationspotential aus den sächsischen Stadtkreisen weitgehend bereits in den Jahren 1989 und 1990 abgeflossen ist. 1991 hat sich die Situation nicht nur im Vergleich zu den vorhergehenden Jahren, sondern auch im Vergleich zu den Landkreisen beruhigt.

Drittens:
Die Abnahme der Korrelation zwischen Wegzugswahrscheinlichkeit und Bevölkerungsdichte, vor allem aber die Vergrößerung des Variabilitätskoeffizienten (Streuung in Prozent zum Mittelwert) sowohl im ostdeutschen Maßstab insgesamt als auch in jedem der neuen Bundesländer in der Aufeinanderfolge der Jahre 1989/ 1990 und z.T. auch 1990/1991 weisen darauf hin, daß die Differenziertheit zwischen den Kreisen kleiner geworden ist (vgl. auch Diagramm 3).

Dieses Untersuchungsergebnis bildet einen eigenartigen Kontrast dazu, daß, wie bereits festgestellt wurde, die Differenziertheit der Migrationsverläufe in der Aufeinanderfolge der Monate zugenommen hat. Die Korrelation zwischen Migrationsverlauf (also auch der Migrationswahrscheinlichkeit in den einzelnen Monaten) einerseits und Bevölkerungsdichte andererseits war zwar positiv, aber nicht sehr eng. Bezugnehmend auf ganze Jahre jedoch läßt sich ein enger Zusammenhang nachweisen. Diese Differenz kann nur wie folgt gedeutet werden: Generell (im Jahresmittel) sind die dichter besiedelten Gebiete die wichtigsten Emittenten einer Ost-West-Wanderung geblieben; der konkrete Zeitpunkt (Monat) der Wanderung jedoch ist in hohem Maße von zufälligen Faktoren abhängig. Je kleiner ein solcher Kreis und je kürzer der betrachtete Zeitraum ist, um so schwieriger ist der Zeitpunkt von Wanderungen voraussagbar. Bemerkenswert ist aber auch, daß – wiederum von wenigen Ausnahmen abgesehen – sowohl der Wert für die Korrelation zwischen Wegzugswahrscheinlichkeit und Bevölkerungsdichte als auch der Variabilitätskoeffizient in der Folge 1991 bis 1. Halbjahr 1992 wieder größer geworden sind. Das läßt abermals den Schluß zu, daß eine neue Phase der Ost-West-Wanderung begonnen hat. Die Selektivität der Ost-West-Migration hat sich auch in räumlicher Beziehung wieder verstärkt.

3. Die demographische Struktur der Ost-West-Migration in Deutschland

3.1 Altersstruktur der Ost-West-Migration

3.1.1 Zur Altersstruktur der Ost-West-Migration aus den ostdeutschen Ländern

Daß im Vergleich zur Gesamtbevölkerung überdurchschnittlich viele junge Menschen unter den Migranten anzutreffen sind, ist hinlänglich bekannt. Daß dies nicht zutraf für die Ost-West-Migration in Deutschland vor dem Zusammenbruch der DDR, war ein Zeichen der Anomalität in den Beziehungen zwischen den beiden deutschen Staaten (vgl. Diagramm 6). Das Besondere der Ost-West-Migration in Deutschland seit dem Jahre 1989 war jedoch, daß daran anteilig weit

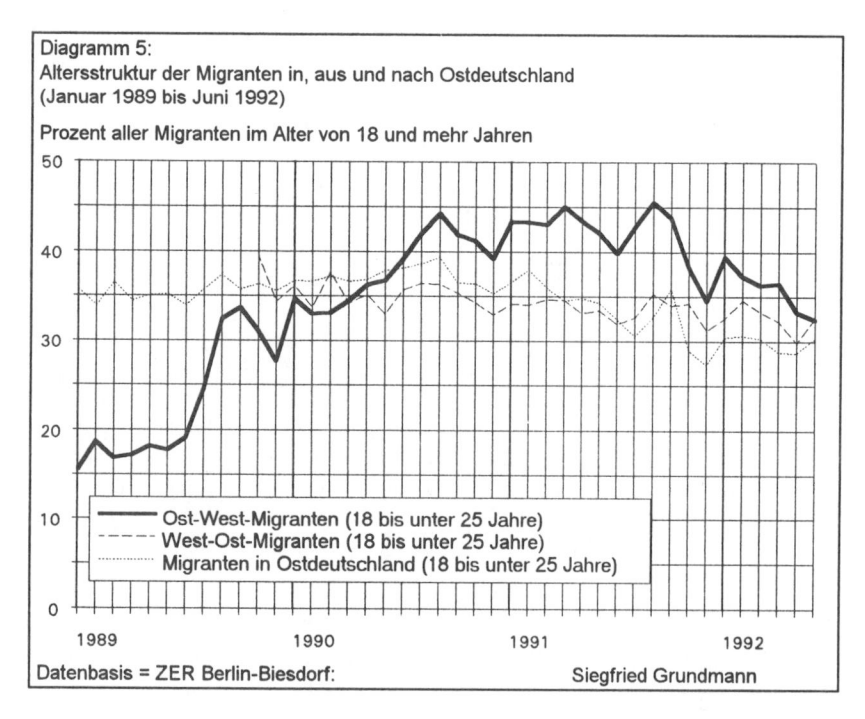

Die Ost-West-Wanderung in Deutschland (1989–1992) 27

Diagramm 5:
Altersstruktur der Migranten in, aus und nach Ostdeutschland
(Januar 1989 bis Juni 1992)

Prozent aller Migranten im Alter von 18 und mehr Jahren

——— Ost-West-Migranten (18 bis unter 25 Jahre)
----- West-Ost-Migranten (18 bis unter 25 Jahre)
.... Migranten in Ostdeutschland (18 bis unter 25 Jahre)

Datenbasis = ZER Berlin-Biesdorf: Siegfried Grundmann

mehr Bürger im Alter von 18 bis 25 beteiligt waren als an der ostdeutschen Binnenwanderung (Diagramm 5). Der Anteil dieser Gruppe war allerdings im August und September 1989 höher als im November und Dezember 1989. Der Grund dafür wird sein, daß an der Massenflucht im August und September über die ungarisch-österreichische Grenze sowie über die Botschaften der BRD sehr viele Jugendliche beteiligt waren. Nach einem von Abschwüngen begleiteten Anstieg erreichte der Anteil der 18- bis unter 25jährigen an der Wanderung der über 18jährigen mit 46 % im September 1991 (bzw. mit 42% im gesamten Jahr 1991) seinen bisherigen Höhepunkt. Bemerkenswert ist aber auch, daß der Anteil der 18- bis 25jährigen im Jahre 1989 noch unter ihrem Anteil an der ostdeutschen Binnenwanderung gelegen hat. Bedingt durch die umfangreiche Wanderung von Bürgern höheren Alters, ist der Anteil dieser Altersgruppe im November und Dezember 1989 stark abgefallen, danach aber wieder bis September 1991 gestiegen. Er näherte sich im Jahre 1992 dem Anteil dieser Gruppe an der ostdeutschen Binnenwanderung. Es haben sich aber auch der Anteil der 18- bis 25jährigen an der Ost-West-Migration und der Anteil dieser Altersgruppe an der West-Ost-Migration in Deutschland einander angenähert.

Die Frage, ob ein enger korrelativer Zusammenhang zwischen dem Umfang der Wanderung (bezogen auf die Bevölkerungszahl) und dem Anteil der Migranten

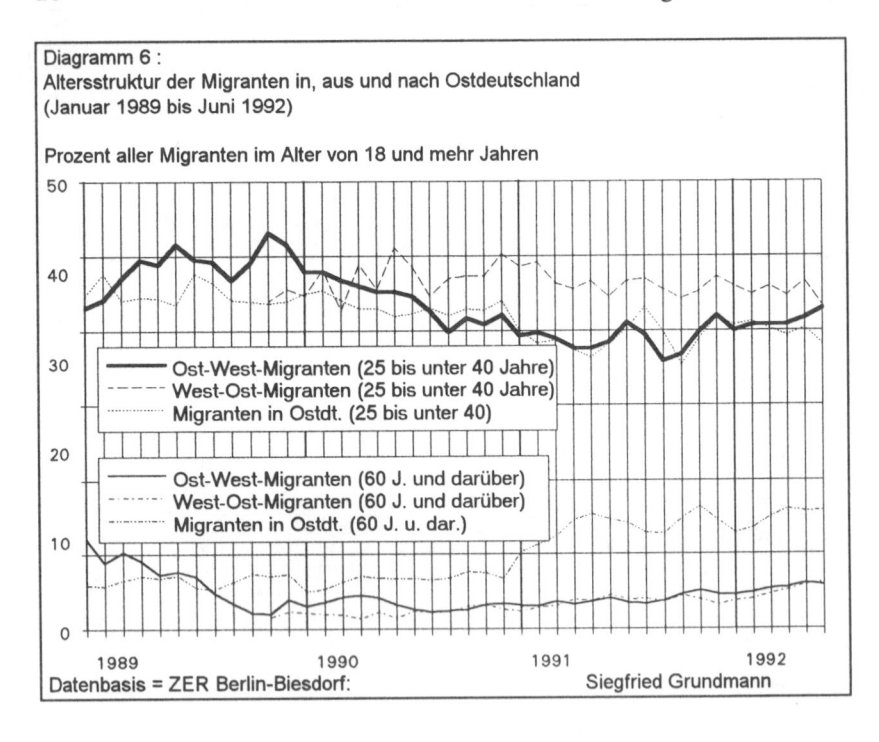

Diagramm 6:
Altersstruktur der Migranten in, aus und nach Ostdeutschland
(Januar 1989 bis Juni 1992)

Prozent aller Migranten im Alter von 18 und mehr Jahren

- Ost-West-Migranten (25 bis unter 40 Jahre)
- West-Ost-Migranten (25 bis unter 40 Jahre)
- Migranten in Ostdt. (25 bis unter 40)

- Ost-West-Migranten (60 J. und darüber)
- West-Ost-Migranten (60 J. und darüber)
- Migranten in Ostdt. (60 J. u. dar.)

Datenbasis = ZER Berlin-Biesdorf: Siegfried Grundmann

im Alter von 18- bis unter 25 Jahren existiert, kann für das Jahr 1989 zustimmend beantwortet werden. Die Welle der Ost-West-Wanderung im Jahre 1989 wurde wesentlich durch den sprunghaft gewachsenen Anteil dieser Altersgruppe verursacht. Ein mindestens so enger Zusammenhang läßt sich für das 1. Halbjahr 1992 nachweisen. In allen anderen hier analysierten Zeiträumen ist die Beziehung beider Merkmale negativ. Das heißt: Je höher die Anzahl der Wegzüge je 1.000 Einwohner in der Folge der Monate Januar bis Dezember 1990 sowie Januar bis Dezember 1991 gewesen ist, um so kleiner war tendenziell der Anteil der 18- bis unter 25jährigen. Insofern war die Abwanderung aus den stärker agrarisch strukturierten Gebieten tendenziell vor allem eine Abwanderung der Jugend. Daraus ergibt sich eine nur schwer korrigierbare strukturelle Schwächung dieser Gebiete. Die Wirkung der Abwanderung auf die Geburtenentwicklung muß dort stärker sein als anderswo.

Bedingt durch die Verwerfungen im Herbst 1989 gibt es für den gesamten Zeitraum Januar 1989 bis Juni 1992 keinen engen – weder positiven noch negativen – Zusammenhang zwischen dem Anteil der 18- bis unter 25jährigen an der Ost-West-Migration und ihrem Anteil an der ostdeutschen Binnenwanderung in den Monaten Januar 1989 bis Juni 1992. Seit Januar 1991 jedoch gibt es einen

Die Ost-West-Wanderung in Deutschland (1989–1992) 29

Diagramm 7:
Altersstruktur der Migranten in, aus und nach Ostdeutschland
(Januar 1989 bis Juni 1992)

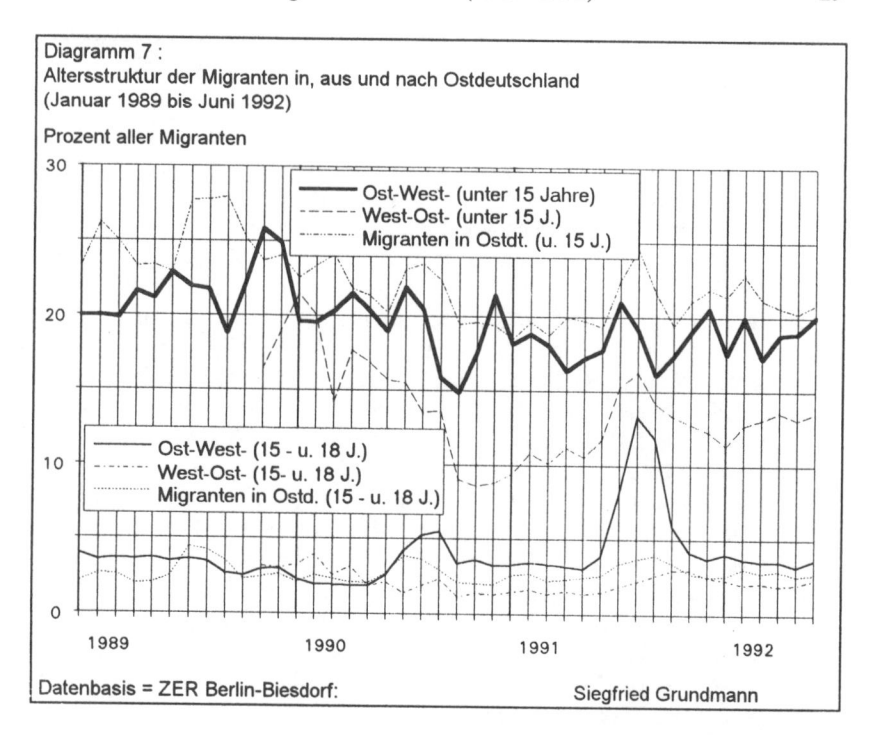

Prozent aller Migranten

— Ost-West- (unter 15 Jahre)
--- West-Ost- (unter 15 J.)
⋯ Migranten in Ostdt. (u. 15 J.)

— Ost-West- (15 - u. 18 J.)
--- West-Ost- (15 - u. 18 J.)
⋯ Migranten in Ostd. (15 - u. 18 J.)

Datenbasis = ZER Berlin-Biesdorf: Siegfried Grundmann

solchen Zusammenhang (Korrelation r = + 0,7420). Sehr eng ist seitdem auch der Zusammenhang zwischen dem Anteil dieser Altersgruppe an der Ost-West-Migration und ihrem Anteil an der West-Ost-Migration in Deutschland.

Daraus ist abermals zu schließen, daß ein Prozeß der strukturellen Angleichung der verschiedenen Wanderungsströme in, aus und nach Ostdeutschland stattgefunden hat.

Bis Mitte 1990 war der Anteil der 25- bis unter 40jährigen an der Ost-West-Migration (an den Migranten im Alter von 18 und mehr Jahren) höher und im Herbst 1989 viel höher als der Anteil dieser Altersgruppe an der ostdeutschen Binnenmigration. Von da an bewegt sich der Anteil dieser Altersgruppe an der Ost-West-Migration auf etwa dem gleichen Niveau wie deren Anteil an der ostdeutschen Binnenwanderung.

Ein enger positiver Zusammenhang zwischen dem Umfang der Ost-West-Migration (je 1.000 Einwohner) einerseits und dem Prozentanteil der 25- bis unter 40jährigen an der Gesamtzahl der Ost-West-Migranten ist sowohl für die Zeit vom Januar bis Dezember 1989 als auch für die Zeit vom Januar 1990 bis Dezember 1990 zu beobachten (r = + 0,64 bzw. r = + 0,55). Diesbezüglich haben sich also die 25- bis unter 40jährigen im Jahre 1990, aber auch im 1.Halbjahr 1992 wesentlich von den Migranten im Alter von 18- bis unter 25 Jahren unterschieden. Daraus folgt, daß diese Altersgruppe vor allem die Ost-West-Migration aus den Städten und Ballungsgebieten geprägt hat.

In allen hier betrachteten Zeiträumen (Januar bis Dezember in den Jahren 1989, 1990, 1991 sowie vom Januar 1992 bis Juni 1992) bestand ein enger positiver Zusammenhang zwischen dem Anteil dieser Altersgruppe an der Ost-West-Migration und ihrem Anteil an der ostdeutschen Binnenwanderung.

Der Strukturanteil der Kinder unter 15 Jahren war in den Monaten vor dem Fall der Mauer wesentlich niedriger als im November und Dezember 1989. Obwohl die Medien damals optisch einen solchen Eindruck erweckt haben, war die Flucht über die ungarisch-österreichische Grenze und auf dem Wege der Botschaftsbesetzungen offenbar in viel geringerem Maße als danach eine Übersiedlung von Familien. Die „Kosten" einer Migration vor dem Wegfall der restriktiven Reisebestimmungen der DDR waren so hoch, daß Ehepaare mit Kindern dieses Risiko in geringerem Maße als Ledige und Ehepaare ohne Kinder gewagt haben. Der entscheidende Zeitpunkt für die Übersiedlung mit Kindern war erst im November 1989 gekommen. Daß das in der Regel eine Übersiedlung für immer war, kommt indirekt darin zum Ausdruck, daß Kinder an der West-Ost-Migration nur in einem strukturell sehr geringen Maße beteiligt sind.

Im Unterschied zu anderen Altersgruppen hat sich der Strukturanteil der Kinder unter 15 Jahren nach der Grenzöffnung im Jahre 1990 nicht erhöht. Bemerkenswert ist, daß im Herbst 1989 auch der Anteil dieser Altersgruppe an der ostdeutschen Binnenmigration sehr hoch gewesen ist. Der Anteil dieser Altersgruppe an der Ost-West-Migration ist 1990 zwar nicht gewachsen, er lag seit Beginn des Jahres 1990 aber über ihrem Anteil an der Binnenmigration. Es sind eben viele Erwachsene mit Kindern in die alten Bundesländer übergesiedelt.

Der Anteil der 15- bis unter 18jährigen an allen Migranten kann aufgrund ihres geringen Anteils an der Gesamtbevölkerung nicht sehr hoch gewesen sein. Um so auffallender ist das Wachstum des Anteils dieser Altersgruppe im August 1990 und vor allem im August 1991. Es fällt auf, daß zum gleichen Zeitpunkt auch der Anteil der Kinder unter 15 Jahren und kurz danach (September 1991) der Jugendlichen im Alter von 18- bis 25 Jahren extrem hoch gewesen ist. Ledige und Familien mit Kindern haben damals in besonderem Maße das sozialdemographische Profil der Ost-West-Migration geprägt. Das Besondere am Wanderungsverhalten der 15- bis unter 18jährigen war jedoch, daß ihr prozentualer Anteil an der Ost-West-Wanderung seit Mitte 1990 erheblich über ihrem Anteil an der ostdeutschen Binnenwanderung bzw. der West-Ost-Migration in Deutschland gelegen hat. Ein Extremwert am Anteil der Ost-West-Wanderungen wurde im August 1991 mit 13,3% (September 1991 = 11,9%) erreicht. Man kann annehmen, daß es sich dabei um eine spezifische Form der Bildungswanderung gehandelt hat (Migration im Zusammenhang mit dem Beginn von Berufsausbildung und Studium).

Demgegenüber waren Menschen höheren Alters (über 50 Jahre) nur in einem geringen Maße an der Ost-West-Migration beteiligt. Ihr Anteil liegt seit Herbst 1989 auch erheblich unter ihrem Strukturanteil an der ostdeutschen Binnenwanderung (vgl. Diagramm 6).

Der Grund dafür ist nicht nur, daß die migrationelle Mobilität der Älteren bekanntlich relativ gering ist, sondern auch, daß Rentner schon vor dem Fall von Mauer und restriktiven Grenzregelungen die Möglichkeit der Übersiedlung nach Westdeutschland hatten. In bezug auf diese Altersgruppe gab es keinen Migrationsdruck auf ostdeutscher Seite. Bedingt durch die Ost-West-Migration der Jüngeren im Herbst 1989 hat sich auch der Anteil älterer Bürger an der Ost-West-Migration in dieser Zeit stark verringert. Daß es hinsichtlich des Anteils der Rentner an der Ost-West-Migration und ihres Anteils an der ostdeutschen Binnenwanderung keine Annäherung gegeben hat (was eine erhöhte Ost-West-Wanderung von Rentnern zur Voraussetzung hätte), ist erstens daraus zu erklären, daß das relevante Migrationspotential schon früher in Richtung Westen fließen konnte und zweitens daraus, daß eine Wanderung in die alten Bundesländer eine Fernwanderung ist und die sozialen Kosten einer solchen Migration für ältere Menschen bekanntlich sehr hoch sind. Anomal ist nicht der jetzt nur noch geringe Anteil der Alten an der Ost-West-Migration in Deutschland, anomal war vielmehr der vor dem Herbst 1989 sehr hohe Anteil.

Aufgrund der vorgestellten Diagramme und Tabellen kann festgestellt werden, daß seit etwa Mitte des Jahres 1990 die Ost-West-Migration, die West-Ost-Migration und die ostdeutsche Binnenwanderung der verschiedenen Altersgruppen etwa im gleichen zeitlichen Rhythmus verlaufen:

– Die Ferien- und Urlaubszeit ist anscheinend wie ehedem zur großen Zeit der Migration von Leuten jüngeren Alters nicht nur innerhalb des ostdeutschen Territoriums, sondern auch zwischen Ost- und Westdeutschland geworden. Und weil Migranten mehrheitlich jüngeren Alters sind, wird die Ferien- und Urlaubszeit wie ehedem zur großen Zeit der Migration überhaupt.
– Abgesehen von den Verwerfungen im Jahre 1989 und am Beginn des Jahres 1990 verändert sich von Monat zu Monat der Anteil der verschiedenen Altersgruppen an den verschiedenen Formen der Migration in etwa gleichem Rhythmus. Bildlich ausgedrückt: Der Pegelstand und die Richtung der verschiedenen Ströme mögen unterschiedlich sein – die strukturelle Zusammensetzung der Wassermassen aber ist zum gleichen Zeitpunkt prinzipiell überall die gleiche geworden.
– Hinsichtlich ihrer Altersstruktur hat die Migration zwischen dem Osten und Westen der Bundesrepublik ihre 1989/90 sehr deutlich ausgeprägten Besonderheiten verloren. Aus der früheren ostdeutschen „Außenwanderung" ist mittlerweile strukturell eine besondere Form der Binnenwanderung geworden.

Ob sich die Ost-West-Migration damit altersstrukturell auch an die Binnenwanderung in der alten Bundesrepublik angeglichen hat, ist eine Frage, die aufgrund der ZER-Daten nicht beantwortet werden kann. Aufgrund von Arbeiten zur

Binnenwanderung in der alten Bundesrepublik kann aber davon ausgegangen werden, daß auch das zutrifft, woraus folgt, daß es hinsichtlich der monatlichen Veränderungen in der Altersstruktur der Migration keinen wesentlichen Unterschied zwischen dem Osten und dem Westen Deutschlands gibt.

3.1.2 Zur Altersstruktur der Ost-West-Migration aus den ostdeutschen Kreisen

Was für die Migration aus Ostdeutschland insgesamt zutrifft, muß nicht zwangsläufig auch für die einzelnen Kreise gelten.

Also ist zu fragen: Ist auch auf Kreisebene eine allmähliche Annäherung der Altersstruktur von Ost-West-Migration, von ostdeutscher Binnenmigration und West-Ost-Migration zu beobachten?

Wenn sich die Datenanalyse der Kreisebene zuwendet, können darüber hinaus andere Fragen gestellt und beantwortet werden:

– In welchem Verhältnis stehen die Altersstruktur der Ost-West-Migranten insgesamt und die Altersstruktur der Ost-West-Migranten aus den ostdeutschen Kreisen?

– Welcher Zusammenhang besteht zwischen Altersstruktur der Ost-West-Migration aus den Kreisen der neuen Bundesländer und der Bevölkerungsdichte dieser Kreise? Kommen die Migranten jüngeren Alters vorwiegend aus Städten und dichtbesiedelten Industriegebieten oder vorwiegend aus agrarisch strukturierten Gebieten?

Obwohl zur ersten Frage umfangreiche Berechnungen nötig waren, ist die Antwort schnell gegeben.

Auf Kreisebene ist kein korrelativer Zusammenhang zwischen der Altersstruktur der Ost-West-Wanderung, der ostdeutschen Binnenmigration und der West-Ost-Migration erkennbar, weder 1989 noch 1990, 1991 oder 1992. Eine Aussage etwa derart, daß Kreise mit einer hohen Abwanderungsquote von Jugendlichen in die alten Bundesländer eine geringe Quote der Migration in andere Kreise der neuen Bundesländer hätten, ist nicht möglich.

Ähnlich lautet die Antwort auf die anderen Fragen. Die Altersstruktur der Ost-West-Migranten auf der Ebene der Kreise und der Ost-West-Migranten insgesamt stimmen in einem hohen Maße überein. Median und Mittelwert für die einzelnen Altersgruppen sind beinahe identisch. Die Werte für Standardabweichung und Variabilitätskoeffizient sind sehr niedrig. Die Korrelation zwischen der Altersstruktur der Ost-West-Migranten aus den einzelnen Kreisen und der Altersstruktur der Ost-West-Migranten insgesamt liegt durchweg über dem Wert $r = +0,9$. Für alle Kreise zusammen hatte das Mittel der Korrelationen in allen hier betrachteten Jahren einen Wert von $r = +0,98$. Entsprechend gering war die Streuung der Korrelationen für die Kreise.

Die Ost-West-Wanderung in Deutschland (1989–1992)

Tabelle 7
Wanderungen aus der DDR / den neuen Bundesländern in die BRD/ die alten Bundesländer
(Anzahl, Altersgruppen und Geschlecht)

Jahr	männlich <15	15–18	18–25	25–40	40–50	50–60	60–65	>65	insg.
1989	35014	4584	32995	59934	15474	4635	1130	1918	155684
1990	33124	4987	55472	72066	15853	5435	1451	1764	190152
1991	20098	6105	33651	35125	8403	3842	764	1175	109163
1. Hj. 92	6795	1099	9370	12850	3189	1667	361	554	35885

Jahr	weiblich <15	15–18	18–25	25–40	40–50	50–60	60–65	>65	insg.
1989	33889	4259	27822	49903	13549	4841	2359	3147	139769
1990	32167	5055	42334	45829	11805	5122	2034	3275	147621
1991	19330	7611	34842	27778	8283	4053	1100	3047	106044
1. Hj. 92	6405	1473	10633	9756	2984	1751	529	1430	34961

Jahr	insgesamt <15	15–18	18–25	25–40	40–50	50–60	60–65	>65	insg.
1989	68903	8843	60817	109837	29023	9476	3489	5065	295453
1990	65291	10042	97806	117895	27658	10557	3485	5039	337773
1991	39428	13716	68493	62903	16686	7895	1864	4222	215207
1. Hj. 92	13200	2572	20003	22606	6173	3418	890	1984	70846

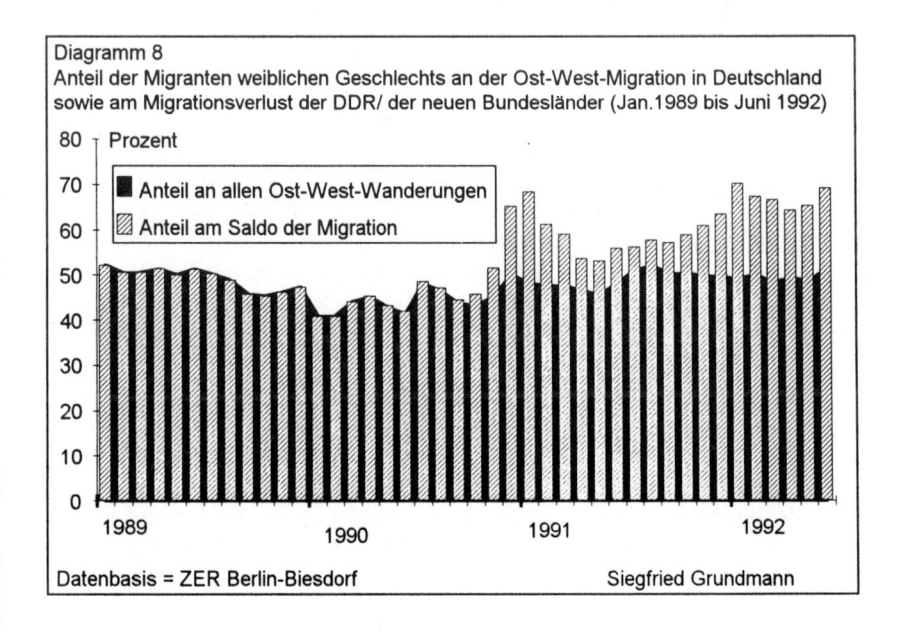

Diagramm 8
Anteil der Migranten weiblichen Geschlechts an der Ost-West-Migration in Deutschland sowie am Migrationsverlust der DDR/ der neuen Bundesländer (Jan.1989 bis Juni 1992)

■ Anteil an allen Ost-West-Wanderungen
▨ Anteil am Saldo der Migration

Datenbasis = ZER Berlin-Biesdorf   Siegfried Grundmann

Überraschenderweise hatte die Prüfung des Zusammenhanges zwischen Altersstruktur und Bevölkerungsdichte ein in mathematischem Sinne negatives, in wissenschaftlichem Sinne aber positives Ergebnis: Die Korrelation hatte für die Gruppe der 18 – bis 25jährigen in den Jahren 1990, 1991 und 1992 einen negativen Wert von beachtlicher Größe. Demzufolge sind aus den weniger dichtbesiedelten und agrarisch strukturierten Gebieten überdurchschnittlich häufig junge Leute in die alten Bundesländer übergesiedelt. Die Bindung der Älteren an Haus und Hof, an das Dorf und an die Region war um so größer.

3.2 Geschlechteranteile an der Ost-West-Migration

3.2.1 Geschlechteranteile an der Ost-West-Migration insgesamt

Daß die Anzahl der männlichen Migranten in hohem Maße mit jener der weiblichen übereinstimmt (vgl. Diagramm 8 und Tabelle 7), bedarf keiner Diskussion. Weitgehend deckungsgleich war vor allem der Rhythmus des zeitlichen Verlaufs der Ost-West-Migration von Männern und Frauen in der Zeit vom Januar 1989 bis Juni 1992.

Um so mehr Beachtung verdienen die dennoch aufgetretenen Abweichungen in bezug auf Umfang, Altersstruktur und Zeitpunkt der Migration von Männern und Frauen. Klärungsbedarf besteht dabei auch in bezug auf die Wertung der Migration von Männern und Frauen.

Von wenigen Monaten abgesehen (seit August 1989 nur die Monate Januar 1991, Juli bis Oktober 1991, Juni 1992), hatte die Ost-West-Migration von Männern einen größeren Umfang als die Ost-West-Migration von Frauen. In der Zeit vom Januar 1989 bis zum Juni 1992 sind 62.489 bzw. 14,6% mehr Männer als Frauen nach Westdeutschland übergesiedelt (Tabelle 8). Die Differenz war im Januar und Februar 1990 (jeweils 45% mehr Männer als Frauen) bzw. im gesamten Jahr 1990 am größten (Tabelle 9).

Die maximale Differenz in den Geschlechterproportionen der Ost-West-Migration ist 1990 in den Altersgruppen der 25- bis unter 40jährigen, gefolgt von den 40- bis unter 50jährigen und den 18- bis unter 25jährigen zu verzeichnen. Zugunsten der Männer war die Differenz aber auch im Jahre 1991 und im 1. Halbjahr 1992 in der Altersgruppe der 25- bis unter 40jährigen am größten. In der Gruppe der 18- bis unter 25jährigen dagegen ist 1991 eine völlig andere Situation als noch im Jahre 1990 zu beobachten; 1991 und 1992 sind in dieser Altersgruppe mehr Frauen als Männer in die alten Bundesländer übergesiedelt.

Da der Anteil der Ledigen in der Altersgruppe der 25- bis 40jährigen Männer bekanntlich niedrig (jedenfalls niedriger als in der Gruppe der 18- bis 25jährigen Männer) und nicht anzunehmen ist, daß sich der Familienstand der Migranten

Die Ost-West-Wanderung in Deutschland (1989–1992)

Tabelle 8
Ost-West-Migration von Männern und Frauen (alle ASltersgruppen)

Jahr	m männlich Personen	w weiblich Personen	Differenz m minus w Personen	Spalte D in Prozent zu C
1989	155684	139769	15915	11,39
1990	190152	147621	42531	28,81
1991	109163	106044	3119	2,94
1. Hj. 1992	35885	34961	924	2,64
1989-92	490884	428395	62489	14,59

Tabelle 9
Korrelationen zur Ost-West-Migration von Männern und Frauen verschiedener Altersgruppen sowie von Kindern

	im Zeitraum Januar 1989 bis Juni 1992				
	18-25 M	25- 40 M	18- 25 F	25- 40 F	unter 18
18-25 Männer M	1,00	-0,05	0,76	-0,83	-0,35
25- 40 Männer M	-0,05	1,00	-0,58	0,25	-0,13
18- 25 Frauen F	0,76	-0,58	1,00	-0,73	-0,06
25- 40 Frauen F	-0,83	0,25	-0,73	1,00	0,59
unter 18	-0,35	-0,13	-0,06	0,59	1,00

nennenswert vom Familienstand der „Hiergebliebenen" unterscheidet[9], ist die Diskrepanz im Falle der verheirateten Männer am größten.
Die migrationelle Antwort darauf kann nur sein:
- der Nachzug von Frauen und
- die Rückwanderung von Männern.

Die sich verstärkende West-Ost-Migration 1991/1992 und dabei besonders von Männern ist wesentlich wohl nur in dieser Weise zu deuten – als Rückwanderung. Indizien dafür, daß ein „Nachzug" von Frauen stattgefunden hat, sind vor allem:
1. die 1991 und 1992 schon weitgehend ausgeglichenen Geschlechterproportionen im Umfang der Ost-West-Migration;
2. daß die Zahl der weiblichen Ost-West-Migranten in der Gruppe der 18- bis unter 25jährigen 1991 und 1992 größer bzw. erheblich größer war als die der männlichen Ost-West-Migranten;[10]

---

[9] Infolge der vorzeitigen Schließung des ZER bereits im Oktober 1992 waren Daten zum Familienstand der Migranten leider nicht mehr zu beschaffen.
[10] Da die Differenz im Heiratsalter von Männern und Frauen in der DDR etwa 2 bis 3 Jahre betrug, gehören viele verheiratete Frauen zur der Gruppe der 18- bis unter 25jährigen, ihre Männer dagegen schon zur Gruppe der 25- bis unter 40jährigen.

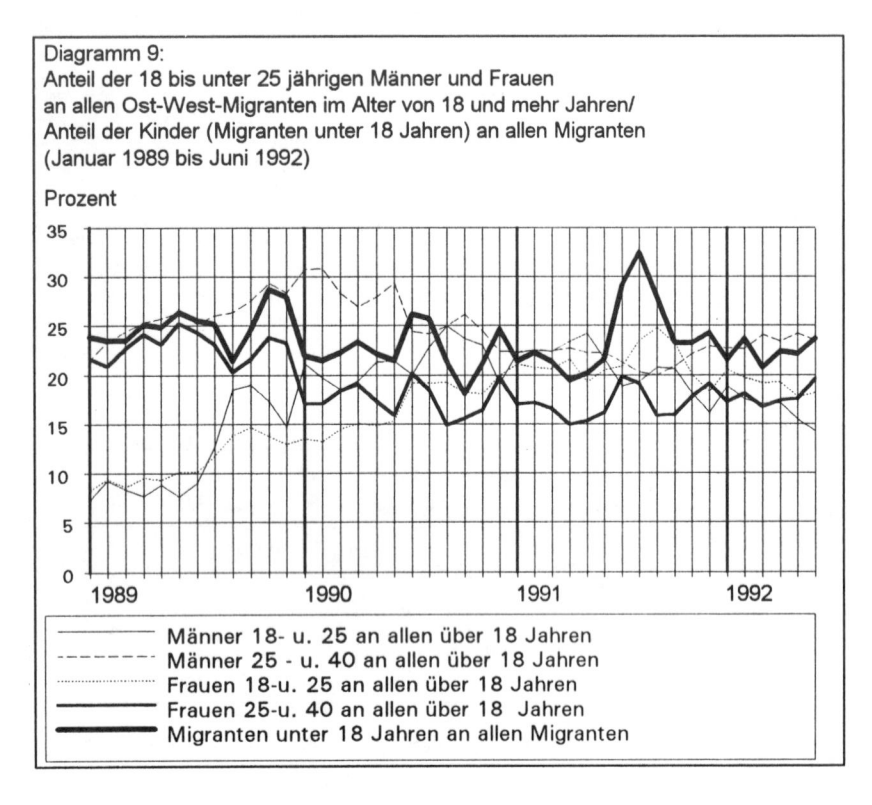

Diagramm 9:
Anteil der 18 bis unter 25 jährigen Männer und Frauen
an allen Ost-West-Migranten im Alter von 18 und mehr Jahren/
Anteil der Kinder (Migranten unter 18 Jahren) an allen Migranten
(Januar 1989 bis Juni 1992)

Prozent

——————— Männer 18- u. 25 an allen über 18 Jahren
- - - - - - - Männer 25 - u. 40 an allen über 18 Jahren
················· Frauen 18-u. 25 an allen über 18 Jahren
——————— Frauen 25-u. 40 an allen über 18 Jahren
▬▬▬▬▬▬▬ Migranten unter 18 Jahren an allen Migranten

3. daß die 25- bis unter 40jährigen Frauen etwa zum gleichen Zeitpunkt wie die unter 15jährigen Kinder nach Westdeutschland übergesiedelt sind (vgl. Diagramm 9).

Daraus folgt auch, daß die Zahl der „Pionierwanderungen" 1991 und 1992 in noch stärkerem Maße abgenommen hat als die Diagramme 1 bis 3 ahnen ließen. Entsprechend stark müßte der Umfang der Ost-West-Wanderung 1992, 1993 und 1994 abnehmen, weil dann die fälligen Nachzüge getätigt sind.

Welche weitreichenden Konsequenzen sich aus der Ost-West-Migration insbesondere von Frauen für die natürliche Bevölkerungsbewegung im Osten Deutschlands ergeben, wird noch zu zeigen sein.

3.2.2 Geschlechteranteile an der Ost-West-Migration aus den ostdeutschen Kreisen

Besteht ein Zusammenhang zwischen dem Anteil von Männern bzw. Frauen an der Ost-West-Migration und der Bevölkerungsdichte? Sind Männer oder Frauen mit statistisch größerer Wahrscheinlichkeit aus Städten oder aus Dörfern in die alte Bundesrepublik übergesiedelt? 1989 und 1990 hatte die Korrelation zwischen dem Männeranteil (bezogen auf alle Altersgruppen) an der Ost-West-Migration und der Bevölkerungsdichte der Kreise eine Korrelation von $r = -0,31$ bzw. $-0,38$. Das heißt: Aus agrarisch strukturierten Gegenden sind Männer damals mit geringfügig größerer Wahrscheinlichkeit als Frauen in die alten Bundesländer übergesiedelt. Und umgekehrt: Die Wohnortbindung der Frauen war dort größer. Die sozialen Kosten einer Migration sind höher. Das gilt für die Altersgruppe der 25- bis unter 40jährigen Männer einerseits und der 25- bis unter 40jährigen Frauen andererseits in besonderem Maße.

Weil die Wegzugswahrscheinlichkeit aus dicht besiedelten Gebieten höher war, die Korrelation zwischen Männern und Bevölkerungsdichte negativ, mußte zwangsläufig auch die Korrelation zwischen dem Männeranteil an der Gesamtzahl der Ost-West-Migranten einerseits und der Wegzugswahrscheinlichkeit aus Kreisen andererseits in den Jahren 1989 und 1990 negativ sein. Sie hatte Werte von $r = -0,45$ bzw. $r = -0,35$. In der Altersgruppe der 25- bis unter 40jährigen Männer hatte die Korrelation Werte von $r = -0,48$ bzw. $r = -0,46$. 1991 und 1992 war keine enge Korrelation zu verzeichnen.

Das heißt: Wo die Wegzugswahrscheinlichkeit sehr niedrig gewesen ist, war 1989 und 1990 der Männeranteil und dabei besonders der Anteil der 25- bis unter 40jährigen Männer etwas höher als der der Frauen. Das gilt aber nur für diese Altersgruppe; im Falle der anderen Altersgruppen ist so gut wie kein Zusammenhang zu beobachten (die Werte für die Korrelation bewegen sich wenig über oder unter $r = 0,00$).

Daß es zwischen den Kreisen insgesamt wenige Unterschiede in bezug auf Umfang und Anteil der Migranten männlichen bzw. weiblichen Geschlechts gibt, kommt auch darin zum Ausdruck, daß Mittelwerte und Median in den meisten Fällen übereinstimmen und die Streuung in Relation zum Mittelwert sehr niedrig war. Nennenswerte Unterschiede zwischen Median und Mittelwert sind nur im Falle der 18- bis unter 25jährigen Ost-West-Migranten nachweisbar. Der Median hatte hier für den Anteil von Migranten männlichen Geschlechts 1990 den Wert 54,1%, der Mittelwert lag bei 48,7%; für 1991 lauten die Ergebnisse: 37,0% bzw. 43,2%. Das heißt:
- In 50% der Kreise lag 1990 der Anteil der Migranten männlichen Geschlechts in der genannten Altersgruppe über dem Prozentanteil von 54,1%, in den anderen 50% der Kreise darunter.

– In den meisten Kreisen lag der männliche Anteil in dieser Altersgruppe über dem Mittelwert von 48,7%.

Ähnliches gilt für 1991. 1989 und 1992 aber waren Median und Mittelwert in dieser Altersgruppe so gut wie gleich.

Daß die Situation auf Kreisebene (dem Mittel aller Kreise) weitgehend mit der Geschlechterproportion der Ost-West-Migranten übereinstimmt, kommt auch darin zum Ausdruck, daß die Mittelwerte des Anteils von männlichen bzw. weiblichen Migranten (insgesamt und nach Altersgruppen) für die Kreise sich kaum von den entsprechenden Prozentanteilen an der Gesamtzahl der Ost-West-Migranten unterscheiden.

Daß auf Kreisebene wenige regelhafte Zusammenhänge zwischen der Ost-West-Migration der Geschlechter auszumachen sind, kommt schließlich auch darin zum Ausdruck, daß die insgesamt geringen Veränderungen in der Altersstruktur der Ost-West-Migranten in hohem Maße zufällig sind. Eine Aussage derart, daß Kreise, die im Jahre 1989 überdurchschnittlich viele Migranten männlichen Geschlechts hatten, auch 1990 über dem Durchschnitt lagen, ist nicht möglich.

Ausgehend von den Analysen zur Geschlechterstruktur der Ost-West-Migration aus den Kreisen kann abermals verallgemeinert werden: Je kleiner in Relation zur Wohnbevölkerung die Migrationsquanten sind, die ein Territorium abgibt, um so zufälliger sind Zeitpunkt und Umfang der Emission. Also ist die Unsicherheit der Voraussagbarkeit von Wanderungen im Falle von kleinen territorialen Einheiten, einzelnen demographischen Gruppen (z.B. Altersgruppen) und sehr kurzen Zeiträumen (z.B. einzelne Monate) am größten.

4. Zusammenfassung und Ausblick

Die Migration in die Bundesrepublik Deutschland war 1989/1990 eine der Ursachen, eine Begleiterscheinung und eine Folge des Zusammenbruchs der DDR.

Alle herkömmlichen Muster des Migrationsverhaltens der Ostdeutschen waren damals aufgehoben. Die Außenwanderung hatte damals ein größeres Gewicht als die Binnenwanderung; die Fernwanderung war umfangreicher als die Nahwanderung. Die bisher dominierenden Zielgebiete der (Binnen-)Migration (die Großstädte) wurden zu den wichtigsten Quellgebieten der Ost-West-Migration. Die migrationelle Mobilität der Ostdeutschen war zwar auch 1989/90 geringer als die der Westdeutschen; um so effektiver war die Wanderung. Selbst in der deutsch-deutschen Relation schien das Gesetz der Distanzabhängigkeit von Wanderungen aufgehoben zu sein; die wichtigsten Zielgebiete dieser Wanderung waren zunächst Bayern, Baden-Württemberg und West-Berlin. Das Durchschnittsalter der Ost-West-Migranten lag unter dem der Migranten in der DDR. Der Männer-Anteil lag erheblich über dem der Frauen. Der zeitliche Verlauf wurde nicht durch den Rhythmus des Jahres (Jahres- und Urlaubszeiten), sondern durch politische

Die Ost-West-Wanderung in Deutschland (1989–1992) 39

Ereignisse (Öffnung der Grenzen, Wirtschafts- und Währungsunion, Beitritt der DDR zur Bundesrepublik Deutschland) bestimmt. Dementsprechend waren politische Motive – vermengt mit wirtschaftlichen – die ausschlaggebenden Motive der Migration.

Insofern war die Ost-West-Migration in Deutschland nicht nur de jure, sondern auch de facto eine Form der Außenwanderung – hinsichtlich Verlauf, Struktur und Ursachen mit internationalen Wanderungen eng verwandt. Die Ost-West-Wanderung wurde mit dem Beitritt der DDR zur Bundesrepublik zwar eine besondere Form der Binnenwanderung, strukturell hat sie jedoch bis in das Jahr 1991 hinein Merkmale der Fluchtbewegung 1989/90 behalten.

Seit Mitte des Jahres 1991 hat sich der Charakter dieser Wanderung grundlegend verändert. Der Umfang der Ost-West-Migration in Deutschland hat sich drastisch verringert – laut Angaben aus dem Statistischen Bundesamt von 388.396 Personen im Jahre 1989 auf 199.170 Personen im Jahre 1992[11]). Infolge gewachsener West-Ost-Migration (vorwiegend in Form der Rückwanderung) hat sich der negative Saldo des Ostens in noch größerem Ausmaß verringert (von – 383.261 auf – 87.825 Personen). Der zeitliche Ablauf der Ost-West-Wanderungen hat sich dem Verlauf der ostdeutschen Binnenmigration wieder angepaßt. Die Distanzabhängigkeit von Wanderungen hat sich durchgesetzt; dabei ist vor allem im Berliner Raum und im früheren Grenzgebiet zur BRD die Arbeitspendelwanderung zu einer Alternative der Migration geworden. Infolge des gewachsenen Einflusses der spezifischen territorialen Bedingungen, darunter der jeweiligen geographischen Lage und der Perspektive von Ländern und Kreisen, auf den Verlauf der Ost-West-Migration ist die regionale Differenziertheit auf dem Gebiet der ehemaligen DDR derart groß geworden, daß es immer schwieriger wird, generalisierende Aussagen zum Verlauf der Ost-West-Wanderung aus den ostdeutschen Ländern und Kreisen zu machen. Mittlerweile haben mehrere ostdeutsche Städte bzw. Kreise, insbesondere Ost-Berlin und die Kreise im Umland von Berlin, Wanderungsgewinne gegenüber der alten Bundesrepublik (Karte 7). Eine Annäherung an die ostdeutsche Binnenmigration hat auch in bezug auf die sozialdemographische Struktur der Ost-West-Migration stattgefunden. Ökonomische und familiäre Motive wurden zu den ausschlaggebenden Motiven der Ost-West-Migration.

Insofern ist die Ost-West-Migration in Deutschland zu einer spezifischen Erscheinungsform der Binnenwanderung geworden. Besonderheiten im Wanderungsverhalten der Ostdeutschen sind aber immer noch:
1. die situationsbedingt niedrige migrationelle Mobilität[12];

---

11 Vgl. Statistisches Bundesamt Wiesbaden (1993: 9).
12 Niedrige Mobilität bedeutet jedoch nicht zwangsläufig eine entsprechende mentale Veranlagung. Die niedrige räumliche Mobilität der Ostdeutschen ist vielmehr situationsbedingt. Vgl. dazu Böltken, F. (1992).

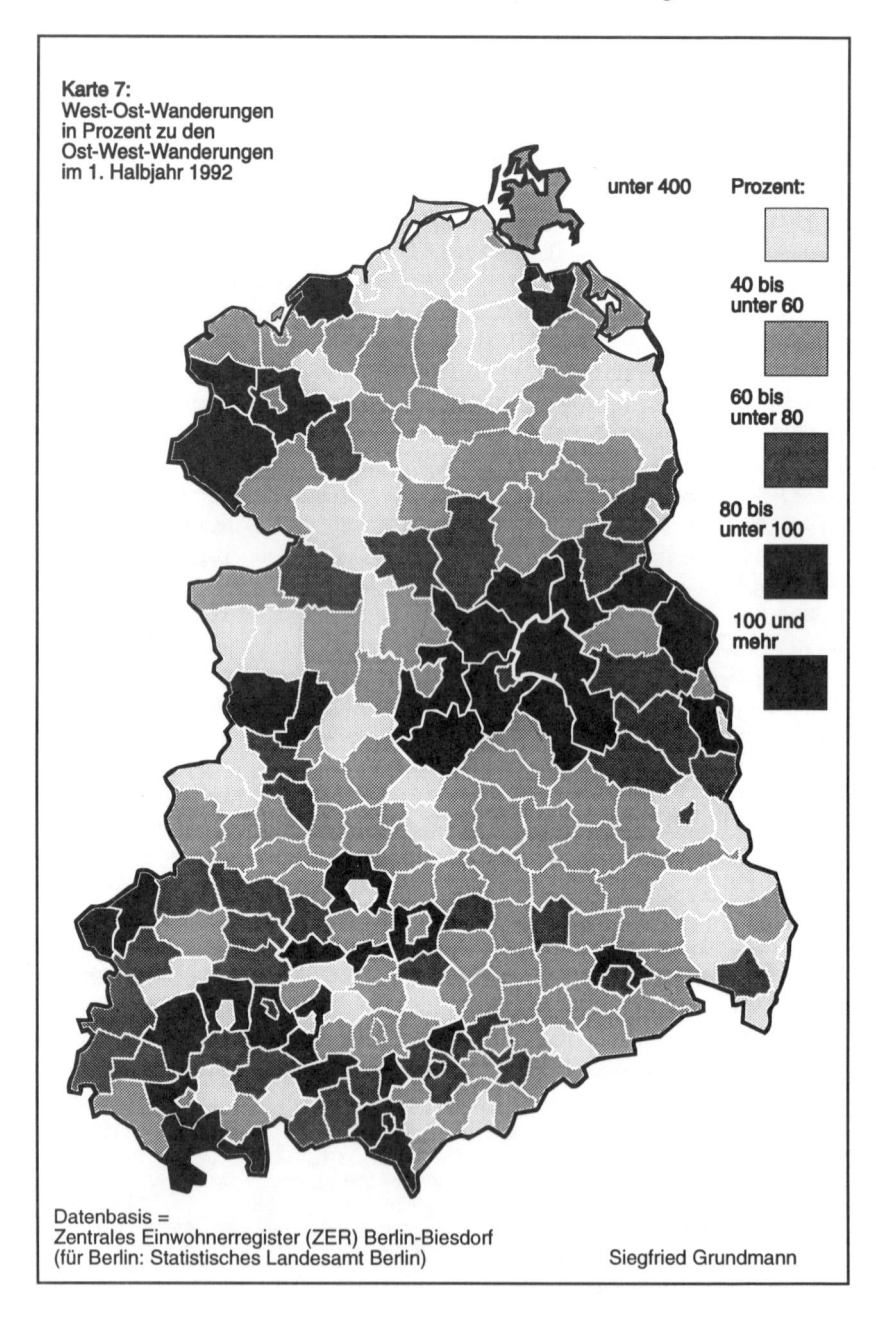

Karte 7:
West-Ost-Wanderungen
in Prozent zu den
Ost-West-Wanderungen
im 1. Halbjahr 1992

Prozent:
- unter 400
- 40 bis unter 60
- 60 bis unter 80
- 80 bis unter 100
- 100 und mehr

Datenbasis =
Zentrales Einwohnerregister (ZER) Berlin-Biesdorf
(für Berlin: Statistisches Landesamt Berlin)

Siegfried Grundmann

2. die hohe „Effektivität" (Gerichtetheit) der Wanderung und
3. die Dominanz von Wanderungszielen auf dem Gebiet der alten BRD.

Die wichtigsten Ursprungsorte der Ost-West-Migration sind zwar weiterhin die Großstädte und Industriegebiete in den neuen Bundesländern, es kann jedoch als sicher angenommen werden, daß sich neue räumliche Muster der Migration in Ostdeutschland herausbilden und die agrarisch strukturierten Gebiete erneut zu Gebieten mit überdurchschnittlich hohen Migrationsverlusten werden. Das würde in der Gesamtbilanz der Wanderung bedeuten, daß die hohen Migrationsverluste der Großstädte und Industriegebiete gegenüber den alten Bundesländern letztlich doch an die strukturschwächeren ländlichen Gebiete „weitergereicht" werden. Es ist andererseits nicht anzunehmen, daß die Großstädte erneut hohe Migrationsgewinne realisieren. Aus den Gegebenheiten des Wohnungsmarktes und neuen Akzenten des Wohnungsbaus folgt vielmehr, daß eine (allerdings als problematisch zu bewertende[13]) Suburbanisierung größeren Ausmaßes beginnt und das Umland der Städte zum wichtigsten Zielgebiet der Migration wird.

Die Ost-West-Migration ist zurückgegangen, sie ist darum aber nicht problem- und folgenlos. Es genügt ein Blick auf die Geschichte der DDR und ihre Regionen, um sagen zu können, daß selbst geringe, aber dauerhafte Migrationsverluste von Gebieten sich zu einer beachtlichen Größe addieren können und eine solche Erosion zur faktischen Entvölkerung von Regionen führen kann. Eine Folge war und ist immer die sinkende Effizienz der Nutzung und Erhaltung von Infrastruktur, eine sinkende Effizienz auch der Produktion in solchen Gebieten. Das wiederum erzeugt rückwirkend eine verstärkte Neigung zum Wegzug insbesondere von Jugendlichen. So entsteht ein verhängnisvoller Kreislauf, der allein mit den Mechanismen des Marktes nicht zu durchbrechen ist.

Der Umfang der Ost-West-Migration hat sich verringert. Auch wegen der zunehmenden West-Ost-Migration hat sich der ostdeutsche Migrationsverlust (der negative Saldo der Migration) noch mehr verringert. Um so spürbarer sind nun die Spätfolgen der Ost-West-Migration 1989/1990: die Bevölkerung Ostdeutschlands wird auch dann schrumpfen, wenn die Migrationsbilanz ausgeglichen wäre und die Geborenenziffern ausreichen würden für die (einfache) Reproduktion der Elterngeneration. Denn es waren und sind vor allem Menschen jüngeren Alters, die die demographische Struktur der Migration prägen, und Menschen jüngeren Alters sind es ja vor allem, die Kinder zeugen und gebären.

Dabei hatte die Ost-West-Migration schon in den Jahren 1989 bis 1991 schwerwiegende, weil direkte, demographische Folgen. Der dramatische Bevölkerungsrückgang auf dem Gebiet der früheren DDR war in dieser Zeit zu 84,1% auf Wanderungen zurückzuführen.

---

13 Suburbanisierung bei insgesamt schrumpfender Bevölkerungszahl in Ostdeutschland wirkt in Richtung eines Wertverlustes der Kernstädte; gleichzeitig wird damit die Abwanderung aus agrarisch strukturierten Gebieten begünstigt.

Wenn wir zusätzlich zum Saldo der Ost-West-Ost-Migration den Saldo der ostdeutschen Binnenwanderung (Wanderungen über die Kreisgrenzen) in der Zeit vom 1. 1. 1989 bis zum 31. 12. 1991 einbeziehen, ergibt die Bilanz, daß 94,1% des Bevölkerungsrückganges im Land Brandenburg, 90,5% in Mecklenburg-Vorpommern, 83,3% in Sachsen-Anhalt, 82,6% in Thüringen und 77,4% in Sachsen eine Folge von Wanderungen gewesen sind.

Abgesehen vom Sonderfall Wittstock[14] hatten alle Kreise der neuen Bundesländer im betrachteten Zeitraum Bevölkerungsverluste (während die Wohnbevölkerung in allen Kreisen der alten BRD in dieser Zeit gewachsen ist). Der Mittelwert dieser Verluste beträgt 6,5% der Wohnbevölkerung vom 1.1.1989. Im Mittel der Kreise (ohne Ost-Berlin) ist dieser Verlust zu 85,3% auf Wanderungen zurückzuführen. Daß der Median mit 4,9% wesentlich darunter liegt, bedeutet erstens, daß die Bevölkerungsverluste der meisten Kreise unter diesem Mittelwert von 85,3% liegen, zweitens, daß die bevölkerungsreichsten Kreise – die Stadtkreise und Ballungsgebiete – die (zunächst noch) bei weitem höchsten Verluste hatten (Diagramm 10).

Bevölkerungsdichte einerseits und Bevölkerungsentwicklung bzw. Wanderungssalden andererseits im Zeitraum 1989 bis 1991 korrelieren wie folgt miteinander:
- Ew. je qkm/Bevölkerungsentwicklung (Differenz der Wohnbevölkerung 1. 1. 1989/31. 12. 1991 in Prozent zur Wohnbevölkerung am 1.1.1989): $r = -0,2326$;
- Ew. je qkm/Saldo der ostdeutschen „Binnenwanderung" über die Kreisgrenzen: $r = +0,3523$;
- Ew. je qkm/Saldo der Ost-West-Ost-Wanderung: $r = -0,6386$;
- Ew. je qkm/Saldo aller Wanderungen: $r = -0,3862$.

Daraus folgt:
1. Die Ost-West-Ost-Wanderung hatte in den Großstädten und Industriegebieten im Vergleich zu anderen Gebieten die stärkste Auswirkung auf die Bevölkerungsentwicklung.
2. Demgegenüber waren vor allem die weniger dichtbesiedelten – die agrarisch strukturierten – Gebiete von Binnenwanderungsverlusten betroffen; je höher die Bevölkerungsdichte ist, um so größer waren auch die Binnenwanderungsgewinne.
3. Die demographischen Folgen der Ost-West-Wanderung wurden gemildert durch die sich verstärkende West-Ost-Wanderung, vor allem aber durch die Gegenläufigkeit von „Binnen"- und „Außen"-Wanderung. Also hat die Korrelation von Bevölkerungsdichte und dem Saldo aller Wanderungen einen vergleichsweise niedrigen Wert.

---

14 In der Gemeinde Dranse/Kreis Wittstock befindet sich ein großes Aufnahmeheim für Aussiedler. Darauf ist zurückzuführen, daß die Wohnbevölkerung des Kreises gewachsen ist.

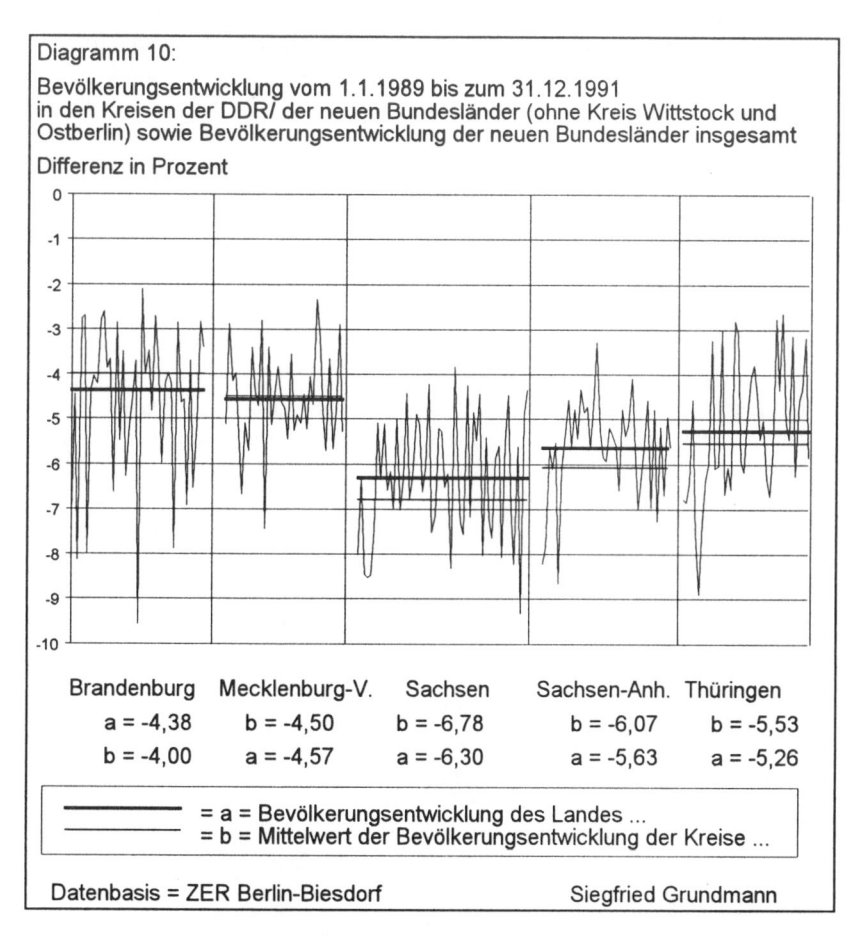

Die Ost-West-Wanderung in Deutschland (1989–1992) 43

Diagramm 10:
Bevölkerungsentwicklung vom 1.1.1989 bis zum 31.12.1991 in den Kreisen der DDR/ der neuen Bundesländer (ohne Kreis Wittstock und Ostberlin) sowie Bevölkerungsentwicklung der neuen Bundesländer insgesamt
Differenz in Prozent

	Brandenburg	Mecklenburg-V.	Sachsen	Sachsen-Anh.	Thüringen
	a = -4,38	b = -4,50	b = -6,78	b = -6,07	b = -5,53
	b = -4,00	a = -4,57	a = -6,30	a = -5,63	a = -5,26

——— = a = Bevölkerungsentwicklung des Landes ...
——— = b = Mittelwert der Bevölkerungsentwicklung der Kreise ...

Datenbasis = ZER Berlin-Biesdorf   Siegfried Grundmann

4. Da anzunehmen ist, daß die Ost-West-Migration weiter zurückgeht, das Ausmaß der Jahre 1989/90 jedenfalls nicht wieder erreichen wird, wohl aber die Binnenwanderung über die Kreisgrenzen in den neuen Bundesländern zunimmt, ist anzunehmen, daß die Kleinstädte und die agrarisch strukturierten Gebiete bald wieder zu den wichtigsten Quellgebieten der Migration und Gebieten mit migrationsbedingt überdurchschnittlich hohen Bevölkerungsverlusten werden.

Zu bedenken sind aber nicht nur die direkten, sondern auch die indirekten, die Spätfolgen hoher Migrationsverluste. Denn es sind überdurchschnittlich viele junge Menschen, die wandern. Hohe Migrationsverluste haben demzufolge eine Alterung bzw. überdurchschnittlich rasche Alterung der Bevölkerung zur Folge.

Bevölkerungsverluste würden und werden selbst dann eintreten, wenn das Fruchtbarkeitsniveau zur einfachen Reproduktion der Elterngeneration ausreicht und eine ausgeglichene Wanderungsbilanz vorliegt[15]. Tatsache jedoch ist, daß die natürliche Fruchtbarkeit (Kinder je Frau im gebärfähigen Alter bzw. in Altersgruppen) in den neuen Bundesländern seit dem Jahre 1990 dramatisch zurückgegangen ist. Demzufolge wird die Bevölkerungszahl in den neuen Bundesländern nicht nur infolge der räumlichen, sondern auch der natürlichen Bevölkerungsbewegung abnehmen, wobei das Tempo der Abnahme regional sehr unterschiedlich ist. Obwohl eine Trendumkehr in kürzester Zeit so gut wie ausgeschlossen ist, gibt es Möglichkeiten einer Gegensteuerung bzw. einer konstruktiven Reaktion auf die Wanderungsprozesse und den demographischen Wandel in Ostdeutschland. Von entscheidender Bedeutung wären dabei:
1. die Schaffung von Arbeitsplätzen in Ostdeutschland bzw. in den von überdurchschnittlich hohen Bevölkerungs- und Wanderungsverlusten betroffenen Regionen,
2. flankierend dazu die Forcierung des Wohnungsbaus,
3. die Aufrechterhaltung der Bodenreform und Förderung von Nachfolgebetrieben der landwirtschaftlichen Produktionsgenossenschaften, damit auch Förderung der räumlichen Bindung der bisher in der Landwirtschaft tätigen Bevölkerung,
4. anhaltend hohe staatlich geförderte Investitionen in die Infrastruktur von strukturschwachen Regionen,
5. bevölkerungspolitische Maßnahmen, darunter Maßnahmen, die die Vereinbarkeit von Mutterschaft und Beruf begünstigen,
6. Förderung der Ansiedlung von Aussiedlern und Ausländern in den neuen Bundesländern, darunter in Gebieten mit bisher überdurchschnittlich hohen Migrations- und Bevölkerungsverlusten.

Solche Maßnahmen sind nicht und sollen nicht sein ein Schritt zur Wiederherstellung der früheren räumlichen Struktur in Ostdeutschland. Eine Rückkehr zum status quo ist auch in räumlicher Beziehung weder möglich noch wünschenswert. Was mit der forcierten Schaffung von Arbeitsplätzen, dem Bau von Wohnungen, Investitionen in die Infrastruktur und anderes mehr erreicht werden kann und soll, ist vielmehr ein Beitrag zur Schaffung gleichwertiger Lebensbedingungen in Ost- und Westdeutschland sowie zur Herausbildung einer neuen, den neuen Bedingungen im vereinigten Deutschland entsprechenden, sozialräumlichen Struktur in Ostdeutschland.

---

15 Vgl. Freitag, K./Grundmann, S./Nowossadeck, E./Menning, S./Münz, R./ Schied, A./ Ulrich, R. (1994).

Literaturverzeichnis

Böltken, F. (1992): Mobilitätspotentiale in den alten und neuen Ländern. Ergebnisse der vergleichenden BfLR-Umfragen 1990/91. In: Informationen zur Raumentwicklung (9/10), hrsg. von der Bundesforschungsanstalt für Landeskunde und Raumordnung, Bonn.
Briggs, J./Peat, F. D. (1993): Die Entdeckung des Chaos. Eine Reise durch die Chaos-Theorie. München.
Bucher, H. (1990): Aus- und Übersiedler: Ihr Beitrag zur künftigen demographischen Entwicklung. In: BfLR- Mitteilungen (1), hrsg. von der Bundesforschungsanstalt für Landeskunde und Raumordnung, Bonn.
Bundesforschungsanstalt für Landeskunde und Raumordnung (Hrsg.) (1992): Perspektiven der künftigen Bevölkerungsentwicklung in Deutschland. Teil 2: Regionale Bevölkerungsprognose 2000 der BfLR. In: Informationen zur Raumentwicklung (11/12). Bonn.
Freitag, K./Grundmann, S./Nowossadeck, E./Menning, S./Münz, R./Schied, A./Ulrich, R. (1994): Regionale Bevölkerungsentwicklung in den neuen Bundesländern. KSPW-Studie, Graue Reihe Nr. 94–05, Halle/Berlin: KSPW.
Grundmann, S. (1993): Migrationsbilanz des Landes Sachsen-Anhalt sowie von ausgewählten Regionen im Land Sachsen-Anhalt. KSPW-Forschungsbericht (Teil B: Migrationsbereitschaft und Wohnortbindung der Bevölkerung von ausgewählten Regionen des Landes Sachsen-Anhalt im November 1992). Halle/Berlin: KSPW.
Grundmann, S. (1992): Migrationsbilanz des Landes Sachsen-Anhalt sowie von ausgewählten Regionen im Land Sachsen-Anhalt. KSPW-Forschungsbericht (Teil A: Migration in, aus und nach Ostdeutschland, Sachsen-Anhalt und ausgewählten Kreisen des Landes Sachsen-Anhalt. Eine Analyse der Wanderungsstatistik 1989–1992). Halle/Berlin: KSPW.
Grundmann, S. (1994): Vom gespaltenen Volk zur gespaltenen Bevölkerung. In: BISS PUBLIC, Wissenschaftliche Mitteilungen aus dem Berliner Institut für Sozialwissenschaftliche Studien (14): 23–52.
Grundmann, S. (1994): Zur Akzeptanz und Integration von Beamten aus den alten in den neuen Bundesländern. In: Deutschland Archiv Jg. 27 (1).
Grundmann, S. (1993): Migration und Wohnortbindung im Urteil der Bevölkerung von Ost-Berlin. (Mitarbeit: Winfried Hansch). BISS-Forschungshefte (4). Berlin.
Hansch, W. (1992): Migration aus den alten Bundesländern in die Region Berlin/Brandenburg. KSPW-Studie Nr. 1106, Halle/Berlin: KSPW.
Hansch, W. (1993): Wanderungen aus den alten Bundesländern in die Region Berlin/Brandenburg. In: Deutschland Archiv Jg. 26 (3): 286–296.
Maretzke, S./Möller, F. (1992): Die Abwanderung aus den neuen Ländern hält an. In: Die Wirtschaft (44): 8.
Meck, S./Belitz-Demiriz, H./Brenske, P. (1992): Sozialdemographische Struktur und Einstellungen von DDR-Flüchtlingen/ Übersiedlern. Eine empirische Analyse der interdeutschen Migration im Zeitraum Oktober 1989 bis März 1990. In: D. Voigt/L. Mertens (Hrsg.), Minderheiten und Übersiedler aus der DDR. Schriftenreihe der Gesellschaft für Deutschlandforschung Bd. 34. Berlin.
Münz, R./Ulrich, R. (1993): Migration von und nach Ostdeutschland. In: Berliner Journal für Soziologie (3). Berlin.
Schäuble, W. (1991): Der Vertrag. Wie ich über die deutsche Einheit verhandelte. Stuttgart.
Schmidt, I. (1992): Die West-Migration aus Berlin (Ost) – von der Übersiedlung zur Binnenwanderung. KSPW-Studie Nr. 1105, Halle/Berlin: KSPW.

Schulz, E. (1993): Auswirkungen verstärkter Wanderungen auf die regionale Bevölkerungsentwicklung Deutschlands. Prognosen bis zum Jahr 2000. In: Demographie aktuell (1), hrsg. vom Lehrstuhl Bevölkerungswissenschaft der Humboldt-Universität zu Berlin. Berlin.

Statistisches Bundesamt Wiesbaden (Hrsg.) (1993): Zur wirtschaftlichen und sozialen Lage in den neuen Bundesländern. Sonderausgabe, April 1993. Stuttgart.

Statistisches Bundesamt Wiesbaden (Hrsg.) (1994): Zur wirtschaftlichen und sozialen Lage in den neuen Bundesländern. Vierteljahreszeitschrift, März 1994. Stuttgart.

Wanderungsbewegungen aus den alten Bundesländern in die Region Berlin/Brandenburg: Zustrom aus der Gruppe der Eliten[1]

Winfried Hansch

Die Wanderung von West nach Ost stellt einen wichtigen Beitrag zur Formierung neuer Eliten dar und bildet damit einen bedeutsamen Teilaspekt des Transformationsprozesses in den neuen Ländern.

1. Einführung

Die Öffnung der Grenze der DDR am 9. 11. 1989 und der mit dem 3. 10. 1990 verstärkt in Gang kommende Transformationsprozeß in den neuen Bundesländern bewirkten neue Ströme der Bevölkerungswanderung in Deutschland. Seit November 1989 haben über 1 Million Personen das Territorium der fünf neuen Bundesländer verlassen und weitere 425.000 sind als Arbeitspendler in den alten Bundesländern tätig. Darüber hinaus arbeiten 140.000 Bewohner Ostberlins und des Umlandes im westlichen Teil der Stadt.

Als überraschend neues Phänomen ergab sich nach dem 3. Oktober 1990 als Pendant zu dieser Ost-West-Wanderung eine zunehmende Massenwanderung von Deutschen in Richtung Osten. Bis Ende 1992 zogen von West nach Ost über 100.000 Bürger aus den alten Bundesländern. Ein Teil dieser West-Ost-Wanderer sind Rückkehrer.

Mit dem Neuaufbau der Verwaltungen in den neuen Bundesländern, der Neugestaltung ganzer Bereiche der Wirtschaft, der Etablierung des Marktes in Ostdeutschland sowie der Übernahme einer Vielzahl großer Betriebe durch Unternehmen der alten Bundesländer und den geplanten Investitionen zahlreicher Wirtschaftsunternehmen wurde eine in der Region Berlin/Brandenburg nicht erlebte Wanderung von Beamten, Ingenieuren, Managern und Politikern ausgelöst. Die

---

1 Der Beitrag beruht auf der von der KSPW geförderten Studie Nr.1106, Halle/Berlin 1993. Aus Raumgründen wurden die hier erwähnten Grundlagen der Erhebung wie Fragebogen etc. in die vorliegende Fassung nicht aufgenommen. Die Studie ist über die KSPW in Halle zu beziehen.

Verlagerung des Sitzes der Bundesregierung nach Berlin wird diese Wanderung wahrscheinlich noch dynamisieren.

Die soziale Integration der Westdeutschen im Osten hängt von vielen Bedingungen ab, die Unterschiede und Gemeinsames von Ost und West einschließen. Während der getrennt verlaufenden Geschichte beider Teile Deutschlands entwickelten sich unterschiedliche Staaten und Gesellschaften. Heute, annähernd vier Jahre nach dem Beitritt der ostdeutschen Länder zum Geltungsbereich des Grundgesetzes ist festzustellen, daß der politische und soziale Wandel in den neuen Ländern noch nicht abgeschlossen ist. Es ist absehbar, daß die Gesellschaft des größer gewordenen Deutschlands noch einige Zeit lang aus zwei nicht kongruenten Teilen bestehen wird.

Während sich die Motivation, die der West-Wanderung zugrunde liegt, überwiegend aus der Tatsache erklärt, daß auf dem Arbeitsmarkt im Tarifgebiet West bessere Chancen für eine berufliche Tätigkeit vorhanden waren oder noch sind, handelt es sich bei den Gründen für die Wanderung in Richtung Osten um ein heterogenes Phänomen. Hauptsächlich sind es berufliche Gründe, die die Motivation der Wanderer in die neuen Länder bestimmt. Ein großer Teil der Erwerbswanderer kommt in den Osten im Auftrag ihrer Arbeitgeber, sei es, den Aufbau der Verwaltungen in den östlichen Bundesländern voranzutreiben, das Gesellschafts- und Rechtssystem der Bundesrepublik in dem am 3. Oktober 1990 dem Grundgesetz beigetretenem Teil des ehemaligen Deutschlands zu übertragen, sei es, Handelsstrukturen aufzubauen oder ganz allgemein, Unternehmen zu gründen bzw. auszubauen. Diese Handlungsmuster stehen im Hintergrund der Motivation zur Wanderung, sie beeinflussen die Bewertung der vorgefundenen Bedingungen und geben den Ausschlag bei den eventuell ausstehenden Entscheidungen zur Integrierung. Generell ist davon auszugehen, daß diese Gruppe aus Westdeutschland in die neuen Bundesländer kommt, um aus ihrer Sicht die Vereinigung gestalten zu helfen. Ein Teil dieser neuen Elite in Verwaltung und Wirtschaft hat deshalb ein großes Interesse daran, sich in die sozialen Strukturen des jeweiligen Ortes einzugliedern und ihren Arbeitsort für einen längeren Zeitraum auch als Wohnort zu akzeptieren. Es ist anzunehmen, daß dieser Teil stärkeren Einfluß auf den Transformationsprozeß nehmen wird. Entscheiden sich diese Fachleute zu bleiben, kann dies für die neuen Länder von Gewinn sein. Es ist evident, daß ihre Integration anders verlaufen wird als die derjenigen, die nur für einen begrenzten Zeitraum im Osten bleiben wollen.

Einen total konträren Aspekt zu den bisher besprochenen Wanderungsbewegungen von West nach Ost beinhaltet die Tatsache, wie erste Befunde andeuten, daß neben dem Eliten- und Wohlstandstransfer auch ein Armutstransfer von West nach Ost festzustellen ist. So siedeln sich in Ostberliner Stadtbezirken auch viele sozial schwache Familien und alleinerziehende Mütter aus den alten Bundesländern an.

2. Methoden

Die quantitativen Aussagen zur Wanderungsbewegung beruhen auf Sekundärauswertungen der Wanderungsstatistiken der Statistischen Landesämter von Berlin und Brandenburg sowie auf Angaben des Zentralen Einwohnerregisters in Berlin-Biesdorf. Der Zeitraum für die statistischen Analysen beginnt mit dem 3. Oktober 1990, dem Beitritt der neuen Länder zur Bundesrepublik Deutschland. Ein Teil der Statistiken wurde im Januar 1994 aktualisiert und umfaßt jetzt Daten bis Ende 1992.

Zum Zusammenhang von Wirtschaftsansiedlung und Bevölkerungswanderung sowie zum Thema des Aufbaus neuer Verwaltungen wurden Expertengespräche mit Mitarbeitern der Landesregierung Brandenburg, des Senats von Berlin sowie mit Direktoren von Unternehmen geführt, die sich in der Region ansiedeln.

Erkenntnisse zu Motiven und Bleibeabsichten von Wanderern und Arbeitspendlern wurden in den Jahren 1992/93 mittels 27 leitfadenorientierten Tiefeninterviews und Expertengesprächen gewonnen.

3. Wanderung aus den alten in die neuen Bundesländer

Die Wanderung von Deutschen zwischen den alten und neuen Bundesländern ist im Zeitraum von 1989 bis 1992 durch zwei gegenläufige Trends gekennzeichnet:
1. Zunahme der Wanderung von West nach Ost, die von 2.400 auf ca. 45.000 Personen für 1991 steigt. Bis Ende 1992 wanderten über 100.000 Westdeutsche nach Ostdeutschland.
2. Abnahme der Wanderung von Ost nach West, die sich von ca. 300.000 1989 auf 200.000 im Jahre 1991 vermindert.

Das Verhältnis West-Ost- zu Ost-West-Wanderern verändert sich von 1:123 für 1989 über 1:16 (1990) auf 1:5 im Jahre 1991.

4. Wanderung in die Region Berlin/Brandenburg

Die Zuzüge aus den alten Bundesländern nach West-Berlin nehmen von 1990 bis 1992 deutlich ab, die Bilanz ist negativ (Tabelle 2). Nach Ost-Berlin nimmt die Wanderung aus den alten Ländern mit ca. 4.700 Personen für 1990 und etwa 6.500 für das Jahr 1991 deutlich zu. Der Quotient Ost-West-Wanderer zu West-Ost-Wanderer vermindert sich von 2,1 für 1991 auf 1,5 für 1992.

Bis November 1989 war die Wanderung von West-Berlin in die ehemalige DDR gering (67 Personen für das ganze Jahr 1988 und 210 Personen im Jahre

Tabelle 1
Wanderung von Deutschen aus den alten in die neuen Bundesländer

Jahr	Quartal	Zuzüge	Saldo (-)	Fortzüge	Quotient
1989	1	136	15.868	16.004	117,7
	2	144	31.031	31.175	216,5
	3	260	56.404	56.664	217,9
	4	1.844	187.433	189.277	102,6
Summe		2.384	290.736	293.120	123,0
1990	1	2.330	126.634	128.964	55,3
	2	3.029	42.309	45.338	15,0
	3	3.640	71.469	75.109	20,6
	4	10.049	49.352	59.401	5,9
Summe		19.048	289.764	308.812	16,2
1991	1	10.837	30.656	41.493	3,8
	2	9.094	35.728	44.822	4,9
	3	12.510	57.564	70.074	5,6
	4	12.948	34.012	46.960	3,6
Summe		45.389	157.960	203.349	4,5
1992	1	13.097	23.060	36.157	2,8
	April/Mai	4.727	8.564	13.291	2,8
Summe		17.824	31.624	49.448	2,8

Datenbasis: Zentrales Einwohnerregister Berlin-Biesdorf (dieses Register wurde im Juni 1992 geschlossen)

Tabelle 2
Wanderung aus den alten Bundesländern nach Berlin West und Ost

Jahr/Quartal		Westberlin Zuzüge	Fortzüge	Saldo	Ostberlin Zuzüge	Fortzüge	Saldo
1990	4.	7 449	6 700	749	1 059	1 619	−560
1991	1.	6 462	6 463	−1	1 035	1 636	−601
	2.	6 122	6 284	−162	986	2 087	−1101
	3.	6 975	7 346	−372	1 138	3 552	−2414
	4.	6 112	6 460	−348	1 560	2 789	−1229
Summe		25 671	26 554	−883	4 719	10 064	−5345
1992	1	5 889	6 316	−427	1780	2428	−648
	2	5 503	6 035	−528	1502	1986	−484
	3	5 841	7 321	−1480	1526	2 776	−1252
	4	5 648	6 347	−699	1747	2 170	−423
Summe		22 881	26 015	−3134	6 555	9 362	−2807
3.10.90 bis 31.12.92 Summe		56 001	59 269	−3268	12 333	21 045	−8712

Datenbasis: Statistisches Landesamt Berlin

Wanderungsbewegungen in die Region Berlin/Brandenburg

Tabelle 3
Anteil der Männer an den Wanderungspopulationen zwischen den alten Bundesländern und beiden Teilen Berlins

Jahr/Quartal	Zuzüge % West	Ost	Fortzüge % West	Ost
1990 4.	57,20	66,80	59,30	50,80
1991 1.	50,60	67,20	59,30	51,40
2.	49,70	65,00	56,30	52,90
3.	49,80	61,80	54,10	49,50
4.	51,20	62,00	55,00	51,40
1992 1	51,28	64,66	55,72	51,15
2	51,66	62,72	53,49	51,61
3	50,97	62,39	51,66	49,03
4	51,79	63,25	53,11	49,27

Datenbasis: Statistisches Landesamt Berlin

Tabelle 4
Wanderung aus den alten Bundesländern nach Ost–Berlin nach Altersgruppen und Geschlecht

Altersgruppen	männlich 1989	1990	1991	Summe	weiblich 1989	1990	1991	Summe	Prozent
<15	15	191	129	335		209	132	341	50,44
15–18	2	26	12	40	1	16	8	25	38,46
18–25	29	975	623	1627	13	475	318	806	33,13
25–40	40	1403	914	2357	17	425	272	714	23,25
40–50	10	285	170	465	7	103	50	160	25,60
50–60	5	85	67	157	2	45	16	63	28,64
60–65	0	11	6	17	2	5	5	12	41,38
>65	2	10	7	19	9	27	11	47	71,21
Summe	103	2986	1928	5017	51	1305	812	2168	30,17

Datenbasis ZER Berlin Biesdorf

1988). Seit November 1989 wanderten über 14.000 Personen aus den alten Bundesländern nach Ost-Berlin. Hinsichtlich der Verteilung nach Geschlechtern fällt auf, daß bei den Zuzügen nach Ost-Berlin der Anteil der männlichen Personen deutlich größer ist als bei den Zuzügen nach West-Berlin (Tabelle 3). Bei den Fortzügen in die alten Bundesländer ist der Anteil der männlichen Personen aus West-Berlin größer als derjenige aus Ost-Berlin. Dabei sind in der Altersgruppe bis 15 Jahre etwa gleich viele männliche und weibliche Zuwanderer anzutreffen (Tabelle 4). Bei den 25- bis 40jährigen und bis zu den 50jährigen Personen beträgt der Anteil der männlichen Zuwanderer etwa 75%. Beim Kreis der Zuwanderer

Tabelle 5
Wanderunge aus den alten Bundesländern in die Stadtbezirke von Ost-Berlin

männlich Stadtbezirke	1989	1990	1991	Summe	in %
Mitte	9	217	144	370	7,37
Prenzlauer Berg	19	616	494	1129	22,50
Friedrichshain	6	465	303	774	15,43
Treptow	6	213	116	335	6,68
Köpenick	9	207	119	335	6,68
Lichtenberg	6	232	149	387	7,71
Weissensee	9	121	91	221	4,41
Pankow	12	264	150	426	8,49
Marzahn	10	222	127	359	7,16
Hohenschönhausen	14	174	97	285	5,68
Hellersdorf	3	255	138	396	7,89
Summe	103	2986	1928	5017	100,00

weiblich Stadtbezirke	1989	1990	1991	Summe	in %
Mitte	5	70	61	136	6,20
Prenzlauer Berg	10	282	225	517	23,60
Friedrichshain	5	197	116	318	14,50
Treptow	4	82	43	129	5,90
Köpenick	7	98	31	136	6,20
Lichtenberg	5	104	60	169	7,70
Weissensee	7	47	50	104	4,80
Pankow	3	109	65	177	8,10
Marzahn	9	100	52	161	7,30
Hohenschönhausen	12	82	48	142	6,50
Hellersdorf	5	134	61	200	9,20
Summe	72	1305	812	2189	100,00

Stadtbezirke	männlich u. weiblich	davon weiblich	männlich und weiblich pro 1000 Einw.	in %	Rangplatz
Mitte	506	26,88	641	7	3
Prenzlauer Berg	1646	31,41	1135	23	1
Friedrichshain	1092	29,12	993	15	2
Treptow	464	27,80	450	6	7
Köpenick	471	28,87	424	7	8
Lichtenberg	556	30,40	323	8	10
Weissensee	325	32,00	613	5	4
Pankow	603	29,36	553	8	5
Marzahn	520	30,96	306	7	11
Hohenschönhausen	427	33,26	362	6	9
Hellersdorf	596	33,56	542	8	6
Summe	7206	30,28		100	

Datenbasis: Zentrales Einwohner-Register Berlin Biesdorf

Wanderungsbewegungen in die Region Berlin/Brandenburg

Tabelle 6
Herkunfts- bzw. Zielgebiet der Berlin-Wanderung

Herkunfts- bzw. Zielgebiete	Westberlin		Ostberlin	
	Zuzüge %	Fortzüge %	Zuzüge %	Fortzüge %
4. Quartal 1990 bis 4. Quartal 1991				
Schleswig-Holstein	7	10	5	5
Hamburg	5	6	3	3
Niedersachsen	17	21	16	15
Bremen	2	2	1	1
Nordrhein-Westfalen	24	19	23	23
Hessen	11	9	9	9
Rheinland-Pfalz	4	4	6	5
Baden-Württemberg	15	13	19	20
Bayern	15	15	17	20
Saarland	1	1	1	1
	100	100	100	100
1. bis 4. Quartal 1992				
Schleswig-Holstein	7	11	6	6
Hamburg	5	5	4	4
Niedersachsen	17	21	15	16
Bremen	2	2	2	1
Nordrhein-Westfalen	24	19	24	23
Hessen	10	9	9	9
Rheinland-Pfalz	4	4	5	5
Baden-Württemberg	16	13	19	16
Bayern	15	15	17	19
Saarland	1	1	1	1
	100	100	100	100
Datenbasis: Statistisches Landesamt Berlin				

mit höherem Lebensalter nimmt der Anteil der weiblichen Personen an den Zuwanderern nach Ost-Berlin wieder zu.

Auf den ersten Platz bei der Häufigkeit der Zuwanderung aus den alten Ländern liegt der Bezirk Prenzlauer Berg in Ost-Berlin, gefolgt von den Bezirken Friedrichshain und Mitte (Tabelle 5).

Bezüglich der zugewanderten weiblichen Population rangiert Hellersdorf nach den Stadtbezirken Prenzlauer Berg und Friedrichshain an 3. Stelle. Erste Analysen ergaben, daß sich in Prenzlauer Berg überwiegend jüngere Personen ansiedeln, in Hellersdorf vermehrt ältere. Nach Auskunft der Wohnungsverwaltung in Marzahn und Hellersdorf ziehen überdurchschnittlich viele sozial schwache Familien aus den alten Bundesländer in diese Stadtbezirke, weil die Mieten im Ver-

Tabelle 7
Wanderung aus den alten Bundesländern von und nach Brandenburg

Jahr	Quartal	Zuzüge	Fortzüge	Saldo
I. Wanderung von Deutschen zwischen Brandenburg und dem früheren Bundesgebiet				
1990	4	1 452	6 685	5 233
1991	1	2 993	6 266	3 273
	2	2 264	7 940	5 676
	3	2 979	13 654	10 675
Summe		9688	34545	24857
davon Wanderung von Deutschen zwischen Brandenburg und Berlin(W)				
1990	4	249	728	479
1991	1	732	649	–83
	2	586	704	118
	3	725	789	64
Summe		2 292	2 870	578
II. Wanderung von Deutschen zwischen Brandenburg und Berlin(O)				
1990	4	2 56	2 77	21
1991	1	1 291	1 372	81
	2	750	1 429	679
	3	1 239	1 681	442
Summe		3 536	4 759	1 233
Datenbasis: Statistisches Landesamt Brandenburg				

gleich niedriger sind und diese Familien darüber hinaus an in Ostdeutschland bestehenden Mieterschutzregelungen partizipieren wollen. Alleinerziehende Mütter „gehen in den Osten", weil dort die Versorgung mit Kindergartenplätzen noch besser ist als im Westteil Berlins.

Hinsichtlich der Herkunfts- bzw. Zielgebiete ergeben sich für die Jahre 1991 und 1992 sehr ähnliche Befunde (Tabelle 6). Ca. 70% der Zuwanderer nach West-Berlin kommen aus den Ländern Niedersachsen, Nordrhein-Westfalen, Baden-Württemberg und Bayern , für Ost-Berlin sind es für beide Jahre ca. 75%. Bei den Fortzügen aus West-Berlin rangiert Niedersachsen als Ziel an erster Stelle, aber für den Osten der Stadt bildet Nordrhein-Westfalen das an erster Stelle stehende Ziel (Tabelle 6).

In das Land Brandenburg zogen in dem betrachteten Zeitraum über 10.000 Deutsche aus den alten Bundesländern (Tabelle 7). Das sind in diesem Zeitraum fast doppelt soviel Zuzüge wie nach Ost-Berlin.

Wanderungsbewegungen in die Region Berlin/Brandenburg 55

Tabelle 8
Herkunfts- bzw. Zielgebiet der Wanderung nach Brandenburg (4. Quartal 1990 bis 3. Quartal 1991)

Herkunfts- bzw. Zielgebiete	Zuzüge %	Fortzüge %
Schleswig-Holstein	4,00	4,00
Hamburg	1,50	2,10
Niedersachsen	14,60	16,10
Bremen	1,20	1,10
Nordrhein-Westfalen	17,90	27,10
Hessen	6,00	6,30
Rheinland-Pfalz	4,90	4,80
Baden-Württemberg	13,20	15,50
Bayern	12,40	14,40
Saarland	1,10	0,70
Berlin-West	23,20	7,90
Gesamt	100,00	100,00
Datenbasis: Statistisches Landesamt Brandenburg		

Tabelle 9
Anteil der Erwerbstätigen und der erwerbstätigen Männer an den Wanderungspopulationen zwischen den alten Bundesländern und Brandenburg.

Jahr	Quartal	Erwerbstätige % Zuzüge	Fortzüge	davon männliche Erwerbstätige % Zuzüge	Fortzüge
1990	4.	54	45	84	65
1991	1.	54	49	80	62
	2.	52	52	79	64
	3.	50	48	74	55
Datenbasis: Statistisches Landesamt Brandenburg					

Bei den Zuzügen kommen über 20% der Person aus West-Berlin nach Brandenburg, gefolgt von den Zuzügen aus Nordrhein-Westfalen (Tabelle 8). Bei den Fortzügen rangiert Nordrhein-Westfalen an erster Stelle, bleibt aber unter den Werten der Fortzüge nach Ost-Berlin.

An der demographischen Struktur der Zuzüge nach Brandenburg fällt auf, daß der Anteil der männlichen Personen deutlich größer ist als der der weiblichen, während bei den Fortzügen männliche und weibliche Personen gleichhäufig vertreten sind. Noch deutlicher wird diese Tatsache, wenn man die Gruppe der Erwerbstätigen separat betrachtet. Der Anteil der männlichen Erwerbstätigen an den Zuzügen macht etwa 80% aus (Tabelle 9).

5. Zum Zusammenhang von Verwaltungsaufbau, Wirtschaftsansiedlungen und Wanderungsbewegungen

5.1 Überblick

Nach Informationen des Deutschen Beamtenbundes leisteten Mitte 1992 über 20.000 Beamte Aufbauhilfe in Ost-Verwaltungen. Davon waren etwa 15.000 jeweils für einige Wochen tätig und 5.000 abgeordnet. Diese 5.000 Beamten und Angestellten verteilen sich auf die neuen Bundesländer wie folgt:
- Brandenburg ca. 1.050
- Sachsen-Anhalt ca. 1.600
- Thüringen ca. 850
- Sachsen ca. 800
- Mecklenburg-Vorpommern keine Angaben

Von den abgeordneten Mitarbeitern hat sich ein Teil auf Dauer in den Osten versetzen lassen und ist in die neuen Bundesländer umgezogen. Das bedeutet zum einen ein schlechteres infrastrukturelles und soziales Umfeld in Kauf nehmen zu müssen, zum anderen verbindet sich aber für viele damit gleichzeitig ein beruflicher und finanzieller Aufstieg.

5.2 Senat von Berlin

Von den 200 Beamten und Angestellten, die längerfristig beim Aufbau der Verwaltungen in Ost-Berlin helfen, kommen 98% aus West-Berlin und nur 2% aus den alten Bundesländern.

Seit Oktober 1990 hat die Berliner Senatsverwaltung etwa 90.000 Dienstkräfte aus dem Osten übernommen. Im Zuge des Integrationsprozesses sind auch einige Behörden teilweise oder komplett in den Ostteil gezogen, z.B. der Regierende Bürgermeister mit der Senatskanzlei, die Senatsverwaltung für Arbeit und über 2.000 Polizisten.

Im Osten fehlten Mitte 1992 über 250 Spezialisten besonders auf den Gebieten Finanzen und Personalwesen sowie für Leitungspositionen in den Verwaltungen. Aber hieran besteht selbst in den westlichen Stadtbezirken Mangel.

Für den Dienst im Osten der Stadt lagen über 2.000 Bewerbungen aus dem Westteil vor. Davon konnten über 10% auf Dauer nach Ost-Berlin abgeordnet werden. Diese Beamten wurden auf Beförderungsstellen gesetzt. Finanzielle Vergünstigungen wurden nicht gewährt.

Einige Beamte, die eine Tätigkeit im Osten aufgenommen haben, würden auch gern ihren Wohnsitz in den Ostteil verlegen. In den Ostbezirken begegnet man diesen Wünschen mit Zurückhaltung, da sich dadurch die Situation auf dem dortigem Wohnungsmarkt verschlechtern könnte.

5.3 Landesregierung Brandenburg

Im Bundesland Brandenburg waren 1991 etwa 1.050 Landesbeamte aus den alten Ländern tätig. Etwa die Hälfte der Referats- und Abteilungsleiter sowie Staatssekretäre der Landesregierung Brandenburg kommt aus Nordrhein-Westfalen. Ende 1991 rekrutierten sich 52% der Beamten der Landesregierung im höheren Dienst aus den alten Ländern (lt. persönlicher Mitteilung, Mai 1992). Die Staatskanzlei (73%), die Ministerien der Justiz (72%) und der Finanzen (67%) haben in dieser Kategorie den höchsten Anteil. Die Ministerien für Umwelt (18%) sowie für Ernährung und Landwirtschaft (29%) lösen ihre Aufgaben mit weniger Westbeamten im höheren Dienst. Bei den Mitarbeitern im gehobenen Dienst sind nur 23% aus den alten Ländern und beim einfachen Dienst 3% (14 von 444).

Am Beispiel des Justizwesens soll diese Elitenzirkulation erläutert werden: Anzahl der Beamten aus den alten Bundesländern
- Justizministerium   20
- Richter   120
- Staatsanwälte   40
- Rechtspflege   112
- mittlerer Dienst   67

Nach Einschätzung des Ministers für Justiz, Dr. Bräutigam, kommen westdeutsche Juristen mit der Vorstellung nach Brandenburg, daß hier das Rechtssystem aufgebaut wird, das sie kennen und an dem sie bisher mitgewirkt haben. Sie gehen davon aus, daß die Rechtsnormen der alten Bundesrepublik unter Anwendung der in Westdeutschland existierenden Organisationsformen umgesetzt werden müssen. In der Anfangszeit hatten sie Schwierigkeiten zu begreifen, daß es offenbar komplizierter ist als vermutet, dieses Rechtssystem in einem Schritt im Osten zu etablieren. Die Menschen in den neuen Ländern hatten und haben erhebliche Probleme damit zurechtzukommen.

Von den Juristen aus den alten Bundesländern sind nur etwa 20% nach Brandenburg übergesiedelt. Das Hauptproblem ist das Fehlen von Wohnraum in der gewünschten Größe und Qualität.

5.4 Treuhandanstalt

Am Beispiel der Treuhandanstalt soll die mit dem Pendeln und Wandern von Arbeitskräften verbundene Problematik im Detail dargestellt werden, wobei wir uns auf die Daten aus dem Jahre 1992 stützen. Obwohl sich seit diesem Zeitpunkt die Tätigkeit der Treuhandanstalt sowohl im Inhalt als auch im Umfang veränderte, bleiben die Zahlen hinsichtlich des Elitentransfers weiter von Interesse.

Von den im Jahre 1992 tätigen 4.000 Mitarbeitern der THA kamen ca. 1.000 aus den alten Bundesländern, davon 150 aus West-Berlin. Beworben haben sich ursprünglich über 6.000 Personen aus den alten Bundesländern. Dabei überwogen Bewerbungen, in denen als Motiv angegeben war, Hilfe bei den wirtschaftlichen Transformationsprozessen im Osten zu leisten. Dieses Engagement war nach dem Umbruch bei älteren Bewerbern stark ausgeprägt. Eines der Hauptmotive für eine Tätigkeit in der Treuhand bestand darin, als Mitarbeiter eine Aufgabe von einmaliger Art übertragen zu erhalten, die Allroundanforderungen stellt. Als weiter wichtiges Motiv wurde das durch den Charakter der Aufgaben gegebene Erfordernis angesehen, mit Führungskräften der Wirtschaft und Politik der neuen Bundesländer zusammenarbeiten.

Von 511 Mitarbeitern der Berliner Zentrale der Treuhandanstalt aus den alten Bundesländern werden in den folgenden Ausführungen von 500 Personen die demographischen Daten analysiert. Die Mehrzahl der Mitarbeiter übt eine Tätigkeit als Referent aus (Tabelle 10).

Drei Viertel der Mitarbeiter bezeichnen sich als Kaufleute bzw. Volkswirte. Von der untersuchten Anzahl haben 500 eine Hochschulbildung, und 33 von ihnen (6,6%) sind promoviert (Tabelle 11). Die Altersgruppe 30–34 Jahre ist mit der größten Häufigkeit (41%) bei den Referenten vertreten. Über 80% von ihnen sind jünger als 40 Jahre. Bei den Direktoren jedoch ist keiner jünger als 40 Jahre; etwa die Hälfte ist 55 Jahre und älter.

Rund 59% der Mitarbeitern der Treuhand geben als aktuellen Wohnsitz West-Berlin an und 14% Ost-Berlin. Weitere Wohnorte sind München (5%) und Köln/Bonn (4%) (Tabelle 12).

Viele Westmitarbeiter der Treuhandanstalt sind Wochenendpendler. Die Pendler „erleben" die Woche im Büro. Den soziale Umkreis dieser Mitarbeiter der Treuhand bilden nach Dienstschluß die Gäste von Hotels, in denen sie wohnen, und damit kaum Einwohner aus Ostdeutschland.

Die Mitarbeiter, die Familien mit älteren Kindern haben, äußern die Befürchtung, daß mit einem Wechsel in die neuen Bundesländer ihre Kinder meist ein Schuljahr verlieren. Hinzu kommt, daß Jugendliche auch nur ungern ihre gewohnte Umwelt aufgeben wollen. Als Wohnsitz vor Aufnahme der Tätigkeit bei der Treuhand werden neben West-Berlin (125 Mitarbeiter), Köln/Bonn (52 Mitarbeiter) sowie München (ebenfalls 52) und Düsseldorf/Dortmund (45) genannt. Immerhin siedelten 171 Mitarbeiter (34%) mit Aufnahme ihrer Tätigkeit bei der Treuhandanstalt nach West-Berlin über.

Obwohl von dem Teil der nach Ost-Berlin übergesiedelten 72 Mitarbeiter (14%) die Abteilungsleiter und Direktoren nur 28% der Westmitarbeiter der Treuhand bilden, sind sie bei dem Anteil derjenigen, die ihren Wohnsitz in Ost-Berlin genommen haben, mit 36% vertreten.

Wanderungsbewegungen in die Region Berlin/Brandenburg

Tabelle 10
Tätigkeit der Treuhandmitarbeiter (aus den alten Bundesländern)

Tätigkeit	weiblich	männlich	Summe	Prozent
Bürokraft	13	5	18	3,60
Referent	74	236	310	62,00
Referatsleiter	4	27	31	6,20
Abteilungsleiter	10	94	104	20,80
Direktor	0	37	37	7,40
Summe	101	399	500	100,00
Prozent	20,20	79,80	100,00	
Datenbasis: THA Hansch, Sept. 1992				

Tabelle 11
Berufe der Treuhandmitarbeiter (aus den alten Bundesländern)

Tätigkeit	weiblich	männlich	Summe	Prozent
ohne	2	11	13	2,60
Kaufmann	25	110	135	27,00
Jurist	29	127	156	31,20
Betriebswirt	22	87	109	21,80
Sozialwissenschaft	0	4	4	0,80
Verwaltungsangestellter	3	8	11	2,20
Ingenieur/Physiker	3	33	36	7,20
Mathematiker	1	3	4	0,80
Landwirt	0	9	9	1,80
andere	4	5	9	1,80
Bürokraft	12	2	14	2,80
Summe	101	399	500	100,00
Datenbsis: Treuhand				

Tabelle 12
Hauptwohnsitze von Treuhandmitarbeitern (aus den alten Bundesländern) – Orte mit mehr als 1%; n<4

Hauptwohnung		Anzahl
Ostberlin		72
alte Bundesländer, davon	Berlin West	296
	Hamburg	12
	Düsseldorf	10
	Köln	6
	Bonn	8
	Frankfurt	6
	München	20
	Gesamt	430
Datenbasis: Treuhand		

6. Wirtschaftsansiedlungen in der Region Berlin/ Brandenburg und Wanderungsbewegungen

In Berlin sind für den Zeitraum 1992–96 Investitionen in Höhe von 20 Milliarden DM vorgesehen (Wirtschaftssenator Norbert Meißner am 7. 6. 1992). Die größten Investitionen sollen auf den Gebieten Dienstleistungen und Büromarkt, aber auch im produzierenden Sektor, so z.B. von Siemens und Knorr-Bremse, getätigt werden. Im ersten Halbjahr 1992 kamen 119 Unternehmen nach Berlin, davon 60 ausländische.

Die wirtschaftliche Entwicklung Ost- und West-Berlins verläuft sehr unterschiedlich. Während die Wirtschaft Ost-Berlins bis 1992 vom Zusammenbruch ganzer Wirtschaftsbereiche gekennzeichnet war, wuchs bis 1992 die Wirtschaft im Westteil der Stadt. Die Wachstumsrate lag 1991 und im 1. Halbjahr 1992 doppelt so hoch wie in Westdeutschland.

Seit Öffnung der Mauer sind in West-Berlin 122.000 sozialversicherungspflichtige Arbeitsplätze geschaffen worden. Das bedeutet eine Steigerung der Beschäftigtenzahl West-Berlins um 6%. Dieses bedeutende Wirtschaftswachstum ist möglich geworden durch den Zustrom von Arbeitskräften aus Ost-Berlin und dem Land Brandenburg. Täglich pendeln in das Tarifgebiet West-Berlin über 140.000 Arbeitskräfte aus Ost-Berlin und aus dem Umland. Auf dem Westberliner Arbeitsmarkt hat ein Verdrängungswettbewerb begonnen. Der Bereich Handel, Banken und Versicherungen stellte 1991/92 z.B. im Tarifgebiet West nur 20% der Angestellten aus West-Berlin und 80% aus dem Osten ein. Im ersten Jahr nach dem Beitritt der neuen Länder zur Bundesrepublik Deutschland (vom Oktober 1990 bis Oktober 1991) stieg die Arbeitslosigkeit in West-Berlin um fast 10% von 85.434 auf 93.911 Personen (Landesarbeitsamt Berlin vom 16.11.1991).

Für das Land Brandenburg liegt ein bemerkenswertes Investitionskonzept vor (Ministerium für Wirtschaft des Landes Brandenburg am 15.07.92): Mit über 60 Großinvestoren wurden 20 Milliarden Mark Investitionen vertraglich gebunden, durch die direkt 105.000 Arbeitsplätze geschaffen bzw. erhalten werden sollen. Begleitende Investitionen in Handwerk und Gewerbe im Umfang von 6 Milliarden Mark können weitere 120.000 Arbeitsplätze sicherer machen.

Investoren bewerten die Region Berlin/Brandenburg wie folgt:
– Wachstumsregion mit kurzen Innovationsraten;
– Markt mit über 6 Millionen Verbrauchern, vergleichbar mit Paris oder London; größer als der von Österreich;
– zentrale Lage in Europa;
– ausgebaute Infra- und vielseitige Industriestruktur;
– großzügig angelegte Gewerbegebiete;
– künftiger Regierungssitz und Dienstleistungszentrum;
– Wohnsitz von Millionen von hochqualifizierten Erwerbstätigen;

- größter deutscher Wissenschaftsstandort und Kulturmetropole;
- Investitionsförderung durch Bund und Länder zwischen 8% und 23%;
- attraktive Freizeitregion.

Im Gefolge der vorgesehenen Wirtschaftsansiedlungen werden in der Region Berlin/Brandenburg in enormem Umfang neue Wohnansiedlungen entstehen, die Wanderungsbewegungen werden stark zunehmen, und die Pendler aus Erwerbsgründen werden zu einer massenhaften Erscheinung werden. Das Hauptproblem wird die Bereitstellung von Wohnungen sein.

Beispiele für Wirtschaftsansiedlungen:

HORSHAM – Projekt Genshagen
Die HORSHAM CORPORATION (Toronto, Kanada) errichtet im Umfang von 1,2 Milliarden DM in Genshagen, 20 km vom Zentrum Berlins entfernt, auf einem Gelände von 235 ha einen modernen Business Park mit ca. 13.000 Arbeitsplätzen. Internationale Firmen und deutsche Unternehmen, die sich dort ansiedeln, werden in Genshagen schätzungsweise bis zu 3.000 Führungskräfte von außerhalb einsetzen.

HEIDELBERGER DRUCKMASCHINEN in der Stadt Brandenburg
Die Heidelberger Druckmaschinen AG wird bis 1996 mit einer Investitionssumme von etwa 850 Millionen DM in der Stadt Brandenburg ein Werk mit etwa 2.000 Arbeitsplätze bauen. Die Ansiedlung in Brandenburg wurde durch folgende Momente gefördert :
- Der Arbeitsmarkt in der Stadt hat ein ausreichendes Potential.
- Das Land fördert Wirtschaftsansiedlungen mit Investitionszuschüssen zwischen 13% und 18%.
- Die Stadt stellt ein baureifes Grundstück zur Verfügung.

Die Unternehmensleitung will lediglich 20 höher qualifizierte technische Angestellte sowie des leitenden Managements aus Westdeutschland einsetzen.

HERLITZ AG FALKENSEE
Im neuen Werk in Falkensee am Stadtrand von Berlin werden 1995 in der Endstufe des Aufbaus rund 1000 Arbeitnehmer beschäftigt sein. Es handelt sich um ein Zusammenlegen zweier Westberliner Werke in Tegel (8 km vom neuen Standort entfernt) und Moabit (15 km). Die bisherige Belegschaft kommt überwiegend aus West-Berlin. Für das neue Werk werden zusätzlich ca. 300 Personen, davon 10 aus den alten Bundesländern eingestellt.

FRANCOTYP POSTALIA BIRKENWERDER
Die Deutsche Telefonwerke Aktiengesellschaft & Co hat 1992 (Investitionssumme 44 Millionen DM) ein Werk für Postbearbeitungsmaschinen in Birkenwerder

bei Berlin errichtet. Es soll die bisherigen Produktionstätten in Offenbach und Berlin ersetzen und 800 Arbeitskräfte beschäftigen. Der neue Standort liegt von dem alten Berliner Werk 17 km entfernt. Durch die Konzentration von Produktion und Verwaltung nördlich von Berlin soll allgemein eine Kostensenkung erreicht werden. Außerdem soll damit der stufenweisen Verminderung der Bundeshilfe für Berlin begegnet werden. Die Nähe des neuen Standortes zu Berlin ermöglicht eine Ausweitung der Produktion bei gleichzeitiger Innovation der Technologien. Zweitens hatte die Unternehmensentscheidung zur Folge, daß ein Großteil der Mitarbeiter, vor allem des Offenbacher Zweigwerkes, sich vor die Alternative gestellt sah, entweder mit dem Werk in die Berliner Region umzusiedeln oder sich in der Heimatregion nach neuen Beschäftigungsmöglichkeiten umzusehen. Von den 400 in Offenbach Beschäftigten hätten 290 in Birkenwerder arbeiten können. Es handelt sich hier überwiegend um hochqualifizierte Facharbeiter, die im Raum Frankfurt/Main wieder gut vermittelbar sind. Gründe in der Heimatregion zu bleiben sind neben der Tatsache, daß man das erworbene Wohneigentum nicht aufgeben möchte, auch die Bindung an das soziale und übrige Umfeld. Lediglich 4 von daraufhin angesprochenen 290 Beschäftigten sind bereit, nach Ostdeutschland überzusiedeln und einen Arbeitsplatz im neuen Werk einzunehmen.

7. Motivation zur West-Ost-Wanderung bei Erwerbstätigen

Ein Teil der Personen, die eine Tätigkeit in den neuen Bundesländern aufnahmen, sind Rückkehrer, Wissenschaftler (z.B. vom Deutschen Institut für Wirtschaft) sowie Mitarbeiter der Bundesregierung und der Landesverwaltungen. Sie waren z.T. auch in der Regierung de Maiziere als Berater tätig. Andere hatten über Parteien oder die Kirche schon lange Jahre Kontakte in die damalige DDR gehabt. Diese Westdeutschen mit DDR-Erfahrung wurden besonders nach dem Oktober 1990 dringend gebraucht. Sie nehmen heute in den neuen Ländern Positionen vom Referatsleiter bis zum Minister ein.

Eine andere Gruppe von Wanderern ist den rund 20.000 Beamten aus den alten Bundesländern zuzurechnen, die im Osten die Verwaltung mit aufbauen helfen. Sie waren überwiegend den Aufrufen ihrer Landesregierungen gefolgt, sich für eine Tätigkeit in den neuen Ländern zur Verfügung zu stellen.

Bei einer Befragung von Vertretern dieser Gruppe wurde in gleichlautender Weise als Motiv angegeben, daß man nach langjähriger erfolgreicher Karriere in den neuen Ländern noch einmal einen Neubeginn mit höheren Anforderungen in Angriff nehmen wollte.

Als weiterer Grund gehört zu dieser Motivation die Aussicht auf eine gute Bezahlung bei Aufnahme der Tätigkeit im Land Brandenburg. Dazu gehören die Besoldung entsprechend dem Beamtenstatus, ergänzt durch 700 DM Trennungsgeld und eine steuerfreie Zulage in Höhe von 1.200 DM. Ferner werden die Kosten für eine wöchentliche Heimfahrt erstattet.

Die Mitarbeiter des Berliner Senats aus dem Westen, die jetzt im Osten tätig sind, erhalten keine Zulagen. Als materiellen Anreiz hat man ihnen Beförderungsstellen angeboten.

Für einen Teil der aus dem Westen kommenden Pendler und ins Land Brandenburg Übergesiedelte hat sich die Tätigkeitsaufnahme sofort positiv auf die Karriere und damit auch auf die Besoldung ausgewirkt. Für andere, so für die in den Osten abgeordneten Richter, wurde mit einem Zeitverzug sichtbar, daß sich hier für sie berufliche Perspektiven ergeben, die sich ihnen wahrscheinlich in den alten Bundesländern entweder gar nicht oder aber erst viel später eröffnet hätten.

Eine weitere, kleine Gruppe von Mitarbeitern der neuen Landesregierung in Potsdam möchte mit der neuen Tätigkeit an ihre frühere Karriere anknüpfen und sie fortsetzen. Das trifft z.b. für CDU-Politiker aus Niedersachsen zu, die nach der Wahlniederlage ihrer Partei 1990 in den Osten kamen.

Sämtliche befragten Personen äußerten sich grundsätzlich positiv über die Zusammenarbeit mit Mitarbeitern, die aus den neuen Ländern stammen. Sie lobten deren Kollegialität, Elan und Einsatzfreude. Die westdeutschen Mitarbeiter waren von der Aufgeschlossenheit und Solidarität der Menschen untereinander überrascht. Der Umgang von Westdeutschen und Ostdeutschen in der Arbeit wurde als gut eingeschätzt.

Zu diesen wichtigen Fragen der unmittelbaren Zusammenarbeit von Beschäftigten aus den alten und neuen Bundesländern gibt es bisher kaum Veröffentlichungen. In der Untersuchung „Umschulung, Weiterbildung in Banken, Sparkassen und Versicherungen in den neuen Bundesländern" gelangten Grundmann/Lötsch zu der Aussage, daß sich Westdeutsche und Ostdeutsche gegenseitig als hilfsbereit und kooperationsfähig bewerteten und sich weder als Konkurrenten noch als Hemmnis für den eigenen beruflichen Aufstieg ansähen. Dieses Ergebnis bei Banken und Versicherungen macht deutlich, daß in Positionen, wo aus sachlichen Gründen Westdeutsche als leitende Mitarbeiter fungieren (die darüber hinaus auch noch eine höhere Sachkompetenz haben) und Ostdeutsche nicht deshalb verdrängt werden, weil sie Ostdeutsche sind, „West" und „Ost" auf diese Weise gut zusammenwachsen.

Natürlich kommt es bei den unterschiedlich zusammengesetzten Mitarbeiterteams auch zu Spannungen. Als eine Ursache wird seitens der Westdeutschen die früher in der DDR herrschende Arbeitseinstellung angesehen, die zu einer niedrigen Effektivität geführt hat. Aus der Berliner Senatsverwaltung wurden einige Fälle bekannt, daß man in einigen Dienststellen im Osten der Stadt die Westmitarbeiter zu Arbeiten niedriger Qualifikation eingesetzt hat, um damit deutlich zu machen, daß man sie im Grunde nicht benötige. Hinter diesem Verhalten wird ganz offensichtlich die Sorge der örtlichen Mitarbeiter um ihren eigenen Arbeitsplatz erkennbar.

Übersiedler und Pendler aus dem Westen unterhalten am Arbeitsort überwiegend nur Kontakte zu Bekannten bzw. ihren westlichen Arbeitskollegen. Neue soziale Beziehungen zu Ortsansässigen aufzubauen, fällt nicht leicht. Gewohnte Gemeinschaftsinstitutionen wie Sport- und andere Vereine sind im Osten entweder noch nicht vorhanden, oder sie sind völlig anders strukturiert.

Zusammengefaßt gesehen, herrschen gegenwärtig nicht gerade fördernde Bedingungen für eine Integration der zugewanderten Eliten. Als solche differierende Momente müssen angesehen werden:
– ein völlig anders verlaufender Prozeß der Sozialisation, die Existenz einer anderen Lebensumwelt, völlig anders ablaufende Biographien;
– große Unterschiedlichkeit in der Mentalität und bei den existierenden Wertesystemen;
– unterschiedliche Konzepte für die Gestaltung des Wohnumfeldes (Infrastruktur, separate Wohngebiete);
– nicht vergleichbare Realität der Arbeitswelt (meist gesicherte bzw. Führungspositionen, höheres Einkommen, individuelles Distanzhalten zu den Arbeitskollegen am Arbeitsplatz).

Die Assimilation der Zugewanderten erfordert aber nicht in einem solchem Ausmaße Veränderungen in den Wertevorstellungen und persönlichen Lebensumständen, wie sie vergleichsweise von den neuen Bundesbürgern im Osten im Verlaufe des Transformationsprozesses durchlebt wurden und werden. Die neuen Eliten aus den alten Bundesländern haben zumeist den Auftrag, Werte und Verhaltensweisen einer Gesellschaft zu transportieren, die es sich zum Postulat gemacht hat, nach den Prinzipien der sozialen Markwirtschaft zu funktionieren. Für die Transformation in den neuen Bundesländern ist es dabei als positiv zu werten, daß die West-Ost-Wanderer durchweg bestrebt sind, in ihrem Wirkungsbereich erfolgreich zu sein, um Anerkennung zu werben und das Motiv ihres Hierseins durch ihren Einsatz glaubhaft zu machen: „Im Osten muß es vorangehen".

Dabei nehmen die Pendler nach Brandenburg oftmals lange Fahrzeiten in Kauf. Wegen des Mangels an Wohnungen im Land Brandenburg besteht für die nächste Zeit kaum Aussicht, die Familien nachkommen zu lassen. Selbst die vorübergehende Unterbringung der westdeutschen Mitarbeiter stieß auf erhebliche Schwierigkeiten. So mußten einige über Monate mit ungewohnten Bedingungen vorliebnehmen (Kellerwohnung, Gartenhaus, Untermiete, kleine oder Wohnungen ohne Komfort). Die befragten Mitarbeiter können sich auch nur schwerlich mit der noch mangelhaften lokalen Infrastruktur Brandenburgs zufrieden geben, vor allem mit dem ungenügend ausgebauten Telefonnetz, den lückenhaften Einkaufsmöglichkeiten, der geringen Anzahl von Tankstellen und dem nicht leistungsfähigen Nahverkehr.

Wie weiter oben erwähnt, wird gegen einen Ortswechsel der Familien u.a. auch angeführt, daß wegen der Unterschiede in den Lehrplänen der Gymnasien in der Regel ein Schuljahr verlorengeht. Seitens einiger Eltern wird darüber hinaus die Befürchtung geäußert, daß das Niveau an den Gymnasien im Osten nicht mit dem an ihren Heimatorten vergleichbar sein könnte.

8. Revalidisierung der Motive und Entscheidung für die Zuwanderung oder Rückkehr

Die stattfindenden Veränderungen im Osten üben auf alle in unserer Erhebung Befragten eine große Anziehungskraft aus. Arbeitspendler und Zugewanderte wollen sich bewußt verwurzeln. Dieser Effekt tritt auch bei Personen ein, die ursprünglich nur bereit waren, sich für ein oder zwei Jahre abordnen zu lassen. Bei allen war eine stark emotionell bestimmte Teilnahme am sich abzeichnenden Aufschwung im Osten festzustellen. Sie alle gehen von der Annahme aus, daß der Transformationsprozeß noch Jahre dauern wird. Nach Meinung der befragten Personen kann der Einigungsprozeß durch folgende Momente in den neuen Ländern gefährdet werden:
– Weiterbestehen oder gar Anwachsen der hohen Arbeitslosigkeit;
– noch weitere Ausbreitung der Dequalifizierungstendenzen im Berufsleben;
– weiter steigende Wohnungsmieten;
– Unsicherheit und Schwanken des Niveaus der Einkommen;
– drohender Wohnungsverlust durch Ansprüche der Alteigentümer;

In den Antworten auf unsere Frage nach der Motivation der Wanderung wurde sichtbar, daß als Hauptpunkt die Herstellung einer gesicherten sozialen und familiären Situation im Vordergrund steht, daß eine Güterabwägung zwischen den erhofften und dem aufzugebenden Status vorgenommen wird, daß ganz generell die Möglichkeiten des Wiedergewinns des „sozialen und kulturellen Kapitals" bedacht werden. Es ergab sich dabei ferner, daß einem bestimmten Personenkreis aus dieser Gruppe folgende Nebenmotive besonders relevant sind:
– Bei früher Ausgereisten die Rückkehr in die frühere Heimat;
– Höhere Einkommen als in den alten Bundesländern;
– Aufnahme einer Tätigkeit, die attraktiver ist als die vorher ausgeübte;
– Beschleunigte Beförderung;
– Mithilfe am Aufbau Ostdeutschlands;
– Gewährung von Steuervorteilen für den geförderten Eigenheimbau;

Inwieweit bei den weit über 100.000 Wanderern auch Studenten aus den alten Bundesländern vertreten sind, ist zahlenmäßig noch nicht ausgewertet worden. An der Technischen Universität Cottbus beträgt der Anteil der Studenten aus den alten Bundesländern ca. 15%, und an den Universitäten in Potsdam und Frankfurt/Oder gibt es etwa 10% der Studenten mit westdeutschem Abitur.

Als Gründe für ein Studium im Osten wurden angeführt:
– größere Wahrscheinlichkeit des Zuganges zu einer Studienrichtung, die in den alten Ländern überlaufen ist;

- günstigere Studienbedingungen, weil die meisten Fachrichtungen noch Plätze in den Hörsälen sowie Laborplätze oder Zeichentische für die Architekturstudenten bieten können;
- ausreichendes Angebot an Plätzen in Wohnheimen (fast 100% in Cottbus und über 70% in Frankfurt/Oder);
- keine Massenuniversität wie im Westen; man bleibt nicht anonym;

Einen sehr interessanten Problemaspekt in diesem Kontext bilden die Rückkehrer. Ohne Zweifel gibt es große Unterschiede bei der Integration in die sozialen Netze der neuen Bundesländer bei den Menschen, die ihre Sozialisierung in der DDR erlebt haben und manchmal nur wenige Monate oder Jahre in der Bundesrepublik lebten und denjenigen, die Jahrzehnte dort ansässig waren. Quantitative Analysen zum Anteil der Rückkehrer an der West-Ost-Wanderung liegen z.Zt. noch nicht vor. Die Zugewanderten und Pendler bewerten die vorgefundenen Bedingungen in den neuen Bundesländern kritisch:
- Höhere und umfangreichere Anforderungen;
- Überlange Arbeitstage, (12 Stunden und länger);
- Rückstände in Technologie, Verwaltung und Infrastruktur;

Dem Verbleib der Pendler am neuen Arbeitsort stehen als Hindernisse entgegen:
- Wohnungsmangel;
- Fehlende Arbeitsmöglichkeiten für den Ehepartner;
- Bestehende soziale Einbindung der Familie am Herkunftsort;
- Mängel in der Infrastruktur am möglichen Übersiedlungsort;

Die Entscheidung zum Verbleib am neuen Tätigkeitsort wird auch von der Akzeptanz der Westdeutschen in Ostdeutschland beeinflußt, wie neuere Untersuchungen von S. Grundmann (1993 und 1994) und W. Hansch (1993) zeigen: Während im Jahre 1990 die Zuwanderung von „Beamten, Managern und Unternehmer aus dem Westen" von einem großen Teil der befragten Bevölkerung in Ostdeutschland befürwortet wird, fällt bei der Untersuchung im Jahre 1992 auf, daß diese Gruppe ebensowenig Zustimmung zur Zuwanderung erhält wie die Gruppe der Türken (Hansch, 1993: 60ff) Grundmann kommt zu folgender Schlußfolgerung (1994: 36f): „Wenn wir allerdings die Deutschen in verschiedene Gruppen unterteilen (frühere DDR-Bürger, Deutsche aus dem ehemaligem Ostblock etc.) fällt auf, daß die Zuwanderung von Beamten, Managern und Unternehmern aus den alten Bundesländern mittlerweile am wenigsten gewünscht wird ... Diejenigen, die zum Zeitpunkt des Beitritts der DDR zur Bundesrepublik als potentielle Zuwanderer bei den Bürgern der DDR die größte Akzeptanz gefunden haben, stoßen jetzt, nachdem sie gekommen sind, auf verbreitete Ablehnung."

Die Zuwanderung könnte ganz allgemein stimuliert werden durch:
- Schaffung von längerfristig sicheren Arbeitsplätzen;
- Angebot von Tätigkeiten mit hoher beruflicher Attraktivität;
- Aussicht auf rasche Beförderung;
- Angebote von akzeptablen Wohnungen;

- Einräumen von finanziellen Erleichterungen beim Kauf von Wohneigentum;
- Unterstützung bei der beruflichen Eingliederung des Ehepartners.

Unsere Untersuchungen ließen deutlich werden, daß die Wahrscheinlichkeit für die dauerhafte Ansiedlung des größten Teils der Arbeitspendler aus den alten Bundesländern relativ gering ist und die neue Elite für die Leitung von Wirtschaft, Verwaltung und Management in den Bundesländern Ostdeutschlands zum größten Teil aus dem heimischen Potential entwickelt werden muß.

Die Wanderer von West nach Ost beobachten den politischen und sozialen Wandel in den neuen Ländern mit besonderer Sensibilität. Der Transformationsprozeß in den neuen Ländern wird noch mehrere Jahre dauern.

Literaturverzeichnis

Bertram, H. (1993): Die Familie in den großen Städten – Zur Entwicklung familiärer Lebensformen in Leipzig, München, Stuttgart und Frankfurt. In: Schäfers, B. (Hrsg.): Lebensverhältnisse und soziale Konflikte im neuen Europa. Verhandlungen des 26. Deutschen Soziologentages in Düsseldorf 1992. Tagungsbericht 26. Soziologentages. Frankfurt a.M./ New York: Campus Verlag: 299ff

Birg, H. (1983): Verflechtungsanalysen der Bevölkerungsmobilität zwischen den Bundesländern von 1950 bis 1980. Bielefeld: IBS – Materialien Nr. 8

Gatzweiler, H.-P. (1992): Die Bevölkerungsentwicklung. In: Forum Zukunft 7. Vortrag, Bonn.

Grundmann, S. (1991): Sozialräumliche Konsequenzen des politischen Umbruchs in der DDR und der deutschen Einigung für Deutschland. In BISS public Heft 2. Berlin.

Grundmann, S./Schmidt, I. (1992): Übersiedlung aus der DDR in die Bundesrepublik Deutschland. In: Voigt/Mertens (Hrsg): Minderheiten in und Übersiedler aus der DDR. Berlin : Dunker & Humblot.

Grundmann, S./Lötsch, I. (1992): Umschulung und Weiterbildung in Banken, Sparkassen und Versicherungen in den neuen Bundesländern. In: Schriften zur beruflich-betrieblichen Weiterbildung in den neuen Ländern. Schwerin.

Grundmann, S. (1994): Zur Akzeptanz und Integration von Beamten aus den alten in den neuen Bundesländern, Deutschland Archiv, 1.

Hansch, W. (1993): Meinungen zur Migration in die neuen Bundesländer, In: Grundmann, S.: Migration und Wohnortbindung. BISS – Forschungshefte Heft 4.

Mackensen/Vanberg/Krämer (1973): Probleme regionaler Mobilität. Göttingen: Verlag Otto Schwarz & Co.

Mackensen/Osterhold/Sander (1978): Wanderungsmotive. Berlin. Der Regierende Bürgermeister von Berlin, Senatskanzlei (Hrsg.).

Ronge, V. (1985): Von drüben nach hüben, DDR-Bürger im Westen. Wuppertal: Verlag Hartmann & Petit.

Sozialdata (1982): Motivation der Bevölkerungswanderung von bzw. nach Berlin. Berlin. Der Senator für Stadtentwicklung und Umweltschutz (Hrsg.).

Sozialdata (1988): Untersuchung der Wanderungsbewegung von Arbeitskräften. Berlin. Der Senator für Stadtentwicklung und Umweltschutz (Hrsg.).

Teil 2

Soziale Ungleichheiten
in Ostdeutschland

Zur Einkommenslage ausgewählter Haushaltstypen in den neuen Bundesländern

Dietmar Dathe

Die Einkommensentwicklung und -differenzierung in den neuen Bundesländern ist vor allem durch die desolate Beschäftigungssituation geprägt; sie wird auch zukünftig die Einkommenssituation in entscheidendem Maße prägen.

Vorbemerkungen

Im Rahmen empirischer Beobachtungen der ökonomischen und sozialen Anpassungsprozesse von Ost- und Westdeutschland sind Untersuchungen zur Einkommensentwicklung und -differenzierung schon immer auf ein über Fachkreise hinausreichendes Interesse gestoßen. Nicht zuletzt die in den osteuropäischen Ländern gesammelten Erfahrungen wiesen nachdrücklich darauf hin, daß die politische Akzeptanz für eine marktwirtschaftliche Umgestaltung von den im Zuge der Umgestaltung erfahrenen sozialen Auswirkungen nicht zu trennen sind (Hofrichter, 1993). Für die Bundesrepublik war es die Frage, inwieweit das Entstehen eventueller „Armutsregionen" im Ostteil Deutschlands die Gefahr in sich birgt, daß das im Zuge der sozialstrukturellen Modernisierung und Wohlfahrtsentwicklung seit dem Zweiten Weltkrieg entstandene Integrationspotential der westdeutschen Gesellschaft erodiert (Vester, 1993).

Laut Sozio-ökonomischem Panel (Ost)[1] ist das verfügbare bedarfsgewichtete Haushaltseinkommen von 1990 bis 1993 in den neuen Bundesländern nominal um 73% gestiegen (im gleichen Zeitraum nahm das Haushaltseinkommen westdeutscher Haushalte um 11% zu). Infolge dieser Entwicklung lag das durchschnittliche Haushaltseinkommen 1993 bei knapp 72% des westdeutschen Niveaus (1990: 46%). Auch unter Berücksichtigung der Lebenshaltungskosten nahm das verfügbare Haushaltseinkommen seit 1990 noch um 1/3 zu bzw. lag es bei 61% des

---

1 Die Stichprobe des Sozio-ökonomischen Panels (Ost) umfaßt nicht nur Befragungspersonen mit Wohnsitz in den neuen Bundesländern, sondern auch solche Personen bzw. Haushalte, die zwar 1990 in der Ost-Stichprobe erfaßt worden sind, mittlerweile aber ihren Wohnsitz in die alten Bundesländer verlegt haben.

westdeutschen Niveaus[2]. Davon ausgehend liegt der Schluß nahe, daß trotz einer außerordentlich prekären wirtschaftlichen Lage im allgemeinen, die Angleichung der Lebensverhältnisse (wenn auch nicht in den einstmals gedachten Zeiträumen) vorankommt[3]. Die westdeutschen Transferleistungen im Zusammenhang mit der Übertragung des bundesdeutschen Sozialversicherungssystems und die gewerkschaftliche Tarifpolitik ermöglichten einen – in deutlichem Kontrast zu anderen osteuropäischen Staaten – weitgehend „sozialverträglichen" Transformationspfad.

Im Gegensatz dazu zeigen Untersuchungen zum subjektiven Wohlbefinden der ostdeutschen Bevölkerung gerade für den Einkommensbereich, daß diese Entwicklung in der subjektiven Bewertung nicht in gleichem Maße „honoriert" wird. Dieses Phänomen, so wird vermutet, sei darauf zurückzuführen, daß nicht alle in die deutsche Vereinigung gesetzten Erwartungen und Ansprüche erfüllt worden sind (Statistisches Bundesamt, 1992) bzw. der von der ostdeutschen Bevölkerung angelegte Bewertungsmaßstab sich nicht auf die vergangenen Lebensverhältnisse oder die anderer Transformationsgesellschaften als Vergleichsgrößen bezieht, sondern auf die gegebenen Lebensverhältnisse in westeuropäischen Gesellschaften, insbesondere die in Westdeutschland (Landua u.a., 1993).

Das Akzeptanzproblem ist aber nicht nur auf die Unzufriedenheit über das Tempo der Angleichung zurückzuführen, sondern auch auf die erfahrene Diskrepanz zwischen grundlegenden individuellen Wertorientierungen und strukturell vorgegebenen Handlungsspielräumen (Landua, 1993). Am deutlichsten „erlebt" wird diese Diskrepanz bei den Problemgruppen auf dem ostdeutschen Arbeitsmarkt: Treffen mangelnde Qualifikation, beeinträchtigtes Arbeitsvermögen, geminderte Flexibilität (z.B. durch Mutterschaft) und höheres Alter zusammen, so sind die Wiederbeschäftigungschancen dauerhaft gemindert (Bender/Meyer, 1993). Die Gefahr des Absinkens in eine verarmte Unterschicht wird dann akut, wenn die genannten Risikofaktoren mit einer eingeschränkten „Pufferfunktion" (Berger u.a., 1993) privater Haushalte zum Ausgleich sozialer Risiken (etwa in kinderreichen Familien) zusammentreffen und der regionale Arbeitsmarkt kaum Chancen für eine ausbildungsadäquate, attraktive und auch ertragreiche Beschäftigung bietet. Der Konflikt zwischen individuellen Wertorientierungen und strukturell vorgegebenen Handlungsspielräumen entfaltet sich aber nicht nur entlang der Achse „Arbeit" und „Nicht-Arbeit" (letztere wäre wiederum unterscheidbar nach Arbeitslosigkeit und Vorruhestand). Auch innerhalb des Feldes „Arbeit" ist eine bemerkenswerte sozialstrukturelle Differenzierung in Abhängigkeit von Vollzeit-, Teilzeitbeschäftigung, Leiharbeit, Kurzarbeit, ABM-Tätigkeit, Fortbildung und

---

2 Vgl. Schwarze (1994). Für eine Darstellung der Konzeption des Sozio-ökonomischen Panels (Ost) s. Schupp/Wagner (1991)

3 Je nach dem Indikator für den Arbeitseinsatz bzw. der gewählten Preisbasis betrug die gesamtwirtschaftliche Arbeitsproduktivität in Ostdeutschland im Jahre 1993 nur etwa 36% bis 46% des westdeutschen Niveaus (s. IWH, 1993).

Umschulung, prekäre Beschäftigungsverhältnisse generell, selbständige oder unselbständige Tätigkeit usw. feststellbar. Besonders zu berücksichtigen sind schließlich die Möglichkeiten einer Arbeitsaufnahme im Westen in den verschiedensten Varianten (Tagespendler, Wochenpendler, Personen mit zweitem Wohnsitz).

Damit ist die Frage aufgeworfen, inwieweit die „nachholende Modernisierung" des ostdeutschen Sozialgefüges sich entlang der Differenzierungslinien sozialstruktureller Modernisierung vollzieht, wie sie für Westdeutschland bereits Aktualität besitzen:

„Insgesamt haben sich an den Differenzierungslinien sozialstruktureller Modernisierung aus dem hauptsächlich von Arbeitnehmern gebildeten und eine Zeit lang halbwegs zufriedengestellten Kern der Gesellschaft drei weitere Lager herausgebildet: die meritokratischen Modernisierungsgewinner, ein eher gestreutes Feld deklassierter Gruppen und die sich neu abgrenzende Gruppe der verunsicherten und desillusionierten Arbeitnehmer" (Vester, 1993: 9).

Anliegen des vorliegenden Beitrages ist es, auf der Grundlage einer Literaturauswertung zur Veränderung der Verteilungsdisparitäten der Haushaltseinkommen in den neuen Bundesländern der Frage nachzugehen, inwieweit und mit welchen Konsequenzen die einsetzende sozialstrukturelle Differenzierung die Verteilung der Haushaltseinkommen bereits verändert hat.

1. Veränderungen relativer Einkommenspositionen zwischen ausgewählten sozialen Haushaltsgruppen

1.1 Einige methodische Vorbemerkungen

Eine vergleichende Analyse verschiedener Einkommenserhebungen bzw. -analysen steht immer vor dem Problem, daß hier Daten miteinander verglichen werden sollen, die aus Erhebungen stammen, die sich nach Erhebungskonzepten, Periodizität, Aktualität, den Abgrenzungen bezüglich der Haushaltstypen sowie der Einkommens- und Transferkategorien, Stichprobenumfang usw. voneinander unterscheiden. Somit verbietet sich eine direkte Gegenüberstellung etwa der absoluten Einkommenswerte von selbst, es kann bestenfalls um eine vergleichende Analyse unter Verwendung von relationalen Zahlen bzw. strukturellen Gesichtspunkten gehen.

Den unterschiedlichen methodischen Ansätzen der einzelnen Einkommenserhebungen bzw. der darauf basierenden Verteilungsrechnungen liegen die unterschiedlichen Ziel- bzw. Zwecksetzungen dieser Erhebungen bzw. Verteilungsrechnungen zugrunde. Aber gerade deshalb kann auch von einer gewissen gegenseitigen „Ergänzung" bzw. „Arbeitsteilung", etwa bezüglich der Widerspiegelung der Einkommenslage verschiedener sozialer Gruppen, gesprochen werden.

Im folgenden soll, wenn auch nur in einem kurzen Überblick, auf einige diesbezügliche Besonderheiten eingegangen werden:

Um die Haushaltseinkommen sinnvoll miteinander vergleichen zu können, ist die unterschiedliche Haushaltsgröße notwendigerweise mit einzubeziehen. Es aber allein beim Ausweis von Pro-Kopf-Einkommen zu belassen, würde u.a. das unterschiedliche Lebensalter der in den Haushalten lebenden Personen nicht berücksichtigen. Es ist deshalb seit langem gebräuchlich, die Kosten der Lebensführung des Haushaltsvorstandes als Bezugsgröße des „Versorgungsbedarfs" der weiteren Haushaltsmitglieder heranzuziehen und diese unter Verwendung einer degressiven Äquivalenzziffernskala in „Vollversorgungspersonen" umzurechnen (Bedau u.a., 1993).

So unbestritten die Vorzüge einer solchen Vorgehensweise auch sind, so wenig existiert bisher eine allgemein anerkannte Äquivalenzziffernskala, und die Entscheidung für eine bestimmte Skala beinflußt zum Teil nicht unerheblich den Ausweis über die gegebene Einkommensdisparität zwischen den einzelnen Haushaltsgruppen bzw. -typen:

„Da Äquivalenzskalen einen unvermeidlichen normativen Kern enthalten – besagen sie doch, um wieviel das Einkommen eines Haushalts zunehmen muß, wenn ein weiteres Haushaltsmitglied hinzukommt und das Wohlstandsniveau der bisherigen Mitglieder gleich bleiben soll – ist eine Entscheidung für eine bestimmte Skala schwierig" (Hauser, 1992: 42).

Mehrheitlich wird bei der Berechnung der Äquivalenzeinkommen auf die Regelsatzabstufungen des Bundessozialhilfegesetzes (BSHG) zurückgegriffen[4]. Es bleibt umstritten, ob damit die Unterschiede hinsichtlich der Bedarfs- bzw. Aufwandsstrukturen zwischen alten und neuen Bundesländern ausreichend Berücksichtigung finden (Berger u.a., 1993). Einige Autoren verwenden von den Regelsatzabstufungen des BSHG abweichende Gewichtungen für die einzelnen Haushaltsmitglieder, worauf im weiteren noch eingegangen wird.

Der Ausweis der Einkommensverteilung bzw. der relativen Einkommensposition erfolgt in der hier ausgewerteten Literatur einmal auf der Basis der Haushalte und zum anderen auf der Basis der in den Haushalten lebenden Personen. Beispielsweise kann die Fragestellung für die Ermittlung von Armutsquoten unterschiedlich sein: In wieviel Haushalten beträgt das Äquivalenzeinkommen weniger als die Hälfte des durchschnittlichen Äquivalenzeinkommens, und/oder wieviel Personen lebten in Haushalten, deren Äquivalenzeinkommen weniger als die Hälfte des durchschnittlichen Äquivalenzeinkommens betrug?

Letztere Fragestellung ist etwa dann von besonderer Relevanz, wenn die Veränderung der Einkommenssituation anhand einer „Längsschnitt-" und nicht in einer „Querschnittsbetrachtung" untersucht wird[5].

---

4 Der Haushaltsvorstand wird mit dem Faktor 1, alle weiteren erwachsenen Haushaltsmitglieder mit 0,8 und die Kinder je nach Alter mit 0,5 bis 0,9 bewertet.

Ein weiteres Unterscheidungsmerkmal betrifft die Frage, ob die konkrete Einkommenshöhe selbst abgefragt wird, oder (wie im Familien-Survey[6]) die Einkommen in Form einer Selbsteinstufung in vorgegebene Größenklassen erhoben werden. Letztere Methode mag den Nachteil aufweisen, daß die ausgewiesene Einkommensverteilung von der Wahl der Größenklassen selbst abhängig ist, der Grad der „Verzerrung" ist aber infolge der in jedem Fall auftretenden Ungenauigkeiten in den Angaben möglicherweise eher als gering einzuschätzen, außerdem kann infolge geringer Fallzahlen die Bildung von Einkommensklassen durchaus zweckmäßig sein.

Auch wenn teilweise unterschiedliche Bezeichnungen gewählt werden, geht es bei den zu erfragenden Haushaltseinkommen im Prinzip immer um die den Haushalten zufließenden Markt- und Transfereinkommen, abzüglich gezahlter Steuern und Sozialversicherungsbeiträge[7].

Ein Vergleich des Einkommensniveaus und der Einkommensverteilung zwischen unterschiedlichen Gesellschaftssystemen – was sowohl auf den Vergleich zwischen DDR und Bundesrepublik als auch für den Vergleich innerhalb Ostdeutschlands vor und nach der deutschen Vereinigung zutrifft – kann letztlich nicht von den zwischen beiden Systemen existierenden relevanten Unterschieden absehen.

Hauser nennt für den Vergleich von Haushaltsnettoeinkommen vier Bereiche, denen sich die relevanten Systemunterschiede zuordnen lassen (s. Hauser, 1992: 62):

---

5 "Dies bedeutet, daß wir die Gruppen nicht mehr nach jenen Merkmalen zusammenfassen, die sie jeweils im Befragungsmonat aufwiesen, sondern daß wir die Lebensverläufe von Individuen in den Jahren 1990 bis 1992 untersuchen und nach Merkmalen der Lebensverläufe gliedern. Dabei werden nur Personen einbezogen werden, die zu allen drei Zeitpunkten an der Befragung mitgewirkt haben ('Längsschnittpersonen')" (Hauser u.a., 1993: 19). In der Regel ist damit verbunden, daß der zu untersuchende Personenkreis dann gegenüber einer Querschnittsbetrachtung etwas kleiner ausfällt.

6 Das Familien-Survey (Ost) des Deutschen Jugendinstituts liefert eine Bestandsaufnahme der familialen Lebensbedingungen in den neuen Bundesländern. Sie fußt auf einer repräsentativen Erhebung bei ca. 2.000 18-55jährigen Personen, die zur Jahreswende 1990/ 1991 durchgeführt wurde (s. Bertram, 1992a).

7 Im Familien-Survey beispielsweise lautet die entsprechende Frage: „Wie hoch ist das monatliche Nettoeinkommen Ihres Haushalts insgesamt? Ich meine die Summe aller Einkommen, die nach Abzug der Steuern und Sozialversicherungsbeiträge übrigbleibt" (Weidacher, 1992a: 292).
Entsprechend der „Systematik der Einnahmen und Ausgaben privater Haushalte" (SEA) der Bundesstatistik leiten sich die Unterschiede zwischen Haushaltsnettoeinkommen, Ausgabefähigen Einkommen und Einnahmen bzw. Verfügbare Einkommen aus den sonstigen Einnahmen (z.B. Einnahmen aus dem Verbrauch gekaufter Waren) und den sonstigen Ausgaben (z.B. Kraftfahrzeugsteuern) ab. Die daraus resutierenden Differenzen sind für die Verteilungseckwerte der Haushaltseinkommen sicherlich von geringem Einfluß.

1. Unterschiede im Preis- und Marktsystem sowie in der Verfügbarkeit von Gütern und im für die Güterbeschaffung erforderlichen Zeitaufwand;
2. Unterschiede in bezug auf die Verfügbarkeit und Sicherheit von Arbeitsplätzen und die Übernahme von sozialen Absicherungsaufgaben durch die Betriebe;
3. Unterschiede in Art und Ausmaß der vom Staat kostenlos oder verbilligt zur Verfügung gestellten Güter und Leistungen sowie in der Berechtigung zur Inanspruchnahme;
4. Unterschiede in Art und Ausmaß des sozialen Schutzes, der durch Sozialabgaben erworben werden konnte.

Obwohl die Bedeutung dieser Unterschiede für den innerdeutschen Vergleich der Nettoeinkommen bzw. deren Verteilung nicht bestritten werden kann, ist der davon ausgehende Einfluß auf die Differenzierung der sozialen Lage auf jeden Fall widersprüchlich und kaum hinreichend genau quantifizierbar (Hauser, 1992).

1.2 Veränderungen relativer Einkommenspositionen zwischen ausgewählten sozialen Haushaltsgruppen

Tabelle 1 zeigt die Veränderung der relativen Einkommensposition zwischen den Haushalten von Arbeitern und Angestellten, von Landwirten, Arbeitslosen und Rentnern im Vergleich von 1990, 1991 und 1992 (jeweils 2. Halbjahr).[8] In Relation zu den Arbeiter- und Angestellten-Haushalten hat sich die relative Einkommensposition der Haushalte von Landwirten um 8 Prozentpunkte verschlechtert[9]. Eine Ursache hierfür dürfte darin zu suchen sein, daß den Einkommen aus selbständiger bzw. Unternehmertätigkeit in dieser Haushaltsgruppe eine wesentlich größere Bedeutung als in anderen Haushaltsgruppen zukommt (Anteil im 2. Halbjahr 1992: 57% am ausgabefähigen Haushaltseinkommen der Landwirte, gegenüber 3,8% im Durchschnitt aller befragten Haushalte), und deren Dynamik unmittelbar an die einzelbetriebliche Ertragslage gebunden ist.

---

8 Vgl. Grunert (1993). Datenbasis ist die vom Statistischen Bundesamt bis Ende 1992 fortgeführte Statistik des Haushaltsbudgets, die seit 1949 in der DDR existierte. Im 2. Halbjahr 1992 wurden rund 2.100 Arbeitnehmerhaushalte, 200 Haushalte von Landwirten, 600 Rentnerhaushalte und ebensoviele Arbeitslosenhaushalte befragt. Nicht erfaßt wurden die Haushalte der Selbständigen (außerhalb der Landwirtschaft), der Beamten, der Personen im Altersübergang bzw. Vorruhestand. 1990 als Jahr der „Nullpunktmessung" zu verwenden, kann angesichts der damals schon eingetretenen Veränderungen, etwa im Transfersystem, umstritten sein. Angesichts der relativ großen Stabilität bezüglich der Verteilungseckwerte scheint es aber fraglich, ob ein früherer Zeitpunkt zu grundsätzlich anderen Resultaten führen würde.

9 Die Statistik des Haushaltsbudgets erfaßt nur 2-, 3- und 4-Personen-Haushalte von Landwirten.

Zur Einkommenslage ausgewählter Haushaltstypen

Tabelle 1
Einkommensrelationen zwischen sozio-ökonomischen Gruppen auf der Basis von Äquivalenzeinkommen*

Äquivalenzeinkommen je Vollperson der Arbeitnehmerhaushalte (monatl. Durchschnitt)	2. Hj. 1990 1010 DM	2. Hj. 1991 1364 DM	2. Hj. 1992 1686 DM
Arbeitnehmer-Haushalte	1	1	1
Haushalte der Landwirte	0,89	0,88	0,8
Arbeitslosen-Haushalte	x	0,67	0,71
Rentner-Haushalte	0,79	0,77	0,81

* Äquivalenzskalen nach dem Bundessozialhilfegesetz (Basis: Ausgabefähige Einkommen und Einnahmen)(d.V.)
Datenbasis: Statistik des Haushaltsbudgets.
Aus: Grunert, R. (1993). Einkommensentwicklung in ostdeutschen Privathaushalten. In: IWH-Konjunkturberichte Nr. 8: 22, Tab. 7.

Tabelle 2a
Einkommensrelationen zwischen den Haushaltsgrößen auf der Basis von Äquivalenzeinkommen*

Äquivalenzeinkommen eines Einpersonen-Arbeitnehmer-Haushalts (monatl. Durchschnitt)	2. Hj. 1990 1171 DM	2. Hj. 1991 1607 DM	2. Hj. 1992 2138 DM
Arbeitnehmer-Haushalte, davon			
Einpersonen-Haushalte	1	1	1
Zweipersonen-Haushalte	0,97	0,98	0,91
Dreipersonen-Haushalte	0,83	0,82	0,75
Vierpersonen-Haushalte	0,74	0,7	0,66
Haushalte mit 5 u. mehr Personen	0,66	0,64	0,58
Äquivalenzeinkommen eines Einpersonen-Arbeitslosen-Haushalts (monatl. Durchschnitt)	2. Hj. 1990	2. Hj. 1991 1063 DM	2. Hj. 1992 1223 DM
Arbeitslosen-Haushalte, davon			
Einpersonen-Haushalte		1	1
Zweipersonen-Haushalte		1,08	0,88
Dreipersonen-Haushalte		0,94	0,76
Vierpersonen-Haushalte		0,77	0,71
Haushalte mit 5 u. mehr Personen			0,7
Äquivalenzeinkommen eines Einpersonen-Rentner-Haushalts (monatl. Durchschnitt)	2. Hj. 1990 759 DM	2. Hj. 1991 1011 DM	2. Hj. 1992 1355 DM
Rentner-Haushalte, davon			
Einpersonen-Haushalte	1	1	1
Zweipersonen-Haushalte	1,14	1,13	1,03

* Vgl. Tab. 1, Anm. 1.
Datenbasis: Statistik des Haushaltsbudgets.
Aus: Grunert, R. (1993). Einkommensentwicklung in ostdeutschen Privathaushalten. In: IWH-Konjunkturberichte Nr. 8: 22, Tab. 8.

Die leicht verbesserte Einkommensposition von Arbeitslosenhaushalten mag auf den ersten Blick wenig plausibel erscheinen[10]. Von ausschlaggebender Bedeutung für deren Einkommenslage ist, in Verbindung mit der Arbeitslosenzahl pro Haushalt, die Verweildauer in der Arbeitslosigkeit, was in seiner Konsequenz der hier vorliegenden Querschnittsbetrachtung nur sehr begrenzt erfaßbar ist[11]. Die Verbesserung der Einkommensposition von Rentnerhaushalten wird in dieser Zeitreihe etwas unterzeichnet, da hier die im 2. Halbjahr 1990 schon erfolgten Rentenerhöhungen Ausgangspunkt der Zeitreihe sind. Laut Statistik des Haushaltsbudgets lagen die ausgabefähigen Einkommen und Einnahmen je Vollversorgungsperson in Rentnerhaushalten 1989 bei 63% im Vergleich zu denen von Arbeiter- und Angestelltenhaushalten. Für die Bewertung der erzielten Verbesserung der Einkommensposition von Rentnerhaushalten ist auch von Gewicht, daß das bedarfsgewichtete Haushaltseinkommen der Arbeitnehmerhaushalte im Zeitraum vom 2. Halbjahr 1990 bis zum 2. Halbjahr 1992 nach dieser Erhebung selbst um zwei Drittel zugenommen hat. Gerade die Situation der Rentnerhaushalte ist ein Beleg dafür, daß im Zuge der deutschen Vereinigung nicht nur neue Ungleichheitspotentiale entstanden sind, sondern es auch zu einem partiellen Abbau sozialer Disparitäten kam (Berger u.a., 1993)[12].

1.3 Der Einfluß des Beschäftigungsrückgangs auf die relativen Einkommenspositionen

Die Bedeutung von Arbeitslosigkeit als dominanter Ursachenkomplex für das Ungleichheitsgefüge wird sichtbar, wenn die relative Einkommensposition in Abhängigkeit von der Haushaltsgröße betrachtet wird. Die nach dem 2. Halbjahr 1990 einsetzende Verschlechterung der relativen Einkommensposition im Vergleich zu den jeweiligen Einpersonenhaushalten (vgl. Tab. 2a) korrespondiert offensichtlich sehr eng mit dem Rückgang der Zahl der Arbeitseinkommensbezieher je Haushalt (vgl. Tab. 2b).

Der im Betrachtungszeitraum eingetretene Erwerbstätigenrückgang betraf zu drei Fünfteln die Haushalte von Arbeitnehmern, also Haushalte, deren „Vorstand"

---

10 Zum Vergleich: Die relative Äquivalenzeinkommensposition von Personen in Haushalten mit mindestens einem Arbeitslosen zum Befragungszeitpunkt (Gesamtbevölkerung = 100) lag nach Panel-Daten 1990 bei 80,3%, 1991 bei 84,7%, 1992 bei 82, % und 1993 bei 82,2% (s. Müller u.a., 1994: Tab. 4). Das Nettoäquivalenzeinkommen wurde mit Hilfe einer aus der Sozialhilfe abgeleiteten Skala ermittelt und basiert auf dem erfragten monatlichen Haushaltsnettoeinkommen („income screener"), das um ein Zwölftel der einmaligen Zahlungen (abzüglich pauschalisierter Abgaben) korrigiert wurde.
11 Auf den zuletzt genannten Punkt wird unten noch ausführlicher eingegangen.
12 Zu der gleichen Schlußfolgerung gelangt auch der Armutsbericht des Deutschen Gewerkschaftsbundes und des Paritätischen Wohlfahrtsverbandes (Hanesch u.a., 1994).

Zur Einkommenslage ausgewählter Haushaltstypen

Tabelle 2b
Zahl der Arbeitseinkommensbezieher AEB (je Haushalt)

	2.Hj. 90	1.Hj. 91	2.Hj. 91	1.Hj. 92	2.Hj. 92
ABE je Haushalt insgesamt	1,3	1,19	1,11	1,02	1,01
darunter Arbeitnehmer-Haushalte	1,71	1,65	1,59	1,52	1,5
davon Einpersonen-Haushalte	1	1	1	1	1
Zweipersonen-Haushalte	1,56	1,52	1,45	1,36	1,33
Dreipersonen-Haushalte	1,88	1,82	1,74	1,66	1,63
Vierpersonen-Haushalte	2,01	1,91	1,82	1,74	1,73
5 und mehr Personen	2,14	2	1,81	1,7	1,66
Arbeitslosenhaushalte					
davon Einpersonen-Haushalte	0	0	0	0	0
Zweipersonen-Haushalte		0,39	0,24	0,12	0,09
Dreipersonen-Haushalte		0,72	0,53	0,31	0,29
Vierpersonen-Haushalte		0,75	0,54	0,36	0,32
5 und mehr Personen				0,35	0,44

Datenbasis: Statistik des Haushaltsbudgets.
Aus: Grunert, R. (1993). Einkommensentwicklung in ostdeutschen Privathaushalten. In: IWH-Konjunkturberichte Nr. 8: 17, Tab. 2.

Tabelle 3
Disparität* der Einkommensverteilung in Deutschland und ihre Komponenten**

	Disparität insgesamt	in Ostdeutschl.	in Westdeutschl.
Bruttoerwerbseinkommen abhängig Vollzeitbeschäftigter			
1990	0,1719	0,0438	0,078
1991	0,1317	0,0708	0,078
1992	0,1192	0,642	0,075
1993	***	0,0635	***
Verfügbares bedarfsgewichtetes Haushaltseinkommen****			
1990	0,1473	0,0541	0,1175
1991	0,1369	0,0671	0,1103
1992	0,1322	0,0663	0,1124
1993	***	0,0753	***

* Gemessen als Summe der durchschnittlichen Abweichungen der Einkommen vom Mittelwert. Dieses Maß nimmt den Wert Null an, wenn alle Personen ein gleich hohes Einkommen beziehen würden. In allen anderen Fällen wird ein Wert ausgewiesen, der größer ist als Null. Dieser Wert steigt, je ungleicher die Einkommen in der Gesellschaft verteilt sind. Zur Orientierung: In den USA betrug der Wert dieses Disparitätsmaßes für die verfügbaren Haushaltseinkommen im Jahr 1989 0.287.
** Alle Einkommen zu Preisen von 1990.
***Wert noch nicht verfügbar.
**** Äquivalenzskalen nach dem Bundessozialhilfegesetz.
Datenbasis: SOEP 1990-1993. Aus: Schwarze, J. (1993). Einkommensungleichheit im vereinten Deutschland. In: Wochenbericht des DIW 60 (49): 722.

weiterhin eine Erwerbstätigkeit ausübte. Das heißt, immerhin 40% des Rückgangs von Arbeitseinkommensbeziehern betraf die Arbeitslosenhaushalte selbst, wo zum Zeitpunkt der Erhebung der Haushaltsvorstand bereits arbeitslos war. Die Gegenüberstellung von Arbeitnehmer- und Arbeitslosen-Haushalten der gleichen Haushaltsgröße läßt die überdurchschnittliche Betroffenheit gerade der Arbeitslosenhaushalte vom Rückgang der Anzahl der Arbeitseinkommensbezieher pro Haushalt (was nicht offene Arbeitslosigkeit als Ursache bzw. Folge haben muß) erkennen und auf eine Kumulation von Risikofaktoren in diesen Haushalten schließen.

Anhand der mit dem Sozio-ökonomischen Panel möglichen Längsschnittbetrachtung wird deutlich, daß Haushalte, die 1992 im zweiten aufeinanderfolgenden Jahr von Arbeitslosigkeit betroffen waren, auch diejenigen Haushalte sind, in denen häufiger mehrere Personen arbeitslos waren. Die Äquivalenzeinkommensposition der in diesen Haushalten lebenden Personen hat sich seit 1990 deutlich verschlechtert und liegt mit etwa 75% (in Relation zum durchschnittlichen Äquivalenzeinkommen der Gesamtbevölkerung) um rund 10 Prozentpunkte unter derjenigen Position, die die von Arbeitslosigkeit betroffenen Haushalte insgesamt einnahmen (Frick u.a., 1993). Diejenigen Personen, die in Haushalten mit langanhaltender und/oder mehrfacher Betroffenheit von Arbeitslosigkeit lebten, mußten gegenüber 1990 überdurchschnittlich große Abstiege ihrer relativen Äquivalenzeinkommensposition hinnehmen (vgl. Hauser u.a., 1993).

1.4 Transfer- und Vermögenseinkommen im Ost-West-Vergleich

Obwohl deutlich wurde, daß keiner der Mehrpersonenhaushalte seine Einkommensposition vom 2. Halbjahr 1990 behaupten konnte (die Disparität zwischen den Haushaltsgruppen also angestiegen ist), hält sich angesichts der Dramatik des wirtschaftlichen Einbruchs die Verschlechterung der Einkommenspositionen (bezogen auf die Arbeitnehmerhaushalte) in relativ engen Grenzen.

Auch die Daten des Sozio-ökonomischen Panels bestätigen diese Tendenz bezüglich der Disparität innerhalb der Haushalte (vgl. Tab. 3).[13]

Die Disparität der verfügbaren Haushaltseinkommen hat in Ostdeutschland um 39% zugenommen, die der ostdeutschen Erwerbseinkommen fiel mit 45% gegenüber 1990 dagegen etwas stärker aus, wobei ihre Verteilungsdisparität seit

---

13 Gegenüber der relativen Stabilität auf der Makroebene ist die Einkommensmobilität auf der Mikroebene außerordentlich hoch und liegt über dem Niveau in Westdeutschland: Für 35,8% aller Längsschnittpersonen waren von 1990 auf 1992 Veränderungen ihrer relativen Äquivalenzeinkommensposition um mehr als 30% (Ab- oder Aufstiege) zu verzeichnen (Westdeutschland 23,5%) (s. Müller u.a., 1994: Schaubild 2).

Zur Einkommenslage ausgewählter Haushaltstypen

Tabelle 4
Verteilung der Vermögenseinkommen nach Haushaltsgruppen* 1992 (alle Angaben in %)

Anteil der einzelnen Haushaltsgruppen am Vermögenseinkommen der PP-Haushalte insgesamt	Bundesländer Alte	Neue	Relation***
Haushalte von:			
Landwirten	1,4	4,9	17,4
Selbständigen außerhalb der Landwirtschaft	19,2	11	13,4
Angestellten	22,3	23,2	24,5
Beamten	5		
Arbeitern	12	28	35,6
Arbeitslosen	0,6	3,6	33,4
Rentnern	24,6	29,3	23
Pensionären	3,4		
sonstigen Personen**	11,5		
Privathaushalte insgesamt	100	100	100

Privathaushalte nach Haushaltsgruppen	Bundesländer Alte	Neue
Haushalte von		
Landwirten	0,9	3,6
Selbständigen außerhalb der Landwirtschaft	5,8	5
Angestellten	23,4	19,8
Beamten	5,6	0,3
Arbeitern	22,2	29,9
Arbeitslosen	2,6	9,2
Rentnern	29,3	31
Pensionären	3,2	
sonstigen Personen**	7	1,2
Privathaushalte insgesamt	100	100

* Ohne private Organisationen ohne Erwerbszweck und ohne Anstaltsbevölkerung.
** HH von Nichterwerbs. mit überw. Lebensunterhalt durch Vermögenseinkommen, Sozialhilfe, Stipendien, Übertragungen von Angehörigen oder aus sonst. Quellen.
*** Alte Bundesländer =100

Quelle: berechnet nach Bedau, K.-D. (1993). Die Vermögenseinkommen privater Haushalte 1992. In: Wochenbericht des DIW 60 (28): 391, Tab. 5.

1991 kontinuierlich abgenommen hat. Im Vergleich zu Westdeutschland hatte dies zur Folge, daß die Verteilungsungleichheit hinsichtlich der Bruttoerwerbseinkommen mittlerweile 85% des westdeutschen Niveaus erreicht, demgegenüber die Verteilungsungleichheit hinsichtlich der verfügbaren Haushaltseinkommen erst rund zwei Drittel des westdeutschen Niveaus ausmacht (Schwarze, 1993)[14].

„Demnach ist anzunehmen, daß die ‚Verteilung' der aus Westdeutschland geleisteten Transfers – wie politisch gewünscht – in Richtung einer Reduzierung von Ungleichheit kompensierend gewirkt hat" (Schwarze, 1993: 723).

Der deutlich höhere Anteil empfangener Transfereinkommen (abzüglich sonstiger geleisteter laufender Übertragungen und Zinsen für Konsumentenkredite) am verfügbaren Einkommen im Gesamtdurchschnitt aller ostdeutschen Privathaushalte im Jahre 1992 mit 38% (in den alten Bundesländern lag der entsprechende Anteil mit 21% deutlich niedriger) spricht für obige Aussage.

Dieses unterschiedliche relative Gewicht der Transfereinkommen in Ost und West resultiert aber auch daher (die Bedeutung der Einkommen aus unselbständiger Tätigkeit war mit 52% bzw 47% fast gleich), daß das relative Gewicht der entnommenen Gewinne und Vermögenseinkommen am verfügbaren Haushaltseinkommen in ost- bzw. westdeuschen Privathaushalten sehr stark differierte: Deren Anteil betrug in den neuen Bundesländern 10%, gegenüber 32% in den alten Bundesländern[15].

Am günstigsten war die Ost-West-Relation zwischen ost- und westdeutschen Arbeitnehmerhaushalten, wo die Vermögenseinkommen pro Haushalt in den neuen Bundesländern inzwischen 35,6% des westdeutschen Niveaus erreicht haben. Der größte Unterschied lag bei den Haushalten von Selbständigen (außerhalb der Landwirtschaft) vor.

Die Gegenüberstellung der Anteilswerte der Haushaltensgruppen an der Gesamtzahl der Haushalte einerseits und ihrem Anteil an den Vermögenseinkommen andererseits zeigt, daß die Verteilungsdisparität der Vermögenseinkommen innerhalb Westdeutschlands deutlich größer ist als die innerhalb Ostdeutschlands.

Demnach ist die niedrigere Einkommensdisparität in Ost- gegenüber Westdeutschland auch eine Folge der Verteilung der Vermögenseinkommen (und der Einkommen aus Unternehmertätigkeit) zwischen und innerhalb der beiden Teile Deutschlands, die wiederum sowohl Resultat gegebener als auch, was speziell den Ostteil betrifft, übertragener Besitzstrukturen sind.

---

14 Gemessen am Ginikoeffizienten fiel der Unterschied zwischen der personenbezogenen Verteilungsdisparität der Nettoäquivalenzeinkommen einerseits und der Bruttoarbeitseinkommen (hier einschließlich Teilzeitkräfte) andererseits mit 0,216 und 0,226 im Jahre 1993 jedoch relativ gering aus (s. Müller, 1994: Tab. 1 u. 10).
15 Alle Angaben berechnet nach: Bedau, 1993: 389 (Tab. 1). Datenbasis: Volkswirtschaftliche Gesamtrechnung (VGR).

2 Die Einkommensdifferenzierung in Abhängigkeit von Berufsposition und Zahl der Kinder

2.1 Berufsposition und Haushaltseinkommen

Als ein zentrales Modernitätsdefizit ostdeutscher Sozialstrukturen wird die leistungshemmende Gleichmacherei in Gestalt der übermäßigen Nivellierung vertikaler (schichtspezifischer) Ungleichheiten hervorgehoben (vgl. Geißler, 1993).

Es scheint dem im planwirtschaftlichen Systemen angelegten mangelnden Leistungsanreizen zu entsprechen, daß die Einkommensungleichheit in der ehemaligen DDR deutlich niedriger ausfiel als in der alten Bundesrepublik. Allein es bei dieser Feststellung bewenden zu lassen, würde aber der sozialen Realität in der ehemaligen DDR nur bedingt gerecht, wie es die Resultate des Familien-Survey (Ost) belegen:

Abbildung 1 zeigt anschaulich, daß mit steigender Pro-Kopf-Einkommensklasse[16] der Anteil der Haushalte, die der Dienstleistungsklasse angehören, deutlich zunimmt und ab der Einkommensstufe 700–900 DM durchgehend mehr als die Hälfte ausmacht[17]. Von denjenigen Haushalten, die ein Pro-Kopf-Einkommen von 1.300 DM und darüber auswiesen, gehörten knapp 60% der Dienstleistungsklasse an, auf Haushalte von Facharbeitern und Angestellten entfielen jeweils knapp 20%. Insgesamt waren die Einkommensunterschiede zwischen Facharbeitern und Angestellten eher gering.

Die Daten belegen, daß auch in der DDR ein signifikanter Zusammenhang zwischen Einkommens- und Berufsposition existierte, der für die Einkommensdifferenzierung zwischen den Haushalten durchaus von Relevanz war und als Bestätigung für die prinzipiell mögliche Übertragbarkeit der westlichen Humankapitaltheorie auf die Planwirtschaft der DDR interpretierbar ist (Szydlik, 1993)[18].

Wie sind diese Daten vor dem Hintergrund zu interpretieren, daß innerhalb der Sozialstrukturforschung der DDR im Verlaufe der siebziger Jahre die Tendenz

---

16 Die einzelnen Haushaltsmitglieder wurden mit dem Faktor 1 (erster Erwachsener), 0,6 (Kinder unter 14 Jahren), 0,7 (ältere Kinder und Partner/Partnerin der Befragten), 0,5 (weitere Haushaltsmitglieder) gewichtet. „Die im Survey angewandten Gewichtungswerte (1/0,7/0,6/0,5) erscheinen angemessen sowohl vor dem Hintergrund der Berechnungen des Unterhaltsbedarfs von Sozialhilfeempfängern als auch vor dem Hintergrund empirisch ermittelter Werte über Aufwendungen von Familien für ihre Kinder" (Weidacher, 1992a: 304).

17 Zur Dienstleistungklasse zählen u.a.: Angestellte mit mittlerer und hoher Leitungsfunktion, Angestellte im Partei- und Staatsapparat, akademische freie Berufe, Selbständige in Handel, Gewerbe und Industrie.

18 Davon auszuklammern sind natürlich Einkommensdifferenzierungen in Abhängigkeit von der eingenommenen Position innerhalb der politischen Administration.

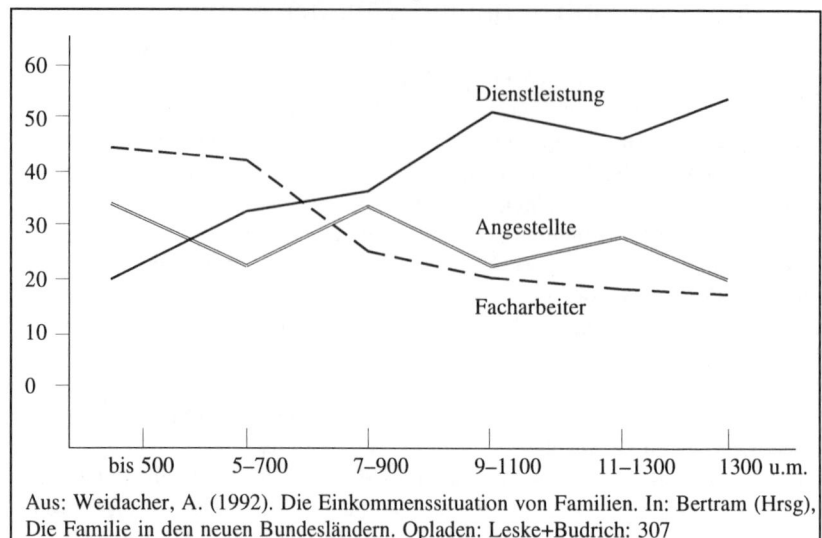

Abbildung 1
Pro-Kopf-Einkommen und Berufsklassen (Angaben in %, n=1275)

Aus: Weidacher, A. (1992). Die Einkommenssituation von Familien. In: Bertram (Hrsg), Die Familie in den neuen Bundesländern. Opladen: Leske+Budrich: 307

zur Einkommensnivellierung zu Lasten qualifizierter Beschäftigtengruppen zunehmend kritischer reflektiert wurde?[19]

Die Aussagen über Nivellierungstendenzen bezogen sich eigentlich weniger auf die Durchschnittsverdienste zwischen den Berufspositionen[20], sondern vielmehr auf die sogenannten „Überlappungen" (Adler/Kretzschmar, 1993). Damit war gemeint, daß die Einkommensspreizung (sowohl bezogen auf die Primär- als auch auf die Haushaltseinkommen) innerhalb solcher Gruppen wie Intelligenz, Angestellte, Facharbeiter, Un- und Angelernte so groß war, daß beispielsweise un- und angelernte Arbeiter das Durchschnittseinkommen von Angehörigen der Intelligenz teilweise beträchtlich übertreffen konnten[21].

Auch in Abb. 1 werden diese „Überlappungen" deutlich: So gehörten immerhin rund ein Fünftel der Haushalte mit einem Pro-Kopf-Einkommen von unter 500 DM zur Dienstleistungsklasse, während gleichzeitig in der Einkommensklasse 1.300 DM und darüber ein Fünftel auf Haushalte von Facharbeitern entfiel.

Die Nivellierung der Einkommensunterschiede zwischen den Berufspositionen

---

19 Vgl. Müller-Hartmann (1994).
20 Auch in der ehemaligen DDR zogen höhere Ausbildungsabschlüsse, wenn auch in deutlich geringerem Maße als beispielsweise in Westdeutschland, in der Regel bzw. „im Durchschnitt" höhere Einkommen nach sich (vgl. Bertram 1992b; Szydlik 1993).
21 Ausführlicher dazu bei Müller-Hartmann (1994).

Zur Einkommenslage ausgewählter Haushaltstypen

hatte ihre Ursache vor allem in der geschlechtsspezifischen Ungleichheit in den Berufspositionen (Bertram, 1992b). Das heißt, „Überlappungen" waren beispielsweise in der Weise zu verzeichnen, daß das Durchschnittseinkommen der weiblichen Intelligenz niedriger als das von männlichen un- und angelernten Arbeitern ausfiel:

„Es bedeutete nicht, daß der Einflußfaktor ‚Geschlecht' gegenüber anderen Faktoren eine autonome Wirkung hatte ... Vielmehr liefen hier sozusagen gebündelt Unterschiede in der Qualifikation und Bildung, in der sozialen Position (besonders die Stellung in der Pyramide der Leitungsfunktionen), in der zweiglichen Tarifstruktur u.a.m. zusammen" (Müller-Hartmann, 1994: 78).

Anhand der Tabellen 5a und 5b lassen sich die seit 1990 eingetretenen Veränderungen bezüglich der relativen Einkommensposition ausgewählter Berufspositionen bzw. einzelner sozialer Lagen nachvollziehen.

Die relative Einkommensposition in bezug auf die Gruppe der leitenden Angestellten, wie sie für das Jahr 1990 zu verzeichnen ist, belegt noch einmal die in der ehemaligen DDR durchaus gegebene Einkommensdifferenzierung in Abhängigkeit von der Berufsposition.

In der Gegenüberstellung der Rangfolge der einzelnen Berufspositionen zwischen Ost- und Westdeutschland im Jahre 1990 ist eine deutliche Übereinstimmung feststellbar. In beiden Systemen stand die Gruppe der leitenden Angestellten an der Spitze der Einkommenspyramide, jeweils gefolgt von der Gruppe der höheren Angestellten, der Selbständigen, der qualifizierten Angestellten, Vorarbeiter/Meister/Brigadiere. Erst danach beginnen die Rangpositionen zu differieren: So lag im Unterschied zu Westdeutschland die Gruppe der Facharbeiter vor der der einfachen Angestellten.

Gemessen an der Dynamik der Haushaltseinkommen haben vor allem Vorarbeiter/Meister/Brigadiere und Angestellte (außer einfache Angestellte) von den seit 1990 eingetretenen Veränderungen profitiert, am wenigsten Selbständige.

Während die Einkommensentwicklung in der Gruppe der Selbständigen auf deren differenzierte wirtschaftliche Lage bzw. Startbedingungen zurückzuführen sein dürfte[22], hat sich für die Gruppe der Vorarbeiter/Meister/Brigadiere sowie der Angestellten (mit Ausnahme derjenigen, die einfache Tätigkeiten ausüben) die Einführung westdeutscher Lohn- und Gehaltsstrukturen als besonders vorteilhaft erwiesen. Ein weiterer Faktor ist sicherlich die für diese Gruppe vorhandene günstige Arbeitsmarktsituation[23].

Bezieht man Arbeitnehmer in irregulären Arbeitsverhältnissen, Arbeitslose, Frauen im „Mutterschafts- und Erziehungsurlaub" einerseits und die „Westpendler"

---

22 Zu letzterem Aspekt vgl. Dietrich (1993).
23 In einer Befragung des DIW im Sommer 1992 haben zwei Fünftel der Unternehmen des verarbeitenden Gewerbes in Ostdeutschland das Finden qualifizierter Mitarbeiter als ein „großes" bzw. „wichtiges" Problem angegeben (s. DIW, 1992).

Tabelle 5a
Objektive Lebensbedingungen einzelner sozialer Lagen in Ost- und Westdeutschland 1990 bis 1992

Bedarfsgewichtetes HH-Einkommen (Mittelwert)*	W/90 (DM)**	O/90 (Mark)	O/92 (DM)
Bis 60 Jahre			
Leitende Angestellte	2886	1143	1784
Höhere Angestellte/Beamte	2502	992	1525
Qualif. Angestellte/Beamte	2090	878	1393
Einfache Angestellte/Beamte	1796	799	1189
Vorarbeiter/Meister/ Brigadier	1971	874	1399
Facharbeiter	1726	836	1237
Un-, angelernte Arbeiter	1554	792	1194
Selbständige	2169	940	1327
Arbeitslose	1326		967
Studium/Lehre	1617	816	1186
Mutterschaftsurlaub		686	929
Vorruhestand			1090
Nicht erwerbstätig (früher erwerbstätig)	1491	690	1015
Nicht erwerbstätig (nie erwerbstätig)	1522		
61 Jahre und älter			
Nicht erwerbstätig	2225	912	1425
Vorruhestand			1123
Nichterwerbstätige/ nie erwerbstätig	1486		
Rentner/ früher erwerbstätig	1692	614	1108
Facharbeiter/Ost/1992			
ABM/Kurzarbeit in Ostdeutschland			1109
Erwerbstätige in Westdeutschland			1512

* Unterstellt wird, daß ein Zweipersonenhaushalt das 1,7fache eines Einpersonenhaushalts benötigt und ein Dreipersonenhaushalt das 2,3fache. Für jede weitere Person im Haushalt erhöht sich das Vielfache um 0,5 Einheiten pro Person (Landua, 1993: 12f). Diese Gewichtungen entsprechen weitgehend einem früheren Vorschlag der OECD.
** Ohne Haushalte ausländischer MitbürgerInnen.

Datenbasis: Längsschnittdaten des SOEP-Ost 1990-1992; SOEP-West 1990.
Aus: Landua, D. (1993). Stabilisierung trotz Differenzierung? WZB discussion paper 93–107: 36, Tab. 2.

Zur Einkommenslage ausgewählter Haushaltstypen

Tabelle 5b
Einkommensposition, Einkommensdynamik und Ost-West-Relation in ausgewählten sozialen Lagen 1990/92 (alle Angaben in %)

	Alte Bundesländer 1990		Neue Bundesländer 1990		1992		1990/92
Leitende Angestellte	100	1	100	1	100	1	156
Hőhere Angestellte/Beamte	87	2	87	2	85	2	154
Selbständige	75	3	82	3	74	5	141
Qualif. Angestellte/Beamte	72	4	77	4	78	3	159
Vorarbeiter/Meister/Brigadier	68	5	76	5	78	3	160
Einfache Angestellte/Beamte	62	6	70	7	67	8	149
Facharbeiter	60	7	73	6	69	6	148
Un, angelernte Arbeiter	54	8	69	8	67	8	151

Ost-West-Relation	Alte Bundesl. 1990	Neue Bundesländer 1990	1992
Leitende Angestellte	100	40	62
Hhere Angestellte/Beamte	100	40	61,0
Selbständige	100	43	61
Qualif. Angestellte/Beamte	100	42,0	67
Vorarbeiter/Meister/Brigadier	100	44	71,0
Einfache Angestellte/Beamte	100	45	66
Facharbeiter	100	48	72
Un, angelernte Arbeiter	100	51,0	77

Quelle: berechnet nach den Werten in Tab. 5a.

andererseits mit ein, so wird deutlich, wie die Einkommensungleichverteilung innerhalb Ostdeutschlands zugenommen hat, ohne aber bisher das westdeutsche Niveau der Einkommensdisparität zu erreichen, wie der Vergleich der relativen Einkommenspositionen innerhalb Ost- und innerhalb Westdeutschlands ebenfalls sichtbar macht.

Die Einkommensunterschiede zwischen Ost- und Westdeutschland haben dagegen in allen Berufspositionen deutlich abgenommen, das Maß der Angleichung fällt tendenziell aber um so geringer aus, je mehr man sich der Spitze der Berufshierarchie nähert. Trotz dieser Nivellierung der Einkommensunterschiede zwischen Ost und West ist zu konstatieren, daß in einer gesamtdeutschen Einkommenshierarchie die ostdeutschen Einkommen (unabhängig von der Berufsposition) generell am unteren Ende einzuordnen sind. Die Unterschiede im absoluten Einkommensniveau schlagen sich auch in der Weise nieder, daß die Einkommenshöhe von „Westpendlern" fast gleichauf liegt mit der von höheren Angestellten in Ostdeutschland.

2.2 Kinderzahl und Haushaltseinkommen

Neben der Berufsposition beeinflussen Kinderzahl, Altersgruppe und die Erwerbstätigkeit der Frau die Höhe der Haushaltseinkommen. In beiden Systemen war die Kinderzahl dabei derjenige Faktor, der den nachhaltigsten Einfluß auf die Unterschiede in den Pro-Kopf-Einkommen zwischen den Haushaltsgruppen ausübte (Weidacher, 1992a).

Der Vergleich ausgewählter Haushaltsgruppen bzw. -typen in der früheren Bundesrepublik und der ehemaligen DDR nach ihrer relativen Einkommensposition (vgl. Tab. 6) macht aber auch deutlich, daß sowohl bei Ehepaaren mit Kindern als auch bei Ein-Elternteil-Familien die durchschnittliche Einkommensposition in der früheren DDR günstiger ausfiel, was vor allem auf die höhere Erwerbsquote ostdeutscher Frauen zurückzuführen ist.

Deutlich wird aber auch (s. Hauser, 1992: 51f.):
- In beiden Systemen haben trotz der Familienlastenausgleichsmaßnahmen Ehepaare ohne Kinder die günstigste Einkommensposition, mit Ausnahme der Ehepaare mit 1 Kind in der früheren DDR bei Verwendung des Äquivalenzeinkommens II[24].
- Die relative Einkommensposition verschlechtert sich in beiden Systemen mit steigender Kinderzahl, und gleichzeitig gleichen sich die relativen Einkommenspositionen zwischen ost- und westdeutschen Haushalten mit steigender Kinderzahl immer mehr an.
- In beiden Systemen befanden sich Ein-Elternteil-Familien in einer noch schlechteren Position als Ehepaare mit Kindern.
- Im Vergleich zu den Ein-Personen-Haushalten bzw. Ehepaaren ohne Kinder fielen die Ost-West-Unterschiede bei Haushalten mit Kindern geringer aus, was noch einmal auf die Bedeutung des Vorhandenseins von Kindern für die von den Haushalten eingenommene Einkommensposition verweist.

Betrachtet man die Entwicklung der relativen Einkommensposition von Personen in ostdeutschen Haushalten mit mindestens einem Kind unter 18 Jahren in Relation zum durchschnittlichen Äquivalenzeinkommen aller Personen seit 1990, so zeigt sich zum einen, daß sich die Einkommensposition nur geringfügig verschlechtert hat (1990: 93,0%; 1993: 90,4%) und zum anderen, daß sie sich gegenüber demselben westdeutschen Personenkreis auch noch 1992 bzw. 1993 in einer deut-

---

24 "Wir verwenden ... alternativ zwei Skalen: eine in den Regelsatzproportionen der westdeutschen Sozialhilfe implizierte Skala, die weiteren Personen im Haushalt international gesehen ein vergleichsweise hohes Gewicht verleiht (Äquivalenzeinkommen I), und eine zweite Skala mit ziemlich niedrigen Gewichten (Äquivalenzeinkommen II). Damit kann ein Bereich abgegrenzt werden, der die meisten international verwendeten Skalen einschließt, so daß die Sensitivität der Ergebnisse in bezug auf die Verwendung verschiedener Skalen sichtbar wird" (Hauser, 1992: 42).

Zur Einkommenslage ausgewählter Haushaltstypen

Tabelle 6
Die relative Position ausgewählter Haushaltsgruppen in der früheren Bundesrepublik und der ehemaligen DDR

Haushaltstyp	Verhältnis des Gruppendurchschnitts zum Bevölkerungsdurchschnitt Äquivaleinkommen			
	I*		II*	
	BRD	DDR	BRD	DDR
Ehepaare ohne Kinder	122	113	116	105
Ehepaare mit Kindern	85	95	93	102
alle unter 18 Jahren				
mit 1 Kind unter 18 Jahren	99,0	107	103	110
mit zwei Kindern unter 18 Jahren	81	90	92	99
mit drei und mehr Kindern unter 18 Jahren	69	74	82	86
Ein-Elternteil-Familien	64	79	72	84
alle Kinder unter 18 Jahren				
mit 1 Kind unter 18 Jahren	66	84	70	86
mit zwei und mehr Kindern unter 18 Jahren	60	68	75	81
Sonstige Haushalte mit				
mindestens 1 Kind unter 18 Jahren	71	92	79	98
Sonstige Haushalte				
ohne Kinder unter18 Jahren	103	113	102	109

* Das Äquivalenzeinkommen I wurde mit Hilfe einer aus der Sozialhilfe abgeleiteten Skala ermittelt, dem Äquivalenzeinkommen II liegen deutlich niedrigere Gewichte zugrunde (der Haushaltsvorstand erhält das Gewicht 1, der Ehegatte und weitere Erwachsene jeweils 0,66 und Kinder jeweils 0,33).

Datenbasis: SOEP-West, Welle 6, 1989 und SOEP-Ost, Welle 1, 1990.
Aus: Hauser, R. (1992). Die personelle Einkommensverteilung in den alten und neuen Bundesländern vor der Vereinigung – Probleme eines empirischen Vergleichs und der Abschätzung von Entwicklungstendenzen. In: G. Kleinhenz (Hrsg.), Sozialpolitik im vereinten Deutschland II. Berlin: Duncker & Humblot: 51, Tab. 3.

lich günstigeren (relativen) Einkommensposition befanden (Westdeutschland 1992: 80,9%)[25].

Da Unterschiede im Familienlastenausgleich als Ursache entfallen, dürfte die relative Besserstellung u.a. darauf zurückzuführen sein, daß immerhin rund zwei Drittel der weiblichen Personen in ostdeutschen Partner-Haushalten mit Kind 1992 noch erwerbstätig waren (Berger u.a., 1993).

Deutlich verschlechtert hat sich dagegen die relative Einkommensposition von Personen in Ein-Elternteil-Familien mit mindestens einem Kind unter 18 Jahren:

---

25 Vgl. Müller u.a. (1994: Tab. 5). Das durchschnittliche Äquivalenzeinkommen wurde für Ost- und Westdeutschland jeweils getrennt ermittelt.

von 79,3% 1990 auf 69,7% 1993, womit sie fast auf der gleichen Höhe wie in Westdeutschland lag (1992: 65,4%)[26].

3. „Einkommensarmut" in den neuen Bundesländern[27]

Die Ermittlung der Armutsquoten anhand von Unterversorgungsschwellen[28] wirft, nicht zuletzt unter dem Gesichtspunkt des Ost-West-Vergleichs, eine Reihe methodischer Fragen auf bzw. verlangt eine Wahl zwischen verschiedenen, prinzipiell möglichen, methodischen Vorgehensweisen[29]:
- Welches Durchschnittseinkommen wird als Bezugsgröße genommen (ein „gesamtdeutscher" Durchschnitt, das west- oder das ostdeutsche Durchschnittseinkommen)[30]?
- Wie soll dieses Durchschnittseinkommen selbst definiert sein[31]?
- Soll die Armutsquote anhand der betroffenen Haushalte oder der betroffenen Personen ermittelt werden?

Die Beantwortung dieser Fragen hat dann natürlich Einfluß auf die Höhe der berechneten Armutsquoten und deren Veränderung im Zeitablauf.

Die Verwendung des westdeutschen Durchschnittseinkommens zur Bemessung ostdeutscher Armutsquoten hieße, den Maßstab einer „privilegierten" Armuts-

---

26 Vgl. Müller u.a. (1994: Tab. 7).
27 Ausgeklammert bleibt hier der Sozialhilfebezug als quasi-offizielle Armutsgrenze, die zwischen der 40%- und der 50%- Schwelle liegt (dazu ausführlich Hanesch u.a., 1994: 215ff.). 1992 lebten 2% der ostdeutschen und 3% der westdeutschen Bevölkerung in Haushalten, die Sozialhilfeleistungen zum Lebensunterhalt bezogen (s. Berliner Zeitung, Ausgabe vom 6. April 1994: 4).
28 "Im allgemeinen wird dabei mit drei Schwellenwerten operiert: einer Armutsgrenze von 40% des Durchschnittseinkommens zur Abgrenzung einer strengen Einkommensarmut; 50% des Durchschnittseinkommens geben ein mittleres Armutspotential an; 60% des Durchschnittseinkommens kennzeichnen eine armutsnahe Einkommenssituation" (Statistisches Bundesamt, 1992: 483).
29 Vgl. Hauser (1992), Hanesch u.a. (1994). Einen Überblick über die verschiedenen Armutskonzepte geben Büschges/Wintergerst-Gaasch (1988).
30 Man könnte auch fragen, ob es zweckmäßig wäre, getrennte Armutsquoten für Haushalte mit einem deutschen bzw. einem ausländischen Haushaltsvorstand zu berechnen. Vergleicht man nur Haushalte mit deutschem Haushaltsvorstand in Ost und West, so fallen die Unterschiede in den Armutsquoten etwas geringer aus (vgl. Hauser, 1992).
31 D.h., welche Bedarfsgewichtung wird für die einzelnen Haushaltsmitglieder zugrunde gelegt, bzw. wie finden vorhandene Kaufkraftunterschiede im Ost-West-Vergleich Berücksichtigung. Auf die Probleme bei der Festlegung von Äquivalenzskalen wurde schon eingegangen. Die Problematik eines Kaufkraftvergleiches zwischen Ost- und Westdeutschland wird auch daran ersichtlich, daß die in der Literatur verwendeten Korrekturfaktoren keineswegs einheitlich sind (s. Hauser, 1992: 63 und Hanesch u.a., 1994: 134).

Zur Einkommenslage ausgewählter Haushaltstypen 91

grenze auf Ostdeutschland anzuwenden (Hanesch u.a., 1994), und gleichzeitig würde eine solche Vorgehensweise auch bedeuten, daß die westdeutsche Armutsproblematik, rein rechnerisch, weitgehend „verschwinden" würde.

Die Verwendung getrennter Armutsschwellen läßt wiederum Armut in Deutschland als ein zweigeteiltes Phänomen erscheinen, als ein Problem regionaler Disparitäten in einem Land. Angleichung der Lebensverhältnisse zwischen Ost und West muß notwendigerweise auch die „Angleichung" der Armutsgrenzen mit einschließen. Daher spricht vieles für die Bestimmung gesamtdeutscher Armutsschwellen, wie im Armutsbericht geschehen[32]. Aber auch bei einem solchen Verfahren können Bedenken geltend gemacht werden, insoweit als dadurch die soziostrukturellen Besonderheiten beider Landesteile, in die das Phänomen Armut immer eingebettet ist, nicht aufgehoben sind.

Wie nicht anders zu erwarten, fallen je nach gewählter Bezugsgröße die allgemeinen Einkommensarmutsquoten sehr unterschiedlich aus. Von Interesse sind die unterschiedlichen Trends der Quoten bei einem ostdeutschen Äquivalenzeinkommen gegenüber einem gesamtdeutschen Referenzniveau. Im ersteren Fall kommt stärker die Zunahme der Einkommensdifferenzierung innerhalb Ostdeutschlands zum Tragen, während im zweiten Fall diese Tendenz von der Reduzierung der Einkommensunterschiede zwischen Ost und West überlagert wird[33].

Bei den Werten in Tabelle 7 handelt es sich um die Armutsquoten ostdeutscher Haushalte (genauer: Befragungspersonen). Es wäre die Frage zu stellen, wieviel Personen (alle Haushaltsmitglieder) als „arm" zu bezeichnen wären: Nach den Angaben des Armutsberichts waren, gemessen an der 50%-Schwelle, 1990 3,3%, 1991 4,3% und 1992 5,8% aller Haushaltsmitglieder von Armut betroffen[34].

Eine solche Betrachtungsweise ist in der Literatur nicht unumstritten, da die Gleichsetzung von Einkommensunterversorgung der Haushalte und der in diesen Haushalten lebenden Personen auf zumindest zwei sehr schwer verifizierbaren Annahmen beruht:

„Zum einen wird davon ausgegangen, daß alle Mitglieder ihre Einkommen vollständig in die Haushaltsgemeinschaft einbringen (Pool-Annahme), zum anderen müssen die Einkommen bedarfsgerecht zwischen den Haushaltsmitgliedern verteilt sein, damit alle das gleiche Wohlstandsniveau erreichen" (Hanesch u.a., 1994: 130)[35].

---

32 Zum Verfahren der Ermittlung eines durchschnittlichen Äquivalenzeinkommens für Gesamtdeutschland s. Hanesch u.a. (1993: 136, Tab. III-2).
33 Das Durchschnittseinkommen ist hier definiert als kaufkraftbereinigtes durchschnittliches Haushaltsäquivalenzeinkommen, bezogen auf die Regelsatzproportionen der westdeutschen Sozialhilfe.
34 Vgl. Hanesch u.a. (1994: 144, Tab. III-6). Die Werte sind auf Basis einer ostdeutschen Armutsschwelle ermittelt worden.
35 Diese Einwände gelten ebenso für die Festlegung von Äquivalenzskalen, da diese eben-

Tabelle 7
Einkommensarmutsquoten Ost-, West- und Gesamtdeutschlands bei gemeinsamen und getrennten Schwellen 1990, 1991 und 1992 (Befragungspersonen) (in Prozent)

	Einkommensarmutsquoten				
	gemeinsame Schwellen			getrennte Schwellen	
	Ost	West	Gesamt	Ost	West
40%-Schwelle					
1990	6,4	2,8	3,5	0,7	3,6
1991	5	2,6	3,1	2,2	3,5
1992	5,4	3,2	3,6	1,8	3,6
50%-Schwelle					
1990	20,3	6,7	9,5	2,9	9,1
1991	14,5	6,2	8	3,9	8
1992	12,7	6,5	7,8	4,8	8,3
60%-Schwelle					
1990	37,5	12,7	17,9	7,6	15,8
1991	26,5	12,2	15,5	8,2	15,5
1992	24,5	12,8	15,2	9,5	15,7

Datenbasis: Sozio-ökonomisches Panel.
Aus: Hanesch, W. (1994). Armut in Deutschland. Vortrag auf der Tagung der Sektion Sozialindikatoren der DGS. Berlin, 17./18. 3. 1994 (Tabellen zum Vortrag).

Trotz dieser Einschränkungen ist die Ermittlung personenbezogener Armutsquoten für die Beurteilung von Armutslagen oft unumgänglich, etwa wenn die Lebenssituation von Kindern bewertet werden soll[36].

Obwohl die generelle Einkommensarmut, gemessen am ostdeutschen Referenzniveau, 1993 kaum noch zugenommen hat (Krause, 1993), ist bei einzelnen Haushaltstypen, selbst bei Zugrundelegung der 50%-Schwelle, eine Stabilisierung der Armutsquoten bisher nicht eingetreten:

Die Armutsbetroffenheit von Personen in Haushalten mit mindestens einem Kind unter 18 Jahren hat von 4,0% 1990, über 8,8% 1992 auf 11,3% 1993 zugenommen (Westdeutschland 1992: 14,6%) (Müller u.a., 1994: Tab. 5).

Noch drastischer stieg die Quote bei Personen in Ein-Elternteil-Familien mit mindestens einem Kind unter 18 Jahren: von 20,5% 1992 auf 34,8% 1993 (Westdeutschland 1992: 38,2%) (Müller u.a., 1994: Tab. 7).

---

falls eine bedarfs„gerechte" Verteilung aller Einkommensressourcen innerhalb des Haushaltes voraussetzen bzw. „vorgeben".

36 Gerade hier zeigen die Daten des Armutsberichtes, daß Kinder (unter 16 Jahren) überproportional in Armutslagen leben mußten und auch die Zunahme der Armutsquote (50%-Grenze) über dem Durchschnitt lag: Für die angegebenen Jahre betrug die Armutsquote 4,9%; 6,0% und 9,3% (siehe Hanesch u.a., 1994: 144, Tab. III-6).

Tabelle 8
Dynamik der Einkommensarmut im innerdeutschen Vergleich bei gemeinsamer 50%-Schwelle 1990/1992 (alle Haushaltsmitglieder (in %))

1990/1992	nicht arm/ nicht arm	nicht arm/ arm	arm/ nicht arm	arm/ arm	Summe
West	87,9	4,5	3,8	3,8	100
Ost	73,7	8,2	11,9	6,1	100

Datenbasis: Sozio-ökonomisches Panel.
Aus: Hanesch, W. (1994). Armut in Deutschland. Vortrag auf der Tagung der Sektion Sozialindikatoren der DGS. Berlin, 17./18.3.1994 (Tabellen zum Vortrag).

Eine Längsschnittbetrachtung 1990/92 macht weiterhin deutlich, daß die Armutsdynamik in den neuen Bundesländern im Vergleich zu den alten deutlich höher lag (im „positiven" wie im „negativen" Bezug) und Betroffenheit von Armut (zumindest einmal innerhalb des Betrachtungszeitraums von Armut betroffen gewesen zu sein) ebenfalls in den neuen Bundesländern höher ausfiel als in den alten (vgl. Tab. 8).

Mit der Festlegung von Armuts- bzw. Unterversorgungsschwellen (ob gesamtdeutsche oder getrennte ist in diesem Fall von zweitrangiger Bedeutung) wird Armut selbst definiert, findet ein letztlich von den Systemunterschieden abstrahierender Armutsbegriff Anwendung. Inwieweit aber ein gesamtdeutscher Armutsbegriff die Verhältnisse in der ehemaligen DDR adäquat widerspiegelt, ist ein weiteres Problem.

Das mit einem bestimmten Haushaltseinkommen realisierbare Wohlstandsniveau kann gerade in Wirtschaftssystemen, wie sie die DDR repräsentierte, nicht ohne Berücksichtigung der von der Preispolitik ausgehenden Umverteilungseffekte analysiert werden (Hauser, 1992; Bedau u.a., 1993). Bezieht man die den Haushalten „zufließenden" Transfers in Gestalt von Preissubventionen bzw. die von den Haushalten zu zahlenden Verbrauchssteuern (die sogenannten produktgebundenen Abgaben) mit ein, wird deutlich, daß von dieser preislichen Umverteilung gerade Haushalte mit unterdurchschnittlichem Pro-Kopf-Einkommen profitierten, wo notgedrungen der Anteil von Grundbedarfsgütern an den Verbrauchsausgaben relativ hoch war, was vor allem Rentner-Haushalte betraf (vgl. Tab. 9)

„Daß die Rentner-Haushalte in der DDR durch die Stützung des Grundbedarfs relativ stark begünstigt wurden, überrascht nicht; angesichts des niedrigen Einkommensniveaus dieser Haushaltsgruppe war das freilich auch nötig. Während die Verbrauchsausgaben je Rentner-Haushalt 1988 um 60% hinter den Ausgaben je Arbeitnehmer-Haushalt zurückblieben, betrug der Abstand bei Berücksichtigung der Subventionierung weniger als die Hälfte. Stellt man zusätzlich die unterschiedliche Haushaltsgröße von Arbeitnehmern und Rentnern in Rechnung, so erhält man ein – prima facie – überraschendes Resultat: Die Pro-Kopf-Ausgaben in DDR-Rentner-Haushalten waren – wenn man die Auswirkungen der Preispo-

Tabelle 9
Verhältnis der Verbrauchsausgaben in ausgewählten privaten Haushalten der DDR 1988 vor und nach der Umverteilung durch Verbraucherpreissubventionen und produktgebundene Abgaben (Arbeitnehmer -Haushalte = 100)

	Ausgaben für den privaten Verbrauch je			
	Haushalt		Haushaltsmitglied	
	vor	nach	vor	nach
	der Umverteilung		der Umverteilung	
Dreipersonen-Arbeitnehmer-Haushalte mit einem monatlichen Nettoeinkommen				
unter 1.600 M	76	88	73	85
von 1.600 M bis unter 2.000 M	99	104	95	101
von 2.000 M bis unter 2.400 M	110	108	106	105
von 2.400 M oder mehr	126	113	122	109
Arbeitnehmer-Haushalte	100	100	100	100
Haushalte von LPG-Mitgliedern	105	106	92	93
Rentner-Haushalte	40	51	82	105

Datenbasis: Berechnungen des DIW unter Verwendung amtlicher Statistiken.
Aus: Bedau, K.-D. u.a. (1993). Untersuchungen zur Einkommensverteilung und Einkommensumverteilung in der DDR 1988 nach Haushaltsgruppen und Einkommensgrößenklassen auf der methodischen Grundlage der Verteilungsrechnung des Deutschen Instituts für Wirtschaftsforschung. Beiträge zur Strukturforschung Heft 143: 159, Tab. III. 6.4.

litik einrechnet – höher als die Pro-Kopf-Ausgaben in Arbeitnehmer-Haushalten. Ob der einzelne Rentner in der DDR allerdings registriert hat, daß er für seine durchschnittlichen Verbrauchsausgaben von 458 M im Monat einen Gegenwert von 699 M erhielt?" (Bedau u.a., 1993: 159f.).

Der gesellschafts- (und auch zeit-) bezogene Hintergrund von Armut hebt aber offensichtlich keineswegs den Tatbestand auf, daß mit dem Transformationsprozeß verbundene Verarmungsrisiken gerade für solche Haushaltsgruppen besondere Relevanz erhalten haben, die sich schon zu DDR-Zeiten in prekären Einkommenslagen befanden.

Ein Beispiel hierfür sind Haushalte von Alleinerziehenden und große Haushalte (insbesondere Haushalte mit 3 und mehr Kindern). Nach den Angaben des Armutsreports sind es gerade diese zwei Haushaltstypen, die das deutlichste Risikoprofil aufweisen, was sich u.a. darin zeigt, daß

– beide Haushaltsstypen eine im Vergleich zur Gesamtarmutsquote überproportionale Betroffenheit von Einkommensarmut aufweisen,
– sie vom allgemeinen Rückgang der Armutsquote in Ostdeutschland (bei Zu-

Zur Einkommenslage ausgewählter Haushaltstypen 95

grundelegung eines gesamtdeutschen Äquivalenzeinkommens) nicht profitierten,
- insbesondere bei den Alleinerziehenden eine drastische Zunahme der Einkommensarmut zu verzeichnen ist,
- in beiden Haushaltstypen der Anteil von Personen überdurchschnittlich hoch war, die von dauerhafter und wiederholten Armutsperioden betroffen waren, und
- diese Haushaltstypen (und hier besonders Paare mit drei und mehr Kindern), über die Einkommensarmut hinaus, eine hohe Risikoqualität der kumulativen Verarmung (Häufung von Unterversorgungslagen in mehr als einer Lebenslagedimension) aufwiesen.

Die hier genannten Tendenzen einer dauerhaften Verfestigung von Armutslagen sind in ihrer Verallgemeinerbarkeit insoweit Beschränkungen unterworfen, als der Auswertung der Panel-Daten unter dem Gesichtspunkt von Armut bzw. Unterversorgung enge Grenzen gezogen sind[37].

Aber auch anhand des Familien-Surveys (Ost) läßt sich belegen, daß es gerade diese Haushaltstypen sind, die hinsichtlich der „familialen Startbedingungen" im Transformationsprozeß gegenüber anderen Haushaltstypen deutlich schlechter gestellt waren.

So lag das bedarfsgewichtete Pro-Kopf-Einkommen bei rund 50% der Alleinerziehenden (mit Kindern bis zu 16 Jahren) unterhalb 700 DM, bei 24% sogar unter 500 DM und somit unterhalb der Einkommensgrenze des Sozialhilfeniveaus, obwohl neun Zehntel der Alleinerziehenden angaben, erwerbstätig zu sein[38]. Die Einkommenssituation der Ehepaare mit drei und mehr Kindern war mit der der Alleinerziehenden fast identisch (Weidacher, 1992a)[39].

Auch hinsichtlich Wohnraumgröße bzw. -ausstattung waren Partnerhaushalte mit drei und mehr Kindern sowie Alleinerziehende tendenziell schlechter gestellt als vergleichsweise andere Haushaltstypen (Weidacher, 1992b).

Faktoren, die diese vergleichsweise prekäre Lebenslage der betreffenden Haushaltstypen verursacht haben dürften, sind u.a. in den bestehenden räumlich-sozialen Bindungen und den eingeschränkten Verwertungsmöglichkeiten der beruflichen Qualifikation zu vermuten. Infolgedessen war die, angesichts einer sich grundlegend wandelnden Arbeitsmarktsituation notwendige, aktive Anpassungsstrategie der betreffenden Haushalte durch Aktivierung familialer Handlungsressourcen offenbar einschneidenden Restriktionen unterworfen, und eine pas-

---

37 Vgl. Hanesch u.a. (1994: 127).
38 Womit auch die Frage aufgeworfen wird, inwieweit die Betreffenden ihren Anspruch auf Sozialhilfe überhaupt geltend gemacht haben.
39 Zum Vergleich: Ein Pro-Kopf-Einkommen unter 500 DM wiesen nur 7% der Partnerhaushalte ohne Kinder, 8% der Partnerhaushalte mit einem und 14% der Partnerhaushalte mit zwei Kindern auf (siehe Weidacher 1992a: 308, Grafik 10).

sive Anpassungsstrategie (Nutzung der Möglichkeiten zur Bedarfsreduzierung) war wegen der schon gegebenen prekären Einkommenslage nur sehr bedingt verfolgbar[40].

Als eine Bestätigung dieser These kann der Umstand gewertet werden, daß die Einkommensposition der Haushalte, die in den neuen Bundesländern als erste von Arbeitslosigkeit betroffen wurden, bereits im Jahre 1990 unterdurchschnittlich war (Frick u.a., 1993). Gleichzeitig ist es jene Teilgruppe mit langanhaltender oder mehrfacher Arbeitslosigkeit einzelner Haushaltsmitglieder, wo die Armutsbetroffenheit überdurchschnittlich hoch ist und sich rasant ausweitet (Hauser u.a., 1993).

4. Angleichung der Einkommensstrukturen = Angleichung der Sozialstrukturen?

Die seit 1990 eingetretenen Einkommensveränderungen können in ihrer strukturellen Dimension wohl am besten im Sinne des Beckschen „Fahrstuhleffektes" beschrieben werden:

Die relative Stabilität der Verteilungseckwerte und die noch geringere ostdeutsche Verteilungsungleichheit gegenüber der westdeutschen sind ein Beleg dafür, daß die überwiegende Mehrheit ostdeutscher Haushalte eine Verbesserung ihrer Einkommenssituation erfahren hat.

Zumindest drei Einschränkungen sind aber anzubringen:
- Die deutlich schlechteren Wiedereintrittschancen in das Erwerbsleben für Frauen haben dazu geführt, daß die Erwerbstätigkeit der Frauen für die eingenommene Einkommensposition eine zunehmend geringere Rolle spielt.
- Von Anfang an gab es „Problem"-Haushalte bzw. -Gruppen, die, um im Bild zu bleiben, in diesem „Fahrstuhl" nie Platz nehmen konnten. Das heißt, derjenige Bevölkerungsteil nimmt zu, der davon bedroht ist, in eine dauerhafte Armutsposition abgedrängt zu werden (Hanesch u.a., 1994).
- Das Tempo der Einkommensentwicklung schwächt sich zunehmend ab, was auch bedeutet, die gegebene Ungleichverteilung wird zukünftig in geringerem Maße durch eine allgemeine Einkommensverbesserung „kompensiert".

Als ein zentrales Modernisierungsdefizit der ostdeutschen Sozialstruktur wird die übermäßige Nivellierung vertikaler Ungleichheiten herausgehoben. Demzufolge wäre die Einkommensdisparität als ein „Gradmesser" ihrer Modernisierung zu interpretieren. Kann man aber wirklich davon ausgehen, daß ein vergleichbares Niveau der Einkommensungleichheit angeglichene Sozialstrukturen impliziert?

Der ostdeutsche Industrialisierungsgrad hat mit 47 Industriebeschäftigten je

---

40 Zu aktiven und passiven Anpassungsstrategien der Haushalte bei einer veränderten wirtschaftlichen Situation s. Büschges/Wintergerst-Gaasch (1988: 81ff.).

1.000 Einwohner einen Stand erreicht (Juni 1993), der noch unter dem Niveau der EU-Mitgliedsstaaten Irland und Griechenland liegt (64 Industriebeschäftigte je 1.000 Einwohner)[41]. Abgeleitet aus der Bevölkerungszahl und ihrer Verteilung in Deutschland müßten im Verarbeitenden Gewerbe der neuen Bundesländer – bei gleichem Produktivitätsniveau wie in den alten Bundesländern – mindestens 1,7 Mio Arbeitsplätze bestehen (IWH, 1992). Diese Zahl wurde mit 1,3 Mio Arbeitsplätzen im zweiten Halbjahr 1993 bereits deutlich unterschritten[42].

Aus der Entindustrialisierung, in Verbindung mit kaum entwickelten innerregionalen Absatz-, Liefer- und Kooperationsbeziehungen zwischen bestehenden (Groß-)Unternehmen und sich entwickelnden Kleinunternehmen (Grabher, 1992), resultieren auch für weite Bereiche des Dienstleistungssektors sehr ungünstige Entwicklungsbedingungen. Der Dienstleistungssektor insgesamt wird deshalb kaum die Funktion eines Auffangbeckens für die Arbeitskräftefreisetzungen im primären und sekundären Sektor erfüllen können (IWH, 1992). Es stellt sich somit die Frage, inwieweit die anhaltenden und sich zum Teil vertiefenden Divergenzen in den Wirtschaftsstrukturen einer Angleichung der ostdeutschen Sozialstruktur an westdeutsche Muster entgegenstehen?

Der Abbau des Industriepotentials hat sich noch nicht gravierend auf die allgemeine Einkommenssituation ausgewirkt, vielmehr kann man eine gewisse Entkoppelung beider Trends konstatieren. Möglich wurde dies vor allem durch den massiven Einsatz arbeitsmarktpolitischer Instrumentarien. Die Kehrseite dessen ist, daß es sich hierbei vielfach um befristete Beschäftigungsverhältnisse handelt: 28% der Erwerbstätigen über 44 Jahre, deren generelle Wiederbeschäftigungschancen schon jetzt deutlich gemindert sind, waren 1992 in befristeten Arbeitsverhältnissen tätig (Berger u.a., 1993).

Die Gruppe der 45- bis 54jährigen Ostdeutschen stellt jene Altersgruppe dar, die sowohl innerhalb Ostdeutschlands als auch gegenüber der gleichen Altersgruppe in Westdeutschland überproportional von Langzeitarbeitslosigkeit betroffen ist (IWH, 1993).

Da diese Gruppe nicht mehr die Vorruhestandsregelung in Anspruch nehmen kann, ist hier von einem beträchtlichen Armutsrisiko auszugehen, was in der weiteren Entwicklung auch das Problem „Altersarmut" wieder neu aufwerfen könnte.

Das heißt, es besteht die reale Gefahr, daß diese Altersgruppe von der weiteren Entwicklung eher ausgegrenzt bleibt, da sich Modernisierung der ostdeutschen Sozialstruktur vor allem als deren „Verjüngung" erweist.

Aktive Anpassungsstrategien privater Haushalte an veränderte Anforderungen des wirtschaftlichen Umfeldes setzen vielfach Rückgriffmöglichkeiten auf die öffentliche bzw. soziale Infrastruktur voraus (Büschges/Wintergerst-Gaasch, 1988).

Ehemals stark landwirtschaftlich geprägte Regionen mit traditionell geringer

---

41 Vgl. Berliner Zeitung, Ausgabe vom 16. November 1993: 9.
42 Vgl. Beschäftigungsobservatorium Ostdeutschland, Nr. 10 – Februar 1994: 2.

Bevölkerungsdichte sehen sich dem Problem einer weiteren Ausdünnung der Siedlungsstrukturen, mit massiven Folgeproblemen für den Versorgungsgrad mit öffentlichen Dienstleistungen gegenüber (IAB, 1992):

„Es gibt schon heute kleine ‚Geisterstädte', die abends leer und dunkel sind, da alle Betriebe geschlossen, die Männer als Westpendler abwesend und nur zum Wochenende zu Hause sind und die Frauen und Kinder ihre Häuser nicht verlassen" (Kind, 1991: 690).

Die Vertiefung und Verfestigung sozialräumlicher Disparitäten im Zuge dieser „passiven Sanierung" könnte dazu führen, daß gerade die aktivsten und mobilsten Bevölkerungsgruppen sich auf verbleibende Wachstumsregionen konzentrieren. Inbesondere wird es das Entstehen bzw. die Reproduktion einer signifikanten regionalen Mittelschicht sowie der mit dieser Schicht assoziierten Kultur- und Lebensbedingungen hemmen (Grabher, 1992), mit der Folge, daß ganze Regionen vom sozialstrukturellen Modernisierungsprozeß abgekoppelt bleiben.

Allein von der „Gruppenzugehörigkeit" (Alter, Geschlecht, benachteiligte Regionen) her sich neu konstituierende bzw. verfestigende „Zutrittsbarrieren" bezüglich der Möglichkeit zur Teilhabe am Modernisierungsprozeß sind zutreffend als Ausdruck einer Demodernisierung zu charaktersieren, faßlicher in dem Begriffspaar „Modernisierungsgewinner und -verlierer"[43].

Die Spaltung der Ostdeutschen in Modernisierungsgewinner und -verlierer steht nicht im Widerspruch zu dem Angleichungsprozeß an westdeutsche Muster, und die anfänglich gestellte Frage, ob vergleichbare Einkommenslagen notwendigerweise auch angeglichene Sozialstrukturen implizieren, hätte sich damit von selbst beantwortet. Aber: „Wie und wie weit diese Sozialstruktur (der früheren DDR/d.V.) im Verhalten, in den Einstellungen und den Erwartungen der Menschen weiterwirkt, wird uns vermutlich noch lange beschäftigen, immer auch dort, wo sich Konfliktfelder der sozialen, beruflichen und wirtschaftlichen Integration, des Wieder-Zusammenwachsens ‚dessen, was zusammengehört', auftun werden" (Blaschke/Henninges, 1991: 16).

---

43 Für Michael Vester Ausdruck der Rückkehr vormoderner Konfliktlinien, „die nicht nach dem Leistungs- oder Besitzprinzip, sondern nach der Gruppenzugehörigkeit diskriminieren ..." (Vester, 1993: 5). Rainer Geißler unterscheidet im Vergleich der sozialstrukturellen Entwicklungen in der ehemaligen DDR und in der Bundesrepublik zwischen Modernisierungsdefiziten und -vorsprüngen, zu letzteren zählt er den Gleichstellungsvorsprung der Frau in der Ex-DDR. Die im Zuge des Transformationsprozesses zu beobachtende „Einebnung" dieses Vorsprunges charakterisiert Geißler als Ausdruck einer „Demodernisierung" (Geißler, 1993).

Literaturverzeichnis

Adler, F./Kretzschmar, A. (1993): Ungleichheitsstrukturen in der ehemaligen DDR. In: R. Geißler (Hrsg.), Sozialer Umbruch in Ostdeutschland. Opladen: Leske+Budrich: 93–118.

Bedau, K.-D. (1993): Die Vermögenseinkommen der privaten Haushalte 1992. In: Wochenbericht des DIW 60 (28): 385–391.

Bedau, K.-D./Boje, J./Dathe, D./Grunert, R./Meinhardt, V./Schmidt, J./Vortmann, H. (1993): Untersuchungen zur Einkommensverteilung und -umverteilung in der DDR 1988 nach Haushaltsgruppen und Einkommensgrößenklassen auf der methodischen Grundlage der Verteilungsrechnung des Deutschen Instituts für Wirtschaftsforschung. Beiträge zur Strukturforschung Heft 143.

Bender, St./Meyer, W. (1993): Individuelle Arbeitsmarktchancen und berufliche Anforderungen im Transformationsprozeß. Analysen mit Daten des Sozio-ökonomischen Panels (Ost). In: R. Geißler (Hrsg.): 119–136.

Berger, H./Hinrichs, W./Priller, E./Schultz, A. (1993): Veränderungen der Struktur und der sozialen Lage ostdeutscher Haushalte nach 1990. WZB discussion paper P 93–105.

Bertram, H. (Hrsg.) (1992a): Die Familie in den neuen Bundesländern. Stabilität und Wandel in der gesellschaftlichen Umbruchsituation. Opladen: Leske+Budrich.

Bertram, H. (1992b): Soziale, regionale und geschlechtsspezifische Ungleichheiten. In: H. Bertram (Hrsg.): 263–286.

Blaschke, D./Henninges H.v. (1991): Sozialstrukturvergleich – Nachdenkliches zu Fragen und Problemen der Vergleichbarkeit. In: G. Wagner/B. v. Rosenbladt/D. Blaschke (Hrsg.), An der Schwelle zur Sozialen Marktwirtschaft. Ergebnisse aus der Basiserhebung des Sozio-ökonomischen Panels in der DDR im Juni 1990. Nürnberg: Institut für Arbeitsmarkt- und Berufsforschung: 9–16.

Büschges, G./Wintergerst-Gaasch, I. (1988): Privater Haushalt und „Neue Armut". Frankfurt a.M./New York: Campus Verlag.

Deutsches Institut für Wirtschaftsforschung (DIW) (1992): Gesamtwirtschaftliche und unternehmerische Anpassungsprozesse in Ostdeutschland. Sechster Bericht. In: Wochenbericht des DIW 59 (39): 467–492.

Dietrich, H. (1993): Selbständige in den neuen Bundesländern. Strukturen und Mobilitätsprozesse. In. R. Geißler (Hrsg.): 197–220.

Frick, J./Hauser, R./Müller, K./Wagner, G. (1993): Einkommensverteilung und Einkommenszufriedenheit in ostdeutschen Privathaushalten. In: Wochenbericht des DIW 60 (6): 55-59.

Geißler, R. (1993): Sozialer Umbruch als Modernisierung. In: R. Geißler (Hrsg.): 63–91.

Grabher, G. (1992): Die verkaufte Wirtschaft: Bilanz ostdeutscher Privatisierungspolitik. In: Beschäftigungsobservatorium Ostdeutschland Nr. 3/4: 3–6.

Grunert, R. (1993): Einkommensentwicklung in ostdeutschen Privathaushalten. In: IWH-Konjunkturberichte Nr. 8: 15–24.

Hanesch, W. u.a. (1994): Armut in Deutschland. Der Armutsbericht des DGB und des Paritätischen Wohlfahrtsverbands. Reinbek bei Hamburg: Rowohlt Taschenbuch Verlag.

Hauser, R. (1992): Die personelle Einkommensverteilung in den alten und neuen Bundesländern vor der Vereinigung – Probleme eines empirischen Vergleichs und der Abschätzung von Entwicklungstendenzen. In: G. Kleinhenz (Hrsg.), Sozialpolitik im vereinten Deutschland II. Berlin: Duncker & Humblot: 37–72.

Hauser, R./Müller, K./Frick, J./Wagner, G. (1993): Die Auswirkungen der hohen Unterbe-

schäftigung in Ostdeutschland auf die personelle Einkommensverteilung. WZB discussion paper P 93-103.
Hofrichter, J. (1993): Kein Licht am Ende des Tunnels. Skeptische Einschätzungen der ökonomischen und politischen Lage in Mittel- und Osteuropa. In: Informationsdienst Soziale Indikatoren (ISI) Nr. 10: 6-9.
Institut für Arbeitsmarkt- und Berufsforschung (IAB) (1992): Fallstudien zur Regionalentwicklung und Implementation arbeitsmarktpolitischer Maßnahmen. IAB Werkstattbericht Nr. 8.
Institut für Wirtschaftsforschung Halle (IWH) (1992): Ostdeutschland 1992 und 1993: Zwischen Skepsis und Hoffnung. Herbstgutachten 1992. Halle/Berlin.
Institut für Wirtschaftsforschung Halle (IWH) (1993): Deutschland 1993 und 1994: Gegenläufigkeiten zwischen Ost und West. Herbstgutachten 1993. Halle/Berlin.
Kind, G. (1991): Perspektiven der räumlichen Entwicklung in den neuen Bundesländern. In: Informationen zur Raumentwicklung Heft 11/12: 687-694.
Krause, P. (1993): Einkommensarmut in Ostdeutschland nimmt nicht mehr zu. In: Wochenbericht des DIW 60 (51/52): 750-752.
Landua, D. (1993): Stabilisierung trotz Differenzierung? Sozialstrukturelle Entwicklungen und wahrgenommene Lebensqualität in Ostdeutschland 1990-1992. WZB discussion paper P 93-107.
Landua, D./Habich, R./Noll, H.H./Zapf, W./Spellerberg, A. (1993): „... Im Westen noch beständig, im Osten etwas freundlicher." Lebensbedingungen und subjektives Wohlbefinden im dritten Jahr der Wiedervereinigung. WZB discussion paper P 93-108.
Müller, K./Hauser, R./Frick, J./Wagner, G. (1994): Zur Entwicklung der Einkommensverteilung in den neuen und alten Bundesländern in den Jahren 1990 bis 1993. Vortrag auf der Tagung der Sektion Sozialindikatoren der DGS. Berlin, 17./18.3.1994 (Tabellen und Schaubilder zum Vortrag).
Müller-Hartmann, I. (1994): Lebensbedingungen von Kindern und soziale Ungleichheit in der ehemaligen DDR im Spiegel soziologischer Forschungen. Literaturstudie. Humboldt-Universität zu Berlin, Institut für Soziologie (Ms.).
Schupp, J./Wagner, G. (1991): Die Ost-Stichprobe des Sozio-ökonomischen Panels – Konzept und Durchführung der „SOEP-Basiserhebung 1990" in der DDR. In: Projektgruppe „Das Sozio-ökonomische Panel" (Hrsg.), Lebenslagen im Wandel: Basisdaten und -analysen zur Entwicklung in den Neuen Bundesländern. Frankfurt a.M./New York: Campus Verlag: 25-41.
Schwarze, J. (1993): Einkommensungleichheit im vereinten Deutschland. In: Wochenbericht des DIW 60 (43): 720-724.
Statistisches Bundesamt (Hrsg.) (1992): Datenreport 1992. Zahlen und Fakten über die Bundesrepublik Deutschland. Bonn: Bundeszentrale für politische Bildung.
Szydlik, M. (1993): Arbeitseinkommen und Arbeitsstrukturen. Eine Analyse für die Bundesrepublik Deutschland und die Deutsche Demokratische Republik. Berlin: Edition Sigma.
Vester, M. (1993): Das Janusgesicht sozialer Modernisierung. Sozialstrukturwandel und soziale Desintegration in Ost- und Westdeutschland. In: Aus Politik und Zeitgeschichte B 26-27 (25. Juni 1993): 3-19.
Weidacher, A. (1992a): Die Einkommenssituation von Familien. In: H. Bertram (Hrsg.): 287-312.
Weidacher, A. (1992b): Die Wohnsituation von Familien. In: H. Bertram (Hrsg.): 313-341.

Modernisierung, Wertewandel und Mentalitätsentwickung in der DDR

Thomas Gensicke

Einleitung: Forschungsfragen

Es gibt inzwischen ein vielfältiges Meinungsspektrum darüber, inwiefern sich Ost- und Westdeutsche in ihren Wertorientierungen und ihrer Mentalität unterscheiden. Dennoch ist eine gewisse Polarität dieses Spektrums unverkennbar. Die eine Seite tendiert zu der Auffassung, daß in der Bevölkerung der neuen Bundesländer ein erhebliches mentales Modernitätsdefizit entstanden sei, das die Angleichung der Verhältnisse an das Niveau der alten Länder erschwere und den sozialen Umbau verzögere. Die Ursache liege in der jahrzehntelangen Herrschaft des Realsozialismus. Andere Autoren interpretieren dieses Phänomen nicht als Defizit, sondern im positiven Sinne als ein Bewahren „älterer Tugenden" oder von „Gemeinschaftsgeist".

Die andere Seite hält dagegen, daß die Unterschiede zwischen West- und Ostdeutschen, die in Befragungen ermittelt werden, nicht Mentalitätsunterschiede widerspiegeln, sondern lediglich als ein Reflex der verschiedenen ökonomischen und sozialen Situation zu verstehen seien, in welcher sich beide Teile Deutschlands seit der Wende und der Wiedervereinigung befänden. In den Wertorientierungen herrsche dagegen Einigkeit. Wenn der Aufschwung Ost greife, kämen die Ähnlichkeiten stärker zum Vorschein, und eventuelle Abweichungen würden sich durch das dominante Modell des Westens von selbst erledigen.

Hinter diesen Standpunkten scheinen sich oft bestimmte Interessen und Ideologien zu verbergen. Die jeweilige Meinung über die Bundesrepublik und die DDR dürfte die Deutungen nicht unerheblich beeinflussen. Zum anderen lenkt auch die jeweils verwendete Datenbasis die Urteile in eine bestimmte Richtung. Ich denke, wenn man die Frage nach der Eigenart der Mentalität der Bevölkerung in den neuen Bundesländern beantworten will, sollte man möglichst vorurteilsfrei und auf der Grundlage eines breiten Datenzugangs argumentieren.
Dabei scheinen mir folgende Forschungsfragen entscheidend zu sein:
- Gab es in der DDR einen mit der Bundesrepublik und der westlichen Welt vergleichbaren Modernisierungsprozeß, innerhalb dessen sich individuelle Optionen soweit erweiterten, daß auch ein Individualisierungsprozeß in der Mentalität erfolgen konnte?

- Welche Rolle spielten die Systembedingungen des Realsozialismus innerhalb dieser Modernisierung?
- Innerhalb welcher Phasen von Wertewandlungen vollzogen sich Mentalitätssprünge in der DDR?
- Gibt es einen Zusammenhang zwischen individualisierenden Mentalitätssprüngen und der Zuwendung bzw. Abwendung der Ostdeutschen zum bzw. vom sozialistischen System?

1. Welche Datenbasis steht zur Verfügung?

Die Frage ist zunächst, inwiefern man die Wirkungen der Modernisierung in der DDR erfassen kann. Eine Grundlage dafür stellen die Daten der offiziellen Statistik dar. Mit Hilfe sozialer Indikatoren kann ein Überblick über die Entwicklung in der DDR seit ihrer Gründung gewonnen werden. Obwohl eine realistische Sozialstatistik in der DDR aus politisch-ideologischen Gründen nur eingeschränkt möglich war, ist es einigen Forschern aus der ehemaligen DDR und aus dem Umkreis der „Soziale-Indikatoren-Bewegung" inzwischen gelungen, aufschlußreiches Material zu erschließen und vorzulegen (vgl. Timmermann, 1990; Projektgruppe das Sozio-ökonomische Panel, 1991; Glatzer/ Noll, 1992; Berger/ Hinrichs/Priller, 1993; Zapf, 1993).

Zum anderen stellt sich die Frage, wie die Werte- und Mentalitätsentwicklung direkt – etwa anhand von Befragungsdaten – dargestellt werden kann. Ich schlage vor, sich dabei vor allem auf die Analyse von Wertorientierungen zu stützen. Man sollte versuchen, stabile und langfristige Lebensziele zu erfassen. Denn nur so kann jener Mentalitätskern aufgedeckt werden, der von aktuellen Schwankungen (relativ!) unabhängig ist. Jeder Versuch, aufgrund der Messung aktueller Stimmungen und Einstellungen oder gar politischer Problemwahrnehmungen und Präferenzen (z.B. über den Inglehart-Index) Aussagen über Mentalitätskerne machen zu wollen, geht an dieser Aufgabe vorbei.

Wenn diese Bedingung erfüllt ist, dann ist es legitim, mit Hilfe von Tiefenauswertungen aktueller und repräsentativer Querschnittsdaten Rückschlüsse auf die Werte- und Mentalitätsentwicklung in der DDR zu ziehen. Wenn dabei die objektiven Daten und die historischen Fakten hinzugezogen werden, können mit diesem Verfahren weitreichende Erkenntnisse gewonnen werden. Es wird schon deswegen nicht zu vermeiden sein, diesen Weg zu gehen, weil aus der soziologischen Forschung der DDR zwar eine Vielzahl soziologischer Studien erhalten geblieben sind, nicht eine einzige davon jedoch westlichen Maßstäben nach Repräsentativität gerecht wird (Gensicke, 1992b). Diese Lage wird durch kürzlich veröffentlichte Daten des ehemaligen Instituts für Meinungsforschung in der DDR etwas verbessert (Niemann, 1993), die repräsentativen Kriterien recht nahe kommen, jedoch nur von der Mitte der 60er Jahre bis 1976 reichen. Sehr aufschlußreich sind

Modernisierung, Wertewandel und Mentalitätsentwicklung in der DDR

auch Daten, die das Team des ehemaligen Zentralinstitutes für Jugendforschung vorgelegt hat (Friedrich, 1990; Friedrich/Griese, 1991; Friedrich/Henning, 1991). Die zuverlässige Verallgemeinerung von Daten aus der DDR und ihre Eignung zum Aufbau von Zeitreihen bleiben jedoch ziemlich prekär. Das bedeutet nicht, daß nicht auf diese Forschungsergebnisse zurückgegriffen werden kann. Ich habe das selbst oft getan (Gensicke, 1992a, 1992b, 1992c, 1993) und werde das auch in diesem Beitrag tun. Dennoch liegt der Schlüssel zum Verständnis der subjektiven Entwicklungen in der DDR in der Verknüpfung objektiver Verlaufsdaten, retrospektiv ausgewerteter repräsentativer Querschnittsdaten und von Daten aus der soziologischen Forschung der DDR. Diese Verfahrensweise findet ihre Ergänzung in der Auswertung sogenannter Stellvertreterbefragungen, die Infratest im Auftrag des Bundesministeriums für innerdeutsche Beziehungen durchgeführt hat (Köhler, 1991). Diese sind allerdings schwer zugänglich. Weitere sehr wichtige Hinweise liefern Befragungen von Übersiedlern, die vor der Wende in die Bundesrepublik kamen (vgl. dazu die ausgezeichneten Untersuchungen von Gehrmann, 1992). Mit Hilfe qualitativer Methoden haben Werner Weidenfeld und Felix Phillip Lutz bei verschiedenen Generationen in den neuen Bundesländern deren Geschichtsbilder erfaßt (Weidenfeld/Lutz, 1992).

Den Versuch, Mentalitätsbeschreibungen und Vergleiche zwischen Ost- und Westdeutschen über die Messung von Wertorientierungen zu unternehmen, sollte man nicht mit der Bemerkung abtun, dabei würden nur „Lebensziele miteinander verrechnet" (Martin und Silvia Greiffenhagen, 1993). Der Vorwurf ist berechtigt, solange damit die Praxis kritisiert wird, Mittelwerte oder Verteilungen von Antworten auf die Frage nach Lebenszielen im Ost-West-Vergleich einfach nebeneinanderzustellen. Auf diesem Analyseniveau ermittelt man dann regelmäßig eine höhere Verbreitung konventioneller Werte in den neuen Bundesländern. Daraus leitet Elisabeth Noelle-Neumann die weitreichende These ab, es hätte in der DDR kein Wertewandel stattgefunden (Noelle-Neumann, 1990, 1992a/b, 1993). Dem stehen vergleichende Jugendstudien in Ost und West entgegen, nach denen in den Lebenszielen nur geringe Unterschiede nachzuweisen sind (vgl. Benken/Zinnecker, 1991; Jugend '92, 1992; Die selbstbewußte Jugend, 1992). Auf dieser Basis entstehen jene Urteile, nach denen man die Unterschiede zwischen Ost- und Westdeutschen auf die aktuellen Umstände im wiedervereinigten Deutschland zurückführt (das geschieht ausdrücklich bei Braun, 1992; auf der Basis des ALLBUS 1992; zum Teil auch bei Noll/ Schuster, 1992).

Der abstrakte Gegensatz von „Mauer-im-Kopf-These" (beide Greiffenhagens) und „Identitätsthese" (Braun) soll in diesem Beitrag aufgelöst werden. Neben einem breiten Datenzugang ist dazu auch eine Ausweitung der Auswertungsmethodik unverzichtbar. Einzeln gemessene Wertorientierungen werden zu Wertstrukturen verdichtet (typischen Verknüpfungen und Mustern). Dieses Verfahren wird bis hin zur Bildung von Typologien großer Menschengruppen fortgeführt, die bestimmte Werteprioritäten verfolgen. Denn es ist höchst wahrscheinlich, daß für Jüngere und Ältere, Arbeiter und Intellektuelle, Männer und Frauen usw. nicht dieselben Wertekonstellationen typisch sind. Solche erheblichen Binnenunterschiede kommen in den Mittelwerten für die Gesamtbevölkerung nicht zum Vorschein.

Folgende Thesen sollen in diesem Beitrag vertreten werden:
1. Es gibt bemerkenswerte Ähnlichkeiten in den Wertorientierungen und Wertstrukturen der Ost- und Westdeutschen sowie ihrer Zugehörigkeit zu bestimmten Wertetypen (Persönlichkeitstypen), die nur durch Werte- und Mentalitätswandlungen zu erklären sind.
2. Bereits auf der Werteebene werden jedoch auch deutliche Abweichungen erkennbar, die durch den Kontrast zwischen den Systembedingungen des westlichen demokratischen und marktwirtschaftlichen Wohlfahrtsstaates einerseits und des realen Sozialismus anderseits erklärbar sind.
3. Die Ähnlichkeiten wiegen in der Bilanz schwerer als die Unterschiede. Daher lehne ich die These ab, daß wir es seitens der Ostdeutschen mit einer mentalen Modernisierungsblockade zu tun haben.
4. Relative Unterschiede können sich jedoch unter den Bedingungen des wirtschaftlichen Niedergangs, der Perspektivlosigkeit und einer allzu dominanten, das Bedürfnis nach Selbstbestimmung vernachlässigenden Vermittlung des westlichen Gesellschafts- und Lebensmodells rasch zu Blockaden hochschaukeln.

2. Modernisierung in der DDR?

Inwiefern hat nun die DDR an Modernisierungsprozessen überhaupt teilgenommen? Um den Begriff von Modernisierung zu kennzeichnen, den ich verwenden will, greife ich auf eine kompakte Darstellung der Leitlinien der Modernisierung durch Stefan Hradil zurück (Hradil, 1992). Modernisierung zeichnet sich danach durch einen linearen Zeitbegriff aus, durch Fortschrittsdenken, das Wachstum individueller Optionen und von Freiheit im Sinne der Lösung von Bindungen, durch Säkularisierung von Zielsetzungen und Zweck-Mittel-Rationalität, mit der analytisches, objektivierendes, auf Effektivität und Nutzen zielendes Denken verbunden ist. Man kann Stefan Hradil zustimmen, daß diese – sehr allgemein formulierten – Grundkriterien auf die Entwicklung in der ehemaligen DDR zutrafen.

Da Modernisierung zunächst in der Gestalt der Industriegesellschaft beginnt, haben die sozialistischen Länder als Industrieländer an diesem Prozeß partizipiert. Was damit gemeint ist, soll an einigen einfachen sozialen Indikatoren dargestellt werden, zunächst am Anteil des primären Sektors an den Volkswirtschaften verschiedener sozialistischer Länder (s. Abb.1).

Ein Land wie Rumänien war 1950 mit über 70% der Erwerbstätigen in der Landwirtschaft noch ein reines Agrarland. In seiner sozialistischen Geschichte entwickelte es sich immer mehr zum Industrieland. 1989 war nur noch ein Drittel

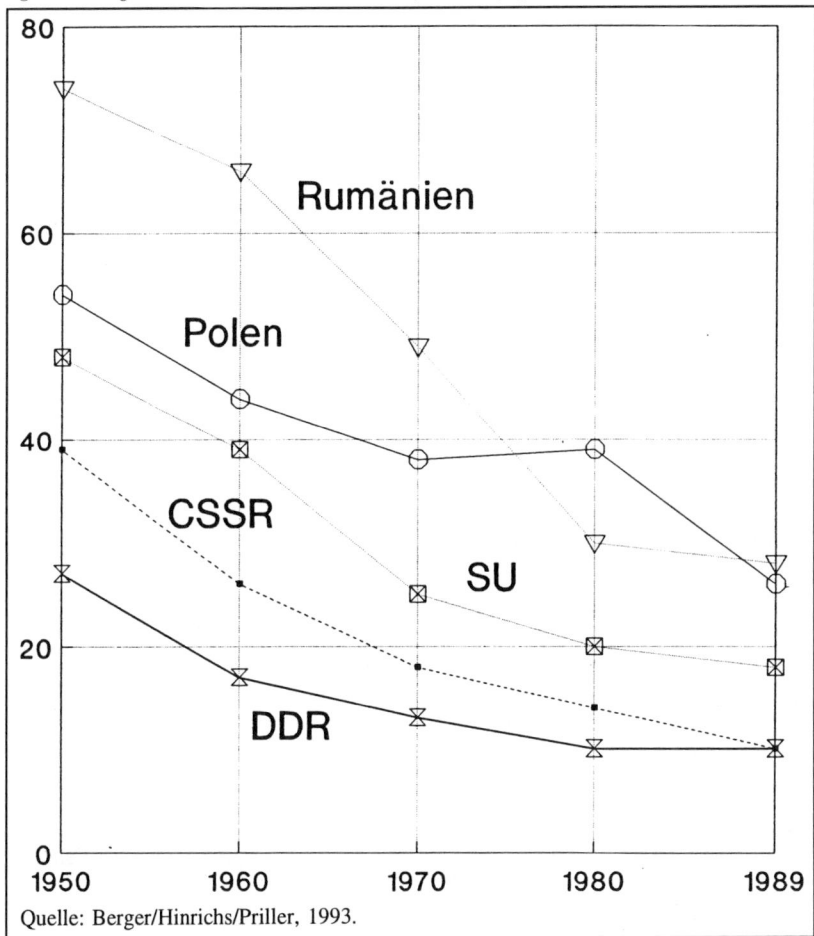

Modernisierung, Wertewandel und Mentalitätsentwicklung in der DDR

Abbildung 1
Agrarisierung. Anteil der in der Landwirtschaft Beschäftigten

[Diagramm: Linien für Rumänien, Polen, CSSR, SU, DDR von 1950 bis 1989]

Quelle: Berger/Hinrichs/Priller, 1993.

der Erwerbstätigen in der Landwirtschaft tätig. Von verschiedenen Ausgangsniveaus her trifft das auf die meisten Ostblockländer zu. Auffällig ist, daß in der DDR bereits 1950 gerade noch ein Viertel der Erwerbstätigen im Agrarsektor tätig war. Das ist ein Hinweis auf eine Sonderrolle, die die DDR im Ostblock spielte. Hier war die Industrialisierung bereits zu einem frühen Zeitpunkt weit fortgeschritten.

Zur Industriegesellschaft gehört die Verstädterung der Siedlungsweise (s. Abb.2). Wiederum wird erkennbar, welche Wandlungsprozesse rückständige und

Abbildung 2
Urbanisierung. *Anteil der Stadtbevölkerung in einigen sozialistischen Ländern (in %)*

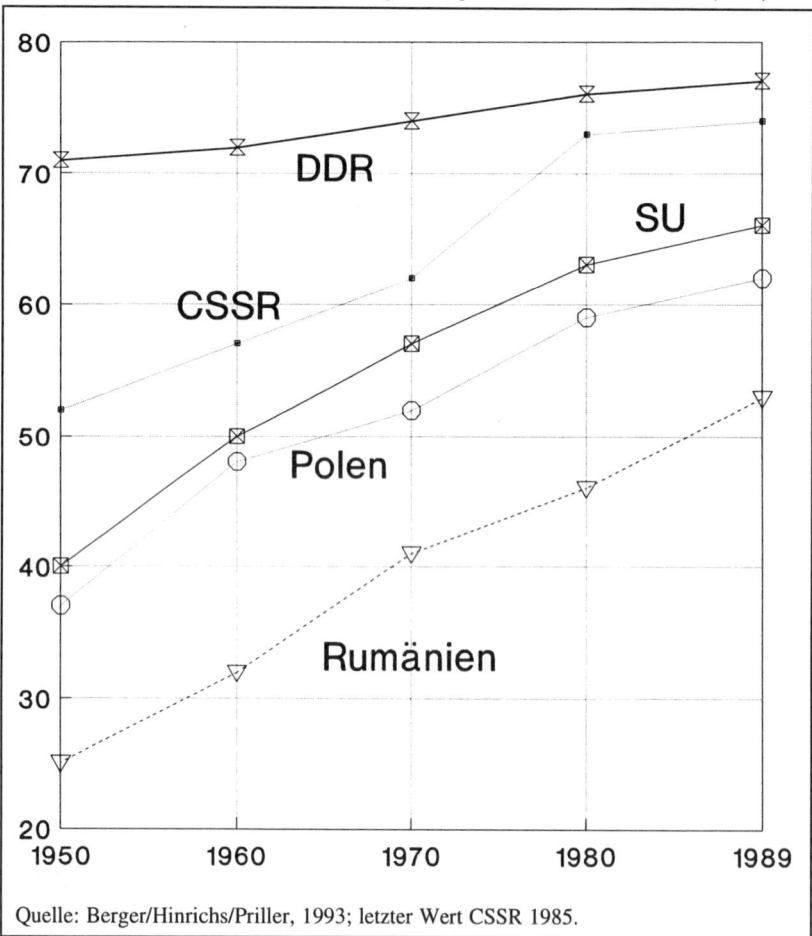

Quelle: Berger/Hinrichs/Priller, 1993; letzter Wert CSSR 1985.

ländliche Agrarländer wie beispielsweise Rumänien in den letzten Jahrzehnten vollzogen haben. Dort lebte 1950 ein Viertel der Bevölkerung in Städten, 1989 waren es bereits mehr als die Hälfte. Auch in diesem Punkt wird der Modernisierungsvorsprung der DDR erkennbar. Dort lebten bereits 1950 über 70% der Bevölkerung städtisch. Der Anteil der Städter hat sich nur noch unwesentlich erhöht. Allerdings nahm der Anteil der Großstädter deutlich zu. Diese Analyse nur zweier

Modernisierung, Wertewandel und Mentalitätsentwickung in der DDR 107

Abbildung 3
Kaum mehr Un- und Angelernte 1988. Qualifikation der Berufstätigen in der sozialistischen Wirtschaft in der DDR

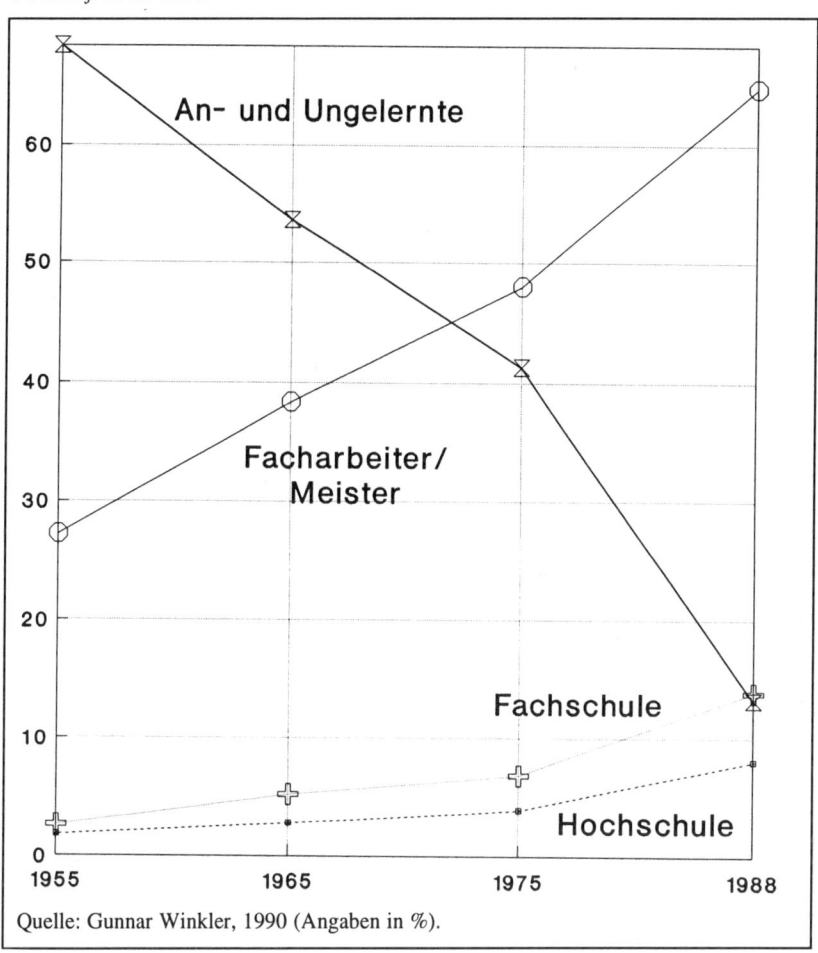

Quelle: Gunnar Winkler, 1990 (Angaben in %).

Basisindikatoren der Industriegesellschaft vermittelt bereits den Eindruck, daß es in den Ländern des Realsozialismus starke objektive Wandlungsprozesse gab.

Diese Aussage hat weitreichende Konsequenzen. Sie eröffnet den Blick auf einige systemübergreifende Gemeinsamkeiten, die die fortgeschrittenen Länder des „kapitalistischen" Westens (und Ostens) mit dem sozialistischen Osten verbinden. Eine wesentliche Grunddimension der modernen Gesellschaft war in bei-

Abbildung 4
Ähnlicher Verlauf bis 1970. Eheschließungen auf 10.000 Personen in der DDR und BRD (1950–1988).

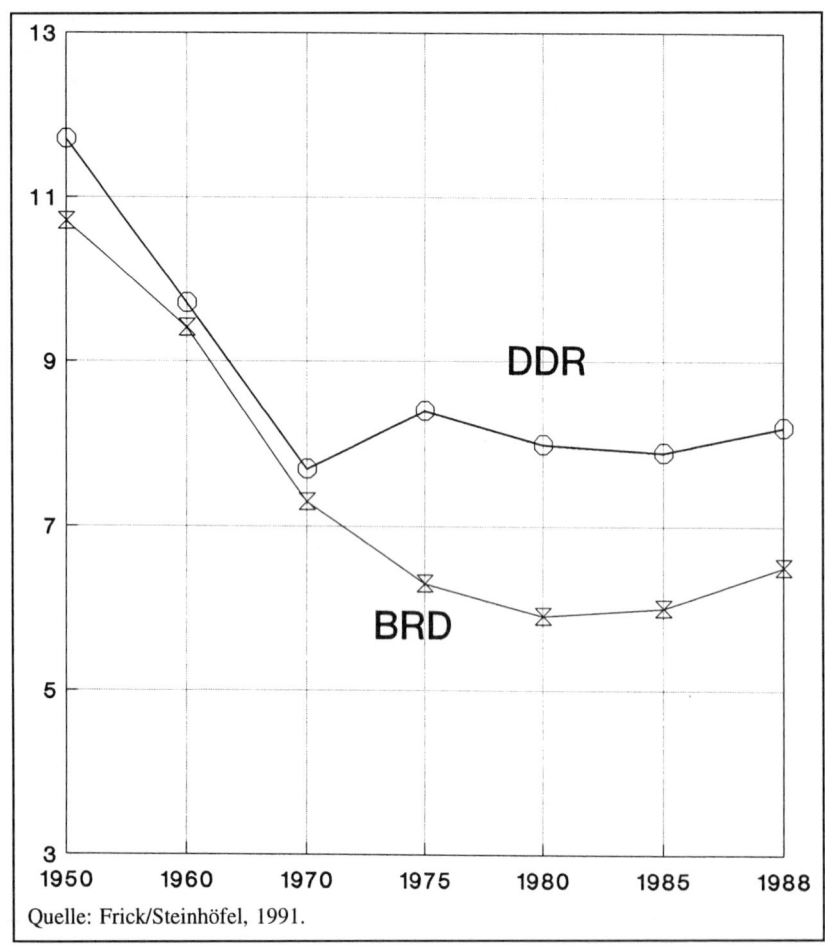

Quelle: Frick/Steinhöfel, 1991.

den Systemen gegeben, nämlich die durch Arbeitsteilung erzeugte funktionale Differenzierung. Bestimmte Funktionen, wie etwa die Bildung, werden in Industriegesellschaften an relativ eigenständige Subsysteme übergeben. Das Beispiel des Bildungssystems liefert einen besonders interessanten und empirisch recht gut belegbaren Indikator für die Parallelität industriegesellschaftlicher Entwicklungen in Ost und West. Der Fall des Bildungssystems ist auch deswegen besonders

Modernisierung, Wertewandel und Mentalitätsentwickung in der DDR   109

Abbildung 5
Ähnliche Verläufe. Scheidungsquoten pro 1 000 Einwohner in der BRD und der DDR im Zeitverlauf (1950–1989).

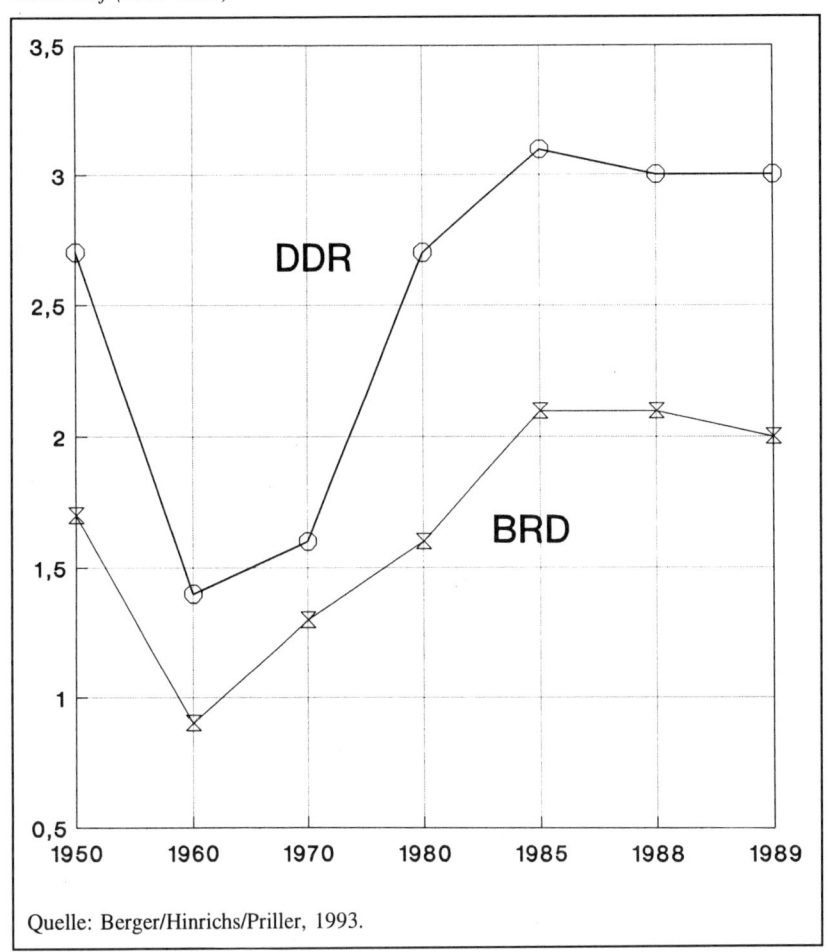

[Diagramm: Scheidungsquoten pro 1000 Einwohner, DDR und BRD, 1950–1989.
DDR: 1950 ≈ 2,7; 1960 ≈ 1,4; 1970 ≈ 1,6; 1980 ≈ 2,7; 1985 ≈ 3,1; 1988 ≈ 3,0; 1989 ≈ 3,0.
BRD: 1950 ≈ 1,7; 1960 ≈ 0,9; 1970 ≈ 1,3; 1980 ≈ 1,6; 1985 ≈ 2,1; 1988 ≈ 2,1; 1989 ≈ 2,0.]

Quelle: Berger/Hinrichs/Priller, 1993.

von Interesse, weil durch Bildung Mentalitätsstrukturen der Bevölkerung geformt und umgeformt werden.

Die Auswirkungen der Modernisierung des Bildungssystems in der DDR lassen sich anhand der Entwicklung der Verteilung beruflicher Ausbildungsabschlüsse belegen (s. Abb.3). Der Anteil von Menschen, die keinen beruflichen Abschluß haben bzw. nur eine Anlernausbildung, ist in der DDR von einer übergroßen

Abbildung 6
Geburtenraten. Lebendgeborene pro 1.000 Einwohner in einigen sozialistischen Ländern.

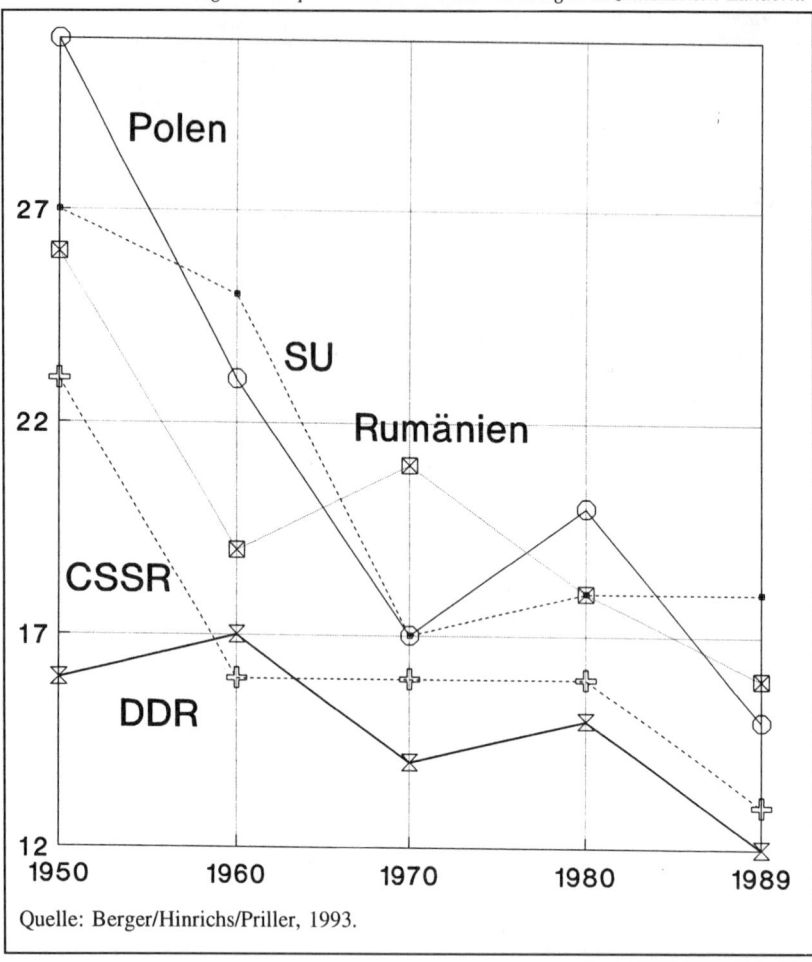

```
Polen
27
          SU
22        Rumänien

   CSSR
17
       DDR

12
  1950    1960    1970    1980    1989
```
Quelle: Berger/Hinrichs/Priller, 1993.

Mehrheit bis auf eine geringe Restgröße zurückgegangen. Die Modernisierung der Bildungsstruktur hatte in der DDR den Haupteffekt, daß mittlere Schulabschlüsse (10. Klasse) und Facharbeiterabschlüsse zur Standardbildung in der Bevölkerung wurden. Zum anderen entstand eine Bildungselite mit höheren Abschlüssen.

Die Bildungsfunktion wird in der Industriegesellschaft aus der Familie und der privaten Sphäre ausgegliedert. Die Familie wandelt sich selbst im Laufe der Mo-

Modernisierung, Wertewandel und Mentalitätsentwickung in der DDR 111

Abbildung 7
Ausstattung mit Fernsehern. Fernseher pro 1.000 Einwohner in einigen sozialistischen Ländern.

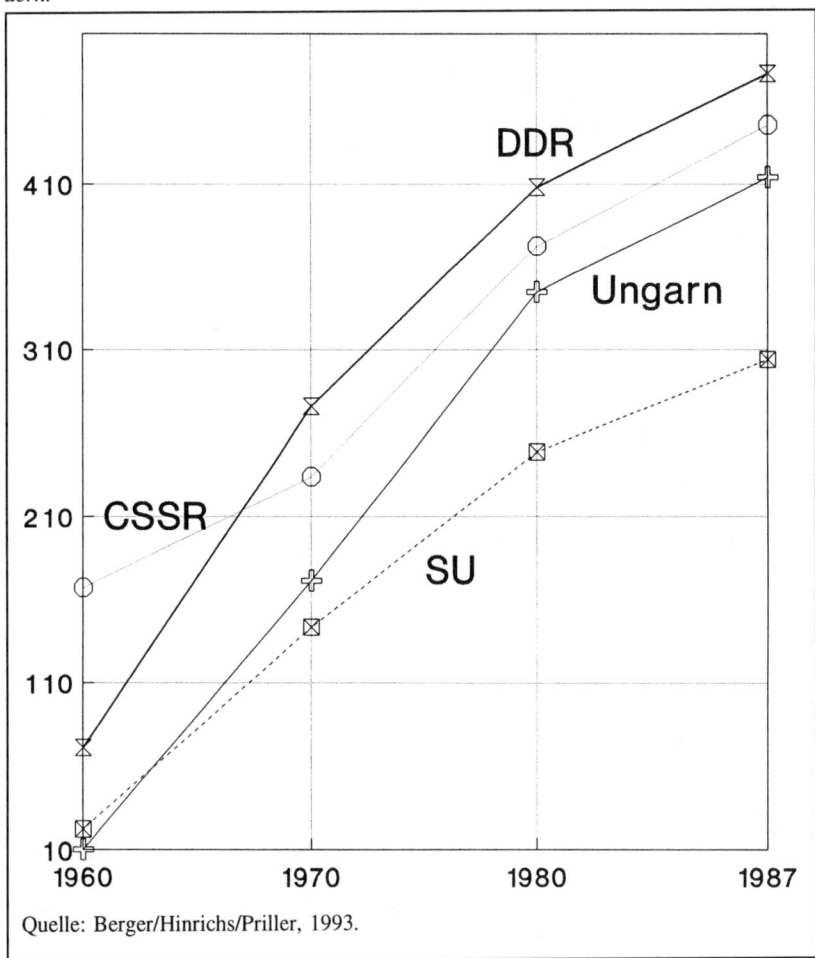

[Chart showing television ownership per 1,000 inhabitants from 1960 to 1987 for DDR, Ungarn, CSSR, and SU]

Quelle: Berger/Hinrichs/Priller, 1993.

dernisierung. Motive zur Familiengründung und Partnerwahl werden zunehmend stärker vom Bedürfnis nach individueller Liebe und nach privatem Rückzug geprägt als von ökonomischen Motiven (Luhmann). Dieser eher unideologische Prozeß ist in sozialistischen Ländern am Beispiel der DDR gut zu belegen. Wandlungen der privaten Verhältnisse verliefen zwischen Ost und West parallel (s. Abb. 4, 5, 6). Hier wie dort sanken seit den 60er Jahren die Heiratsziffern und die Geburtenraten, stiegen das Heiratsalter, die Scheidungsquoten und die Anteile unehelich geborener Kinder. Das sind Belege dafür, wie die grundlegenden Gemeinschafts- und Lebensformen der Menschen zunehmend durch Individualisierung geprägt wurden. Zwar wurde in der DDR versucht, mit sozialpolitischen Maßnahmen die Geburtenrate aufzubessern. Man ermöglichte den Frauen die Kombination von Berufstätigkeit und Mutterschaft und unterstützte junge Ehen mit Krediten und bei der Wohnungsvergabe. Doch man erreichte lediglich eine Stabilisierung der Bevölkerungsreproduktion und der Neigung zur Eheschließung. Die Daten der 50er und 60er Jahre wurden jedoch nicht wieder erreicht.

Abschließend soll noch ein weiteres, für die Modernisierung entscheidendes und in Ost und West grundlegend ähnliches Phänomen genannt werden – der Siegeszug der modernen Medien. Dieser Prozeß wird auch als Medienrevolution bezeichnet. Die Medien, insbesondere das Fernsehen schaffen jene moderne kommunikative Vernetzung, die dazu beiträgt, daß die moderne Gesellschaft auch zur Informationsgesellschaft wird. Ein einfacher Indikator, um diesen Prozeß für die DDR und einige sozialistische Länder darzustellen, ist die Entwicklung des Bestands an Fernsehgeräten (s. Abb.7). Zwischen 1960 und 1970 wurde die DDR weitgehend flächendeckend durch das Fernsehen vernetzt und, was sehr wichtig ist, mit der Welt (inbesondere der westlichen) verbunden.

Zusammenfassend kann man festhalten, daß schon die einfache Analyse einiger Grundindikatoren der Modernisierung Belege für die Teilnahme von Ostblockländern und insbesondere der DDR erbringen. Die Verstädterung löste große Teile der Bevölkerung aus dem ländlichen Milieu heraus, das von der Orientierung an natürlichen Zyklen, hoher sozialer Kontrolle, geistiger Enge und Religiosität geprägt war – also letztlich einen sehr geringen Grad an Individualisierung aufwies. Sozialstaatliche Absicherung und der Ausbau des Gesundheitssystems machten die Menschen zunehmend unabhängig von den Unberechenbarkeiten natürlicher und sozialer Zyklen und entlastete sie von den sogenannten „Standardrisiken" des Lebens. Die Bildungs- und Medienrevolution verschaffte den Menschen jene Horizonterweiterung und geistige Kompetenz, die einer individualisierten Gesellschaft entspricht. Die Medien vernetzten schließlich auch die isolierten ländlichen Räume mit der Gesellschaft und der Welt. Befreit aus sozialer Enge, angeregt durch Bildung und Medien, begannen die Menschen auch ihre privaten Beziehungen stärker nach ihren individuellen Bedürfnissen zu gestalten.

3. Die Systembedingungen des Realsozialismus und die Modernisierung

Inwiefern haben nun die verschiedenen Gesellschaftssysteme den Modernisierungsprozeß unterschiedlich geprägt?

Im Realsozialismus fehlten wesentliche Basisinstitutionen einer freiheitlichen westlichen Gesellschaft – Marktwirtschaft und Konkurrenzdemokratie. Die Fol-

Modernisierung, Wertewandel und Mentalitätsentwickung in der DDR 113

ge war, daß in realsozialistischen Gesellschaften individuelle Potentiale in geringerem Maße wirtschaftlich, politisch und sozial abgerufen und genutzt werden konnten. Das wiederum hatte eine geringere wirtschaftliche Leistung zur Folge und damit eine Minderung der Möglichkeiten des Massenkonsums, wie er für westliche Industrieländer typisch ist. Insbesondere der Umstand, daß man den Lebensbedingungen in der DDR einen Mangel an individuellen Optionen zuschreibt, führt viele Menschen spontan zu dem Urteil, daß Modernisierung und Individualisierung für sozialistische Länder untypisch seien. Dieser Schluß geht meines Erachtens zu weit, da er die systemübergreifenden Ähnlichkeiten der Modernisierung ausklammert.

Weiterführend scheinen hingegen Überlegungen von Stefan Hradil (Hradil, 1992) zu sein, nach denen man den westlichen Weg als eine erfolgreichere und den realsozialistischen als eine weniger erfolgreiche Art der Modernisierung verstehen kann. Der Realsozialismus strebte eine Art Modernisierung „von oben" an, eine „objektive" Modernisierung. Das westliche Modell enthielt dagegen von Anfang an bessere Möglichkeiten, Potentiale „von unten" einzubeziehen und daher seiner Modernisierung einen stärker „subjektiven" Charakter zu verleihen. Im Realsozialismus kam es zwar anfänglich zu einem großen Potentialschub „von unten". Arbeiter und Bauern stiegen in die neuen politischen und geistig-kulturellen Eliten auf. Dennoch litt das System in der Folgezeit immer mehr an „Schließungstendenzen", insbesondere an einer Selbstreproduktion der Eliten (Geißler, 1992).

Die Unterscheidung zwischen einer Modernisierung mit objektivem oder subjektivem Charakter liefert einen Schlüssel für das Verständnis von Ähnlichkeiten und Unterschieden zwischen Ost und West, insbesondere auch für die Analyse von Mentalitäten. Sie definiert auch ein bestimmtes Verhältnis zwischen Individuum und Gesellschaft. Gerade an dieser Schnittstelle werden oft vergleichende Überlegungen zur Eigenart einer eher „sozialistisch" oder „kapitalistisch" geprägten Bevölkerung angestellt.

Es ist daher zu vermuten, daß sich trotz parallel verlaufener Individualisierungsprozesse in Ost und West unterschiedliche „Attributionsstile" (Klages) herausgebildet haben. Es deutet einiges darauf hin, daß das Verhältnis zwischen Individuum und Staat im Osten heute problematischer ist als im Westen. Der SED-Führung war eine öffentliche Entfaltung und Artikulierung individueller Interessen und deren Ausfechtung immer suspekt (zum Mangel an Subjektivität im Realsozialismus siehe auch die interessante Analyse von Adler, 1991a). Da man aber in Konkurrenz zum Westen Modernisierung betrieb, mußte man den wachsenden Bedürfnissen nach individueller Selbstentfaltung Raum geben. Das Resultat wird mit dem Begriff „Nischengesellschaft" beschrieben. Sie war der nichtöffentliche Freiraum für die Individualisierung im Realsozialismus. Zwar gab es auch im öffentlichen Bereich Individualisierungschancen, dennoch wollte immer nur ein kleiner Teil der Bevölkerung sich eng an das ungeliebte offizielle

System binden. Zum anderen schätzte die Bevölkerung die Chancen auf einen Gewinn an Freiheit und Prestige im öffentlichen Bereich nie sehr hoch ein.

Im Westen ist im Laufe der Modernisierung nach und nach eine Beteiligungskultur der Individuen am öffentlichen Raum gewachsen, wobei allerdings der Schwerpunkt im öffentlichen Nahbereich der Personen liegt. Damit ist die Neigung gemeint, sich sowohl öffentlich, z.B. in Bürgerinitiativen zu engagieren als auch am geselligen Vereinsleben in der alten Bundesrepublik teilzunehmen. Alle Daten zeigen, daß im Osten derzeit eine ziemliche Apathie in dieser Hinsicht besteht. Man kann das nicht nur aus der schwierigen sozialen Lage in den neuen Bundesländern erklären und auch nicht nur aus der Enttäuschung über den Zusammenbruch der DDR. Es kommen darin die Nachwirkungen eines problematischen Verhältnisses der Ostdeutschen zur Öffentlichkeit zum Ausdruck, die aus dem Realsozialismus überkommen sind.

Einer Tendenz zur Öffentlichkeitsscheu und zu geringer konkreter Partizipation seitens der Ostdeutschen steht eine übersteigerte Erwartungshaltung an den Staat gegenüber (vgl. A. Koch, 1991). Da in der DDR tatsächlich die Masse der sozialen Leistungen über den Staat vermittelt und Verbesserungen oder Verschlechterungen gerade von dieser Seite her zu erwarten waren, hat sich im Osten ein stärker auf den Staat fixierter Attributionsstil entwickelt als im Westen. Beide Phänomene – geringere öffentliche Beteiligung und höhere Erwartungen an den Staat – sind die Nachwirkungen eines „historischen" Kompromisses zwischen SED-Regime und Bevölkerung. Es handelt sich dabei also nicht nur – wie gelegentlich argumentiert wird – um einen Reflex der Tatsache, daß die neuen Bundesländer auch heute noch eine Staatsquote von 80% haben. Das Regime bot weitgehende soziale Leistungen an. Dafür sollten jedoch die Bürger ihre persönliche Individualisierung in den privaten Bereich der Nischen zurücknehmen. Dieses Agreement funktionierte auf der Grundlage einer geschlossenen Grenze, der Dominanz der Sowjets und der Milliarden aus Bonn. Es verschaffte der DDR ihre jahrzehntelange erstaunliche Stabilität. Man erkennt diese eigenartige Konstellation an Befragungsergebnissen aus der (geheimen) Meinungsforschung in der DDR vom Ende der sechziger und Anfang der siebziger Jahre, die sich auffällig mit Ergebnissen der Stellvertreterbefragungen von Infratest und retrospektiven Umfrageergebnissen nach der Wende decken. Die soziale Sicherheit und das soziale Klima, der Schutz vor Kriminalität, die sicheren Arbeitsplätze, die Leistungen des Bildungs- und Gesundheitssystems wurden deutlich positiv wahrgenommen, die Möglichkeiten der freien Meinungsäußerung und Entfaltung, der gesellschaftlichen Mitwirkung und des Konsums immer als ziemlich schlecht eingeschätzt (vgl. Niemann, 1993).

Die Quellen für die Kompromißbereitschaft der Ostdeutschen dürften in der überkommenen politischen und sozialen Harmoniekultur der Deutschen liegen, die auch die Bundesrepublik West – trotz anderer Institutionen – nicht unbeträchtlich prägt. Die altbundesdeutsche Bevölkerung und ihre Eliten unterscheiden sich

Modernisierung, Wertewandel und Mentalitätsentwickung in der DDR 115

Abbildung 8
Ausstattung mit PKW pro 1.000 Einwohner in einigen sozialistischen Ländern.

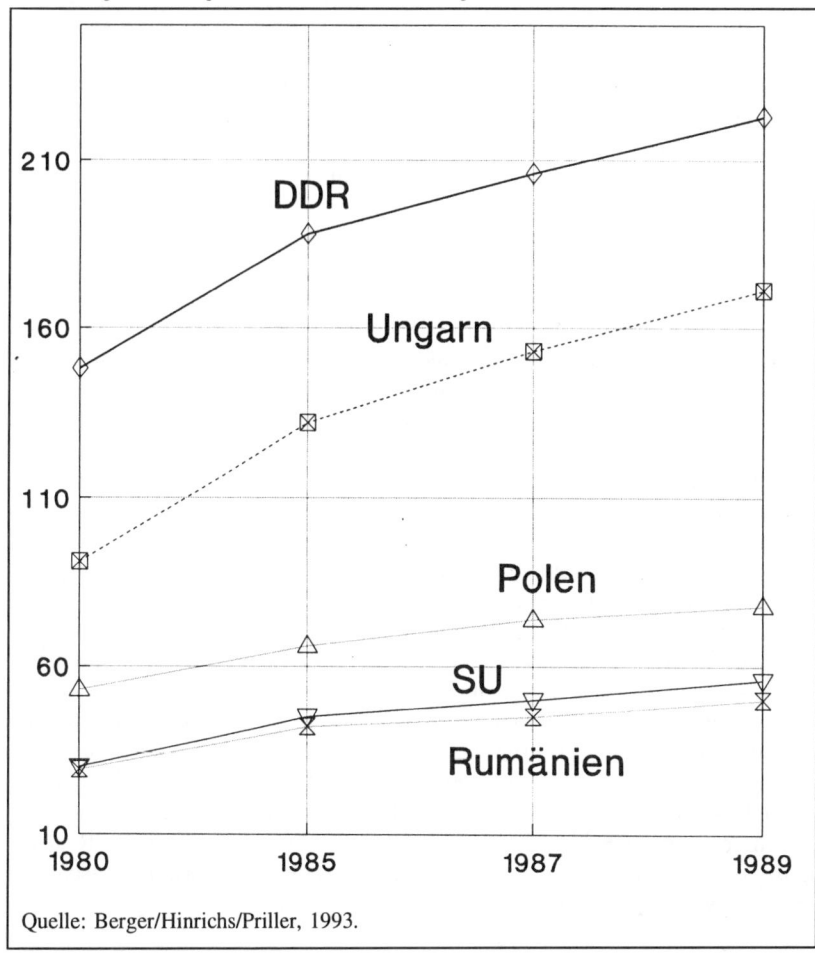

Quelle: Berger/Hinrichs/Priller, 1993.

in ihrem Attributionsstil beispielsweise stark von den US-Amerikanern, die traditionell ein wesentlich anspruchsloseres Verhältnis zum Staat haben und stärker die Neigung entwickeln, die Dinge in die eigenen Hände zu nehmen. Man kann darüber spekulieren, ob es in der Mentalität der (lutherisch) protestantischen mitteldeutschen, sächsischen und ostelbischen Industrie- und Landarbeiterschaft noch spezifische Quellen für jenen Kompromiß gab (Interessante Mentalitätsbeschreibungen für die Ostdeutschen und deren Quellen haben wiederholt Thomas Koch und Rudolf Woderich vorgelegt; vgl. Th. Koch, 1991; Woderich, 1992a).

Bei aller Betonung der verschiedenen Attributionsstile sollte man die Unterschiede zwischen Ost und West jedoch nicht überbewerten und die kulturelle Prägekraft von 40 Jahren DDR nicht überschätzen (Eine gewisse Tendenz dazu ist bei Koch und Woderich zu erkennen, die bis zu Forderungen nach einer getrennten Entwicklung der beiden Teile Deutschlands reicht; vgl. Koch, 1992; Woderich, 1992b). Im Vergleich der Systeme in Ost und West sollte man immer berücksichtigen, daß es bei der Aufrechnung an Subjektivität, die der modernisierenden Entwicklung jeweils innewohnte, nur um ein „Mehr oder Weniger" und nicht um ein „Entweder-Oder" geht. Die Möglichkeiten, sich „subjektiv" einzubringen und zu entfalten, waren in der DDR unzweifelhaft geringer als in der Bundesrepublik und der Grad an Repression höher. Dennoch muß man eine Gesellschaft wie die der DDR von extrem repressiven und ärmlichen Gesellschaften wie unter Stalin, in Korea oder gar unter Pol Pot unterscheiden. Auch was die Wohlfahrtsentwicklung in der DDR angeht, sollte man sich vor Augen halten, daß die Konsummöglichkeiten der Menschen denen in der Bundesrepublik viel näher standen als etwa denen in der Sowjetunion oder gar denen in Entwicklungsländern. Für die Russen begann der Westen bereits in der DDR, wenn sie überhaupt die Chance hatten, dorthin zu reisen.

Bilanziert man beispielsweise wesentliche Dimensionen der Wohlfahrtsentwicklung, etwa in einem „Human Development Index", dann schaffte es die DDR 1990 zwar nicht unter die ersten zehn Länder der Welt, wie sie es immer gern für sich reklamierte. Sie kam aber nach den führenden OECD-Gesellschaften immerhin auf Platz 20, auch die Tschechoslowakei konnte in ähnlichem Maße mithalten (vgl. Zapf, 1993). Nimmt man den für das Wohlstandsniveau wichtigen Indikator der Ausstattung der Bevölkerung mit Personenkraftwagen, läßt die DDR die anderen sozialistischen Länder weit hinter sich (s. Abb. 8). Tschechoslowakei und Ungarn können noch am ehesten mithalten. Ähnliche Verhältnisse gab es auch bei der Ausstattung mit anderen langlebigen Konsumgütern, wie Waschmaschinen und Kühlanlagen usw. Besonders bei hochwertigen Gütern, wie etwa Farbfernsehern, war die DDR im Ostblock führend. Die Hauptmacht des Realsozialismus, die Sowjetunion, schneidet bei den Indikatoren des Massenwohlstandes vergleichsweise schlecht ab.

4. Phasen der Mentalitätsentwicklung in der DDR

Ich habe an anderer Stelle (Gensicke, 1992a; Klages/Gensicke, 1993) bereits versucht, ein „Phasenmodell" des Werte- und Mentalitätswandels in der DDR zu skizzieren. Inzwischen hat auch Detlef Pollack (Pollack, 1993) eine Phaseneinteilung vorgelegt, die interessante neue Erkenntnisse erbracht hat. John Erpenbeck (Erpenbeck, 1993) hat kürzlich Wandlungsphasen des „sozialistischen Menschenbildes" dargestellt, also den Reflex der offiziellen Seite der DDR auf inner-

Modernisierung, Wertewandel und Mentalitätsentwickung in der DDR 117

Abbildung 9
Bildung und Soziales. Vermuteter Entwicklungsstand in der DDR auf bestimmten Gebieten (1970).

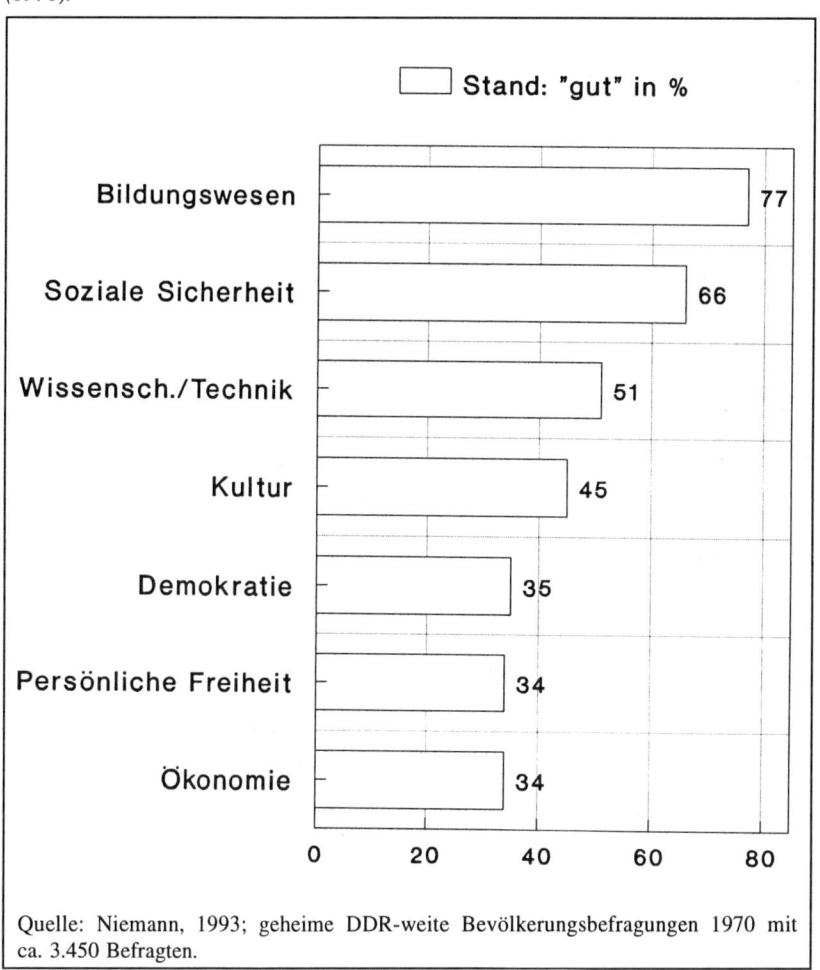

Stand: "gut" in %

- Bildungswesen: 77
- Soziale Sicherheit: 66
- Wissensch./Technik: 51
- Kultur: 45
- Demokratie: 35
- Persönliche Freiheit: 34
- Ökonomie: 34

Quelle: Niemann, 1993; geheime DDR-weite Bevölkerungsbefragungen 1970 mit ca. 3.450 Befragten.

gesellschaftliche Wandlungen. Auch in der Geschichtswissenschaft wird die Geschichte der DDR in bestimmte Abschnitte eingeteilt (Staritz, 1985; Weber, 1986; Glaeßner, 1989; Meuschel, 1991).

Nach allem bietet sich eine Einteilung in drei Hauptphasen an, wobei die Übergänge nicht genau abgrenzbar sind. Die erste Phase hat ihren Schwerpunkt in den fünfziger Jahren, also in der Zeit, in der das sozialistische System in der DDR

Abbildung 10: BRD
Wirtschaft und Lebensstandard. Stärken der BRD und der DDR im Urteil der Ostdeutschen im Herbst 1990.

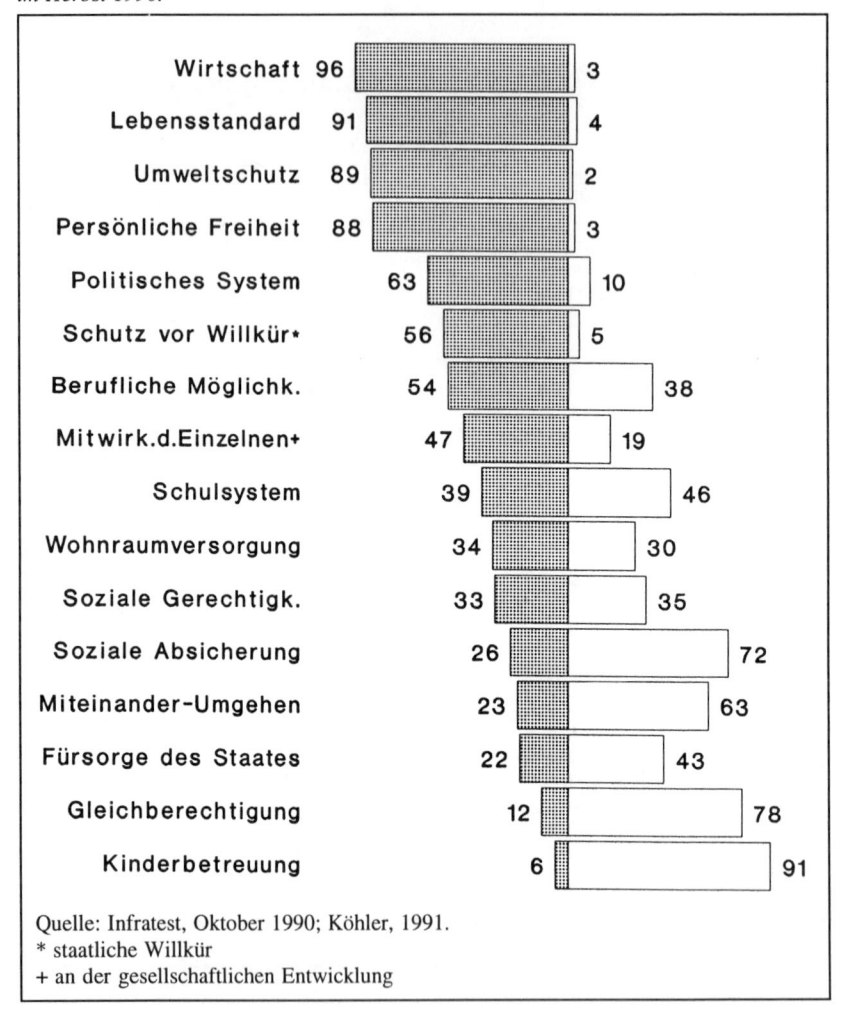

Bereich	BRD	DDR
Wirtschaft	96	3
Lebensstandard	91	4
Umweltschutz	89	2
Persönliche Freiheit	88	3
Politisches System	63	10
Schutz vor Willkür*	56	5
Berufliche Möglichk.	54	38
Mitwirk.d.Einzelnen+	47	19
Schulsystem	39	46
Wohnraumversorgung	34	30
Soziale Gerechtigk.	33	35
Soziale Absicherung	26	72
Miteinander-Umgehen	23	63
Fürsorge des Staates	22	43
Gleichberechtigung	12	78
Kinderbetreuung	6	91

Quelle: Infratest, Oktober 1990; Köhler, 1991.
* staatliche Willkür
+ an der gesellschaftlichen Entwicklung

eingeführt und durchgesetzt wurde. Damals trug die Modernisierung am stärksten objektive und autoritäre Züge. Detlef Pollack meint, in dieser Phase hätte es eine Aufwertung der kleinbürgerlichen Wertesubstanz, also von Pflicht- und Akzeptanzwerten gegeben. Wenn dem so wäre, dann handelte es sich hierbei um ein ähnliches Phänomen wie die Aufwertung von Sekundärtugenden in der Adenauerzeit.

Modernisierung, Wertewandel und Mentalitätsentwickung in der DDR   119

Abbildung 11
Akzeptanz 1975 am höchsten. DDR-Verbundenheit bei DDR-Jugendlichen 1970–1989.

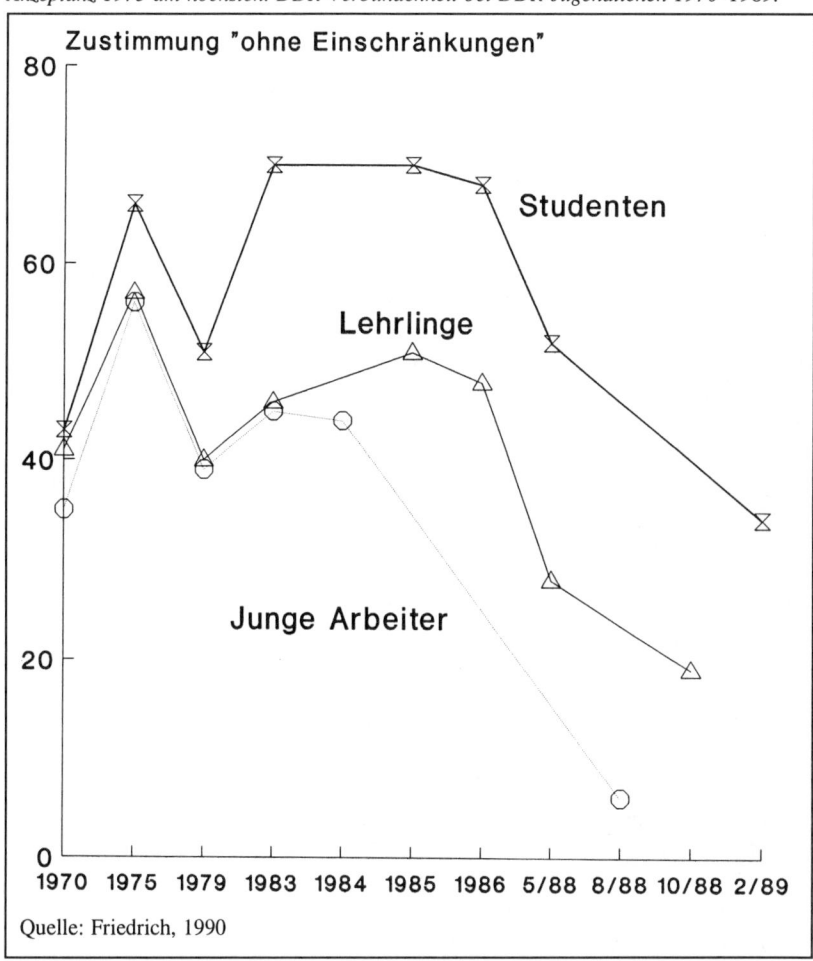

Zustimmung "ohne Einschränkungen"

Studenten

Lehrlinge

Junge Arbeiter

1970 1975 1979 1983 1984 1985 1986 5/88 8/88 10/88 2/89

Quelle: Friedrich, 1990

Laut Pollack folgte in den sechziger und beginnenden siebziger Jahren eine Phase, in der auf dem Hintergrund steigenden Wohlstandes und einer gesellschaftlichen Liberalisierung die Idee des Sozialismus in der Bevölkerung der DDR eine Aufwertung erfuhr. Die bereits zitierten Ergebnisse der Meinungsforschung in der DDR (Niemann, 1993) deuten in diese Richtung (s. Abb. 9 und 10). Danach nahm in der zweiten Hälfte der sechziger und der ersten Hälfte der siebziger Jahre in der Bevölkerung beispielsweise die Bereitschaft zu, die DDR mit der Waffe zu verteidigen. Auch stärkere Verteidigungsanstrengungen gegenüber der Bundesrepublik wurden befürwortet. Insbesondere unter den jungen Menschen stieg die Identifikation mit der DDR und dem Sozialismus (Friedrich, 1990; s. Abb. 11).

Wenn dieser Prozeß auch im Wertebereich nachweisbar sein soll, dann wäre an eine Zunahme von Werten der idealistischen Selbstentfaltung zu denken. Dieser Wandel dürfte durch die erste in der DDR geborene Generation getragen worden sein. Insbesondere jene Menschen, die nach dem Mauerbau sozialisiert wurden und durch das neue Bildungssystem zu höheren Ausbildungsabschlüssen gelangt waren, kämen dafür in Frage. Diese zweite Phase eines Mentalitätssprungs in der DDR liefe dann etwa parallel zu dem heftigen Wertewandel, der den Westen in dieser Zeit erschütterte. Im Zusammenhang mit einer ersten Modernisierungswelle zur Dienstleistungsgesellschaft, dem Ende der Ära Adenauer, der Thematisierung der Nazivergangenheit und der 68er Bewegung erfolgte ein „Linksruck" in der westdeutschen Bevölkerung.

Auf einen dritten Werteschub habe ich selbst bereits frühzeitig hingewiesen (Gensicke, 1991). Dieser Wertewandel wurde erkennbar, nachdem Daten von Jugendbefragungen des Zentralinstitutes für Jugendforschung Leipzig bekannt geworden waren (Friedrich, 1990; s. Abb. 11 und 12). Dort kam ein heftiger Wertewandel weg von den Werten des offiziellen Sozialismus und hin zu Werten einer westlichen Konsumgesellschaft zum Vorschein. Hedonistische und materielle Werte expandierten. Dieser Wandel setzte vermutlich am Ende der siebziger Jahre ein und leitete die ideologische Abwendung der jüngeren Menschen vom Sozialismus ein. Diesen Werteschub scheinen vor allem die jüngeren Auszubildenden und Arbeiter aus dem produktiven Bereich getragen zu haben. Studenten und Hochqualifizierte blieben zunächst resistent und loyal. Auch zu diesem dritten Werteschub gibt es eine Parallele in der Bundesrepublik (vgl. Herbert, 1988). Auch hier gab es in den achtziger Jahren, insbesondere in den Generationen des Babybooms, eine hedonistisch-materiell orientierte Gegenbewegung gegen die idealistische Welle des Wertewandels, die von jüngeren Menschen aus der unteren Mittelschicht getragen wurde. Diese Bewegung hatte ihre Ursachen in der vollen Entwicklung der Bundesrepublik zu einer „Konsumentengesellschaft" mit vielfältig ausdifferenzierten Angeboten, in den Erschütterungen durch die Wirtschaftskrisen und die krisenhafte politische Entwicklung in der Endzeit der sozialreformerischen Ära.

Da für die DDR keine einzige Zeitreihe vorliegt, die Meßdaten seit den 50er Jahren bis in die 80er Jahre enthält, habe ich mich entschlossen, die Idee einer Phasenfolge von Wertewandlungen anhand eines Kohortenmodells, vergleichend für die Bevölkerung der neuen und alten Bundesländer, zu entwickeln. Ich stütze mich dabei auf die Sozialisationshypothese, nach der Menschen in ihrer Jugendphase von ihrer Umwelt geprägt werden und diese Prägung im Laufe ihres Lebens (relativ) stabil beibehalten. Dabei gehe ich mit Helmut Klages allerdings davon

Modernisierung, Wertewandel und Mentalitätsentwickung in der DDR 121

Abbildung 12
Materielles und Lebensgenuß. Wertverschiebungen bei Lehrlingen in der DDR 1975–1990.

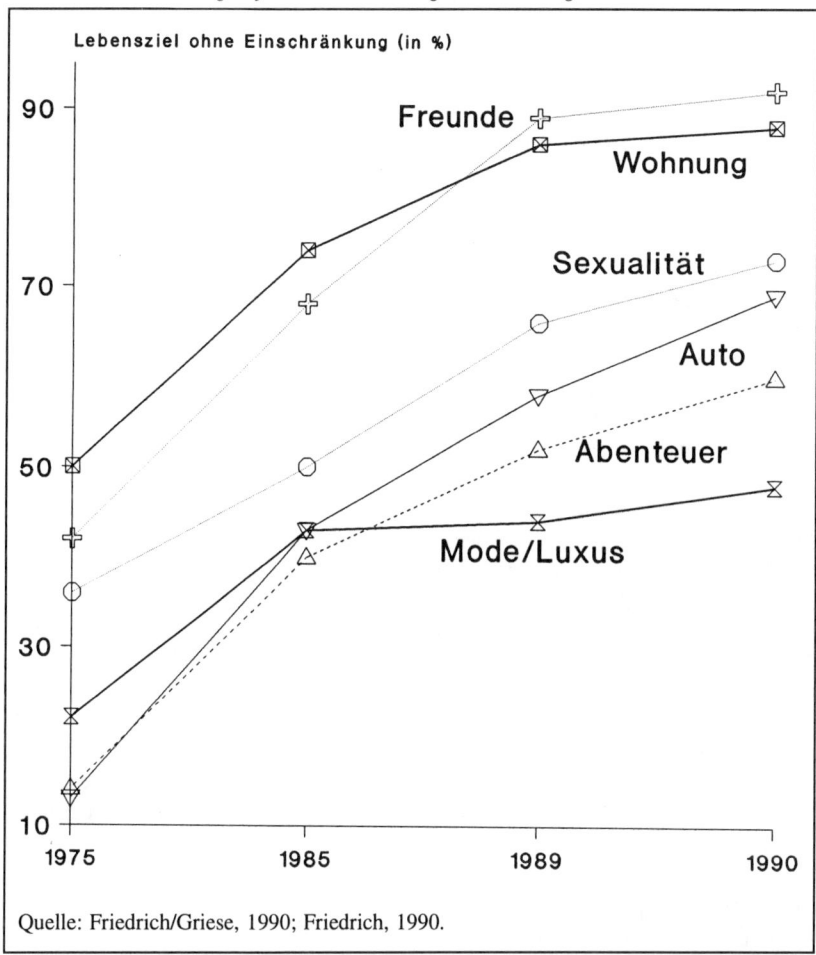

Lebensziel ohne Einschränkung (in %)

[Diagramm mit Kurven für: Freunde, Wohnung, Sexualität, Auto, Abenteuer, Mode/Luxus; Jahre 1975, 1985, 1989, 1990]

Quelle: Friedrich/Griese, 1990; Friedrich, 1990.

aus, daß es bei Individuen aufgrund des Lebenszyklus und kritischer Lebensereignisse immer wieder zu Werteänderungen kommen kann. Dennoch kann in den jeweiligen Alterskohorten ein recht hohes Maß an Stabilität angenommen werden. Weiterhin soll geprüft werden, inwiefern auch mit Hilfe von Generationenmodellen Phasenverläufe erkennbar werden. Dabei werden Interpretationsmodelle, die Albrecht Göschel für die Bundesrepublik und Werner Weidenfeld und Felix Phillip Lutz für beide Teile Deutschlands mit Hilfe qualitativer Verfahren entwikkelt haben, berücksichtigt (Göschel, 1991; Weidenfeld/ Lutz, 1992).

5. Rückschau aus dem Querschnitt: Kohorten- und Generationenmodelle

Im folgenden wird auf die Daten einer repräsentativen Wertemessung nach dem Speyerer Werteinstrument (Klages,1992; Klages/Gensicke, 1993) zurückgegriffen, das in den KSPW-BUS 1993 eingeschaltet wurde, der in den neuen Bundesländern Anfang 1993 durchgeführt wurde. Dazu werden in der folgenden Tabelle noch eine Vergleichsmessung aus einer kleineren repräsentativen Stichprobe aus der DDR im März/April 1990 ausgewiesen (n=808), die für unsere Zwecke einer differenzierten Kohortenanalyse jedoch zu klein ist.

Mehrere Umfrageinstitute haben inzwischen Erfahrungen mit der Messung von Wertorientierungen in den neuen Bundesländern gemacht. Die Ostdeutschen schienen keine besonderen Schwierigkeiten zu haben, mit der vorgegebenen Begrifflichkeit zurechtzukommen (Gensicke, 1992d). Zum anderen gab es in den Meßergebnissen fast durchweg ähnliche Prioritäten in Ost und West, was manchmal auch Anlaß zur Skepsis bezüglich die Gültigkeit der Messungen gab (vgl. Jung, 1992).

Auch unsere Messungen brachten keine dramatischen Unterschiede zwischen Ost- und Westdeutschen zutage, wohl aber deutliche Abweichungen bei einzelnen Wertorientierungen. Auffällig war, daß Pflicht- und Akzeptanzwerte im Osten stärker betont wurden, insbesondere die konventionelle Leistungsethik. Höhere Priorität schrieben die Ostdeutschen auch hedonistischen und materiellen Werten zu (vgl. Herbert, 1991; s. Tabelle Wertepräferenzen) Das deckt sich mit Ergebnissen anderer Institute (z.B. Jung, 1992; Noelle-Neumann, 1993; Jugend '92, 1992) Zwischen 1990 und 1993 gab es einige charakteristische Verschiebungen, die an dieser Stelle jedoch nicht näher diskutiert werden können (vgl. Gensicke, 1994). Ein verblüffendes Ergebnis erbrachte die Faktorenanalyse der Wertorientierungen in den neuen Bundesländern. Die Werte gruppierten sich zu identischen Mustern wie im Westen:

Konventionalismus (Pflicht- und Akzeptanzwerte)
– Gesetz und Ordnung respektieren
– Nach Sicherheit streben
– Fleißig und ehrgeizig sein

Idealismus und Engagement (Idealistische Selbstentfaltung)
– Phantasie und Kreativität entwickeln
– Sozial Benachteiligten helfen
– Sich politisch engagieren
– Andere Meinungen anerkennen

Modernisierung, Wertewandel und Mentalitätsentwickung in der DDR

Hedonismus und Materialismus (Hedonistische Selbstentfaltung)
- Hohen Lebensstandard haben
- Leben genießen
- Macht und Einfluß haben
- Seine Bedürfnisse durchsetzen

Die ähnliche Struktur des Werteraums in Ost und West kann als ein Beleg dafür interpretiert werden, daß auch die Einzelitems ähnlich verstanden wurden. Deshalb wurden anhand von Werteprioritäten für die neuen und alten Bundesländer vergleichend Persönlichkeitstypen gebildet, die in der folgenden Tabelle ausgewiesen sind. Der ordnungsliebende Konventionalist ist jener „kleinbürgerliche" Wertetypus, den man (abgesehen vom aktiven Realisten) am ehesten der ersten Phase der Nachkriegsentwicklung zuordnen kann. Konventionalisten weisen hohe Pflicht- und Akzeptanzwerte auf, haben aber keine besonders starke Beziehung zu Selbstentfaltungswerten, weder idealistisch-engagierten noch hedonistisch-materialistischen. Engagierte Idealisten schätzen dagegen besonders Werte der idealistischen Selbstentfaltung, sind unterdurchschnittlich konventionell und hedo-materialistisch orientiert. Auch hedonistische Materialisten haben keine besonders hohen Pflicht- und Akzeptanzwerte vorzuweisen, sind jedoch auch nicht besonders an idealistischen Werten interessiert, dafür aber an Hedonismus und Materialismus. Realisten schätzen alle drei genannten Wertedimensionen überdurchschnittlich hoch. Resignierte sind Minimalisten, die ein generell gestörtes Verhältnis zu Wertorientierungen und Strebungen haben.

In der Folge soll in einem ersten Schritt die Zuteilung jener drei „Extremtypen" (im Sinne der ausschließlich hohen Ausprägung einer Wertedimension) „Konventionalist", „Idealist" und „Hedomat" zu Kohorten von Geburtsjahrgängen überprüft werden (s. Abb. 13 u. 14). Zur Vereinfachung des Datenbildes wird zunächst von dem „Minimaltyp" Resignierter und dem „Maximaltyp" Realist abgesehen (Tab. 1).

Zunächst sollen die Ergebnisse für die alten Bundesländer diskutiert werden (Daten für das Jahr 1990). Die gesamte Population (n=1700) wurde anhand der jeweiligen Geburtsjahre in Kohorten zu je 5 Jahren eingeteilt. Man erhält ein recht klares Verteilungsmuster. Je später die Befragten geboren sind, um so geringer ist (mit geringfügigen Ausnahmen) der Anteil an Konventionalisten. Umgekehrt sind die Verhältnisse bei Idealisten und Hedo-Materialisten (Hedomats). Sie sind für die Jüngeren typisch, also die später Geborenen. Die Altersachse bringt einen relativ kontinuierlichen Grundtrend des Wertewandels in der Bundesrepublik zum Vorschein, der von Pflicht- und Akzeptanzwerten (Konventionalisten) zu Selbstentfaltungswerten (Idealisten und Hedomats) verläuft (Klages, 1984).

Dieser Trend wird jedoch durch einige Unregelmäßigkeiten und durch Phasenverschiebungen differenziert. Die idealistische Welle wird besonders stark von der ersten, nach dem Krieg geborenen Altersgruppe getragen, die in den 50er

Tabelle 1
Wertepräferenzen von Wertetypen

	West Ost Ost 1990 1990 1993	Konven-tionalisten			Resignierte			Realisten			Hedomats			Idealisten		
		W 90	O 90	O 93	W 90	O 90	O 93	W 90	O 90	O 93	W 90	O 90	O 93	W 90	O 90	O 93
Anteile		20	23	21	15	10	16	33	32	35	15	20	14	17	15	16
Pflicht- und Akzeptanzwerte	5,7 5,8 6,1	6,4	6,5	6,7	4,9	5,1	5,0	6,4	6,3	6,6	5,1	5,1	5,6	4,6	5,2	5,4
Idealistische Selbstentfaltung	4,7 4,7 4,3	3,9	3,9	3,6	3,8	3,5	3,2	5,4	5,5	5,1	4,1	4,3	3,7	5,6	5,5	5,1
Hedonistisch-materialistische Selbstentfaltung	4,5 4,8 4,6	3,7	4,1	4,0	3,6	3,6	3,6	5,3	5,4	5,4	5,2	5,5	5,4	3,9	4,4	3,8

Quelle: Gensicke 1994, KSPW-BUS 1993
Mittelwerte einer 7er Skala von 1 „ganz unwichtig" bis „sehr wichtig"
(n=2125), West 1990 (n=1700), Ost 1990 (n=808)

Modernisierung, Wertewandel und Mentalitätsentwicklung in der DDR 125

Abbildung 13
Kohorten in der BRD. Wertetypen in Westdeutschland nach Geburtsjahrgängen (1990).

Quelle: Gensicke, 1994.

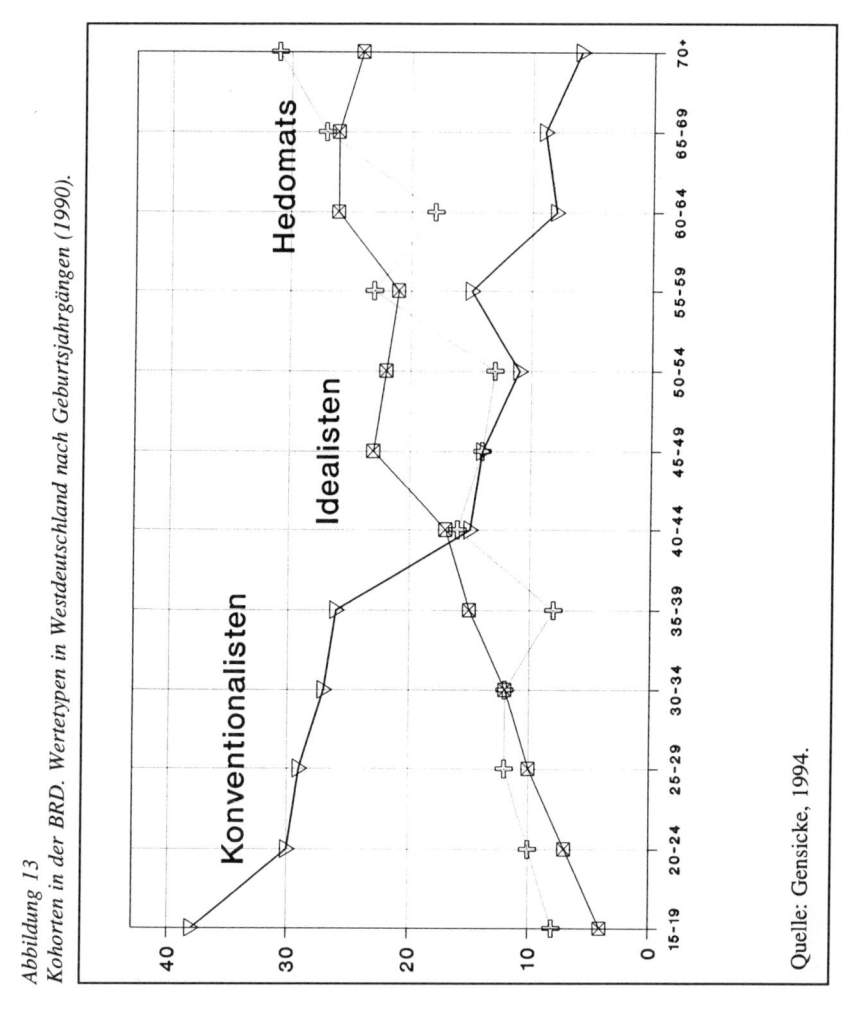

und 60ern geprägt wurde. Die hedonistisch-materielle Welle beginnt mit den Kohorten, die in den 60er und 70er Jahren sozialisiert wurden. Bei den Menschen, die von 1920 bis 1939 geboren wurden, zeichnet sich so etwas wie eine „Plateauphase" des Konventionalismus ab. Anschließend erfolgt ab dem Geburtsjahr 1940 bis zum Geburtsjahr 1954, also in den Generationen, die bereits in der Bundesrepublik geprägt wurden, ein deutlicher Werteschub, innerhalb dessen der Anteil der Idealisten den der Konventionalisten klar überflügelt. Dann gibt es wieder eine Art Plateau, diesmal von Idealisten. Ab dem Geburtsjahr 1955, unterbrochen von der Kohorte der zwischen 1960 und 1964 Geborenen, steigt der Anteil der

Abbildung 14
Kohorten in der DDR. Wertetypen in Ostdeutschland nach Geburtsjahrgängen (1993).

Quelle: Gensicke, 1994; KSPW-Bus, 1993.

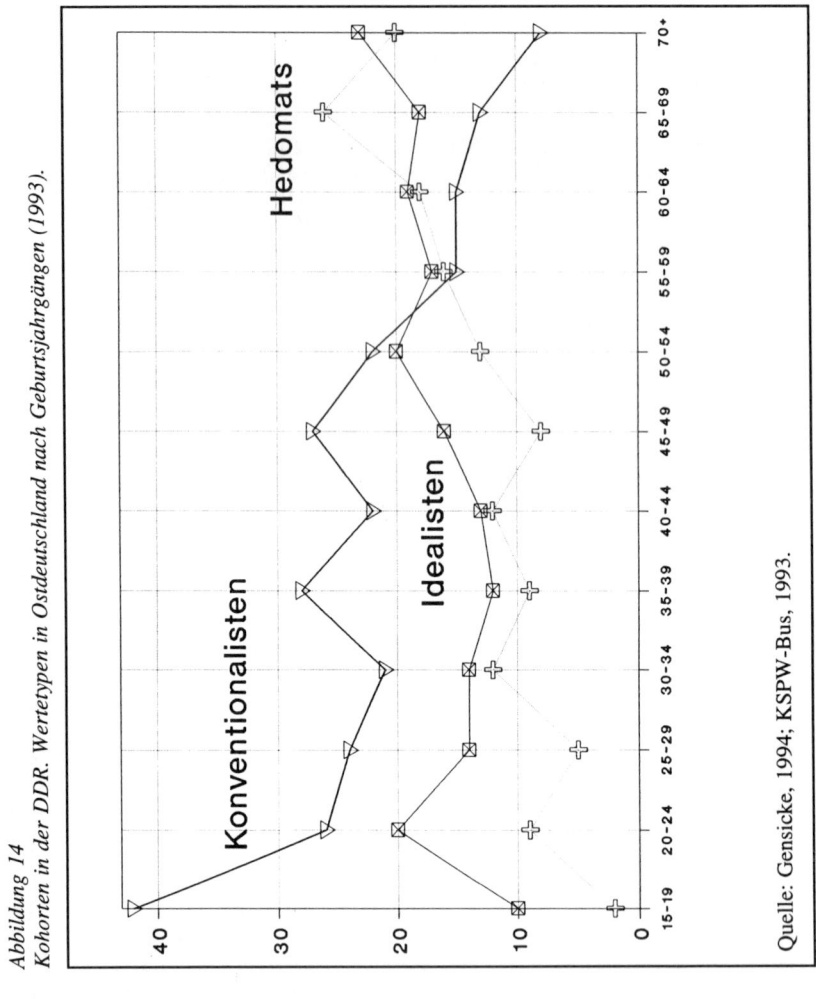

Hedomats stark an. Die Idealisten werden erst in der jüngsten Befragtenkohorte deutlich überholt. Die Hedomatwelle ist von einer weiteren Zurückdrängung des Konventionalismus begleitet. Die Kohortenanalyse bestätigt also zum einen den Grundtrend des Wertewandels auf der Ebene der Geburtsjahrgänge. Zum anderen wird eine differenzierte Phasenfolge erkennbar, innerhalb derer die neuen Persönlichkeitstypen in Erscheinung treten.

In Analogie zu Göschel kann man das Datenbild zu Generationen ordnen, indem man, beginnend bei den 1930 Geborenen, Kohorten im Zehnjahres-Rhythmus bildet. Die Kriegsgeneration der zwischen 1930 und 1939 Geborenen war

Modernisierung, Wertewandel und Mentalitätsentwickung in der DDR

Träger des in Gestalt von Konventionalisten und Realisten auftretenden klein- bzw. auch großbürgerlichen Wertesystems der Nachkriegszeit, in der Pflicht- und Akzeptanzwerte dominierten. Die folgende, zwischen 1940 und 1949 geborene Generation wird in Gestalt des Idealisten (Göschel spricht auch von der Leitfigur des „aufklärenden" Wissenschaftlers) zum Träger eines ersten Wertewandlungsschubs. Die folgende Generation der zwischen 1950 bis 1959 Geborenen, bei Göschel die „romantische" Generation, wächst einerseits schon in den gesicherten Wohlstand und in eine sich reformierende Gesellschaft hinein, erlebt andererseits krisenhafte Erschütterungen und Engpässe am Arbeitsmarkt. Im Datenbild zeigt sich das daran, daß die idealistische Welle stagniert, die hedonistisch-materielle beginnt und in der Gruppe der zwischen 1955 und 1959 Geborenen sogar wieder mehr Konventionalisten auftreten. In der folgenden Generation der nach 1960 Geborenen beginnt zunächst ein neuer Schub des Abbaus des Konventionalismus. Auch die Hedomatwelle geht zunächst zurück, um sich dann jedoch um so stärker zu entfalten.

Wie fällt nun das Kohortenbild im Osten aus? Man kann zunächst festhalten, daß sich für das grobe Gesamtbild einige wichtige Ähnlichkeiten abzeichnen. Ähnlich wie im Westen treffen wir Konventionalisten eher unter den älteren Jahrgängen an, Idealisten und Hedomats eher unter den jüngeren. Dennoch sind die Unterschiede im Datenbild beträchtlich. Die Trendlinie, auf der der Konventionalismus abgebaut wird, verläuft im Osten viel weniger steil. Eine erste Ursache, die sofort ins Auge sticht, besteht darin, daß jenes „Konventionalistenplateau" der 50er Jahre, das wir bereits im Westen gesehen hatten, sich im Osten noch um fast 20 Jahre weiter bis in die Generationen hinein erstreckt, die bereits in der DDR-Zeit sozialisiert wurden. Im Westen kreuzen sich die Trendlinien des Konventionalismus und Idealismus genau in der ersten Nachkriegsgeneration. In der DDR erfolgte in dieser Zeit offensichtlich noch einmal eine soziale Stabilisierung des Konventionalismus, während im Westen bereits die Generationen sozialisiert wurden, die gegen das herrschende konventionelle Wertesystem aufbegehren sollten. Erst ab der Kohorte der zwischen 1955 und 1959 Geborenen endet im Osten die Dominanz des Konventionalismus. In der DDR scheint also das Werteklima noch wesentlich länger durch das Wertesystem der Kriegsgeneration bestimmt gewesen zu sein. Bei den zwischen 1945 und 1954 Geborenen nehmen die Idealisten deutlich zu. Hier scheint jene Aufwertung des Sozialismus erfolgt zu sein, von der Pollack spricht. Dieser Aufschwung wird jedoch bereits in der folgenden Kohorte wieder gedämpft. Um etwa 5 Jahre phasenversetzt beginnt eine lange hedonistisch-materialistische Welle, also eine stärkere Zuwendung der jüngeren Alterskohorten zu den Werten der westlichen Konsumgesellschaft. In der jüngsten Kohorte überholt dann der Anteil der Idealisten wieder den der Hedomats, möglicherweise eine „postmaterialistische" Trotz-Reaktion auf die Einführung der westlichen Gesellschaft nach dem Zusammenbruch der DDR.

Insgesamt gesehen erscheint jene „Dramatik" des Wertewandels, wie sie für die zweite Hälfte der Sechziger und die erste der Siebziger für den Westen typisch war, für den Osten um etwa 10-15 Jahre, mindestens jedoch um eine Generation versetzt. Das werte ich als ersten Beleg für systemspezifische Besonderheiten der Werteentwicklung in der DDR. Obwohl ein ähnlicher Grundtrend unverkennbar ist, hat die autoritäre und vom persönlichen Verzicht geprägte Form, in der die erste Phase des Realsozialismus in der DDR verlief, den Wertewandel deutlich verzögert. In dieser Verzögerung haben wir wahrscheinlich auch die Grundlage für Thesen vor uns, die ein Zurückbleiben der Mentalitätsentwicklung im Osten und einen ausgebliebenen Wertewandel konstatieren. Umgekehrt wird nun auch der Widerspruch zu den Ergebnissen von Jugendstudien nach der Wende verständlich. Dort hatte man eine erstaunliche Nähe zwischen den Jugendlichen in Ost und West ermittelt.

Nach unserem Modell sind jedoch auch Differenzen in den jüngeren Kohorten erkennbar. Erstens bleiben die Anteile der Konventionalisten auch in den jüngeren Jahrgängen im Osten höher. Zum zweiten liegen im Osten alle drei Typen in den jüngeren Kohorten immer noch recht eng beieinander, während sich im Westen dazwischen längst eine weite Schere gebildet hat. Es gibt eine klare Dominanz der modernen Persönlichkeitstypen. Im Osten dagegen sind in den jüngeren Kohorten in stärkerem Maße auch Realisten vertreten (Deren Werte sind nicht in der Grafik enthalten.). Es bieten sich zwei Hypothesen zur Erklärung an: Entweder kommt in diesem Phänomen eine generell stärkere Neigung zur individuellen Wertekombination seitens der Ostdeutschen zum Vorschein. Oder es handelt sich um den Reflex der Tatsache, daß ein großer Teil der jüngeren Bevölkerung im Umbruchprozeß auf breiter Front Wertereserven mobilisiert.

Die Kohortenanalyse liefert somit eine ganze Reihe von Hinweisen zur Werteentwicklung in der DDR. Es läßt sich die These belegen, daß die objektive Modernisierung, die in der DDR betrieben wurde, zu einem höheren Bedarf an Pflicht- und Akzeptanzwerten geführt hat. Der subjektivere Charakter der Modernisierung in der Bundesrepublik war von einem stärkeren und kontinuierlicheren Abbau konventionalistischer Persönlichkeitsstrukturen begleitet.

Ich möchte noch versuchen, anhand der Generationenanalyse typische Generationenprofile für den Osten zu entwickeln. Angesichts des Datenbildes ist es sinnvoll, bereits eine Generation früher zu beginnen als Göschel, also bei den von 1920 bis 1929 Geborenen. Dort zeichnet sich – zumindest in der ersten Halbgruppe – im Unterschied zum Westen ein klarer Aufschwung des Idealismus ab. Möglicherweise handelt es sich um humanistisch-idealistisch orientierte Menschen, die an die Idee des Sozialismus glaubten. Für diese „idealistische" Generation könnte die DDR die Hoffnung auf einen antifaschistischen, aber auch nicht amerikanisch dominierten Neuanfang gewesen sein. Jener idealistische Aufschwung setzt sich in der folgenden „Kriegs- und Aufbaugeneration" der zwischen 1930 bis 1939 Geborenen nicht fort. Hier dominiert das bereits angesprochene Konventionalistenplateau, am stärksten bei den zwischen 1935 und 1939

Geborenen. Es wird mit gewissen Schwankungen durch die folgende Generation fortgesetzt, die man vielleicht als „Durchhalte- und Verzichtsgeneration" bezeichnen könnte – die zwischen 1940 und 1949 Geborenen. Im Westen wurden bereits die ersten Früchte des Wohlstandes und der Freiheit genossen. Im Osten blieben denjenigen, die nicht in den Westen abwandern, sich aber auch nicht mit dem Stalinschen Sozialismus identifizieren wollten, nur die Tugenden des Duldens, des Durchhaltens und des Verzichts auf Lebenschancen übrig. Die Generation, die von 1950 bis 1959 geboren wurde und die nach dem Mauerbau sozialisiert wurde, könnte man die „reformsozialistische Generation" nennen. Sie erhielt ihre Prägung in einer experimentierfreudigen und von Aufbruchstimmung erfüllten Zeit. Auch hier wurde – ähnlich wie in der Reformgeneration im Westen – das Leitbild des Wissenschaftlers aufgewertet, allerdings mehr des Technikers als des Humanisten. Das Interesse an Individualität in Kunst und Wissenschaft wuchs, wie Erpenbeck berichtet (Erpenbeck, 1993). Der „reformsozialistischen" folgte bei den von 1960 bis 1969 Geborenen die „hedonistische" Generation. Sie wollte endlich das genießen, was die „Verzichtsgeneration" entbehren mußte. Die „hedonistische" Generation erlebte eine Situation, in der die neue SED-Führung unter Honecker die Reformbestrebungen der sechziger Jahre wieder zurückdrängte. Gleichzeitig wurde jedoch das Sozialsystem in starkem Maße ausgebaut, und die Möglichkeiten des privaten Konsums verbesserten sich. Parallel zur Eindämmung reformerischer Bestrebungen in der Gesellschaft wurde das Konsumieren nun legitimer und das private Leben liberaler. In der Folge wurde die DDR jedoch immer wieder von Wirtschafts- und Versorgungskrisen geschüttelt. Die Konsum-Ansprüche, die man im Prinzip für legitim erklärt hatte, wuchsen jedoch und waren wegen der permanenten wirtschaftlichen Schwäche immer weniger zu befriedigen. Die Liberalisierung des privaten Lebens hatte die Menschen jedoch freier gemacht und stärker individualisiert. Verschärfend kam hinzu, daß die Bezirke des industriellen Südens der DDR sich ausgepowert und die Menschen sich dort durch die Umweltverschmutzung existentiell bedroht fühlten. Damit war eine Konstellation eingetreten, die beim Wegfall des Schutzes durch die Sowjetunion und durch die Öffnung der Grenze zur Abwendung großer Teile der Bevölkerung von der DDR führen mußte.

6. Besonderheiten der Wertesituation im Osten – soziodemographische Korrelationen

In einem abschließenden Abschnitt sollen noch die subjektiven Daten mit den objektiven verknüpft werden. Es liegt nahe, zu überprüfen, inwiefern Merkmale der Modernisierung, wie z.B. die städtische Siedlungsweise oder die Änderungen in der Berufs- und Bildungsstruktur, zur Herausbildung moderner Persönlichkeitsstrukturen geführt haben.

In Abbildung 15 ist dargestellt, in welchen Wohnortgrößenklassen die fünf Wertetypen zu Hause sind. Danach haben Konventionalisten eine klare Beziehung zur Lebensweise in Dörfern unter 2.000 Einwohnern, sind in Klein- und Mittelstädten durchschnittlich und in Großstädten unterdurchschnittlich anzutreffen. Idealisten sind dagegen besonders oft in Großstädten über 500.000 Einwohnern zu Hause. Das entspricht den Verhältnissen, wie man sie auch in den alten Bundesländern beobachten kann und unseren Vermutungen über die modernisierende Prägekraft des (groß)städtischen Milieus. Für Realisten sind dagegen die Milieus von Großstädten von 100.000 bis unter 500.000 Einwohnern typisch. Resignierte und Hedomats werden durch Ortsgröße weniger erklärt. Überhaupt erscheint die Erklärungskraft des Merkmals „ländliche oder städtische Siedlungsweise" weniger stark durchzuschlagen, als man vielleicht hätte erwarten können. Das hängt damit zusammen, daß Verstädterungsprozesse eher ein Vorbedingung für die von uns betrachtete Modernisierungsphase und daher für diesen Abschnitt nicht mehr so stark prägend waren.

Damit ist zunächst die Tendenz zur Ausweitung von Facharbeiter- sowie mittlerer und höherer Angestelltenpositionen gemeint (Beamte gab es in der DDR nicht). Es war ein auffälliger Befund nach der Wende, daß sich die Struktur der Erwerbstätigen in Ost und West nicht sehr stark unterschied, abgesehen davon, daß es keine Beamten und nur wenige Selbständige im Osten gab (allerdings war die Erwerbsquote wesentlich höher – wegen der berufstätigen Frauen). Auffällig war lediglich ein höherer Facharbeiteranteil und eine stärkere Besetzung mittlerer Angestelltenpositionen, vor allem zuungunsten der Un- und Angelerntenpositionen und des Leitungspersonals (darauf weist Braun, 1993, hin; ähnliches auch bei Bertram, 1992).

Erwartungsgemäß besetzen die Idealisten oft die neuen Angestelltenpositionen, gefolgt von den Realisten. Realisten haben jedoch auch eine Beziehung zum Facharbeitermilieu. Das Facharbeitermilieu zeichnet sich überhaupt durch eine sehr geringe Präsenz von Idealisten aus. Es wird von Realisten, Hedomats und Konventionalisten dominiert. Dabei scheint es sich um sehr verschiedene Arbeitermilieus zu handeln, die sich in der DDR herausgebildet haben. Für Realisten ist eher der aufstiegsorientierte Arbeiter typisch, der es auch schon zur Meisterposition gebracht hat. Hedomats verkörpern den „traditionslosen" jugendlich-hedonistischen Arbeitertypus. Konventionalisten bilden vor allem das „traditionelle" Arbeitermilieu. Resignierte und Konventionalisten sind auch in der Kategorie der An- und Ungelernten stark vertreten.

Alle diese Beziehungen in der Berufsstruktur sind auch für die alten Bundesländer typisch. Ähnlich ist auch, daß Konventionalisten oft Bauern, Realisten oft (im Osten neue) Selbständige sind. Es fällt jedoch auf, daß in der Kategorie der Angestellten mit Führungsaufgaben relativ viele Resignierte vorkommen, auch in der Kategorie „Meister". Es scheint sich dabei um verunsicherte ehemalige

Modernisierung, Wertewandel und Mentalitätsentwickung in der DDR 131

Abbildung 15
Konventionalisten vom Land. Wertetypen in Ostdeutschland nach Wohnortgröße (1993).

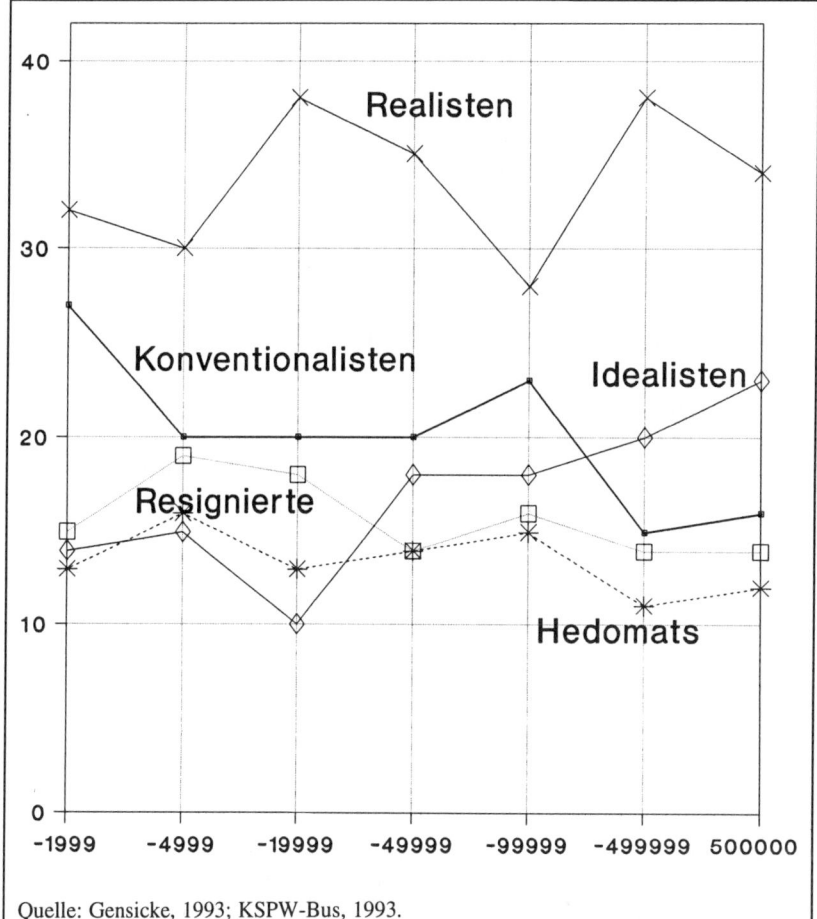

Quelle: Gensicke, 1993; KSPW-Bus, 1993.
Wesentlich stärker wirkten sich die Umschichtungen in der Berufsstruktur aus, am stärksten die Änderungen in der Bildungsstruktur (s. Abb. 16, 17, 18).

„Führungskader" aus der DDR zu handeln. Im Westen treffen wir in Führungspositionen in stärkerem Maße aktive Realisten.

Das erklärungskräftigste Merkmal für die jeweilige Typenzugehörigkeit ist jedoch die Bildung. Idealisten haben – ähnlich wie im Westen – am stärksten von der Bildungsrevolution profitiert. Sie stellen fast 40% der Hochschulabsolventen in unserem Sample, gefolgt von den Realisten. Für sie sind jedoch eher die tech-

Abbildung 16
Berufliche Stellung. Wertetypen nach beruflicher Stellung in den neuen Bundesländern 1993.

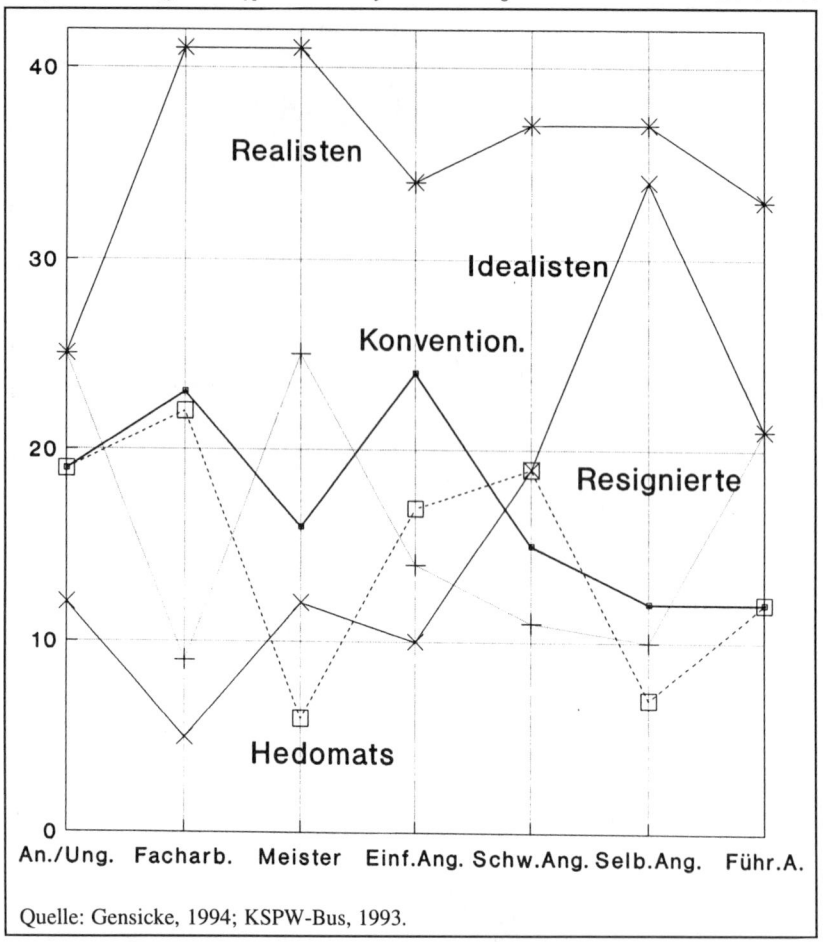

[Diagramm: Wertetypen (Realisten, Idealisten, Konventionalisten, Hedomats, Resignierte) nach beruflicher Stellung: An./Ung., Facharb., Meister, Einf.Ang., Schw.Ang., Selb.Ang., Führ.A.]

Quelle: Gensicke, 1994; KSPW-Bus, 1993.

nischen und Ingenieurabschlüsse typisch. Hedomats besitzen typischerweise einen Facharbeiterabschluß. Eindeutig zurückgeblieben in der Bildungsentwicklung sind – auch aufgrund ihres Alters – Konventionalisten und Resignierte.

Fast man alle sozialen Merkmale der Wertetypen zusammen, dann verkörpern Idealisten eher den (früheren und heutigen) Oberbau der Gesellschaft, Realisten den oberen, Hedomats den unteren Mittelbau und Resignierte und Konventionalisten den Unterbau. Das drückt sich auch in der Einkommenssituation aus. Idealisten erreichen durchschnittlich die höchsten Haushaltsnettoeinkommen,

Modernisierung, Wertewandel und Mentalitätsentwickung in der DDR 133

Abbildung 17
Idealisten und Hochschule. Wertetypen in Ostdeutschland nach dem Ausbildungsabschluß des Vaters (1993).

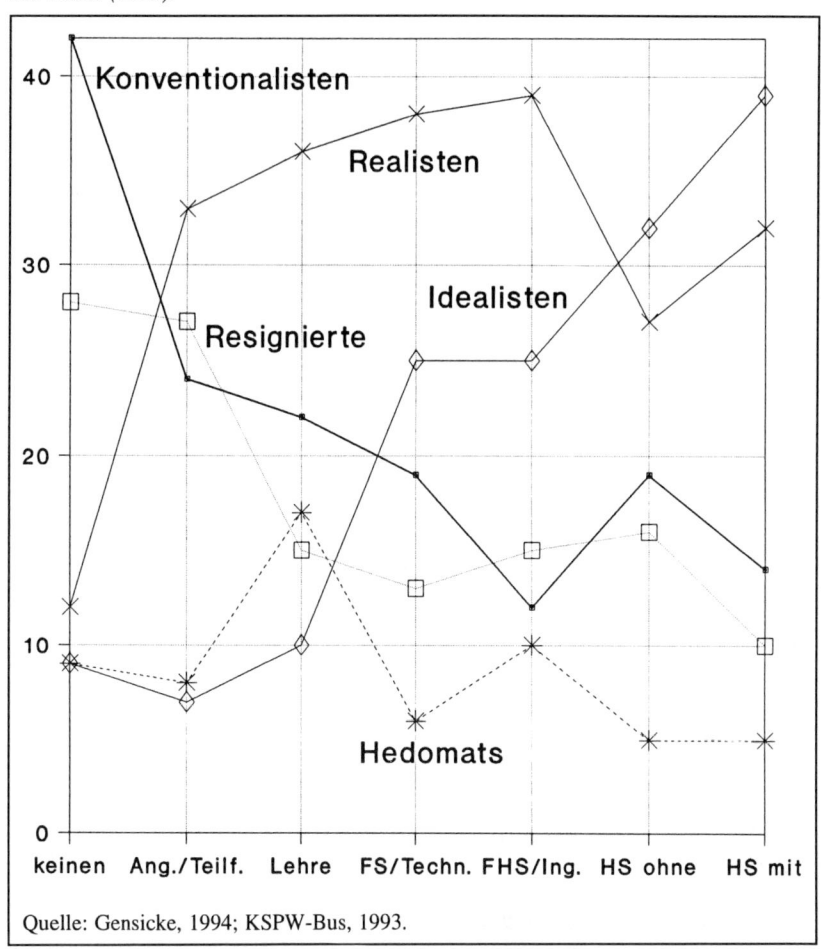

Quelle: Gensicke, 1994; KSPW-Bus, 1993.

gefolgt von den Realisten mit etwas geringeren Einkommen. Hedomats verfügen über mittlere und Konventionalisten und Resignierte über die niedrigsten Einkommen.

Eine auffällige Besonderheit in der Soziodemographie der Wertetypen ist der insgesamt stärkere Anteil von Frauen unter den Idealisten. Fast 70% der nach dem Krieg geborenen Idealistengeneration sind Frauen. Im Westen sind dagegen alle modernen Typen – also Idealisten, Hedomats und Realisten – stärker männlich als

Abbildung 18
Idealisten und Hochschule. Wertetypen in Ostdeutschland nach höchstem Ausbildungsabschluß (1993).

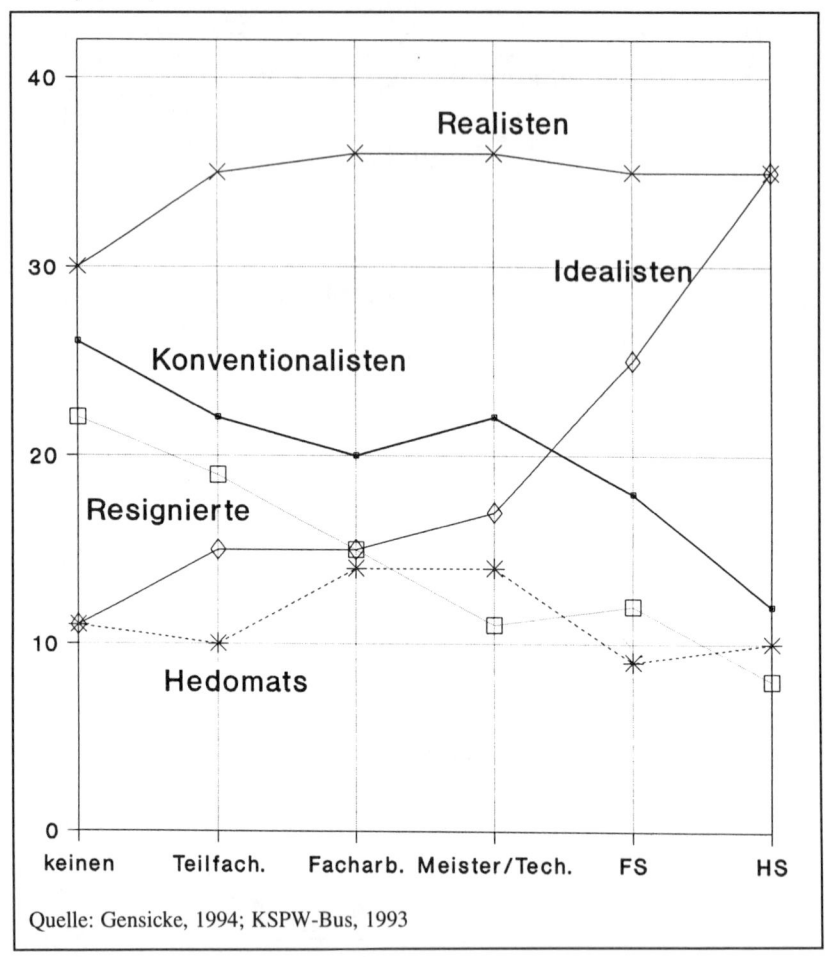

weiblich geprägt. Das scheint zum einen Ausdruck der Tatsache zu sein, daß Frauen in der DDR stärker als in der Bundesrepublik von der Modernisierung profitiert haben, zumindest was die Möglichkeit betrifft, beruflich tätig sein zu können, höhere Bildungsabschlüsse zu erlangen und mittlere und höhere berufliche Positionen zu erreichen. Zum anderen drückt sich in dieser Werthaltung auch eine gewisse Dankbarkeit gegenüber der DDR und eine Oppositionshaltung gegenüber den neuen Verhältnissen aus.

Die Besonderheiten in der sozialen Charakteristik der Wertetypen bringen auch einige Abweichungen im politischen Profil mit sich. Idealisten fühlen sich im Osten zwar wie im Westen besonders zum Bündnis 90 und den Grünen hingezogen, und Realisten zu den beiden großen Volksparteien CDU und SPD. Ältere Idealisten neigen im Osten jedoch auch in starkem Maße zur PDS. Das deutet auf eine stärkere DDR-Verbundenheit der Idealisten hin, die nicht zuletzt aus der aktiven Teilnahme an der DDR-spezifischen Modernisierung erklärbar ist. Hedomats entwickeln in den neuen Bundesländern ein stärker „rechtes" politisches Profil als in den alten Ländern. Die Ursache scheint darin zu liegen, daß der Hedo-Materialismus in der DDR die entscheidende „Werteopposition" darstellte. Diese unterschied sich am stärksten vom offiziellen Menschenbild und deren Auslebung war am meisten auf die gesellschaftlichen Nischen angewiesen. Jenes hedonistische Arbeitermilieu artikuliert heute am stärksten die Ablehnung von allem, was „links" ist. Da auch geringe Pflicht- und Akzeptanzwerte vorhanden sind, ist die Bereitschaft größer, Gewalt gegen das „System" auszuüben, die sich dann jedoch bevorzugt gegen Ausländer richtet.

Dagegen ist gerade im extrem linken Spektrum des Ostens die Gewaltbereitschaft signifikant geringer als im entsprechenden westdeutschen Milieu. Auffällig ist auch, daß den Konventionalisten des Ostens die enge Beziehung zur CDU/CSU fehlt, wie sie für ihren Gegenpart im Westen typisch ist. Im mehrheitlich konfessionslosen Osten fehlt die Bindekraft des katholischen Milieus.

Resümee

Zwei Größen haben der Modernisierung und Mentalitätsentwicklung in der Bevölkerung der ehemaligen DDR eine besondere Prägung verliehen.

Zum einen hat die bis zuletzt stärker objektive Form der Modernisierung „von oben" für eine höhere Verbreitung von Pflicht- und Akzeptanzwerten gesorgt. Idealisten sind im Osten deutlich konventioneller eingestellt als ihre Gegenparts im Westen, die sich auch ansonsten viel nonkonformistischer und antitraditionalistischer geben (vgl. Tab. 1). Eine weitere Folge stärker objektiver Modernisierung in der DDR ist ein gestörtes Verhältnis von Individuum und Staat, mit einer Tendenz zur Zurückhaltung bei der persönlichen Partizipation im öffentlichen Raum und einer gesteigerten Staatsattribution.

Eine andere Besonderheit ergibt sich durch die Stellung der jeweiligen Wertmuster, die sich in der DDR herausbildeten, zu den damals offiziell geförderten Werten. Idealismus lief im Westen oft genug auf Protest gegen das „materialistische" System hinaus, war im Osten jedoch immer „im Prinzip" systemkonform. Mit dem System in der DDR viel weniger vereinbar waren dagegen Hedonismus und Materialismus. Daher wurden diese Werte, die vor allem in der jüngeren Arbeiterschaft verbreitet waren, stärker als im Westen politisiert und zur Motivation der Massenausreise und schließlich einer Volksbewegung für die radikale Beseitigung des DDR-Systems und die schnelle Einführung der westlichen Verhältnisse.

Literaturverzeichnis

Allensbacher Jahrbuch für Demoskopie 1994-1992 (1993): Hrsg. E. Noelle-Neumann/ R. Köcher. München/New York/London/Paris.

Adler, F. (1991a): Das „Bermuda-Dreieck" des Realsozialismus: Machtmonopolisierung – Entsubjektivierung – Nivellierung. In: BISS-public Nr.2, Berlin.

Adler, F. (1991b): Einige Grundzüge der Sozialstruktur der DDR. In: „Das Sozio-ökonomische Panel", Lebenslagen im Wandel: Basisdaten und -analysen zur Entwicklung in den Neuen Bundesländern. Frankfurt a.M./New York.

Adler, F./Kretzschmar, A. (1993): Ungleichheitsstrukturen in der ehemaligen DDR. In: R. Geißler, Sozialer Umbruch in Ostdeutschland. Opladen.

Becker, P. (1992): Ostdeutsche und Westdeutsche auf dem Prüfstand von psychologischen Tests. In: Aus Politik und Zeitgeschichte (Beilage „Das Parlament") B 24, Bonn.

Benken, I./Zinnecker, J. (1991): Schülerstudie '90. Jugendliche im Prozeß der Vereinigung. Weinheim/München.

Berger, H. (1990): Zur Konzeption der Sozialindikatorenforschung in der Deutschen Demokratischen Republik. In: H. Timmermann: Lebenslagen. Sozialindikatorenforschung in beiden Teilen Deutschlands. Saarbrücken-Scheidt.

Berger, H./Hinrichs, W./Priller, E. (1993): Lebensbedingungen in osteuropäischen Ländern – ein Vergleich anhand statistischer Kennziffern. In: W.Glatzer, Einstellungen und Lebensbedingungen in Europa. Frankfurt a.M./New York.

Bertram, H. (1992): Die Familie in den neuen Bundesländern. Stabilität und Wandel in der gesellschaftlichen Umbruchsituation. Opladen.

Brämer, R./Heublein, U. (1990a): Studenten in der Wende? Versuch einer deutsch-deutschen Typologie vor der Vereinigung. In: Aus Politik und Zeitgeschichte (Beilage „Das Parlament") B 44, Bonn.

Braun, M. (1993): Ideologie oder objektive Lage? Anmerkungen zur Interpretation von Unterschieden und Ähnlichkeiten in den Einstellungen von Ost- und Westdeutschen. In: ZUMA-Nachrichten Nr.32, Mannheim.

Bundesforschungsanstalt für Landeskunde und Raumordnung (1993): Regionalbarometer neue Länder, Bonn.

Die selbstbewußte Jugend (1992): Orientierungen und Perspektiven 2 Jahre nach der Wiedervereinigung. Die IBM-Jugendstudie '92, Köln.

Erpenbeck, J./Weinberg, J. (1993): Menschenbild und Menschenbildung: Bildungstheoretische Konsequenzen der unterschiedlichen Menschenbilder in der ehemaligen DDR und in der heutigen Bundesrepublik. Münster/New York.

Feist, U. (1991): Zur politischen Akkulturation im vereinten Deutschland. In: Aus Politik und Zeitgeschichte (Beilage „Das Parlament") B11/12, Bonn.

Frese, M./v. Rosenstiel, L. (1994): Werte und Verhalten im Ost/West-Vergleich. Themenheft der Zeitschrift für Arbeits- und Organisationspsychologie Nr.1.

Frick, J./Steinhöfel, M. (1991): Heiratsverhalten in der DDR und in der Bundesrepublik Deutschland – Der Zusammenhang von Heiratsalter und beruflichem Bildungsabschluß

Modernisierung, Wertewandel und Mentalitätsentwickung in der DDR   137

von Ehepartnern. In: „Das Sozio-ökonomische Panel", Lebenslagen im Wandel: Basisdaten und -analysen zur Entwicklung in den Neuen Bundesländern. Frankfurt a.M./New York.

Friedrich, W. (1990): Mentalitätswandlungen in der Jugend der DDR. In: Aus Politik und Zeitgeschichte (Beilage „Das Parlament") B 16/17, Bonn.

Friedrich, W./Griese, H. (1991): Jugend und Jugendforschung in der DDR. Gesellschaftspolitische Situationen, Sozialisation und Mentalitätsentwicklung in den achtziger Jahren. Opladen.

Friedrich, W./Henning, W. (1991): Jugend in der DDR. Daten und Ergebnisse der Jugendforschung vor der Wende. Weinheim /München.

Gehrmann, M. (1992): „Jeder lebt hier mehr für sich..." – Zur sozialen Integration von DDR-Zuwanderern in der alten Bundesrepublik Deutschland und West-Berlin. In: Berliner Journal für Soziologie Nr. 2, Berlin.

Geißler, R. (1992): Die ostdeutsche Sozialstruktur unter Modernisierungsdruck. In: Aus Politik und Zeitgeschichte (Beilage „Das Parlament") B29/30, Bonn.

Gensicke, Th. (1991): Sind die Ostdeutschen konservativer als die Westdeutschen? In: R. Reißig/G.-J. Glaeßner (Hrsg.): Das Ende eines Experiments. Umbruch in der DDR und deutsche Einheit. Berlin.

Gensicke, Th. (1992a): Werte und Wertwandel im Osten Deutschlands. In: H.Klages/H.-J. Hippler/W. Herbert (Hrsg.): Werte und Wandel. Ergebnisse einer Forschungstradition. Frankfurt a.M./New York.

Gensicke, Th. (1992b): Mentalitätsentwicklungen im Osten Deutschlands seit den 70er Jahren. Vorstellung und Erläuterung von Ergebnissen einiger empirischer Untersuchungen in der DDR und in den neuen Bundesländern von 1977 bis 1991. Speyerer Forschungsberichte Nr. 109, Speyer.

Gensicke, Th. (1992c): Mentalitätswandel und Revolution. Wie sich die DDR-Bürger von ihrem System abwandten. In: Deutschland Archiv Nr.12, Köln.

Gensicke, Th. (1992d): Speyerer Werteforschung und der Pretest '92 des Sozio-Ökonomischen Panels. DIW-Diskussionspapiere Nr. 58, Berlin

Gensicke,Th. (1993): Unzufrieden, aber aktiv und optimistisch. Zur Mentalität der jungen Generation in den neuen deutschen Bundesländern. In: Journal für Sozialforschung Nr. 2, Wien.

Gensicke, Th. (1994): Die Stimmung ist besser als die Lage. Stimmungs- und Wertewandel in den neuen Bundesländern nach der Wende. (im Druck).

Glaeßner, G.-J. (1989): Die andere deutsche Republik. Gesellschaft und Politik in der DDR. Opladen.

Glatzer, W./Noll, H.-H. (1992): Lebensverhältnisse in Deutschland: Ungleichheit und Angleichung. Frankfurt a.M./New York.

Göschel, A. (1991): Die Ungleichzeitigkeit in der Kultur. Wandel des Kulturbegriffs in vier Generationen. Stuttgart/Berlin/Köln.

Greiffenhagen, M./Greiffenhagen, S. (1993): Die Mauer in den Köpfen. Eine Nation – zwei politische Kulturen. In: M. und S. Greiffenhagen, Ein schwieriges Vaterland. Zur politischen Kultur in Deutschland. München/Leipzig.

Habich, R./Landua, D./Seifert, W./Spellerberg, A. (1991): „Ein unbekanntes Land" – Objektive Lebensbedingungen und subjektives Wohlbefinden in Ostdeutschland. In: Aus Politik und Zeitgeschichte (Beilage „Das Parlament") B32, Bonn.

Hahn, T. (1990): Zur Untersuchung von Freizeitverhalten in der DDR. In: H. Timmermann,

Lebenslagen. Sozialindikatorenforschung in beiden Teilen Deutschlands. Saarbrücken-Scheidt.
Herbert, W. (1988): Wertewandel in den 80er Jahren. Entwicklung eines neuen Wertmusters. In: Luthe/Meulemann, Wertewandel – Faktum oder Fiktion. Bestandsaufnahmen und Diagnosen aus kultursoziologischer Sicht. Frankfurt a.M./New York.
Herbert, W. (1991): Die Wertorientierungen der Deutschen vor der Vereinigung. In: Bisspublic, Nr. 2
Herbert, W. (1993): Wandel und Konstanz von Wertstrukturen. Beiträge zur Politikwissenschaft, Band 52. Frankfurt a.M./Berlin/New York.
Hillmer, R./ Müller-Hillmer, R. (1993): Es wächst zusammen. In: Die Zeit Nr. 40, Hamburg.
Hradil, St. (1992): Die „objektive" und die „subjektive" Modernisierung. Der Wandel der westdeutschen Sozialstruktur und die Wiedervereinigung. In: Aus Politik und Zeitgeschichte (Beilage „Das Parlament") B 29/30, Bonn.
Hradil, St. (1993): Modernisierungsvorsprünge und nationale Besonderheiten. Zum Vergleich der Sozialstrukturen der Länder Europas. In: W. Glatzer, Einstellungen und Lebensbedingungen in Europa. Frankfurt a.M./ New York.
Jaufmann, D./Pfaff, M./Kistler, E. (1993): Einstellungen zur Arbeit und Arbeitsunfähigkeitszeiten im vereinten Deutschland. Bochum.
Jugend '92 (1992): Lebenslagen, Orientierungen und Entwicklungsperspektiven im vereinigten Deutschland (Shell-Studie). Opladen.
Jung, H. (1992): Vom sozialistischen Methodenpluralismus zu marktwirtschaftlichem Einheitsbrei? Einige Anmerkungen zur Entwicklung der Sozial, Markt- und Meinungsforschung in der ehemaligen DDR seit der Wende. In: D. Jaufmann/E. Kistler/K. Meier/K.-H. Strech: Empirische Sozialforschung im vereinten Deutschland. Bestandsaufnahme und Perspektiven. Frankfurt a.M./New York.
Klages, H. (1984): Wertorientierungen im Wandel. Rückblick, Gegenwartsanalyse, Prognosen. Frankfurt a.M./New York.
Klages, H. (1988): Wertedynamik. Über die Wandelbarkeit des Selbstverständlichen. Zürich.
Klages, H. (1992): Die gegenwärtige Situation der Wert- und Wertwandelforschung – Probleme und Perspektiven. In: H. Klages/H.-J. Hippler/W. Herbert, Werte und Wandel. Ergebnisse und Methoden einer Forschungstradition. Frankfurt a.M./New York.
Klages, H. (1993): Traditionsbruch als Herausforderung. Perspektiven der Wertewandelgesellschaft. Frankfurt a.M./New York.
Klages, H./Gensicke, Th. (1992): Wertewandel in den neuen Bundesländern. Fakten und Deutungsmodelle. In: H. Klages, Traditionsbruch als Herausforderung. Perspektiven der Wertewandelsgesellschaft. Frankfurt a.M./New York.
Klages, H./Gensicke, Th. (1993): Erläuterung der Speyerer Ziele und Methodik der Werteerfassung (Paper; Stand: Juli 1993). Speyer.
Koch, A. (1991): Staatliche Eingriffe in die Wirtschaft im Osten hoch im Kurs. In: Informationsdienst Soziale Indikatoren Nr. 6, Mannheim.
Koch, Th. (1991): Deutsch-deutsche Einigung als Kulturproblem. Konfliktpotentiale nationaler Re-Integration. In: Deutschland Archiv Nr. 1, Köln.
Koch, Th. (1992): Chancen und Risiken von Modellen einer „getrennten" Entwicklung der beiden Gesellschaften in Deutschland. In: BISS-public 9, Berlin.
Köhler, A. (1991): Marschierte der DDR-Bürger mit? Systemidentifikation der DDR-Bevölkerung vor und nach der Wende (unveröffentlichtes Referat, Asi-Jahrestagung Weimar).

Ladensack, K. (1993): Werte und Werteumbrüche im Osten Deutschlands. Konsequenzen für das Personalmanagement. In: Personal Nr. 10, Bachem.
Maaz, H.-J. (1990): Der Gefühlsstau. Ein Psychogramm der DDR. Berlin.
Macharzina, K./ Wolf,. (1994): Materialismus und Postmaterialismus in den neuen Bundesländern. In: M. Frese/L.v. Rosenstiel (1994): Werte und Verhalten im Ost/West-Vergleich. Themenheft der Zeitschrift für Arbeits- und Organisationspsychologie Nr. 1
Marz, L. (1992): Dispositionskosten des Transformationsprozesses. Werden mentale Orientierungsnöte zum wirtschaftlichen Problem? In: Aus Politik und Zeitgeschichte (Beilage „Das Parlament") B 24, Bonn.
Mänicke-Gyöngyösi, K./Rytlewski, R. (1990): Lebensstile und Kulturmuster in sozialistischen Gesellschaften. Köln.
Mathematik und EDV in den Gesellschaftswissenschaften (1989): Katalog empirischer, rechnergestützter Projekte in der Soziologie: Materialien zum Fünften Soziologiekongreß der DDR, Berlin.
Meuschel, S. (1991): Wandel durch Auflehnung. Frankfurt a.M.
Mühler, K./Wippler, R. (1993): Die Vorgeschichte der Wende in der DDR. Versuch einer Erklärung. In: Zeitschrift für Soziologie Nr. 12, Köln.
Niemann, H. (1993): Meinungsforschung in der DDR. Die geheimen Berichte des Instituts für Meinungsforschung an das Politbüro der SED. Köln.
Niethammer, L./v.Plato, A./Wierling, D. (1991): Die volkseigene Erfahrung: eine Archäologie in der Industrieprovinz der DDR. Berlin.
Noelle-Neumann, E. (1990): Premiere des demoskopischen Vergleichs zwischen Ost- und Westdeutschen (Dokumentation). Allensbach.
Noelle-Neumann, E. (1992a): Die deutsche Revolution. Das historische Experiment der Teilung und Wiedervereinigung einer Nation in Ergebnissen der Umfrageforschung. In: D. Jaufmann/E. Kistler/K. Meier/K.-H. Strech, Empirische Sozialforschung im vereinten Deutschland. Bestandsaufnahme und Perspektiven. Frankfurt a.M./New York.
Noelle-Neumann, E. (1992b): Vergangenheitsbewältigung. Selbstgespräch und Wir-Gefühl in den neuen Bundesländern. Dokumentation eines Beitrages in der FAZ Nr. 181. Allensbach.
Noelle-Neumann, E. (1993): Die Jahre der Einheit. In: Die politische Meinung Nr. 12, Bonn.
Noll, H.-H./Schuster, F. (1992): Soziale Schichtung: Niedrigere Einstufung der Ostdeutschen. Wahrnehmung und Bewertung Sozialer Ungleichheit im Ost-West-Vergleich. In: Informationsdienst Soziale Indikatoren Nr. 7, Mannheim.
Pollack, D. (1990): Das Ende einer Organisationsgesellschaft. In: Zeitschrift für Soziologie Nr. 19, Köln.
Pollack, D. (1993): Wertwandel und religiöser Wandel in Ostdeutschland. In: Berliner Debatte Initial 4, Berlin.
Priller, E. (1992): Zeitverwendung im Wandel der DDR. In: W. Glatzer/H.-H. Noll, Lebensverhältnisse in Deutschland: Ungleichheit und Angleichung. Frankfurt a.M./New York.
Scheuch, E. K. (1991): Wie deutsch sind die Deutschen? Eine Nation wandelt ihr Gesicht. Bergisch Gladbach.
Schmidt, H. (1992): Umerziehung der Ossis oder kreative Transformation in Ostdeutschland. In: BISS-public 6, Berlin.
Staritz, D. (1985): Geschichte der DDR 1949–1985. Frankfurt a.M.
Terwey, M. (1993): Sind Kirche und Religion auf der Verliererstraße? Vergleichende Analysen mit ALLBUS- und ISSP-Daten. In: ZA-Information Nr. 32, Köln.
Thomas, R. (1990): Zur Geschichte soziologischer Forschung in der DDR. In: H. Timmermann,

Lebenslagen. Sozialindikatorenforschung in beiden Teilen Deutschlands. Saarbrücken-Scheidt.

Weber, H. (1986): Geschichte der DDR. München.

Weidenfeld, W./Korte, K.-R. (1991): Die Deutschen. Profil einer Nation. Stuttgart.

Weidenfeld, W./Lutz, F. Ph. (1992): Die gespaltene Nation. Das Geschichtsbewußtsein nach der Einheit. In: Aus Politik und Zeitgeschichte (Beilage „Das Parlament") B 31–32, Bonn.

Weidenfeld, W. (1993): Deutschland. Eine Nation – doppelte Geschichte. Köln.

Wiegand, E. (1992): Versorgungsmängel trotz Einkommenssteigerungen in der DDR. Zur Entwicklung der Einkommenssituation privater Haushalte in beiden deutschen Staaten. In: Informationsdienst Soziale Indikatoren Nr. 7, Mannheim.

Wilpert, B./Maimer, H. (1992): Culture or Society? Work Related Values in the two Germanies. Conference Materials for the XIth International Congress for Cross-Cultural Psychology.

Winkler, G. (1990): Demographische Forschung als Teil sozialstruktureller Forschung in der DDR. In: Heiner Timmermann, Lebenslagen. Sozialindikatorenforschung in beiden Teilen Deutschlands. Saarbrücken-Scheidt

Woderich, R. (1992a): Mentalitäten zwischen Anpassung und Eigensinn. In: Deutschland Archiv Nr. 1, Köln.

Woderich, R. (1992b): Wider das Gleichheitsgebot. Perspektivenwandel im Systemwechsel? In: BISS-public 9, Berlin.

Zapf, W. (1991): Der Untergang der DDR und die soziologische Theorie der Moderne. In: B. Giesen/C. Leggewie: Experiment Vereinigung. Ein sozialer Großversuch, Berlin.

Zapf, W. (1993): Wohlfahrtsentwicklung und Modernisierung. In: W. Glatzer, Einstellungen und Lebensbedingungen in Europa. Frankfurt a.M./New York.

Ostdeutsche Frauen zwischen Verlieren und Gewinnen

Ursula Schröter

1. Zielstellung und methodische Grundlagen

Die umfassenden gesellschaftlichen Umbrüche, wie sie in Deutschland und darüber hinaus seit 1989 stattfinden, betreffen alle sozialen Gruppen: Junge und Alte, Hochqualifizierte und weniger Qualifizierte, Frauen und Männer. Aber sie betreffen nicht alle gleichermaßen und mit gleichen Ergebnissen.

Mit dem nachfolgenden Beitrag soll darauf aufmerksam gemacht werden, wie die weibliche Hälfte der ostdeutschen Bevölkerung mit den deutschen „Transformationen" oder „Modernisierungen" oder „Brüchen" des gesellschaftlichen Lebens umgehen kann und will, welche Lebensziele und Wertorientierungen von Bestand sind und welche angesichts eines „neuen" Verhältnisses zwischen Frauen und Männern nicht mehr realisiert werden können.

Empirisch beruht der Beitrag vor allem auf vier standardisierten Befragungen – repräsentativ für die DDR bzw. für die neuen Bundesländer und Ost-Berlin –, die im Mai 1990 (1.623 Probanden), im Oktober 1990 (990 Probanden), im Oktober 1991 (1.008 Probanden) sowie im Mai 1993 (1.956 Probanden) im Auftrag des Instituts für Sozialdatenanalyse e.V. Berlin (ISDA) durchgeführt wurden und die vermutete Umbrüche in der Sozialstruktur der ostdeutschen Bevölkerung sowie Veränderungen in der Wertstruktur und im Verhalten (Alltagskultur) belegen sollten. Grundgesamtheit war in jedem Fall die Wohnbevölkerung im Alter ab 18 Jahren.

Die Autorin verfolgt mit diesem Beitrag das Ziel, nachzuweisen, daß es im Leben ostdeutscher Frauen gegenwärtig nicht nur Umbrüche (oder „Transformationen" oder „Modernisierungen") gibt, sondern auch Kontinuität; nicht nur Skepsis und Befürchtungen, sondern auch eine neue Art der gesellschaftlichen Akzeptanz, nicht nur den Drang zur Konformität und Vermassung (hinsichtlich Kleidung, Ausdrucksweise, Kultur usw.), sondern auch eine neue Chance zur Individualisierung. Viele der empirisch nachweisbaren Fakten gelten im einzelnen auch für ostdeutsche Männer, viele gelten auch für Frauen der alten Bundesrepublik. Die Spezifik der hier betrachteten Untersuchungsgruppe ergibt sich daraus, daß sich die sogenannten Wendeprobleme und die sogenannten Frauenprobleme – die alten und die neuen – einander überlagern.

2. Berufstätigkeit und Familie

Folgt man der letzten Veröffentlichung der DDR-Zentralverwaltung für Statistik zum Thema Frauen, so wurden 1988 in der DDR
95,3% der Kinder von berufstätigen Müttern,
3,6% der Kinder von in Ausbildung befindlichen Müttern,
1,1% der Kinder von Hausfrauen
geboren („Die Frau...", 1989: 24). Eine in diesem Zusammenhang oft zitierte Zahl: In der späten DDR waren 91% aller Frauen in entsprechendem Alter berufstätig bzw. in Ausbildung. Die individuellen Lebenspläne der Frauen waren langfristig aufgebaut auf
– der mit der Berufstätigkeit verbundenen Unabhängigkeit vom Partner und auf den damit zusammenhängenden sozialen Kontakten zu anderen Menschen,
– dem Vorhandensein von Kinderbetreuungseinrichtungen,
– einer Gesetzgebung, die die Ehe nicht als Versorgungseinrichtung unterstellte.
Diese Lebenspläne können nicht sofort, für viele gar nicht mehr, korrigiert werden. Arbeitslosigkeit, Angst vor Arbeitslosigkeit und vor dem damit oft verbundenen sozialen Abstieg treffen ostdeutsche Frauen deshalb einerseits in einem Ausmaß und einer Geschlechtsspezifik (von drei Arbeitslosen sind zwei weiblichen Geschlechts), die mit Strukturkrisen der alten BRD nicht zu vergleichen und mit dem „sozialen Netz" der alten BRD nicht zu beherrschen sind, und sie treffen sie andererseits völlig unvorbereitet. So wurden 1988 in der DDR die Arbeitsplätze von 29.796 Arbeiterinnen und weiblichen Angestellten eingespart. Davon erhielten 26.608 Frauen (89,3%) wieder Arbeit im gleichen Betrieb, die wenigen anderen selbstverständlich in anderen Betrieben („Die Frau...", 1989: 71).

Unter den Bedingungen der sich dramatisch zuspitzenden Arbeitsplatzkonkurrenz wurden die Frauen sehr schnell wieder das „andere" Geschlecht (de Beauvoir, 1968). Vielleicht waren viele von ihnen es auch in den 40 DDR-Jahren geblieben und ließen sich deshalb weitgehend lautlos wieder die alte sogenannte natürliche Rolle zuordnen (vgl. Kurz-Scherf, 1992; Notz, o.J). „4.000 Stahlarbeiter machen Rabbatz im Ruhrgebiet, dagegen nehmen 100.000 entlassene Textilarbeiterinnen in Sachsen resigniert ihre Kündigung entgegen" (Stange, 1993: 56). Unbestritten ist, daß Frauen überdurchschnittlich von Arbeitslosigkeit betroffen sind, weniger in dem Sinne, daß sie schneller als Männer arbeitslos werden, als in dem Sinne, daß sie geringere Chancen zum Wiedereinstieg in das Berufsleben haben. Entsprechend der letzten ISDA-Befragung vom Mai 1993 waren 9% aller erwachsenen Männer und 12,5% aller erwachsenen Frauen arbeitslos. Die zum Jahresende 1993 veröffentlichten Zahlen der Bundesanstalt für Arbeit und des Arbeitslosenverbandes Deutschlands e.V. weisen noch höhere Anteile – die höchsten in der deutschen Nachkriegsgeschichte – aus: Bezogen auf abhängige zivile Erwerbspersonen gab es 1991 10,6%, 1992 15,1% und 1993 15,8% registrierte Arbeitslose – jeweils zwei Drittel waren Frauen – in Ostdeutschland. Auch das

Arbeitspendeln ist – vor allem, wenn es sich dabei um längere Wegstrecken handelt – vorwiegend Männersache (Schuldt, 1993: 28) – eine Tatsache, die auch durch DDR-soziologische Forschungen nachweisbar ist und die belegt, daß sich die traditionelle Rollenaufteilung in der Familie im Laufe der DDR-Jahre nicht grundsätzlich – in einzelnen Aspekten wohl[1] – geändert hat.

Auch mit dem Abstand von drei Jahren schätzen ostdeutsche Frauen mehrheitlich ein, daß die Gleichzeitigkeit von Berufsleben und Familienleben für sie (obwohl keinesfalls unproblematisch) so normal geworden war und auch jetzt noch als die eigentliche Norm empfunden wird, daß der Begriff und die dahinterstehende Strategie des „doppelten Lebensentwurfs" für sie nicht verständlich seien. Das gilt ganz offensichtlich nicht nur für diese Frauengruppe. „Jede Frau hat ebenso wie jeder Mann nur ein Leben und kann dieses einzige Leben nicht nach zwei Entwürfen gestalten. Für Frauen gehören – ebenso wie für Männer – berufliche Anerkennung und familiäre Harmonie eng zusammen", so drückte eine Gesprächspartnerin im September 1992 ihre Meinung zu diesem Thema aus (Schröter, 1992; Protokolle). Beide Seiten des menschlichen Lebens, mitunter als die öffentliche und die private Seite bezeichnet, existieren nicht nur nebeneinander, sondern sind füreinander notwendig. Daß Männer verständnisvollere Väter und Partner sind, wenn sie beruflichen Erfolg haben, wird kaum bezweifelt. Es gibt keinen ernstzunehmenden Grund, um Frauen diesen Zusammenhang, diese notwendige „Einheitlichkeit des Lebensentwurfes" abzusprechen. Zweifellos können berufstätige Frauen die Fragen ihrer Kinder besser beantworten, zweifellos ist es für eine Frau mit anspruchsvoller beruflicher Arbeit leichter und auch notwendiger, im Haushalt Wesentliches von Unwesentlichem zu unterscheiden, zweifellos kann auch eine Frau auf familiäre Probleme gelassener reagieren, wenn sie sich ihrer beruflichen Stärken und Schwächen bewußt ist. Zweifellos sind also auch Frauen bessere Mütter und Partnerinnen, wenn sie nicht nur auf diese Rolle reduziert werden.

Es ist auf grund der unterschiedlichen frauenpolitischen Erfahrungen in Ost und West nicht verwunderlich, daß der Vorzug des „einheitlichen Lebensentwurfes" für Frauen und Männer, der daraus resultierende Gewinn für den einzelnen und die Gesellschaft[2], im Osten Deutschlands deutlicher erkannt wird als im

---

1 „Insgesamt war in Ostdeutschland Ende der 80er Jahre eine relative Gleichverteilung der anfallenden Familienarbeiten (verstanden als häusliche Gesamtarbeit, die alle zur Versorgung einer Familie notwendigen Arbeiten einschließt) an beide Geschlechter erreicht." (Sozialreport 1992, Gesamtredaktion Gunnar Winkler, Berlin 1993: 229

2 Es geht in diesem Zusammenhang nicht nur um die Chance der Frauen, sich als Persönlichkeiten entwickeln zu können, sondern auch um „harte" ökonomische Fakten. Der Widerspruch zwischen kostspieliger weiblicher Berufsausbildung und relativ anspruchsloser beruflicher Tätigkeit (z.B. nach der „Familienphase") gerät zunehmend in ökonomische Kritik. Vgl. dazu unter anderem: Beschäftigung von Frauen – Die Rolle des Staates im Strukturwandel. In: WZB-Mitteilungen 57, September 1992: 8

Westen. „Es ist für ein Kind sogar gut, wenn die Mutter berufstätig ist", meinten im Frühjahr 1992 32% der Westdeutschen und 57% der Ostdeutschen, die Frauen jeweils mehr als die Männer (ALLBUS, 1992).

Im Zusammenhang mit dem vermeintlichen „doppelten Lebensentwurf" der Frauen wird in den letzten drei Jahren oft auf die „ungebrochen hohe Erwerbsneigung"[3] und auf den „sinkenden Kinderwunsch" ostdeutscher Frauen verwiesen. Wie sind diese Thesen mit aktuellen Befragungsergebnissen in Einklang zu bringen? Vergleicht man die von ISDA erfragten Wertorientierungen (nach Mittelwerten einer quasimetrischen Skala, die von 1 = „sehr wichtig" bis 4 = „unwichtig" reicht, und Rangfolge dieser Mittelwerte) über den Zeitraum der vergangenen drei Jahre, so ergibt sich folgendes Bild für:

Tabelle 1

	Mai 1990 MW	Rang	Okt. 1990 MW	Rang	Mai 1993 MW	Rang
Erfolg im Beruf haben	2,35	12	1,77	7	1,75	5
Persönlicher Einsatz für die Umwelt	1,80	5	1,68	5	1,75	6
Viel Geld haben	2,28	10	1,94	8	2,01	10
Die politische Überzeugung öffentlich zeigen	2,34	11	2,72	12	2,72	12
Eine harmonische Familie haben	1,29	1	1,30	1	1,41	1
Gute Freunde haben	1,49	3	1,49	2	1,52	2
Kinder haben	1,55	4	1,52	3	1,64	3
Eine gute Arbeitsatmosphäre	1,42	2	1,58	4	1,71	4
Achtung vor Menschen, die „anders" sind	1,80	6	1,97	9	1,96	9
selbstbestimmt arbeiten können	2,01	7	1,72	6	1,83	8
sexuelle Erfüllung	2,18	9	2,27	11	2,13	11
nach eigenen Maßstäben leben können	2,05	8	2,15	10	1,75	7

Es zeigt sich – mit einer Ausnahme – eine relative Konstanz der Wertehierarchie. Die mit dem sogenannten Harmoniebedürfnis der Frauen verbundenen Werte

---

3 Der Begriff ist aus ostdeutscher Frauensicht in zweifacher Hinsicht diskriminierend. Zum einen wegen der Reduzierung des Zusammenhangs auf Erwerb. Ginge es den meisten Frauen z.B. bei der Arbeitslosigkeit nur um den fehlenden Erwerb, so wären die psychischen Nöte nicht so groß, wie gegenwärtig schon nachweisbar und erst recht absehbar. Die materiellen Reserven sind im allgemeinen noch nicht aufgebraucht. Was den meisten Frauen fehlt, ist das Gefühl, gebraucht zu werden, das „anerkannte Teilhabenkönnen am gesellschaftlichen Lebensprozeß", von dem Schorlemmer im Oktober '93 in der Frankfurter Paulskirche gesprochen hat. Zum zweiten ist der Begriff diskriminierend, weil berufliche Arbeit für die meisten ostdeutschen Frauen ein Bedürfnis oder eine Notwendigkeit ist und keine (auch leicht zu unterdrückende) Neigung.

(harmonische Familie, Kinder, gute Freunde, gute Arbeitsatmosphäre) nehmen unverändert die ersten Plätze ein. Wenn zwischen 1990 und Ende 1993 die Geburtenrate im Osten Deutschlands auf etwa ein Drittel gesunken ist und nun weit unter dem langjährigen westdeutschen Niveau liegt, dann hat das folglich nicht in erster Linie damit zu tun, daß für die ostdeutschen Frauen Kinder weniger wichtig geworden wären. Allerdings zeigt ein genauerer Blick auf das Zahlenmaterial (Streuung u.a.), daß sich die Auffassungen ostdeutscher Frauen gerade zu dieser Wertorientierung stark unterscheiden. Jüngere Frauen, erwerbstätige Frauen und solche, die die gegenwärtige gesellschaftliche Entwicklung überdurchschnittlich gutheißen, sind schon deutlich weniger als andere der Auffassung, daß Kinder sehr wichtig sind. So vertreten laut ISDA-Daten 1993 Frauen insgesamt diese Meinung zu 51%, Frauen unter 25 Jahren zu 41%.

In diesem Zusammenhang drängt sich die Frage auf: Was soll aus einer Gesellschaft werden, deren Nachwuchs vorwiegend von Müttern geboren und erzogen wird, die sich in bezug auf eigene Lebensansprüche bescheiden und zurückhaltend in angeblich eherne Lebensmuster fügen, während anspruchsvollere, gebildetere, sich mehr in die Öffentlichkeit wagende Frauen auf Kinder verzichten, ihre Lebenshaltung also nicht unmittelbar weitergeben können?

Die meisten Orientierungen wechseln, wie die Tabelle 1 zeigt, ihre Rangplätze nur wenig. Die herausragende Ausnahme bildet der Wert „Erfolg im Beruf haben". Die Bedeutung dieser Orientierung hat für viele Frauen deutlich zugenommen und erreicht fast das Niveau eines „Männerwertes" (Mittelwert 1,66; Rang 3).

Während in den letzten DDR-Monaten Berufstätigkeit zwar normal, beruflicher Erfolg aber weniger wichtig waren, sind jetzt geradezu gegensätzliche Aussagen möglich. Daß Erwerbstätigkeit jetzt nur in engem Zusammenhang mit beruflichem Erfolg möglich ist, wurde von den meisten Frauen sehr schnell erkannt. Die „Neigung" ostdeutscher Frauen zur Erwerbsarbeit ist folglich nicht „ungebrochen hoch", sondern hat sich inhaltlich gewandelt und ist deutlich angestiegen. Das gilt insbesondere für jüngere Frauen, aber auch überdurchschnittlich für arbeitslose. Während 1993 von den Frauen insgesamt 44% beruflichen Erfolg für sehr wichtig hielten, waren es von den arbeitslosen Frauen 53%.

„Berufstätig sein" heißt weltweit, „materiell reicher" sein. Nur berufliche Arbeit wird gesellschaftlich anerkannt und entsprechend honoriert. Die in den Sozialwissenschaften und darüber hinaus zunehmend kritisierte Einschränkung des Arbeitsbegriffes auf Erwerbsarbeit und die damit verbundene gesellschaftliche Mißachtung privater, meist weiblicher Arbeit, soll hier nicht Gegenstand der Erörterung sein (vgl. dazu u.a. Dölling, 1986; Rosenberg, 1992; Kreckel, 1992; Meier, 1993 u.a.). Verwiesen werden soll aber in diesem Zusammenhang auf zwei Aspekte:

Zum ersten bedeutet auch für das Deutschland der neunziger Jahre: überdurchschnittlich hohe weibliche Arbeitslosigkeit, Teilzeitarbeit, „ungeschützte" Arbeit, „stille Reserve" bergen in sich überdurchschnittlich hohe Gefahr von Frauenarmut (vgl. Möller, 1992; Klenner, 1992). „Es zeichnen sich soziodemographische Verschiebungen (beim Armutsproblem; Anmerkung d.V.) in drei Richtungen ab. Der Anteil der Frauen steigt, das Durchschnittsalter sinkt, und der Anteil der Sozialhilfeempfänger mit Kind nimmt zu." (Frühwirth, 1993:1). Für ostdeutsche Frauen kommt belastend hinzu, daß es kaum Erfahrungen im Kampf gegen den sozialen Abstieg gibt, daß die bis 1989 erlebte soziale Sicherheit als Anspruch noch tief verinnerlicht ist. „Der Staat sollte für jeden ein garantiertes Mindesteinkommen bereitstellen", erwarten beispielsweise im Sommer 1992 noch 88% der Ostdeutschen, 59% der Westdeutschen (ALLBUS, 1992). Es kommt außerdem hinzu, daß die materiellen Reserven Ostdeutscher, die sich im Unterschied zur Alt-BRD fast ausschließlich aus der Erwerbsarbeit ergeben (Adler/Kretzschmar, 1992: 94), wesentlich geringer sind als der diesbezügliche deutsche Durchschnitt (Huster, 1993: 443/444). So betrug das private durchschnittliche Geldvermögen eines westdeutschen Haushaltes im Jahr 1992 119.000 DM (1991: 113.000 DM). Die analoge ostdeutsche Zahl lautet 31.000 DM. Allerdings ist dieses durchschnittliche Vermögen in den alten Bundesländern (in den neuen noch nicht in dem Maße) sehr ungleich verteilt, die Hälfte der Haushalte verfügt über 6% des Vermögens, die andere Hälfte über 94% (vgl. Offermann, 1994).

Insgesamt ist zu vermuten, daß „Sozialhilfebedürftigkeit im Osten ein schon allein quantitativ sehr viel gravierenderes Problem (als im Westen; Anmerkung d.V.) darstellen wird" („Sozialhilfe...", 1993: 57)

Zum zweiten muß, wenn es um den Zusammenhang zwischen Berufstätigkeit und Reichtum geht, hinzugefügt werden, daß auch die Frauen der DDR, obwohl fast vollzählig berufstätig, im statistischen Durchschnitt ärmer waren als Männer, weil sie im allgemeinen Arbeiten ausführten, die gesellschaftlich geringer gewertet wurden (Schröter, 1992: 11/12). Frauen waren auch in der DDR überdurchschnittlich mit solchen Arbeiten beschäftigt, die jetzt mit weniger Schwierigkeiten auf die verfügbare Technik übertragen werden können (geistig anspruchsärmer, weniger Handlungsspielraum, weniger Zwang zur ständigen Weiterbildung). Solche Fakten verweisen darauf, daß es unterhalb der Ebene „Berufstätigkeit" auch in der DDR erhebliche soziale Differenzierungen zwischen Frauen und Männern gab, die zwar im Rahmen der DDR-Gesellschaft nicht zur existentiellen Bedrohung für Frauen wurden und auch nicht notwendigerweise an die nächste Generation weitergegeben werden mußten, die aber unter den neuen marktwirtschaftlichen Bedingungen zum Dilemma für Frauen werden können.

3. Akzeptanz und Ablehnung der neuen Verhältnisse

Wie reagieren nun ostdeutsche Frauen auf die neue Situation? Um das globale und damit notwendigerweise oberflächliche Ergebnis vorwegzunehmen: Bisher ruhig, skeptisch, fügsam, „unsicher, verhalten, beinahe anspruchslos" (Nickel, 1993: 33).

Frauen betrachten – im Trend ungebrochen seit 1990 – die gesellschaftliche Entwicklung in Deutschland skeptischer als Männer, mit mehr Vorbehalten und Zweifeln, auch resignativer. Während laut ISDA-Daten der Anteil der Männer, die sich als Mitgestalter des neuen gesellschaftlichen Lebens sehen (um 13%) und die sich von wichtigen Entscheidungen ausgeschlossen fühlen (um 37%), fast konstant geblieben ist, sind Frauen zunehmend der Meinung, daß sie keinen Einfluß auf wichtige Fragen haben. Dazu einige Zahlen:

Tabelle 2

	1991		1993	
	Frauen	Männer	Frauen	Männer
Mitgestalter/in	10	14	7	13
ausgeschlossen	33	38	48	36

Die objektiv schlechtere berufliche und materielle Lage der Frauen spiegelt sich in ihren Hoffnungen und Befürchtungen wider. Sie kommen mit der für sie neuen Bürokratie, mit den neuen Rechts- und Versicherungsfragen, mit den neuen Bedrohungen usw. schlechter zurecht als Männer. „Ich kriege kein Kindergeld, daran bin ich sicher selber schuld, weil ich mit dem Antrag nicht zurechtkomme, weil ich die Fragen in den Formularen nicht richtig verstehe, und da komme ich mir dort so blöd vor" (Schlegel, 1993: 23). Sowohl die Unbeholfenheit als auch die sofortige Bereitschaft, die Schuld dafür in den eigenen Fähigkeiten zu suchen (und nicht in der Bürokratie selbst, die darauf angelegt sein könnte, schwerverständlich zu sein, um staatliche Mittel einzusparen), zeigt sich in vielen Gesprächsprotokollen und scheint frauentypisch zu sein.

Aus dem sogenannten Sorgenkatalog, den ISDA zu jedem der o.g. Befragungszeitpunkte erfaßt hat, läßt sich für die vergangenen drei Jahre folgende Entwicklung ableiten: Die in der Tabelle 3 aufgeführten Mittelwerte ergeben sich aus einer quasimetrischen Skala, die von 1 = „bezüglich...bin ich vorwiegend hoffnungsvoll" bis 4 = „bezüglich ... bin ich vorwiegend sorgenvoll" reicht.

Tabelle 3

Sicherheit des Arbeitsplatzes	2,49	2,37	2,33	2,28	2,29	2,21
Berufliche Entwicklung	2,17	2,04	2,17	2,13	2,27	2,17
Einkommen	2,14	2,03	2,15	2,16	2,26	2,16
Wohnung	1,91	1,94	1,92	1,88	1,93	1,91
Lebenshaltungskosten	2,51	2,50	2,54	2,53	2,56	2,57
Möglichkeiten, das Leben selbst zu gestalten	1,74	1,74	1,88	1,77	2,01	2,02
Ausbildung der Kinder und Enkel	2,32	2,28	2,05	2,09	2,42	2,33
Bekämpfung von Kriminalität und Drogensucht	3,17	3,13	3,35	3,24	3,38	3,33
politische Freiheit	1,74	1,75	2,03	1,98	2,41	2,31

Daß ostdeutsche Frauen generell sorgenvoller in die Zukunft blicken als Männer, ist an den im allgemeinen höheren Mittelwerten statistisch nachweisbar. Konstant ist die große Sorge (bei Frauen und Männern) geblieben, daß Kriminalität und Drogensucht nicht wirksam bekämpft werden könnten. Konstant hoffnungsvoll dagegen sehen Frauen (und Männer) bezüglich ihrer Wohnungen in die Zukunft. Hier konnten offensichtlich schon erlebte und in Aussicht gestellte Mieterhöhungen und die zunehmende Privatisierung des Wohnraumes das generelle „gute Gefühl" (noch?) nicht ernsthaft gefährden. „Obdachlosigkeit ist eine reale Bedrohung für mich", meinen nach ISDA-Daten im Frühjahr 1993 beispielsweise „nur" knapp 3% der ostdeutschen Frauen.

Deutliche Unterschiede zwischen Frauen- und Männersorgen gibt es vor allem in den Bereichen, die mit der beruflichen Arbeit verbunden sind. Hier reflektieren Frauen mit ihren überdurchschnittlichen Sorgen, daß sie sich ihrer „neuen" Rolle in der deutschen Wirtschaft durchaus bewußt sind. Auffällig ist auch, daß vor allem 1993 die Sorgen ostdeutscher Frauen bezüglich der Ausbildung von Kindern und Enkeln wesentlich größer geworden sind und daß die Männer diese Sorgen weniger teilen.

Die dramatischste Entwicklung im sogenannten Sorgenkatalog hat im Laufe der letzten Jahre jedoch die „politische Freiheit (Meinungsfreiheit)" genommen. Hier sind nicht nur die Hoffnungen bei beiden Geschlechtern deutlich gesunken, sondern auch die Unterschiede zwischen den Geschlechtern deutlich gestiegen. Politisch frei zu sein, alles sagen zu können, frei wählen zu können, überallhin reisen zu können, das waren Wünsche und Hoffnungen, die den Zusammenbruch der DDR ganz wesentlich mitbestimmt haben. Vier Jahre nach dem Herbst 1989 wird politische Freiheit nicht nur als Wunsch und Hoffnung reflektiert, sondern auch als Erfahrung. Und daraus ergeben sich sowohl qualitative als auch quantitative Veränderungen. Zunächst ein Ausschnitt aus einem Gesprächsprotokoll: „Früher konnte ich mich jeden Tag mit meinem Abteilungsleiter anlegen, ohne daß mir etwas passiert wäre. Nur gegen Honecker durfte ich nichts sagen. Heute kann ich von früh bis spät auf Kohl schimpfen, das interessiert niemanden, aber wehe, mir paßt mal etwas bei meinem Arbeitgeber nicht. Solche Kritiken habe ich zu unterdrücken, und das belastet mich mehr" (Schröter, 1993: 26).

Politische Freiheit als Hoffnung, als Kraftquell erhielt folglich einen anderen Inhalt, nachdem viele praktisch damit konfrontiert wurden. Sie wird aber auch heute quantitativ anders gewertet: Vorwiegend Hoffnungen mit diesem Thema verbanden
  im Mai 1990:   48% der Frauen,
  im Okt. 1991: 33% der Frauen,
  im Mai 1993:   18% der Frauen.

Sind ostdeutsche Frauen also – alles in allem – die Verliererinnen der Einheit? Ein klares Ja auf diese Frage wäre ebenso falsch wie ein klares Nein. Betrachtet werden soll zunächst die generelle Akzeptanz gegenüber den neuen gesellschaftlichen Bedingungen. „Ich bin im großen und ganzen für die gesellschaftlichen Veränderungen in Deutschland" (die Antwortskala lautete 1 = „Ja", 2 = „Mehr Ja als Nein", 3 = „Mehr Nein als Ja", 4 = „Nein"; für die nachfolgende Aufstellung wurden die Antworten 1 und 2 zusammengefaßt) meinten:

im Mai 1990:   78% der Frauen und 81% der Männer,
im Okt. 1990: 73% der Frauen und 79% der Männer,
im Okt. 1991: 64% der Frauen und 71% der Männer,
im Mai 1993:   39% der Frauen und 51% der Männer.

Arbeitslosigkeit und Aussicht auf Altersarmut, Mieterhöhungen und Zukunftsängste, neue Hoffnungslosigkeit und Geburtenrückgang – mit solchen und ähnlichen „modernen" Erscheinungen ist zu begründen, daß die generelle Zustimmung zu den gesellschaftlichen Veränderungen von knapp 80% auf knapp 40% gesunken ist.

Gleichzeitig gibt es objektive Gründe dafür, daß immerhin noch 39% der Frauen im allgemeinen für diese Entwicklung votieren und daß sich die meisten Frauen nicht zu einem eindeutigen Ja oder Nein entschließen konnten. Denn auch Frauen haben Anteil an einem wesentlich höheren Nettoeinkommen (im Vergleich zu früher, nicht im Vergleich zu Männern), an einem vorher unvorstellbaren Waren- und Dienstleistungsangebot, an Reisefreiheit und neuen Freizeitmöglichkeiten, am neuen Auto und Videorecorder, an neuen und bisher kaum vorstellbaren Lebensmöglichkeiten. Die damit verbundene und bis heute anhaltende Zufriedenheit muß in engem Zusammenhang mit DDR-soziologischen Untersuchungsergebnissen gesehen werden. Entsprechend der letzten Befragung der Akademie für Gesellschaftswissenschaften vom Januar 1989 (nicht repräsentativ) waren 94% der Probanden mit dem Warenangebot unzufrieden. Von 19 vorgegebenen Zufriedenheitsindikatoren lag das Warenangebot an 19. Stelle (die Gleichberechtigung der Frau an 2. Stelle!). Gleichzeitig wurde – vor allem von jungen DDR-Bürgern und -Bürgerinnen – die vorgegebene Planmäßigkeit, die Zukunftsgewißheit, die fehlende Spontanität des DDR-Lebens auch als Fessel empfunden, als Hemmnis für kühne und ungewöhnliche Lebenspläne. „Warum ist der Frieden so langweilig?" wird in Renate Ullrichs Protokollbänden gefragt (Ullrich, 1991: 64), und gemeint ist die sozial gesicherte DDR-Vergangenheit.

All das spricht dafür, daß ostdeutsche Frauen mit einer „inneren Zerrissenheit", mit einem gleichzeitigen Für und Wider die gegenwärtige Situation beurteilen und daß sie sich in der Gesamtheit nicht eindeutig als Verliererinnen oder Gewinnerinnen betrachten können. Es spricht auch dafür, daß ostdeutsche Frauen nicht massenhaft in DDR-Sehnsucht verfallen. Als methodische Konsequenz ergibt sich daraus, daß eine differenzierte Analyse einzelner Frauengruppen sinnvolle Ergebnisse liefern könnte.

4. Analyse ausgewählter Frauengruppen

4.1 „Verliererinnen"

Eine genauere Sicht auf das vorliegende ISDA-Datenmaterial, vor allem auf den schon erwähnten Sorgenkatalog, läßt den Schluß zu, daß es neben der „inneren Widersprüchlichkeit", die jede einzelne Frau mehr oder weniger betrifft, noch „äußere Widersprüche" gibt, die die soziale Gruppe der ostdeutschen Frauen deutlich zweiteilt. Es zeigt sich (mittels multivariater Analyseverfahren), daß es zu jedem Befragungszeitpunkt eine Gruppe von Frauen gab, jeweils etwa ein Drittel aller, die eine in jeder Hinsicht hoffnungslosere Position einnahm. Daß sich die Hoffnungslosigkeit zu jedem Zeitpunkt zeigte und auf alle Aspekte bezog (und nicht nur auf bestimmte), ist – für sich genommen – ein für Sozialwissenschaft und Politik ernstzunehmendes Ergebnis. Ein Ergebnis, das sich in langjährige Armutsforschungen der Alt-BRD folgerichtig einordnet. „Mittlerweile hat sich herausgestellt, daß die Abkopplung großer Bevölkerungskreise (gemeint sind sozial Benachteiligte; Anmerkung d.V.) dauerhaft ist" (Altena, 1993: 41). Mißt man also „Verlieren" an „Alle Zukunftshoffnungen verlieren", so kann diese Gruppe schon als „Verliererinnengruppe" bezeichnet werden.

Wie ist sie – getrennt für die einzelnen Befragungszeitpunkte – zu charakterisieren?

Im Mai 1990 gehörten 33% aller Frauen zu den so definierten „Verliererinnen". Allerdings äußerten sich auch etwa ebenso viele Frauen nicht zu ihren Hoffnungen und Sorgen (konnten sich noch nicht äußern?), so daß die Gruppe der „Nicht-Verliererinnen" auch etwa ein Drittel der Gesamtheit ausmachte. Im Mai 1990 ließ sich die „Verliererinnengruppe" in keiner Hinsicht sozialstrukturell bestimmen, d.h. bezüglich Erwerbsstatus, Schulbildung, Qualifikationsniveau, Wirtschaftsbereich, Tätigkeit, Alter, Einkommen, Familienstand, Wohnregion usw. gab es kaum (im statistischen Sinn keine) Unterschiede zu den anderen Frauen. Deutliche Unterschiede gab es allerdings bezüglich politischer Einstellungen (generelle Akzeptanz = geringer; rechtsradikale Befürchtungen = größer) und bezüglich Parteipräferenzen (geringerer Anteil an CDU-Anhängerinnen). Alle Hoffnungen zu verlieren, war folglich in den letzten DDR-Monaten eine Eigenschaft, die quer durch die weibliche Bevölkerung ging und nur an politische Haltungen gebunden war. Bezieht man in die Analyse noch solche Ergebnisse ein, die nur für die Stichprobe gelten, also nicht verallgemeinerungsfähig sind, so kommt man zu dem Ergebnis: 1990 war Verlieren (wie hier definiert) noch ein weitgehend theoretisch-intellektuelles Problem. Die „Verliererinnen" der Stichprobe waren nämlich überdurchschnittlich Hochschulabsolventinnen, gehörten überdurchschnittlich zu den oberen Einkommensgruppen, hatten überdurchschnittlich anspruchsvollere Arbeitsinhalte. Und sie wohnten überdurchschnittlich im Norden der DDR.

Im Oktober 1991 gehörten 29% zu den „Verliererinnen". Die Zukunft war offensichtlich konkreter absehbar, denn nur 15% äußerten sich nicht zu ihren Hoffnungen und Sorgen. Alle Hoffnungen verloren zu haben, war nach anderthalb Jahren schon ein sehr praktisches Problem geworden und sozialstrukturell genau einordenbar. Denn „Verliererinnen" gehörten mehrheitlich zu den nicht mehr Berufstätigen oder zu den gerade noch Berufstätigen (bereits gekündigt, Betrieb in „Abwicklung" befindlich). Sie waren überdurchschnittlich alleinlebend (geschieden oder verwitwet) und um die 50 Jahre oder älter. Sie waren vor allem Arbeiterinnen und Akademikerinnen und kamen mehrheitlich aus der Industrie und aus staatlichen Verwaltungen. Bezüglich des Qualifikationsniveaus gab es auch 1991 noch keine klare Zuordnung zu den Gruppen, weil auch Hochqualifizierte zu den „Verliererinnen" gehörten. „Verliererinnen" waren ärmer als andere, gemessen am individuellen Einkommen. Ein Einkommen von 1.000 DM war in dieser Hinsicht eine kritische Größe, d.h. Einkommen darunter wurden vor allem von „Verliererinnen" angegeben, Einkommen darüber vor allem von anderen Frauen. „Verliererinnen" wohnten überdurchschnittlich in kleineren und mittleren Städten und waren in den Ländern Mecklenburg-Vorpommern bzw. Brandenburg beheimatet.

Einstellungen und politische Haltungen dieser Gruppe unterschieden sich ebenfalls deutlich von anderen. Die generelle Akzeptanz dieser Gruppe (38%) war deutlich geringer als die der Frauen insgesamt (64%; s.o.). „Verliererinnen" des Jahres 1991 kamen mit den neuen gesellschaftlichen Verhältnissen schlechter zurecht, fühlten sich mehr ausgeschlossen, bedauerten in höherem Maße, daß die Mauer gefallen ist (Frauen insgesamt zu 15%, „Verliererinnen" zu 27%) und resignierten mehr, d.h. sie hatten sich mehr aus dem öffentlichen Leben zurückgezogen und waren ausschließlich im Rahmen ihrer eigenen Familie aktiv. Bezogen auf Parteien bevorzugten diese Frauen überdurchschnittlich Bündnis 90/Grüne, PDS bzw. gar keine Partei.

Im Mai 1993 gehörten zu der nach dem gleichen Verfahren ermittelten „Verliererinnengruppe" 35% aller Frauen. Es äußerten sich wieder mehr Frauen als vorher nicht zu ihren Hoffnungen und Sorgen (22%), was 1993 nichts mehr mit fehlendem Wissen zu tun haben kann, wohl aber mit einem allgemeinen Überdruß gegenüber solchen Themen. Auch 1993 waren „Verliererinnen" vor allem nicht mehr oder gerade noch Berufstätige. Im Unterschied zu 1991 gehörten auch überdurchschnittlich diejenigen dazu, die sich in ABM oder in Umschulung befanden. Daraus kann geschlossen werden, daß die an derartige Maßnahmen geknüpften Zukunftshoffnungen in den letzten beiden Jahren dahingeschmolzen sind. „Verliererinnen" waren vor allem Arbeiterinnen und jetzt auch Bäuerinnen, Akademikerinnen „nur" noch in durchschnittlichem Umfang (aus Arbeitsmarktforschungen ist bekannt, daß Hochqualifizierte zunehmend bereit sind, auch unterhalb ihrer Qualifikation zu arbeiten, wodurch sie weniger Qualifizierte verdrängen). Die Bereiche Industrie und Landwirtschaft waren folglich die dominanten für die hier betrachtete Gruppe. 1993 waren auch geringere Schulbildung und niedrigere Qualifikationsniveaus (Facharbeiterin und darunter) sowie körperlich schwere, monotone Arbeitsinhalte mit geringem Handlungsspielraum charakteristisch für „Verliererinnen".

Und „Verliererinnen" waren jünger geworden. Schon in der Altersgruppe ab 40 bis 45 Jahren findet man überdurchschnittlich viele von ihnen. Allerdings zeigt eine genauere Altersbetrachtung, daß Frauen im Alter um 65 bis 70 Jahre sowie ältere nur noch durchschnittlich zu den „Verliererinnen" zählten. Die besondere Problematik der sogenannten jungen Alten (vgl. Ferchland, 1992) ist auch hieraus ableitbar. Auch 1993 gehörten die „Verliererinnen" überdurchschnittlich zum ärmeren Teil. Die kritische Größe für das individuelle Einkommen lag allerdings jetzt bei 1500 DM. Daß Armut nicht nur immer „weiblicher", sondern auch immer „jünger" wird (bis hin zur Infantilisierung der Armut: Hauser, 1993), trifft sich mit Ergebnissen des Zwischenberichtes zum Ersten nationalen Armutsbericht für das vereinigte Deutschland („Sozialhilfe...", 1993: 60).

„Verliererinnen" lebten wiederum vor allem in Klein- und Mittelstädten, in Dörfern jedoch mehr als 1991 (im Durchschnitt). Eine Konzentration auf die nördlichen Bundesländer ließ sich statistisch nicht mehr belegen.

„Verliererinnen" waren auch 1993 in jeder Hinsicht pessimistischer, weniger aktiv bzw. nur im Rahmen ihrer engsten Lebenswelt aktiv. Sie fühlten sich mehr ausgeschlossen und bedauerten mehr, 1989 nicht gleich nach dem Westen gezogen zu sein. Etwa jede vierte von ihnen bejahte im großen und ganzen die gesellschaftliche Entwicklung, von den Frauen insgesamt waren es zu diesem Zeitpunkt 39% (s.o). Die Parteipräferenzen dieser Frauengruppe waren Bündnis 90/ Grüne, die PDS und „andere Parteien", zu denen auch die Republikaner gehören. Vor allem aber fühlten sich „Verliererinnen" durch „keine Partei" vertreten.

4.2 „Jetzt aktivere" Frauen

In vieler Hinsicht anders stellt sich folgende Frauengruppe dar: „Ich wollte mich schon immer selbständig machen. Gleich nach der Wende habe ich mir diesen Wunsch erfüllt", beschrieb eine junge Frau im Sommer 1992 ihre Motive für die Gründung eines Kosmetiksalons. „Kann sein, ich packe den Sprung in die Marktwirtschaft nicht, dann will ich wenigstens sagen können, ich habe es aber probiert", begründete eine andere, nicht mehr so junge Frau ihren Mut, ein Handelsunternehmen zu gründen (Schröter, 1992: Protokolle). Zwei unterschiedliche Persönlichkeiten, die ihre Chancen in der Marktwirtschaft erkannt haben und nun versuchen, diese zu nutzen. Zwei Frauen, die von sich behaupten, daß sie jetzt aktiver sind als früher, daß sie jetzt eine Wochenarbeitszeit von mehr als 60 Stunden haben, daß sie mit einem früher unvorstellbaren Risiko ihr „zweites" Leben begonnen haben und daß ihnen dieses neue Leben trotzdem (oder deshalb) mehr Spaß macht.

Entsprechend der ISDA-Befragungen vertraten im Oktober 1991 knapp 20% der Frauen und im Mai 1993 noch etwa 12% die Auffassung: „Ich bin jetzt aktiver als früher". Ganz sicher haben hier nicht nur unternehmerisch aktive Frauen geantwortet, sondern vermutlich auch solche, die erst nach dem Zusammenbruch der DDR ihre politischen Ideale verwirklichen konnten; möglicherweise auch solche, die aus Zorn, aus einer Nun-erst-recht-Haltung heraus Kraft schöpften, vielleicht aber auch solche, die erst seit dem Herbst '89 genau wissen, zu welchen öffentlichen Aktivitäten sie fähig und berufen sind.

Wie ist diese Gruppe der jetzt Aktiveren im Jahr 1993 zu charakterisieren? Was unterscheidet sie – immer im statistischen Sinn – von ostdeutschen Frauen insgesamt?

Sie gehören zu den Jüngeren. 60% dieser Frauen sind jünger als 40 Jahre. Sie sind in höherem Maße (zu 35%) als „durchschnittliche Frauen" (28%) ledig bzw. geschieden. Sie unterscheiden sich, teilweise durch das Lebensalter erklärbar, deutlich von anderen Frauen durch die Höhe des Schulabschlusses, aber kaum im formalen Qualifikationsniveau. Zehnklassenabschluß oder Abitur haben 66% aller Frauen und 84% dieser Frauen. Jetzt aktivere Frauen leben überdurchschnittlich in den nördlichen neuen Bundesländern und weniger in Sachsen und Thüringen. Sie sind überdurchschnittlich berufstätig – allerdings kaum als Arbeiterinnen und Bäuerinnen – oder in irgendeine Form der Aus- und Weiterbildung eingebunden. 80% der jetzt aktiveren Frauen sind auf diese Weise fest in das gesellschaftliche Leben integriert (Frauen insgesamt 59%). Sie pendeln in höherem Maße als andere Frauen zwischen Wohn- und Arbeitsort, haben seit 1989 mehr den Arbeitsplatz gewechselt (freiwillig und unfreiwillig) und bewerten diesen Wechsel mehr als andere als sozialen Aufstieg. Ihre derzeitigen Arbeitsstellen sind überdurchschnittlich Privatbetriebe (zu 20%, Frauen gesamt: 10%) und GmbH (19%, Frauen gesamt: 12%). Bemerkenswert ist, daß sich die Arbeitsinhalte dieser jetzt aktiveren Frauen nur in einem Aspekt von anderen „weiblichen" Arbeitsinhalten unterscheiden, nämlich bezüglich des Handlungsspielraumes. „Auf welche Weise ich meine Aufgaben erfülle, kann ich von Anfang bis Ende selbst entscheiden", sagen 22% dieser Frauen, aber nur 8% der Frauen insgesamt.

Jetzt aktivere Frauen akzeptieren nicht nur in höherem Maße die politische Entwicklung in Deutschland, sondern meinen auch mehr, sie mitzugestalten. 58% dieser Frauen sind im großen und ganzen für die gesellschaftlichen Veränderungen in Deutschland (von den Frauen insgesamt 39%, s.o.). Während sich „durchschnittliche Frauen" im Jahr 1993 nur zu 7% als Mitgestalterinnen dieses Einheitsprozesses fühlen (s.o.), beträgt der Anteil bei den jetzt aktiveren Frauen 23%. Die hohe generelle Akzeptanz schlägt sich auch in größerem Lebensoptimismus nieder. „Ich habe im Leben noch viel vor und gehe dies optimistisch an", sagen 53% dieser Frauen (28% der Frauen insgesamt). Dieser hoffnungsvolle Blick in die

Zukunft wird vor allem geprägt durch die größere Sicherheit des Arbeitsplatzes, durch die besseren Aussichten auf die berufliche Entwicklung und das damit zusammenhängende Einkommen. Bezüglich anderer Aspekte, z.B. der Wohnung oder der Bekämpfung von Kriminalität und Drogensucht haben aktivere Frauen die gleichen Hoffnungen und Sorgen wie alle.

Deutliche Unterschiede gibt es auch in den Parteipräferenzen bezüglich der CDU und der SPD (aktivere Frauen jeweils häufiger vertreten) bzw. bezüglich der PDS (aktivere Frauen weniger vertreten). Dementsprechend unterschiedlich wird die Wirtschafts-, Sozial- und Außenpolitik der Bundesregierung gewertet. Kampfeinsätze der Bundeswehr, Steuersenkungen für Unternehmen, monatliche Meldepflicht für Arbeitslose u.a. werden von jetzt aktiveren Frauen in höherem Maße befürwortet. Eine differenziertere Beurteilung der DDR-Vergangenheit, höhere Besteuerung für Besserverdienende u.a. werden in höherem Maße abgelehnt. Daß der Sozialismus von vornherein ein Irrtum gewesen sei und auch in Zukunft keinerlei Chance einer Wiederbelebung haben würde, wird von diesen Frauen mehr als von anderen bestätigt.

Jetzt aktive Frauen sind in ihren Wertvorstellungen stärker als andere auf beruflichen Erfolg, auf verläßliche Freunde und Kollegen, auf ein selbstbestimmtes Leben und, nicht zuletzt, auf sexuelle Erfüllung orientiert (auf Familie und Kinder „nur" durchschnittlich). Sie sind mit dem Leben insgesamt, mit der sozialen Absicherung, mit dem Lebensstandard und den Gesundheitsbedingungen zufriedener als andere Frauen, auch mit dem Maß an wahrgenommener Demokratie. Folgerichtig kommen sie mit den neuen Lebensanforderungen (Rechtsfragen, Steuerfragen, Geldanlagen, Behördengänge usw.) besser zurecht als andere. Sie sehen auf allen gesellschaftlichen Ebenen und auch in diesem östlichen Teil Deutschlands mehr Einflußmöglichkeiten als andere und nutzen diese auch.

Jetzt aktive Frauen sind reicher als andere, gemessen am persönlichen Nettoeinkommen, und schätzen die finanzielle Situation ihrer Familie besser ein. Nach Sparmotiven befragt, sagen diese Frauen seltener als andere, daß sie einen Notgroschen zurücklegen, und öfter, daß sie für ein neues Auto oder neue Möbel sparen. Auch in ihrer Haltung zur Obdachlosigkeit unterscheiden sie sich wesentlich von anderen Frauen. „Das könnte mir nicht passieren", meinen 27% von ihnen (17% von allen Frauen).

Ein Blick in die Vergangenheit dieser Gruppe verrät zwei Besonderheiten gegenüber den Frauen insgesamt: Erstens sind bzw. waren die Mütter und Väter dieser Frauen gebildeter als andere, gemessen am Schulabschluß und am formalen Qualifikationsniveau, und in geringerem Maße Arbeiter oder Bauern. Zweitens war die Arbeitsstelle dieser Frauen vor 1989 seltener ein volkseigener Betrieb oder eine Genossenschaft. Überdurchschnittlich haben sie früher in staatlichen Einrichtungen oder in Privatbetrieben gearbeitet. Ihre damalige Tätigkeit läßt sich weniger mit Herstellen, Heilen oder Bilden umschreiben, sondern eher mit Handeln, Verwalten, Projektieren.

In der Selbsteinschätzung halten sich die hier betrachteten Frauen mehr für selbstsicher, konfliktfähig und solidarisch. Sie bescheinigen sich in höherem Maße als andere Cleverness und Führungsfähigkeiten, während es bezüglich der sogenannten traditionellen Fraueneigenschaften wie Fleiß, Toleranz, Anpassungsfähigkeit keine Unterschiede zu anderen Frauen gibt. Mit dieser Orientierung auf die eigenen Fähigkeiten hängt zusammen, daß vorwiegend die eigene Leistung als ausschlaggebend für optimale Lebenschancen angesehen wird. Meinungen, daß es wichtig sei, „politisch ins Bild zu passen" oder „aus einer reichen Familie zu kommen", lehnen diese Frauen mehr als andere ab. Allerdings zeigt die Analyse, daß sie objektiv besser als der Durchschnitt „ins politische Bild passen" und auch objektiv zu den Reicheren gehören.

5. Nachbetrachtung

„Wir sind das Volk" haben im Herbst 1989 nicht nur die DDR-Männer gerufen. An den Leipziger Montagsdemonstrationen betrug im Oktober und November 1989 der Frauenanteil etwa 40% (später weniger, vgl. Mühler, 1991: 40, 43). Frauen wollten „den Staat machen" (vgl. Argument extra, 1990) und die offiziell erklärte Gleichberechtigung zu einer tatsächlichen sozialen Gleichstellung der Geschlechter führen. Sicherlich dachten in jenem Herbst nur wenige der politisch aktiven DDR-Frauen daran, daß die Zukunft für sie auch radikale Rückschläge, Abbau von ehemals selbstverständlichen Rechten, Obdachlosigkeit, Armut und soziale Ängste, vor allem aber Arbeitslosigkeit bringen könnte.

Reichlich vier Jahre nach den gesellschaftlichen Umbrüchen stellt sich der soziale und politische Wandel in den neuen Bundesländern für ostdeutsche Frauen sehr widersprüchlich dar. Knapp ein Viertel (23,6%) der Frauen sieht nach ISDA-Daten 1993 im Zusammenhang mit dem Mauerfall mehr Nachteile als Vorteile. In Interviews werden vor allem die fehlende soziale Sicherheit und die immer deutlicher werdende Frauendiskriminierung beklagt. Alles Fakten, die für die These sprechen: „Im heutigen Deutschland ist es ein Handicap, Ostdeutscher zu sein" (Kreckel, 1993: 59), erst recht Ostdeutsche. Gleichzeitig prägt der erlebte „Gleichstellungsvorsprung" (Geißler, 1993: 65) gegenüber westdeutschen Frauen, prägt die Erfahrung, daß Berufstätigkeit nicht nur Erwerbstätigkeit war und daß es möglich war, die Kinder (die Wunschkinder) im biologisch günstigsten Lebensalter zu bekommen, nach wie vor das Anspruchsniveau der ostdeutschen. Nach wie vor werden auch in Interviews Gedanken geäußert, die sich auf unmittelbare „Wendeerfahrungen" beziehen und auf die großen Veränderungshoffnungen, auf die Kraft, die in dieser Zeit von den Ostdeutschen ausging. „Wir haben unser ganzes Leben in Frage stellen müssen...Wir denken auch jetzt noch mehr als die westdeutschen Kollegen darüber nach, was wirklich wichtig ist. Schon deshalb möchte ich nicht mit ihnen tauschen" (KSPW-Material, FS-IV-92-19).

Ob ostdeutsche Frauen die Verliererinnen im neuen Deutschland sind, ob sie sich mit ihrem „Handicap" abfinden, ist noch nicht entschieden.

Literaturverzeichnis

Adler, F./Kretzschmar, A.(1992): Ungleichheitsstrukturen in der ehemaligen DDR. In: Sozialer Umbruch in Ostdeutschland. Berlin.

Allbus (1992): SPSS-Datei (Eigene Auswertung. Der ALLBUS ist ein von Bund und Ländern über GESIS finanziertes Projekt, das bei ZUMA Mannheim und beim Zentralarchiv für Empirische Sozialforschung Köln realisiert wird).

Altena, H. (1993). Armut: Ursachen, Definition und Lösungsansatz. In: Rundbrief 1/93 des Verbandes für sozialkulturelle. Arbeit e.V. Köln.

Argument extra (1990): Ohne Frauen ist kein Staat zu machen, SH 71. Göttingen.

Beauvoir, S.de (1968): Das andere Geschlecht, Sitte und Sexus der Frau. Reinbek bei Hamburg.

Die Frau in der Deutschen Demokratischen Republik. (1989): Statistische Kennziffernsammlung 4.9/229/89. Ministerrat der DDR. Juni 1989.

Dölling, I. (1986): Exkurs zum Konzept der historischen Individualitätsformen: Entwicklungswidersprüche berufstätiger Frauen in der sozialistischen Gesellschaft. In: Individuum und Kultur. Berlin.

Ferchland, R./Ullrich, R.(1992): KSPW-Expertise zur Situation der „Jungen Alten" in den neuen Bundesländern. Berlin.

Frühwirth, B./Schenk L./Wuttich, T./Tiemann, F.(1993): Berufliche Strukturanalyse arbeitsfähiger Sozialhilfe-Empfänger/innen in östlichen Bezirken Berlins. Intersofia- Endbericht. Berlin.

Geißler, R. (1993): Sozialer Umbruch als Modernisierung. In: Sozialer Umbruch in Ostdeutschland. Opladen.

Hauser, R./Hübinger,W. (1993): Arme unter uns (Teil 1 u. 2). Freiburg im Breisgau.

Huster, U. (1993): Reichtum in Deutschland. In: Theorie und Praxis der sozialen Arbeit 12/93. Bonn.

Klenner, C.(1992): Frauenarmut im Osten Deutschlands. In: Frauenpolitischer Runder Tisch. Dokumentation einer Fachtagung am 29. Februar 1992. Berlin.

Kreckel, R. (1992): Politische Soziologie der sozialen Ungleichheit. Frankfurt a.M./ New York.

Kreckel, R. (1993): Geteilte Ungleichheit im vereinigten Deutschland. In: Sozialer Umbruch in Ostdeutschland. Opladen.

KSPW (1992): Handlungs- und Deutungsmuster von Lehrern in Transformationsprozessen des Bildungswesens. Unveröffentlichte Protokolle (FS-IV-92-19). Halle/Berlin.

Kurz-Scherf, I. (1992): Nur noch Utopien sind realistisch. Feministische Perspektiven in Deutschland. Bonn.

Meier, U. (1993): Notwendigkeit oder Chance? In: Die Frau in unserer Zeit Nr. 2.

Möller, C. (1992): Erfahrungen und Ursachen von Frauenarmut im Westen der BRD. In: Frauenpolitischer Runder Tisch. Dokumentation einer Fachtagung am 29. Februar 1992. Berlin.

Mühler, K./Wilsdorf, S. (1991): Die Leipziger Montagsdemonstrationen. Aufstieg und Wandel einer basisdemokratischen Institution des friedlichen Umbruchs im Spiegel empirischer Meinungsforschung. In: Berliner Journal für Soziologie Nr 1 (Sonderheft).

Nickel, H.-M. (1993): Veränderungen im Leitbild der berufstätigen Frau im Osten? In: Interne Studien und Berichte Nr. 47. Politische Akademie der Konrad-Adenauer-Stifung, Dokumentation eines Kongresses am 4./5. März 1993 in Berlin.
Notz, G. (o.J.): Sie hat sich nicht gewehrt, nun kommt sie an den Herd. In: Umbruch – Beiträge zur sozialen Transformation Nr. 3, Berlin.
Offermann, V. (1994): Die Verteilung der Einkommen und Vermögen im Kontext von Krise und Sozialabbau (Unveröffentlichtes Material für Memorandum '94). Bremen.
Rosenberg, D. (1992): Neudefinition des Öffentlichen und des Privaten, Schriftstellerinnen in der DDR. In: Zwischen gestern und morgen. Schriftstellerinnen der DDR aus amerikanischer Sicht. Berlin.
Schlegel, U. (1993): Ostdeutsche Frauen – Rückblick auf die DDR und die deutsche Vereinigung. In: Die Frau in unserer Zeit Nr. 2
Schröter, U. (1992): Zur sozialen Situation ostdeutscher Frauen. KSPW-Kurzstudie, Halle/ Berlin.
Schröter, U. (1993): Ostdeutsche Frauen zwischen Verlieren und Gewinnen (Unveröffentlichte Vorstudie). Berlin.
Stange, C. (1993): Zwischen alten Leitbildern und neuen Lebensstilen. In: Interne Studien und Berichte Nr. 47. Politische Akademie der Konrad-Adenauer-Stiftung, Dokumentation eines Kongresses am 4./5. März 1993 in Berlin.
Steineckert, G. (1992): Ich umarme Dich in Eile. Briefe an Frauen. Berlin.
Schuldt, K. (1993): Arbeitspendler im Land Brandenburg, Studie im Auftrag der Landesagentur für Struktur und Arbeit Brandenburg, 1993 (unveröffentlicht). Zitiert nach I. Schmidt, Arbeitspendeln. Frauen und Familie in Brandenburg. Arbeitspapier zum Forschungsprojekt „Migration, Arbeitspendeln und Familienformen" (gefördert durch Ministerium für Arbeit, Soziales, Gesundheit und Frauen des Landes Brandenburg, durchgeführt vom Verein zum Studium der Sozialstruktur und des Sozialraumes der Region Berlin).
Sozialhilfe in den neuen Bundesländern (1993): Zwischenbericht zum Ersten nationalen Armutsbericht für das vereinigte Deutschland. Im Auftrag des DGB und des Paritätischen Wohlfahrtsverbandes mit Unterstützung der Hans-Böckler-Stiftung, Frankfurt a.M.
Ullrich, R. (1990/91): Mein Kapital bin ich selber. Gespräche mit Theaterfrauen in Ost-Berlin.

Sozialhilfeabhängigkeit Alleinerziehender als Folge des gesellschaftlichen Umbruchs

Heidrun Großmann und Sabine Huth

Alleinerziehende Frauen sind durch den Systemwechsel besonders nachhaltig vom Verlust ökonomischer Selbständigkeit bedroht. Andersartige Sozialisationswege und -erfahrungen in Ost und West modifizieren die Reflexion und die Verarbeitungsformen der Sozialhilfesituation.

1. Problemaufriß

Im Rahmen der Analyse sozialer Wirkungen des Transformationsprozesses zieht die Gruppe der alleinerziehenden Frauen aus unterschiedlichen Perspektiven das Interesse auf sich.

Die in den letzen Jahren stark gestiegene Anzahl lediger Mütter sowie auch der Scheidungsquoten und, im Ergebnis, eine wachsende Anzahl von Ein-Elternteil-Familien gehören mit zu Aspekten der Individualisierung und Pluralisierung der Lebensstile.

Dabei gehörten Alleinerziehende in der alten Bundesrepublik zu den Gruppen, die einer besonders großen Armutsgefährdung unterlagen. Die systematischen Diskriminierungen von Frauen im Sozialstaat sind nachgewiesen (Riedmüller 1984; Gerhard 1988) und ihre armutsverursachenden Risiken speziell für alleinerziehende Frauen empirisch belegt[1].

Trotz Betonung und Förderung von Ehe und Familie in der ehemaligen DDR und eines – im Verhalten wie auch im Denken der Menschen – noch höheren Stellenwertes der Familie als in der Bundesrepublik, lagen die Scheidungsquoten deutlich höher, war der Anteil nichtehelicher Geburten weitaus größer und Alleinerziehen als Lebensform stärker verbreitet[2]. In der Vergangenheit waren gerade

---

1 Untersuchungen weisen für die alte Bundesrepublik ein Fünftel bis ein Drittel aller Alleinerziehenden als Sozialhilfeempfänger aus. Das Sozialhilferisiko Alleinerziehender lag 1989 um das 6-fache über dem Durchschnitt (Antwort des Berliner Senats 1992; Buhr u.a. 1991; Faber u.a., 1991; Riedmüller u.a., 1991).
2 In den neuen Ländern gibt es rund 700.000 Familien beziehungsweise 10,8% aller Haushalte, in denen Alleinerziehende mit Kindern leben. In den alten Ländern sind das 1,9 Mil-

für diese Gruppe Lebensbedingungen und -situationen in Ost- und Westdeutschland sehr verschieden. Die Entscheidung von Frauen in der DDR, allein für ein Kind zu sorgen, war weit stärker begünstigt durch rechtliche Voraussetzungen und spezielle Unterstützungsleistungen für die eigenständige Existenzsicherung Alleinerziehender sowie weniger durch Vorurteile gegenüber nichtehelichen Kindern, ledigen Müttern und Geschiedenen beeinträchtigt als in der alten Bundesrepublik (Meyer, 1990). Frauen in der DDR waren als Verheiratete wie als Alleinerziehende in der Regel vollzeiterwerbstätig. Nach der Geburt von Kindern wurde die Erwerbstätigkeit in der Regel nur für die Dauer des Babyjahres unterbrochen. Eine finanzielle Sicherung des Lebensunterhaltes darüber hinaus gab es in der Regel weder durch den geschiedenen Ehemann noch durch den Staat[3]. Erwerbstätigkeit alleinerziehender Frauen war nicht nur ein (wohlgepriesenes) Recht, sondern auch eine nicht immer einfache und mit Belastungen für Frauen und Kinder verbundene Pflicht. An der geschlechtsspezifischen Arbeitsteilung und der damit verbundenen sozialen Ungleichheit von Frauen und Männern wurde in der DDR nicht gerüttelt. Mit zunehmender Qualifikation und Beteiligung der Frauen an der Erwerbstätigkeit einerseits und einer auf Vereinbarkeit von Beruf und Mutterschaft gerichteten Sozialpolitik andererseits waren die Felder abgesteckt, in denen sich Gleichberechtigung praktisch vollziehen sollte. Zugleich konnte mit einer solchen „von oben" geregelten „Lösung der Frauenfrage" staatliche Macht abgesichert werden (Dölling 1993). Im täglichen Leben erwies sich das gesellschaftlich propagierte Modell der zeitgleichen Vereinbarkeit von Beruf, Partner- und Elternschaft als widersprüchlich und stellte sich vor allem als ein Zeitproblem dar. Alleinerziehende erreichten auch den ohnehin bescheidenen DDR-Wohlstand nur teilweise und waren gegenüber Zwei-Eltern-Familien wesentlich schlechter gestellt (Frick u.a. 1990, DIW Wochenbericht 1993). Der Lebensstandard von Ein-Eltern-Familien lag mit 80% des durchschnittlichen Pro-Kopf-Einkommens deutlich unter dem der Zwei-Elternfamilien. Setzt man die Armutsgrenze bei 60% an, war nach Berechnungen des DIW immerhin auch damals die Hälfte der Alleinerziehenden als arm bzw. armutsgefährdet einzustufen, was jedoch nicht mit so einschneidenden Konsequenzen wie dem Verlust ökonomischer Selbständigkeit verbunden war.

Von der Selbstverständlichkeit ökonomischer Selbständigkeit der Frauen auf der Grundlage von Erwerbstätigkeit ist wenig geblieben. Im Prozeß des wirt-

---

lionen Familien und damit 7,7% aller Haushalte (nach Angaben des Statistischen Bundesamtes, 1993).
3 Sozialfürsorgeempfänger waren im Dezember 1989 in der DDR insgesamt 5.535 Bürger, davon 1.989 (36%) Frauen im Rentenalter ohne Rentenanspruch, 2.022 Rentenempfänger in Form von Mietbeihilfen, 477 Männer, die weder invalidisiert werden konnten noch in Arbeit zu vermitteln waren, sowie 924 erwerbstätige alleinstehende Frauen mit Kindern (aufgrund längerer Krankheit der Kinder) und 131 unterhaltsberechtigte Kinder, für die kein Unterhalt gezahlt wurde (Wenzel, 1990).

schaftlichen und sozialen Wandels, der zur Neuverteilung von Lebenslagen führt, sind die Risiken, an den Rand der Gesellschaft zu geraten, ungleich verteilt. Unterscheidbare Wirkungen zeichnen sich u.a. zwischen den Geschlechtern ab.

Ostdeutsche Frauen, für die Kinder aufzuziehen und kontinuierliche Erwerbstätigkeit selbstverständliche Elemente ihrer Lebensplanung waren und zur großen Mehrheit noch sind, verlieren mit der Ausgrenzung aus der Erwerbsarbeit vor allem ihre ökonomische Selbständigkeit. Für zwei Drittel aller Haushalte, und damit in weitaus stärkerem Maße als in den westlichen Bundesländern, ist Arbeitslosigkeit die zentrale Ursache der Sozialhilfebedürftigkeit. Das gilt auch für alleinstehende weibliche Haushaltsvorstände mit und ohne Kinder (Berliner Senatsverwaltung für Soziales, 1990 und 1991). Für Alleinerziehende – als Alleinverdienende – ist die eigenständige Existenzsicherung bei Einkommensminderung durch Arbeitslosigkeit besonders schnell bedroht, insbesondere bei zusätzlichem Fortfall der Unterhaltszahlungen für die Kinder mangels Zahlungsfähigkeit arbeitsloser Väter (Schuster/Tügel, 1990). Mit den familienpolitischen Leistungen der Bundesrepublik, mit solchen Verteilungseffekten wie Begünstigung der Hausfrauenehe, der höheren Einkommensgruppen sowie Benachteiligung von Alleinerziehenden im Familienlastenausgleich geraten gerade in den neuen Bundesländern Frauen, die zu 90% Mütter und dabei häufiger alleinerziehend sind, wirtschaftlich ins Abseits (Pfaff/Roloff, 1990; Jaufmann u.a., 1992).

Das Zusammenwirken geschlechtsspezifischer und familialer Risiken im Umbruch zeigt sich bereits im ersten Jahr der deutschen Einheit in der insbesondere stärkeren Repräsentanz von Kindern und Jugendlichen in der Sozialhilfeklientel in den ostdeutschen Ländern und, damit korrespondierend, einem erheblich höheren Anteil von Ehepaaren mit Kindern und Alleinerziehenden als in den alten Bundesländern.

Die ausgewiesene Armutsbevölkerung hat noch nicht das Ausmaß wie im Westen erreicht. Ausgehend von der hohen Steigerung der Anzahl der Sozialhilfeempfänger nähern sich die Sozialhilfequoten im Ostteil aber schnell denen des Westteils an[4]. Für bestimmte Empfängergruppen bzw. Haushaltstypen hat die Angleichung an westdeutsche Armutsverhältnisse bereits begonnen oder schon stattgefunden[5].

Sowohl das Ausmaß als auch die Dimensionen der Folgen der Transformation der DDR-Gesellschaft in ein Wirtschafts- und Sozialsystem mit institutionellen

---

4 Bislang hatten Kurzarbeiterregelungen, Sozialzuschlag bei der Rente, Wohngeldsondergesetz und der anfänglich massive Einsatz arbeitsmarktpolitischer Maßnahmen den sozialen Abstieg gebremst bzw. zeitlich verzögert. Der Anteil der HLU-Empfänger an der Gesamtbevölkerung der östlichen Bezirke Berlins z.B. erhöhte sich von 1,2% im Januar 1991 auf 2,1% im Juni 1992 (Senatsverwaltung für Soziales, 1992).

5 Ost- und Westberliner Kinder unter 6 Jahren sind bereits einem gleich hohen Sozialhilferisiko ausgesetzt (Großmann/Huth, 1992).

Regelungen nach bundesrepublikanischen Normen und Leitbildern sind für Frauen sichtbar größer. Tradierte Normalitätsmuster und bisherige Lebensentwürfe von Frauen werden stärker in Frage gestellt, stärkere öffentliche Aufwertung von „Mütterlichkeit" und „Weiblichkeit" kommen aus dem Öffentlichkeitsbild der alten Bundesrepublik hinzu, so daß der Anpassungsdruck für Frauen tiefgreifender ist als für Männer (Nickel, 1991; Maier, 1991; Geissler, 1991).

2. Untersuchungsansatz

Alleinerziehende Frauen im Ostteil der neuen Bundesrepublik sind durch den Systemwechsel besonders nachhaltig und gravierend von Armutsrisiken bedroht, und zwar durch die nachwirkenden geschlechtsspezifischen Ungleichheitsstrukturen der DDR und die fortbestehenden in den alten Bundesländern.

Diese erste These haben wir im quantitativen Teil einer KSPW-Kurzstudie „Zur Sozialhilfeabhängigkeit Alleinerziehender in Ostberlin" untersucht. Um einen Überblick zum tatsächlichen Umfang sozialhilfeabhängiger Alleinerziehender sowie zur Struktur und zu den Verursachungsfaktoren von Sozialhilfebedürftigkeit in dieser Gruppe zu erhalten, wurde eine Erhebung aller Sozialhilfeempfänger im Sozial- und Jugendamt in einem Ostberliner Bezirk auf Grundlage der Sozialhilfeakten durchgeführt[6]. Alleinerziehende in Ost und West teilen nunmehr gleiche Ausgrenzungs- und Ungleichheitsmechanismen, sind aber durch andere Sozialisationswege und -erfahrungen geprägt. Dies modifiziert, so unsere zweite These, die Reflexion und Reaktion auf die Sozialhilfesituation. Wie Alleinerziehende vor dem Hintergrund ihrer DDR-Vorgeschichte mit der für sie völlig neuartigen Situation der Sozialhilfeabhängigkeit umgehen, wurde in erster Näherung im qualitativen Teil der Studie beschrieben.

Einige Ergebnisse aus beiden Teilen sollen hier unter Berücksichtigung des sich daraus ergebenden Handlungsbedarfs vorgestellt werden.

---

6 Die empirische Untersuchung erfolgte 1992. Schon in einer vorangegangenen ost-west-vergleichenden Pilotstudie (Großmann/Huth, 1992) wurde exemplarisch in der Region Berlin, anhand eines Ost- und eines Westberliner Bezirkes, die Problematik einer spezifischen Umbruchsarmut im Ostteil untersucht. Unterstützung der Senatsverwaltung für diese Untersuchung war gegeben. Die ausgewählten Bezirke entsprachen in den zentralen Merkmalsdimensionen (Alter, Geschlecht, Familienstand, Qualifikation und Struktur der Beschäftigten) bis auf wenige, geringfügige Abweichungen jeweils in etwa dem Durchschnitt West- bzw. Ost-Berlins.

3. Untersuchungsbefunde

3.1 Alleinerziehende in der Sozialhilfeklientel – statistische Erhebung

Die Ergebnisse unserer Untersuchung belegen deutlich die besonderen Risiken, denen Frauen mit Kindern, insbesondere alleinerziehende Frauen im Umbruch ausgesetzt sind.

In der vorangegangenen ost-west-vergleichenden Pilotstudie (Großmann/ Huth, 1992) konnte aufgezeigt werden, daß die Sozialhilfesituation im Ostteil vor allem durch einen hohen Anteil junger, qualifizierter Erwachsener gekennzeichnet ist. Diese Tendenz zeigt sich in den neuen Bundesländern insgesamt (Hofemann, 1992; Adamy, 1991) und wird auch durch neuere Untersuchungen im Land Brandenburg bestätigt (Huth/Schmidtke, 1993). Die überproportionale Sozialhilfebetroffenheit junger Erwachsener wird wesentlich durch die Problemsituation des Alleinerziehens mitbestimmt.

Die Verteilung der Sozialhilfeempfänger[7] im untersuchten Bezirk insgesamt nach Altersgruppen (Abbildung 1) zeigt, daß junge Erwachsene in den Altersgruppen bis 34 Jahre in hohem Maße in der Sozialhilfeklientel vertreten sind. Diese Altersgruppen sind auch im Vergleich zu ihrem Anteil an der Bevölkerung überproportional häufig von Sozialhilfe betroffen; die 25- bis 30jährigen weisen die höchste altersspezifische Sozialhilfequote von den Erwachsenen auf. Alleinerziehende bilden in der Sozialhilfeklientel der 18- bis 25jährigen 25% und in der Altersgruppe der 25- bis 34jährigen 30%.

Bezogen auf ihren Anteil an der Bevölkerung sind Männer und Frauen etwa gleichermaßen von Sozialhilfebedürftigkeit betroffen. Dabei sind Frauen mit Kindern häufiger sozialhilfebedürftig, während Männer ohne Kinder häufiger in der Sozialhilfeklientel vertreten sind. Jeder fünfte Mann, aber mehr als jede zweite Frau hat die Sozialhilfesituation mit Kindern zu bewältigen. Von den sozialhilfebedürftigen Frauen der Untersuchungsregion sind fast 40% alleinerziehende Frauen (Tabelle 1).

Alleinerziehende Sozialhilfeempfänger sind fast ausschließlich (96%) Frauen. Dabei handelt es sich zu mehr als zwei Dritteln um ledige und zu einem Drittel um geschiedene Elternteile. Während ledige Alleinerziehende sich zu ca. 70% in den Altersgruppen 18 bis 29 Jahre befinden, sind über 60% der Geschiedenen in den Altersgruppen 25 bis 34 Jahre.

Mehr als ein Viertel der Empfänger von laufender Hilfe zum Lebensunterhalt sind mitbetroffene Kinder. Davon sind fast 60% unter 6 Jahre alt, ein Viertel hat das erste Lebensjahr noch nicht vollendet. Der hohe Anteil der Kinder in der Sozialhilfeklientel sowie die überproportionale Sozialhilfebetroffenheit insbeson-

---

7 Die Bezeichnung Sozialhilfeempfänger umfaßt Antragsteller und Partner.

164   Heidrun Großmann und Sabine Huth

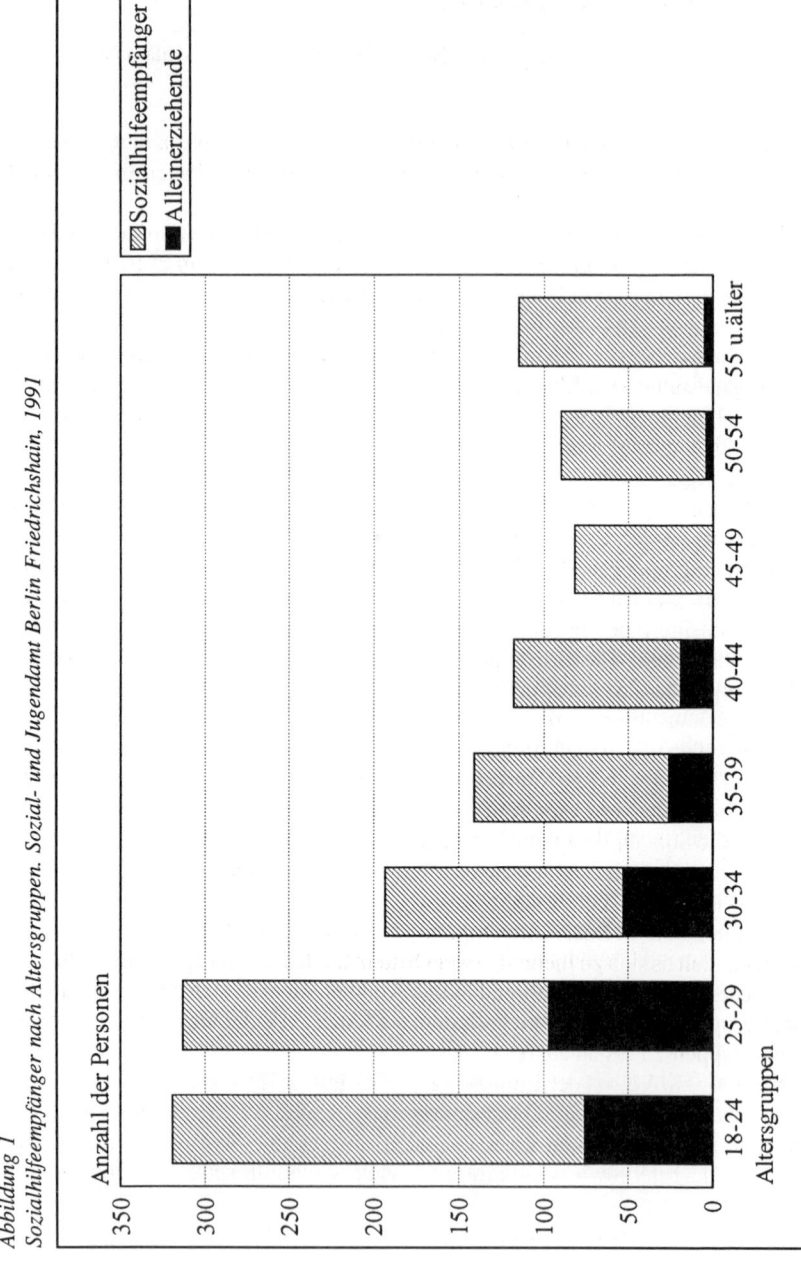

Abbildung 1
Sozialhilfeempfänger nach Altersgruppen. Sozial- und Jugendamt Berlin Friedrichshain, 1991

Tabelle 1
Sozialhilfeempfänger nach Haushaltstyp und Geschlecht (Angaben in %)

	Frauen	Männer
Alleinerziehende	39,2	1,6
Ehe und Lebensgemeinschaft mit Kind	15,2	15,9
Alleinstehende ohne Kind	31,9	67,4
Ehe und Lebensgemeinschaft ohne Kind	13,0	14,3
ohne Angabe	0,6	0,8

Tabelle 2
Alleinerziehende Sozialhilfeempfänger nach Art des Alleinstehens und Alter (Angaben in %).

	geschieden	ledig	gesamt
bis unter 18 Jahren	0,0	2,5	1,7
18–24 Jahre	3,8	30,6	22,4
25–29 Jahre	20,8	38,8	33,3
30–34 Jahre	41,5	19,0	25,9
35–39 Jahre	17,0	5,0	8,6
40–44 Jahre	9,4	2,5	4,6
45 Jahre und älter	5,7	0,0	1,8
gesamt	30,5	69,5	

dere von jüngeren Kindern wird maßgeblich durch die schwierige Lebenssituation der alleinerziehenden Mütter mitbewirkt. 70% der mitbetroffenen Kinder leben bei Alleinerziehenden.

Bezüglich Anzahl und Alter der Kinder zeigen sich innerhalb der Gruppe der Alleinerziehenden nach dem Familienstand (ledig/geschieden) Differenzierungen. Bei 70% der ledigen alleinerziehenden Sozialhilfeempfänger ist nur 1 Kind mitbetroffen (mehr als 3 Kinder kamen in diesen Familien nicht vor), die Kinder sind in einem Drittel der Fälle unter einem Jahr und zu einem weiteren Drittel im Kindergartenalter. Bei Geschiedenen leben häufiger 2 und 3 Kinder und mehr, und die Kinder gehören häufig höheren Altersgruppen an.

In der Sozialberichterstattung wird oftmals die Betrachtungsebene nach Sozialhilfefällen oder Haushaltstypen (Einpersonenhaushalte, Mehrpersonenhaushalte, Haushalte Alleinerziehender usw.) gewählt. Damit wird ein hoher Anteil Alleinstehender/Einpersonenhaushalte in der Sozialhilfe auffällig und thematisiert. Aus dieser Sicht bilden im untersuchten Bezirk Haushalte alleinstehender Personen ohne Kinder mit 57% den größten Anteil an der Sozialhilfeklientel (Abbildung 2).

Das ist sicher auch eine Gruppe, die im Sozialamt und in der Öffentlichkeit vor allem aufgrund weiterer sozialer Probleme ins Blickfeld gerät. Aber betrachtet man nicht nur die Sozialhilfefälle oder Haushalte, sondern wie viele Frauen, Männer und Kinder sich hinter einem Sozialhilfefall verbergen, so sind fast 60% der Sozialhilfeklientel Familien mit Kindern (Abbildung 2). Ein-Elternteil-Familien (Alleinerziehende und ihre Kinder) machen mit einem Anteil von 35% die größte Gruppe der Sozialhilfeklientel aus, noch vor den alleinstehenden Personen ohne Kinder (34%).

Von den Familien mit Kindern in der Sozialhilfe sind mehr als 70% Ein-Elternteil-Familien. Ihre besondere Betroffenheit wird unterstrichen, wenn man als Vergleich den Anteil von 30% Ein-Eltern-Familien an den Familien mit Kindern in der Ostberliner Bevölkerung insgesamt heranzieht (Antwort des Senats, 1992). War das Verarmungsrisiko der Alleinerziehenden im Ostteil Berlins schon 1990 mit 4% etwa viermal so groß wie für andere Personengruppen, so stieg die Sozialhilfequote Alleinerziehender bis 1992 noch auf 14% an[8].

In der gegenwärtigen Umbruchsituation sind für Alleinerziehende im Ostteil weniger herkunftsbedingte und ausbildungsmäßige Hintergründe oder familiäre Gründe Auslöser für die Sozialhilfebedürftigkeit, sondern vielmehr der gesellschaftliche Umbruch und die damit verbundenen Veränderungen der eigenständigen Sicherung des Lebensunterhalts.

Alleinerziehende Sozialhilfeempfänger im untersuchten Ostberliner Bezirk haben zu 70% eine abgeschlossene berufliche Ausbildung und liegen damit über dem Durchschnitt der Sozialhilfeempfänger (65%) und etwas unter dem Durchschnitt der Bevölkerung.

Dabei zeigt sich, daß fast 90% berufstätig waren, wobei der Großteil der betroffenen Frauen bislang typische – und damit schlechter bezahlte – Frauenberufe im Dienstleistungsbereich (60%) und Frauenarbeit in der Industrie ausübte. Hoch- und Fachschulabsolventinnen kamen vornehmlich aus geisteswissenschaftlichen Bereichen. (vgl. Abb. 3)

Im Vergleich zum alten Bundesgebiet spielt für Alleinerziehende in den neuen Bundesländern Arbeitslosigkeit als Ursache der Sozialhilfebedürftigkeit deutlich häufiger eine Rolle – und das, obwohl diese Frauen qualifiziert sind und vollzeiterwerbstätig waren. Arbeitslosigkeit wurde in unserer Untersuchung von zwei Dritteln aller Alleinerziehenden als Ursache für den Sozialhilfebezug genannt. Ein Problem liegt in den schon zu DDR-Zeiten durchschnittlich niedrigeren Einkommen von Frauen infolge ihres Einsatzes in schlechter bezahlten Berufen und Branchen[9]. Hinzu kommt, daß alleinerziehende Frauen noch häufiger als verhei-

---

8 Statistische Berichte, Sozialhilfe im Land Berlin: Haushalte von EmpfängerInnen laufender Hilfen zum Lebensunterhalt; Ost-Berlin, 1992

9 Von den 15- bis 25jährigen berufstätigen Frauen in der Volkswirtschaft der ehemaligen DDR verdienten 65% unter 700 Mark, wobei lediglich 6% einer Teilzeitbeschäftigung nachgingen. (Materialien für den Runden Tisch 1990: 13, zitiert nach Meier u.a., 1991) Längere Ausbildungszeiten z.B. an Fachschulen, die überdurchschnittlich Frauen für Dienstleistungsberufe ausbildeten, schlugen sich später nicht in einer entsprechend höhe-

Tabelle 3
Angerechnete Einkommen (Mehrfachnennungen möglich, Angaben in %)

	Wohngeld	Kindergeld	Unterhalt	Erw.-eink.	Arbeitslosengeld	Arbeitslosenhilfe
Alleinerziehende	70,3	92,7	58,0	7,3	23,4	3,5
Lebensgemeinschaft mit Kind	65,2	91,1	17,0	25,0	28,6	3,6
Alleinstehend ohne Kind	46,8			1,6	7,7	3,3
Lebensgemeinschaft ohne Kind	57,9			8,4	5,3	5,3
gesamt	55,4	32,9	16,8	5,7	14,8	3,6

ratete Frauen aufgrund der Kinder auf einen qualifikationsgerechten Einsatz und berufliche Karriere verzichten mußten. Infolge des Krankheitsrisikos der Kinder galten sie eher als sogenannte unzuverlässige Arbeitskräfte (Hauptmann, 1984).

Viele Alleinerziehende versuchen, möglichst lange den Weg zum Jugend- oder Sozialamt zu vermeiden und beantragen seltener als andere Gruppen bereits im ersten Monat der Arbeitslosigkeit Hilfe zum Lebensunterhalt. Hingegen nutzen sie häufiger als andere Gruppen zunächst andere sozialstaatliche Unterstützungsleistungen wie Wohngeld und Kindergeld und – wie auch andere Untersuchungen zeigen – Hilfen aus den Herkunftsfamilien.

Ebenso wie andere arbeitslose Sozialhilfeempfänger mit Kindern sind fast 30% im ersten Vierteljahr der Arbeitslosigkeit auf Hilfe zum Lebensunterhalt angewiesen, wobei 23% der Alleinerziehenden Leistungen vom Arbeitsamt erhalten, die durch Sozialhilfe ergänzt werden müssen.

In den qualitativen Interviews wurde deutlich, daß Frauen in wirtschaftlicher Notlage sich oft zuerst an ihre Eltern wenden, daß aber eine längere finanzielle Unterstützung den Eltern häufig nicht möglich und auch nicht zumutbar sei; vor allem äußern dies Frauen, die seit Jahren einen eigenen Haushalt führen.

Im Selbstverständnis der Frauen ist die eigene Verantwortung für die Sicherung ihres Lebensunterhaltes stark ausgeprägt. Alle von uns befragten Frauen waren vorher ökonomisch selbständig, in eine finanzielle Abhängigkeit von anderen Personen (z.B. den Eltern) zu geraten, wäre für viele ein weitaus größeres psychisches Problem als die Tatsache, staatlicher Unterstützungsleistungen zu bedürfen.

Das Hineindrängen geschiedener Frauen in eine Abhängigkeit vom geschiedenen Mann reflektieren DDR-Frauen, die es gewohnt waren auch in der Ehe finanziell unabhängig zu sein, als unzumutbar.

---

ren Bezahlung nieder (Meier u.a., 1991). Bei den Hoch- und Fachschulkräften bestand eine deutliche Differenzierung der Arbeitseinkommen zwischen Männern und Frauen. So waren Frauen in den höheren Gehaltsgruppen nur zu einem Viertel vertreten (Schuster/Tügel, 1990).

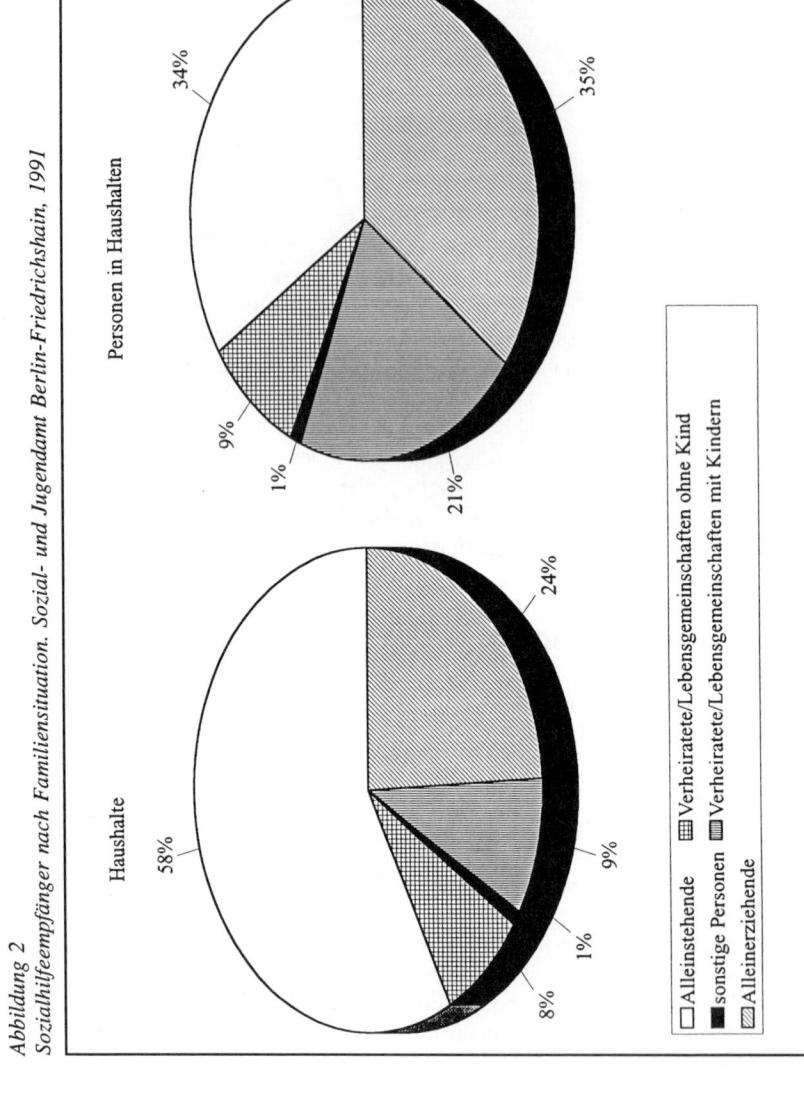

Abbildung 2
Sozialhilfeempfänger nach Familiensituation. Sozial- und Jugendamt Berlin-Friedrichshain, 1991

Haushalte

58%
24%
9%
1%
8%

Personen in Haushalten

34%
35%
21%
1%
9%

☐ Alleinstehende   ▦ Verheiratete/Lebensgemeinschaften ohne Kind
■ sonstige Personen   ▦ Verheiratete/Lebensgemeinschaften mit Kindern
▦ Alleinerziehende

Sozialhilfeabhängigkeit Alleinerziehender 169

Abbildung 3
Alleinerziehende nach Qualifikation. Sozial- und Jugendamt Berlin Friedrichshain, 1991

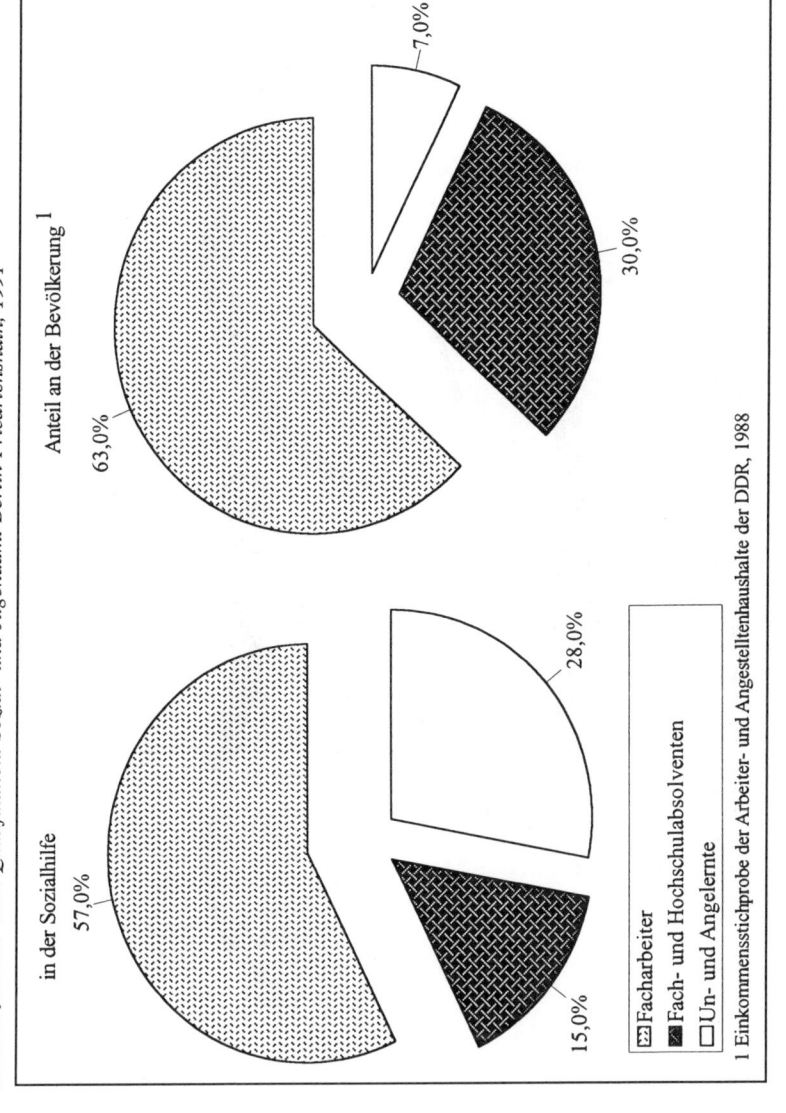

in der Sozialhilfe
57,0%
15,0%
28,0%

Anteil an der Bevölkerung [1]
63,0%
30,0%
7,0%

▨ Facharbeiter
▰ Fach- und Hochschulabsolventen
☐ Un- und Angelernte

1 Einkommensstichprobe der Arbeiter- und Angestelltenhaushalte der DDR, 1988

Abbildung 4
Ursachen des Sozialhilfebezugs. Sozial- und Jugendamt Berlin Friedrichshain, 1991

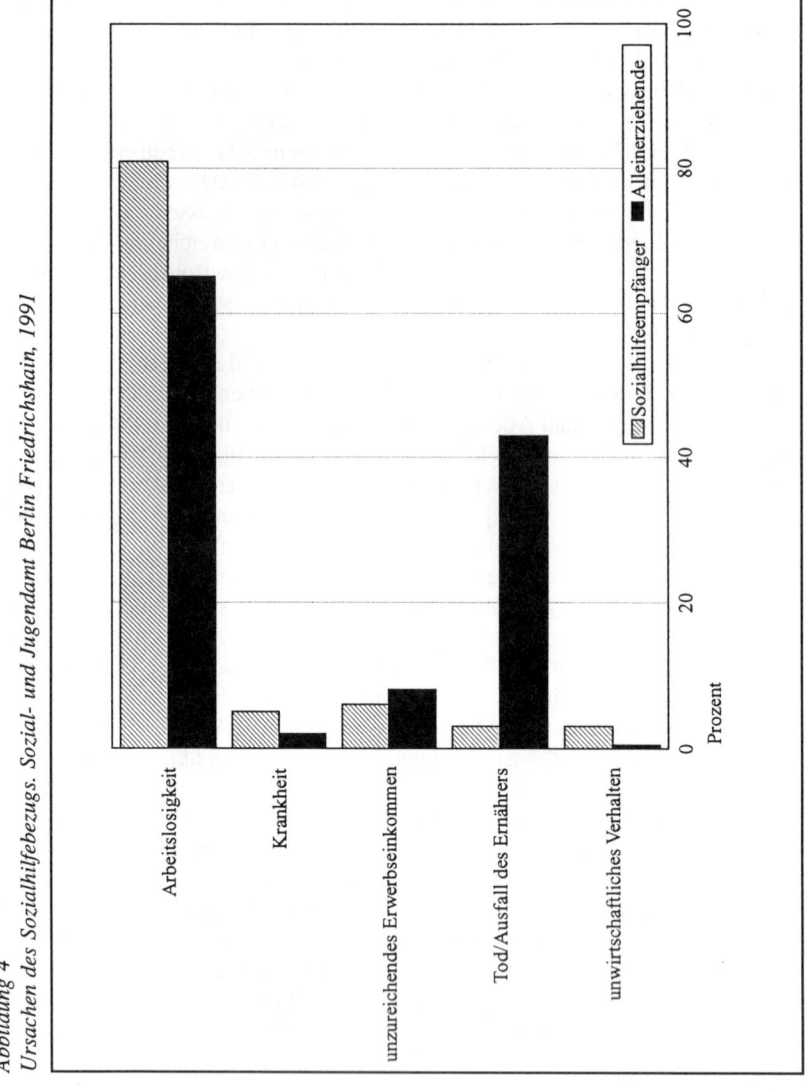

Als weiteren Grund für den Sozialhilfebezug nannten 30% der Alleinerziehenden fehlende oder unzureichende Unterhaltszahlungen für Kinder, wobei weniger als 60% Unterhaltszahlungen für ihre Kinder erhalten.

Aus der Höhe der Sozialhilfebezüge wird ersichtlich, daß in vielen Fällen Alleinerziehende bei ausreichenden Unterhaltssicherungen für ihre Kinder keine laufende Hilfe zum Lebensunterhalt beantragen müßten[10]. Davon betroffene Frauen empfinden es als ungerecht, daß sie bei ungenügenden Unterhaltszahlungen für ihre Kinder die Folgen tragen und Sozialhilfe beantragen müssen.

Für ihre Zukunft sehen Alleinerziehende die nicht ausreichende finanzielle Absicherung des Lebensunterhalts für die Kinder als ein entscheidendes Handicap für eine – durchgängig von allen befragten Frauen wieder angestrebte – eigenständige Existenzsicherung. (vgl. Abb. 4)

Von den alleinerziehenden Sozialhilfeempfängern sind über 10% Frauen, die während der Zeit des Erziehungsurlaubs Hilfe zum Lebensunterhalt benötigen. Die Interviews zeigen, daß Alleinerziehende das Recht auf Freistellung von der Arbeit und Erziehungsgeld mit gleicher Selbstverständlichkeit wie früher – ebenso wie Verheiratete – in Anspruch nehmen, um ihre Kinder selbst zu versorgen.

Zunächst war erstaunlich, daß keine der befragten Frauen die Veränderung bei der Gewährung eines Erziehungsgeldes gegenüber früheren Leistungen der DDR im Babyjahr als negativ bewertete. Die damalige Mutterunterstützung war zwar lohnabhängig gestaltet, wurde aber als staatliche Sozialleistung empfunden und lag für einen Großteil der Frauen sogar unterhalb der jetzt gezahlten 600 DM Erziehungsgeld (Schuster/Tügel, 1990; Schwarz, 1990). Der entscheidende Unterschied besteht aber darin, daß aufgrund der subventionierten Lebenshaltungskosten zu DDR-Zeiten mit der Mutterunterstützung auch Alleinerziehende eine eigenständige Sicherung des Lebensunterhalts – wenn auch auf sehr niedrigem Niveau – aufrechterhalten konnten.

Das kritiklose Hinnehmen dieser Veränderung erklärt sich z.T. daraus, daß einige negative Begleitumstände für die Betroffenen nicht spürbar sind und daß häufig noch keine Prüfung der Einkommensverhältnisse der Eltern bei Antrag auf Sozialhilfe erfolgt bzw. in der Regel keine Unterhaltsverpflichtung besteht.

Keine der befragten Frauen im Erziehungsurlaub beabsichtigt, ihr Kind über die gesetzlich festgelegte Erziehungszeit hinaus zu Hause zu betreuen. Dabei spielt neben dem Wunsch nach Berufstätigkeit interessanterweise auch eine positive Einstellung zu einer Betreuung des Kindes gemeinsam mit anderen Kindern schon vor dem Kindergartenalter eine Rolle, auch wenn einige der Frauen eine ganztägige Verweildauer der Kinder in einer Kindertagesstätte vermeiden wollen. Das Normalitätsverständnis von Frauen im Ostteil darüber, wie lange eine Mutter ein Kind zu Hause betreuen sollte, unterscheidet sich augenscheinlich

---

10 So erhalten in der Untersuchungsregion 10% der Alleinerziehenden Leistungen bis 250 DM und mehr als ein Viertel unter 501 DM.

noch deutlich von dem im Westteil, wie verschiedene Untersuchungen belegen (Institut für praxisorientierte Sozialforschung, 1992).

Alleinerziehende im Erziehungsjahr unterscheiden sich, sofern sie berufliche Wiedereinstiegschancen haben, deutlich in ihrer Befindlichkeit und Bewertung ihrer Lebenssituation von arbeitslosen Alleinerziehenden; ausschlaggebend hierfür ist mehr das absehbare Ende der Sozialhilfeabhängigkeit als die bessere finanzielle Situation.

3.2 Ergebnisse qualitativer Interviews zur Lebenssituation

3.2.1 Wahrnehmung der Situation als Alleinerziehende

Die Entscheidung von Frauen, allein für ein Kind Verantwortung zu übernehmen, war unter DDR-Bedingungen im großen und ganzen nicht mit einem Bruch der Lebensplanung und -weise verbunden. Der Statuswechsel bei Trennung vom Partner war infolge der zur Selbstverständlichkeit gewordenen Berufstätigkeit und ökonomischen Unabhängigkeit der DDR-Frauen von anderer Qualität als für einen Großteil der Frauen in der Bundesrepublik.

Der überwiegende Teil der von uns befragten Frauen verfügte über Erfahrungen mit einer Ehe oder Lebensgemeinschaft. Wie bei der großen Mehrheit der DDR-Frauen üblich, gingen die befragten Frauen in relativ frühen Jahren eine feste Partnerschaft/Ehe ein und/oder brachten Kinder zur Welt.

Der hohe Wert von Kindern im individuellen Bewußtsein war in nicht zu unterschätzendem Maße eine Folge der Aneignung gesellschaftlicher Wertmuster, die mit einer pronatalistischen Politik verbreitet wurden und so auch im Sinne eines angestrebten moralisch-ethischen Ideals gewirkt haben (Meyer, 1990).

Die Entscheidung der Mehrzahl der befragten Frauen, in relativ jungen Jahren, z.T. noch während der Berufsausbildung eine Partnerschaft/Ehe einzugehen und sich nach relativ kurzer Zeit für ein Kind zu entschließen, wird von jungen DDR-Frauen als ganz normale Biographie reflektiert. Die Frauen waren – wie die Mehrzahl der DDR-Frauen – jünger als 25 Jahre bei der Geburt des ersten Kindes.

Die Partnerschaften der von uns Befragten, aus der die ersten Kinder hervorgingen, waren jedoch nur von kurzer Dauer; bei den ledigen Frauen endete sie entweder bereits während der Schwangerschaft oder während des ersten Lebensjahres des Kindes, bei den verheirateten Frauen – wie bei vielen Ehepaaren in der DDR – nach 3 bis 8 Jahren.

Die Gründe, die die befragten Frauen für die Partnerschaftstrennung angaben, dürften für viele Frauen in vergleichbarer Lage gelten. Bei denen, die sich sehr jung für eine Partnerschaft und ein Kind entschieden, waren es vor allem unterschiedliche Ansprüche und Vorstellungen, die an eine Partnerschaft und das Zusammenleben gestellt wurden. Obwohl bei der Entscheidung für ein Kind von einem Wunsch nach Fortbestand der Partnerschaft ausgegangen worden war, reflektieren die Frauen die Trennung nicht als den problematischen Einschnitt in ihrem Leben, offensichtlich auch aufgrund der damaligen Gewißheit über gesicherte Existenzbedingungen als Alleinerziehende sowie im Bewußtsein der Tatsache, daß hohe Scheidungszahlen und Partnerschaftstrennungen eine gewisse Normalität darstellten.

Frau E. (32 Jahre, ledig, 2 Kinder; Wirtschaftsleiterin, Erziehungsjahr):
„Mit vierzehn kennengelernt, achtzehn ein Kind gekriegt, und dann war Schluß ... na, hat dann flinke Füße gemacht, es war ihm vielleicht doch ein bißchen zu viel, was er da dann sich aufgeladen hatte, dachte er sich vielleicht. Naja, ich war im fünften Monat gewesen, da ist er weggegangen, denn da war schon alles zu spät. Ja, das Kind war der Beweggrund wahrscheinlich, ja, er war ... – ja, wie soll ich sagen? –, sonst wär er ja gebunden gewesen, nicht? So, und jetzt hätte er Frau, Kind und Verantwortung, und die Verantwortung wollte er wahrscheinlich nicht übernehmen. Na, er wollte noch ein kleines bißchen Jugend haben. Aber ich glaube auch nicht, daß ich mir das Kind wegmachen lassen hätte, also ..."

Frau K. (33 Jahre, ledig, 1 Kind; freiberufliche Tänzerin):
„Der (Junge) war ja auch nicht eingeplant, meiner, aber ich habe mir gesagt: Was soll's denn, ein Kind wollte ich sowieso haben."

Der trotz derzeitigem Geburtenrückgang nach wie vor hohe Wert von Kindern im Leben von Frauen aus dem Ostteil wird daran ersichtlich, daß sich Frauen in einer Situation mit unsicherer Partnerschaftsperspektive und des gesellschaftlichen Umbruchs mit weitreichenden Veränderungen für ihre weitere Lebensgestaltung für ein Kind entschieden haben, obwohl die Möglichkeit eines legalen, relativ unkompliziert zu erreichenden Schwangerschaftsabbruchs bestand.

Frau H. (26 Jahre, geschieden, 1 Kind; Krippenerzieherin, Erziehungsjahr):
„Also mein Mann ist 1/2 oder 3/4 Jahr vor der Scheidung schon ausgezogen, und dann habe ich auch einen neuen kennengelernt. Der war allerdings aus Freiberg. Das war mehr so eine Wochenendbeziehung, und ich bin oft runtergefahren, und als ich dann sagte, daß ich schwanger bin, das war das letzte Mal, daß wir uns gesehen haben. Und ohne ein Wort, ich habe dann noch ein paarmal telefoniert, aber er hat überhaupt nichts dazu gesagt. Das einzige, was er dazu mal gesagt hat, da habe ich ihn am Telefon gefragt, wie er denn zu dem Kind steht: Er steht dafür gerade, was er gemacht hat. Das ist das einzige. Ich habe ihn seitdem auch nicht mehr gesehen (...) Ich habe erst überlegt, es ist ja ein blöder Zeitpunkt gewesen, in der Versicherung haben sie alles umgestellt, alle sind sie zur Schulung gefahren und so. Das war für mich erst einmal passé, von vornherein. Wenn ich dann so weitergedacht habe, dann weiß man nicht, wie es kommt, mit dem Geld, ist ja alles nichts. Und dann habe ich überlegt.

Aber ich bin ja Krippenerzieherin, habe Kinder sehr gerne, und dann dachte ich, ach nee, wenn du's wegmachen läßt, dann kriegst du vielleicht gar keine mehr, und das kriegst du schon groß, auch wenn du allein bist, so schlimm wird es nicht werden. Also auch viele Bekannte, die ich kenne, also die meisten, die ich kenne, haben Kinder, und von daher ..."

Frau E. (32 Jahre, ledig, 2 Kinder; Wirtschaftsleiterin, Erziehungsjahr):
„Naja, das ist nun auch so ein Schlawiner. Ich hab' ihn kennengelernt, wo die Grenze aufgemacht wurde, um '90 hab' ich ihn kennengelernt, ja. Und ein halbes Jahr ging es gut, und dann wackelte das ein bißchen; hab' dann rausgekriegt, daß er verheiratet ist, zwei Kinder hat, naja, und dann war ich schwanger, und – muß ich ihnen ganz ehrlich sagen – und da ich auf dem Standpunkt stehe, also einen Paragraph 218 dahingestellt jetzt, jeder hat seine eigene Meinung, ja ... Also ich mache es nicht, ich laß mir kein Kind abtreiben, da trage ich es aus. Ja, es war wohl kein Wunschkind, aber ... Ja und da, naja, dann hat man es gesehen, durch den Ultraschall eben, nicht, und dann – wie soll ich sagen? – entsteht ja schon irgendwie so ein bißchen was, nicht, man hat es gesehen, die kleinen Fingerchen so angedeutet und ... Naja, Abtreibung kommt nicht in Frage und so, na ..."
I: „Na und alles stand ja nun so im Umbruch."
„Also das war kein gutes Gefühl ... Angst gehabt hat man, was aus einem wird, aber man darf auch nicht alles so schwarzmalen ...".

Daß sie keine Einzelfälle sind, darauf verweist der überaus hohe Anteil lediger junger Frauen im Erziehungsjahr, die Sozialhilfe erhalten.

Trotz ihrer jetzigen Situation als Empfängerin von Sozialhilfe und bei sehr unterschiedlichen Vorgeschichten hat keine der von uns interviewten Frauen in der Rückschau den damaligen Entschluß für ein Kind bedauert.

Die fast ausschließliche Beschäftigung mit den Kindern in der Freizeit und die Einschränkung persönlicher Freiräume aus der Verantwortung insbesondere für kleinere Kinder gehört nach der Meinung der Befragten bei alleinerziehenden wie auch bei verheirateten Frauen zum Alltag von Müttern. Die tatsächliche Entlastung im alltäglichen Leben mit Kindern durch einen Partner wurde gering eingeschätzt.

Alleinerziehende in der DDR waren vor allem durch ihre Berufstätigkeit sozial integriert. Dennoch wurden die sozialen Beziehungen und Kommunikationsmöglichkeiten als eine der problematischen Seiten alleinerziehender Frauen angesehen, da beispielsweise Kontakte zu Arbeitskollegen oft nicht über den beruflichen Bereich hinausgingen (Hauptmann, 1984).

In unserem Sample war keine der betroffenen Frauen ausgesprochen isoliert, alle Frauen hatten zumindest neben den Eltern noch weitere enge Vertraute und Bezugspersonen. Eine geringere Rolle spielten Arbeitskollegen und nachbarschaftliche Beziehungen. Das soziale Beziehungsnetz der Befragten umfaßte vielfach wenige, dafür über Jahre gewachsene, beständige Beziehungen (mitunter nur zu einer Person), die von ihnen als äußerst wichtig angesehen wurden und auf die sie sich auch in der momentanen Sozialhilfesituation stützen konnten.

Bei den ledigen Alleinerziehenden konzentrieren sich die Beziehungen stark auch auf die eigene Herkunftsfamilie, insbesondere die Mutter.

Viele der jungen alleinerziehenden Frauen haben sich ein Hilfenetz aufgebaut und pflegen gute Kontakte zu ihren Eltern, so daß sie zumindest zeitweilig ohne Kind auch eigene Interessen verfolgen können.

Frau E. (32 Jahre, ledig, 2 Kinder; Wirtschaftsleiterin, Erziehungsjahr):
„Na, ich hab' nun Gott sei Dank noch eine Freundin, die eben auch alleinstehend ist mit einem Kind (...) Ja. Wenn sie mal in eine Bedrängnis kommt eben, dann geb ich ihr was und wenn umgedreht, genauso. Ich glaube auch, ist heute schwer so eine Freundin zu finden, ja. (...) Weil eigentlich jetzt das Gerücht 'rumgeht, ‚benutze bloß noch deine Ellenbogen' ..., aber eine richtige Freundschaft ist viel wert, eine ganze Menge (...).

Frau K. (33 Jahre, ledig, 1 Kind; freiberufliche Tänzerin):
„Ich habe eine unheimlich gute Beziehung zu meiner Mutter. Das ist auch wichtig! Das hat nicht jeder! (...) Mutter wohnt in der ersten Etage. Ja, ist irgendwie schön in einem Aufgang. Ist auch ganz gut, auch für mein Kind, oder war gut für mein Kind, auch wenn ich eben Auftritte hatte und so."

Nur von wenigen Frauen wurden Isolation und Einsamkeit als negative Seiten des Alleinlebens herausgestellt. Einsamkeit wurde nur als ab und zu auftauchendes Gefühl (abends und an den Wochenenden) angesprochen.

Frau H. (26 Jahre, geschieden, 1 Kind; Krippenerzieherin, Erziehungsjahr):
„Naja, Wochenende ist manchmal doof, ich meine, viele haben jetzt auch einen Mann gefunden, und man will nicht immer das dritte Rad am Wagen sein, nee, und dann drängle ich mich auch nicht so auf. Da fahre ich eben am Wochenende mal alleine weg oder so, gehe alleine spazieren, aber es ist schon ... was machst du heute wieder, allein 'rumziehen und so, aber es geht."

Eigene Unabhängigkeit und Entscheidungsfreiheit bei der Gestaltung des Alltags mit den Kindern ohne die Notwendigkeit, auch noch die Wünsche eines (Ehe-)Partners vereinbaren zu müssen, insgesamt weniger Streß und Aufwand im Haushalt, Wegfall von Streit und z.T. auch gewalttätigen Auseinandersetzungen werden als positive Aspekte hervorgehoben. Das macht es möglicherweise Alleinerziehenden mitunter einfacher als verheirateten Müttern, mit den beschränkten finanziellen Möglichkeiten der Sozialhilfe zurechtzukommen und dabei den Bedürfnissen der Kinder gerecht zu werden.

Keine der befragten Frauen hatte den ausdrücklichen Wunsch, alleinerziehend zu bleiben, aber die gegenwärtige Situation wurde von ihnen auch keinesfalls als eine Katastrophensituation empfunden, die es so schnell wie möglich durch eine neue Partnerschaft zu überwinden gelte.

Trotz ihrer jetzigen Situation als Sozialhilfeempfängerin bewerteten die befragten Frauen die nicht immer einfache Situation, ihr Kind allein großzuziehen, auch unter den gegebenen Umständen der gesellschaftlichen Umbruchsituation, als das kleinere Übel gegenüber einer unbefriedigenden Partnerschaft. Alleinerziehen wird als eine wohl ursprünglich nicht geplante, aber für eine bestimmte Phase mögliche Lebensform von den befragten Frauen akzeptiert.

Wenn die Befragten eine spätere Ehe oder Lebensgemeinschaft nicht ausschließen, sehen sie darin nicht einen Weg für sich aus der Sozialhilfeabhängigkeit. Eher im Gegenteil. Bei einigen Frauen bestehen Befürchtungen, eine Partnerschaft einzugehen wegen möglicher Konflikte aufgrund ökonomischer Abhängigkeit vom Partner. Das Bild eines alleinverdienenden Ehemannes stellt für keine der Befragten eine Lebensperspektive dar. Das Leben der Familienform Alleinerziehen und ihrer differenzierten Beziehungsmuster scheint sich nach den bisherigen Interviews relativ unabhängig vom Systemumbruch zu vollziehen. Offensichtlich eher beeinflußt von gelebten Formen in den Herkunftsfamilien sowie Wertungen und Einstellungen (auch zum Kind) in der Vergangenheit durch DDR-Leitbilder geprägt, läßt sich in der untersuchten Gruppe kein unmittelbarer Bruch feststellen. Familienbilder aus den alten Bundesländern werden eher zögernd zur Kenntnis genommen.

Insgesamt wird die Sozialhilfesituation kaum im Zusammenhang mit der familialen Lebensform thematisiert, sondern (wie noch zu zeigen sein wird) eher im Zusammenhang mit der Erwerbsarbeit, mit der Tatsache, nicht selbst für den Unterhalt sorgen zu können.

3.2.2 Erwerbstätigkeit und Alleinerziehen

Alleinerziehende Frauen in der DDR waren in der Regel berufstätig, überwiegend ganztags, ihr Erwerbsstatus unterschied sich nicht von demjenigen der Masse der verheirateten Frauen mit Kindern. Zu Erwerbstätigkeit und Leben mit Kindern gab es in der DDR faktisch keine Alternativen; weder Hausfrau und Mutter noch nur erwerbstätig zu sein, waren akzeptierte Lebensformen. Nach der Geburt von Kindern wurde die Erwerbstätigkeit in der Regel nicht für lange Zeit unterbrochen oder ganz aufgegeben.

In den Interviews wird dargestellt, daß nach der Schule die sofortige Aufnahme einer Berufsausbildung durchgängig in allen Schichten Normalität war.

Die Normalität der Erwerbstätigkeit wurde schon durch das Elternhaus, durch die selbstverständliche und in der Regel für den Unterhalt der Familie notwendige Berufstätigkeit der Mutter vermittelt. Dabei wurde die Problematik, Arbeit und Kinder zu vereinbaren, schon in der Herkunftsfamilie erlebt.

Frau E. (32 Jahre, ledig, 2 Kinder; Wirtschaftsleiterin, Erziehungsjahr):
„Meine Mutter war berufstätig, hab' noch drei Geschwister, und da mußte sie berufstätig sein, sonst hätte ja damals auch nicht das Geld gereicht (...). Wir kannten nichts anderes, das war für uns eigentlich ganz normal (...), für mich

war das ganz normal gewesen, daß ich meine Schwester zum Kindergarten gebracht habe und sie wieder abgeholt habe, daß ich abgetrocknet habe oder die Jungs Müll runtergebracht haben und Kohlen geholt haben, da ja meine Mutter nun den ganzen Tag arbeiten ist, das ist für uns ... wir sind halt damit groß geworden. Nein, das war was ganz Normales."

Frau K. (33 Jahre, ledig, 1 Kind; freiberufliche Tänzerin):
„Durch den Krieg ist die Ehe (der Eltern) – wo meine zwei ältesten Geschwister her sind – auch auseinandergegangen. Aber trotzdem eben alle solide und bescheiden. Kann man sagen, daß ich eigentlich vernünftig erzogen worden ... Wenn ich jetzt so zurückdenke ..., Mutter mußte arbeiten gehen. Kam sie um 6 Uhr oder wann erst nach Hause – wir waren uns völlig selbst überlassen! Bei uns ist ja nichts in dem Sinne ... wir sind keine Strolche geworden und – wie soll man sagen? – keine Asozialen in dem Sinne. Irgendwie, also ich habe es persönlich früh selber erkannt, aus dem Leben was Richtiges zu machen. Ob das schon im Haushalt anfing, Muttern zu helfen, weil alles liegengeblieben ist. Bei uns sah es ja auch immer chaotisch aus – wie sollte sie denn das schaffen?"

Trotz Angleichung des formalen Ausbildungsniveaus führte die Berufswahl in eine nach Geschlecht polarisierte Berufs- und Wirtschaftsstruktur. Das Berufswahlfeld für Mädchen beschränkte sich im wesentlichen auf die traditionellen Frauenberufe. Die interviewten Frauen bilden einen Ausschnitt davon ab: Krankenschwester, Krippenerzieherin, Sekretärin, Friseuse, Verwaltungssachbearbeiterin.

Wie viele Frauen in der DDR haben sie ihren erlernten Beruf nicht lange ausgeübt oder sind bestrebt, eine andere Tätigkeit zu ergreifen. Probleme der Arbeitszeitregelungen in diesen frauentypischen Berufen verschärfen sich mit der Alleinverantwortung für Kinder.

Erwerbsbiographien auch der Frauen waren stetig und durch jahrzehntelange, ganztägige beruflich spezialisierte Arbeit gekennzeichnet, die Arbeitszeiten gehörten zu den längsten in Europa (Hradil, 1992). Unter diesen starren Bedingungen waren Probleme der Vereinbarkeit von Erwerbsarbeit und Kindererziehung zwangsläufig.

Hinzu kam, daß sich in der DDR oftmals solche wesentlichen Lebensabschnitte wie Berufsausbildung bzw. Einstieg in den Erwerbsprozeß, Haushalts- und Familiengründung nicht zeitlich nacheinander, sondern nebeneinander vollzogen. Da die geschlechtsspezifische Rollenverteilung bei der Familienarbeit im wesentlichen unverändert blieb, war dies nicht selten Ursache dafür, daß Familien auseinandergingen (Meyer, 1990). Für Alleinerziehende waren Beruf und Kindererziehung mit großen Belastungen verbunden.

Frau E. (32 Jahre, ledig, 2 Kinder; Wirtschaftsleiterin, Erziehungsjahr):
„„... das war ein hartes Stück Arbeit, muß ich ganz ehrlich sagen (...) Also die Zeit, die wünsche ich mir eigentlich nicht zurück, muß ich ganz ehrlich sagen.(...). Nach dem Babyjahr habe ich dann keinen Krippenplatz gekriegt, um

so was mußten wir uns ja damals 'rumärgern (...). Und dann habe ich endlich einen Krippenplatz gekriegt. Na, wie alt war sie? Zwei, zweieinhalb. Und dann ging die Ackerei los. Hab' in Marzahn eine Wohnung gehabt und hab' in Friedrichstraße gearbeitet (...). Ja, und können sich ja mal vorstellen, wie Marzahn aussah und wann damals Züge abgefahren sind, alle zwanzig Minuten. Das Kind um sechs hingebracht und um sechs wieder abgeholt. Das war eine ganz schöne Anstrengung. Und da ist auch eigentlich sehr viel weggewesen, ja, die ganze Beziehung zwischen Mutter und Tochter irgendwie, ja. Das war ... irgendwie war das nicht richtig, das war nur ein Gehetze, ja, um sechs standen sie dann schon mit dem Kind auf der Straße, dann hab' ich sie mir geschnappt, bin da in die Kaufhalle gegangen und hab' dann eingekauft, um sieben waren wir zu Hause, dann war sie bettfertig gewesen. Also viel mit dem Kind ... ich selber jetzt mit dem Kind selber konnte nichts machen, ja (...). Also da blieb uns bloß das Wochenende im Grunde genommen, aber so geht es wahrscheinlich auch vielen Frauen, wenn sie jung waren und dann noch Kinder hatten. Aber es war eine schlimme Zeit."

Frau B. (41 Jahre, geschieden, 2 Kinder; Friseuse, arbeitslos):
„Wenn ich denn ehrlich bin, damals habe ich das immer alles verdrängt, weil ich mir sage: ist alles egal, du schaffst das – du schaffst's. Aber heute, muß ich sagen, ich hätte es vielleicht besser, leichter schaffen können auch. Ich hätte mein ... vielleicht mich auch persönlich ... ein bißchen an mich denken können oder hätte mehr machen können, wenn ich mehr Unterstützung hätte (...) Denn es war wirklich zuwenig – in jeder Beziehung. Also kann (...) einer sagen, was er will, aber so schön war der Sozialismus nicht für Frauen mit Kinder(n) allein, muß ich ehrlich sagen (...). Aber man hatte keine Unterstützung, also keine Erleichterungen. Gut, dieser Haushaltstag, mein Gott ja, aber der eine Tag im Monat. Der einzelne Tag – die tagtäglichen Sachen, die waren wichtig. Wir sind um dreiviertel sechs aus dem Haus, und (...) um fünf habe ich meinen Sohn schlafend ..., ich habe ihn schlafend abgegeben, schlafend geholt...".

Arbeitslosigkeit konnte das Bild kontinuierlicher Erwerbsbiographien noch nicht beseitigen, wie auch später durchgeführte größere Umfragen für das Gebiet der neuen Bundesländer bestätigen. Keine der von uns interviewten alleinerziehenden Frauen äußerte den Wunsch, aufgrund von Kinderbetreuung die Erwerbstätigkeit über längere Zeiträume zu unterbrechen oder ganz aufzugeben und für diesen Zeitraum das Recht auf Sozialhilfe in Anspruch zu nehmen. Nach der Geburt von Kindern nehmen auch alleinstehende Frauen staatliche Förderung in Form des Erziehungsurlaubs an, größtenteils so lange die bezahlte Freistellung andauert. Wenn in dieser Zeit die übrigen Einkommen nicht ausreichen (Wohngeld, Unterhalt u.a.) oder nicht rechtzeitig verfügbar sind, muß zusätzlich Sozialhilfe beantragt werden. Für den Zeitraum unmittelbar nach Ablauf der staatlichen Förderung haben alle Interviewten Pläne für Erwerbsarbeit. Trotz aller Belastungen war die Berufstätigkeit für die weitaus meisten Frauen der DDR zu einem

festen Bestandteil ihrer Lebensplanung geworden. Für Teilzeitarbeit sprachen sich mehrere der interviewten Frauen aus. Inwieweit sich damit jedoch der Lebensunterhalt alleinstehender Frauen mit Kindern (unabhängig von Sozialhilfe) bestreiten läßt, dazu konnten keine konkreten Vorstellungen entwickelt werden.
Frau H. (26 Jahre, geschieden, 1 Kind; Krippenerzieherin; Erziehungsjahr):
„... ich bin nicht der Typ Hausfrau, die den ganzen Tag zu Hause bleibt und da am Kochherd steht, um Gottes Willen ... kommt nicht in Frage, also, ich möchte schon arbeiten. Es muß auch nicht den ganzen Tag sein, so halbtags wäre mir auch ganz lieb, gerade für das Kind. Naja überhaupt, auch so, was hat man dann vom Kind. Das muß ich erst einmal sehen. Also auf jeden Fall, ohne Arbeit – nein. Auch wegen dem Kontakt und überhaupt,... so viel unternehmen kann man ja gar nicht, da fehlt dann auch das Geld."
I: „Na gut, es könnte ja auch sein, ... der Partner hat die gutgehende Firma."
„Nee, trotzdem nicht. Also halbtags, gut, aber nicht ganz aufhören."
Alleinerziehende, auch wenn sie Sozialhilfeunterstützung benötigen, nutzen Zeiten der Arbeitslosigkeit oder des Erziehungsurlaubs, um nicht gewollte Berufe zu verlassen und sich beruflich neue Möglichkeiten zu erschließen. Dabei sind die Bedingungen der Kinderbetreuung bei Umschulungen ebenso wie bei Berufen, die mit Schichtarbeit oder Bereitschaftsdiensten verbunden sind, kompliziert geworden. Frauen sind zwar überproportional unter den Teilnehmern beruflicher Weiterbildung vertreten, jedoch verzeichnen bei den direkt Arbeitsplatz bezogenen Zuschüssen, also dort, wo es sich um die Vorbereitung auf konkrete Arbeitsplätze handelt, Männer einen etwa dreimal so hohen Anteil (Holst, 1994).
Frau G. (27 Jahre, geschieden, 1 Kind; Krankenschwester; arbeitslos; gegenwärtig im Rahmen von gzA in einem Verlag tätig), möchte nicht weiter in ihrem Beruf als Krankenschwester arbeiten:
„Mein Problem bei der Arbeitssuche ist: Das Hauptproblem ist wahrscheinlich das, daß ich ganz wichtig finde, daß ich eine Arbeit habe, die mir Spaß macht. Also es werden ja überall Schwestern gesucht, aber ich kriege es einfach nicht in meinen Kopf 'rein, jetzt ... ich sollte mich in einem Pflegeheim da melden und so was – das klingt bestimmt auch ein bißchen hochnäsig, das kann schon sein –, aber ich könnte es einfach nicht verkraften, dort zu arbeiten. Weder vom ästhetischen Standpunkt aus noch von diesem befriedigenden Aspekt aus. Ich habe einfach Lust, mehr aus meinem Leben zu machen. Und ich weiß auch, daß aus mir mehr 'rauszuholen ist, das ist einfach nicht so das Problem. Aber das wird überhaupt nicht gefragt, und das wollen die Leute auch nicht. Sie haben alle den Wunsch, das Sozialamt vielleicht noch mehr wie das Arbeitsamt, daß man vermittelt wird, daß man wieder arbeitet. Aber es ist egal, unter welchen äußeren Bedingungen, inwieweit man sich verschlechtert ... Ich war auch in dieser (Weiterbildungs)datenbank und habe mir Sachen, die ich für den Verlag verwenden könnte, schon 'rausgesucht. Ich möchte bestimmt auch noch was machen, aber es ist einfach zur Zeit so schwer möglich von meiner persön-

lichen Situation: Die Umschulung geht acht Stunden, und dann muß ich mindestens eine Stunde vorher und nachher Fahrzeit dazurechnen, dann ist mein Sohn 10 Stunden in der Kita, und das möchte ich nicht. Er ist jetzt fünf bis sechs Stunden drin, und ist völlig fertig, wenn ich ihn hole. Ich muß erstmal ein Stück warten ... Ja, würde jetzt vielleicht Verlagsfachfrau oder so noch eine Ausbildung machen."

Frau F. (21 Jahre, ledig, 1 Kind; Wirtschaftsgehilfin, Erziehungsjahr):
„Denn das wichtigste ist ja, daß ich meinen Job wiederkriege. Ja, und dann eben Umschulung. Und dann will ich da 'raus und was anderes machen ... das ist kein schlechter Job. Aber mir macht er eben keinen Spaß mehr. Ich würde wirklich gern, und da arbeite ich draufzu, Heimerzieher werden. Das will ich durchkriegen. Irgendwann schaffe ich das. Und wenn ich bloß als Erziehergehilfe anfange."

Die Interviews verweisen darauf, daß jüngere Frauen – auch mit kleinen Kindern – ihre Chancen auf dem Arbeitsmarkt vergleichsweise besser beurteilen als ältere Frauen, deren Kinder relativ selbständig sind.

3.2.3 Erfahrungen in der Sozialhilfesituation

In den Interviews wurde nach Alter und Qualifikation der Befragten ein unterschiedliches Legitimitätsverständnis bezüglich der Inanspruchnahme von Sozialhilfe sichtbar, das vor allem auch das subjektive Erleben und Verarbeiten der Sozialhilfesituation beeinflußt. Gerade die Älteren haben größere Probleme, den Systemwechsel zu verarbeiten und vor allem mit der eigenen Arbeitslosigkeit und den negativen Erfahrungen bei der Arbeitssuche fertigzuwerden. Sie zeigen eine stärkere Unzufriedenheit mit ihrer Lebenssituation; auch Gesundheits- und Befindlichkeitsstörungen treten auf. Sie bringen stärker Nachteile für ihre Kinder zur Sprache sowie Ängste und Selbstzweifel zum Ausdruck und sind weniger zuversichtlich hinsichtlich einer Verbesserung ihrer Lebenslage.

Die Selbsteinschätzung der Frauen in bezug auf ihre Sozialhilfesituation ist differenziert und wird von mehreren zusammenwirkenden Faktoren bestimmt. Die Widerspiegelung und Verarbeitung der jetzigen Lebenssituation als Sozialhilfeempfängerin wird sowohl von den sozialen Lagemerkmalen und den momentanen Lebensumständen (Alter, Alter der Kinder, berufliche Qualifikation und Berufschancen, Gründe und Dauer des Alleinerziehens), den Gründen für die Sozialhilfebedürftigkeit, aber auch von der Reflexion des eigenen Lebensverlaufs in der DDR beeinflußt.

Die Fragestellung, wodurch sich unterschiedliche Verarbeitungsformen und Bewertungsprozesse der Sozialhilfesituation bei alleinerziehenden Frauen ergeben, wird im Rahmen einer komparativen Untersuchung weiter untersucht.

Allgemein wird von den Alleinerziehenden der ehemaligen DDR das für sie neue Sozialhilfesystem im Vergleich zu Sozialfürsorgeleistungen in der DDR positiv bewertet. Sozialhilfe wird von den Befragten als eine für sie sehr wichtige Hilfe in einer aktuellen wirtschaftlichen Notlage angesehen und als eine gewisse soziale Sicherheit in der momentanen Umbruchssituation empfunden.

Trotz der allgemeinen Wertschätzung dieses letzten sozialen Auffangnetzes fühlen sich betroffene Frauen durch die Tatsache, auf Sozialhilfe angewiesen zu sein, in ihrer Würde verletzt und z.T. durch die bürokratische Verfahrensweise der Bedürftigkeitsprüfung verunsichert und diskriminiert.

Frau B. (41 Jahre, geschieden, 2 Kinder; Friseuse, arbeitslos):
„Oder weil Sie sagten, die Frauen sagen drüben, sie sind selbstbewußter und wir nicht. Na klar, weil sie leben ja mit Sozialhilfe, sie kennen diese Probleme. Für uns ist das neu. Wenn wir nicht arbeiten gehen, dann gibt es eben kein Geld! Und jetzt bekommen wir Unterstützung. Na, damit muß man auch fertigwerden! Es gibt Frauen, denen ist das egal, aber mir ist das nicht egal, ob ich nun mein Geld da- oder daher beziehe, weil ich es gewohnt war, für mein Geld zu arbeiten! Ich habe noch nie was geschenkt bekommen."

Frau G. (27 Jahre, geschieden, 1 Kind; Krankenschwester, arbeitslos):
„Ich denke, es (das Sozialhilfesystem) ist ganz gut. Ich denke, es ist ein ganz gutes Netz, ein Auffangen. Besonders jetzt ... Als ich hingegangen bin, dachte ich, es ist ganz normal. Als ich natürlich dann die Aufnahme dann dort erlebte, war ich schon etwas schockiert, wieweit das in die Intimsphäre von jedem 'reingeht. Ich hatte unterschätzt und finde es auch im nachhinein nicht gut ... Man gibt ja schon wieder soviel Persönlichkeit von sich hin und auch ein Stück auf, daß sie einem eigentlich nicht diese uneigennützige Hilfe, die sie anpreisen, geben. Überall steht ,Ihr Recht – Sozialhilfe'. Und dann ist es doch kein Recht, denn es ist nur ein Recht, wenn man alles so erzählt, was die hören wollen. Ich finde es schon blöd, sein Bankgeheimnis aufzugeben."

Entgegen Berichten aus den alten Bundesländern bezeichneten die befragten Frauen ihre konkreten Erfahrungen mit den Mitarbeitern im Jugend- und Sozialamt nicht grundsätzlich als negativ. Die Frauen unterscheiden zwischen ihrem z.T. unguten und für sie beschämenden Gefühl als Bittsteller vor allem beim ersten Gang zum Sozialamt und dem im allgemeinen freundlichen und verständnisvollen Verhalten der (im Ostteil Berlins fast ausschließlich weiblichen) Amtsmitarbeiter. Die andersartigen Erfahrungen im Umgang mit dem Sozial- und Jugendamt resultieren offensichtlich auch aus anderen Einstellungen und Verhaltensweisen der Mitarbeiter gegenüber Hilfeempfängern in Ost und West (Großmann/Huth, 1992). Mitarbeiterinnen aus dem Ostteil versetzen sich (noch) häufiger in die Lage der Hilfesuchenden, sind (noch) stärker von individuellen Entwicklungen betroffen und versuchen (noch), im Rahmen ihrer Möglichkeiten den Betroffenen beratend und zum Teil durch Einsatz von Eigeninitiative zur Seite zu stehen. Aber auf der anderen Seite besteht bei den Mitarbeiterinnen häufig höhere Unsicherheit bei der Nutzung von Ermessensspielräumen. Kenntnis über ihre konkreten Ansprüche auf einmalige Beihilfen haben die befragten Frauen häufig erst bei Nachfragen auf dem Amt oder durch Gespräche mit anderen betroffenen Frauen bekommen. Die Tatsache, daß sie über das ganz normale Hilfsspektrum (Kleidergeld, Kohlengeld etc.) nur zum Teil von den Mitarbeiterinnen des Amtes informiert wurden, verwundert mitunter die Betroffenen nicht. Kaum eine Frau äußert Kritik, die Anspruchserwartungen an Hilfeleistungen sind zurückhaltend. Viele der Frauen sind eher noch positiv überrascht, wenn sie über die laufende Unterstützung zum Lebensunterhalt hinaus weitere Hilfen durch die Ämter erhalten. Vergleichsmaßstäbe aus der DDR-Vergangenheit, die von den Betroffenen angelegt werden, sowie die relativ kurze Dauer des Sozialhilfebezuges beeinflussen sowohl die momentane Beurteilung der Hilfeleistungen als auch die Selbsteinschätzung ihrer Sozialhilfesituation. Das Arrangement mit der momentanen Situation und das Anpassen ihres Anspruchsverhaltens an ihre objektive Lage ist dabei immer mit der Erwartung einer baldigen Verbesserung verknüpft. Nach der zukünftigen Perspektive befragt, wird von allen Befragten die Hoffnung und in der Regel derzeit noch die feste Annahme geäußert, nach relativ kurzer Zeit durch Wiedereinstieg in die Berufstätigkeit unabhängig von Sozialhilfe zu leben. Die Gefahr, daß bei steigenden Mieten und Kosten für die Kinderbetreuung Alleinerziehende bei Erwerbstätigkeit möglicherweise nur wenig mehr erhalten als ihnen an staatlicher Unterstützung zustehen würde, sehen die befragten Frauen noch nicht. Dementsprechend groß können jedoch die Enttäuschungen und Bewältigungsprobleme für ostdeutsche Alleinerziehende künftig werden.

4. Schlußfolgerungen für weitere Forschungen und sozialpolitischer Handlungsbedarf

Es zeigen sich nicht nur Unterschiede in der sozialdemographischen Zusammensetzung oder bei den Ursachen für die Sozialhilfebedürftigkeit bei alleinerziehenden ostdeutschen Frauen, sondern selbst hinter formal gleichen Sozialhilfegründen verbergen sich verschiedene Prozesse. Anders als im Westteil Berlins, wo ein signifikanter Zusammenhang zwischen Alleinerziehen und Sozialhilfebezug festgestellt wurde, ist die Sozialhilfebedürftigkeit Alleinerziehender im Ostteil trotz äußerlich gleicher Gründe (unzureichende Unterhaltsleistungen für Kinder, Existenzabsicherung während des Erziehungsurlaubes oder bei Arbeitslosigkeit) ursächlich ausgelöst durch den gesellschaftlichen Umbruch.

Rekrutierungsmuster, Merkmalsstrukturen und das subjektive Erleben und Verarbeiten der Lebenssituation alleinerziehender Sozialhilfeempfängerinnen in Ost und West unterscheiden sich – trotz einer Reihe von Gemeinsamkeiten – infolge der andersartigen Sozialisationsverläufe; das zeigt ein Vergleich unserer Studie mit Ergebnissen wissenschaftlicher Arbeiten aus den alten Bundesländern

(Haecker u.a., 1990; Hübinger, 1991; Riedmüller u.a., 1991; Buhr/Ludwig, 1992; Faber u.a., 1992). Inwieweit Alleinerziehende Sozialhilfeabhängigkeit als Statuswechsel oder sozialen Abstieg werten und welche Kriterien dabei angelegt werden, gilt es zu untersuchen. Da ostdeutsche Alleinerziehende kaum Erfahrungen mit den veränderten Lebensbedingungen haben, ist bisher nicht ersichtlich, wie sich ihre Entwicklungswege ausdifferenzieren werden.

Wir gehen davon aus, daß zum Teil sich widersprechende Bewertungskriterien auf die Widerspiegelung der eigenen Sozialhilfesituation wirken: einerseits zur Selbstverständlichkeit gewordene Berufstätigkeit und damit Unabhängigkeit und Eigenständigkeit, andererseits Berufstätigkeit (Vollzeitbeschäftigung) mit den Nachteilen der Doppelbelastung bei häufig nur niedrigem Lebensstandard. Unsere Annahme geht davon aus, daß sich unterschiedliche Verarbeitungsmuster bei den Alleinerziehenden herausbilden werden, je nachdem wie hoch Berufstätigkeit und ökonomische Eigenständigkeit gegenüber den Vereinbarkeitsproblemen von Berufstätigkeit und Kindererziehung bewertet und veränderte gesellschaftliche Leitbilder von den Frauen akzeptiert werden.

Bei der Verarbeitung der Sozialhilfe im Lebenszusammenhang von Alleinerziehenden ist das vielschichtige Beziehungsgeflecht zwischen der objektiv geprägten Struktur des Lebens und subjektiven Verarbeitungsweisen zu entschlüsseln, wobei Reduktion und Dichotomisierung möglicher Einstellungen zur Lebenssituation Alleinerziehender die Lebensrealität von Frauen verfehlt, die nicht durch Alternativen, sondern durch Widersprüche und Ambivalenzen gekennzeichnet ist (Becker-Schmidt u.a., 1980; Kulawik, 1990). Spezifische Belastungen und Verarbeitungsformen alleinerziehender Frauen und die Ambivalenz von Bewertungsprozessen sollten in der weiteren Forschung sichtbar gemacht und ihre Entstehungszusammenhänge herausgearbeitet werden.

Welche Folgerungen lassen sich aus der aktuellen Entwicklung für die Sozialpolitik ableiten?

Die sozialpolitische Sicherung von Frauen und Kindern in der Familie entsprach bereits in der alten Bundesrepublik nicht mehr ausreichend den realen Prozessen der Entwicklung familialer Lebensformen, wie sie in der hohen Scheidungsrate, der wachsenden Zahl Alleinerziehender und der – trotz angespanntem Arbeitsmarkt – steigenden Erwerbsbeteiligung von Frauen zum Ausdruck kommen (Arbeitsgruppe Riedmüller/Glatzer/Infratest, 1991). Das bestehende Problem der Benachteiligung von Ein-Elternfamilien als familialer Lebensform im bundesrepublikanischen Sicherungssystem erhält durch die deutsche Einigung aufgrund des großen Anteils Alleinerziehender in den neuen Bundesländern neue Brisanz.

Die bisher hohen Erwerbsquoten und die relativ gute berufliche Qualifikation ostdeutscher Mütter schützen oft nicht einmal Doppelverdienerfamilien mit Kindern, geschweige denn Alleinerziehende vor dem Gang zum Sozialamt. Dies verweist auf die ungenügende soziale Absicherung der Arbeitslosen, da weder die niedrigen ostdeutschen Erwerbseinkommen noch die familiäre Situation berücksichtigt wird.

Im Westen Berlins zeigt sich, daß arbeitslose wie nichtarbeitslose weibliche Haushaltsvorstände erheblich länger Sozialhilfe beziehen als männliche Haushaltsvorstände. Für ganze Gruppen von Sozialhilfeempfängern, und dazu gehören sicherlich auch die Alleinerziehenden, ist Sozialhilfeabhängigkeit kein kurzfristiger Einbruch grundsätzlich stabiler sozialer Verhältnisse, sondern bedeutet, oft über sehr lange Zeiträume auf diese Hilfe angewiesen zu sein (Senatsverwaltung für Soziales Berlin, 1991).

Die Tatsache, daß in der Ostberliner Untersuchungsregion 35% der Sozialhilfeklientel des Sozial- und Jugendamtes Alleinerziehende mit ihren Kindern sind, zeigt die Notwendigkeit auf, mehr Öffentlichkeit für die Lage dieser Familien zu schaffen und nicht zuzulassen, daß ihre ohnehin schon schwierige Lage durch etwaige Kürzungen von Sozialleistungen noch schlechter wird.

Angesichts einer voraussichtlich wachsenden Zahl zahlungsunfähig werdender Väter infolge von Arbeitslosigkeit ist die bundesdeutsche Unterhaltsvorschußregelung keineswegs ausreichend, deshalb sollte Art und Weise der Sicherung des Lebensunterhaltes für Kinder neu durchdacht werden.

Dasselbe gilt für Erziehungsgeldregelungen bzw. Sozialhilfe während der Zeit der Kinderbetreuung. In Ost-Berlin ist der Anteil der Alleinerziehenden im Erziehungsjahr an den Erziehungsgeldempfängern mit 46,8% mehr als doppelt so hoch wie im Westteil (Antwort des Berliner Senats, 1992).

Ledige und geschiedene Frauen, die während des Erziehungsurlaubs nicht auf ein Einkommen eines Ehemannes zurückgreifen können, müssen erst alle Ersparnisse bis zur festgelegten Vermögensgrenze aufbrauchen und geraten gegebenenfalls wieder in finanzielle Abhängigkeit vom Elternhaus oder vom geschiedenen Mann. Forderungen und Vorschläge nach Veränderung der Unterstützungsleistungen für Alleinerziehende und ihre Kinder, beispielsweise angelehnt an Regelungen in Norwegen oder Schweden, erhalten angesichts des höheren Anteils Alleinerziehender im Ostteil der neuen Bundesrepublik neues Gewicht (Riedmüller u.a., 1991; Ott u.a., 1990).

Trotz der bisher noch guten Kinderbetreuungsmöglichkeiten war in Ost-Berlin der Anteil sozialhilfeabhängiger Alleinerziehender mit Kindern im Krippen- und Kindergartenalter unverhältnismäßig hoch. Augenscheinlich unterliegen Alleinerziehende mit kleinen Kindern zusätzlichen Ausgrenzungstendenzen. Dies zeigt, daß das Kinderbetreuungssystem eine zwar dringend notwendige aber zugleich keineswegs hinreichende Bedingung ist, damit Alleinerziehende ihren Anspruch auf Berufsarbeit und gesellschaftliche Teilhabe realisieren können. Die momentane Entwicklung weist jedoch eher in die entgegengesetzte Richtung: arbeitsmarkt- und familienpolitische Maßnahmen (z.B. Zehnte Novelle Arbeitsförderungsgesetz/Verlängerung des Erziehungsurlaubes), fördern eher den Ausstieg bzw. die

Ausgrenzung aus der Erwerbsarbeit als den Einstieg. Das gilt einschließlich hinsichtlich des BSHG und der Anwendung seiner arbeismarktfördernderden Instrumentarien.

Ein existenzsicherndes Einkommen zu erzielen ist für Alleinerziehende ebenso wie für verheiratete Frauen eine wichtige Voraussetzung für ökonomische und soziale Selbständigkeit im Sinne von Autonomie (Gerhard, 1993; Frauenkonferenz Berlin). Dabei stellt sich die Frage, ob sich sozialpolitische Forderungen vor allem auf Maßnahmen der Vereinbarkeit von Vollzeiterwerbstätigkeit und Kindererziehung als die bisher in der Regel einzige Möglichkeit eigenständiger Existenzsicherung alleinerziehender Frauen richten sollte. Die Erfahrungen in der DDR verweisen auf die widersprüchlichen Konsequenzen, die zeitlichen und sozialen Konflikte. In den Interviews wurden die Belastungen für die Frauen deutlich zum Ausdruck gebracht. Sind nicht auch Alternativen zu entwickeln, die sich jenseits der im derzeitigen sozialen Sicherungssystem unterstellten Norm – nämlich kontinuierlicher Vollzeiterwerbsarbeit oder Angewiesensein auf Sozialhilfe in seiner jetzigen Form mit diskriminierenden Mechanismen – bewegen, um alleinlebenden Frauen mit Kindern eine reale Entscheidungsfreiheit zwischen dem Maß an eigener Berufsarbeit- und Kindererziehung zuzugestehen?

Literaturverzeichnis

Adamy, W. (1991): Wieviele Sozialhilfeempfänger gibt es in den neuen Bundesländern? In: Arbeit und Sozialpolitik, 9+10.

Antwort des Senats auf die Große Anfrage der Fraktion der CDU und der Fraktion der SPD über die Lebenssituation Alleinerziehender in Berlin (1992): Drucksache Nr. 12/1311.

Arbeitsgemeinschaft Riedmüller, B./Glatzer, W./Infratest (1991): Die Lebenssituation alleinstehender Frauen. In: Schriftenreihe des Bundesministers für Frauen und Jugend, Bd. 1.

Arbeitsgruppe Armut und Unterversorgung (Hrsg.) (1992): Fachpolitische Stellungnahme '92: Armut und Unterversorgung in den neuen Bundesländern. In: Zeitschrift für Sozialreform, Heft 8.

Becker-Schmidt, R. (1980): Widersprüchliche Realitäten und Ambivalenz. In: Kölner Zeitschrift für Soziologie und Sozialpsychologie 32: 705-725.

Bolte, K.M./Hradil, St. (1988): Soziale Ungleichheit in der Bundesrepublik Deutschland. Opladen.

Brinkmann, Ch./Friedrich, D./Fuchs, L./Lindlahr, K.-O. (1991): Arbeitlosigkeit und Sozialhilfebezug. Sonderuntersuchung der Bundesvereinigung der kommunalen Spitzenverbände in Zusammenarbeit mit der Bundesanstalt für Arbeit im September 1989. In: Mitteilungen aus der Arbeitsmarkt- und Berufsforschung, Heft 1.

Buhr, P./Leisering, L./Ludwig, M./Zwick, M. (1991): Armutspolitik und Sozialhilfe in vier Jahrzehnten. In: Leviatan, Sonderheft 12.

Deutsches Institut für Wirtschaftsforschung (Hrsg.) (1990): Frauenpolitische Aspekte der Arbeitsmarktentwicklung in Ost- und Westdeutschland. In: DIW-Wochenbericht 30.

Deutsches Institut für Wirtschaftsforschung (Hrsg.) (1990): Erwerbstätigkeit und Einkommen von Frauen in der DDR. In: DIW-Wochenbericht, Nr. 19.
Deutsches Institut für Wirtschaftsforschung (Hrsg.) (1991): Frauenpolitische Aspekte der Arbeitsmarktentwicklung in Ost- und Westdeutschland. In: DIW-Wochenberichte Heft 30.
Deutsches Institut für Wirtschaftsforschung (Hrsg.) (1992): Umbruch am ostdeutschen Arbeitsmarkt benachteiligt auch die weiterhin erwerbstätigen Frauen – dennoch anhaltend hohe Berufsorientierung. In: DIW-Wochenbericht 18.
Deutsches Institut für Wirtschaftsforschung (Hrsg.) (1993): Einkommensverteilung und Einkommenszufriedenheit in ostdeutschen Privathaushalten. In: Wochenbericht 6.
Dölling, I. (1993): Gespaltenes Bewußtsein – Frauen- und Männerbilder in der DDR. In: Helwig, G./Nickel, H.M. (Hrsg.): Frauen in Deutschland: 1945–1992, Berlin: 23–52.
Engelbrech, G. (1993): Zwischen Wunsch und Wirklichkeit. Einstellung ostdeutscher Frauen zur Erwerbstätigkeit – Ergebnisse einer Befragung. IAB-Werkstattberichte, Nr. 8.
Faber, Ch./Mädje, E./Neusüß,Ch. (1992): Alleinerziehende Sozialhilfeempfängerinnen – Über den Zusammenhang von Armut und Ausbildung. In: Sozialmanagement 2.
Frick, J./Krause, D./Vortmann, H. (1990): Die ökonomische Situation von Alleinerziehenden in der DDR und der Bundesrepublik in den 80er Jahren. In: DIW-Wochenbericht, Heft 42.
Geissler, B. (1991): Arbeitsmarkt oder Familie: Alte und neue gesellschaftliche Integrationsformen von Frauen. In: Zeitschrift für Sozialreform, Heft 11+12.
Gerhard, U./Schwarzer, A./Slupik, V. (Hrsg.) (1988): Auf Kosten der Frauen. Frauenrecht im Sozialstaat. Weinheim/Basel.
Gerhard, U. (1993): Beitrag zur Frauenkonferenz „Weibliche Lebensverläufe und Sozialpolitik" am 5./6.3.1993 in Berlin.
Großmann, H./Huth, S. (1992): Zur Sozialhilfesituation in Berlin – Pilotstudie in einem Ost- und einem Westberliner Bezirk. In: Zeitschrift für Sozialreform, Heft 11/12.
Großmann, H./Huth, S. (1993): Wandel sozialer Ungleichheit: Subjektive Erfahrungen ostdeutscher Alleinerziehender in der Sozialhilfesituation. In: Hanesch, W. (Hrsg.): Lebenslageforschung und Sozialberichterstattung in den neuen Bundesländern. Hans Böckler Stiftung, GR, Bd. 60, Düsseldorf.
Haecker, G./Kirschner, W./Meinlschmidt, G. (1990): Zur Sozialhilfesituation von Sozialhilfeempfängern in Berlin (West) – Eine statistische Analyse wesentlicher Ergebnisse. Senatsverwaltung für Gesundheit und Soziales, Referat Sozial- und Medizinalstatistik, EDV-gestützte Fachinformationssysteme, Diskussionspapier 14, Berlin.
Hauptmann, Ch. (1984): Alleinstehende Frauen in der DDR – eine soziologische Studie mit einleitender historischer Betrachtung. Dissertation A, Berlin.
Hofemann, K. (1992): Aktuelle Sozialhilfeentwicklung in West- und Ostdeutschland. In: Sozialer Fortschritt; Heft 12.
Holst, E. (1994): Ausgrenzung von Frauen nach der „Wende": Maßnahmen zur Vereinbarkeit von Familie und Beruf. Erscheint in: Hanesch, W. (Hrsg.): Sozialpolitische Strategien gegen Armut. Westdeutscher Verlag.
Hradil, St. (1992): Die „objektive" und die „subjektive" Modernisierung. Der Wandel der westdeutschen Sozialstruktur und die Wiedervereinigung. In: Aus Politik und Zeitgeschichte, Beilage zur Wochenzeitung „Das Parlament", vom 10. Juli.
Hübinger, W. (1991): Zur Lebenslage und Lebensqualität von Sozialhilfeempfängern. Eine theoretische und empirische Armutsuntersuchung. Eigenverlag des Deutschen Verein für öffentliche und private Fürsorge, Reihe: Diplomarbeiten, Dissertationen, Dokumentationen, Bd. 18, Frankfurt a.M.

INFAS (Hrsg.) (1991): Frauen in den neuen Bundesländern im Prozeß der deutschen Einigung. In: BMFJ-Materialien zur Frauenpolitik 11.
Institut für praxisorientierte Sozialforschung Mannheim (1992): Gleichberechtigung von Frauen und Männern – Wirklichkeit und Einstellung in der Bevölkerung. In: Schriftenreihe des Bundesministers für Frauen und Jugend, Bd. 7, Bonn.
Jaufmann, D./Kistler, E./Pfaff, A. (1992): Frauen – Arbeit – Familie: Unterschiedliche Perspektiven in Ost und West. In: BISS Heft 7.
Kickbusch, I./Riedmüller, B. (Hrsg.) (1984): Die armen Frauen, Frauen und Sozialpolitik. Frankfurt a.M.
Kulawik, Th. (1988): Familien in Armut – Zur gesellschaftlichen Ausgrenzung von Frauen mit Kindern. In: Deutsches Jugendinstitut (Hrsg.): Wie geht's der Familie? Ein Handbuch zur Situation der Familie heute. München.
Kulawik, Th. (1990): Unbeschreiblich weiblich: Die Unsichtbarkeit der Armut von Frauen. In: Neue Praxis, Heft 1.
Ludwig, M. (1992): Sozialhilfekarrieren. Über ein neues Konzept in der Armutsforschung. In: neue praxis 22: 130–140.
Maier, F. (1991): Geschlechterverhältnisse der DDR im Umbruch – Zur Bedeutung von Arbeitsmarkt und Sozialpolitik. In: Zeitschrift für Sozialreform, Heft 11+12.
Meier, U./Schmidt, B./Winzen, G. (1991): Junge Frauen in Ost und West – Emanzipation im Spannungsfeld von Beruf und Familie? In: Diskurs Heft 2.
Nickel, H.-M. (1992): Frauenarbeit in den neuen Bundesländern: Rückblick und Ausblick. In: Berliner Journal für Soziologie, Heft 1.
Ott, N./Radtke, H./Thiel, W./Wagner, G. (1990): Marktwirtschaftliche Möglichkeiten einer erziehungsfreundlichen Erwerbsarbeit in Deutschland. In: Sozialer Fortschritt, Heft 7.
Pfaff, A./Roloff, J. (1990): Familienpolitik in der Bundesrepublik Deutschland: Gewinn oder Verlust? In: Frauenforschung, Institut für Frau und Gesellschaft, Heft 4.
Schenk, S. (1990): Neue Chancen und Risiken für Frauenerwerbsarbeit auf dem Berliner Arbeitsmarkt in den 90er Jahren. Gutachten im Auftrag der Stadträtin für Gleichstellungsfragen beim Magistrat von Berlin.
Schuster, M./Tügel, A. (1990): Die Vereinbarkeit von Beruf, Familie und Kindererziehung. In: Arbeit und Sozialpolitik, Heft 8–9.

Das Eigene und das Fremde: regionale soziale Milieus im Systemwechsel

Kerstin Schweigel, Astrid Segert und Irene Zierke

In der unmittelbaren Nachwendezeit waren sozialstrukturelle Konzepte für Ostdeutschland darauf orientiert, eine erwartete rasche soziale Differenzierung sowie Umschichtungen im Gefolge der Auflösung traditioneller Strukturen bzw. ihre Ablösung durch individualisierte Lebensmuster zu thematisieren. Eine unkomplizierte Angleichung an westliche Sozialstrukturen wurde erwartet. Diese Prognose wurde inzwischen durch die Realität eingeholt. Neue soziale Ungleichheiten erwachsen nicht allein aus Differenzierungen, sondern gleichermaßen aus Unterschichtungen und sozialen Polarisierungen. Eine rasche Angleichung der Lebensverhältnisse in Ost und West scheint – zumindest für die absehbare Zukunft – fragwürdig geworden.

Ursachen dieser Entwicklung werden nicht allein dem ökonomischen und ökologischen Erbe aus der DDR-Zeit, sondern auch individuellen Handlungsmustern zugeschrieben. Sie sind dem Druck der übergestülpten Strukturen nur partiell gewachsen.

Eine solche Sicht auf den strukturellen Wandel und endogene Potentiale in Ostdeutschland ist zu differenzieren. Das ist ein Anliegen unseres Forschungsprojektes „Der Wandel von Milieus im sozialen Raum Ostdeutschland"[1]. Unser Augenmerk richtet sich auf Veränderungen in den Lebensführungen von Angehörigen unterschiedlicher sozialer Milieus angesichts neuer sozialstruktureller Verhaltenszumutungen und -chancen, aus denen sowohl Potenzen wie auch Risiken für den Transformationsprozeß erwachsen.

Unter Milieus verstehen wir soziale Gruppierungen, die auf der Basis ähnlicher sozialer Lagemerkmale durch jeweils spezifische Alltagspraktiken und Mentalitäten charakterisiert sind und sich durch diese wechselseitig voneinander abgrenzen. Der Umgang mit dem Eigentum, die sozialen Beziehungsnetze und -praktiken, die Formen politischer und kultureller Partizipation sind in diesem Sinne milieuspezifisch geprägt. Die Aneignung und Gestaltung der vorhandenen Lebensbedingungen erfolgt sozial differenziert.

---

1 Dieses Projekt wird durch die KSPW gefördert und schließt an Förderungen durch die Hans-Böckler-Stiftung und die KSPW an.

Bei der Analyse ostdeutscher Milieus sind zwei Unterschiede gegenüber westdeutschen Entwicklungen zu beachten. Erstens sind bis in die 80er Jahre für die DDR insgesamt eher traditionalistische Milieus prägend gewesen. Zweitens konnten sich neue soziale Praktiken durch die politisch begrenzten Öffentlichkeiten nur in eingeschränktem Maße ausdifferenzieren, und traditionelle wurden ideologisch determiniert.

Diese Tradierungen und DDR-spezifischen Entwicklungen wirken im Transformationsprozeß nach. Sie beeinflussen den aktuellen Umgang mit den umgebrochenen Lebensbedingungen, die Aneignung bzw. Gestaltung struktureller Bedingungen. Das soll nachfolgend am Beispiel zweier regionaler sozialer Milieus verdeutlicht werden.

1. Brandenburg im Aufbruch?

Die 1000jährige Provinzstadt Brandenburg an der Havel steht als ein regionales Fallbeispiel für die sozialstrukturellen Veränderungen im Osten Deutschlands. Konzentriert auf eine typische mittelgroße[2], kreisfreie Stadt in der Nähe Berlins, lassen sich die enormen strukturellen Brüche im Transformationsprozeß als Ergebnis vorangegangener demographischer, wirtschaftlicher und politischer Entwicklungen sowie als Bedingungen für aktuelle Verhaltensmöglichkeiten erklären.

Brandenburg ist ein altindustrialisiertes Siedlungszentrum[3] und wird seit 1990 durch einen SPD-Oberbürgermeister regiert. Das größte regionale Problem besteht auch hier vor allem in der wirtschaftlichen Umstrukturierung und der damit verbundenen sehr hohen Arbeitslosigkeit[4]. Dabei kann Brandenburg auf ein historisch gewachsenes Industrie- und Qualifikationsprofil verweisen.

Die seit Ende des 19. Jahrhunderts in Brandenburg verstärkt einsetzende Industrialisierung und der Ausbau einer modernen Infrastruktur wurden durch die zentrale Lage innerhalb Deutschlands und die unmittelbare Nähe Berlins begünstigt. Brandenburg konnte sich zu einem bedeutenden deutschen Stahl- und nach 1933 auch zu einem wichtigen Rüstungsstandort profilieren. Durch seine Abhängigkeit von Material- und Rohstofflieferungen und von den entsprechenden Absatzmärkten in Deutschland und dem Ausland war Brandenburg stark in regionale sowie überregionale Arbeitsteilung integriert. Das betraf auch den Zuzug von Arbeitskräften.

---

2 Brandenburg an der Havel hat gegenwärtig ca. 90.000 Einwohner.
3 Die Bevölkerungsdichte beträgt 528 Einwohner pro qkm, und der Ausländeranteil liegt bei knapp 2%.
4 Die 9.000 Arbeitslosen sind zu 66% weiblich und kommen vor allem aus den großen Industriebetrieben der Stadt.

Das Eigene und das Fremde   191

   An diese Entwicklungen wurde in der DDR angeknüpft. Dreh- und Angelpunkt für das Leben der Stadt wurde die Errichtung eines neuen Stahl- und Walzwerkes seit 1950. Das bewirkte eine Orientierung auf Großproduktion und Schwerindustrie, die für die Existenz bzw. das bis in die 80er Jahre politisch programmierte Sterben regionaler Kleinbetriebe, für die Berufsausbildung und auch für Karrieremuster in der sozialistischen Wirtschaft prägend war. Diese Hypothek stellt die Basis für die Umstrukturierung Brandenburgs zu einem modernen Industrie- und Dienstleistungszentrum dar.
   Zunächst sollen die demographischen Koordinaten der Stadt und anschließend die Arbeitsmarktstrukturen Brandenburgs dargestellt werden. Dabei sind deutliche Einschnitte, unterschiedliche Lebens- und Wanderungsphasen in den letzten 40 Jahren erkennbar. In der Nachkriegszeit stieg die Wohnbevölkerung deutlich an. Gebotene Wohn- und Arbeitsmöglichkeiten versprachen gute Lebensaussichten in Brandenburg. Die Stadt war auch durch seine Geschichte und die wasserreiche Umgebung sehr attraktiv. Seit der zweiten Hälfte der 50er Jahre bis zur Grenzschließung 1961 kam es zur Stagnation und zum leichten Bevölkerungsrückgang durch verstärkte Wegzüge. Nach 1962 stieg die Wohnbevölkerung wieder an und erreichte 1979 mit über 95.000 Einwohnern ihren höchsten Stand. Das war Brandenburgs „DDR-Zeit". Es war eine Phase der Stabilisierung und der sich verbessernden Lebensverhältnisse. Brandenburg „sollte" Großstadt werden, was in erster Linie eine finanzielle Besserstellung der Stadt bewirkt hätte. Es erfuhr wirtschaftspolitische Investitionen in Form neuer Betriebsteile, des Ausbaus neuer Verkehrswege und des Baus neuer Wohnsiedlungen.
   Diese Entwicklung schwächte sich Ende der 70er Jahre ab. Politische sowie wirtschaftliche Probleme waren nicht mehr durch soziale Versprechungen zu lösen. Die Altstadtsanierung wurde aus Geldmangel, politischer und ökologischer Kurzsichtigkeit lange Zeit sträflich vernachlässigt. Das neugebaute und hochmoderne Elektro-Stahlwerk konnte seine Produktion nur zögerlich und nie voll aufnehmen.
   Die Erfahrungen der „Endlichkeit" (Bourdieu, 1991: 30), der Begrenztheit eigener Lebensverhältnisse und der gesellschaftlichen Doppelmoral bewirkten Brüche in den soziodemographischen Strukturen. Von Anbeginn der 80er Jahre bis 1987 stagnierte die Bevölkerungsentwicklung und war bis 1991 enorm rückläufig. Der demographische Bruch nach 1989, bedingt durch Abwanderungen in die alten Bundesländer und durch den enormen Geburtenrückgang, ist besonders deutlich. Im Vergleich zu 1989 wurde 1992 nur ein Drittel der Kinder geboren. Dieses Geburtentief stellt das Minimum der vergangenen 40 Jahre dar. Es verweist auf eine bis in die persönliche Lebensplanung hineinreichende starke soziale Verunsicherung, die trotz anhaltend hoher Bedeutsamkeit des Lebens mit Kindern das Umgehen mit der neuen gesellschaftlichen Situation erschwert.
   Als äußerst problematisch für die regionalen Umstrukturierungsperspektiven müssen außerdem die Überalterungstendenzen angesehen werden. Ein ständig

steigendes Durchschnittsalter[5] signalisiert anhaltendes Abwanderungsverhalten der jungen Kohorten, ohne daß eine entsprechende Kompensation durch Zuwanderungen bzw. Geburten erfolgt wäre. Diese negative demographische Gesamtsituation ist eng mit den wirtschaftlichen Problemen der Region verbunden und wird durch diese wesentlich bedingt bzw. noch verstärkt.

Im folgenden soll nun näher auf die für die Stadtregion Brandenburg existentiellen Veränderungen in den Erwerbsstrukturen eingegangen werden.

Der Stadtkreis Brandenburg – als Beispiel für regionale Wanderungsgewinne einer Industriestadt auf Kosten des Umlandes – war in der DDR-Zeit ein städtisches Industriezentrum mit diversifizierter Industriestruktur. Die Zahl der Erwerbstätigen in der Stadt Brandenburg erhöhte sich von 1950 bis 1989 um 70%. Dies erfolgte aber nicht in einem kontinuierlichen Prozeß, sondern unterlag ebenfalls Schwankungen hinsichtlich des Anteils der erwerbsfähigen Personen. So kam es Anfang der 50er Jahre zu einem Bevölkerungs- und damit auch zu einem Erwerbstätigenzuwachs für Brandenburg, bedingt durch den industriellen Aufbau vor allem des Stahl- und Walzwerkes und den damit beförderten Zuzug von Arbeitskräften. Bis in die 60er Jahre hinein sanken die Beschäftigtenzahlen parallel zur Bevölkerungsentwicklung. Erst nach dem Mauerbau gab es hier wieder Zuwachsraten.

Größter Industriezweig ist die Metallurgie mit einem Anteil von 17% an den Beschäftigten im Jahr 1989 gewesen (vgl. Rudolph, 1990). Es folgten der Maschinen- und Fahrzeugbau mit 9% und die Bauwirtschaft mit 14%. Aber der Mangel an funktionierenden Binnenmarktmechanismen ließ eine kontinuierliche Modernisierung der territorial ansässigen Betriebe nicht zu. Ein Großteil der Wirtschafts- und Infrastruktur war wie überall in Ostdeutschland stark überaltert. Die Betriebe lebten von ihrer Substanz, was einen enormen Aufwand an Wartungs-, Reparatur- und Instandhaltungsarbeiten bedeutete[6]. Das führte in den 80er Jahren zur Zuspitzung der wirtschaftlichen Situation und bewirkte auch eine begleitende Erosion von Identitäts- und Berufsmustern. Die Bevölkerungs- und Erwerbsstrukturen stagnierten. Qualifikationen wurden nicht ausbildungsgerecht eingesetzt. In der DDR betraf das 15,6% der Planstellen für Un- und Angelernte, die mit höherqualifizierten Arbeitskräften besetzt waren (vergleiche Miethe, 1990: 89).

Stagnationen in der Erwerbsstruktur sind durch die stetig wachsende Einbezie-

---

5 Das Durchschnittsalter lag 1992 bei 39,1 Jahren.
6 Wahse betont in diesem Zusammenhang bezogen auf die DDR den hohen Verschleißgrad, die ungünstige Altersstruktur der Anlagen sowie „die wenig produktive, hohe Bindung von Arbeitskräften in Instandhaltungsbereichen. Ihr Anteil an den Gesamtbeschäftigten ist im Vergleich zur BRD mehr als doppelt so hoch, bei einer um mehr als 50% geringeren Arbeitsproduktivität als im Durchschnitt der Industrie" (Wahse, 1990: 17).

Das Eigene und das Fremde 193

hung von Frauen in den Arbeitsprozeß und später durch den vertraglich vereinbarten Zuzug ausländischer Arbeitskräfte „statistisch vertuscht" worden[7].
Der größte Teil der weiblichen Beschäftigten war im nichtproduzierenden Bereich bei der Post, der Bahn, in den medizinischen Einrichtungen, den Schulen, der Stadtverwaltung und den kulturellen Einrichtungen tätig. Von allen Brandenburger Erwerbstätigen zählten 11% zum medizinisch-pädagogischen Personal. Über 80% davon waren Frauen.
Seit der Wende gibt es einen deutlichen Bruch der regionalen Produktions- und Beschäftigungsstrukturen. Die Zahl der ständig Erwerbstätigen hat sich im Vergleich zum letzten Jahr der Vollbeschäftigung (1989) fast halbiert. Das verarbeitende Gewerbe ist davon überdurchschnittlich betroffen. Für Brandenburg bedeutete der Einzug der Marktwirtschaft den Auszug einiger, seit Jahrzehnten etablierter Wirtschaftszweige. Betriebe der Bekleidungsindustrie, der Nahrungsmittelwirtschaft und der Spielwarenherstellung mußten geschlossen werden. Damit fielen vorrangig Frauenarbeitsplätze weg, ohne eine Chance, diese mittelfristig zu reorganisieren bzw. entsprechend neue zu schaffen. Berufliche und ökonomische Verunsicherungen nehmen deshalb bereits für einige Gruppen bedrohliche Ausmaße an. Das betrifft insbesondere Frauen[8]. Sie sind am stärksten von Arbeitslosigkeit betroffen, finden aber weniger feste Arbeitsplätze. Sie überbrücken ein Zuviel an „Frei"-Zeit mit Bildungsmaßnahmen bzw. zeitlich begrenzten ABM. Neben der Gruppe der Frauen sind Ältere beiderlei Geschlecht und die Gruppe der gering Qualifizierten überproportional von Langzeitarbeitslosigkeit betroffen. Sie können sich aus unterschiedlichen Gründen den Anforderungen an räumliche Flexibilität und berufliche Qualifizierung nicht alle gleichermaßen stellen und werden vom Arbeitsmarkt tendenziell verdrängt. Je nach Alter, Geschlecht, beruflichen Erfahrungen und sozialen Haltestrukturen potenzieren sich auf diesem Wege Chancen bzw. Nachteile für bestimmte Gruppen in der Region.
Die enormen Umwälzungen auf dem ostdeutschen Arbeitsmarkt betrafen und betreffen zwar alle Regionen, aber nicht alle gleichermaßen und auch nicht alle Arbeitnehmer auf gleiche Weise. Wir verzeichnen in der gegenwärtigen Phase eine starke Polarisierung der Situation in der Arbeitnehmerschaft. Den ca. 40.000 Brandenburger Beschäftigten in festen Arbeitsverhältnissen stehen ca. 20.000 Nichtbeschäftigte im arbeitsfähigen Alter bzw. Arbeitnehmer in prekären Arbeitsverhältnissen (wie ABM, Kurzarbeit) gegenüber.

---

7 Der Anteil der Frauen an den Erwerbstätigen in Brandenburg lag 1950 bei 40%, 1989 bei 48%, und 1992 lag der Anteil versicherungspflichtig beschäftigter Arbeitnehmerinnen (einschließlich der auf dem 2. Arbeitsmarkt) immerhin noch bei 46%.
8 Liegt der Frauenanteil an den Arbeitslosen im Arbeitsamtsbezirk Potsdam bei über 65%, so ist ihr Anteil an Fortbildungsmaßnahmen dagegen mit über 72% vergleichsweise hoch, und die Vermittlungsrate ist mit insgesamt 42% (bei den ABM-Vermittlungen 54%) unverhältnismäßig niedrig.

Daraus entsteht ein mit den alten Bundesländern nicht zu vergleichender Konkurrenzdruck für die Beschäftigten und Beschäftigung Suchenden. Kleinere, modernisierte Industrie- und Handwerksbetriebe[9] können diese Situation derzeit nur wenig entlasten. Sie bilden aber zusammen mit dem neu profilierten Dienstleistungsbereich den Kern für regionale Umstrukturierungen.

Unsere Hypothese lautet, daß die Brandenburger Region mit ihrer diversifizierten Wirtschaftsstruktur und einem gut ausgebildeten Arbeitskräfte- und vor allem Facharbeiterpotential über vergleichsweise noch gute Ausgangsbedingungen für regionale Umstrukturierungen verfügt. Die Ansiedlung von Landesbehörden, die Erweiterung des Tourismus, die Profilierung militärischer Einrichtungen und eine neu gegründete Technische Fachhochschule (ihre Rolle bei der Neuordnung des gesamten Schul- und Berufsbildungssystems), sollen Arbeitsplätze schaffen und tragen zu einer möglichen Profilierung von Brandenburg als städtisches Dienstleistungszentrum mit Industrie- und Verwaltungsbereichen bei.

2. Subjekt- und Krisenpotentiale des Traditionellen Arbeitermilieus für die Neustrukturierung eines ostdeutschen Industriestandortes

Die DDR-Gesellschaft wurde strukturell und in ihrer Gesamtqualität sehr stark durch traditionalistische Milieus geprägt. So konnte das SINUS-Institut in einem Vergleich 1990/91 nachweisen, daß das traditionsverwurzelte Arbeiter- und Bauernmilieu im Osten noch mit einem Anteil von 27% an der Bevölkerung vertreten ist, während das analoge Milieu in Westdeutschland im Laufe der 80er Jahre von ca. 10% auf ca. 5% zurückgegangen war (vgl. Becker u.a., 1992). Nach dem Systemwechsel gerät nun das ostdeutsche Traditionelle Arbeitermilieu in seiner Größe, den Alltagspraktiken und Mentalitäten unter starken sozialen Druck (vgl. Hofmann u.a., 1993).

In unserer Untersuchungsregion konnte sich dieses Milieu wie in anderen ostdeutschen Industriezentren (vgl. Mühlberg, 1985) über mehrere Generationen herausbilden und festigen. Seine heute noch nachwirkenden Traditionen der Arbeitskultur, des vielfältigen Vereinslebens und der sozialdemokratischen Orientierung gehen in Brandenburg z.T. bis vor die Jahrhundertwende zurück (vgl. Stresow, 1970; Ziegler, 1970). Auch in der DDR-Zeit bot das Traditionelle Arbeitermilieu für viele vorrangig in der Industrie Beschäftigte persönliche Identifizierungsmöglichkeiten. Sie wurden offiziell durch die fortgesetzte Überindustrialisierung,

---

9 In Brandenburg gibt es derzeit 550 Betriebe im Handwerk und Gewerbe mit 2.500 Arbeitsplätzen.

Das Eigene und das Fremde

aber auch durch politische und ideologische Präferenzen befördert. In gewissen Grenzen war es formell, vor allem aber auch informell von Vorteil, Arbeiter zu sein bzw. sich als solcher zu fühlen und in die entsprechenden sozialen Netze integriert zu sein. Diese strukturellen Bedingungen wurden mit dem Systemzusammenbruch aufgehoben. Die soziale Position von Arbeitern in Ostdeutschland wird im ablaufenden Transformationsprozeß in mehrfacher Hinsicht in Frage gestellt (vgl. Hofmann u.a., 1993). Insbesondere die forcierte Deindustrialisierung führt zum massenhaften Abbau von Arbeitsplätzen in der Industrie. Die wenigen Investitionen im industriellen Bereich, die Brandenburg anderen Städten voraus hat, und die langsam anlaufende Tertiarisierung können die Lücken auf dem Arbeitsmarkt bei weitem nicht schließen (vgl. Geißler, 1992).

Arbeitsplätze im tertiären Sektor können darüber hinaus vielfach nur von Angehörigen anderer Milieus wahrgenommen werden, die über die dazu notwendigen kulturellen Voraussetzungen verfügen. Um im Beruf oder überhaupt arbeiten zu können, bleibt oft nur die Möglichkeit, in den Westen zu pendeln oder eine vage Umschulung.

Nach einer Phase z.T. euphorischer Hoffnungen, daß soziale Blockierungen der DDR-Gesellschaft nunmehr beseitigt werden, ohne daß deren soziales Sicherungssystem aufgegeben werden müßte, greift inzwischen wachsende Enttäuschung um sich. Die neuen sozialen Ungleichheiten werden in diesem Milieu weitgehend nicht als gerecht empfunden, da sie in vielem nicht das Ergebnis unterschiedlicher persönlicher Arbeitsleistungen, sondern Ergebnis von Glück oder Ausgrenzung auf dem Arbeitsmarkt sind. Aus diesem Grund beginnt die mentale Abgrenzung zwischen der ost- und westdeutschen Gesellschaft erneut zu wachsen, obwohl sich die materiellen Lebensbedingungen nach der Währungsunion auch für die Mehrheit der Arbeiter verbessert haben (vgl. Landua, 1992). Angesichts dieser neu einsetzenden Entfremdungstendenzen ist zu analysieren, wie beide Gesellschaften mittelfristig so integriert werden können, daß die soziale Gesamtstruktur in Deutschland politisch und sozial stabil bleibt. Unsere Frage lautet in diesem Zusammenhang nicht nur, wie die Angehörigen dieses Milieus diese neuen Bedingungen verkraften. Uns interessiert darüber hinaus: Welche Humankapitale bringen die Angehörigen des Traditionellen Arbeitermilieus in den Transformationsprozeß ein, wo liegen deren historisch bedingte Grenzen, und wodurch können diese überschritten werden?

In drei Thesen soll im folgenden gezeigt werden, wie im Traditionellen Arbeitermilieu in der Auseinandersetzung mit den veränderten Lebensbedingungen auf bestimmte soziale Ressourcen zurückgegriffen wird und welche Probleme dabei aktuell entstehen. Auf diese Weise können beginnende Veränderungen im Verhalten von Angehörigen dieses Milieus sichtbar gemacht werden.

2.1 Die starke soziale und lokale Verwurzelung des Milieukerns und der Generationenbruch

Das Brandenburger Traditionelle Arbeitermilieu bezieht – ähnlich wie andere traditionale Brandenburger Milieus – sein Selbstverständnis aus doppelter Quelle: Ein dort lebender Arbeiter fühlt sich als Arbeiter und als Brandenburger zugleich. Diese Doppelung ist Ausdruck der starken lokalen Bindung an die Stadt und ihre Umgebung. Sie schließt die Bindung ebenso an ausgeprägte Familien- und Freundeskreise wie an das Stück selbstgestaltetes Land in Gestalt eines Gartens oder Häuschens ein. Aus beiden Gründen ist für Angehörige dieses Milieus – mit Ausnahme der jungen Männer – das „Weggehen" bisher kaum ein Thema.

Diese soziale und lokale Verwurzelung wirkt heute in ambivalenter Weise weiter. Sie schützt insbesondere jenen Teil des Milieus, der in den vorzeitigen Ruhestand gedrängt wurde, vor einer resignativen Isolierung der einzelnen Betroffenen. Gleichzeitig verschärfen sich dadurch die in der DDR angelegten, aber vielfach überlagerten und verdeckten Abkoppelungseffekte des Lebensstils von Arbeiterkindern, die in diesem Milieu sozialisiert wurden.

Im Ergebnis dieser generationsgetragenen Differenzierung droht dem Brandenburger Arbeitermilieu eine sich beschleunigende Überalterung. Insbesondere ein Teil der jungen Männer bis Anfang 30 mit guter Facharbeiterbildung geht in den Westen. In der Region verbleiben neben dem älteren Kern des Milieus die weniger gut Ausgebildeten, Alleinstehende mit Kindern und andere sozial mehrfach Belastete, die auch in der Region keine hinreichende Perspektive haben. Schon bei Mitte 30 scheint in Brandenburg eine magische Grenze zu liegen. Dieses generationsspezifische Mittelfeld des Milieus reagiert seinerseits entweder mit einer an der DDR-Erfahrung geschulten Abwartehaltung (vgl. Niethammer, 1993) oder aber mit persönlicher Bildungsmobilität, die tendenziell zur Lösung aus den alten Milieustrukturen führt. Auch dadurch werden habituelle Verschiebungen begünstigt, die zum generationsgetragenen Abschmelzen des Milieus und zu stärkeren inneren Ausdifferenzierungen führen.

Die starke lokale Bindung der Angehörigen des Traditionellen Arbeitermilieus setzte insbesondere in den mittleren Generationslagen eine Strömung mit starkem regionalen Interesse frei. Das heißt, die eigenen Berufs- und existentiellen Interessen werden als Teil einer regionalen Gesamtentwicklung formuliert, nicht nur als konkurrierende Einzelinteressen. Diese Sichtweise geht über ein (klassen-)konfrontatives Denken (Kapital – Arbeit, Ost – West) hinaus (vgl. Martens, 1992). Eine solche milieuübergreifende Perspektive findet sich beispielsweise in den Konzepten und Handlungsmustern von Brandenburger Betriebsräten. Sie meinen, die soziale Sicherung ihrer Belegschaft ganz gezielt im Rahmen einer regional orientierten Entwicklung ihres Betriebes bewältigen zu können (vgl. Segert, 1992). Diese Meinung wird aber kaum durch Industriegewerkschaften, Parteien oder die kommunalen Verwaltungen produktiv aufgegriffen. Dadurch können

Das Eigene und das Fremde 197

sich entsprechende Gestaltungsoptionen für den regionalen Transformationsprozeß bisher nicht entfalten. Sie bedürften entsprechender regionaler Strukturen.

2.2 Quellen der Integration in die DDR-Gesellschaft und ihre Grenzen

Das Traditionelle Arbeitermilieu der Stahlstadt Brandenburg wird durch eine ausgebildete Facharbeiterschaft getragen. Verbreitet waren vor allem unter Männern auch Mehrfachqualifikationen oder vor allem in der Nachkriegszeit mittlere Bildungsaufstiege. Gleichzeitig wurde in der Region aufgrund der metalldominierten Branchenstruktur immer gutes Geld verdient, das in der freizeitattraktiven Wassergegend Brandenburgs auch lukrativ angelegt werden konnte (vgl. auch Szedlik, 1992).

Insgesamt war die Lebenssituation in der Region besser als in vielen Städten im Süden der DDR. Das betrifft die Wohnsituation: mehr als 40% der Brandenburger leben in einer Neubauwohnung mit entsprechendem Komfort. Das betrifft aber auch die Versorgung mit Dingen des täglichen Bedarfs, die insbesondere Mitarbeiter der Großbetriebe begünstigte, die aber auch durch die Nähe Berlins entspannt wurde. Daher wirkte hier die von Niethammer für die Nachkriegsgeschichte konstatierte Dämpfung sozialer Konflikte in bestimmter Weise bis in die 80er Jahre fort (vgl. Niethammer, 1990).

Die relativ gute Ausstattung mit kulturellen und Teilen ökonomischer Kapitale wurde allerdings auch in Brandenburg zunehmend mit der ökonomischen Stagnation der DDR konfrontiert. Diese Konfrontation prägte das Selbst- und Gesellschaftsbild innerhalb des Traditionellen Arbeitermilieus stark. Ihre Vertreter fühlten sich als jene Schicht, die, in Abgrenzung zum „Wasserkopf", die materielle Basis der Gesellschaft mit ihrer Hände Arbeit schufen (vgl. Kern u.a., 1991). Gleichzeitig fühlten sich viele von ihnen in der Mitte, gewissermaßen im Zentrum der DDR-Gesellschaft. Sie hoben sich bewußt von jenen ab, die nicht arbeiten konnten (durch mangelnde Qualifikation) oder die nicht arbeiten wollten (durch fehlendes Arbeitsethos).

Diese spezifische Mischung eines dichotomen Gesellschaftsbildes mit der Selbstverortung des Milieus in der sicheren unteren Mitte der Gesellschaft meinte wohl auch Gaus, als er das Selbstbewußtsein der kleinen Leute in der DDR hervorhob (vgl. Gaus, 1986). Dieses Selbstbewußtsein war nicht nur ideologisch durch die DDR-Politik erzeugt. Es speiste sich aus der widersprüchlichen Erfahrung, daß durch die eigene Findigkeit und Zähigkeit fast unlösbare betriebliche Probleme immer wieder praktisch bewältigt wurden. Es wurde im gleichen Moment aber durch die damit verbundene Erfahrung destabilisiert, daß die Probleme durch den eigenen Einsatz nicht wirklich gelöst, sondern nur vertagt wurden. Diese Situation reproduzierte eine in sich zunehmend zerrissene Identität und unbefriedigende soziale Positionierung dieses Milieus in der DDR-Gesellschaft. Sie war die Basis für die massenhafte Abwendung von der DDR-Gesellschaft und die breite Zustimmung zum staatlichen Zusammenschluß mit der Bundesrepublik. Damit war die Hoffnung verbunden, das eigene materielle Lebensniveau und die personalen Freiheiten denen der westdeutschen Arbeiter angleichen zu können, ohne die Lasten des damit verbundenen Systemwechsels tragen zu müssen.

Das früher vermittelte Selbstbild, handarbeitende Basis und gleichzeitig gut ausgebildete, erfahrene Mitte der Gesellschaft zu sein, wird durch die gegenwärtige Massenarbeitslosigkeit untergraben, wobei das Ausmaß dieses Verlustes ganz andere Dimensionen angenommen hat als bei ähnlichen Prozessen zur Zeit der DDR-Stagnation.

Dies geschieht vor allem durch die Deindustrialisierung, durch die Entwertung der Bildungskapitale auf dem Arbeitsmarkt, aber auch durch die öffentliche Meinung, die den Arbeitern genau das abspricht, worauf sie stolz sind, was ihre Identität bestimmt(e): leistungsmotiviert und leistungsfähig zu sein.

Auf diese mehrfache Destabilisierung ihrer sozialen Position reagieren die Angehörigen des Traditionellen Arbeitermilieus in unterschiedlichen Richtungen. Das hat nicht nur etwas mit dem Alter zu tun, sondern auch mit einem dritten Charakteristikum des Milieus.

2.3 Vielfältige soziale Netze und die fortgesetzte Formalisierung ihres politischen Charakters in der DDR (eine negative Hypothek)

In der DDR konnten sich viele traditionelle Vergemeinschaftungsformen dieses Milieus erhalten. Sie wurden durch eine großzügige Unterstützung an die örtlichen Betriebe gebunden. Diese stellten nicht nur Finanzen für Garten-, Sport- und Kulturvereine zur Verfügung. Sie stellten die Angehörigen auch von der Arbeit frei und halfen mit materiellen Ressourcen wie Baumaterialien oder Räumen. Der Preis dafür war hoch. Über die Bindung an die Betriebe wurde auch der selbstbestimmte politische Charakter dieser Gesellungsformen nachhaltig limitiert und sogar versucht, bis in die private Organisation des Alltagslebens normierend einzuwirken.

Die breitgefächerte Brandenburger Vereinskultur wurde so zu politisch ohnmächtigen, isolierten Halböffentlichkeiten degradiert. Das bedeutete aber nicht, daß die Gemeinschaftsformen dieses Milieus abstarben, sondern sie wurden politisch formalisiert. Auf diese Weise wurde eine Tradition fortgesetzt, die durch politische Gleichschaltung im Nationalsozialismus zwangsweise begonnen hatte (vgl. auch Brock, 1991).

In der Gegenwart sind auch die Vergemeinschaftungsformen des Traditionellen Arbeitermilieus einem vollkommen neuen Druck ausgesetzt. Mit der Schließung bzw. dem Verkauf der Betriebe fallen viele finanzielle Hilfen für sie weg. Gleichzeitig wachsen die finanziellen Belastungen durch Pacht, Steuern, höhere Kosten. Alteigentümer stellen den oft einzigen Besitz der Brandenburger in Frage, in den alles Geld und Kraft gesteckt worden war. Die neuen Gesetze benachteiligen die Nutzer gegenüber den Eigentümern.

Auf eine politische Verteidigung ihres Besitzstandes sind die damit verbundenen sozialen Netze kaum vorbereitet. Sie sind in vielem überfordert. Ihre Reorganisation ist deshalb stark beeinträchtigt.

Eine Besonderheit bildet in diesem Zusammenhang die Neukonstituierung demokratischer betrieblicher Arbeitnehmervertretungen in einigen Groß- und Mittelbetrieben der Stadt. In ihnen hat sich jene kleine Schicht des Milieus gesammelt, die in der DDR als informelle Sprecher oder in basisnahen Gewerkschaftsfunktionen die Interessen der Arbeiter artikulierten. Gemeinsam mit Angehörigen sozial angrenzender Mittelschichtmilieus haben sie sehr rasch gelernt, mit den Möglichkeiten demokratischer Öffentlichkeiten im Arbeitnehmerinteresse umzugehen (vgl. Segert, 1992; Kempe 1992).

Der außerordentliche Problemdruck der Verhältnisse und die fast verschwindenden Handlungsspielräume ermöglichen aber oft nur Kompromisse, die von vielen Arbeitern nicht als Erfolg gewertet werden können. Dadurch wird das gerade erst aufkeimende Vertrauen in eine selbstbestimmte öffentliche Interessenvertretung in diesem Milieu bereits wieder unterminiert. Positive praktische Erfahrungen mit diesen neuen Organisationsstrukturen entscheiden aber sehr wesentlich mit darüber, ob die tradierten privaten Versorgungs- und Austauschnetze von ostdeutschen Arbeitern schrittweise geöffnet werden für institutionell gestützte öffentliche Interessenartikulation und -durchsetzung, oder ob sie wiederholt auf einen Rückzug ins Private festgelegt bleiben.

In diesem Zusammenhang ist eine zunehmende Segmentierung des Milieus gerade in dieser Frage der Öffnung tradierter sozialer Netze hin zu demokratischer Interessenvertretung durchaus denkbar. Trennlinien lassen sich dabei vor allem erkennen zwischen denen, die Arbeit haben und Arbeitslosen, aber auch zwischen den Belegschaften einzelner Betriebe mit unterschiedlichen Modernisierungschancen sowie zwischen den Generationen.

3. Endogene Potentiale im alternativen Milieu als Chance im und für den Systemwechsel in einer ostdeutschen Region

In der DDR konnten sich trotz blockierter struktureller Bedingungen und politischer Begrenzungen auch – gemessen an westlicher Entwicklung – modernisierte Milieus herausbilden. Ihre Ausprägung ging mit dem Generationenwechsel seit

Ende der 70er Jahre einher, sie wurden insbesondere von jüngeren Kohorten getragen. Es handelt sich zum einen um ein hedonistisches Milieu, in dem man „das Leben genießen, intensiv leben und sich von Spießern unterscheiden" möchte (Becker u.a. 1992: 97). Ihm waren nach Erhebungen des SINUS-Instituts 1990/91 ca. 5% der Ostdeutschen zuzurechnen.

Zum anderen konnte sich ein linksintellektuell-alternatives und ein subkulturelles Milieu herausbilden[10]. Für seine Vertreter ist ein ausgeprägtes Bemühen um Selbstverwirklichung charakteristisch. In diesen beiden „Minderheitsmilieus (wird) die kleinbürgerliche Lebensphilosophie der ostdeutschen Mehrheitsmilieus nicht" geteilt (Ueltzhoffer u.a., 1992: 12). Nach Erhebungen des SINUS-Instituts waren dem ostdeutschen linksalternativen Milieu 1990/91 ca. 7% zuzurechnen, dem subkulturellen Jugendmilieu 5%. Kennzeichnend für letzteres ist eine vergleichsweise stärkere Orientierung auf Lebensgenuß und Unverwechselbarkeit (vgl. Becker u.a., 1992).

Bei den Vertretern des alternativen Milieus, die Gegenstand der folgenden Betrachtung sind, handelt es sich um eine kulturelle Elite, die auf der Basis ihrer kognitiven Kompetenzen in gesellschaftlichen Dimensionen denkt. Das begründet ihre kommunale Wirkungskraft während der politischen Wende und in der postsozialistischen Phase auch in der Stadt Brandenburg. Im Unterschied zu größeren DDR-Städten konnte sich das politisch-alternative Submilieu im mittelgroßen Brandenburg mit einer eher traditionellen Sozialstruktur nur in geringem Maß ausprägen. Ein überschaubares Alltagsleben, deutliche Traditionen in Industrie- und Handwerksbereichen, eine kleine kulturelle und künstlerische Szene und partiell beschränkte Möglichkeiten, sich höhere Bildung anzueignen, erschwerten die Konstituierung alternativer Lebensarten. Dennoch provozierte das gesellschaftliche Bedingungsgefüge insbesondere seit Mitte der 70er Jahre auch hier in bestimmten Kreisen Widerstand gegen gängige Ideologien und Praktiken.

Die globalen Veränderungen, die im westlichen Ausland entstehenden sozia-

---

10 Der Begriff „Submilieu" wird hier verwendet, um zu verdeutlichen, daß es sich um eine sehr kleine soziale Gruppe handelt, die sich erst in den letzten Jahren konstituierte und sich in einem Prozeß der Ausdifferenzierung befindet. In der vorliegenden Analyse wird statt der Kennzeichnung „linksintellektuell-alternativ" (SINUS) jene eines politisch-alternativen Lebensstils gewählt, da nicht alle politischen Ideen in diesem Milieu einer linken Überzeugung zuzurechnen sind. Wobei der Begriff „links" für politische Überlegungen selbst sehr dehnfähig ist. Eine Charakterisierung der weltanschaulichen Ideen in diesem Milieu als politisch-alternativ kennzeichnet ihren Charakter als abweichend von vorherrschenden Ideologien. Grundlegende Überlegungen zur Beschreibung dieses Milieus sind jedoch unabhängig von der gewählten Milieubezeichnung. „Linksintellektuell-alternativ" oder „politisch-alternativ" sind sich in diesem Sinne sehr ähnlich. Auch muß bemerkt werden, daß die von SINUS herausgestellte Ausdehnung dieses Milieus auf ca. 7% der Bevölkerung für Brandenburg u.E. zu hoch angesetzt ist.

Das Eigene und das Fremde 201

len Bewegungen sowie wachsende politische Restriktionen, wirtschaftliche Fehlentwicklungen und spürbare Verluste an fachlicher Kompetenz im Inland ließen diese soziale Gruppierung stärker hervortreten, die insbesondere das politische System der DDR nicht akzeptieren konnte und in ihrer Opponentenhaltung staatlicherseits diskreditiert wurde. Nicht wenige verließen das Land, andere zogen sich zurück. Nur ein Teil blieb im Land und versuchte auf verschiedene Weise, sich den herrschenden Strukturen zu widersetzen.

Als anregend für neuartige Denk- und Verhaltensmuster erwiesen sich die in der DDR allgemein existierenden Bildungsmöglichkeiten, die zugleich von den Alternativdenkenden in ihrem Informations- und Wahrheitsgehalt als ungenügend abgetan und durch selbstgeschaffene Informationsmöglichkeiten erweitert wurden. Gepaart mit habituellen Mustern, die auf Selbstbestimmung und soziale Gerechtigkeit zielen, erwies sich dieses Bildungsverhalten als wesentliche Bedingung eines alternativen Submilieus. Entgegen dem herrschenden politischen Willen „waren sozialstrukturelle Nischen entstanden, in denen sich doch politische Aktivisten entwickeln konnten" (Hanf, 1990).

Als Angehörige eines modernisierten Milieus emanzipierten sie sich in zunehmendem Maße von dem allgemein vorherrschenden Sicherheitsstreben und praktizierten gewissermaßen eine vorauseilende Lebensweise, die ihnen heute als lebensweltlicher Vorschuß in der Auseinandersetzung mit den neuen Bedingungen zur Verfügung steht. Erstens waren/sind ihre Professionen häufig im sozialen und medizinischen Bereich angesiedelt. Die allmähliche Expansion des Dienstleistungssektors wird ihre Berufschancen erweitern. Zweitens bemühen sie sich intensiv um die Lösung globaler Probleme in ihrem jeweiligen systemischen Antlitz. Das schließt die für sie akzeptierbare (Mit-)Gestaltung der eigenen Lebensbedingungen ein. Drittens konzentrieren sie sich auf kognitive Prozesse und die Erweiterung ihres kulturellen Kapitals. Dadurch können sie ablaufende Prozesse besser als andere soziale Gruppen reflektieren. Gleichzeitig sind sie in der Lage und auch motiviert, sich in den gesellschaftlichen Umbau praktisch einzubringen.

Heute eröffnen sich für die Angehörigen des alternativen Milieus völlig neue Handlungsoptionen im politischen, wirtschaftlichen und kulturellen Bereich. Sie werden auf unterscheidbare Weise von den Milieuvertretern genutzt.

Die nachfolgenden Thesen sollen entsprechend auf subjektive Potenzen und deren Verwertbarkeit unter neuen gesellschaftlichen Bedingungen eingehen.

3.1 Politisch-oppositionelle Kräfte in kritischer Distanz zu gesellschaftlichen Strukturen

Die Angehörigen des Brandenburger alternativen Submilieus gewannen ihr Selbstverständnis aus der DDR-Sozialisation, aus der Gesellschaft „DDR".

Zum einen wurde/wird es von jüngeren Brandenburgern getragen. Sie wurden in der DDR geboren und sind in ihren politischen Ansprüchen, geistigen und moralischen Erfahrungen sowie in ihren materiellen Bedürfnissen – wie sie sich selbst verstehen – „Kinder der Republik". Sie fühlten sich aus einer kritischen Distanz heraus für deren Entwicklung mitverantwortlich.

Zum anderen konnte sich dieses Submilieu erst in den letzten Jahren und Jahrzehnten herausbilden. Basierend auf den kulturellen Entwicklungsmöglichkeiten in der DDR, fanden sich nicht nur in Großstädten Oppositionelle, die aufgrund ihrer Bildung, ihrer Weltoffenheit, ihrer moralischen Haltung sich nicht mit den Diskrepanzen zwischen gesellschaftlichen Entwicklungsansprüchen und deren Realisierungsbedingungen abfinden konnten. Auch unter Brandenburgern mehrte sich aktivierender Unmut gegen entsprechende Erscheinungen, die sich insbesondere in den 70/80er Jahren DDR-weit und auch in Brandenburg zeigten. Sie engagierten sich bewußt im Staat DDR, um den realen Sozialismus als ihren Lebensraum menschenwürdig und sozial gerecht zu gestalten.

Greifbare Hoffnungen auf die Reformierbarkeit des vorhandenen Systems zerschlugen sich in den ersten Wochen der Wende. In den Herbsttagen '89 schlugen auch den Brandenburger Oppositionellen Symphatiewogen von Angehörigen anderer Milieus entgegen. Ihre kritische Reflexion gesellschaftspolitischer Prozesse fand viele Befürworter. Dennoch begrenzten der politische wie auch intellektuelle Anspruch ihrer Reformvorstellungen und das Bemühen um eine basisdemokratische Gestaltung des Systems ihren Einfluß selbst in ihrer Hoch-Zeit. Insbesondere nach Öffnung der deutschen Grenzen zeigte sich, daß ihr Streben nach einem besseren Sozialismus der „unverschuldeten Subalternität" (Rüddenklau, 1992: 12) nicht denjenigen vieler Brandenburger und deren Wunsch nach einer raschen Veränderung des Gesellschaftssystems entsprach.

Die deutsche Vereinigung eröffnet den Angehörigen des alternativen Milieus neue strukturelle Bedingungen ihrer Emanzipation. Ihre Mitarbeit in fachlichen und politischen Verantwortungsbereichen kann gesellschaftliche Prozesse beeinflussen. Gleichzeitig werden Grenzen des neuen Systems bei der Realisierung sozialer Gerechtigkeit wahrgenommen. In diesem Spannungsfeld zeigen sich unterschiedliche Verhaltensmuster bei den Angehörigen in dieser sozialen Gruppierung, die sich wie folgt benennen lassen:

1. Einige können unter den politisch liberalisierten Verhältnissen ihre Aufstiegsorientierung besser leben. Sie bemühen sich um ihre stärkere Einordnung in die gesellschaftlichen Strukturen, während sie in der DDR demgegenüber ihre beruflichen und politischen Aktivitäten stärker eingegrenzt hatten.
2. Andere können ihr starkes Bemühen um Autonomie und die Ansprüche an die eigene Individualität auch unter den neuen Gesellschaftsbedingungen nur beschränkt leben. Sie begreifen sich nach wie vor als Gegenelite zu den herrschenden Normen und Lebensformen. Obwohl sie stärker aus ihrer Nische herausgetreten sind, entziehen sie sich weitgehend den gesellschaftlichen Strukturen.

Das Eigene und das Fremde 203

3. Andere wiederum finden seit der politischen Wende ein breiteres Bedingungsgefüge für ihre Selbstverwirklichung. Sie reiben sich auf eine für sie angemessene Art an den nunmehr vorherrschenden Verhältnissen. Sie haben sich stärker in die neuen Strukturen integriert und behalten dennoch ihre kritische Distanz zu den gesellschaftlichen Prozessen bei.
Dieses graduell unterscheidbare kritische Verhalten gegenüber gesellschaftlichen Strukturen stellt ein individuelles Überleben im Systemwechsel selten in Frage. Zum einen erweitern die neuen strukturellen Bedingungen die Handlungsoptionen der alternativen Kräfte. Zum anderen sind sie befähigt, mit möglichen neuen Marginalisierungen und einer sozialen Randlage umzugehen, vertrauend auf ihre eigene Kraft.

3.2 Kulturelle Einbindung aus Eigeninteresse und als Kredit für die Zukunft

Zu den wesentlichen konstitutiven Momenten des politisch-alternativen Milieus gehört das hohe kulturelle Kapital seiner Angehörigen. Ihr politisches, fachliches und allgemeines Wissen beförderte ihre Suche nach alternativen Lebensinhalten und -formen in den verschiedensten Bereichen.

In Brandenburg gab es wenigstens zwei Blockierungen in diesem Prozeß. Zum einen erschwerten die traditionellen Strukturen hier die Herausbildung dieses Milieus. In dieser Stadt lebt ein relativ hoher Anteil an technischer und medizinischer Intelligenz. Wissenschaftlich, politisch, künstlerisch und sozial engagierte Gruppierungen konnten sich demgegenüber nur punktuell unter den gegebenen strukturellen Bedingungen entwickeln.

Gerade aus diesen Kreisen erwachsen jedoch aufgrund des hohen kulturellen Kapitals, verbunden mit einem ausgeprägten Anspruch nach Selbstverwirklichung, alternative Ideengebäude und Lebensformen (vgl. Herrmann, 1990). Dementsprechend ist dieses Milieu in Brandenburg im Unterschied zu einer Universitätsstadt beispielsweise sehr klein und nach Personen überschaubar.

Zum anderen war die Vermittlung eines hohen Wissens zwar generelle Zielstellung des DDR-Systems. Dennoch wurde sie jenen erschwert, die sich offen oder auch informell gegenüber gesellschaftlichen Entwicklungsformen kritisch äußerten. Insbesondere die erste Generation im alternativen Milieu, die in den 50er und in der ersten Hälfte der 60er Jahre Geborenen, hatte weniger staatliche Bildungschancen. Zwar haben sie häufig studiert, jedoch selten unmittelbar nach Schulabschluß und über ein Direktstudium an staatlichen Einrichtungen. Das war teilweise der sich in den 70/80er Jahren verringernden Zahl von Plätzen an der Erweiterten Oberschule (Abiturstufe) wie auch dem limitierten Zugang zu verschiedenen Studienfächern geschuldet[11]. Diese Bildungswege unterlagen zudem politischen Auswahlkriterien, denen „Andersdenkende" nicht standhielten. Die Opponenten waren jedoch in ihrem Verhalten ausreichend flexibel, um ihren Lebensweg auch neben den „sozialistisch gezogenen Spuren" einzuschlagen. Studierten sie nicht Theologie oder aber im Rahmen kirchlicher Institutionen, so wählten sie häufig einen „zweiten Bildungsweg". Sie nutzten ihre sozialen Kontakte, um einen kulturellen Aufstieg zu realisieren, der ihnen in den systembeherrschenden Strukturen verweigert wurde.

Damit erstritten sie sich oftmals Berufe, die ihnen Spaß machten und die sie inhaltlich forderten. Sowohl hier wie in anderen Kommunikationszusammenhängen beschäftigten sie sich mit Problemen der Gesellschafts- und Kommunalpolitik. Zwar muß für die Brandenburger oppositionellen Gruppierungen in der Vorwendezeit hervorgehoben werden, daß sie keine umfänglichen Konzepte für eine „soziale Gesellschaft" formulierten. Dazu war ihre personelle Basis zu schmal und ihre Zersplitterung zu groß. Dennoch ermöglichten es ihnen die selbstbestimmten, bildungs- und kommunikationsorientierten Verhaltensmuster nach 1989/90 häufig, sich durch Einstieg in neue Arbeitsfelder existentiell zu sichern. Konzeptionelle Überlegungen für ein aufzubauendes Sozialamt oder Frauenhaus, zur Betreuung jugendlicher Arbeitsloser oder aber die Übernahme politischer Ämter ergaben sich bei ihnen wie selbstverständlich (vgl. Schweigel u.a., 1992; Schweigel u.a., 1991). Sie entsprachen ihrem sozialen Impetus, der neuen Anforderungen gegenüberstand.

Etwas anders stellt sich die Situation für die zweite Generation in diesem Milieu, die seit Mitte der 60er Jahre Geborenen, dar. Sie verspürten bereits einige Erleichterungen bei der Bildungsaneignung, da staatliche Strukturen allmählich erodierten. Eine kirchliche Einbindung und die Aufnahme an eine Erweiterte Oberschule schlossen sich nicht mehr aus. Eine prinzipiellere Auseinandersetzung mit Autoritäten wurde für sie leichter. In dieser krisenhaften Situation sahen diese nachwachsenden Alternativen in einer Reform des Gesellschaftssystems ihre berufliche Zukunft. Gegenwärtig müssen sie lernen, ihre Entbehrlichkeit im neuen System trotz ihres hohen kulturellen Kapitals zu begreifen. Zu vermuten ist, daß auch sie sich letztlich im sozialen, künstlerischen oder politischen Bereich etablieren, um mittels konkreter Aktivitäten ihren Ansprüchen nach sozialer Gerechtigkeit zu genügen und um ihre Autonomie zu leben.

3.3 Kirche als primärer Vergemeinschaftungsort und Aufbruch

Der „Stamm" des politisch alternativen Submilieus in Brandenburg agierte vorrangig unter dem Schutzdach der Evangelischen Kirche. Das unterstützte mögli-

---

11 In Brandenburg verringerte sich die Zahl der Abiturienten an der EOS von 1972 zu 1989 relativ und absolut.

cherweise den Fakt, daß sie ihre Gesellschaftskritik häufig von einem protestantischen Ethos aus übten. Gesellschaftliche Veränderungen sollten ohne gewaltsame Eingriffe vorgenommen werden. Meist blieben die Alternativdenkenden – auch im Kontext ihrer Kirchenanbindung – „unter sich".

In ihren Ansichten und Aktionen waren sie möglicherweise weniger radikal als oppositionelle Kräfte in den größeren Städten der DDR. Mit vielen kleinen Aktionen schärften sie jedoch ihr Bewußtsein für Lebensbedingungen und politische Entscheidungen, die sie als ungerecht empfanden.

In der DDR-Zeit gab es aufgrund jahrelanger Zersplitterung und Isolierung große Schwierigkeiten, diese Lebensmuster zu praktizieren. Die Opponenten wurden öffentlich verunglimpft, mit verschiedenen Methoden marginalisiert, diskreditiert und aus gesellschaftspolitischen Abläufen ausgeschlossen. Nicht alle Betroffenen konnten mit Überwachungen durch die Staatssicherheit beispielsweise gelassen umgehen. Solche Bedrohungen erschwerten mitunter auch in diesem Submilieu eine klare Auseinandersetzung mit eigenen Inkonsequenzen. Auch die Möglichkeiten politisch-alternativen Denkens und Handelns außerhalb der Kirche waren nicht zuletzt durch das repressive Vorgehen staatlicher Behörden sehr eingeschränkt (vgl. Köppe, 1990).

Mit dem Systemwechsel entstanden politische Organisationen, kulturelle Begegnungszentren, neue soziale Felder für die Alternativen, mit denen sie auch ihre öffentliche Akzeptanz erweitern und ihre Marginalisierung überwinden konnten. Neue und erweiterte Vergemeinschaftungsbedingungen befördern die Emanzipation des alternativen Milieus. Sie bestehen zum Beispiel in einer stärkeren Verankerung sozialen Engagements im Berufsfeld, was ein Zusammentreffen mit Gleichgesinnten erleichtert. Traditionelle Orte gemeinsamer Freizeitgestaltung sind z.T. erhalten geblieben und in ihren Angeboten pointierter auf diese soziale Gruppierung ausgerichtet. Wesentliche Ursachen vormaliger Zersplitterung und Isolierung sind damit aufgehoben.

Andererseits ist auffällig, daß alte Netze ersatzlos wegbrechen. Unter dem Druck der neuen und vielfältigen Anforderungen im beruflichen und politischen Bereich werden starke Verluste an Kommunikation und Gemeinsamkeit empfunden. Einige alte Vergemeinschaftungsorte haben ihre Bedeutsamkeit verloren, alte Freundeskreise sind durch Mobilität und Verantwortungsbreite des einzelnen geschrumpft. Unter diesen Bedingungen konstituiert sich das Milieu stärker über offene Formen, und es gewinnt damit gleichsam neue Konturen. Betrachtet man die skizzierten Konstituierungsmomente und ihre Entwicklung insgesamt, so sind innerhalb des politisch-alternativen Milieus Ausdifferenzierungen und Bewegungen zu verzeichnen. Sie entsprechen seiner modernen Grundqualität – dem Streben nach Autonomie. Das Milieu kann sich unter den neuen gesellschaftlichen Bedingungen voll entfalten, ohne daß diese Entwicklung mit seiner quantitativen Ausdehnung verbunden sein muß.

Die vorgenommene Analyse verdeutlicht insgesamt einen unterscheidbaren Zugang der Angehörigen verschiedener sozialer Milieus zu den ablaufenden Veränderungen. Anliegen unserer weiteren Arbeit bleibt es, diese Veränderungen empirisch zu begleiten und ihre historischen Wurzeln genauer zu bestimmen. Diese liegen nur teilweise in der DDR-Geschichte, reichen mitunter auch über diese Zeit hinaus. Einen detaillierteren Zugang zu diesen Fragen eröffnet uns neben zeithistorischem Material die Auswertung biographischer Zwei-Generationen-Interviews. Deren fallanalytische Aufbereitung[12] öffnet nicht allein den Blick für alltagskulturelle Veränderungen, sondern ermöglicht uns auch, typische Verhaltensmuster im Transformationsprozeß und deren Entwicklung herauszuarbeiten. Der vorstehende Beitrag versteht sich als Diskussionsangebot.

Literaturverzeichnis

Becker, U./Becker, H./Ruhland, W. (1992): Zwischen Angst und Aufbruch. Das Lebensgefühl der Deutschen in Ost und West nach der Wiedervereinigung. Düsseldorf.

Bourdieu, P. (1991): Physischer, sozialer und angeeigneter physischer Raum. In: Wentz, M. (Hrsg.), Stadt-Räume. Frankfurt a.M./New York.

Brock, D. (1991): Der schwierige Weg in die Moderne. Umwälzungen in der Lebensführung der deutschen Arbeiter zwischen 1850 und 1980. Frankfurt a.M.

Gaus, G. (1980): Wo Deutschland liegt. Eine Ortsbestimmung. München.

Geißler, R. (1992): Die ostdeutsche Sozialstruktur unter Modernisierungsdruck. In: Aus Politik und Zeitgeschichte (Beilage „Das Parlament") B 29/30:15–28.

Hanf, Th. (1990): Auf der Suche nach Identität. Beitrag zum 5. Soziologiekongreß der DDR (Manuskript). Berlin.

Hermann, Th. (1990): „Neue Berufe" im Raum der sozialen Positionen. In: Forschungsjournal Neue soziale Bewegungen H. 3.

Hoffmann, J./Hoffmann, R./Mückenberger, U./Lange, D.: (1990). Jenseits der Beschlußlage. Gewerkschaft als Zukunftswerkstatt. Köln.

Hofmann, M./Rink, D. (1993): Die Auflösung des ostdeutschen Arbeitermilieus. Bewältigungsmuster und Handlungsspielräume ostdeutscher Industriearbeiter im Transformationsprozeß. In: Aus Politik und Zeitgeschichte (Beilage „Das Parlament") B 26/27: 29–36.

Kempe, M. (1992): Betriebsrat bei Stahl Brandenburg oder: wenn's sein muß, machen wir die Arbeit des Managements. In: Die Mitbestimmung H. 2.

Kern, H./Land, R. (1991): Der „Wasserkopf" oben und die „Taugenichtse" unten. Zur Mentalität von Arbeitern und Arbeiterinnen der ehemaligen DDR. In: Frankfurter Rundschau vom 13. 2. 1991.

---

12 Vgl. Fallanalysen aus dem Projekt „Der Wandel der Sozialstruktur und die Transformation sozialer Milieus in den neuen Bundesländern", die durch die Hans-Böckler-Stiftung gefördert wurden.

Köppe, I. (1990): Gespräch am 6. März 1990. In: Gaus, Günter. Deutsche Zwischentöne. Porträts aus der DDR. Hamburg.
Landua, Detlef (1992): „Magere Zeiten". Eine Bilanz der Wohlfahrtsentwicklung in Ostdeutschland aus der Sicht der Betroffenen. In: Aus Politik und Zeitgeschichte (Beilage „Das Parlament") B 29/30: 29–43.
Martens, H. (1992): Gewerkschaftlicher Organisationsaufbau und Mitbestimmung in Ostdeutschland. In: Beiträge zur Forschung. Landesinstitut Sozialforschungsstelle Dortmund Bd. 59.
Miethe, H. (1990): Arbeit. In: Winkler, G. (Hrsg.): Sozialreport 1990. Berlin.
Mühlberg, D. (1985): Arbeiterleben um 1900. Berlin.
Niethammer, L. (1990): Das Volk der DDR und die Revolution. Versuch einer historischen Wahrnehmung der laufenden Ereignisse. In: Schüddekopf, Ch., Wir sind das Volk. Reinbek.
Niethammer, L. (1993): Wege aus der sozialen Einheit – Wege in die soziale Einheit? In: Gewerkschaftliche Monatshefte H. 3: 129–149.
Rüddenklau, W. (1992): Störenfried. ddr-Opposition 1986–1989. Berlin.
Rudolph, H. (1990): Beschäftigungsstrukturen in der DDR vor der Wende. In: Mitteilungen aus der Arbeitsmarkt- und Berufsforschung H. 4: 474–503.
Schweigel, K./Segert, A./Zierke, I. (1992): Leben im Umbruch. In: Aus Politik und Zeitgeschichte (Beilage „Das Parlament") B 29/30: 55–61.
Schweigel, K./Segert, A./Zierke, I. (1991): Soziale Ungleichheit in Ostdeutschland – Ansätze einer Milieuerkundung. In: SFZ (Hrsg.): Umbruch. Beiträge zur sozialen Transformation Nr. 2: 48–76.
Segert, A. (1992): Wie ein streitfähiger Betriebsrat entsteht. Metamorphose einer realsozialistischen Arbeitnehmervertretung am Beispiel der Stahl- und Walzwerke Brandenburg GmbH, In: Berliner Arbeitshefte und Berichte zur sozialwissenschaftlichen Forschung Nr. 71, Freie Universität Berlin.
Stresow, F. (o.J.): Betriebsgeschichte des VEB Stahl- und Walzwerk Brandenburg. Teil 1, 1949–1955. Brandenburg.
Szedlik, M. (1992): Arbeitseinkommen in der DDR und der BRD. In: KZfSS (44) H. 2: 292–314.
Ueltzhoffer, J./Flaig, B. (1992): Spuren der Gemeinsamkeit? Soziale Milieus in Ost- und Westdeutschland. SINUS-Institut Heidelberg (Manuskript).
Wahse, J. (1990): Arbeitsmarkt DDR (Thesen). Berlin.
Ziegler, K. (1970): Zur Lebensweise proletarischer Familien in Brandenburg (Havel) in den 20er Jahren. Darstellung auf der Grundlage einer Befragung von 12 kommunistischen Familien. Humboldt-Universität Berlin.

Das Beispiel Rostock-Warnemünde: Fallstudie zum sozialen Wandel

Bernd Hunger

Warnemünde heute ist zu einem beispielhaften Brennpunkt unterschiedlichster Interessen geworden:
- Private Investoren haben längst mehr Standortpläne geschmiedet und der Stadtverwaltung unterbreitet, als der begehrte Stadtteil an Fläche überhaupt hergibt.
- Bewohner und ortsansässiges Kleingewerbe sind jäh aus ihrer abgesicherten Privilegiertheit der von allen DDR-Bürgern beneideten Standortgunst herausgerissen und sehen eben wegen der Attraktivität ihres Stadtteils ihr Bleiberecht bedroht.
- Alteigentümer sehen längst abgeschriebene monetäre Träume unverhofft reifen und überhäufen die kommunalen Ämter mit Rückübertragungsansprüchen.
- Die Kommune ist sich des kulturellen Wertes des einmaligen Ensembles deutscher Bäderarchitektur klar bewußt und ringt um eine Strategie behutsamer Stadterneuerung, die private Initiativen einbezieht, städtebauliche Werte bewahrt und das lokale Leben der Bewohner schützt.

Die diesem Beitrag zugrunde liegende Studie setzt an der Interessenlage der Kommune an: sie will eine sozialplanerische Konzeption der Stadterneuerung in dieser Toplage der Stadt Rostock und des Landes Mecklenburg/Vorpommern vorschlagen, die von zu verallgemeinerndem Interesse für jene Stadtteile in den neuen Bundesländern sein dürfte, in denen sich unter hohem Veränderungsdruck ein rascher und konfliktreicher sozialer Wandel vollzieht. Die Studie erfüllt zwei Zwecke: sie beleuchtet einerseits aus wissenschaftlicher Position der Stadtsoziologie den sozial-räumlichen Wandel eines Stadtteils in Zeiten gesellschaftlichen Umbruchs. Andererseits dient sie dem Rostocker Senat als Grundlage behutsamer und sozialverträglicher Stadterneuerung.

In der Verbindung von Forschung und aktueller Politikberatung – die als drängendes Erfordernis anzusehen ist, angesichts des historisch beispiellosen gesellschaftlichen Wandels – dient die Studie zwei Auftraggebern:
- der Kommission zur Erforschung des sozialen und politischen Wandels in den neuen Bundesländern (KSPW);
- dem Senator für Stadtentwicklung und Ortsteile der Hansestadt Rostock.

1. Methodischer Ansatz

Es wurde eine sozial-räumliche Milieu-Analyse als Porträt des lokalen Alltags in seinen wesentlichen sozialen Merkmalen (wie Bewohnerstruktur, Gewerbestruktur, Alltagsnutzung, Wohnverhältnisse etc.) erarbeitet. Das schloß eine historische Analyse der sozial-räumlichen Entwicklung des Stadtteils ebenso mit ein wie eine städtebauliche Analyse von Raumqualitäten.

Auf Basis der Analyse wurden Ziele der sozialen und kulturellen Entwicklung des Stadtteils in ihrem Verhältnis zu städtebaulichen Prämissen der Stadterneuerung und dem aktuellen Veränderungsdruck erarbeitet. Dabei ging es um Fragen wie:
– Welche sozialen und städtebaulichen Qualitäten sind bewahrenswert?
– Welche Möglichkeiten, aber auch Grenzen hat der Milieu-Schutz für die ansässige Bevölkerung?
– Welche Bewohnergruppen sind in besonderem Maße vom Veränderungsdruck betroffen?
– Wie können Interessen privater Investoren mit sozialen Zielen verbunden werden?
– In welchem Maße ist die Wohnfunktion zu schützen?
– Welches Maß an touristischer Durchkommerzialisierung verträgt das lokale Milieu gerade noch?

1.1 Vorgehensweise

Drei Prinzipien bestimmten unser Herangehen:

Vernetzung von Forschung und Planung
Je dynamischer sich die Wirklichkeit ändert, um so näher muß Forschung am empirischen Fakt bleiben, um überhaupt die Chance zu haben, Prozeßabläufe nachvollziehen und erklären zu können. In Zeiten atemberaubender gesellschaftlicher Veränderungen verschwimmen die Grenzen zwischen Forschung und Planung, weil althergebrachte Planungsmethoden nicht mehr greifen und bei vielen Planungsfällen originär neue Fragen zu klären sind.

Der dramatische Wandel des Wohnmilieus auf allen seinen Ebenen und die hochgradige Verunsicherung vieler Bewohner machen derzeit eine aktivierende, sich einmischende, handlungsorientierte Forschungsstrategie unerläßlich. Die soziale Wirklichkeit analysieren und mit den Betroffenen zu deren Gunsten gestalten – das ist das Forschungsethos, dem sich die vorliegende Studie verpflichtet. Für das methodische Herangehen bedeutete das:
– die fließende Grenze zwischen Forschung und Planung nicht als problematische Besonderheit, sondern als charakteristisches Merkmal in Zeiten rasanten gesellschaftlichen Wandels anzusehen;

– Einheit von Forschung und aktiver Beeinflussung gesellschaftlicher Prozesse anzustreben.

So gesehen hat die „doppelte Auftraggeberschaft" durch das Rostocker Stadtentwicklungsamt und die KSPW eine Logik, die aus der Besonderheit der ostdeutschen Verhältnisse herrührt.

Laufende Moderation des Dialogs zwischen vielen Interessenvertretern
Originäres Ziel der Bearbeiter war es, bereits den Entstehungsprozeß der Studie als Dialog und wechselseitigen Lernprozeß zwischen unterschiedlichen Interessenvertretern zu gestalten. Eine Steuerungsgruppe, die sich regelmäßig innerhalb der drei Bearbeitungsmonate traf, erwies sich dafür als geeignetes Instrument. Ihr gehörten Vertreter der Bewohner, wichtige Ämter der Stadtverwaltung und Mitarbeiter des Sanierungsträgers an.

In den Sitzungsprotokollen spiegelt sich die Vielfalt der Diskussionen und das Bemühen um Konsenssuche wider. Arbeitsteilig erfolgten durch die Beteiligten Zuarbeiten zur vorliegenden Studie. Sie ist insofern ein Gemeinschaftsergebnis, zu dem die Rostocker Wesentliches beigesteuert haben – nicht zuletzt auch dank zahlreicher Expertengespräche außerhalb der Steuerungsgruppe mit Vertretern des Mietervereins, des Warnemünder Vereins und mit vielen anderen. Die breite Diskussion über die soziale Zukunft Warnemündes als permanenter begleitender Prozeß ist als wichtiges Ergebnis der Arbeit anzusehen. Die Hinwendung zur Öffentlichkeit wird auf Basis der vorliegenden Studie über Publikationen, Einwohnerforen und andere geeignete Formen fortgesetzt.

Vernetzung von Stadt- und Sozialplanung
Der Rostocker Senat strebt die förmliche Festlegung wichtiger Bereiche Warnemündes als Sanierungsgebiet an, um den rasanten Veränderungsdruck mit öffentlichen Mitteln politisch steuern zu können. Deshalb wurde die Rostocker Gesellschaft für Stadterneuerung und Stadtentwicklung mit Vorbereitenden Untersuchungen gemäß §141 des Baugesetzbuches beauftragt (Sanierungsuntersuchungsbericht..., 1992).

Basierend auf gemeinsamen Diskussionen über Sanierungsziele und -vorgehensweisen wurde erreicht, daß die Sozialstudie wesentliche soziale Begründungen zu den Vorbereitenden Untersuchungen beisteuert. Auf diese Weise stellen Sozialstudie und Vorbereitende Untersuchungen ein ganzheitliches Ergebnis, zwei Seiten einer Medaille dar, die sich wechselseitig begründen und unterstützen. Dieses komplexe Herangehen könnte ein Modell für den planerischen Umgang mit weiteren Rostocker Stadtteilen werden.

1.2 Die Methodik im einzelnen

Neben der Moderation des Dialogs über die Sitzungen der Lenkungsgruppe und Expertengespräche gehörten Interviews und Dokumentenanalysen zum Methodenbündel.

Interviews mit Bewohnern
102 Bewohner Warnemündes wurden nach einem standardisierten Fragebogen interviewt. Die Auswahl erfolgte zufällig, wobei vorab drei Untersuchungsbereiche bestimmt wurden, in denen jeweils etwa die gleiche Zahl von Interviews angestrebt worden war (vgl. Abbildung 1):
- der historische Kern des Ortes (K);
- der Kur- und Bäderbereich (B);
- das Wohngebiet der 30er und 40er Jahre (W);

Die Bereiche repräsentieren unterschiedliche städtebauliche und soziale Probleme des Ortes; ihre gleichberechtigte Beteiligung am Sample der Befragung sollte eine „Kopflastigkeit" der Ergebnisse zugunsten des einen oder anderen Problems vermeiden. Der Vergleich der Zufalls-Stichprobe mit der Grundgesamtheit zeigt anhand von Daten zur Einwohnerstruktur eine mit relativ geringen Abweichungen gute Auswahlqualität, wobei die relativ niedrige Interviewzahl der Repräsentativität freilich von vornherein Grenzen setzt.

Kurzinterviews mit Touristen
Die überregionale Bedeutung Warnemündes als Erholungsort legte es nahe, den „Insider-Blick" auf die Probleme und Chancen des Ortes durch den „Blick von außen" zu ergänzen. Deshalb erfolgten Kurzinterviews mit 100 Touristen nach zufälliger Auswahl. Strand und Promenade als Interview-Orte sollten garantieren, daß ein breites Spektrum von Warnemünde-Besuchern in der Stichprobe vertreten ist.

Dokumentenanalysen
Beginnend mit historischen Berichten zum Milieu des Ortes über sozialstatistische Daten bis hin zu den Plänen der Stadterneuerung, floß eine Vielfalt von Dokumenten in die vorliegende Studie ein. Sie wurde ergänzt durch eine Fotodokumentation des Stadtraumes und seiner Nutzung nach systematischer Begehung.

2. Milieuschutz als soziale Aufgabe

Keine Frage – Warnemünde ist schön! Und zweifellos wird das städtebauliche Antlitz des Ortes noch schöner. Wertvolle historische Bausubstanz wird saniert, Radwege werden die Landschaft erschließen, Fußwege und Straßen werden sorg-

Das Beispiel Rostock-Warnemünde 213

Abbildung 1
Ausgewählte Untersuchungsbereiche

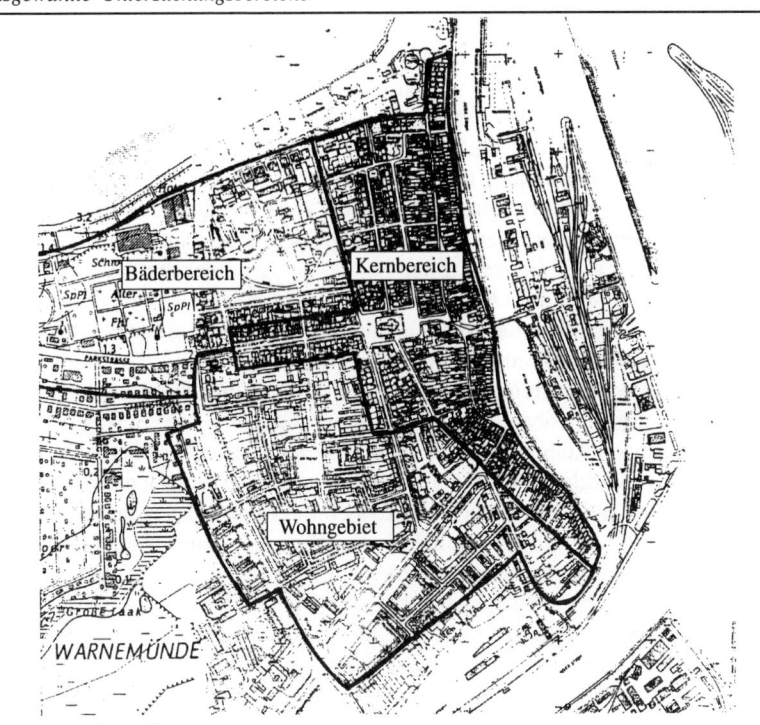

Bewohner-Interview
102 Bewohner wurden nach folgender Verteilung interviewt:
- historischer Kern: 34 Interviews
- Kur- und Bäderbereich: 35 Interviews
- Wohngebiet der 30er und 40er Jahre: 35 Interviews

Innerhalb der Bereiche erfolgte eine Zufallsauswahl.

Touristen-Intervies
Kurzinterviews mit 100 Touristen erfolgten nach zufälliger Auswahl am Strand und auf der Promenade; also in öffentlichen Bereichen, in denen das ganze Spektrum der Touristen zu erwarten war.

Dokumenten-Analyse
Historische Berichte über das Milieu des Ortes, sozialstatistische Daten sowie Konzeptionen der Stadterneuerung wurden gesichtet und durch eine Fotodokumentation des öffentlichen Stadtraumes ergänzt.

Expertengespräch / Lenkungsgruppe
Regelmäßige Treffs einer Lenkungsgruppe wurden von Expertengesprächen flankiert und erreichten es, den Entstehungsprozeß der Sozialstudie als Dialog und wechselseitigen Lern- sowie Arbeitsprozeß zwischen unterschiedlichen Interessenvertretern zu gestalten.

sam verpollert, und die Mehrzahl der Häuser wird in makellosem Weiß erstrahlen. Kurz und gut, in seinem Erscheinungsbild wird das Örtchen den durchästhetisierten westdeutschen Vorbildern der Bäderkultur in nichts nachstehen, im Gegenteil. Die im Westen rollende Modernisierungswelle der 60er und 70er Jahre hat den Ort verschont, und es ist unwahrscheinlich, daß Rostocks Stadtplaner die in Beton gegossenen Sanierungsfehler dieser Zeit nachahmen.

Warnemünde bleibt also mit großer Wahrscheinlichkeit ein städtebauliches und kulturelles Schmuckstück. Die Frage ist nur: für wen?

Versteht man das Milieu eines Ortes als ortskonkretes besonderes Verhältnis von Räumlichem und Sozialem, so wird klar, daß städtebauliche Aufwertung allein keineswegs die bewahrenswerten Seiten des Ortsmilieus erhält (vgl. Abbildung 2). Im Gegenteil: die Aufwertung eines Raum-Milieus ohne Schutz des sozialen Milieus kann zur Verdrängung der bisherigen Bewohner und tradierter Nutzungen führen. Übrig bliebe eine Milieu-Fassade, die mit dem derzeitigen sozial-kulturellen Reiz des Ortes nur noch die Erscheinung, jedoch keinen Inhalt mehr teilen würde.

Die Tendenz zur Ästhetisierung und Befriedung sozialer Widersprüche durch Stadterneuerung (mit der Folge der Verdrängung sozial Schwächerer) ist nicht neu; sie wird in der wissenschaftlichen Literatur vielfältig als „gentrification" beschrieben (Marcuse, 1992: 80 ff.). Ohne soziale Gegensteuerung würde eine solche Entwicklung für Warnemündes derzeitige Bewohner besonders rasch und verhängnisvoll ablaufen, da es sich bei diesem Ort
– einerseits um eine Top-Lage handelt, die starke Kapitalinteressen anzieht,
– und andererseits die ortsansässige Bevölkerung, wie allerorten in Ostdeutschland, dem Verdrängungsdruck in besonderem Maße schutzlos ausgesetzt ist.

Worin besteht die besondere Schutzwürdigkeit der Bevölkerung?

Benachteiligende Vermögenssituation:
Abgesehen von der glücklichen Minderheit der Haus- und Grundstückseigentümer, sind viele Warnemünder im vereinigten Deutschland gleich dreifach benachteiligt. Sie haben geringere Einkommen, niedrigere Spareinlagen, vor allem jedoch erheblich geringeres Sachvermögen als vergleichbare West-Bürger gleichen Alters und gleicher sozialer Gruppe. Die öffentliche Diskussion über Ost-West-Einkommensunterschiede läßt etwas in den Hintergrund treten, daß vor allem die unterschiedliche Eigentumssituation das soziale West-Ost-Gefälle noch auf Jahrzehnte bestimmen wird.

Auflösung tradierter Lebenszusammenhänge:
Es gibt kaum einen Lebensbereich, in dem Ostdeutsche in ihrem individuellen Alltag nicht von gravierenden Veränderungen – neuen Chancen wie neuen Gefährdungen – betroffen sind. Mit dem wirtschaftlichen Strukturwandel sind viele

Abbildung 2
Begriff des sozial-räumlichen Stadtmilieus*

Sozial-räumliches Milieu ist das Verhältnis von Räumlichem und Sozialem in ortskonkreter, also lokal besonderer Form. Es ist Resultat der lokal spezifischen Art und Weise der Aneignung der Stadtumwelt durch die Nutzer.

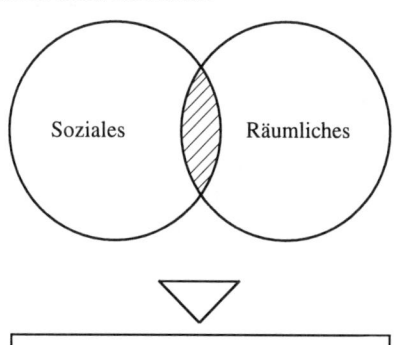

Soziales Räumliches

Milieu als Verhältnis
Bestandteile

- objektive Beschaffenheit
  der Stadtumwelt
  Stadtstruktur

- Alltagsnutzung der Stadt
  Stadtfunktion

- Einstellungen der Nutzer und
  ihr Erleben der Stadtumwelt
  Stadtbild

* Zur Konzeption und Methodologie dieses Ansatzes
  vgl. Staufenbiel, Fred (1989): Leben in den Städten. 62 ff

---

vor allem vom Arbeitsbereich getragene informelle soziale Netzwerke zerbrochen. Soziale Betreuungen und Dienstleistungen (wie z.B. Jugendklubs) sind gefährdet oder in Neustrukturierung begriffen. Wenn sich fast alles ändert, sind kompensatorische „Ruhepunkte" besonders wichtig. Dabei steht das Bedürfnis nach sicherer Behausung an erster Stelle. Dem hat die Politik durch besondere Regelungen zum Kündigungsschutz Rechnung getragen, die absehbar zur Disposition stehen.

Starke Ortsbindung:
Der für Warnemünde typische überdurchschnittlich hohe Anteil älterer Bewohner ist in besonderem Maße an den Ort gebunden. Selbsthilfe beim Erhalt der Wohnbauten war zu DDR-Zeiten unerläßlich. Daraus hat sich eine starke Identifikation mit der Wohnumwelt entwickelt – die Mieter waren de facto Quasi-Eigentümer ihrer Wohnungen. Das Infragestellen jahrzehntelang selbstverständlicher Identität, verbunden mit geringen Einkommens- und Mobilitätschancen, führt bei vielen zu Verdrängungsängsten.

Sozialpsychologisches Klima – Melancholie
Die von vielen erlebte Entwertung einst mühsam erworbener Qualifikationen, erbrachter Leistungen und Biographien sowie das Gefühl der Fremdbestimmung eigener Entwicklungschancen oder gar der eigenen Wertlosigkeit verstärkt derzeit eine melancholische Grundstimmung demotivierten Abwartens oder resignativen Aufgebens. Es mehren sich die Fälle, wo ältere Mieter resigniert ihre eigentlich geliebte Wohnung verlassen und zu den Kindern ziehen, obwohl ihr Mietverhältnis derzeit rechtlich geschützt ist.

In solcher Situation ist aktivierende Sozialplanung in besonderem Maße angezeigt. Viele Bewohner müssen an die aktive Vertretung ihrer eigenen Interessen erst herangeführt werden – mithin eine völlig andere Lage als bei vielerorts eingespielten Beteiligungsverfahren in Städten der alten Bundesländer.

Die vorliegende Sozialstudie umfaßt eine relativ frühe Phase der Sozialplanung als kontinuierlichen Prozeß, sie ist weder Beginn noch Ende dieses Prozesses. Sie liefert sozialplanerische Begründungen für mehrere planungsrechtliche Instrumente – von den Vorbereitenden Untersuchungen über den „eigentlichen" Sozialplan bis zur Erhaltungssatzung. Je nachdem ob und welches Gebiet Warnemündes förmlich als Sanierungsgebiet festgelegt wird, hat die Gemeinde die Möglichkeit, die begründeten sozialplanerischen Aussagen flexibel in verschiedenen planungsrechtlichen Instrumenten anzuwenden.

Mindestens ebenso wichtig wie die planungsrechtliche Seite ist die sozialkulturelle Selbstbindung der Gemeinde und aller Interessenträger an die sozialen Ziele der Stadterneuerung. Bereits die öffentliche Diskussion über die soziale Richtung von Warnemündes Entwicklung im Vorfeld und im Verlauf der Sozialstudie hat einvernehmliche Ziele wesentlich präzisiert und zur Konsensfindung beigetragen. Am kulturellen Konsens über die Zukunft des Ortes – vom Hauseigentümer über den Gewerbetreibenden bis zum Mieter – sollte mit ständiger Öffentlichkeitsarbeit und Betroffenenmitwirkung weiter gearbeitet werden. Er ist bedeutsamer als planungsrechtliche Absicherungen.

Das Beispiel Rostock-Warnemünde

3. Ortsmilieu als historisches Resultat

Fragt man nach dem besonderen Warnemünder Milieu, lohnt ein Blick in die Geschichte. Gibt es historische Traditionslinien, Stabilitäten, die gleichsam wie ein „genetischer Code" des Ortes heutiges Milieu beeinflussen? Die Warnemünder Entwicklung läßt sich grob in drei historische Etappen gliedern:
- die jahrhundertelange bescheidene Existenz des Ortes als kleines Fischerdorf an der Rostocker Hafeneinfahrt;
- der Ausbau des Ortes als Seebad, beginnend im ausgehenden 19. Jahrhundert;
- die weitere Expansion als Industriestandort mit militärischen Funktionen seit dem ersten Weltkrieg.

Fischerdorf

Bis in die Mitte des vorigen Jahrhunderts war Warnemünde ein unbedeutendes Fischerdorf gewesen, das von Rostock aus durch einen eingesetzten Vogt regiert wurde. Entlang der Warnowmündung, des jetzigen Alten Stromes, entwickelten sich zwei Hausreihen („Vorreeg" und „Achterreeg") giebelständiger Fischerhäuser auf engen, „handtuchähnlichen" Grundstücken mit an das Haus anschließendem Hof und Garten.

Die strategische Lage des Ortes an der Hafeneinfahrt Rostocks bewirkte seine rigide Kontrolle durch die Hansestadt und war Anlaß jahrhundertelanger militärischer Auseinandersetzungen, von denen vor allem die „Schwedenschanze" mit ihrer häufig wechselnden Besatzung beredtes Zeugnis ablegt (Barnewitz, 1992: 89ff.). Einerseits litten die Bewohner unter dem „Würgegriff" der Rostocker Bürgerschaft, die eifersüchtig jede eigenständige Entwicklung durch Handels- und Gewerbeverbote verhinderte. Andererseits war das Dorf auf Gedeih und Verderb mit der benachbarten Hansestadt verbunden. Drittens hatten die Warnemünder als Seefahrergemeinde wenige Verbindungen zum Landesinneren, um so mehr aber über die gewagten Segelfahrten zu Dänemark und Schweden.

Diese „Mischung" von harten wirtschaftlichen Verhältnissen, Haßliebe zur Hansestadt und Erfahrung der Härte, aber auch Weltoffenheit des Meeres ließ nach Meinung der historischen Beobachter einen besonderen „Warnemünder Menschenschlag" entstehen: „Das ausschließliche Zusammenwohnen von Seeleuten, deren Erwerb durch die Unfruchtbarkeit des Bodens und die zahlreichen Verbote aus Rostock auf das äußerste beschränkt war, ließ eine Abgeschlossenheit und eigentümliche Einseitigkeit entstehen, die ... vielleicht nicht ganz ohne Unrecht als ‚Stolz und Grobheit' bezeichnet wird.

Es wohnten im Orte bis auf verschwindende Ausnahmen nur Lotsen, Fischer und Matrosen. Wer nicht Seemann war, z.B. der Küster, der Lehrer, der Kuhhirte und die wenigen Handwerker, wurde kurzweg verächtlich ‚Buer' (Bauer) genannt. Die Warnemünder bildeten daher ein von den umliegenden Dörfern, ganz besonders von dem verhaßten Rostock, ganz verschiedenes Völkchen." (Barnewitz, 1992: 193).

In einem entbehrungsreichen harten Arbeitsleben lernten die Menschen, als Gemeinschaft mit relativ geringen sozialen Unterschieden zu handeln und inneren Zusammenhalt zur Abwehr äußerer Bedrängung hervorzubringen. Dieser Zusammenhalt der Gemeinde wurde mit vielfältigen sozialen Ritualen immer wieder eingeübt und jedem Mitglied erlebbar vor Augen gehalten: Taufen, Trauungen, Beerdigungen waren Gemeinschaftsereignisse – vor allem jedoch der „Ümgang", der sich als Umzug durch den Ort an die Abrechnung der erhobenen Steuern durch das aus 12 Männern bestehende Bürgerältesten-Kollegium anschloß (Barnewitz, 1992: 164 ff.).

Auch städtebaulich präsentierte sich das Fischerdorf als Gemeinschaft: die eng beieinander stehenden Häuschen bildeten ein einheitliches Ensemble, in dem sich der Einzelbau eher bescheiden in die Gruppe einordnete.

Seebad

Erst der Eisenbahnanschluß bewirkte eine enge Verbindung des bis dahin klar auf den Ostsee-Raum fixierten Warnemünde mit dem Hinterland. Vor allem die bequem gewordene Anreise aus Berlin läßt die Zahl der Badegäste nach 1870 nach oben schnellen: um 1900 besuchen bereits ca. 15.000 Erholungssuchende das kleine Örtchen.

Städtebaulich äußerte sich die neue Funktion des Ortes zunächst durch kleine Vorbauten an den Wohnhäusern, den „Warnemünder Veranden", für die Bequemlichkeit der Sommergäste.

Die Nord-Süd-Orientierung der Fischerhaus-Reihen wird ab 1871 nach Westen ergänzt durch die Mühlenstraße, die am neuerbauten Marktplatz mit Kirche und Postamt ihren Ausgang nimmt. Der Bautyp des giebelständigen Fischerhauses wird schrittweise zugunsten traufständiger Häuser mit vermietbaren Fremdenzimmern aufgegeben. Später entsteht mit der Strandpromenade und dem Leuchtturm (1898) eine parallel zum Strand verlaufende Reihe von Pensionen und kleinen Hotels.

Aus dem Dorf ist ein Städtchen geworden. Die Sozialstruktur der Bewohner differenziert sich aus, einige Einheimische bringen es erstmals in der ca. 700jährigen Geschichte des Ortes zu bescheidenem Wohlstand.

Am befestigten Alten Strom legen neben den kleinen Fischerbooten nun auch die ersten Passagier-Dampfer an. Die Notwendigkeit einer durchgängigen Eisenbahnfährverbindung nach Skandinavien bewirkt um die Jahrhundertwende den Bau des heutigen Bahnhofs, den Molenausbau, den Bau einer Drehbrücke zur entstandenen Bahnhofsinsel sowie einer Straßenbahnstrecke nach Markgrafenheide – enorme bauliche Änderungen in kürzester Zeit, die das charakteristische Ortsbild unangetastet ließen.

„Aus dem kleinen weltabgeschlossenen Fischerdorf ist durch das Badeleben und den Verkehr nach Dänemark ein vielbesuchter volkreicher Badeort von durchaus städtischem Aussehen geworden, der das alte Wesen ganz abgestreift hat und dessen Einwohner sich bemühen, die alljährliche Saison mit ihrem Zustrom an Badegästen für sich so vorteilhaft wie möglich zu gestalten." (Barnewitz, 1992: 254).

Im historischen Rückblick erstaunt es, in welch kurzer Zeit ein rigider Bruch mit einem über Jahrhunderte weithin stabilen sozialen Milieu erfolgt – ein Modernisierungsschub, dem weitere folgen.

Den Menschen geht es wirtschaftlich besser, die sozialpsychologischen Folgen der leicht abgeworfenen Tradition hingegen sind schwierig zu beurteilen: sie schicken die nachfolgenden Generationen auf die Suche nach kultureller Identität.

„Auffallend ist, daß mit der Zunahme des Badeverkehrs und dem Ausbau des Ortes nach Westen hin seit der Eröffnung der Eisenbahnlinie Hagenow – Rostock (1850) die alten Sitten und Gebräuche rasch absterben. Nach dem Weltkrieg ist alle alte Erinnerung fast ganz verlorengegangen." (Barnewitz, 1992: 147).

Industriestandort
Der seit dem 1. Weltkrieg ausgebaute Flugzeugbau (Heinkel, Arado) auf dem Gelände der jetzigen Warnow-Werft braucht Arbeitskräfte; es entstehen das südlich der Mühlenstraße gelegene Wohngebiet sowie Marinesiedlungen (Hohe Düne, Markgrafenheide).

Die Sozialstruktur des Ortes verändert sich: vor allem Arbeiterschaft und Militär zählt zu den neuen Einwohnern. Aus dem beschaulichen Fischer- und Bäderort wird in der Zeit faschistischen Größenwahns ein Rüstungs- und Militärstützpunkt, dessen Produkte Europas Völker in Angst und Schrecken versetzen und sich mit dem Flächenbombardement der Rostocker Innenstadt symbolhaft gegen die Produzenten zurückwenden. Warnemünde selbst bleibt von den alliierten Bombern fast völlig verschont.

Die Demontage der Rüstungsindustrie und die Stillegung des Marineflughafens, ganz zu schweigen vom daniederliegenden Bäderwesen, sind die Folgen des „Dritten Reiches". Zudem müssen zahlreiche Umsiedlerfamilien aus den ehemaligen östlichen Gebieten in den leerstehenden Hotels und Pensionen untergebracht werden, wodurch sich die Bewohnerstruktur des Ortes nochmals verschiebt. Der Ausbau der Fischerei und Fischverarbeitung eröffnet einem Teil der Warnemünder eine neue Perspektive. Noch wichtiger für die wirtschaftliche Zukunft des Ortes ist jedoch der Bau der Warnow-Werft mit 6.500 Beschäftigten für den Hochseeschiffbau großer Dimension. Für viele umgesiedelte Werftarbeiter aus Danzig bzw. Stettin eröffnet sich damit eine neue Lebensperspektive.

Leider bleibt Warnemünde auch unter dem neuen Aspekt des Grenz-Ortes für militärische Bedürfnisse interessant: es entsteht ein Stützpunkt der DDR-Volksmarine. Eine Hochschule für Seeschiffahrt komplettiert das Bild eines expandierenden Industriestandortes, das dennoch mit dem historischen Bild des „gemütlichen"

Warnemünde korrespondiert: die gesamte Bautätigkeit tastet die historische Ortslage kaum an, die dringend nötigen Wohnungen entstehen in den großen neuen Stadtteilen entlang der S-Bahn zwischen Rostock und Warnemünde. Das Städtchen wird Einpendler-Ort, Zielpunkt eines starken täglichen Berufspendler-Verkehrs.

DDR-Urlauberort
Insofern entsteht ein Nebeneinander von Fischerdorf, Seebad, Transitort und Industriestandort mit nationaler Bedeutung. Dabei erfährt der Bad-Charakter allerdings einen erheblichen Wandel:
– Warnemünde wird Naherholungsort großen Stils, Anziehungspunkt der Alltagserholung für die Bewohner der naheliegenden Großstadt.
– Anstelle kleinteiliger, privater Erholungsangebote (Pensionen) treten großflächige, staatliche Angebote (Hotel „Neptun", Zeltplatz), die sowohl auf den Massenbedarf als auch auf den gehobeneren Bedarf vor allem devisenträchtiger Touristen aus „dem Westen" zielen.
Auch die landesweit übliche Kleingarten- und Datschenkultur hat Warnemünde erreicht und belegt mit einem breiten Band liebevoll gepflegter Gärten den Südrand des Ortes. Der Attraktivität des Ortes haben diese Entwicklungen keinen Abbruch getan – wie auch die Touristenzahlen vor wie nach der „Wende" belegen.

„Sehnsucht nach der Ferne"?
Der Fährverkehr nach Skandinavien gab dem Städtchen zu DDR-Zeiten ein zusätzliches Flair des Internationalen und Weltoffenen, das in krassem Gegensatz zur mißtrauischen Bewachung des Strandes stand. Als „Grenzgebiet" war hier nicht mal die Luftmatratze im Wasser (als potentielles Fluchtmittel eingeschätzt) erlaubt; abends und nachts konnte man sich häufiger Posten- und Scheinwerferkontrolle „erfreuen". So mancher Blick von der Mole folgte sehnsüchtig den großen weißen Schiffen, auf deren westliche Zielorte alle Wünsche und Ideale projiziert wurden – die heute für viele nur teilweise im eher nüchternen bundesdeutschen Alltag verwirklicht werden.

Grenzkontrolle und Sehnsucht nach der Ferne wurden von einem dritten Merkmal Warnemünder Milieus begleitet: dem für viele abstoßenden, nichtsdestotrotz schamlos praktizierten Sich-Anbiedern bei „Devisen-Bringern" aus dem Westen – sei es staatlicherseits wie auch durch private Initiative. Alle drei Merkmale haben in ihrem Zusammenwirken folgenreich an der Selbstachtung genagt und nachwirkende Identitätsverluste befördert.

Fazit der historischen Analyse
Insgesamt ist das sozial-räumliche Milieu Warnemündes von einer ganzen Reihe historischer Kontinuitäten wie Brüchen gekennzeichnet, die städtebaulich deut-

lich absehbar sind, sich in ihrer sozialen Dimension jedoch ungleich schwieriger erschließen.

Noch scheint es die stoische Ruhe und Sturheit der alteingesessenen Warnemünder mit ihrem Gemeinschaftsbewußtsein und ihrem Selbststolz gegenüber Rostock zu geben. Die Gemeinschaft der Alteingesessenen grenzt sich allerdings recht deutlich von den „Zugewanderten" ab, die über Generationen hinweg erst im Flugzeugwerk, dann später auf der Werft eine eigene Warnemünder Identität entwickelt haben. Noch gibt es die kleinteilige Mischung von Arbeiten und Wohnen auf engem Raum: unten wird verkauft, darüber gewohnt, dahinter gearbeitet.

Vom ehemaligen privaten Pensions- und Hotelwesen ist leider nur noch wenig zu spüren. Hier wird es nicht leicht sein, eine so gut wie völlig verschüttete Traditionslinie wieder aufleben zu lassen, ohne ihre historischen Besonderheiten – wie Kleinteiligkeit und Einordnung in das vorhandene Milieu des Ortes – dem Modernisierungsdruck rentabler Tourismus-Logistik zu opfern.

Im Rückblick vermittelt Warnemünde nicht nur Beschaulichkeit, sondern schmerzhafte historische Erfahrungen und Brüche. Ein Erbe, das nicht verdrängt und von einem „softigen" Tourismus- wie Stadterneuerungskonzept nicht „zu einfach" glattgebügelt werden sollte. Der aufmerksame Beobachter wird durch diese „Kantigkeit" des Örtchens eher angezogen, was – um zeitgemäß profan zu werden – bereits mittelfristig eine „Marktchance" ist: Wen werden in 5 bis 10 Jahren die ewig gleichermaßen glattgeleckten Seebäder interessieren?

4. Das aktuelle sozial-räumliche Milieu

Die historischen Bestimmungsfaktoren des derzeitigen sozialen Milieus haben wir oben dargestellt: sein „genetischer Code" ist das bruchstückhaft zusammengesetzte Konglomerat von dörflicher Fischertradition, kleinstädtischer Seebadkultur und industriell geprägter Lebensweise. Die Seeleute und Fischer, Hoteliers und Pensionsbesitzer, Werftarbeiter und Militärs haben ein widersprüchliches Gemeinwesen gebildet, dessen gemeinsamer Nenner die privilegierte Lage des Ortes und die daraus resultierende starke Ortsbindung war.

Innere soziale Bindungen der Bewohner als Mitglieder einer Gemeinde konnten sich kaum ausprägen, da die Entwicklung des Ortes stets fremdbestimmt war und das Gemeinwesen keine eigene ökonomische Existenz hatte – die verschiedenen Wirtschaftssektoren wie Werft, Fischerei und Tourismus hatten keinerlei Beziehungen untereinander. Also lebten auch die verschiedenen sozialen Gruppen der Bewohner eher nebeneinander als miteinander. Welch niedrigen Stellenwert bei den Herrschenden „Warnemünde als Gemeinwesen" hatte, zeigt sich auch in der widersinnigen Verteilung der kommunalen Behörden im Ort. Das Städtchen hat kein Forum, kein soziales Zentrum. Der Bedeutungsverlust des Kommunalen seit dem Ende der Weimarer Republik zeigt sich auch in Warnemünde städtebaulich wie sozial folgenreich. Nach der „Wende" stellt sich die Situation widersprüchlich dar.

Ausdifferenzierung der Interessen und Lebenslagen
Einerseits droht das Gemeinwesen Warnemünde durch widerstreitende Interessen seiner Bewohner und wirtschaftliche Probleme jeden Zusammenhalt zu verlieren. Die „Gewinner" sind die Grundstücks- und Hausbesitzer, deren Wertsteigerungsinteressen immer deutlicher mit dem Bleibewunsch der angestammten Mieter kollidieren. Dieser entscheidend gewordene Unterschied in der Vermögenslage wird überlagert von dem wirtschaftlichen Strukturwandel, der touristischen Angeboten neue Märkte eröffnet und die vorhandene Industrie in die Krise führt. Häufig kumulieren negative wie positive Entwicklungen für die Betroffenen über den Zusammenhang:
1. Boden- bzw. Hauseigentümer ->Vermögenszuwachs -> gute Ausgangslage für touristische Angebote;
2. Mieter -> Arbeitsplatz in der Industrie -> Unsicherheit betreffs Arbeit und Einkommen.

Insofern finden wir in Warnemünde ein für die verschiedenen Bewohnergruppen nahezu gegensätzliches sozial-psychologisches Klima von „Melancholie und Aufbruchstimmung" vor. Am kritischsten ist die Stimmung unter den Mietern in den privaten und zur Privatisierung anstehenden Häusern des Dorf- und Bäderbereiches. Sie befürchten ihre Verdrängung infolge des Zieles der Stadt Rostock, Warnemünde als Seebad aufzuwerten – u.a. durch die Wiedernutzung ehemaliger Pensionen, die heute Wohnungen sind.

Neue Gemeinsamkeiten der Interessenlagen
Andererseits gibt es für das Gemeinwesen neue Bindungskräfte. Mit der „Bürgerinitiative Bäderbereich" und dem „Warnemünder Verein" nehmen die Bürger ihre legitimen Mitwirkungsmöglichkeiten am Diskussionsprozeß über die Zukunft des Ortes wahr. Die verschiedenen Interessengruppen formieren sich in unterschiedlichen Zusammenschlüssen: Mieterverein und Verein der Gewerbetreibenden seien als Beispiele genannt.

Die Gemeinde als Ganzes ist in dem Maße wieder ins Zentrum der Aufmerksamkeit gerückt, so wie für alle Bürger deutlich wurde, daß nur die ganzheitliche Attraktivität des Städtchens – städtebaulich, sozial wie kulturell – wirtschaftlich perspektivreich ist, indem sie Touristen und Investoren anzieht. So gesehen wird wirtschaftliches Kalkül zum kulturellen Bindungsfaktor: eine Situation, die der Kommunalpolitik Spielräume eröffnet wie in kaum einem anderen Bereich Rostocks.

Das Beispiel Rostock-Warnemünde

Warnemünde als Gemeinwesen?
Allerdings besteht nur eine bedingte Chance für die Entwicklung des Ortes als Gemeinwesen, denn:
- Die Mehrzahl der vielen älteren Bewohner wird kaum mehr zu aktivieren sein.
- Der Weggang bzw. die Zerschlagung des Mittelstandes in den 50er Jahren wirkt nach, Rückübertragungsansprüche bringen letztlich doch fremde Eigentümer.
- Nicht wenige jüngere Mieter orientieren sich schon in Voraussicht der auf sie zukommenden Probleme auf die Grundstücks- und Wohnungssuche im Umland.
- Gruppeninteressen artikulieren sich vor allem passiv, als „Notgemeinschaft" zur Abwehr äußerer Angriffe. Für offensive Konzepte fehlt es an Selbstbewußtsein und Sicherheit.

Äußerlich zeigen sich diese ungünstigen Tendenzen in der Schwierigkeit, überhaupt Bürger zu finden, die sich in der Kommunalpolitik engagieren. Um einem Klima der Resignation vorzubeugen, ist sozialplanerisches Handeln gefordert, das an die starke Verbundenheit der Warnemünder mit ihrem Ort anknüpfen kann.

Stadtbindung

Tabelle 1
„Fühlen Sie sich in Warnemünde heimisch? Manche Leute sagen, hier könne man sich nicht heimisch fühlen."

ich denke genauso	5	
dazu habe ich keine Meinung	0	
ich fühle mich hier zu Hause	95	
Summe	100	n=101

Das Ausmaß an Identifikation mit dem Ort dürfte wohl kaum noch zu übertreffen sein – und das trotz der etwas provokant „negativ" gestellten Frage. Der Eindruck einer außergewöhnlich starken Verbundenheit der Bewohner mit ihrem Ort wird nochmals bestätigt, wenn wir uns die bindenden Faktoren im einzelnen ansehen: Klima und Luft, die Landschaft, die Wohnung, die Familie, Freunde und Bekannte, aber auch allgemein „die Menschen in der Stadt" bewirken starke Bindungen an Warnemünde. Schwächer, jedoch nicht einflußlos auf die Ortsbindungen sind die Architektur des Ortes sowie der Arbeitsplatz. Keinen Einfluß haben die wirtschaftliche Perspektive der Stadt sowie die Qualität der Kommunalpolitik.

Bei so hohem Maß an Identifikation der Bewohner mit ihrem Ort war auch ein hohes Interesse an seiner Zukunft und den damit verbundenen kommunalpolitischen Entscheidungen zu erwarten. Das äußerte sich dann auch beim Aufzeigen des politischen Handlungsbedarfs.

Tabelle 2
„Wenn Sie Bürgermeister wären, was würden Sie als erstes verändern?" (offene Frage, Antworten thematisch gruppiert)

a) Verkehr	
1. Verkehr aus der Stadt, Verkehrsberuhigung	26
2. Verkahrsplanung allgemein verbessern	20
3. Parkplätze schaffen	10
4. Mehr Anliegerparkplätze	4
5. Bürgersteige ausbessern	4
6. Radwege anlegen, Radfahren auf Bürgersteigen und Promenade stört	4
b) Wohnungspolitik/Stadterneuerung	
1. Mieter vor Verdrängung schützen, Besitzverhältnisse klären	8
2. Alte Häuser sanieren, Wohnraum schaffen	8
3. Bessere Strandpflege	5
4. Bauordnung verschärfen	4
5. Mehr Grünanlagen	4
6. Gestaltung des Kurhauses	4
7. Altersgerechte Wohungen, Altersheim schaffen	2
8. Keine großen Hotelbauten mehr	2
c) Verschiedene kommunale Themen	
1. Polizeipräsenz verstärken	10
2. Arbeitsplätze für Einheimische schaffen	10
3. Weniger Straßenhandel/Imbißbuden	8
4. Mehr Befugnis und Eigenständigkeit des Warnemünder Ortsamtes	7
5. Kitas erhalten, Spielplätze: mehr an die Kinder denken	7
6. Sauberkeit verbessern	6
7. Besserer Umweltschutz	5
8. Transparentere und bürgerfreundlichere Verwaltung	3
9. Mehr Initiativen und Einrichtungen für Behinderte und Ältere	3

Politischer Handlungsbedarf aus Bewohnersicht
Im Mittelpunkt des Bürgerinteresses stehen insgesamt 4 Themen:
– Verkehr
– Wohnen und Stadterneuerung
– Sicherheit, Ordnung, Sauberkeit
– Arbeitsplätze.
Das leidige Verkehrsproblem hat nach der Wende eine beträchtliche Verschärfung erfahren und belastet das Ortsmilieu erheblich. Wohnungspolitisch erwarten vor allem die Mieter des Bäder- und Kernbereiches Schutz vor Verdrängung, der Bedarf an altersgerechtem Wohnraum wird angemeldet. Städtebaupolitisch erhoffen sich die Bewohner einen raschen Fortgang der Sanierung verbunden mit der Schaffung von Wohnraum. Grünanlagen, besonders der Kurhausgarten sollen

Das Beispiel Rostock-Warnemünde

verbessert und Radwege angelegt werden. Kindertagesstätten sollen bleiben, überhaupt wäre mehr an die Kinder zu denken.

Insgesamt ist nach der Wende Unsicherheit in Warnemünde eingezogen – nicht nur wegen der Wohnverhältnisse, sondern infolge Angst vor Kriminalität und Vandalismus. Ob die Störungen des Zusammenlebens durch Polizeipräsenz allein behebbar sind, wie viele meinen, ist jedoch dahingestellt: Spätestens die in ganz Deutschland als abstoßend empfundene zeitweilige Allianz nicht weniger „braver" Bürger mit Rechtsradikalen bei der Vertreibung der Asylbewerber aus Lichtenhagen hat tieferliegende Schichten gestörten sozial-psychologischen Klimas schlaglichtartig erhellt. Dem außenstehenden Betrachter klingt angesichts solcher Aggressionspotentiale der Ruf nach Ordnung, Sauberkeit und Sicherheit allzusehr nach Friedhofsruhe und Festungsmentalität.

5. Bewohnerstruktur

Etwa 4% aller Rostocker leben in Warnemünde, die Bedeutung des Örtchens für die Großstadt liegt mithin weit über seiner tatsächlichen Quantität. Der Frauenanteil unter den Warnemündern beträgt 52%, der Anteil der Ausländer lediglich 0,6%. Bei den über 65jährigen ist der Anteil der Frauen fast doppelt so hoch wie der Männeranteil. Das ist für die Sozialplanung umso bedeutsamer, da Warnemünde generell einen hohen Anteil älterer Bewohner hat: der Anteil an Bürgern, die älter als 65 Jahre sind, ist fast doppelt so hoch wie in der Stadt Rostock!

Entsprechend dem hohen Anteil älterer Bewohner ist auch der Anteil der Einpersonen-Haushalte mit fast 50% sehr hoch. Vor allem ältere Frauen, die nur vergleichsweise niedrige Renten beziehen, leben häufig allein. Der Zusammenhang „Alt sein -> Allein sein -> Frau sein -> niedrige Rente erhalten" ist gerade für Warnemünde augenscheinlich.

Die Wohnraumstruktur kommt mit ihrem hohen Anteil von (meist kleinen) Zwei- und Drei-Raumwohnungen der Tatsache entgegen, daß 75% aller Haushalte Ein- und Zweipersonenhaushalte sind. Damit entspricht die Wohnraumstruktur gut der Haushaltsstruktur der Bewohner, was als wichtige Begründung für die Notwendigkeit des „Erhaltes der Wohnbevölkerung aus städtebaulichen Gründen" (Milieu-Schutz nach §172 Baugesetzbuch) anzusehen ist.

Sozialstruktur und Erwerbstätigkeit
Unter den Bewohnern ist die Arbeiterschaft am stärksten vertreten. Zwei Drittel aller Befragten haben einen Berufsabschluß als Teilfacharbeiter, Facharbeiter oder Meister, wobei das Spektrum der erlernten Berufe – vom Werftarbeiter über die Fischer bis hin zum Gastronomen – breit ist und keinesfalls nur die klassische Industriearbeiterschaft einschließt. Der hohe Anteil von Bewohnern mit Abitur

(23%) und Hochschulabschluß (15%) verweist auf die Intelligenz als zweite große soziale Gruppe.

Mit 12% aller Befragten ist der Anteil Selbständiger beträchtlich; er steigt sogar auf 29%, wenn wir nur die Gruppe der Berufstätigen zugrunde legen. Bezogen auf die Berufstätigen liegt der Anteil arbeitsloser Befragter bei 16%, genauso hoch ist der Anteil der Vorruheständler. Diese nüchternen Zahlen drücken nur indirekt die Dramatik des wirtschaftsstrukturellen Wandels für die Betroffenen aus: nehmen wir Arbeitslose und Vorruheständler zusammen, so ist jeder dritte Befragte im berufsfähigen Alter beschäftigungslos bzw. vorfristig aus dem Arbeitsleben ausgeschieden.

Die Veränderungen im Arbeitsleben sind der die Warnemünder am tiefgreifendsten betreffende soziale Wandel. Er ist noch keineswegs abgeschlossen. Betrachten wir lediglich die derzeit Beschäftigten, so wird ein hohes Maß an Unsicherheit betreffs der Zukunftsperspektive des Arbeitsplatzes erkennbar: jeder vierte Befragte hält seine Arbeit für gefährdet, die Situation der Lebenspartner wird sogar noch erheblich schlechter eingeschätzt. Wie schwierig die Arbeitsplatzsuche und -behauptung für viele werden wird, zeigen die Arbeitsmarktzahlen: Ende März 1992 hatte Rostock bei einer Arbeitslosenquote von 13,3% 22.800 Arbeitslose. Hinzu kommen 4.400 Kurzarbeiter und 7.200 ABM-Kräfte in befristeten Arbeitsverhältnissen.

Sozialplanerisch relevant sind zusammenfassend folgende Fakten:
- Der hohe Anteil Älterer ist nicht rückläufig, er wird durch die starke Gruppe der derzeit 55-65jährigen eher noch zunehmen.
- Die Kommunalpolitik hat sich langfristig auf viele Pflegebedürftige, Wohngeld- und Sozialhilfeempfänger einzustellen und hat altersgerechten Wohnraum unterschiedlicher Form und Qualität zu schaffen.
- Der wirtschaftliche Strukturwandel stellt einen nicht geringen Teil der Bewohner im berufstätigen Alter vor erhebliche Probleme. Gibt es einerseits – vor allem unter den Selbständigen – rasch expandierende Einkommen, so sind andererseits viele Bewohner arbeitslos, mit relativ niedrigen Bezügen im Vorruhestand bzw. bangen um ihren Arbeitsplatz.
- Sicheres Wohnen zu sozialverträglicher Miete stellt deshalb für die Mehrzahl der Bewohner einen existentiellen Lebenswert dar, dem die Kommunalpolitik Rechnung tragen muß.

6. Soziale Probleme in den verschiedenen Wohnbereichen

Ehemalige Pensionen – Bäderbereich

Für erheblichen sozialen Sprengstoff sorgt das Ziel der Stadt, die zu Wohnzwecken genutzten ehemaligen Pensionen freizuziehen und wieder im ursprünglichen Sinne zu nutzen. Davon wird ein Attraktivitätsgewinn des Ortes als Seebad erhofft.

„Einerseits hat sich eine Initiative von ehemaligen Eigentümern gebildet, die mit Macht auf Räumung der ehemaligen Pensionen und Hotels drängt, um damit eine eigene Existenz zu gründen, und andererseits gibt es eine Bürgervereinigung der Bewohner dieser Einrichtungen, die sich gegen das Herausdrängen wehrt und äquivalenten Wohnraum verlangt. Hierbei wird in der Regel unter Äquivalent eine gute Wohnlage in Warnemünde erwartet." (Sanierungsuntersuchungsbericht ..., 1992: 26).

Eine Bürgerinitiative hat eine detaillierte Bedarfsanalyse für 166 Haushalte (von insgesamt 180 in Pensionen) erarbeitet, die folgendes deutlich macht:
- Die Mieter sind in der Mehrzahl zu einem Wohnungswechsel bereit, lediglich bei 15 Mietern gibt es keinerlei Umzugsbereitschaft.
- Die Mieter haben mit erheblichen Eigenleistungen die Pensionen baulich erhalten – in der Regel ohne finanzielle Unterstützung.
- Von den Mietern werden niveauvolle Ersatzwohnungen innerhalb der Ortslage Warnemünde erwartet, da sie aufgrund langer Wohndauer und damit gewachsener sozialer Beziehungen stark an den Ort gebunden sind (Abschlußübersicht ...,1991).

Die Bedarfsanalyse der Bürgerinitiative läßt 3 Mietergruppen erkennen:
a) Ältere Mieter, die mit einer Aufnahme in ein Seniorenhaus einverstanden sind bzw. eine kleine altengerechte Wohnung wünschen (ca. jeder 5. Haushalt);
b) Mieter, die Wohneigentum durch den Kauf bzw. Bau von Häusern/Wohnungen anstreben;
c) Mieter, die sich eine andere Wohnung zur Miete in Warnemünde wünschen.

Wohnen zur Miete im historischen Kern

Im historischen Kern Warnemündes zwischen Strom und Mühlenstraße vollziehen sich die derzeit augenscheinlichsten Veränderungen. In Reaktion auf den ungebrochenen Touristenstrom haben viele Eigentümer Interesse an der Umwidmung der Wohnungen in touristenorientierten Gewerberaum oder Ferienwohnungen. Diese Entwicklung wird dadurch begünstigt, daß Mecklenburg-Vorpommern eines der wenigen Bundesländer ohne Zweckentfremdungsverordnung ist: problemlos kann derzeit freigezogener Wohnraum anderweitig genutzt werden.

Die Verdrängung von Mietern bahnt sich zweitens über die gesetzlich mögliche Umlage der Modernisierungskosten auf die Miete an, da der Sanierungsbedarf häufig erheblich ist und die Modernisierung in dieser Top-Lage lukrative Gewinne verspricht. Da einerseits bei den dadurch ohne weiteres im 1.000 DM Bereich landenden Mieten die Grenzen der Abfederung durch Wohngeld für Mieter mit normalem Ost-Einkommen weit überschritten sind und andererseits die allgemeine Wohnungsknappheit den Wohnungstausch fast unmöglich macht, geraten viele Mieter in eine existentielle Notlage.

Nach unseren Beobachtungen trifft die Einschätzung von Vertretern des Rostocker Mietervereins zu, der vier Tendenzen benennt, die den Bestandsschutz der angestammten Mieter besonders im attraktiven Kern- und Bäderbereich des Ortes gefährden. Es sind dies:
1. die Rückübertragung von Grundstücken, die sich oft über Jahre hinziehen, sowie die Aufhebung von Treuhandschaften;
2. die Privatisierung bisher kommunaler Wohnungen;
3. die Umwandlung von Wohn- in Gewerberäume (Zweckentfremdung);
4. kostenintensive Modernisierungsmaßnahmen. (Fischer/Rudolph, 1992: 4).

Die in dieser Situation absehbaren Konsequenzen liegen auf der Hand:
– Anstieg der Zahl der Warnemünder Haushalte mit dringendem Wohnungsbedarf bei gleichzeitiger Verringerung des kommunal verfügbaren Wohnraumes, schwarzer Wohnungsmarkt;
– Einschneidende Veränderung der Sozial- und Gewerbestruktur, teilweise Rückzug der Mieter und des bewohnerorientierten Gewerbes aus ganzen Straßen (Alter Strom);
– Verteuerung der Grundstückspreise in und um Warnemünde (massive Spekulation) und damit enger werdender Spielraum für die Kommune, Wohnperspektiven für Warnemünder zu erhalten (Fischer/Rudolph, 1992: 4).

Daß zum Erhalt des sozialen Friedens diesen Entwicklungen entgegengewirkt werden muß, liegt auf der Hand. Zu überprüfen ist folgendes Handlungskonzept:
1. Festschreibung von kommunal gewünschten Wohn- und Gewerbenutzungen in Bebauungsplänen;
2. Festschreibung von Mietpreisbindungen und Bleiberecht für Mieter in Zusammenhang mit der öffentlichen Förderung privater Sanierung im förmlich festgelegten Sanierungsgebiet;
3. Verabschiedung einer Erhaltungssatzung („Milieuschutz") im Interesse der vorhandenen Bevölkerung. (Die inhaltliche Begründung liefert die vorliegende Studie. Im Unterschied zur förmlichen Festlegung eines Sanierungsgebietes gilt der Milieuschutz unbefristet, also auch nach Abschluß der öffentlichen Förderung der Sanierung.);
4. Einbindung von Sozialklauseln in Kaufverträge im Falle der Privatisierung von Gebäuden mit Mietwohnungen;
5. Öffentliche Diskussion über die soziale Entwicklung Warnemündes mit dem Ziel der kulturellen Selbstbindung von Investoren.

Das Beispiel Rostock-Warnemünde 229

Wohngebiet der 30er und 40er Jahre
Der nahezu durchgängig kommunale bzw. genossenschaftliche Wohnungsbestand bietet den Mietern weitaus höhere Sicherheit als im Kern- und Bäderbereich. Der Bautyp des mehrgeschossigen Wohnblocks war von Anfang an für Mietwohnungen mit gemeinschaftlich genutzter Wohnumwelt angelegt und ist für Privatisierung wenig geeignet.

Es liegt nahe, daß die Stadt ihre kommunale Einflußmöglichkeit auf diesen Bestand erhält und dafür nutzt, verdrängungsbedrohten Warnemünder Mietern aus anderen Ortsteilen hier Wohnalternativen anzubieten. Das wird teilweise insofern möglich sein, daß infolge des hohen Anteils älterer Bewohner häufiger als in anderen Wohnbereichen Wohnungen frei werden durch die naturgemäß hohe Sterblichkeit bzw. den Umzug der älteren Menschen in ein Pflege- bzw. Seniorenheim.

Aus sozialplanerischer Sicht ist es im Interesse der Bewohner dieses Wohngebietes erforderlich,
– bei anstehenden Modernisierungsmaßnahmen altersgerechten Wohnraum zu schaffen;
– mehr Treffmöglichkeiten und Veranstaltungen für Ältere anzubieten und eine wachsende Hilfs- und Pflegebedürftigkeit der Bewohner in der örtlichen Sozialarbeit vorauszuplanen;
– im Interesse der Beibehaltung niedriger Mieten die Wohnungsmodernisierung auf einen mittleren Standard zu beschränken und dabei das beträchtliche Selbsthilfepotential der Mieter zu nutzen.

Wohndauer und Bleibewunsch
83% aller Befragten wohnen seit mehr als 20 Jahren in Warnemünde, über die Hälfte mindestens ebenso lange in der gleichen Wohnung. Seit der Wende hat es nur wenige Weg- oder Zuzüge gegeben. Aus der allgemein sehr niedrigen Fluktuation fällt etwas der Bäderbereich heraus: 24% der dort Befragten wohnen seit nicht mehr als 6 Jahren in ihrer Wohnung – eine Quote, die offenbar mit dem Anteil schlecht ausgestatteter Wohnungen zusammenhängt. Insgesamt ist das Wohnen in Warnemünde von ausgeprägter Seßhaftigkeit gekennzeichnet. Insgesamt machen die Bewohnerwünsche nach Verbleib in ihrem vertrauten Wohnmilieu die hohe Verantwortung der Kommunalpolitik für die Durchsetzung des Bleiberechts deutlich.

Mieterselbsthilfe beim Erhalt der Wohngebäude
Das Selbsthilfepotential der Bewohner hat – vor allem im Bäder- und Kernbereich – die Häuser vor dem Verfall bewahrt. 83% der befragten Mieter haben in ihrer Wohnung auf eigene Initiative bauliche bzw. funktionelle Mängel beseitigt. Betrachtet man das Spektrum der Tätigkeiten von lediglich 100 Befragten und rechnet es auf alle Bewohner Warnemündes hoch, so wird klar, daß Millionen-

beiträge an Bewohnerleistungen im Erhalt der Warnemünder Wohnbausubstanz stecken.

Kein Wunder, daß für viele Mieter die Rückübertragung der von ihnen erhaltenen Gebäude und die daraus resultierende Verdrängungsgefahr blanker Zynismus sind. Das um so mehr, da 47% der befragten Mieter keinerlei Kosten für Eigenleistungen der Wohnungsmodernisierung zurückerstattet bekamen, weitere 37% nur teilweise. Auch in nächster Zeit haben mehrere der Befragten vor, ihre Wohnverhältnisse selbst weiter zu verbessern. 58% der „Verbesserungsbereiten" würden sich auch an den Kosten beteiligen. Voraussetzungen sind aus ihrer Sicht allerdings: Garantie des Bleiberechts sowie Regelung der Kostenbeteiligung über die Miete.

Nachbarschaft
Der hohe Grad der Bindung der Bewohner an ihr Wohnmilieu drückt sich auch in relativ engen Nachbarschaftsverhältnissen aus: 60% der Befragten sind mit ihren Nachbarn befreundet, gegenseitige Hilfe und gemeinschaftliche Gesellligkeit sind im Rahmen der unter Nachbarn üblicherweise gewahrten Distanz an der Tagesordnung. Die Beziehung der Bewohner untereinander prägt wesentlich das sozial-räumliche Milieu des Ortes und ist ein weiterer städtebaulicher Grund für den Erhalt der Zusammensetzung der Wohnbevölkerung.

7. Allgemeinbedarf und Freizeitverhalten

„Warnemünde zeichnete sich bis zur politischen Wende durch ein relativ dichtes Netz kleiner Verkaufsstellen wie Bäcker und Schlachter aus, die größtenteils privat betrieben wurden. Das enge individuelle Netz von Verkaufsstellen führte oft auch Rostocker zu einem Einkaufsbummel nach Warnemünde. Die ‚versorgungsbezogene' Eigenart der Läden weicht nunmehr unter dem Druck steigender Ladenmiete und zahlungskräftiger, an der Gewinnspanne des Tourismus orientierter Firmen einem Angebot, das sehr einseitig auf die Befriedigung des Bedarfes von Touristen ausgerichtet ist. Durch das Angebot von Sortimenten des gehobenen Bedarfs an Textilien, Sportausrüstungen und Schmuck sollen Kaufbedürfnisse der Badegäste geweckt und befriedigt werden. Dabei geht die Versorgung des Ortsteiles mit Gütern des täglichen Bedarfes der Einwohner in besorgniserregender Art zurück" (Sanierungsuntersuchungsbericht ..., 1992: 19).

Diese Tendenz zur Verdrängung von bewohnerorientiertem Gewerbe betrifft auch die kleinen handwerklichen Gewerbebetriebe innerhalb der Quartiere des Ortskerns. Hinzu kommen städtebauliche Mißstände: manche Betriebe können sich nicht wie beabsichtigt entwickeln oder stören das Wohnen erheblich – in diesen Fällen steht eine Umsiedlungsstrategie noch aus (Sanierungsuntersuchungsbericht ..., 1992: 19). Andererseits gehört das einheimische Gewerbe zum

Tabelle 3
„Wie ist Ihr Verhältnis zu Ihren Nachbarn?"

Bereich	Kernb.	Bäderb.	Wohngeb.	Gesamt
wir sind miteinander befreundet	21	18	3	14
wir unterstützen uns gegenseitig	47	36	54	46
wir grüßen uns	29	46	40	38
ohne Kontakte	3	0	3	2
%	100	100	100	100
n	34	33	35	102

Tabelle 4
„Welche der folgenden Aktivitäten spielen in Ihrem Verhältnis zu Ihren Nachbarn eine Rolle?"

	in Prozent
gegenseitige Hilfe, d.h. Austausch von kleinen Diensten	77
gemeinsames Achten auf Ordnung, Sauberkeit und Sicherheit	81
Gespräche über persönliche und kommunale Angelegenheiten	58
gesellige Aktivitäten	21
Unterstützung der Kinderbetreuung	19
wechselseitige Teilnahme an Familienfeiern	20
gemeinsame Interessen, und zwar: gemeinsame Vorgartenpflege	13

Milieu des Ortskerns, prinzipiell sollte seine Entwicklung am vorhandenen Standort im Konsens mit der Wohnfunktion städtebaulich gewährleistet werden. Sozialplanerisch kann Verdrängungsprozessen entgegengewirkt werden:
a) durch Festschreibung von zu erhaltenden Funktionen über Bebauungspläne;
b) durch Mietpreisbindungen auch im gewerblichen Sektor.

Wie beurteilen die Bewohner die Situation?
Jeder Dritte ist mit den Einkaufsmöglichkeiten unzufrieden. Hauptproblem ist die Versorgung mit Waren des täglichen Bedarfs. Dabei werden sowohl die kleinen billigen Läden als auch ein preiswerter Supermarkt für den Großeinkauf vermißt. Fehlender Konkurrenzdruck bewirkt aus Bewohnersicht hohe Preise und ein wenig vielfältiges Angebot.

Die scheinbar hohe Zufriedenheit mit den Kultur- und Freizeiteinrichtungen relativiert sich, wenn man den hohen Anteil Älterer unter den Befragten bedenkt, die eher zu privater Zurückgezogenheit tendieren. Bei Jüngeren steht vor allem das Angebot an alltäglicher Freizeit und Kultur in der Kritik: vorrangig fehlen Jugendtreffs und ein vielfältiges Veranstaltungsangebot. Gemessen an den Touristenzahlen ist an normalen Tagen in Warnemünde einfach „zu wenig los".

Andererseits sind nach Meinung der Befragten viele Veranstaltungen zu sehr auf die Touristen orientiert und für die Einheimischen zu teuer. Der Schwerpunkt zukünftiger Entwicklung ist aus Bewohnersicht in zweierlei Richtung zu sehen:

– Es müssen bessere Treffs und Freizeitmöglichkeiten für Jugendliche geschaffen werden.
– Der nichtkommerziellen Freizeitverbringung (öffentliche Sportanlagen) und Kulturaktionen muß mehr Raum gegeben werden.

Bewohnerfreizeit
Etwa ein Drittel aller Befragten besitzt einen Garten am Haus bzw. in der Nähe, weitere 11% besitzen einen Garten bzw. ein Grundstück weiter weg. Das prägt die Freizeitverbringung genauso erheblich wie die Attraktivität des eigenen Wohnortes. In der Freizeit ist man bei schönem Wetter am Strand, geht am Strand oder auf der Promenade spazieren oder ist im Garten beschäftigt. Der Wohnort selbst ist auch am Wochenende wichtigster Freizeitbereich seiner Bewohner. Ausflüge bzw. Wanderungen haben hauptsächlich die nähere Umgebung zum Ziel – die meisten entfernen sich eher selten und wenn schon, dann nicht weit von Warnemünde.

Der für andere Wohnbereiche durchaus nicht selbstverständliche „Doppelcharakter" Warnemündes als beliebtester Wohn- und Freizeitbereich seiner Bewohner ist eine weitere Ursache der starken Ortsbindung der Einheimischen. Er prägt wesentlich das Milieu des Ortes insofern, daß
– öffentliche Freizeitmöglichkeiten von Touristen wie Bewohnern gleichermaßen wahrgenommen werden;
– die alltägliche Freizeitnutzung (Gartenarbeit) direkt im Städtchen stattfindet: Warnemünde erscheint als gelebter Ort und nicht nur als Touristen-Eldorado.
Die Freizeit wird in beträchtlichem Umfang der Pflege sozialer Beziehungen gewidmet. Stehen dabei erwartungsgemäß die eigenen Verwandten im Mittelpunkt, so sind immerhin 60% der Befragten mehrmals im Monat oder noch öfter mit Freunden und Bekannten zusammen, 18% mit ihren Nachbarn.

Bedeutungsgewinn des Wohnmilieus
Da – wie oben ausgeführt – Warnemünde als Freizeitort seiner Bewohner im Mittelpunkt steht, ist das Milieu des Ortes auch das prägende Umfeld für die sozialen Beziehungen seiner Bevölkerung. Dies um so mehr, da mit dem wirtschaftlichen Strukturwandel für viele Berufstätige das bislang relativ stabile soziale Umfeld in der Arbeitssphäre zerbrochen bzw. in Frage gestellt ist.

Je stärker das psychologisch zentrale Feld des Arbeitsmilieus für den Betroffenen in Veränderung begriffen ist und eher verunsichert als Identität stiftet, um so wichtiger ist die Stabilität anderer Lebensbereiche. Insofern kommt dem Wohn- wie dem Freizeitmilieu eine besondere kompensatorische Bedeutung zu für eine Bevölkerung,
– die in einer arbeitsorientierten Gesellschaft mit gesicherter Vollbeschäftigung groß geworden ist, in der die Arbeit der zentrale Wert überhaupt war;
– die von einem psychisch wie sozial schwer zu bewältigenden gesellschaftlichen Wandel betroffen ist, der einerseits neue Chancen, andererseits in kürze-

Das Beispiel Rostock-Warnemünde 233

ster Zeit Massenarbeitslosigkeit und Infragestellen bisheriger Lebensbiographien beschert hat.
Der Bedeutungsgewinn des Wohnmilieus in Zeiten gesellschaftlicher Umstrukturierung ist u.E. eines der wichtigsten Argumente für einen besonderen Milieuschutz zugunsten der ansässigen Bevölkerung in attraktiven Wohnlagen Ostdeutschlands – über das unter westdeutschen Verhältnissen notwendige Maß hinaus.

8. Schlußfolgerungen für die Tourismus-Konzeption

Warnemünde – das ist Stadt und Meer, Naturerlebnis und Geschichtserlebnis, Bewohneralltag und Urlaubsatmosphäre gleichzeitig. Das Unspektakuläre vielfältiger öffentlicher Nutzungen für alle Sozial- und Altersgruppen macht ebenso wie das Nicht-Perfekte des Ortsmilieus die Faszination des Städtchens aus. Bei allem verständlichen Streben nach dem Status eines Kurortes oder gar eines Seeheilbades dürfen zwei Aspekte nicht aus dem Blickwinkel geraten:
a) Stadtkultur und Urlaubsansprüche sind aus Besuchersicht eine Einheit. Was für die Bewohner Warnemündes gut ist und ihr Milieu schützt, ist für das Außen-Image des Ortes gut. Diese Einheit als wichtige Stärke zu begreifen und weiter auszubauen heißt, die Ortsentwicklungskonzeption mit der Seebad-Konzeption zu vernetzen. Die derzeitige Arbeitsteilung zwischen Ortsamt und Kuramt hingegen befördert sektorale Konzepte, sie entspricht nur unbefriedigend dem notwendigen Anspruch einer ganzheitlichen Ortsentwicklungsstrategie.
b) Das Streben nach größerer Nutzungs-Vielfalt, Saisonverlängerung und ganzjährigen Nutzungen darf die Öffentlichkeit und die Mischung einfacher, für jeden erschwinglicher Nutzungen bereichern, jedoch keinesfalls stören. Ansonsten würde man das Kind mit dem Bade ausschütten: das Herbeiholen „teurer", separierender Nutzungen auf dem Standardniveau westeuropäischer Kurbäder würde mit erheblichem Milieu- und damit Attraktivitätsverlust bezahlt werden; und dem anspruchsvolleren, betuchteren Gast würde man dennoch nichts anderes bieten, als er von anderenorts ohnehin schon kennt!

9. Gesellschaftlicher Wandel als Verhältnis von Tradition und Innovation

Von Relevanz für das Verständnis und die Beeinflussung des gesellschaftlichen Wandels in Ostdeutschland ist die am Beispiel Warnemündes deutlich werdende Tatsache, daß die Übernahme des neuen und gewollten Fremden – sprich: der bundesdeutschen gesellschaftlichen Verhältnisse – nur dann eine erfolgversprechende Zukunft verheißt, wenn bewahrenswerte eigene Besonderheiten selbstbewußt als Stärken ausgebaut werden.

Mit neuem Blick betrachtet, werden aus Rückständigkeiten auf einmal Entwicklungschancen:
- Die verpaßte städtebauliche Modernisierungswelle der 60er und 70er Jahre ist jetzt für die Stadterneuerung nicht die schlechteste Ausgangsbasis.
- Die gute Qualität des öffentlichen Verkehrsanschlusses an Rostock bei gleichzeitig jahrzehntelang verschobenem Straßenausbau kommt modernsten verkehrsplanerischen Prinzipien entgegen.
- Das Niederhalten von Privatinitiative hat teilweisen Stadtverfall bewirkt, andererseits erlaubt es der öffentlichen kommunalen Hand derzeit einen großen Spielraum für ganzheitliche Entwicklungskonzepte.

Das Örtchen hat gleichsam eine ganze gesellschaftliche Entwicklungsphase „verpaßt", wodurch es jedoch plötzlich – im Sinne einer Negation der Negation, aus Schwächen werden Stärken! – mit gar nicht so schlechten Karten in den nächsten Modernisierungsschub der bürgerlichen Gesellschaft startet. Leider ist das Bewußtsein für diese spezifisch ostdeutsche Entwicklungschance weder bei den Politikern noch bei den um ihre Identität ringenden Bürgern ausgeprägt – sie scheint fast schon verspielt zu sein.

Literaturverzeichnis

Abschlußübersicht einer Bedarfsanalyse für die ehemaligen Pensionen in der Ortslage Warnemünde, vom 9. 10. 1991.

Barnewitz, F. (1992): Geschichte des Hafenortes Warnemünde. Rostock. (Nachdruck der Ausgabe von 1925).

Fischer, J./Rudolph, C. (1992): Mieterschutz in Warnemünde – Situation, Ausblick, Alternativen, Entwurf.

Marcuse, P. (1992): Gentrification und die wirtschaftliche Umstrukturierung New Yorks. In: Helms, H.G. (Hrsg.), Die Stadt als Gabentisch. Beobachtungen der aktuellen Stadtentwicklung. Leipzig.

Sanierungsuntersuchungsbericht für das Sanierungsuntersuchungsgebiet Warnemünde (1992): Rostocker Gesellschaft für Stadterneuerung und Stadtentwicklung.

Die Zukunft der Vergangenheit

Detlev Ipsen, Thomas Fuchs

Persistenz und Potential in den Altstädten der neuen
Bundesländer, untersucht am Beispiel der Stadt Erfurt

Kurz nach der Grenzöffnung im Herbst 1989 kam es zu ersten Begegnungen zwischen Wissenschaftlern und Lehrenden der damaligen Sektion Gebietsplanung und Städtebau (heute Fachbereich Architektur, Stadt- und Regionalplanung) der Hochschule für Architektur und Bauwesen (HAB) Weimar und des Fachbereiches Stadt- und Landschaftsplanung der Gesamthochschule Kassel. Während dieser ersten wissenschaftlichen Kontakte entstand die Idee, den Ausgangspunkt räumlicher Strukturen in den Städten der damaligen DDR zu dokumentieren, um eine Basis für spätere Vergleichsstudien des wirtschaftlichen und sozialen Wandels zu sichern. Von Kasseler Seite formierte sich daraufhin im Frühjahr 1990 eine Projektgruppe aus Wissenschaftlern und Studenten, die unter beratender Mithilfe von Wissenschaftlern aus Weimar die Arbeit aufnahm.

Als Untersuchungsort wurde die Stadt Erfurt gewählt. In fünf Erfurter Stadtbereichen wurde 1990 eine gründliche Bestandsaufnahme mit Nutzungskartierung, Fotodokumentation, einer Befragung von Bewohnern und Gewerbetreibenden sowie der Erfassung der öffentlichen Planungsabsichten vorgenommen und dokumentiert.

Der Endbericht[1] dieser frühen Bestandsaufnahme aus dem Jahr 1990 wurde zur Grundlage der KSPW-Kurzstudie[2], von der dieser Aufsatz handelt. Im Rahmen einer ersten Paneluntersuchung wurde die Frage verfolgt, welche sozialen und ökonomischen Veränderungen zwischen 1990 und 1992 in den Untersuchungsbereichen stattfanden. Dabei konnten nicht alle 1990 in den Untersuchungsbereichen aufgenommenen Merkmale verglichen werden. Im Mittelpunkt der hier durchgeführten vergleichenden Untersuchung steht die Änderung von Nutzungen (Gebäude/Flächen) zwischen 1990 und 1992. Zusätzlich war es uns möglich,

---

1 Projektgruppe Erfurt (1991). Wohnen und Arbeiten in Erfurt und Umgebung 1990; Fachbereiche Architektur, Stadt- und Landschaftsplanung der Gesamthochschule Kassel Universität – unveröffentlichter Projektbericht; Sommersemester 1990/Wintersemester 1990/91. Kassel.
2 Ipsen, D./Helbing, H./Fuchs, Th./Rempel, K. (1992): Die Zukunft der Vergangenheit. Persistenz und Potential der Raumstruktur in Stadt und Umland von Erfurt. KSPW-Studie Nr. 1110, Halle: 58.

eine exemplarische Analyse von Traditionslinien als Einblick in lange historische Kontinuitäten (von 1580 bis 1992) zu leisten.

Über diese deskriptiven Ansätze hinaus lag uns an der Entwicklung eines weitergehenden theoretischen Rahmens, der das Fundament für eine größere Studie bilden soll. Der Zugang hierzu beruht auf der Beobachtung, daß die die Altstädte eher vernachlässigende DDR-Planung neben vielen Problemen auch Potentiale hinterließ. Während in den alten Bundesländern z.B. die Innenstädte einem starken Verwertungsdruck unterlagen, der das Wohnen und die kleingewerblichen Strukturen zugunsten ökonomisch stärkerer und damit „modernerer" Nutzung immer mehr verdrängte, blieben in der DDR, wo der Entwicklungsdruck stark auf dem Ausbau von Großwohnsiedlungen lag, gerade die älteren Wohnquartiere in Bezug auf Strukturen von Wohnen und Arbeiten noch weitgehend erhalten. Zur Einordnung dieser Erscheinungen entwickelten wir den Begriff „Persistenzstruktur". Um den dafür erforderlichen Einblick in die Lage des Kleingewerbes in der Erfurter Innenstadt zu gewinnen, führten wir zusätzlich eine spezifische Untersuchung anhand von acht Fallbeispielen von Gewerbetreibenden durch.

Im folgenden stellen wir, nach unserem theoretischen Ansatz der Persistenzstruktur, die wesentlichen Ergebnisse unserer Untersuchungen dar. Abschliessend weist die vorliegende Arbeit auf weiter zu entwickelnde Wege von der Theorie zur Praxis. Die persistenten Strukturen der ehemaligen DDR fordern und ermöglichen andere Wege der Stadterneuerung und Gewerbeförderung.

1. Persistenz als Potential

Die Titel sozialwissenschaftlicher Untersuchungen zur Stadterneuerung, die in den 60er Jahren in der Bundesrepublik erschienen sind, offenbaren ein einfaches, bipolares Entwicklungskonzept. Auf der einen Seite stand die Tradition, die als rückständig begriffen wurde, auf der anderen die Moderne, von der man eine Erleichterung des alltäglichen Lebens, eine Emanzipation von zahlreichen Zwängen des Alltags erwartete. In rückständigen Quartieren sollte nicht nur überholte Bausubstanz, sondern auch eine überholte Sozial- und Wirtschaftsstruktur saniert werden[3]. Von einem derartigen unlinearen Modernisierungskonzept rückte man dann in den 80er Jahren aus praktischen und theoretischen Gründen mehr und mehr ab. Einige der großen Flächensanierungen stießen auf starken Widerstand.

---

3 siehe dazu zum Beispiel das einflußreiche Buch von K. Zapf (1969): Rückständige Viertel, Frankfurt. Auf eine Vielzahl von Beispielen weist hin: H. Bodenschatz (1987): Platz Frei Für Das Neue Berlin, Berlin. Empirische Untersuchungen über die faktischen Folgen der Stadterneuerung für die Wirtschaftsstruktur finden sich in: H. Becker, J. Schulz zur Wiesch (1982): Sanierungsfolgen. Stuttgart. Zum Wandel der Leitbilder siehe D. Ipsen (1992): Über den Zeitgeist der Stadterneuerung. In: Die Alte Stadt, 1:16–29.

Die Zukunft der Vergangenheit

Der moderne Städtebau am Rand der Städte wurde zum Kristallisationspunkt der Kritik an der Stadtentwicklung. Auf Seiten der Theorie und der empirischen Forschung waren es wohl die Arbeiten von Piore und Sabel, die darauf aufmerksam machten, daß traditionelle Strukturen Ausgangspunkt sehr effizienter und flexibler Ökonomien sein können[4]. Neben den wirtschaftlichen Großstrukturen bemerkte man die Vitalität kleiner, oft auf der sozialen Basis von Familienbeziehungen aufbauender Betriebe. Handwerkliche Qualifikation, die durch die Massenproduktion als überholt und nicht mehr konkurrenzfähig angesehen wurde, erlebte nicht selten gekoppelt mit elektronischen Kommunikations- und Steuerungstechniken eine Renaissance. Deutlich wurde auch die Bedeutung eher informeller Kommunikations- und Kooperationsnetze. Parallel zu dieser realen Entwicklung wurde auch der Raum neu konzeptualisiert. Zur Massenproduktion gehörte der standardisierte und abstrakte Raum. Da Raum vornehmlich aus der Perspektive der Raumüberwindung und den entsprechenden Transportkosten gesehen wurde, galt es, den Raum als eigenständige Größe insgesamt zu eliminieren. Moderne Verkehrssysteme sollten Raum als Hindernis vernichten. Die Qualität des Raumes wurde als Standardisierung seiner Standorteignung begriffen. Dieser von uns als allgemein bezeichnete Raum wandelt sich zunehmend zu einer Reihe besonderer Orte, deren Eigenart und Unterschiedlichkeit hervorgehoben wird[5]. Der Raum wird zum einen als kultureller Kontext für wirtschaftliches Handeln entdeckt, zum anderen als ein Ensemble sehr unterschiedlicher Raummilieus begriffen. Kleine, finanzschwache aber kreative Firmen suchen und finden Raumnischen, die ihnen eine experimentelle Ökonomie ermöglichen. Kleinfirmen sickern in Wohngebiete ein, verbinden sich oft unmittelbar mit dem Wohnen der Firmeninhaber. Die Produktzyklustheorie bestätigt die Bedeutung gerade der älteren Bausubstanz in den größeren Städten für die Entwicklung innovativer Produkte und Dienstleistungen. Hier beginnt der Produktzyklus, der dann bei Ausreifung und Standardisierung der Produktion an den Rand der Städte wandert.

Diese Beobachtungen und theoretischen Überlegungen zwingen dazu, das Modernisierungsmodell zu differenzieren. Man kann davon ausgehen, daß sich in bestimmten Zeitperioden und Raumeinheiten eine jewails spezifische Form der Regulation durchsetzt bzw. vorherrschend wird. So bezeichnen wir für Deutschland den Zeitraum zwischen 1950 und 1980 als den Kern einer fordistischen Modernisierung, die durch Taylorisierung der Arbeit, Massenproduktion und Standardisierung der Produkte gekennzeichnet ist. Die Produktivitätsvorteile der Massenproduktion verdrängten handwerkliche und kleinindustrielle Produktion vom Markt. Auch beim Handel kam es zu einer Standardisierung und Konzentration,

---

4 Piore, Michael J./Sabel, Charles F. (1989): Das Ende Massenproduktion, Frankfurt.
5 Zu dem gesamten Ansatz siehe Ipsen, Detlev/Fuchs, Thomas (1991): Die Modernisierung des Raumes. In „1999", Zeitschrift für die Sozialgeschichte des 20. und 21. Jahrhunderts. 1:13–34

deren Ausdrucksform die großen Einkaufsmärkte am Rande der Städte bilden. Die Auswirkungen auf die Stadtentwicklung waren bedeutend. Kennzeichnend ist eine zunehmende Monofunktionalisierung der Räume, verbunden mit einer Suburbanisierung von Wohnen und Gewerbe. Ausdrucksform sind prinzipiell unbegrenzte, mit geringer Dichte gebaute Wohnquartiere und Gewerbeflächen, die über großzügig ausgebaute Straßennetze mittels PKW- und LKW-Verkehr verknüpft wurden. Auch wenn diese hier freilich nur in aller Kürze angedeuteten Regulierungsformen vorherrschend waren, heißt dies nicht, daß nicht eine Vielzahl anderer Formen erhalten blieben oder sich sogar parallel dazu neu entwickelten. Auch die räumliche Struktur wurde nicht vollständig nach diesem Muster modernisiert. Bestimmte Teile der sozialen und wirtschaftlichen Formen und Regulationsweisen erwiesen sich als widerständig. Ein Beispiel dafür ist der größte Teil der Gastronomie, die kleinteilig und familiengebunden geblieben ist oder sich auf der Grundlage von Arbeitsemigration so entwickelt hat. Nur in bestimmten Teilen der Innenstadt ist es zu einer Verdrängung durch „fast food"-Ketten gekommen. Diese widerständigen Strukturen nennen wir persistent.

Wir gehen davon aus, daß persistente Bereiche zum einem schlicht übersehen wurden, weil sie zu unbedeutend waren, um modernisiert zu werden. In anderen Fällen kann die Kontinuität persistenter Strukturen auf bewußten Widerständen beruhen. Bestimmte kulturelle Muster lassen eine Modernisierung nicht zu. Zwei Varianten sind in unserem Zusammenhang besonders wichtig. Persistente Strukturen bleiben häufig nicht zufällig bestehen, da sie sich als besonders flexibel erweisen. Sie überleben, weil sie sich, ihre Art erhaltend, der vorherrschenden Regulationsweise anpassen, indem sie funktionale Lücken ausfüllen. In gewisser Hinsicht kann man sagen, daß hier ein eigener Weg der Modernisierung beschritten wird. Ganz anders liegt der Fall bei – wir erlauben uns den umgangssprachlichen Ausdruck – sturem Beharren. Auf der Grundlage einer eigenen Basis des Überlebens nicht selten handelt es sich um Subsistenzstrukturen kommt es zu einer partiellen Desintegration. Während die erste Form der Persistenz über die ihr eigene Flexibilität zu der Entwicklung anderer Modernisierungswege beiträgt, ist es in diesem zweiten Fall das Reservoir an Wertorientierungen, Wissensbestandteilen und Fertigkeiten, das wie ein gesellschaftliches „Genpotential" zur Erneuerung beiträgt, wenn die Erneuerung von gestern in die Krise gerät. Gesellschaftspolitisch laufen diese Überlegungen darauf hinaus, vollständige, alle Bereiche durchdringende Modernisierungsformen soweit wie möglich zu vermeiden, das Alte nicht schlichtweg als veraltet anzusehen, sondern als Potential einer noch nicht erkennbaren Zukunft.

Dieser Forschungsansatz läßt sich auf die neuen Bundesländer in doppelter Hinsicht anwenden. Zum einen hat die Stadtentwicklungspolitik der DDR aus verschiedenen Gründen heraus bis Mitte der 70er Jahre die Bestände an alter Bausubstanz übersehen und übergangen. Auch danach finden sich nur in geringem Maße Beispiele für Versuche einer behutsamen Stadterneuerung. Was sich im Moment augenscheinlich als Verfall äußert, ist systematisch gesehen ein ungeheures Potential an vorfordistischen Stadtstrukturen verschiedenster historischer Schichten. Wie wir in dieser Arbeit empirisch an einigen Fällen zeigen können, bezieht sich dieses Übersehen nicht nur auf die baulich materielle Struktur, sondern auch auf soziale und wirtschaftliche Verhältnisse, die hier überlebt haben. Bürgerliche Wertorientierungen und Qualifikationsstrukturen fanden sich in den alten Stadtbestand zurückgedrängt. Aus funktionalen Gründen geduldete selbständige oder teilweise selbständige Kleinstunternehmen, Handwerks-, Handels- und Dienstleistungsbetriebe konnten hier überleben. Auch wirklich alte Traditionslinien lassen sich nachweisen. Insofern finden wir in diesen Bereichen der Städte in den neuen Bundesländern materiell und sozial persistente Strukturen, die Ansatzpunkt neuer marktorientierter Entwicklungen sein können und zugleich die im Moment vorherrschende Politik eines nachholenden Fordismus überwinden. Damit ist auch angedeutet, daß wir der Politik des nachholenden Fordismus in den neuen Bundesländern keine perspektivische Chance zusprechen. Zum einen werden dadurch die bekannten Probleme des Fordismus nicht gelöst, sondern um des kurzfristigen Gewinns willen zeitlich verlängert und räumlich ausgeweitet[6]. Zum anderen verfestigt sich dadurch eine Peripherisierung der neuen Bundesländer im Vergleich zu den alten, weil hier ein Entwicklungsmodell installiert wird, das in den alten Bundesländern nicht überall, aber vielerorts transformiert wird. Wir gehen also davon aus, daß die Identifizierung persistenter Strukturen die räumlichen und sozialen Ansatzpunkte einer innovativen postfordistischen Perspektive diskutierbar macht.

Darüber hinaus weist dieser Forschungsansatz aber auch darauf hin, daß die marktorientierte Modernisierung der Planwirtschaft mit Behutsamkeit eine vollständige Durchdringung aller Lebensbereiche vermeiden sollte. Auch wenn im Moment eine völlige Entwertung all dessen stattfindet, was die DDR gekennzeichnet hat, mahnt die soziologische Vernunft zur Vorsicht. Hier sollte die Modernisierungspolitik Raum für Persistenz erhalten, auch und gerade wenn ein unmittelbarer Nutzen nicht sichtbar ist. Es gibt keine gesellschaftliche Formation, deren Wertorientierungen, Regulierungskenntnisse und Fertigkeiten sich nicht auch unter anderen Bedingungen als wertvoll erweisen können.

Methodisch ist die Untersuchung persistenter Strukturen nicht schwieriger wie jede andere sozialräumliche Analyse. Über Kartierung und Beobachtungen werden bauliche Strukturen und Nutzungsformen festgehalten und auf ihre Potentialität

---

6   Eine kritische Sicht des Fordismus und eine skeptische Einschätzung des Postfordismus verbindet die Analyse von David Harvey (1989): The condition of Postmodernity, Oxford. Weniger ausdifferenziert findet sich hier die mit dem Fordismus verbundene ökologische Problematik, die sicherlich nicht ausschließlich an der fordistischen Akkumulationsweise festzumachen ist, sondern ein weitergehendes Phänomen des Industrialismus ist. Dennoch ist die Problematik des Mensch-Naturverhältnisses in und durch den Fordismus verbreitert und vertieft worden.

hin interpretiert. Schwieriger wird es dann, wenn langfristige Nutzungs- und Besitzformen rekonstruiert werden sollen. Im Fall von Erfurt ist die historische Quellenlage allerdings erstaunlich gut, so daß im wesentlichen Interpretationsprobleme entstehen. In einem dritten Schritt werden Bewohner und Gewerbetreibende bzw. Arbeitskräfte befragt. Hier haben wir bislang mit recht offenen Leitfäden gearbeitet, wodurch die Zahl der untersuchbaren Fälle stark eingeschränkt wird.

Der hier skizzierte theoretische Ansatz und seine methodische Umsetzung hat unseres Erachtens neben dem Erkenntnisgewinn über die Feinstruktur, d.h. die Überlagerungen und Verwerfungen des Modernisierungsprozesses hinaus weitergehende praktische Konsequenzen. Insgesamt verweist er darauf, die städtische Entwicklungsplanung stärker auf die Innen- als die Außenentwicklung zu lenken. Die inneren Potentiale der Stadt sollen ausgeschöpft werden. Leitidee ist eine kompakte, vielschichtige, dichte Stadt. Wichtig dabei ist die Feinfühligkeit für das Vorhandene und Geschichtliche. Der Stadtraum wird als ein Archipel unterschiedlichster Lebensweisen und ökonomischer Ansätze gesehen, Poren und Nischen werden bewußt offen gehalten. Man könnte diese Form der Stadterneuerung pluralistisch nennen. Und schließlich sollten Gewerbeförderung und Stadtentwicklung eng integriert werden. Die Stadt sollte durchzogen sein mit dezentralen Verwaltungs- und Beratungsstellen, durch die die kommunikative Kompetenz der Haushalte, kleinen Betriebe und Firmen gestärkt wird. Dabei wird es wesentlich darauf ankommen, nicht staatliche, sondern gesellschaftliche Regulationsformen zu stärken. Wir möchten dies das Leitbild einer kommunikativen Stadtentwicklung nennen. Wir sehen unsere Forschung also als einen, wenn auch noch unvollkommenen Ansatz für die Ausformulierung des Leitbildes einer kompakten, pluralistischen und kommunikativen Stadtentwicklung in den neuen Bundesländern. Er stellt sich bewußt gegen eine dort zunehmend um sich greifende Praxis nachholender fordistischer Planung, deren Grundidee die großflächige Zonierung ist.

2. Die Auswahl der Untersuchungsgebiete in Stadt und Umland von Erfurt

Für die 1990 durchgeführten ersten Feldstudien mußten in einem ersten Schritt geeignete exemplarische Untersuchungsbereiche festgelegt werden. Die zu treffende Auswahl sollte Stadträume berücksichtigen, die einerseits eine differenzierte Nutzungsmischung aufweisen und andererseits einem unterschiedlich starken Druck im Prozeß der Stadtentwicklung unterliegen, d.h. die einem starken Entwicklungsdruck unterliegende Innenstadt mit hohem Anteil gewerblicher Nutzung und vergleichsweise geringer Wohnnutzung sollte ebenso Eingang in die Untersuchung finden wie entlegenere und geringerem Entwicklungsdruck ausgesetzte Bereiche abseits des städtischen Zentrums.

Die Zukunft der Vergangenheit   241

Abbildung 1
Lage der Untersuchungsgebiete im Bereich der Stadt Erfurt

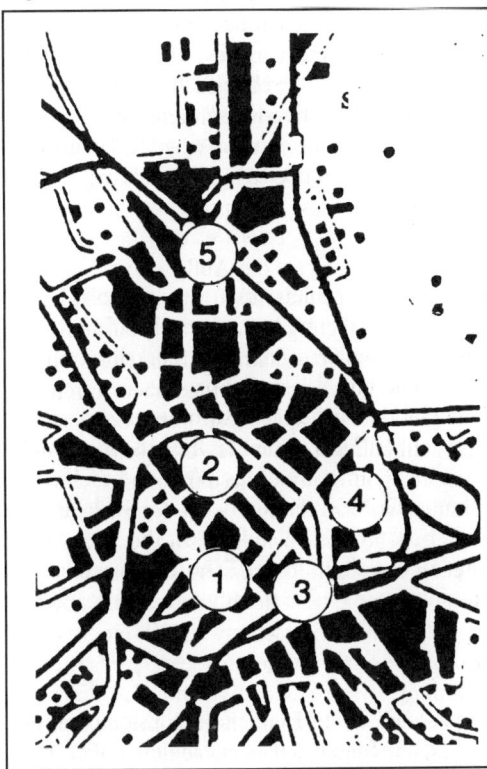

1. Stadtzentrum (Anger)
2. Innenstadtrand (Johannesviertel)
3. Bahnhofnahes Quartier (Schmidtstetter Straße)
4. Gründerzeitquartier (Schmidtstetter Flur)
5. Industriell geprägtes Wohnquartier

Um die einzelnen Untersuchungsbereiche zu bestimmen, wurden von der damaligen Projektgruppe zunächst mit einem in Erfurt kundigen Mitarbeiter der HAB Weimar ausgiebige Besichtigungstouren durch die Stadt unternommen. Nach eingehenden Beratungen fiel die Wahl auf drei in ihrer Erscheinung sich unterscheidende Bereiche der Erfurter Innenstadt: ein am Innenstadtrand gelegenes Gründerzeitquartier und ein am Rande der Stadt neben einem Industriegebiet gelegenes Arbeiterwohnquartier. Die Wahl dieser Bereiche sah die Projektgruppe folgendermaßen begründet:

Innenstadt (Stadtzentrum, Innenstadtrand, bahnhofnahes Quartier)
In den Innenstädten bestehen differenzierte Typen an Bereichen, die in verschiedener Weise Nutzungen anziehen oder verdrängen. Es galt ein mögliches Spektrum unterschiedlicher Gebiete einzugrenzen. Bei den von uns ausgewählten drei Erfurter Innenstadtbereichen handelt es sich zum einen um einen Teil des im

Stadtzentrum gelegenen „Anger", eine der als Fußgängerzone gestalteten Haupteinkaufsstraßen Erfurts. Zum anderen wurde ein bahnhofnahes Quartier, die „Schmidtstetter Straße", gewählt, ein zwar etwas am Rande, aber doch zur Zeit unter hohem Entwicklungsdruck stehender Bereich, in dem die Wohnnutzung noch einen vergleichsweise hohen Anteil aufweist. Schließlich wurde noch ein etwas abgelegeneres, größeres Gebiet im nördlichen Randbereich der Altstadt zwischen „Krämerbrücke" und „Augustinerstraße" („Johannesviertel") hinzugezogen. Dieser am nördlichen Innenstadtrand gelegene Bereich weist eine Anzahl von Handwerks- und Gewerbebetrieben auf.

Gründerzeitquartier
Gründerzeitliche Stadterweiterungen gehören zumeist zum inneren, hohe Dichten aufweisenden Stadtraum, der im Rahmen des funktionalistischen Städtebaus der DDR in der Regel nicht beplant und verändert wurde. Der Vorkriegszustand ist im wesentlichen erhalten. Mit der Änderung der stadtökonomischen Impulse nach der Wende setzte auch ein Wandel der bisherigen Anforderungen, die an diese städtischen Räume gestellt wurden, ein. Der aktuellen Inwertsetzung steht die derzeitige extensive Nutzung, die sich zumeist auf das Wohnen beschränkt, entgegen. Gerade in den innenstadtnahen Gründerzeitquartieren der Städte in den neuen Bundesländern ist deshalb ein beachtlicher Wandel, z.B. durch das Eindringen von Dienstleistungsnutzung, zu erwarten. In der Erfurter Untersuchung fiel die Wahl auf das Gebiet „Schmidtstetter Flur", ein am östlichen Rand der Innenstadt gelegenes Quartier.

Industriell geprägtes Wohnquartier
Die Untersuchung sollte ebenso einen städtischen Bereich berücksichtigen, der abseits von der Entwicklungsdynamik der Innenstadt liegt, zugleich aber auch eine heterogene Struktur aufweist. Die Wahl traf auf ein Gebiet im Norden Erfurts, das neben Bereichen mit älterer, um die Jahrhundertwende entstandener Bebauung auch Gebäude aus den 20er und 30er Jahren sowie moderne Plattenbauten der 60er Jahre aufweist. Der zwischen „Salinenstraße" und „Magdeburger Allee" liegende Bereich ist von Industrieansiedlungen umgeben.

3. Die Stadt Erfurt 1990 bis 1992 – Veränderungen in den ausgewählten Untersuchungsgebieten

Da es sich bei der Persistenz um ein theoretisches Konstrukt handelt, das sich nicht unmittelbar beobachten läßt, mußten wir nach Indikatoren suchen. Eine der sicherlich nicht hinreichenden aber notwendigen Bedingungen der Persistenz ist eine räumliche und funktionale Stabilität des städtischen Raumes. Allerdings geht es ja nicht um eine Dauerhaftigkeit in jeder Hinsicht, sondern um die Überlebens-

Die Zukunft der Vergangenheit 243

möglichkeiten privater, kleinteiliger unternehmerischer Initiativen. Um einen Einblick in die Dynamik der Entwicklung zu bekommen, fragten wir umgekehrt nach den Veränderungen der sichtbaren Nutzungen in dem Zeitraum zwischen der ersten Erhebung im Juli 1990 und der zweiten Bestandsaufnahme im Juli 1992 in den ausgewählten Bereichen. Die folgenden Beschreibungen orientieren sich somit an der äußeren Erscheinungsform der Bauten und deren Nutzung. Genauere Antworten, wie die Frage des Wandels der Eigentumsverhältnisse, Inhaberwechsel etc., sind nur durch eine Befragung zu beantworten. Dies konnte im Rahmen der vorliegenden Arbeit lediglich in einem Teilbereich anhand von Fallbeispielen durchgeführt werden.

Das Stadtzentrum[7]

Der von uns gewählte, als Fußgängerzone ausgewiesene Bereich im Erfurter Stadtzentrum („Anger") weist ein beachtliches Angebot an Geschäften und anderen gewerblichen Nutzungen auf. Die Wohnnutzung ist hier von geringer Bedeutung, mit abnehmender Tendenz[8]. Nach der Wende und der Übernahme des westdeutschen Rechtssystems gab es kaum einen Ort in Erfurt, der so bald sein äußeres Bild änderte. Die umfassende Bestandsaufnahme des Angers erfolgte im Jahr 1990 zur Zeit der Währungsunion, im Juli. Mit der Fotodokumentation begannen wir jedoch bereits im April 1990, um soviel wie möglich von der ursprünglichen Szenerie zu dokumentieren. Sowohl die Werbung als auch die Gestaltung der Schaufenster waren im Frühjahr 1990 noch zumeist verhalten. Die Auslagen bestanden zum größten Teil aus Waren der DDR-Produktion, teilweise wurde auch schon Westware zu vergleichsweise sehr hohen Preisen offeriert. Die Gesamterscheinung des Angers erschien Anfang 1990 im Vergleich zu den von Werbereizen überfluteten westlichen Innenstädten farblos; die wenigen Farbtupfer setzten sich zumeist aus schnell angebrachten, oft nur aufgeklebten Tabakwarenreklamen an den Rauchwarengeschäften und Kiosken zusammen.

Als wir im Sommer 1992 unsere zweite Bestandsaufnahme durchführten, hatte sich das äußere Bild stark gewandelt. Zum einem wurde die ästhetische Macht der wettbewerbsorientierten Reklame deutlich, die den Anger zwar bunt, aber nach unserer Einschätzung doch zugleich verwechselbarer wirken ließ, da die Vielzahl von austauschbaren Werbeflächen vordem Unverwechselbares verdeckte. Auch

---

7 Die Ausführungen zum Bereich Anger basieren auf einer Auswertung und einem Arbeitspapier von Roland Hasenstab, der zur Zeit unserer Untersuchung seine Diplomarbeit über Persistenzstrukturen in der Erfurter Innenstadt vorbereitete. Einige Textstellen des Manuskripts sind hier ohne genauere Kennzeichnung verwendet worden.
8 Im Februar 1992 bestanden nach Angaben des Erfurter Adressbuches in dem von uns am Anger untersuchten Bereich (Anger 41-62) noch 26 Haushalte; sieben Monate später, im September 1992, waren es nur noch etwa 20. Vgl. R. Hasenstab (1992): Umbruch und Persistenz in ausgewählten Stadtquartieren Erfurts; unveröffentlichtes Manuskript zur Diplomarbeit: 18.

die Schaufenstergestaltung hatte einen Wandel von einer eher einfachen zu einer nobleren erfahren. Zum anderen haben sich in den letzten beiden Jahren mit Ausnahme eines Teils der Traditionsbetriebe fast alle Geschäftsnamen am Anger geändert. Nur wenige Firmennamen aus DDR-Zeiten blieben präsent.

Der Wandel der Geschäfte am Anger zwischen Juli 1990 und Juli 1992 ist für jedes Gebäude dokumentiert. Die Veränderung der Nutzungsstrukturen lassen sich grob in drei Kategorien fassen.

a) Traditionsgeschäfte

In dem von uns untersuchten Bereich des Angers finden sich 1992 einige Geschäfte, die bereits 1990 unter gleichem Namen und gleicher Organisation, als Privatbetriebe, bestanden. Es handelt sich hierbei um alteingesessene Geschäfte, die z.T., wie eine von uns durchgeführte Auswertung alter Verzeichnisse zeigt, in ihren Traditionslinien bis zur Jahrhundertwende zurückreichen[9]. Ob es sich dabei um alte Geschäfts- oder aber Unternehmertraditionen (z.B. Familienbetriebe) handelt, wäre im Einzelfall nur durch eine Befragung zu klären. Beispiele:

	Juli 1990	Juli 1992
Anger 44	Drogerie (bereits 1900 „Drogen- und Parfümhandlung")	Anger Drogerie
Anger 49	Eisdiele (bereits 1935 Eisdiele)	Eisdiele
Anger 53	Schuh Laage (bereits 1935 Schuhwaren)	Schuh Laage
Anger 57	Kino (bereits 1921 Lichtspielhaus)	Kino am Anger
Anger 61	Sanitätshaus Diehl (bereits 1921 Diehl- Bandagen)	Sanitätshaus Diehl

9 Im Rahmen unserer Studie beschränkten wir uns nicht nur auf die Kontinuität und den Wandel von Nutzungen zwischen 1990 und 1992, sondern unternahmen auch erste Versuche, langfristige Entwicklungslinien zu untersuchen. Für die Zeit von 1580 bis 1850 konnten wir dabei auf die Ausführungen von Otto Rollert zurückgreifen. Informationen über den Zeitraum von 1900-1950 beruhen auf einer Auswertung der Einwohnerbücher der Stadt Erfurt. Bislang ist es uns noch nicht gelungen, Angaben für den Zeitraum zwischen 1950 und 1990 ausfindig zu machen, so daß gerade für diesen für uns wichtigen Zeitraum eine Lücke besteht. Sollte sich auch bei weiteren Recherchen erweisen, daß für diesen Zeitraum keine Informationen vorliegen, so wären wir hier bei einer Fortführung der Untersuchung auf oral history angewiesen. In den vorangehend dargestellten Tabellen zu den Traditionsgeschäften im Innenstadtbereich sind Anmerkungen zu den Erstnennungen der Traditionsbetriebe beigefügt. Viele der heute noch bestehenden Traditionsbetriebe bestanden bereits in den 20er und 30er Jahren. In einem Fall („Gasthaus Weißer Schwan") reicht der uns vorliegende Nachweis zurück bis ins 18. Jahrhundert. Wichtig ist uns, an diesen Beispielen den Wert der räumlichen Strukturen nachzuweisen und die Hypothese zu präzisieren, daß sich Räume als kulturelle Milieus wirtschaftlichen und sozialen Verhaltens aus der Schichtung historisch angesammelter Erfahrungen ergeben und der Eingriff in die Raumstruktur der Stadt mühselig angesammelten Kulturraum stört oder zerstört.

Die Zukunft der Vergangenheit

b) Gleiche Funktion – veränderte Organisation
Eine ganze Reihe von Betrieben, die 1990 als Institution oder HO-Laden bestanden, weisen 1992 noch die gleiche oder nur unwesentlich veränderte Funktion auf, werden aber in anderer Rechtsform, z.B. als Privatbetrieb geführt. In der Regel änderte sich auch der Name. Beispiele:

	Juli 1990	Juli 1992
Anger 45	KARAT Schmuckgeschäft	Jasper Juweliere
Anger 48	HO Café Espresso	Café Espresso
Anger 53	HO Sportartikel	Sport Fink
Anger 56	Kreiskomitee Volkssolidarität	Volkssolidarität e.V.
Anger 57	Schuhsalon	Fink Schuhe
Anger 57	KWV (Kommunale Wohnungsverwaltung)	KOWO (Kommunale Wohnungsgesellschaft
Anger 58	Poliklinik	Ärztehaus

Wechsel der Geschäfte
Mehrere Geschäfte wurden aufgegeben und durch andere, die ein abweichendes Angebot bieten, ersetzt. Die neuen Geschäfte sind in der Regel rentabler als die alten.

	Juli 1990	Juli 1992
Anger 42	VEB Stoffe	Modeboutique
Anger 43	HO Fotofreund	Mode in Leder
Anger 44	Herrengeschäft Kavalier	Leder Viehoff
Anger 46	Schuhgeschäft Konsum	Büro- und Schulbedarf
Anger 51	HO Hochzeitsausstatter	Andiamo Schuhgeschäft
Anger 55	HO Kurzwaren	Jeans und Jackets

Innenstadtrand
Das hier ausgewählte Untersuchungsgebiet umfaßt einen im nördlichen Randbereich der Altstadt an der „Johannesstraße" gelegenen Block. Im Unterschied zum Anger findet sich in diesem Innnenstadtrandgebiet verstärkt eine Struktur von kleinem und mittlerem Gewerbe. Es bestehen eine ganze Reihe von Handwerks- und auch Produktionsbetrieben. Das „Johannesviertel", wie wir diesen Bereich in unserer Arbeit bezeichneten, ist kein bedeutender Wohnstandort, die Zahl der Haushalte geht zurück. Nach Auskunft des Erfurter Adressbuches (Stand: Februar 1992) gibt es in dem von uns untersuchten Bereich noch 113 Haushalte. Die Bausubstanz ist zum Teil in schlechtem Zustand. Einige Wohnungen stehen leer. Es ist auch in gewissem Maße eine Verdrängung des Wohnens durch Dienstleistungsbetriebe und Freiberufler zu verzeichnen. Der Umfang dieser Entwicklung ist aber keinesfalls so gravierend wie in dem von uns untersuchten und im folgenden noch dargestellten Gründerzeitquartier.

Schon 1990, als wir den Block zum erstenmal besuchten, fiel uns eine Vielzahl von „Nischen-Produktionsstätten"[10] auf, die zwischen größeren, etwa einer Taschenfabrik, bestanden.

Der etwas abseits des Stadtzentrums gelegene Bereich wies auch 1992 im Gegensatz zum zentral gelegenen „Anger" weniger augenfällige Veränderungen gegenüber 1990 auf. Dies lag wohl im wesentlichen an der geringeren Werbung der Geschäfte. Dennoch zeigten sich bei genauerer Betrachtung zahlreiche Veränderungen und bereits durchgeführte bauliche Maßnahmen. Während im Stadtzentrum der größte Teil des Transformationsprozesses schon abgeschlossen erscheint und sich eine Konsolidierung der Geschäfte abzeichnet, befindet sich am Innenstadtrand noch vieles im Wandel. Geschäfte, die 1990 bei unserer ersten Bestandsaufnahme gerade eröffnet wurden, sind bereits wieder verschwunden. Einige Läden stehen leer, in Erwartung neuer Unternehmungen.

Unter Berücksichtigung der anderen, mehr vom Handwerk und z.T. von kleinen Produktionsbetrieben durchsetzten Struktur des Johannesviertels lassen sich die Kategorien der Nutzungsänderung, wie sie für das Stadtzentrum („Anger") beschrieben wurden, übertragen.

a) Traditionsgeschäfte

	Juli 1990	Juli 1992
Johannesstraße 29	Bau- und Kunstschlosserei /bereits seit 1936)	Fenster/Türen Bauschlosserei
Johannesstraße 40	Klempnermeister Kirmeier bereits 1921 Klempnermeisterbetrieb	Klempnermeister Kirmeier
Gotthardtstr. 27	Gasthaus „Weißer Schwan" bereits 1789 „Gasthof zum Schwan"	Gasthaus „Weißer Schwan"
Augustinerstr. 41	Kühlerbau Gebhardt bereits 1941/42	Kühlerbau Gebhardt
Augustinerstr. 46	Puppenklinik Langer/Spielwaren (bereits 1941/42 Friseurgeschäft und Puppenklinik Langer)	Puppenklinik Langer/ Spielwaren

---

10 Der Begriff „Nischen-Produktionsstätten" stammt aus den alten Bundesländern. Gemeint sind Nutzungen und Nutzungsmöglichkeiten, die einer flexiblen Marktanpassung folgen. Zum Beispiel kleine Reparaturbetriebe mit geringem Grundkapital. Solche „Nischen-Produktion" ist abhängig von den ökonomischen Bedingungen, etwa der Grundmiete. In den Städten der alten Bundesländer wurden solche kleinen Handwerksbetriebe weitgehend aus den Innenstadtbereichen verdrängt.

Die Zukunft der Vergangenheit 247

b) Gleiche Funktion – veränderte Organisation

	Juli 1990	Juli 1992
Johannestraße 30	HO Gaststätte "Gastmahl des Meeres"	Fischgaststätte "Gastmahl des Meeres"
Johannestraße 35	VEB IFA Vertrieb; Autozubehör und Fahrräder	atw Autoteile + Werkstattbedarf u. Industriebedarf; Fahrräder und Mopeds
Gotthardstr. 13a	VEB Heizungs- und Ofenrohre	Elco: Heizungs-, Öl- und Gasfeuerungsanlagen
Augustinerstr. 37/38	Poliklinik	Röntgenabteilung; Dr. Stein und Dr. Jung

c) Wechsel der Geschäfte (Beispiele)

	Juli 1990	Juli 1992
Johannestraße 43	IFA-Agentur Fahrzeugverkauf (Trabant)	Ev's Corner Modeboutique und Kinderbekleidung
Johannestraße 143	HO Frucht-Basar	Löwen-Apotheke
Augustinerstr. 42	Behindertenwerkstatt	Blumenladen und Zahnarztparxis
Augustinerstr. 47	Vermittlungsstelle für das Elektrohandwerk	CD-Laden „Schallmauer"
Augustinerstr. 48	Kürschner- und Pelzhandwerk	Bestattungsinstitut

Bahnhofnahes Quartier
Im Bereich der Schmidtstetter Straße hat das Wohnen im Gegensatz zu den anderen beiden von uns ausgewählten Innenstadtbereichen noch eine größere Bedeutung. Die Bausubstanz der Gebäude ist jedoch stark sanierungsbedürftig. Bezüglich der Geschäftslage weist die Schmidtstetter Straße aufgrund der Bahnhofsnähe eine beachtliche Attraktivität auf, die sich in Zukunft aller Voraussicht nach noch steigern wird. Diese Entwicklung wird die Funktion der Straße als Wohnstandort sukzessive zurückdrängen. Während unserer Untersuchung registrierten wir, daß in zunehmendem Maße leergezogene Wohnungen modernisiert werden, um sie gewerblich zu nutzen.

Die von uns aufgenommenen Nutzungsänderungen zwischen Juli 1990 und Juli 1992 lassen sich ebenfalls nach den drei oben beschriebenen Typen einordnen.

a) Traditionsgeschäfte

	Juli 1990	Juli 1992
Schmidtstetter Str. 2/3	Luther Buchhandlung (bereits seit 1930)	Luther Buchhandlung
Schmidtstetter Str. 2/3	Friseurgeschäft Langmuth (bereits seit 1930)	Friseurgeschäft Langmuth
Schmidtstetter Str. 36	Schuhmachermeister R. Busch (bereits 1930 Schuhmacher)	Schuhmachermeister R. Busch
Schmidtstetter Str. 57/58	Obst/Gemüse Verkauf (bereits seit 1930 Gemüsegroßhandlung)	Obst/Gemüse Fa. Topf

b) Gleiche Funktion – veränderte Organisation (Beispiele)

	Juli 1990	Juli 1992
Schmidtstetter Str. 4	HO Getränkestützpunkt + Tabakwaren	Getränkemarkt Kaus + Tabakwaren
Schmidtstetter Str. 18/22	Intershop-Kaufhaus	Neckermann Kaufhaus
Schmidtstetter Str. 27	Farben, Lacke, Tapeten (Konsum)	H. Groh Farben – Lacke – Tapeten
Schmidtstetter Str. 40/41	Obst/Gemüse Verkauf HO Fleischwaren	Obst/Gemüse Fa. Topf Fleischerei Jahn

c) Wechsel der Geschäfte (Beispiele)

	Juli 1990	Juli 1992
Schmidtstetter Str. 6	Blumen/ Pflanzen/ Samengeschäft	Änderungsschneiderei
Schmidtstetter Str. 29a	Stickerei Voigt	Bürobedarf, Büromaschinenservice
Schmidtstetter Str. 53/54	Chemische Reinigung	Blumenladen

Gründerzeitquartier

Das von uns untersuchte, östlich der Innenstadt liegende Gründerzeitgebiet („Schmidtstetter Flur") entstand im wesentlichen um die Jahrhundertwende als Stadterweiterung um eine 1879 errichtete und bis heute bestehende Malzfabrik.

Der Bereich weist eine Mischnutzung auf, wobei die Funktion als Wohnstandort die bedeutendste ist. Es bestehen neben der Malzfabrik noch weitere kleine und mittlere Gewerbebetriebe. Wie hat sich die Situation zwischen 1990 und 1992 gewandelt? Unsere vergleichende Untersuchung, die die Nutzungsänderungen in

Die Zukunft der Vergangenheit

den Erdgeschossen und den Obergeschossen dokumentiert, führte zu folgenden Ergebnissen:

Die Entwicklung von 1990 bis 1992 weist auf einen beachtlichen Zuwachs von Dienstleistungs- und Handelseinrichtungen insbesondere im Umfeld der zentralen Thälmannstraße hin. Dieser Prozeß verläuft eindeutig auf Kosten der Wohnnutzung. Existierten im Bereich der Schmidtstetter Flur 1990 lediglich 94 Betriebe, Geschäfte und Dienstleistungseinrichtungen, so waren es 1992 bereits 157 (Zuwachs 68%). Diese neuen Geschäftsnutzungen drängten in den Wohnbestand. Wurden 1990 im Untersuchungsgebiet noch 334 Gebäude rein zu Wohnzwecken benutzt, so waren es 1992 nur noch 290 (Abnahme 13,2%). Der Gebäudeanteil mit Mischnutzung nahm entsprechend zu.

Die Entwicklungstendenzen mit Blick auf die Nutzungsänderungen lassen sich 1992 folgendermaßen charakterisieren:

a) Alte, 1990 Bereich des Untersuchungsgebietes ermittelte Geschäfte, Institutionen und Betriebe (1990 = 94).
 – Angebot und Nutzung blieben gleich oder unwesentlich verändert. Dies war bei 53 der 94 Betriebe (= 56%) der Fall. Es handelt sich dabei entweder um Traditionsgeschäfte oder aber um Betriebe mit gleicher Funktion bei anderer Organisation.
 – Wechsel des Angebotes und der Nutzung. Eine andere Nutzung als 1990 weisen 29 (31%) der damaligen Betriebe auf.
 – Leerstand. 12 Betriebe stehen leer. Es ist davon auszugehen, daß die meisten bei Wiedereröffnung eine andere Nutzung übernehmen werden.

b) Neue, seit 1990 vorwiegend in den Wohnungsbestand eingezogene Geschäfte und Betriebe (1992 = 75)
Bei den 1992 neu gezählten Betrieben, die in vordem allein dem Wohnen dienende Erdgeschosse einzogen (insgesamt 38), handelt es sich vorwiegend um Handels- und Dienstleistungseinrichtungen. Acht neue Betriebe siedelten sich in Hinterhofgebäuden und Schuppen an. Beachtlich ist die Entwicklung in den oberen Geschossen der Gebäude, die noch 1990 nahezu ausschließlich der Wohnnutzung dienten. 1992 finden sich hier, vorwiegend wieder im Bereich der Thälmannstraße, 29 gewerbliche Nutzungen. Es handelt sich dabei in der überwiegenden Zahl um Arztpraxen, Ingenieurbüros, Steuerberater- und Rechtsanwaltsbüros sowie Geschäftsstellen.

Insgesamt wurden zwischen 1990 und 1992 in dem von uns untersuchten Gründerzeitquartier 67 Wohneinheiten in gewerbliche Räume umgewandelt.

Industriell geprägtes Wohnquartier
Das von uns untersuchte Gebiet liegt im Norden Erfurts in unmittelbarer Nachbarschaft großer Industriebetriebe. Das industrienahe Wohnquartier wies bei unserer 1990 erfolgten ersten Untersuchung eine Infrastruktur auf, die das Gebiet

mit sozialen Einrichtungen und Gütern des täglichen Bedarfs hinreichend versorgte. Der Bauzustand der Gebäude war unterschiedlich, z.T. relativ gut. In den Innenhöfen fand sich teilweise gewerbliche Nutzung. Ein Innenhofgrundstück, auf dem früher einmal ein landwirtschaftlicher Betrieb untergebracht war, wurde zur Kleinproduktion von Obst und Gemüse genutzt.

Wie hat sich dieser abseits der städtischen Zentralität gelegene Bereich seit 1992 gewandelt? Auf den ersten Blick hatten wir bei der Untersuchung im Sommer 1992 den Eindruck, daß sich im gesamten Quartier in den letzten beiden Jahren nichts geändert hat. Dieser Eindruck wurde auch abschließend im großen und ganzen bestätigt. In Einzelfällen hatten Veränderungen stattgefunden, die aber aufgrund der geringen Anzahl keine Typisierung erlauben. Bemerkbar macht sich die z.T. von Stillegungen begleitete Krise der umliegenden Industriebetriebe. Einige im Untersuchungsgebiet liegende Lagerhallen etc. stehen heute leer. Der Dienstleistungsbereich hat ein wenig zugenommen, was insgesamt mit Blick auf die Infrastrukturversorgung zu begrüßen ist. Von einer Verdrängung des Wohnens kann keine Rede sein, wenn auch in sieben der 1990 noch ausschließlich zur reinen Wohnnutzung bestimmten Häuser in den letzten beiden Jahren Handels- oder Dienstleistungsnutzungen eingezogen waren, so werden umgekehrt 1992 vier vordem mit Mischnutzung versehene Gebäude wieder ausschließlich zum Wohnen genutzt. Die gegenwärtige Stadtentwicklungsdynamik in den Großstädten der neuen Bundesländer vollzieht sich im wesentlichen in den Innenstädten und Innenstadtrandbereichen. Die periphere und bezüglich des Wohnens auch wenig attraktive Lage am Erfurter Nordrand verhinderte dort eine signifikante Entwicklung. Der Zeitpunkt der Nachuntersuchung war in diesem Fall noch zu früh gewählt, um eine Entwicklungstendenz gegenüber 1990 ablesen zu können.

Zusammenfassung der vergleichenden Untersuchung 1990/1992
In keinem anderen Bereich hat sich in der Zeit zwischen 1990 und 1992 das äußere Erscheinungsbild derart geändert wie im Stadtzentrum („Anger"). Bemerkenswert ist dennoch die teilweise dort bestehende Kontinuität von Traditionsgeschäften.

Im Bereich Innenstadtrand („Johannesviertel") und bahnhofnahes Quartier („Schmidtstetter Straße") ist der Entwicklungsdruck zum Zeitpunkt der Erhebung 1992 geringer als im Zentrum. In der Schmidtstetter Straße ist aufgrund der attraktiven Geschäftslage in Zukunft mit stärkeren Veränderungen zu rechnen. Auffallend ist, daß im bahnhofnahen Quartier „Schmidtstetter Straße" die dort im Vergleich zu den anderen Innnenstadtbereichen noch bedeutendere Wohnnutzung in zunehmendem Maße einer Umwandlung in Gewerberaum zum Opfer fällt.

Insgesamt jedoch ist der von uns beobachtete Wandel in der Innenstadt vorwiegend ein Austausch bereits bestehender Geschäfts- und Gewerbenutzung durch andere. Anders verhält es sich dagegen mit dem Nutzungswandel in dem von uns untersuchten „Gründerzeitquartier". Hier findet in starkem Maße eine elementare

Die Zukunft der Vergangenheit

Nutzungsänderung zuungunsten der Funktion als Wohnstandort statt. 69 neue Betriebe zogen in Räume ein, die vordem ausschließlich dem Wohnen dienten. Nahezu stabil wirkt dagegen das am äußeren Stadtrand liegende „industriell geprägte Wohnquartier". Sowohl was die äußere Erscheinungsform als auch die wirkliche Umnutzung betrifft, ist hier noch keine signifikante Entwicklung zu beobachten.

Mit Blick auf die Frage von Persistenz und Potential läßt sich feststellen, daß insbesondere die Innenstadtrandbereiche noch eine beachtliche Struktur an „Nischen" aufweisen. Im Gegensatz zum unmittelbaren Stadtzentrum ist dort auch der Entwicklungsdruck noch vergleichsweise gering, so daß die Existenzmöglichkeiten kleinteiliger unternehmerischer Initiativen hier die meisten Perspektiven aufweisen. Gerade für diese Bereiche ist eine weitergehende Auseinandersetzung hinsichtlich des Erhalts von Persistenzstrukturen sinnvoll.

4. Erfahrungen von Gewerbetreibenden

Anknüpfend an die vorangehend dargestellte vergleichende Untersuchung der Nutzungsänderungen 1990–1992 untersuchten wir in den Bereichen des bahnhofnahen Quartiers „Schmidtstetter Straße" und des Gründerzeitquartiers anhand von acht Einzelfallbeispielen die Lage von Gewerbetreibenden. In strukturierten Interviews ließen wir Inhaber und Pächter kleiner Geschäfte über ihre Erfahrungen und Einschätzungen beim Übergang vom Plan zum Markt berichten sowie Rückblicke und Ausblicke vornehmen. Die Auswahl der Gesprächspartner erfolgte eher zufällig, geht jedoch auf beobachtete Veränderungen im Quartier ein, und es wurden in diesem Sinne gezielte Fragen gestellt. Bei den Befragten handelt es sich um die Inhaberinnen und Inhaber folgender Handwerks- und Dienstleistungsunternehmen:
- Fotogeschäft
- Friseurgeschäft
- Farbengeschäft
- Fleischerei
- Orthopädie-Schuhmacherei
- Bäckerei
- Elektroinstallationsgeschäft
- Kfz-Handel

Unsere Fragen zielten darauf, Kontinuitäten und Veränderungen im Zeitraum von 1990 bis 1992 zu erfassen, die Prozesse an konkreten Befunden festzumachen, Handlungsstrategien Betroffener zu analysieren und weiterführende Fragestellungen abzuleiten.

Das Ergebnis dieser Befragung wies auf ein äußerst komplexes Bild unterschiedlicher sozialer und ökonomischer Lage bei den einzelnen Betrieben hin.

Gerade im Hinblick auf den Erhalt von persistenten Räumen ergab sich ein interessantes Bild von unterschiedlichen Zusammenhängen und Bedingungen, die hier kurz genannt seien.

Die untersuchten Einzelfallbeispiele zeigten u.e., daß die gewerblichen Strukturen in den beiden Stadtquartieren beim Übergang vom Plan zum Markt, einem differenzierten Komplex von Einflußgrößen ausgesetzt sind. Dazu sind zu zählen:
1. die baulich-räumlichen Strukturen (Gebäude, Gewerberaum, Lage, Verkehrsverbindungen, baulicher Zustand, Investitionserfordernisse) in Relation zu den spezifischen Anforderungen des jeweiligen Gewerbes;
2. die Nachfrage nach den angebotenen Waren und Leistungen (im Quartier und in der Stadt) in Einheit mit der Nachhaltigkeit;
3. die Eigentumsfrage und die Höhe der Miete;
4. individuelle und soziale Komponenten wie Qualifikation, familiäre Situation, Familientradition, vorhandene Beziehungen (Kollegen, Kunden);
5. der finanzielle Hintergrund (Kapitalstock).

Die baulich-räumlichen Strukturen, dies zeigten die Ergebnisse der Befragung, eigneten sich in nahezu allen Fällen grundsätzlich auch unter marktwirtschaftlichen Gesichtspunkten für die gewerbliche Nutzung. Die Anpassung dieser Strukturen an marktwirtschaftliche Erfordernisse ist jedoch mit erheblichem Investitionsaufwand verbunden.

Alle Gesprächspartner betonten, daß eine Veränderung in der Nachfrage nach den von ihnen angebotenen Leistungen und Waren stattgefunden habe. Die Erscheinung dieses Wandels ist jedoch sehr unterschiedlich und reicht vom beinahe vollständigen Verlust der Kundschaft (Orthopädie-Schuhmacher) bis zur wachsenden Nachfrage (Kfz-Händler). Beklagt wurde teilweise die neue und bisher unbekannte Konkurrenz von Großbetrieben und Handelsketten, die Kunden durch Billigangebote gewinnen und somit den Traditionsgeschäften entziehen.

Die Eigentumsverhältnisse bzw. mittel- oder langfristig kalkulierbare Mietkonditionen berühren die gewerbliche Perspektive und damit das Investitionsverhalten in besonderer Weise. Als ebenso wichtig wurde vor allem von den älteren Inhabern von Familienbetrieben die Frage einer Nachfolge eingeschätzt.

Auffallend ist, daß die Befragten in keinem Fall kommunale oder staatliche Behörden im Sinne der Hilfestellung bei der Bewältigung des Übergangs vom Plan zum Markt positiv hervorhoben. In Anbetracht der subjektiven Sicht der Probanden, des geringen Umfangs der Stichproben sowie einer zu jenem Zeitpunkt erst im Aufbau begriffenen Verwaltung auf Landes- und kommunaler Ebene verbietet sich zum jetzigen Zeitpunkt eine Wertung.

Die Handlungsstrategien der Gewerbetreibenden angesichts der veränderten Bedingen lassen sich vor allem als zweckrational beschreiben. Die ökonomische und soziale Situation, insbesondere die sich daraus ergebenden Perspektiven, bil-

Die Zukunft der Vergangenheit

den die Grundlage des Handelns. Neben zweckrationalen, kaufmännischen Überlegungen fließen in die Handlungsstrategien der Gewerbetreibenden auch wertrationale Überlegungen ein. Handwerkliche Tugenden werden betont, Leistungsbewußtsein wird demonstriert. Der zufriedene Kunde als Ziel des Handelns genannt. Auch emotionale und traditionelle Komponenten ließen sich in den Handlungsstrategien der Probanden erkennen. Bei aller Zweckrationalität wird keiner der Befragten die Familientradition der Betreiber ohne Bedauern beenden. Die Befragung der Gewerbetreibenden sollte uns erste Einblicke in das sehr differenzierte und sensible Geflecht der kleinteiligen Quartiersökonomie in den Altstädten der neuen Bundesländer vermitteln. Der Umfang unserer Studie ließ über diesen ersten Ansatz hinaus keine weitergehende Betrachtung zu. Das Ergebnis zeigt jedoch, daß weitere Forschungen gerade in diesem Bereich sich lohnen würden.

5. Zur Praxis der Theorie – andere Wege der Stadterneuerung und Gewerbeförderung

Es ist offensichtlich, daß in dieser Vorstudie die Verbindung zwischen theoretischen Konzepten und empirischen Umsetzungen noch nicht zur vollen Zufriedenheit gelungen ist. Während auf der theoretischen Seite Persistenzstruktur und Potentialität als zentrale Begriffe stehen, beziehen sich die Beobachtungen auf Kontinuität bzw. Diskontinuität der baulichen Form, der sozialen und wirtschaftlichen Nutzung und der rechtlichen Konstruktion. Die empirisch beobachtbare Größe der Kontinuität ist eine notwendige, aber keine hinreichende Bedingung für Persistenz und Potentialität. Ganz offensichtlich sind weitere historische, rechtliche und soziologische Untersuchungen notwendig, um die Lücke zwischen den theoretischen Begriffen und den Erscheinungsformen zu verringern.

Immerhin lassen sich durch die Pilotuntersuchungen bestimmte Räume mit hohen und niedrigen Anteilen an Kontinuität identifizieren. Auch läßt eine Vielzahl von Nutzungsänderungen bei gleichbleibender baulicher Struktur auf eine ausgeprägte Potentialität schließen, wie etwa im Gründerzeitquartier zu beobachten ist. Die durch offene Interviews rekonstruierten Fallbeispiele zeigen deutlich die Richtung weiterer Untersuchungen. Einzelne Fälle weisen auf die Bedeutung biographischer Kontinuität für die Herausbildung von Persistenz und Potentialität hin. Andere Beispiele zeigen, wie marktvermittelte Konkurrenz, verstärkt durch bestimmte familiäre Bedingungen eine Transformation von Kontinuität in Persistenz und Potentialität verhindert.

Für weitere Arbeiten ist es ganz offensichtlich notwendig, die Untersuchung von Persistenz und Potentialität mehrstufig zu organisieren:

Zunächst sollen baulich-räumliche Kartierungen Hypothesen über die Wahrscheinlichkeit von Persistenzstrukturen räumlich bestimmen.

Zum zweiten sollen Nutzungskartierungen und die Auswertung von Dokumenten Hypothesen über die Wahrscheinlichkeit von Kontinuität und Diskontinuität liefern.

Drittens sollen Gespräche, Interviews und die Auswertung von Dokumenten den historischen und biographischen Zusammenhang soweit erkennbar machen, daß plausible Argumente für den Zusammenhang von Kontinuität und Persistenz formuliert werden können.

Die Potentialanalyse muß zunächst hypothetisch bleiben und kann nur durch Langzeitbeobachtung überprüft werden.

Sicherlich ist es jetzt zu früh, um abgesicherte praktische Schlußfolgerungen zu ziehen, gleichwohl ist der Praxisbezug unübersehbar. Die Planung und Förderung der baulichen, sozialen und wirtschaftlichen Entwicklung in den Stadtteilen müßte sich in Bezug auf Persistenz und Potentialanalysen an mehreren Arbeitsschritten orientieren. Zunächst sollten Teilräume identifiziert werden, in denen Kontinuitäten und Persistenzen der räumlichen Struktur und Nutzung vermutet werden können. In einer Art vorbereitender Untersuchung sollten sodann durch Analyse historischer Dokumente und Durchführung von Gesprächen und Interviews Persistenzen und Potentiale konkret identifiziert werden und in die Planungen einfließen. Drittens sollten bauliche Sanierung und gewerbliche Förderungen eng vernetzt werden. In den einzelnen Quartieren sollten dezentrale Verwaltungs- und Planungsstellen eingerichtet werden, die für das jeweilige Quartier spezifische Handlungsoptionen entwickeln. Diese dezentralen Verwaltungs- und Planungsstellen sollen Zentren einer quartiersöffentlichen Kommunikation sein. Schließlich können unter diesen Bedingungen die Maßnahmen in der Regel nur kleinteilig sein. Wenn man so will, zielt die Praxis dieses theoretischen Ansatzes auf eine Kulturalisierung der Planung, wie wir sie von den beiden letzten Internationalen Bauausstellungen kennen.

Über die kurz dargestellten planungsmethodischen Überlegungen hinaus zielt der Ansatz insgesamt auf eine entschiedene Abkehr von einer gerade in den Städten und Gemeinden der neuen Bundesländer um sich greifenden fordistischen Planungspraxis. Dieser nachholende Fordismus ist dazu geeignet, die Potentiale dieser Städte nachhaltig zu vernichten. Statt dessen sollte daran gearbeitet werden, wie die Stadtentwicklung auf innere Verdichtung hin orientiert werden kann, wie pluralistische Nutzungsformen erhalten und gefördert werden können; Nischen und „Poren" der Stadt sollten nicht als unerwünschte Unordnung begriffen werden, sondern als An- und Ausgangspunkte sozialer und ökonomischer Innovationen. Die Planung selber und ihr Ergebnis sollten sich dem Leitbild einer kommunikativen Stadt zuwenden. Öffentlichkeit muß als Chance rationaler Interessenfindung und nicht als Hindernis eiliger Plandurchsetzung begriffen werden.

Literaturverzeichnis

Becker, H./Schulz zur Wiesch, J. (1982): Sanierungsfolgen. Stuttgart.
Bodenschatz, H. (1987): Platz Frei Für Das Neue Berlin. Berlin.
Harvey, D. (1989): The condition of Postmodernity. Oxford.
Hasenstab, R. (1992): Umbruch und Persistenz in ausgewählten Stadtquartieren Erfurts; (unveröffentlichtes Manuskript): 18
Ipsen, D./Fuchs, Th. (1991): Die Modernisierung des Raumes. In: „1999", Zeitschrift für die Sozialgeschichte des 20. und 21. Jahrhunderts 1:13–34
Ipsen, D./Helbing, H./Fuchs, Th./Rempel, K. (1992): Die Zukunft der Vergangenheit. Persistenz und Potential der Raumstruktur in Stadt und Umland von Erfurt, KSPW-Studie, Nr. 1110, Halle: 58
Ipsen, Detlev (1992). Über den Zeitgeist der Stadterneuerung, In: Die Alte Stadt 1:16–29.
Piore, M.J./Sabel, Ch. F. (1989): Das Ende Massenproduktion. Frankfurt.
Projektgruppe Erfurt (1991): Wohnen und Arbeiten in Erfurt und Umgebung 1990. Fachbereiche Architektur, Stadt- und Landschaftsplanung der Gesamthochschule Kassel Universität. Unveröffentlichter Projektbericht. Sommersemester 1990/Wintersemester 1990/91. Kassel.
Zapf, Katrin (1969). Rückständige Viertel. Frankfurt.

Arbeits- und Lebensbedingungen polnischer Arbeitsmigranten in den neuen Bundesländern[1]

Eckhard Kienast und Helga Marburger

1. Vorbemerkungen

Mit der politischen Wende in der ehemaligen DDR entstanden völlig neue politische und sozioökonomische Bedingungen. Die sehr bald einsetzende rezessive Entwicklung in allen Wirtschaftsbereichen führte zu einem Arbeitskräfteüberschuß und zunehmender Arbeitslosigkeit unter der eigenen Bevölkerung. Die seit den 70er Jahren verstärkt zur Aufrechterhaltung der DDR-Wirtschaft angeworbenen Vertragsarbeitnehmer, vor allem aus Vietnam, Mosambik, Angola und Kuba wurden nun nicht mehr benötigt. Sie wurden entlassen.

Die sich in den ehemals kommunistischen Staaten Mittel- und Osteuropas vollziehenden politischen und ökonomischen Reformprozesse führten auch dort zu einer äußerst schwierigen sozioökonomischen Lage, verbunden mit hoher Arbeitslosigkeit und einem zunehmenden Wanderungsdruck von Arbeitsmigranten in Richtung Westen, vor allem Deutschland. Die Bundesregierung gewährte diesen Staaten im Rahmen von Regierungsabkommen Beschäftigungshilfen zur Unterstützung ihrer wirtschaftlichen und sozialen Entwicklung. Für die deutsche Bevölkerung, insbesondere in den grenznahen, strukturell schwächer entwickelten Regionen stellen vor allem polnische Arbeitsmigranten eine erhebliche Konkurrenz auf dem Arbeitsmarkt dar. Ziel der Studie ist es, die Bedingungsfaktoren für den Einsatz polnischer Arbeitsmigranten in den neuen Bundesländern sowie ihre Arbeits- und Lebensbedingungen zu untersuchen. Damit sollen einerseits Wandel und Funktion der Beschäftigung ausländischer Arbeitskräfte für die Wirtschaft der neuen Bundesländer dokumentiert und andererseits die Situationslage eines dort „neuen" Bevölkerungsanteils erhellt werden.

Die Studie stützt sich insbesondere auf Arbeitsberichte und Unterlagen von kommunalen Ausländerbeauftragten und -behörden, Landesarbeitsämtern, Sozialämtern, polizeilichen Ermittlungsstellen, Gewerkschaftsverbänden sowie auf

---

[1] Gekürzte Fassung der Studie „Arbeits- und Lebensbedingungen polnischer, tschechischer und slowakischer Arbeitsmigranten in den neuen Bundesländern". KSPW-Forschungsprojekt FS II-92-56.

Interviews mit Vertretern von Betrieben, in denen polnische Arbeitsmigranten tätig sind, und den Betroffenen selbst.

2. Sozioökonomische Begünstigungsfaktoren für die Migration polnischer Arbeitskräfte in den neuen Bundesländern

Der politische Umbruch in Polen führte zu einer grundlegenden Veränderung der sozioökonomischen Bedingungen, vor allem der Arbeitsmarktsituation. Die Ablösung der zentralen Leitung und Planung der Wirtschaft durch den Staat und der beginnende Aufbau marktwirtschaftlicher Strukturen bewirkten einen raschen Anstieg der Arbeitslosigkeit. Hinzu kommt ein hohes natürliches Bevölkerungswachstum (Marek, 1992: 44), mit dem der Arbeitsmarkt selbst unter den Bedingungen eines raschen konjunkturellen Aufschwungs der Wirtschaft nicht Schritt halten könnte. Deshalb wird nach Möglichkeiten gesucht, durch Arbeitsmigration den eigenen Arbeitsmarkt zu entlasten.

In den alten Bundesländern gilt seit 1973 ein Anwerbestopp, der Ausländern, die nicht den EG-Mitgliedsstaaten angehören, eine Arbeitsaufnahme in Deutschland, abgesehen von wenigen Ausnahmefällen, grundsätzlich untersagt. Diese Maßgabe gilt seit der Ausdehnung des Geltungsbereiches des Ausländergesetzes und der Arbeitsaufenthaltsverordnung (1990) auf die neuen Bundesländer im Jahre 1991 nunmehr im gesamten Bundesgebiet. Dennoch erhielten polnische Bürger in beschränktem Umfang die Möglichkeit einer legalen Erwerbstätigkeit in der Bundesrepublik. Der 1991 mit Polen abgeschlossene Vertrag über gute Nachbarschaft und freundschaftliche Zusammenarbeit verpflichtete die Bundesregierung, die ökonomische Entwicklung Polens durch bilaterale Maßnahmen und solche im Rahmen der Europäischen Gemeinschaft zu unterstützen. Von besonderer Bedeutung waren dabei die gewährten Beschäftigungshilfen in Form von Werkverträgen. Polnische Betriebe konnten nun mit den eigenen Beschäftigten in der Bundesrepublik für dort ansässige Unternehmen zeitlich befristete Produktions- bzw. Dienstleistungsaufgaben übernehmen, Gewinne erwirtschaften, um damit notwendige Investitionen finanzieren, wirtschaftliches Know-how und organisatorisch-technische Betriebsabläufe studieren sowie an die Standards internationaler Wettbewerbsfähigkeit herankommen zu können.

Die Werkvertragsbeschäftigung entspricht auch den Interessen der deutschen Wirtschaft, erhielt sie doch damit die Verfügungsmöglichkeit über ein disponibles, je nach Arbeitsmarkt- und Auftragslage für den gewünschten Beschäftigungszeitraum abrufbares kostengünstiges Arbeitskräftepotential.

Die Bauwirtschaft, in der heute etwa 70% aller Werkvertragsarbeitnehmer tätig sind, gehört zu jenen Branchen, in denen schwere Arbeitsbedingungen eine überdurchschnittliche Personalfluktuation bedingen, das Lohnniveau nicht sonderlich hoch und die Zugangsschwellen bezüglich der Qualifikation relativ niedrig sind („Ausländer in Deutschland", 1993: 7). Allgemeine wirtschaftliche Rezession bei regional boomartiger Entwicklung der Bauwirtschaft und wachsender Konkurrenzdruck in der Branche zwingen die Betriebe zu umfangreichen Kosteneinsparungen.

Da Lohn- und Lohnnebenkosten in der Branche einen hohen Anteil der Gesamtkosten ausmachen, sind viele Betriebe bestrebt, lohnkostenintensive Arbeitsplätze deutscher Arbeitnehmer abzubauen bzw. diese mit geringer bezahlten ausländischen Arbeitskräften zu besetzen. Brandenburger Bauunternehmer betonten in unseren Befragungen übereinstimmend, daß sie bei Beschäftigung ausschließlich deutscher Arbeitnehmer zu Tariflöhnen die Wettbewerbsfähigkeit ihrer Betriebe nicht erhalten könnten. Die legale oder illegale Beschäftigung ausländischer Arbeitskräfte unter Tarif ist für sie oft der einzige Weg, das Überleben der Betriebe zu sichern.

In den befragten Unternehmen wird darüber hinaus die Auffassung vertreten, daß polnische Arbeitskräfte leistungsfähiger und -williger seien als die noch verfügbaren, d.h. arbeitslosen deutschen Arbeitnehmer. Sie besäßen eine breitere handwerkliche Ausbildung und seien disponibler und kostengünstiger einsetzbar als die enger spezialisierten deutschen Arbeitskräfte. Ihre Arbeitsdisziplin sowie Bereitschaft zu Überstunden-, Sonn- und Feiertags- und körperlich schwerer Arbeit sei zudem im allgemeinen höher.

Der Wunsch polnischer Bürger nach einer zeitweiligen Erwerbstätigkeit im Ausland erwächst vor allem aus der defizitären wirtschaftlichen und sozialen Entwicklung in ihrem Heimatland. Die einen möchten mit den Einkünften aus der Auslandsbeschäftigung ihre Lebensverhältnisse entsprechend den gestiegenen Lebensbedürfnissen verbessern, andere sehen in der Erwerbstätigkeit im Ausland die einzige Möglichkeit, die Existenz ihrer Familie überhaupt zu sichern.

Das bedrohliche Absinken der Industrie- und landwirtschaftlichen Produktion führte zu einem raschen Anstieg der Arbeitslosigkeit. Die Arbeitslosenquote – sie lag im September 1992 bei 13,6% im Landesdurchschnitt – weist eine nach wie vor steigende Tendenz auf. Damit wurde vielen Familien ein sicheres Einkommen aus eigener Erwerbstätigkeit entzogen. Diese spürbare Verringerung des Familieneinkommens ging einher mit dem 1989 einsetzenden Subventionsabbau, der sukzessiven Freigabe der Preise und damit einer Geldentwertung und Preissteigerung. Die durchschnittliche Inflationsrate lag in den ersten neun Monaten des Jahres 1992 bei über 40%.

Der Preisauftrieb konnte durch die mehrfache Erhöhung der Nominallöhne nicht ausgeglichen werden. Allein im April 1993 verringerte sich der Reallohn in Polen um 1,6%, wodurch sich das Lebensniveau vieler Menschen weiter verschlechterte. Ein soziales Netz ist erst in bescheidenen Anfängen vorhanden, und für den weiteren Ausbau fehlen die erforderlichen Mittel. Die finanzielle Unterstützung bei Arbeitslosigkeit ist äußerst gering. Defizite bei der Wohnraum- und medizinischen Versorgung tragen ebenfalls zum Wunsch vieler polnischer Bürger nach einer Auslandsbeschäftigung bei.

3. Formen, Umfang und zukünftige Entwicklung der Beschäftigung polnischer Arbeitnehmer in den neuen Bundesländern

Legale Beschäftigung
Zur Zeit bestehen für polnische Arbeitskräfte vor allem zwei Möglichkeiten, in der Bundesrepublik einer legalen Beschäftigung nachzugehen, und zwar im Rahmen der Werkvertrags- und Saisonbeschäftigung.Werkverträge zur befristeten Beschäftigung von Werkvertragsarbeitnehmern werden zwischen ausländischen und in der Bundesrepublik ansässigen Unternehmen abgeschlossen. Grundlage dafür sind die in den Regierungsabkommen mit Polen vereinbarten Beschäftigungskontingente. Obwohl der einzelne Werkvertragsarbeitnehmer Angehöriger seines polnischen Betriebes bleibt, ist für ihn die Erteilung einer deutschen Arbeitserlaubnis erforderlich. Die mit Polen vereinbarten Beschäftigungskontingente wurden in den vergangenen Jahren teilweise erheblich überschritten. Das 1990 abgeschlossene Regierungsabkommen sah eine Beschäftigung von jährlich bis zu 35.000 polnischen Arbeitnehmern vor. Im Dezember 1991 waren jedoch etwa 42.000 und im September 1992 über 63.000 Arbeitskräfte in der Bundesrepublik tätig.

Im August 1993 waren in Deutschland (Zahlen in Klammern: neue Bundesländer) 13.372 (1833) polnische Werkvertragsarbeitnehmer beschäftigt (Bundesanstalt für Arbeit, 1993). Im Oktober 1992 wurde ein Genehmigungsstopp für neue Werkverträge mit Polen erlassen, und es wurden die Zulassungskriterien im Herkunftsland der Werkvertragsarbeitnehmer verschärft (Heyden, 1993: 29).

Im Januar 1993 erfolgte eine weitere Reduzierung der Kontingente, u.a. durch die von der Bundesanstalt für Arbeit erlassene Arbeitsmarktschutzklausel. Danach werden neue Arbeitserlaubnisse für Werkvertragsarbeitnehmer in Arbeitsamtsbezirken mit einer mindestens 30% über dem Bundesdurchschnitt liegenden Arbeitslosenquote nicht mehr genehmigt. In den neuen Bundesländern gehörten dazu im ersten Halbjahr 1993 alle Arbeitsamtsbezirke mit Ausnahme von Dresden und Leipzig. Ausnahmen von dieser Regelung sind nur zulässig, wenn Arbeitsplätze von Spezialisten mit besonderer Qualifikation, u.a. Restauratoren, zu besetzen sind und deutsche bzw. EG-Arbeitnehmer nicht zur Verfügung stehen. Eine Verlängerung bestehender Werkverträge ist nur bei Garantieleistungen bzw. nicht vom Betrieb verschuldeten Verzögerungen im Bauablauf, aber nur im Rahmen des vereinbarten Leistungsumfangs, möglich. Etwa 15% der polnischen

Werkvertragsarbeitnehmer werden im Rahmen sogenannter Mittelstandskontingente deutschen Firmen mit weniger als 60 Beschäftigten zur besonderen wirtschaftlichen Förderung zur Verfügung gestellt.

Etwa 67% der polnischen Werkvertragsarbeitnehmer sind gegenwärtig im Baugewerbe beschäftigt. Bevorzugte Einsatzbereiche sind weiterhin die Eisen- und Stahlindustrie, das Verarbeitungsgewerbe, die Energiewirtschaft und der Bergbau sowie die Land- und Forstwirtschaft, chemische und Kunststoffindustrie. Daneben werden Werkvertragsarbeitnehmer als Restauratoren und Isolierer beschäftigt (Bundesanstalt für Arbeit,1993).

Befragungen polnischer Arbeitnehmer sowie von Mitarbeitern deutscher Unternehmen ergaben, daß die ausländischen Arbeitskräfte vorwiegend männlichen Geschlechts, verheiratet und im jüngeren bis mittleren Arbeitsalter sind. Es werden sowohl hochqualifizierte und -spezialisierte Arbeitskräfte als auch An- und Ungelernte beschäftigt.

Die zukünftige Entwicklung der Werkvertragsbeschäftigung wird gegenwärtig von Politikern, Vertretern der Wirtschaftsverbände und Gewerkschaften kontrovers diskutiert. Die Beschäftigung der Werkvertragsarbeitnehmer, so das Hauptargument der Gegner ihrer weiteren Beschäftigung, werde vielfach als Einstieg in die illegale Ausländerbeschäftigung mit erheblichen negativen Folgen für die deutsche Wirtschaft mißbraucht.

Die Verbände der Bauwirtschaft und die Industriegewerkschaft Bau-Steine-Erden im Deutschen Gewerkschaftsbund fordern eine Änderung der Regierungsabkommen dahingehend, daß die Werkvertragstätigkeit eingestellt bzw. die ausländischen Arbeitnehmer unmittelbar bei deutschen Unternehmen beschäftigt werden. Damit wäre eine Kontrolle der Einhaltung der Beschäftigungskontingente und -bedingungen ausländischer Werkvertragsarbeitnehmer gegeben.

Vom Bundesministerium für Arbeit und Sozialordnung wird andererseits argumentiert, daß außenpolitische, handels- und arbeitsmarktpolitische sowie EG-rechtliche Überlegungen gegen die Einstellung der Werkvertragsbeschäftigung und eine direkte Beschäftigung ausländischer Arbeitnehmer bei deutschen Arbeitgebern sprächen. Die unmittelbare Beschäftigung der Arbeitnehmer in deutschen Betrieben würde den ausländischen Unternehmern Gewinne und den Staaten Devisenerlöse entziehen, die für Investitionen zur Wirtschaftsentwicklung unverzichtbar seien (Heyden, 1993: 27).

Die polnische Regierung hat bereits deutlich gemacht, daß sie der Beibehaltung der Werkvertragsbeschäftigung für die wirtschaftliche und soziale Entwicklung ihres Landes große Bedeutung beimißt und eine einseitige Kündigung des Regierungsabkommens seitens der Bundesrepublik eine Klimaverschlechterung im polnisch-deutschen Verhältnis bedeuten würde.

Im Jahre 1992 erhielten auf Antrag deutscher Unternehmen etwa 200.000 Arbeitnehmer aus mittel- und osteuropäischen Ländern die Möglichkeit einer dreimonatigen Saisonbeschäftigung in der Bundesrepublik. Die Tatsache, daß über

90% der Anträge auf Zuweisung polnischer Saisonarbeiter namentlich erfolgten, läßt vermuten, daß diese Arbeitskräfte bereits zuvor in legalen oder illegalen Erwerbsverhältnissen in Deutschland tätig waren.

Im Baugewerbe wurde die Saisonbeschäftigung auf Grund der angespannten Arbeitsmarktlage per Dekret eingestellt und damit wieder auf die traditionell saisontypischen Bereiche, vor allem die Land- und Forstwirtschaft beschränkt. Einsatzbereiche und -gebiete sind vor allem die Wein-, Spargel-, Gurken-, Erdbeer- und Tabakanbaugebiete in den alten und neuen Bundesländern, hier vorrangig im Oderbruch. An die berufliche Qualifikation der Saisonarbeitskräfte werden keine besonderen Anforderungen, wohl aber an ihre körperliche Konstitution gestellt. Aufgrund der körperlich schweren Feldarbeit und der langen täglichen Arbeitszeit in der Ernteperiode werden vorwiegend jüngere Männer und Frauen beschäftigt. Im Oderbruch wird der bereits in der ehemaligen DDR übliche Einsatz polnischer Schüler- und Studentengruppen als Erntehelfer auch heute noch praktiziert.

Weitere Formen der legalen Erwerbstätigkeit polnischer Arbeitnehmer in der Bundesrepublik werden durch die Anwerbestoppausnahme-Verordnung von 1990 geregelt. Danach können Arbeitskräfte zur Aus- und Weiterbildung zugelassen werden bzw. einer Grenzgängerbeschäftigung nachgehen. Letztere ist als unselbständige Erwerbstätigkeit zulässig, sofern sie in den genehmigten Grenzzonenkreisen ausgeübt wird, die Arbeitnehmer täglich in das Herkunftsland zurückkehren bzw. ihre Tätigkeit auf längstens zwei Wochentage begrenzt ist.

Im Bundesland Sachsen wurden jeweils im ersten Halbjahr 1992 und 1993 155 bzw. 99 polnische Grenzgänger beschäftigt. In Brandenburg dürften diese Zahlen höher liegen.

Illegale Beschäftigung

Restriktive Maßnahmen des Staates zur Begrenzung der legalen Ausländerbeschäftigung in Zeiten wirtschaftlicher Rezession bewirkten stets eine Ausweitung der illegalen Erwerbstätigkeit. Diese in den alten Bundesländern bereits 1973 mit dem Anwerbestopp für ausländische Arbeitnehmer gemachten Erfahrungen bestätigen sich nunmehr auch in den neuen Ländern.

Illegale Ausländerbeschäftigung ist gegeben, wenn ein nichtdeutscher Arbeitnehmer aus einem Nicht-Mitgliedsstaat der Europäischen Gemeinschaft ohne Arbeitserlaubnis einer Erwerbstätigkeit in der Bundesrepublik nachgeht.

Die Formen illegaler Beschäftigung sind vielfältig. Eine besonders häufige Form ist die der illegalen Arbeitnehmerüberlassung. Eine dabei häufig angewandte Methode ist der Abschluß von Scheinwerkverträgen. Dabei werden bei den Arbeitsämtern ausländische Arbeitnehmerkontingente für Projekte angefordert, die entweder nicht oder mit einem geringeren als dem angegebenen Zeit- und Leistungsaufwand realisiert werden. Die dadurch nicht benötigten Arbeitskräfte werden als Leiharbeiter an andere Firmen vermittelt.

Eine weitere häufig auftretende Form illegaler Beschäftigung basiert auf dem

Mißbrauch der Grenzgängerkarte. Dabei verlagern polnische Arbeitnehmer ihre Beschäftigung in andere als genehmigte Kreise und Betriebe, um dort einer höher bezahlten Tätigkeit nachgehen zu können.

Der Umfang der illegalen Ausländerbeschäftigung läßt sich kaum mit exakten Zahlen belegen. Anhaltspunkte dafür ergeben sich lediglich aus der Anzahl der festgestellten illegalen Erwerbsverhältnisse, der gegen Arbeitgeber und -nehmer eingeleiteten Bußgeld- und Strafverfahren sowie der an den deutschen Grenzen wegen des Verdachts der illegalen Arbeitsaufnahme zurückgewiesenen Ausländer, wobei mit einer hohen Dunkelziffer gerechnet werden muß.

Nach Schätzungen der Polizei sind in Berlin gegenwärtig bis zu 20.000 Arbeitnehmer aus Osteuropa, vor allem aus Polen, in illegalen Beschäftigungsverhältnissen tätig (Adamek, 1993: 3). Die illegale Beschäftigung polnischer Arbeitnehmer erfolgt in nahezu allen Wirtschaftssektoren. Schwerpunktbereiche sind dabei das Bau- und Baunebengewerbe, die metallbe- und -verarbeitende Industrie, das Speditions- und Kraftfahrzeuggewerbe, aber auch Branchen wie Land- und Forstwirtschaft, Dienstleistungsgewerbe, Gesundheitswesen, Handel, Gaststätten- und Hotelgewerbe sowie Chemie- und Elektroindustrie. Sie weitet sich zunehmend auf Betriebe des Unterhaltungsgewerbes, u.a. Spielhallen, Bars und Nachtclubs aus.

Die Anwerbung illegaler polnischer Arbeitskräfte erfolgt sowohl in Polen als auch in Deutschland. So übermitteln deutsche Unternehmer z.B. gezielt ihren Bedarf an Arbeitskräften ausländischen Geschäftspartnern. In Berlin, Cottbus, Frankfurt/Oder, Schwedt, Guben, Eisenhüttenstadt und Forst sollen bereits ständige Kontaktstellen zur „Arbeitsvermittlung" bestehen (Brandis, F.; zitiert bei Pura, 1993: 24).

Auf dem Basar in Slubice, der Frankfurt/Oder unmittelbar gegenüberliegenden polnischen Stadt, werben Mitglieder von „Arbeitsvermittlungs"- und Schlepperorganisationen mit Schautafeln „Arbeitskräfte für Deutschland gesucht" polnische Arbeitnehmer für bereits feststehende Unternehmen und Tätigkeiten an. Gegen Zahlung einer Provision bringen sie diese unter Umgehung der Einreiseformalitäten an den vereinbarten Arbeitsort.

In Berlin werden als Touristen einreisende Polen z.B. an bestimmten Treffpunkten, dem „Arbeitsstrich", angeworben und durch Jobvermittler interessierten Betrieben zugeleitet. Obwohl als regionale Schwerpunkte illegaler Ausländerbeschäftigung die westdeutschen Ballungsgebiete mit vielfältigen Arbeitsmöglichkeiten und einem bereits hohen Ausländeranteil an der Wohnbevölkerung gelten (Deutscher Bundestag, 1992), besagen die eigenen Recherchen, daß in den alten Bundesländern legal tätige polnische Arbeitsmigranten, deren Arbeitserlaubnis abgelaufen ist und nicht verlängert wurde, in industriell weniger entwickelte, dünner besiedelte Regionen in den neuen Bundesländern abwandern, um dort „unterzutauchen". Sie hoffen, z.B. im Land Brandenburg, aufgrund des akuten Personalmangels bei Polizei, Zoll, Arbeitsämtern und Steuerfahndungsbehörden sowie der noch bestehenden Defizite beim Aufbau entsprechender Verwaltungsstrukturen und der außerordentlich dünnen Besiedlungsdichte, über längere Zeit unentdeckt einer illegalen Erwerbstätigkeit nachgehen zu können.

Die illegale Ausländerbeschäftigung wird sich nicht zu einer den Wirtschaftsstandort Deutschland gefährdenden Massenerscheinung entwickeln. Dennoch ergeben sich aus ihrer Existenz und Zunahme negative ökonomische, sozial- und arbeitsmarktpolitische Folgen.

Schätzungen besagen, daß der volkswirtschaftliche Schaden durch die „Wachstumsbranche" Schwarzarbeit und illegale Ausländerbeschäftigung, in der zwischen 5% und 10% des deutschen Bruttosozialprodukts erzeugt wird (Heide, 1992: 15), für die Bundesrepublik jährlich ca. 60 Milliarden DM beträgt. Dem System der sozialen Sicherung in Deutschland werden durch die illegale Ausländerbeschäftigung umfangreiche Beträge in Form nicht beglichener Lohnsteuer, Kranken-, Renten- und Arbeitslosenversicherung entzogen. Illegal Erwerbstätige und die sie beschäftigenden Betriebe verstoßen damit „gegen die Grundregeln der Solidargemeinschaft aller Versicherten". Berechnungen in der Bundesanstalt für Arbeit gehen davon aus, daß je 10.000 Arbeitsplätze, die durch illegale Beschäftigung verlorengehen, ca. 240 Millionen DM Mindereinnahmen an Steuern und Versicherungsbeiträgen zu erwarten sind (Bundesministerium für Arbeit und Sozialordnung, 1993: 6).

4. Lebensverhältnisse der in den neuen Bundesländern legal und illegal beschäftigten polnischen Arbeitnehmer

Legale Beschäftigung
Polnische Bürger verbinden mit der Erwerbstätigkeit in den neuen Bundesländern mehrheitlich die Hoffnung, die Folgen der defizitären sozioökonomischen Entwicklung in ihrem Heimatland von ihren Familien abwenden und die Qualität ihrer sozialen Lebensbedingungen verbessern zu können. Diesem allgemeinen Motiv für die Arbeitsmigration liegen oftmals sehr persönliche Notsituationen bei den Arbeitsmigranten zugrunde. Es gibt jedoch auch Arbeitsmigranten, die in durchaus gesicherten sozialen Verhältnissen leben. Diese verbinden dann mit der Beschäftigung in Deutschland meist den Wunsch nach dem Erwerb hochwertiger technischer Gebrauchsgüter oder Startkapital zur Eröffnung eines eigenen Handwerks- oder Handelsbetriebes in Polen.

Alle Arbeitsmigranten verbinden die Auslandsbeschäftigung mit der Erwartung; eine ihrer beruflichen Qualifikation entsprechende Beschäftigung und Entlohnung sowie Arbeitsbedingungen zu erhalten, die denen der deutschen Arbeitnehmer entsprechen.

In vielen mittelständischen Betrieben vor allem des Baugewerbes in Brandenburg und Sachsen haben sich diese Erwartungen erfüllt. Anders dagegen ist es häufig in polnischen Werkvertragsfirmen, die in den neuen Bundesländern als Subunternehmen deutscher Betriebe tätig sind. Hier wirkt sich der harte und teilweise ruinöse Wettbewerb katastrophal auf die Arbeitsbedingungen und Arbeitssicherheit der Bauarbeitnehmer aus. „Nicht nur bei den Löhnen wird die wirtschaftliche und persönliche Lage dieser Arbeitnehmer mit krimineller Energie und teilweise schlechten Beschäftigungsbedingungen skrupellos ausgenutzt. Lange Arbeitszeiten, Überstunden, schlechte Arbeitsbedingungen und mangelhafte Unterkunftsverhältnisse sind heute an der Tagesordnung. Berichte, die uns über die Zustände erreichen, lesen sich wie ein Drehbuch für einen Film über die Sklavenarbeit im alten Rom. Der Mensch steht bei diesem Geschäft schon längst nicht mehr im Vordergrund." So der Landesvorsitzende der Industriegewerkschaft Bau-Steine-Erden, Landesverband Sachsen (Kunze, 1993: 4).

Die jeweiligen Arbeitsbedingungen werden maßgeblich durch das Verhältnis von Angebot und Nachfrage bei ausländischen Arbeitskräften bestimmt. Hochqualifizierten und -spezialisierten Arbeitnehmern werden hervorragende Arbeitsbedingungen geboten. Weniger qualifizierte, im „Überfluß" vorhandene Arbeitskräfte haben dagegen nur die Wahl, die oftmals unwürdigen Arbeitsbedingungen zu akzeptieren oder auf den Arbeitsplatz zu verzichten.

Polnische Arbeitnehmer sind aus Furcht vor Repressalien und Entlassung nicht bereit, über schlechte Arbeitsbedingungen zu sprechen und Veränderungen einzufordern. Sie reagierten auf diesbezügliche Fragen u.a mit folgenden Äußerungen:

„Die Arbeitsbedingungen sind so, wie von uns erwartet."
„Auf dem Bau ist es nun mal so."
„Lieber bescheidene Arbeitsbedingungen und gutes Geld als umgekehrt."
„Das Unternehmen tut für uns, was ihm aufgrund des Konkurrenzdruckes möglich ist."
„Die Zeit der Arbeit in Deutschland geht vorbei, der Gewinn daraus für uns bleibt."
„Zu Hause ist das Leben auch hart."

Die Gewerkschaften haben ähnliche Erfahrungen gesammelt. So betonte der Bezirksvorstand einer Industriegewerkschaft, daß polnische Werkvertragsarbeitnehmer zwar gelegentlich über skandalöse Arbeitsbedingungen informieren, sie „aber immer dann, wenn wir etwas unternehmen wollen", nicht bereit sind, „hier mit uns in die Offensive zu gehen." (Kunze, 1993: 28).

Im folgenden werden nunmehr einzelne Aspekte der Lebensverhältnisse polnischer Arbeitsmigranten in den neuen Bundesländern eingehender dargestellt.

Entlohnung, Sozial- und Arbeitsschutz
Die der Polnischen Republik gewährten Beschäftigungshilfen sehen die Entlohnung ihrer Arbeitskräfte auf der Grundlage der deutschen Tarifbestimmungen vor. Dabei ist es ohne Bedeutung, ob die Arbeitnehmer in einem deutschen Betrieb oder in polnischen Unternehmen in Deutschland beschäftigt sind.

Befragungen im Baugewerbe des Landes Brandenburg ergaben, daß die an polnische Arbeitnehmer gezahlten Stundenlöhne den Tariflöhnen für die jeweiligen Tätigkeiten in der Regel entsprechen. Allerdings wird bei der Festlegung der Lohneinstufung ihre berufliche Qualifikation, Spezialisierung und Erfahrung nur unzureichend berücksichtigt. Sie werden – um die Löhne entsprechend niedrig halten zu können – vorwiegend mit manuellen Tätigkeiten beschäftigt, die keine oder nur geringe Vorkenntnisse voraussetzen. Außerdem werden sie in die unterste Stufe der für eine Tarifgruppe geltenden Spanne eingruppiert. So liegen etwa in einem Baubetrieb im Landkreis Fürstenwalde die Stundenlöhne zwischen 14 und 17 Mark, wobei die polnischen Arbeitnehmer, unabhängig von ihrer persönlichen Qualifizierung und Arbeitsleitung, 14 Mark erhalten. Das entspricht, wie ein polnischer Arbeiter berichtete, einem monatlichen Nettoeinkommen von etwa 1.800 Mark, dem in Polen bei gleicher Tätigkeit eines zwischen 100 und 150 Mark gegenüberstehen würde.

Andere Firmen vereinbaren mit ausländischen Arbeitnehmern einen gegenüber dem Tariflohn niedrigeren Grundlohn, der jedoch durch Leistungslohnanteile bei entsprechend hoher Arbeitsleistung erheblich aufgebessert werden kann. Alle von uns befragten polnischen Arbeitnehmer waren mit ihrer Entlohnung in den deutschen Baubetrieben zufrieden.

In polnischen Subunternehmen deutscher Firmen werden tarifliche Festlegungen häufig umgangen. Sie gewähren ihren Landsleuten häufig nur Stundenlöhne zwischen fünf und zehn Mark. Selbst diese Dumpinglöhne werden akzeptiert, läßt sich doch mit ihnen immerhin noch das Acht- bis Zehnfache eines polnischen Monatsverdienstes bei vergleichbarer Arbeit erzielen.

Daneben gibt es Fälle, in denen ausländischen Arbeitnehmern der Lohn trotz regelmäßiger Arbeitsleistungen über einen längeren Zeitraum vorenthalten und unzulässige Lohnkürzungen bei geringen Verstößen gegen die Arbeitsdisziplin vorgenommen wurden. Ein Bezirksvorstand der Industriegewerkschaft Bau-Steine-Erden schildert folgenden Fall aus dem Jahr 1992:

„Da werden ... in einer Baufirma ca. 60 Arbeitnehmer aus Polen beschäftigt ... Dann sind Verträge abgeschlossen worden, die zum Inhalt haben einen Stundenlohn von sechs Mark. Seit September sind diese polnischen Arbeitnehmer hier in ... beschäftigt. Im November hat uns dieser Brief erreicht. Bis zu diesem Zeitpunkt hatten sie noch keinen einzigen Pfennig gesehen, also von September bis November ohne Lohn gearbeitet, müssen sich aber in Deutschland selbst verpflegen. Kollegen, die krank geworden sind, sind ohne einen Pfennig Vergütung wieder zurückgeschickt worden in ihr Heimatland ... Hinzu kommt, daß sie bei

Abschluß dieses Vertrages auf Regelungen eingehen mußten ..., also wenn sie fünf Minuten zu spät auf Arbeit kommen, dann kriegen sie eine Stunde abgezogen, bei zehn Minuten kriegen sie zwei Stunden abgezogen, und wer einen Tag gefehlt hat...wird zurückgeschickt nach Polen und muß 500 Mark Strafe zahlen ... Also für uns ist das moderne Sklaverei." (Krügel, 1993: 27–28). Eine weitere Form des Lohndumpings besteht darin, den Arbeitnehmern von der monatlichen Lohnsumme überhöhte, den geringen Wohnkomfort in den Unterkünften keinesfalls rechtfertigende Mietkosten abzuziehen.

In Arbeitsspitzenzeiten der Landwirtschaft des Oderbruchs, vor allem zur Spargel-, Erdbeer-, Gurken- und Tabakernte, werden vorwiegend polnische Saisonarbeitskräfte beschäftigt. Sie erhalten die für Erntehelfer üblichen Stundenlöhne von sechs bis zehn Mark. Für diese Stundenlöhne sind deutsche Arbeitskräfte, selbst Studenten und Schüler, kaum bereit, die physischen Belastungen der Erntearbeit auf sich zu nehmen. Die polnischen Arbeitskräfte sind mit der Entlohnung zufrieden, zumal sie oftmals keine berufliche Ausbildung oder Qualifikation vorweisen können. Daneben gibt es aber auch Betriebe, in denen – wie polnische Saisonarbeiter berichten – selbst geringste Verstöße gegen die Arbeitsdisziplin Lohnabzüge und Entlassungen nach sich ziehen.

Polnische Arbeitskräfte sowie ihre jeweiligen Firmen führen für die Zeitdauer ihrer legalen Erwerbstätigkeit in Deutschland die Arbeitnehmer- und -geberanteile zur gesetzlichen Kranken-, Renten- und Arbeitslosenversicherung ab. Die Krankenversicherung wird von den Arbeitsmigranten als eine entscheidende Maßnahme für ihre soziale Sicherheit betrachtet, bietet sie ihnen doch die Möglichkeit zur Inanspruchnahme aller notwendigen medizinischen Einrichtungen und Behandlungen am Arbeitsort. Ihre Familien sind in Deutschland allerdings nicht mitversichert.

Die Beitragszahlungen zur Renten- und Arbeitslosenversicherung halten sie dagegen für nicht gerechtfertigt. Aufgrund der in Deutschland eingezahlten Beiträge können sie in ihren Heimatländern keine Rentenansprüche oder solche zur Unterstützung bei Arbeitslosigkeit geltend machen. Ebenfalls als ungerecht empfinden sie ihre Einstufung in die Lohnsteuerklasse I, unabhängig von Familienstand und der Anzahl der Kinder. Verheirateten ausländischen Arbeitnehmern mit Kindern werden somit erheblich höhere Lohnsteuerbeträge abgezogen als vergleichbaren deutschen Arbeitnehmern. Kinderfreibeträge erhalten Arbeitsmigranten nur, wenn die Kinder am Arbeitsort wohnen.

Sonstige soziale Leistungen wie u.a. Urlaubs- und Weihnachtsgeld sowie Auslösung für auswärtige Beschäftigung werden polnischen Arbeitnehmern, wie die Befragungen ergaben, in den deutschen Einsatzbetrieben gewährt. In polnischen Subunternehmen erhalten die Werkvertragsarbeitnehmer diese Leistungen dagegen nicht immer. Die Arbeitsschutzvorkehrungen für ausländische Arbeitskräfte entsprechen in der Regel denen für deutsche Arbeitnehmer. Polnische Arbeitsmigranten betonten, daß die Gewöhnung an die hiesigen, strengen deutschen

Arbeitsschutzbestimmungen eine gewisse Zeit erfordere. Dies sowie die Tatsache, daß ihnen infolge des häufigen Baustellenwechsels Kenntnisse über typische Gefahren am Arbeitsplatz fehlen, mag ihre größere Unfallhäufigkeit erklären.

In einigen Fällen erhielten polnische Arbeitnehmer bei Erkrankung bzw. Unfall ihre Kündigung und wurden zur Rückkehr nach Polen gezwungen. Die Arbeitnehmer sind deshalb bestrebt, oft arbeitsbedingte gesundheitliche Probleme solange wie möglich zu verbergen, um der drohenden Entlassung zu entgehen. Aus der dadurch nicht rechtzeitigen Behandlung von Erkrankungen ergeben sich oftmals gesundheitliche Spätfolgen, die voll zu Lasten des Arbeitnehmers gehen. Ihre nachträgliche Anerkennung als berufsbedingte Krankheit ist kaum noch möglich.

Unterbringung

Polnische Werkvertragsarbeitnehmer und Saisonbeschäftigte verbleiben während der Arbeitswoche überwiegend am Einsatzort. Die Arbeitgeber stellen Unterkunft zur Verfügung, wobei die Kosten für Miete zu Lasten der Arbeitnehmer gehen. Die Art der Unterbringung sowie der Wohnkomfort sind sehr unterschiedlich.

Erfahrungen der Ausländerbeauftragten eines Brandenburger Landkreises besagen, daß die in mittelständischen Betrieben ihrer Region beschäftigten polnischen Arbeitnehmer überwiegend zufriedenstellend untergebracht werden. So bewohnen z.B. fünf bis sechs Arbeitnehmer eine Dreiraumwohnung von 60 qm, andere sind in komplett eingerichteten Bungalows oder in durchaus akzeptablen Wohncontainern untergebracht. Die monatlichen Mieten dürften im Durchschnitt bei etwa 100 Mark liegen.

Es gibt jedoch auch Berichte von extrem menschenunwürdiger Unterbringung polnischer Arbeitnehmer, und zwar insbesondere derjenigen, die auf den Außenstellen größerer Baufirmen leben.

„Das sind die großen Unternehmen – ich nenn' sie auch – das ist ... auf der Baustelle in ..., wo Subunternehmer Polen dort arbeiten lassen, die sich im Freien umziehn ..., die haben nicht mal 'nen Spind, die hau'n ihre Klamotten – ich sag's so vulgär – an den Nagel, an die Wand. Und da ist die Pumpe ... Das findet man auch in ... wo die ausländischen Arbeitnehmer zu sechst bis zu acht in einem Zimmer in einer Baracke in Dreier- und Viererdoppelstockbetten untergebracht sind." So der Bericht eines Mitarbeiters der Industriegewerkschaft Bau-Steine-Erden des Bezirksvorstandes Leipzig auf der Fachtagung „Gleiche Bedingungen für Arbeitnehmer aus Osteuropa und der EG beim Einsatz auf Baustellen in der BRD" in Chemnitz im Februar 1993 (Günther, 1993: 26). Die Arbeitnehmer akzeptieren in der Regel diese schlechten Wohnbedingungen und legen aus Furcht vor Kündigungen keine Beschwerde ein.

Freizeit

Polnische Arbeitnehmer gaben in unseren Befragungen zu ihrem Freizeitverhalten an, daß sich für sie im Heimatland anspruchsvollere Freizeitaktivitäten wie Theater-, Konzert- und Museumsbesuche aus Mangel an Gelegenheit, Zeit und Geld verbieten. Ein Bedürfnis danach, so meinten sie, könne sich aufgrund ihrer sozialen Lage kaum entwickeln, sie seien mit der Sicherung der täglichen Lebensbedürfnisse ihrer Familien vollauf beschäftigt. Auch während ihrer Erwerbstätigkeit in Deutschland haben sie nach einem langen Arbeitstag bei schwerer physischer Belastung weder das Verlangen nach besonderen Freizeiterlebnissen noch die Zeit dafür, denn nach der Arbeit warten in den Unterkünften die häuslichen Pflichten der „Selbstversorger" auf sie, und die danach bis zum neuen Arbeitsbeginn verbleibende Zeit reicht kaum mehr zur körperlichen Regeneration. Freizeitangebote von Klubs, Kinos und Sportvereinen werden daher so gut wie nicht wahrgenommen.

Kontakte zu Deutschen scheitern nicht nur an fehlenden bzw. begrenzten Kenntnissen der deutschen Sprache, sondern oft auch an der Distanz der deutschen Arbeitskollegen. Folgende Aussage eines deutschen Bauarbeiters drückt die Haltung vieler seiner Kollegen aus.

„Was soll ich sagen? Kontakte zu den polnischen Kollegen habe ich nicht, werde ich auch nicht haben. Woll'n wir mal so sagen, Rassenhaß oder so was habe ich nicht, aber bei uns sind so viele Menschen arbeitslos, und wenn dann noch die Polen hier arbeiten, ich meine, das ist natürlich ein Gegensatz. Deswegen lehne ich solche Kontakte ab."

Die polnischen Arbeitnehmer bleiben daher meist unter sich in den Unterkünften, um – wie ein polnischer Bauleiter sagte – „bei ein paar Bier und Zigaretten mit dem Landsmann zu reden."

Arbeitsfreie Wochenenden verbringen die polnischen Arbeitnehmer bei ihren Familien im Heimatland. Auch diese Zeit steht ihnen nur begrenzt zur Erholung von der anstrengenden Arbeitswoche zur Verfügung, denn es warten daheim viele Arbeiten auf sie wie Reparaturen am Häuschen, Wochenendbungalow oder Auto.

„Wenn Freitag Arbeitsschluß ist, fahre ich zu meinem Bungalow 20 km von ... entfernt, den ich selbst aufbaue."

„Freitag um 11 Uhr fahre ich nach Hause zur Ostsee, 300 km bis ... Gegen 20 Uhr bin ich erst dort und habe dann drei Stunden in der Werkstatt mit meinem Auto zu tun, das nur ein Auto für die Stadt, aber nicht für solche Strecken ist."

Illegale Beschäftigung

Illegale Beschäftigung liegt vor bei Erwerbstätigkeit ohne Arbeitserlaubnis. Für die Betroffenen bedeutet das keinerlei arbeitsrechtliche Sicherheit, völliges Ausgeliefertsein an die Arbeitgeber, permanente Angst vor Entdeckung, Ausweisung oder Abschiebung.

Angesichts der bereits beschriebenen sozioökonomischen Situationslage in Polen und der nur begrenzten legalen Zugangsmöglichkeiten zum deutschen Arbeitsmarkt finden sich jedoch durchaus polnische Bürger, die die psychischen Belastungen, unwürdigen Arbeits- und Wohnbedingungen, hohen gesundheitlichen Risiken sowie die Niedrigstlöhne bei illegaler Beschäftigung auf sich nehmen.

Ein befragter polnischer Arbeitsloser begründete seine Absicht, eine illegale Beschäftigung im Raum Frankfurt/Oder aufzunehmen mit folgenden Worten: „Ihr sagt, Polen werden ausgebeutet und machen Sklavenarbeit in Deutschland. Sklaven wurden getrieben zur Arbeit ohne Nutzen für sie. Ich komme freiwillig und kriege viel gutes Geld. Viele Polen möchten gerne solche Sklaven sein und nicht nur Polen. Mit einer Woche Arbeit in Deutschland können Frau und drei Kinder in Polen vier Wochen gut leben."

Nur wenige vermögen die Bedingungen und Risiken einer illegalen Tätigkeit vorher zu übersehen. Haben sie jedoch eine solche Beschäftigung erst einmal aufgenommen, ist ihnen jede Möglichkeit verwehrt, sich vor Unterbezahlung und diskriminierenden Arbeits- und Wohnbedingungen zu schützen. Sie könnten sich den Behörden nur unter Aufdeckung ihrer eigenen ungesetzlichen Handlung – Erwerbstätigkeit ohne Arbeitserlaubnis – anvertrauen. Verstärkte Kontrollen der Arbeitsämter, Steuerfahndung und polizeiliche Ermittlungsgruppen in den Betrieben, deutlich zunehmende anonyme Anzeigen aus der Bevölkerung sowie aus Konkurrenzunternehmen gegen die illegale Erwerbstätigkeit ausländischer Arbeitnehmer erhöhen das Risiko der Entdeckung mehr und mehr.

Arbeitsmigranten müssen in den Einsatzbetrieben täglich mit Razzien, Maßnahmen zur Feststellung ihrer Identität und Verhören, Ausweisung und Abschiebung rechnen. Illegal tätige Arbeitsmigranten haben in Deutschland und, sofern sie in ihren Heimatländern Arbeitslosenunterstützung erhalten, auch dort gesetzliche Bestimmungen verletzt. Die Ermittlungsbehörden weisen jedoch immer wieder darauf hin, daß die „eigentlichen" schwarzen Schafe die deutschen Unternehmer seien, die Ausländer illegal beschäftigten, daß man aber letzten Endes nur über deren Feststellung und Vernehmung an die Firmen herankomme (Adamek, 1993: 3).

Illegal Beschäftigte sind mehrheitlich nicht bereit, über ihre Arbeits- und Lebensbedingungen in deutschen Einsatzbetrieben zu sprechen und vermeiden vor allem negative, die Unternehmensleitungen belastende Aussagen und Wertungen. Fragen nach ihrer Entlohnung beantworteten sie dabei nur mit wenigen Worten:

„Wir wissen nicht, was deutsche Kollegen verdienen, sie sprechen nicht darüber."
„Die Bezahlung ist für uns gut, kein Problem."
„Arbeit gut, Lohn gut, Schlafen gut."
Nach unseren Recherchen erhalten illegal Beschäftigte im Baugewerbe und in der

Landwirtschaft zwischen fünf und zehn Mark je Arbeitsstunde. Selbst diese geringen Stundenlöhne sind den Arbeitsmigranten jedoch oftmals nur bei bedingungslosem Wohlverhalten im Betrieb, bei völliger Unterordnung unter das Arbeitsregime sicher. Geringe Disziplinverstöße wie Zuspätkommen und Überziehung von Arbeitspausen ziehen erhebliche Lohnabzüge nach sich.

Eine soziale Sicherstellung illegal Beschäftigter ist nicht gegeben, da die Einsatzbetriebe für sie keine Beiträge zur Kranken-, Renten- und Arbeitslosenversicherung entrichten. Die Arbeitnehmer gehen damit ein hohes gesundheitliches Risiko vor allem bei Arbeitsunfällen ein. Eine finanzielle Abfindung für die erlittenen gesundheitlichen Beeinträchtigungen bzw. Schäden wird nur selten gewährt. Die Wohnverhältnisse der illegal Beschäftigten sind vor allem im Bauwesen und in der Landwirtschaft als unzureichend bis unzumutbar und menschenunwürdig zu bewerten. Nicht selten erfolgt ihre Unterbringung in rohbaufertigen Kellern von im Bau befindlichen Gebäuden, in Baracken, Containern, Bauwagen, Scheunen und z.T. Ställen. In einem landwirtschaftlichen Betrieb beschäftigte polnische Arbeitnehmer schilderten, daß sie nach Beendigung der Arbeit und notwendiger Verrichtungen wie Essen und Waschen bis zum Morgen in Container eingeschlossen werden. Damit sollten Alkoholgenuß unterbunden und eine ausreichende physische Konstitution am folgenden Arbeitstag gesichert werden. Illegal beschäftigte polnische Arbeitskräfte verzichten aus Gründen der Wahrung ihrer Anonymität auf jegliche Freizeitaktivitäten in der Öffentlichkeit. Ihnen bleiben nur, wie es ein polnischer Bauarbeiter formulierte, „Alkohol, Zigarette, Spielkarte und Gedanken an daheim."

Die illegale Erwerbstätigkeit polnischer Bürger erfolgt in den neuen Bundesländern vorrangig in der Wirtschaft, verlagert sich jedoch zunehmend auch auf die sogenannte „Grauzone", u.a. in die Bereiche illegaler Handel, Drogenszene, Prostitution, Zuhälterei, Schutzgelderpressung. Mit dieser Art der „Erwerbstätigkeit" wird der Übergang von der Schwarzarbeit ohne Arbeitserlaubnis zur Kriminalität vollzogen.

Besonders alarmierend ist die Zunahme der gewerbsmäßigen Prostitution polnischer Frauen in den neuen Bundesländern, die für diese mit einer besonders perfektionierten Ausbeutung und einem hohen psychischen Druck verbunden ist. Polnischen Frauen fällt der Einstieg in die Prostitution aufgrund ihrer durch die Wertvorstellungen der katholischen Kirche bedingten Erziehung besonders schwer. Sie gehen diesen Schritt aufgrund wirtschaftlicher und sozialer Zwänge, wohl wissend, daß ihn weder die öffentliche Meinung in Polen noch die eigene Familie bei Bekanntwerden toleriert. Sie sind nach ihrer Entscheidung für die Prostitution bestrebt, in möglichst kurzer Zeit einen hohen Verdienst zu realisieren, um rasch nach Hause zurückkehren zu können. Diese Planung wird, wie die Erfahrungen zeigen, sehr bald durch eine andere Zukunftsoption ersetzt. Das sich in einem bescheidenen, aber finanziell gesicherten Rahmen bewegende Leben einer Prostituierten weckt schnell neue Bedürfnisse und Wünsche. Nicht wenige Frauen möchten – obwohl sie ihre akuten finanziellen Nöte überwunden haben – diese Art der Erwerbstätigkeit nunmehr fortsetzen, bis sie das Startkapital für ihre wirtschaftliche Selbständigkeit in Polen erworben haben. Die Rückkehr nach Polen wird wieder und wieder verschoben, und am Ende steht dann häufig der Wunsch, für immer in Deutschland zu bleiben.

Angeworben und am „Arbeitsort betreut" werden die Frauen von organisierten Schlepper- und Schleuserbanden. Die angeworbenen Frauen sind überwiegend im Alter zwischen 18 und 25 Jahren, unverheiratet und im Gegensatz zu Frauen anderer Nationalitäten häufig für ein Kind sorgepflichtig. Die Mehrzahl von ihnen verfügt über eine abgeschlossene allgemeine Schul- und berufliche Ausbildung und praktische Erfahrungen im erlernten Beruf.

In Berlin sind Polinnen überwiegend fest in Bars und Klubs engagiert. Sie sind aber auch auf einigen Straßenabschnitten präsent, wo sie dem strengen „Management" ihrer Zuhälter unterliegen und an sie Teile ihres Einkommens abzuführen sowie Standort- und Schutzgebühren zu entrichten haben.

Die Unterbringung der Frauen erfolgt in den Bars und Klubs bzw. in von den Zuhältern angemieteten Wohnungen. In den Klubs teilen sich häufig vier Frauen ein Zimmer. Gelegenheiten zum Kochen und Wäschewaschen bestehen nicht. Jede von ihnen hat für diesen Schlafplatz täglich etwa 100 DM zu zahlen. In anderen Fällen werden bis zu sechs Frauen in einer vom Zuhälter angemieteten Einraumwohnung bei einer Tagesmiete von je 40 DM einquartiert. Der Anmieter einer solchen Wohnung erzielt dabei einen monatlichen Reinerlös von etwa 6.000 DM.

Der Tagesverdienst der Prostituierten ist je nach persönlicher Konstitution, Attraktivität und Willfährigkeit, aber auch nach Einsatzgebiet und Saison sehr unterschiedlich und dürfte zwischen 500 und 1.000 DM liegen. Von den Einkünften gehen die Kosten für Unterkunft, Verpflegung, Dienstleistungen, Körperpflege, Standort- und Schutzgebühren, innerstädtische Fahrkosten u.a. ab.

Polnische Frauen sind nach der ersten Anwerbung mit den Bedingungen und Regeln der Prostitution in Deutschland sowie mit der deutschen Sprache kaum vertraut. Ihre Arbeitsbedingungen sind deshalb gegenüber ihren deutschen Kolleginnen deutlich schlechter. Aufgrund der Tabuisierung des Themas Sexualität durch die katholische Kirche erfolgte für sie eine entsprechende Aufklärung und Erziehung oftmals weder in der Familie noch in der Schule. Polnische Prostituierte tauschen sich selbst hier kaum zu diesem Thema untereinander aus. Damit vergeben sie sich jedoch die Möglichkeit des kollektiven Zurückweisens besonders diskriminierender Arbeitsbedingungen.

5. Schlußbemerkungen

Den in den Jahren 1990 und 1991 vorgenommenen Entlassungen ausländischer Vertragsarbeitnehmer vor allem aus afrikanischen, asiatischen und lateinamerikanischen Staaten steht seitdem in den neuen Bundesländern die Beschäftigung vor allem polnischer Arbeitsmigranten gegenüber. Diese Entwicklung – Entlassung der einen, Neubeschäftigung der anderen – mag zunächst angesichts der veränderten Arbeitsmarktlage und der Massenarbeitslosigkeit in der eigenen Bevölkerung als ein Widerspruch in sich und ohne Sinn erscheinen.

Erst eine Analyse der Ursachen und Bedingungen der Arbeitsmigration zeigt deutlich, daß sich diese mit zwingender Konsequenz aus der gegenwärtigen sozioökonomischen Situation sowohl in den neuen Bundesländern als auch den Herkunftsländern der Arbeitsmigranten ergibt. Die defizitäre wirtschaftliche und soziale Entwicklung in Polen läßt den Wanderungsdruck von Arbeitsmigranten, vor allem nach Deutschland, ständig anwachsen. Dieses umfangreiche, niedrigste Löhne sowie schwierigste Arbeitsbedingungen akzeptierende Arbeitskräftepotential trifft in Deutschland, und zwar auch in den strukturschwächeren östlichen und südöstlichen Grenzregionen der neuen Bundesländer, auf einen aufnahmewilligen „Markt".

Nicht wenige ostdeutsche Unternehmen erzielen durch die kostengünstige Beschäftigung der polnischen Arbeitsmigranten enorme Extragewinne. Andere, vor allem kleinere, mittelständische Betriebe werden durch die Beschäftigung der Arbeitsmigranten zu Dumpinglöhnen erst konkurrenzfähig und können so die gegenwärtige rezessive Phase der Wirtschaftsentwicklung überhaupt „überleben".

Eine andere Frage ist, wie lange die negativen Begleiterscheinungen und Folgen der Arbeitsmigration für Deutschland beherrschbar und zu tolerieren sind. Immerhin ergeben sich aus der legalen, vor allem aber illegalen Beschäftigung polnischer Arbeitsmigranten zu Dumpinglöhnen branchenweite Wettbewerbsverzerrungen. Betriebe ohne diese ausländischen Arbeitskräfte erleiden dadurch erhebliche wirtschaftliche Nachteile, die nicht selten zum Konkurs führen. Für den Staat ergeben sich durch Lohndumping jährliche Milliardenverluste an Steuern sowie Beiträgen zur Kranken-, Renten- und Arbeitslosenversicherung. Die Vorbehalte gegenüber der vor allem illegalen Beschäftigung polnischer Arbeitsmigranten in der deutschen Bevölkerung nehmen aufgrund der schwierigen sozioökonomischen Lage im eigenen Land zu. In einigen Wirtschaftssektoren und Regionen scheint der soziale Friede bereits gestört.

Forderungen nach einer Reduzierung der Beschäftigungskontingente, nach verstärkt restriktiven Maßnahmen des Staates gegenüber der illegalen Ausländerbeschäftigung, die auch von Wirtschaftsverbänden und Gewerkschaften erhoben werden, sind kaum noch zu überhören. Dabei sind sich alle, wie unsere Befragungen deutlich zeigten, der Tatsache bewußt, daß der Wanderungsdruck von Arbeitsmigranten nicht durch legislative und exekutive Maßnahmen unseres Staates allein zu überwinden ist. Auf lange Sicht ist dieses Problem nur durch die Verringerung des Wohlstandsgefälles von West nach Ost und durch eine spürbare und dauerhafte Verbesserung der Lebensverhältnisse und -qualität der Migranten in ihren Herkunftsländern erreichbar.

Literaturverzeichnis

Adamek, S. (1993): Lauschke zahlt den Polen pro Stunde zehn Mark. In: Berliner Zeitung Nr. 208.

Ausländer in Deutschland (1993): Schwerpunkt: Arbeitsmarkt – Beschäftigung. Ausländerbeschäftigung in der Krise? Jg. 9 (1).

Bundesanstalt für Arbeit (1993): Referat Ia6-5751 (unveröffentlichte Materialien). Nürnberg.

Bundesministerium für Arbeit und Sozialordnung – Bundesanstalt für Arbeit (1993): Illegale Beschäftigung und Schwarzarbeit schaden uns allen. Jena.

Deutscher Bundestag. 12. Wahlperiode (1993): Siebenter Bericht der Bundesregierung über Erfahrungen bei der Anwendung des Arbeitnehmerüberlassungsgesetzes – AÜG – sowie über die Auswirkungen des Gesetzes zur Bekämpfung der illegalen Beschäftigung – BillBG-Drucks. 12/3180 vom 21.8.1992.

Gesetz zur Neuregelung des Ausländerrechts vom 9.7.1990: Verordnung über Aufenthaltsgenehmigungen zur Ausübung einer unselbständigen Erwerbstätigkeit (Arbeitsaufenthaltsverordnung – AAV) vom 18.12.1990.

Günther, B.(1993): Fachtagung der IG Bau-Steine-Erden: „Gleiche Bedingungen für Arbeitnehmer aus Osteuropa und der EG beim Einsatz auf Baustellen in der Bundesrepublik Deutschland". Tagungsprotokoll: 26. Chemnitz, 25.2.1993.

Heide, B. (1992): Stimmung gegen Leiharbeiter aus Osteuropa immer gereizter. In: Berliner Morgenpost vom 24.12.1992: 15.

Heyden, H.(1993): Hilfen zum Aufbau Osteuropas. In: Bundesarbeitsblatt Nr.6: 27, 29.

Krügel, G. (1993): Fachtagung der IG Bau-Steine- Erden: „Gleiche Bedingungen für Arbeitnehmer aus Osteuropa und der EG beim Einsatz auf Baustellen in der Bundesrepublik Deutschland". Tagungsprotokoll: 27-28. Chemnitz, 25.2.1993.

Kunze, F. (1993): Fachtagung der IG Bau-Steine-Erden: „Gleiche Bedingungen für Arbeitnehmer aus Osteuropa und der EG beim Einsatz auf Baustellen in der Bundesrepublik Deutschland". Eröffnungsrede der Landesvorsitzenden des Landesverbandes Sachsen. Tagungsprotokoll: 4. Chemnitz, 25.2.1993.

Marek, L. (1992): Auswanderung aus Polen. Friedrich-Ebert-Stiftung. Vertretung in Polen.

Pura, L.(1993): Das Geschäft mit der Schwarzarbeit floriert. In: Berliner Zeitung Nr. 149 vom 29.6.1993: 24.

Vertrag zwischen der Bundesrepublik Deutschland und der Republik Polen über gute Nachbarschaft und freundschaftliche Zusammenarbeit vom 17.6.1991. Bundesgesetzblatt, Jg. 1991, Teil II: 1314–1325.

Teil 3

Soziale Problemgruppen in den neuen Bundesländern

Lebensbedingungen und Handlungsintensionen älterer Menschen im Zuge des Transformationsprozesses in den neuen Ländern

Klaus-Peter Schwitzer

1. Vorbemerkungen

„In dem einen kleinen Intervall, seit mir der Bart zu sprossen begann und seit er zu ergrauen beginnt, in diesem einen halben Jahrhundert hat sich mehr ereignet an radikalen Verwandlungen und Veränderungen als sonst in zehn Menschengeschlechtern, und jeder von uns fühlt: zu vieles fast! So verschieden ist mein Heute von jedem meiner Gestern, meine Aufstiege und meine Abstürze, daß mich manchmal dünkt, ich hätte nicht bloß eine, sondern mehrere, völlig voneinander verschiedene Existenzen gelebt...Wer immer durch diese Zeit ging oder vielmehr gejagt und gehetzt wurde – wir haben wenig Atempausen gekannt – hat mehr Geschichte miterlebt als irgendeiner seiner Ahnen. Auch heute stehen wir abermals an einer Wende, an einem Abschluß und einem neuen Beginn."

Dieses Schicksal „einer ganzen Generation", das Stefan Zweig in seinen Erinnerungen „Die Welt von Gestern" als Europäer Ende der dreißiger Jahre beschrieb, sollte das Schicksal weiterer Generationen werden. Gemessen an seinen historischen Erfahrungen fand der Zusammenbruch der DDR, die friedliche Vereinigung und der Neubeginn in Gesamtdeutschland unter denkbar günstigen Umständen und Voraussetzungen statt.

Die Besonderheit für die Menschen im Osten besteht darin, daß die mit der Einheit Deutschlands einhergehenden Sozialumstellungen gleichbedeutend mit einem Bruch der bisherigen Lebensperspektive sind. Die neuen sozialen, politischen und institutionellen Gegebenheiten führen zu anderen Lebensbedingungen und -lagen und beeinflussen soziale Beziehungen und Verhaltensweisen. Sie haben beträchtliche Folgen für die Selbstorientierung der älteren Bürger im Osten Deutschlands und finden ihren Niederschlag in subjektiven Bewertungen und Erwartungshaltungen. Eine Eigentümlichkeit für die älteren Menschen besteht darin, daß sie aufgrund eines anderen Zeithorizonts als jüngere kaum noch die Möglichkeit der eigenen Einflußnahme auf wichtige Seiten ihrer sozialen Lage (z.B. Vermögensbildung, Erwerbstätigkeit) haben, so daß neben spezifischen Hoffnungen auch Befürchtungen, Ängste und Sorgen entstehen. Insgesamt bietet die Vereinigung Deutschlands als ein beispielloser und exemplarischer Systemwandel einmalige Voraussetzungen dafür,

- die Konstituierung neuer wirtschaftlicher und sozialer Strukturen durch die Transformation politischer, wohlfahrtsstaatlicher und intermediärer Institutionen als soziales „Life-Experiment" zu beobachten,
- die Veränderung von Lebenslagen und -weisen zu analysieren und mitzugestalten, und damit zugleich
- das theoretische Wissen über die Gestaltbarkeit der Gesellschaft durch (sozial-)politische Interventionen und das vorhandene praktische Instrumentarium an der neuen gesamtdeutschen Wirklichkeit auf seine Eignung hin zu überprüfen.

Als aktuelle Datenbasis für die folgende Darstellung dient die repräsentative Befragung älterer Menschen (60 Jahre und älter) in den neuen Bundesländern „Senioren '92 nbl." vom Mai/Juni 1992, die als Zufallsstichprobe angelegt war und Grundlage für den „Altenreport '92"[1] und die gleichnamige KSPW-Kurzstudie[2] ist.

1. Lebensbedingungen älterer Menschen

Die Lebensbedingungen bzw. -lagen der Menschen in den neuen Ländern sind zunächst einmal das Resultat der politischen Verhältnisse der vormaligen DDR und des dort erreichten Produktivitäts- und Effektivitätsniveaus der Wirtschaft, d.h. für diese war und ist ein weitgehend nivelliertes Lebensniveau charakteristisch. Gemessen an altbundesdeutschen sozialen Lagen war es deutlich niedriger. Dies läßt sich beispielsweise an den Einkommensverhältnissen (Rentenhöhe, Spareinlagen, Vermögen), an der Qualität der gesundheitlichen Betreuung (Hauskrankenpflege, Versorgung mit Medikamenten und Sachleistungen) aber auch an den Bildungs-, Kultur- und Freizeitangeboten nachweisen. Daher werden sich nahezu drei Millionen RentnerInnen von ihren Lebensbedingungen, Mentalitäten, Erwartungen, Zufriedenheitsbewertungen und Verhaltensweisen her noch über einen längerfristigen Zeitraum wesentlich von den Rentnergenerationen der alten Bundesländer unterscheiden, auch wenn sich bestimmte Denk- und Verhaltensmuster als Folge des gesellschaftlichen Strukturwandels z.T. erstaunlich schnell anpassen. Zu den Unterschieden tragen neben den Differenzierungen, die aus dem Ausgangsniveau resultieren, Divergenzen bei, die sich aus den neuen sozialen Bedingungen der Marktwirtschaft und deren politische und gesellschaftliche Prioritäten sowie aus (sozial-)politischen Entscheidungen ergeben.

---

1 K.-P. Schwitzer, G. Winkler (Hrsg.) Altenreport '92 – Zur sozialen Lage und Lebensweise älterer Menschen in den neuen Bundesländern, Berlin 1993
2 H. Schmidtke, K-.P. Schwitzer, Lebensbedingungen und Handlungsintensionen älterer Menschen im Zuge des Transformationsprozesses in den neuen Ländern. In: KSPW-Studie Nr. 601 Halle.

Tabelle 1
Entwicklung der Durchschnittsrenten (1990–1993) in der gesetzliche Rentenversicherung der neuen Bundesländer und Ost-Berlin[3]

Stichtag	Durchschnittliche Versichertenrenten M/DM/ Monat*		Differenz der Zahlbeträge zwischen Frauen und Männern	
	Männer	Frauen	in M/DM	in Prozent
33.054	572	432	140	25
33.055	739	524	215	29
33.420	1.001	716	285	29
33.786	1.242	826	416	34
34.151	1.468	950	518	35

* Seit dem 1.7.1993 beträgt die Rente des fiktiven Durchschnittsverdieners im Beitrittsgebiet nach 45 Arbeitsjahren 1.357 DM, was fast drei Vierteln des westdeutschen Rentenniveaus (gegenüber etwa 40% des Westniveaus nach der Währungsunion) entspricht.

1.1 Einkommen

Das Renteneinkommen ist in den neuen Ländern mit der im Rahmen der Sozialunion zum 1. Juli 1990 in Kraft getretenen Rentenniveauanpassung und den Rentenerhöhungen 1991/1992 für die Mehrheit der älteren Menschen in den neuen Bundesländern deutlich gestiegen. Durch die Rentenerhöhungen vergrößerte sich aber auch die Differenz der Zahlbeträge der durchschnittlichen Versichertenrente zwischen Männern und Frauen von rund 141 Mark vor der Rentenumstellung auf 518 DM im Juli 1993.

Die Rentenhöhe differenziert sich vor allem nach Geschlecht, Bildung, Qualifikation und der früheren Erwerbstätigkeit. Der relativ hohe Anteil von rund einem Drittel mit 10-Klassen bzw. Abitur-Abschluß in der unteren Einkommensgruppe ist geschlechtsspezifisch zu interpretieren. 77% bzw. 73% davon sind Frauen. Sie waren bei insgesamt guten Bildungsvoraussetzungen auch in der DDR vor allem in den traditionellen und schlechter bezahlten Frauenberufen erwerbstätig, z.T. unterhalb ihres Qualifikationsniveaus und in Teilzeitbeschäftigung. Ferner führen die vormals unterschiedlichen Rentenaltersgrenzen für Männer und Frauen zu niedrigeren Frauenrenten.

Zugleich ist anzumerken, daß in den neuen Ländern allein die Höhe der Renten bestimmend für das materielle Lebensniveau der älteren Menschen ist. Die gegenwärtigen Rentner- und Vorrentnergenerationen sind nur in geringem Maße Inhaber von zusätzlichen Arbeits-, Lebens- und Krankenversicherungen. Wäh-

---

3 Zusammengestellt nach: Bundesministerium für Arbeit und Sozialordnung: Ab 1. Juli: Mehr Rente, Bonn 1993: 5

Tabelle 2
Verteilung der Renteneinkommen über 60jähriger nach demographischen und sozialen Merkmalen Mai/Juni 1992 – Angaben in %

Merkmale der Befragten	Einkommensgruppen (in DM)		
	bis 1.000	1.000–1.400	über 1.400
Geschlecht			
Frauen	65	29	6
Männer	28	55	17
Alter			
60–59	56	35	9
70–79	47	39	14
80 und älter	54	44	2
Familienstand			
verheiratet	55	34	11
ledig	60	33	7
geschieden	63	35	2
verwitwet	46	43	11
Schulbildung			
unter 8 Klassen	63	33	4
8. Klasse	56	35	9
10. Klasse	35	50	14
Abitur	31	51	18
berufliche Qualifikation			
keine	77	20	3
Teilfacharbeiter	69	28	3
Facharbeiter	56	37	8
Meister/Techniker	30	55	15
Fachschule	26	49	25
Hochschule	13	67	20
frühere Tätigkeit			
nicht berufstätig	74	26	–
Arbeiter	59	33	8
Bauer/Landwirt	66	34	–
Angestellter	47	40	13
Intelligenz	18	58	23
Handwerker	36	50	14
Einzelhändler	57	43	–
mithelfende Familienangehörige	88	6	6
Freiberufler	50	33	17
andere	71	29	–

Quelle: sfz/Senioren '92 nbl

Tabelle 3
Ermöglicht Ihr monatliches Haushaltseinkommen im großen und ganzen die Befriedigung Ihrer Bedürfnisse? – Angaben in %

	1990 unter 60 Jahren (n=1164)	1990 über (n=206)	1991 unter (n=1138)	1991 über (n=230)	1992 unter (n=1387)	1992 über (n=1001)
ja	14	26	16	21	26	31
ja, mit bestimmten Einschränkungen	54	54	50	54	50	52
nein, es ist ziemlich knapp	32	20	34	25	24	17
Quelle: ISS: Leben DDR '90, Leben Ostdeutschland '91; sfz/Leben '92; Senioren '92 nbl						

rend im früheren Bundesgebiet Rentner- und Pensionärshaushalte 1987 über fast 30 Mrd. DM an Vermögenseinkommen verfügten[4], konnte in der DDR Vermögen kaum gebildet werden; Aktien, hochverzinsliche Geldanlagen u.a. waren dort unbekannt.

Die Sparguthaben bei Geld- und Kreditinstituten (1989: 11.393 M/je Rentner), die z.Z. der Währungsunion etwa ein Viertel des Niveaus in den alten Bundesländern ausmachten, wurden bei RentnerInnen auf 8.700 DM umbewertet, die Guthaben in sparwirksamen Personenversicherungen (1989: 1.081 M/je Einwohner)[5] halbiert.

Zusätzliche Mittel für Not- und Wechselfälle des Lebens sind in der Regel nicht vorhanden, d.h. die finanzielle Situation der AltersrentnerInnen reicht keinesfalls aus, um soziale Notlagen längerfristig zu überbrücken. Ferner muß davon ausgegangen werden, daß bei dem hohen Anteil von Arbeitslosen, Vorruheständlern bzw. Beziehern von Altersübergangsgeld, die Erwerbstätigkeit im Rentenalter als Quelle für eine Einkommenserhöhung künftig kaum eine Rolle spielen wird.[5]

Allerdings vermitteln Statistiken solcher Art immer nur Durchschnittswerte, wodurch die z.T. starken Disparitäten der Einkommensverteilung innerhalb der einzelnen Haushaltsgruppen nicht ausreichend erfaßt werden. Daher muß davon ausgegangen werden, daß insbesondere 1-Personen-Rentnerhaushalte, vor allem alleinstehende Frauen im Rentenalter z.T. große Probleme haben, mit ihrem Einkommen Haushalts- und Lebensführung auf einem angemessenen Niveau zu bewältigen.

Dennoch bleibt festzustellen, daß sich für die Mehrheit der älteren Menschen

---

4 Statistisches Bundesamt (Hrsg.). Im Blickpunkt: Ältere Menschen, Stuttgart 1992, S. 128
5 K.-P. Schwitzer, Alte Menschen in den neuen Bundesländern – Das andere deutsche Alter. In: Aus Politik und Zeitgeschichte (Beilage „Das Parlament") B 44/93: 42f.

Tabelle 4
Wie beurteilen Sie heute Ihre eigene wirtschaftliche Lage? – Angaben in %

	unter 60 Jahre	über 60 Jahre
sehr gut	2	5
gut	38	47
teils gut/ teils schlecht	48	39
schlecht	9	9
sehr schlecht	3	–
Quelle: sfz/Leben '92, Senioren '92 nbl		

Tabelle 5
Veränderungen in der Haushaltsausstattung der Rentnerhaushalte seit 1990 – Angaben in %

Gegenstand	1992 vorhanden	seit 1990 neu angeschafft
Kühlschrank	95	9
Tiefkühlschrank	52	8
Waschmaschine	86	8
Fernseher schwarz/weiß	21	1
Farbfernseher	76	29
Radio	91	5
Plattenspieler, Tonabndgerät, Recorder	43	6
Musikinstrument	8	1
Bibliothek mit mehr als 100 Büchern	21	1
Hobbyausrüstung	19	1
Pkw	24	10
Quelle: sfz/Senioren '92 nbl		

die Einkommenssituation in den vergangenen zwei Jahren verbessert hat, wie Untersuchungsergebnisse des ehemaligen Instituts für Soziologie und Sozialpolitik (ISS) der AdW und des Sozialwissenschaftlichen Forschungszentrums Berlin-Brandenburg zeigen.

Der hier absehbare Trend bestätigt sich ferner in der Einschätzung der aktuellen wirtschaftlichen Lage. Obwohl 17% der befragten älteren Menschen der Meinung sind, daß ihr Einkommen nicht ausreicht, um die Bedürfnisse im gewünschten Maße zu befriedigen, bewerten relativ wenige ihre wirtschaftliche Lage als schlecht.

Einen Teil des Einkommens und der Ersparnisse haben die Älteren, wie die Mehrzahl der ehemaligen DDR-Bürger, in den vergangenen zwei Jahren dazu benutzt, um früher nicht erfüllbare Konsumträume zu verwirklichen. Vor allem wurden Farbfernsehgeräte und Autos angeschafft.

Tabelle 6
Alleinlebende Männer und Frauen (Einpersonenhaushalte) – Angaben in %

Altersgruppe	Männer	Frauen
60 bis unter 65 J.	8	35
65 bis unter 70 J.	9	49
70 bis unter 75 J.	14	64
75 bis unter 80 J.	32	78
80 Jahre und älter	36	76
60 J. und älter insg.	16	53

Quelle: sfz/Senioren '92 nbl

1.2 Wohnen im Alter

Das Wohnen und das Wohnumfeld gewinnen im Alter eine besondere Bedeutung. Da sich die tägliche Aufenthaltszeit in der Wohnung erhöht und ein Großteil der Lebensäußerungen in diesem Bereich vollzogen wird, haben die Wohnbedingungen einen entscheidenden Einfluß auf die Lebensqualität im Alter. Bei möglicherweise nachlassender Gesundheit und verringerter körperlicher Mobilität können Ausstattung, Lage der Wohnung und Wohnumfeld mit darüber entscheiden, ob der ältere Mensch seinen Haushalt selbständig führen kann. Schließlich sind die Wohnbedingungen ein entscheidender Faktor für Art und Umfang erforderlicher Hilfe und Betreuung. Wohnzufriedenheit im Alter wird daher weniger durch die Größe der Wohnung als vielmehr durch Wohnkomfort und Ausstattung bestimmt.

Größe und Struktur von Altenhaushalten
Von der Gesamtzahl der in der Untersuchung „Senioren '92 nbl" Befragten lebten 41% allein (rund 16% der Männer und 53% der Frauen), 50% in Zweipersonenhaushalten sowie 6% in Drei- und 3% in Vier- und Mehrpersonenhaushalten.
Von den insgesamt ermittelten Einpersonenhaushalten entfielen 87% auf Frauen. In Mehrpersonenhaushalten lebten 47% der Frauen und 84% der Männer, darunter in 2-Personenhaushalten 37% der Frauen gegenüber 74% der Männer.

Wohnformen
Von den in der empirischen Untersuchung „Senioren '92 nbl" befragten älteren Menschen lebten 73% in einer Mietwohnung (darunter 14% in einer genossenschaftlichen Wohnung, 2% in einer Betriebswohnung), 1% in einer Eigentumswohnung und 26% im eigenen Haus.
Vergleicht man die Wohnform mit sozialen bzw. sozialdemographischen Merkmalen der Bewohner (Schulbildung, berufliche Qualifikation, Tätigkeit, Rentenhöhe, Geschlecht, Familienstand) so zeigt sich auch hier das weitgehend nivellierte Lebensniveau in der ehemaligen DDR.

Tabelle 7
Wohnformen nach sozialen und sozialdemographischen Merkmalen – Angaben in % –

Lebenslagen Lebensmerkmale	Art der Wohnform				
	Miet- wohnung 56,1%	Genossen- schaftsw. 14,4%	Betriebs- wohnung 2,2%	Eigentum 1,3%	eigenes Haus 26%
Schulabschluß					
unter 8 Klassen	80	7	–	–	12
8. Klasse	53	14	3	1	28
10. Klasse	59	20	1	2	18
Abitur	64	14	–	–	21
berufliche Qualifikation					
keine	57	12	2	1	27
Teilfacharbeiter	60	11	11	3	14
Facharbeiter	56	15	3	1	26
Meister/Techniker	43	17	–	5	34
Fachschule	56	18	1	2	23
Hochschule	67	11	–	–	23
frühere Tätigkeit					
nicht berufstätig	67	10	–	–	24
Arbeiter	57	13	3	1	26
Bauer/Landwirt	25	6	3	4	62
Angestellter	63	17	2	1	16
Intelligenz	54	21	–	–	24
Handwerker	48	16	–	6	29
Einzelhändler	29	14	–	–	57
Familienmitglied	33	–	6	–	61
freischaffend	67	–	–	–	33
anderes	30	10	–	10	50
Rente in DM					
unter 600 DM	44	18	3	3	33
600–799 DM	57	14	3	1	25
800–999 DM	61	12	1	1	24
1000–1249 DM	56	14	2	2	26
1250–1499 DM	57	16	4	1	23
1500 1749 DM	49	19	–	4	28
über 1750 DM	56	17	–	–	28
Geschlecht					
Mann	49	12	2	3	34
Frau	60	16	2	1	21
Alter					
60–69 Jahre	51	16	2	1	29
70–79 Jahre	63	13	2	2	20
ab 80 Jahre	63	8	4	1	22
Familienstand					
verheiratet	46	14	2	2	35

Fortsetzung Tabelle 7

ledig	61	24	2	–	12
geschieden	77	16	–	–	7
verwitwet	64	13	2	1	19
Zusammenwohnen					
Ehepartner/Kinder	35	7	1	1	56
Ehepartner	50	15	3	2	29
mit Kindern	41	9	2	–	48
mit Verwandten	65	6	–	–	24
Freunde/Bekannte	33	67	–	–	–
allein	70	16	2	1	12
Quelle: sfz/Senioren '92 nbl					

Tabelle 8
Ausstattung der Wohnungen je 100 Haushalte – Angaben in %

Ausstattungsmerkmale	alle Haushalte DDR 1989	Rentnerhaushalte DDR* 1987	Senioren nbl** 1992
Zentralheizung***	47	44	61
Bad/ Dusche	82	77	91
IWC	76	70	91

* Frauen ab 60, Männer ab 65 Jahre
** Frauen und Männer ab 60 Jahre
*** Fernheizung, Zentralheizung, Etagenheizung sowie Ofenheizung für Strom, Gas, Öl, z.B. Nachtspeicheröfen, Außenwandheizer
Quelle: Statistisches Amt der DDR; sfz/Senioren '92 nbl

Die Merkmale Geschlecht, Alter und Familienstand korrelieren z.b. stärker mit dem Wohnen im eigenen Haus als jene Merkmale, die die frühere soziale Lage bestimmten, wie Bildung und Qualifikation, Stellung im Erwerbsleben (außer bei den Landwirten), Einkommen und sozialer Status.

Wohnungsausstattung
1989 hatten – nach Angaben des Statistischen Amtes der DDR – 1,3 Millionen Wohnungen kein Bad bzw. keine Dusche (18%), 1,7 Millionen Wohnungen waren ohne Innentoilette (24%) und 3,7 Millionen ohne moderne Heizung (53%). Der Komfort von Rentnerwohnungen lag unter diesem Durchschnitt, wobei beträchtliche territoriale Unterschiede zu konstatieren waren.

Nach der Befragung „Senioren '92 nbl" lebten 33% in Wohnungen mit Fernheizung, 28% in einer Wohnung mit Zentral-, Etagen- oder Gasheizung, 39%

Tabelle 9
Wohnzufriedenheit 1987/88 und 1992 – Angaben in %

Merkmale der Wohnqualität	Beurteilung 1987/88· (n=680)	1992 (n=1001)
ist zu groß	4	6
ist zu klein	5	3
ist zu hoch gelegen	9	5
ist zu kalt	15	13
ist zu teuer	4	19
hat kein Bad/Dusche	16	6
hat kein IWC	8	5
hat viele bauliche Mängel	*	21
ist stark renovierungsbedürftig	14	15
anderes	10	9
ich habe nichts auszusetzen	45	46

*   nicht erfragt
** Befragung des Instituts für Soziologie und Sozialpolitik in zwei Klein- und zwei Großstädten der ehemaligen DDR
Quelle: ISS; sfz/Senioren '92 nbl

hatten Ofenheizung, je 91% ein Innen-WC sowie Bad und/oder Dusche. Der hohe Anteil an Wohnungen mit Bad/Dusche und IWC in der Befragung „Senioren '92" ergibt sich aus der Tatsache, daß 16% der befragten Älteren zusammen mit ihren Kindern in deren besser ausgestatteten Wohnungen bzw. in einem Einfamilienhaus leben.

Dies berücksichtigend, kann davon ausgegangen werden, daß in den neuen Ländern etwa 80% der von älteren Menschen bewohnten Haushalte über ein Bad bzw. eine Dusche und ca. 78% über ein IWC verfügen, wobei es ein Nord-Süd-Gefälle und beträchtliche territoriale Unterschiede, insbesondere zwischen Stadt- und Landkreisen gibt.

Wohnungszufriedenheit
Obwohl die Wohnbedingungen nach der Befragung „Senioren '92 nbl" relativ gut sind und etwas über dem Durchschnitt der neuen Bundesländer liegen, hatten 54% der Befragten an ihrer Wohnung etwas auszusetzen.

Der relativ große Unterschied bei dem Merkmal „hat kein Bad/Dusche" ist auf die territorialen Besonderheiten bei der Befragung 1987/88 zurückzuführen (hoher Anteil großstädtischer Altbaugebiete). Die größte Veränderung gibt es bei der Beurteilung der Miethöhe, die infolge der Mieterhöhungen und neuer Umlage der

Tabelle 10
Wohnsituation von Älteren (über 60 Jahre) u. Jüngeren (unter 60 Jahre) in den alten und neuen Bundesländern – Angaben in %

Merkmale der Wohnsituation	Ost (1990) Jüngere	Ältere	West (1989) Jüngere	Ältere
Größe				
Wohnfläche in qm	73,8	58,4	98,8	83,5
Zahl der Wohnräume über 6 qm	3,4	2,8	4,0	3,5
Ausstattung				
ohne Innenbad	9,4	17,2	3,0	2,9
ohne Innen-WC	12,4	21,6	3,3	3,6
ohne Zentralheizung	41,8	56,9	15,7	20,2
ohne Balkon	56,9	70,8	29,1	33,1
ohne Keller	4,2	3,7	5,7	4,2
ohne Garten	51,7	53,7	38,2	43,8
Modernität				
modern	56,2	39,5	82,1	77,7
leiche Mängel (keine Sammelheizung)	29,3	34,2	13,4	17,3
Substandard (kein Bad)	14,4	26,2	4,5	5,1
extermer Sunstandart (kein IWC)	12,4	21,6	3,3	3,6
Eigentumsform				
Eigentümer	30,4	29,2	48,0	48,1
Mieter	69,6	70,8	52,0	51,9

Quelle: SOEP-West (1989); SOEP-Ost (1990); jeweils personenbez. Auswertung

Betriebskosten im Herbst 1991 entstanden war. So zahlten 93% der Befragten bis September 1991 eine Miete (inkl. Betriebskosten) von unter 100 DM; für 7% betrug die monatliche Miete 100 DM und darüber. Ab Oktober 1991 zahlten knapp 6% eine Miete von weniger als 100 DM und ein Drittel über 300 DM. Insgesamt hat sich die durchschnittliche Monatsmiete vervierfacht; sie stieg von durchschnittlich 59 DM auf 252 DM.

Die Wohnungssituation älterer Menschen
In der ehemaligen DDR sind die älteren Menschen bei der Versorgung mit gut ausgestatteten Wohnungen benachteiligt worden. So lebten Altersrentner häufiger als junge Familien in Wohnungen ohne WC, Bad/Dusche und moderner Heizung, wobei zu berücksichtigen ist, daß die Älteren kaum in der Lage waren, durch eigene Initiativen ihre Wohnbedingungen (Einbau von Innentoiletten, Bädern oder Duschen, Installation moderner Heizungssysteme) zu verbessern, wie das bei jüngeren Familien (Vermittlung von sogenannten „Ausbauwohnungen") erfolgte.

Tabelle 11
Erwerbsquoten 1989 nach Altersgruppen und Geschlecht

Altersgruppen	Bevölkerung/Erwerbspersonen im früheren Bundesgebiet			in der ehem. DDR		
	in 1000	in %		in 1000		in %
Männer						
65–69 Jahre	1282	89	7	251	57	23
70 und älter	2139	65	3	443	19	4
Frauen						
60–64 Jahre	1958	219	11	474	135	28
65–69 Jahre	2048	62	3	468	47	10
70 und älter	4409	44	1	1018	22	2

* per 30. 9. 1989
Quelle: Statistisches Bundesamt; Statistisches Amt der DDR

Erkennbar wird, daß die älteren Menschen in den neuen Bundesländern und im Ostteil Berlins in deutlich schlechteren Wohnverhältnissen leben, wobei die Wohnsituation Älterer wesentlich ungünstiger als die der Jüngeren ist.

1.3 Erwerbstätigkeit im Alter

Die Bedeutsamkeit der Arbeitstätigkeit im Alter ergibt sich daraus, daß die Arbeit nicht nur ein Prozeß der zweckgerichteten Tätigkeit des Menschen zur Aneignung der natürlichen und sozialen Umwelt darstellt, sondern zugleich wesentliches Mittel der Persönlichkeitsentwicklung und -entfaltung ist.

Zum Rückgang der Erwerbsbeteiligung
Trotz des Rückgangs der Erwerbstätigkeit seit 1972 in der ehemaligen DDR waren dort Ende 1989 anteilig weit mehr Rentenbezieher als in den alten Bundesländern erwerbstätig, wobei sich die Berufstätigkeit erwartungsgemäß auf die ersten fünf Jahre des Rentenalters konzentrierte. 23% der Männer im Alter von 65 bis 69 Jahren und 28% der Frauen in der Altersgruppe von 60 bis 64 Jahren waren dort 1989 erwerbstätig, gegenüber 7% erwerbstätiger Männer und 11% erwerbstätiger Frauen dieser Altersgruppen in der alten Bundesrepublik[6].

Zum Rückgang der Erwerbsquoten in der DDR ist festzustellen, daß die Beendigung des Berufslebens – im Unterschied zu Bundesrepublik – nahezu ausschließlich aus privaten Motiven heraus erfolgte (gesundheitliche Gründe, Haushalt, Partnerschaft, Freizeitinteressen) und nicht auf arbeitsmarktbedingte und wirt-

---

6 Statistisches Bundesamt (Hrsg.). Im Blickpunkt: Ältere Menschen. Stuttgart 1992: 89

Tabelle 12
Interesse an einer erneuten Erwerbstätigkeit nach demographischen und sozialen Merkmalen – Angaben in %

Würden Sie gerne wieder berufstätig sein wollen?			
Merkmale der Befragten	Antworten mit Ja	Merkmale der Befragten	Antworten mit Ja
Geschlecht		Fachschule	22
Frauen	11	Hochschule	21
Männer	16	*frühere Tätigkeit*	
Alter		nicht berufstätig	5
60–69 Jahre	15	Arbeiter	10
70–79 Jahre	8	Bauer/ Landwirt	5
80 J. und älter	6	Angestellter	16
Familienstand		Intelligenz	20
verheiratet	12	Handwerker	6
ledig	6	Einzelhändler	29
geschieden	21	Freiberufler	17
verwitwet	12	anderes	10
Schulbildung		*Rentenhöhe*	
unter 8 Klassen	15	unter 600 DM	8
8. Klasse	10	600–799 DM	8
10. Klasse	21	800–999 DM	14
Abitur	21	1000–1249 DM	12
berufliche Qualifikation		1250–1499 DM	15
keine	6	1500–1749 DM	14
Teilfacharbeiter	6	1750 DM und mehr	22
Facharbeiter	12	Alle Befragten	12
Meister/ Techniker	9		

Quelle: sfz/Senioren '92 nbl

schaftsstrukturelle Trends, betriebliche Interessen, Modernisierungsstrategien u.ä. zurückzuführen, also eher nicht unmittelbar sozial determiniert war.

Neben dem Wunsch, das Renteneinkommen aufzubessern, waren vor allem die Befriedigung in der Arbeit, das Gefühl der Nützlichkeit und des Gebrauchtwerdens sowie die sozialen und kommunikativen Beziehungen im Arbeitsprozeß die Hauptmotive, um im Rentenalter weiterhin zu arbeiten. Arbeit nahm im Leben des einzelnen einen zentralen Stellenwert ein und wurde von den Älteren auf dem Hintergrund ihrer Lebenserfahrung als besonders wichtiger Wert betrachtet. Die hohe Unzufriedenheit, die aus dem Verlust des Arbeitsplatzes bzw. der fehlenden Möglichkeit weiterer Erwerbstätigkeit bei den „jüngeren" Alten resultiert, kann nur auf dem Hintergrund einer um Arbeit zentrierten Lebenswelt erklärt werden und einer Lebensplanung, in der Arbeitslosigkeit faktisch nicht vorkam.

Eine bedeutsame Rolle spielt aber auch der Wegfall von sozialen Funktionen und Versorgungsaufgaben, die von Betrieben, Genossenschaften, Institutionen u.a. wahrgenommen worden sind und für die es nach dem Zusammenbruch oder der Abwicklung (noch) keine Entsprechungen gibt. So wurde die medizinische Betreuung, die weitere Teilnahme am Betriebsessen, die Versorgung mit Urlaubsplätzen und prophylaktischen Kuren seitens der Betriebe, teilweise sogar die Renovierung von Wohnungen auch für die ehemaligen Kolleginnen und Kollegen gewährleistet. Sportvereine, Kulturgruppen, Chöre u.ä. waren an Betriebe gekoppelt, mitunter dominierten Großbetriebe das gesamte kommunale Leben der Region.

Interesse an einer Weiterarbeit im Alter
In der Untersuchung „Senioren '92 nbl" gaben von den 1001 Befragten lediglich sechs (0,6%) an, noch ganztägig zu arbeiten, 24 (2,4%) waren noch stundenweise erwerbstätig. Von denen, die nicht mehr berufstätig waren, würden aber 12,4% gern wieder arbeiten.

Das Interesse der Älteren an einer erneuten Erwerbstätigkeit korrespondiert mit der Schulbildung, der beruflichen Qualifikation und dem früheren funktionalen Arbeitsinhalt (Tätigkeit und beruflicher Status). Finanzielle Gründe für eine Weiterarbeit sind unter den gegebenen sozialen Bedingungen vielleicht doch nicht so bedeutsam, eher schon der Familienstand. Für die Geschiedenen (rund 8% aller Befragten) könnten neben den sozialen Beziehungen und kommunikativen Kontakten durchaus auch wirtschaftliche Gründe als Motiv eine Rolle spielen.

Chancen für eine Erwerbstätigkeit im Rentenalter
Inwieweit eine Erwerbstätigkeit im Rentenalter, sofern Interesse daran besteht, künftig realisiert werden kann, wird gegenwärtig wohl niemand beantworten können. Dagegen sprechen die steigende Zahl von Arbeitslosen und die 826.000 Männer und Frauen (Stand Oktober 1993), die Vorruhestandsregelungen in Anspruch nehmen (müssen) und die zudem von ihrer Qualifikation her gute Voraussetzungen mitbringen. So zeigt die Berufsstrukturanalyse arbeitsfähiger SozialhilfeempfängerInnen in den östlichen Bezirken Berlins, daß vier Fünftel der rund 9.000 arbeitslosen Sozialhilfeempfänger eine oder mehrere Ausbildungen abgeschlossen haben. 1% besitzt einen Hochschulabschluß, weitere 10% einen Ingenieur- bzw. Fachschulabschluß. Fast 20% waren einmal mittlere bis höhere Verwaltungsangestellte im öffentlichen Dienst bzw. im Erziehungsbereich, rund 10% hochqualifizierte und medizinische Arbeitskräfte, darunter mehrere Ärzte[7].

---

7 Intersofia, Gesellschaft für interdisziplinäre Sozialforschung in Anwendung mbH. Berufsstrukturanalyse arbeitsfähiger SozialhilfeempfängerInnen in den östlichen Bezirken Berlins. Erster Endbericht 1992

Schließlich ist bei realistischer Sichtweise der Aufschwung-Ost auch in nächster Zukunft nicht zu erwarten. Die Kapazität der westdeutschen Industrie reicht völlig aus, um auch 15 Millionen in den neuen Bundesländern zu versorgen. Zudem kann der anwachsende Dienstleistungssektor und der Aufbau von regionalen Gewerbebetrieben nicht den Zusammenbruch ganzer Volkswirtschaftszweige wettmachen. Was für die vom Vorruhestand Betroffenen und für die Älteren bleibt, ist das Ehrenamt als Hilfeleistung und die Vermittlung von Fähigkeiten und Kenntnissen. Allerdings gibt es auch hierbei gravierende Ost-West-Unterschiede. Senioren-Beratungsdienste, in denen pensionierte Fachleute aus westdeutschen Ländern Existenzgründer beraten oder ältere Wissenschaftler, die ihr Wissen Firmen und Organisationen zur Verfügung stellen, vermitteln ihre Kenntnisse aus Wirtschaft, Verwaltung und Wissenschaft entsprechend den Erfordernissen der Marktwirtschaft. Damit können ostdeutsche Experten in der Regel nicht dienen. Die wichtige soziale Funktion älterer Menschen, Erfahrungen an nachfolgende Generationen weiterzugeben, ist für sie nur bedingt möglich, da deren Erfahrungen von gestern aus sachlichen und politischen Gründen nicht allzu gefragt sind. Außerdem ist eine wesentliche Voraussetzung für die Nutzbarmachung vergangener sozialer und geschichtlicher Erfahrungen, daß die Geschichte im allgemeinen und die eigene im besonderen „angenommen" wird, statt diese umzuschreiben oder zu verdrängen. Für letzteres gibt es genügend Beispiele in den alten und neuen Bundesländern.

1.4 Gesundheit, medizinische und soziale Betreuung

Für die Lebenslage im Alter ist der Gesundheitszustand der zentrale Bestimmungsfaktor; letztlich werden durch diesen die Möglichkeiten einer aktiven Lebensgestaltung bzw. für das Leben im gewohnten häuslichen Milieu und in der Wohnumwelt bestimmt.

Selbsteinschätzung des Gesundheitszustandes
Nach den Ergebnissen der durchgeführten Untersuchung fühlen sich knapp 29% der befragten über 60jährigen gesund und leistungsfähig, bei 30% ist der Gesundheitszustand gelegentlich leicht beeinträchtigt, 21% haben dauernd Beschwerden und 20% haben ein Leiden, das sie stark behindert.

10% waren in den letzten 12 Monaten länger als vier Wochen bettlägerig. 87% der Befragten bewegen sich gern und oft, 70% benötigen regelmäßig Medikamente, 64% haben Probleme bei körperlicher Anstrengung, 27% fühlen sich sexuell auf der Höhe. Über 90% stehen dem Leben positiv gegenüber, 80% freuen sich auf alles, was die Zukunft bringt, ein Drittel der Befragten findet sich in der neuen Zeit nicht mehr zurecht, fast 30% haben häufig Angst.

Tabelle 13
Selbsteinschätzung des Gesundheitszustandes und ausgewählter Altersgruppen 1992 – Angaben in %

Merkmal	Männer 60–64 Jahre (n=62)	65–74 Jahre (n=172)	75 Jahre und älter (n=67)	Gesamt (n=301)
Ich fühle mich gesund und leistungsfähig.	44	30	18	30
Mein Gesundheitszustand ist gelegentlich leicht beeinträchtigt.	21	27	33	27
Ich habe dauernd gesundheitliche Beschwerden.	8	19	24	18
Ich habe ein Leiden, das mich stark behindert.	25	23	25	25
	Frauen			
Ich fühle mich gesund und leistungsfähig.	30	26	21	28
Mein Gesundheitszustand ist gelegentlich leicht beeinträchtigt.	28	35	28	32
Ich habe dauernd gesundheitliche Beschwerden.	19	21	30	23
Ich habe ein Leiden, das mich stark behindert.	14	18	22	18

Quelle: sfz/Senioren '92 nbl

Tabelle 14
Und wie fühlen Sie sich seelisch? – Angaben in %

	Männer	Frauen	Gesamt
Ich stehe dem Leben positiv gegenüber.	95	90	92
Mißgeschicke, Probleme usw. bringen mich nicht aus der Ruhe.	53	44	47
Ich bin oft nervös und leicht zu reizen.	34	38	37
Ich kann mich gut gegen persönliche Angriffe zur Wehr setzen.	81	67	72
Ich bin viel empfindlicher geworden und leichter zu verletzen.	39	54	49
Ich freue mich auf das, was die Zukunft bringt.	82	79	80
Ich finde mich in der neuen Zeit nicht mehr zurecht.	31	34	33
Ich habe häufig Angst.	19	34	29

Quelle: sfz/Senioren '92 nbl

Tabelle 15
Was ist für Ihren Kontakt mit dem Arzt/der Ärztin typisch? – Angaben in %

	1987/88 Großstadt	Kleinstadt	Ges.	1992 neue BL/Ost-Berlin
Er/ sie betreut mich schon mehr als zwei Jahre.	84	89	87	85
Ich gehe regelmäßig zu diesem Arzt/ dieser Ärztin.	60	43	52	74
Er/ sie besucht mich regelmäßig in meiner Wohnung.	25	36	31	16
Er/ sie kommt zu mir auch unaufgefordert.	19	29	24	10

Quelle: ISS/Altenreport '90; sfz/Senioren '92 nbl

Die Einschätzung des Gesundheitszustandes korreliert mit dem Alter, wobei Männer ihren Gesundheitszustand positiver als Frauen und Höherqualifizierte diesen besser bewerten als jene mit niedrigerem Bildungs- und Qualifikationsniveau.

Hilfe-, Unterstützungs- und Pflegebedarf
Hilfe und Unterstützung im Alltag und im Haushalt benötigen rund ein Drittel der befragten älteren Menschen, vor allem bei schwerer Hausarbeit, fast jede(r) vierte bei Behördenangelegenheiten und jede(r) fünfte bei Reparaturen, Gartenarbeit und Artverwandtes. Über 30% der Befragten gehen davon aus, daß sie wahrscheinlich in den nächsten Jahren Hilfe bei schwerer Hausarbeit brauchen, 21% bei Behördenangelegenheiten. Doppelt so viele Personen wie diejenigen, die gegenwärtig häusliche Krankenpflege erhalten, erwarten, daß sie diese künftig in Anspruch nehmen müssen.

Gesundheitliche Betreuung
Die Umstrukturierung des ostdeutschen Gesundheits- und Sozialwesens ist seit Ende 1990 im Gange. Neu entstanden sind rund 1.000 Sozialstationen, die von den Verbänden der Freien Wohlfahrtspflege unterhalten werden, sowie eine größere Zahl von privaten Pflegediensten. Zur besseren Integration und Betreuung älterer Menschen tragen ferner private Investoren, Senioren-Organisationen und Selbsthilfegruppen bei – Organisationsformen, die es in der ehemaligen DDR nicht gab. Die für die DDR typischen Versorgungsdefizite bei bestimmten Medikamenten und Verbrauchsmaterialien gehören der Vergangenheit an, so daß sich insgesamt die Voraussetzungen für die gesundheitliche Betreuung verbessert haben. Offensichtlich hat sich die ambulante Betreuung durch die Umstrukturierung des gesundheitlichen Betreuungssystems und die Übersiedlung von rund 2.000 Medizinern und 1.200 Stomatologen 1989 in die alten Bundesländer nicht ver-

schlechtert[8]. 87% bzw. 85% der 1987/1988 bzw. 1992 Befragten hatten eine bestimmte Ärztin bzw. einen Arzt, die sie seit mehr als zwei Jahren betreuten, 74% gehen regelmäßig zu diesen Medizinern. Besonders augenfällig ist der Rückgang der Hausbesuchstätigkeit.

Eine vor allem qualitative Angebotsverbesserung in der häuslichen Pflege bringen die genannten Sozialstationen, die in den vergangenen Monaten durch die Verbände der Freien Wohlfahrtspflege in den neuen Ländern eingerichtet worden sind.

Diese Sozialstationen, technisch gut ausgestattet, so z.B. mit Ambulanzwagen, haben die 5.585 staatlichen und 124 konfessionellen Gemeindeschwesternstationen abgelöst, in denen rund 7.000 Mitarbeiterinnen beschäftigt waren, sowie die etwa 120–150 ehemaligen Betreuungs- und Beratungsstellen für ältere Menschen. Der Wechsel hat neben einer Verbesserung der häuslichen Krankenpflege aber auch zu einem Rückgang der zeitaufwendigen psychologischen Betreuung geführt, die vor der Wende nicht extra berechnet wurde, da diese zum Konzept der ganzheitlichen (komplexen) Betreuung gehörte. Einer Analyse der Arbeitsgruppe Sozialstationen der Stadt Dresden zufolge, gibt es für ca. 40% der Leistungen im Rahmen der psychosozialen Betreuung und der begleitenden Dienste (Prävention, Rehabilitation), die von den Sozialstationen erbracht werden, keine gesicherte Finanzierung mittels geregelter Kostensätze[9].

Ein anderes wichtiges Problem ist, wie der Wegfall von ehemals DDR-typischen Betreuungsformen (z.B. Spezialambulanzen bzw. Abteilungen in Polikliniken für die Dispensairebetreuung), für die es (bis dato) keine Entsprechung gibt, kompensiert werden kann. So förderte das Land Brandenburg 1993 mit rund 7 Millionen DM fünfzehn „Betreuungsdienste für chronisch Kranke" an Gesundheitszentren oder Ärztehäusern, um damit die eingestellte Dispensairebetreuung u.a. für Diabetiker, Rheumatiker, Infarkt- sowie Krebspatienten zu ersetzen.

Soziale Betreuung

Die Umstrukturierung der sozialen Betreuung ist aus der Sicht der älteren (und behinderten) Menschen problematischer als die der medizinischen Betreuung. Von den im Mai/Juni 1992 befragten über 60jährigen konnten über die Hälfte die Frage nicht beantworten, ob es in ihrer Nähe von den Wohlfahrtsverbänden unterhaltene Einrichtungen und Dienste gibt. Über 80% waren in ihrer Nähe keine Unterstützungsangebote zur Bewältigung des Alltags (Putzdienst, Einkaufshilfe,

---

8 Vgl.: K.-P. Schwitzer. Behinderte in der DDR, in: D. Voigt, L. Mertens. Minderheiten in und Übersiedler aus der DDR: Berlin 1992: 134.
9 Vgl.: R. Jensch: Auswertung des Experten-Ratings zur Finanzierung der Sozialstationen, Dresden 1991 (unveröffentlicht).

Tabelle 16
Wenn für ältere Menschen mehr getan werden soll, wer soll dies Ihrer Meinung nach vor allem machen?– drei Antworten möglich – Angaben in %

der Staat	85
Wohlfahrtsverbände	24
Gemeinde, Kreis- bzw. Landesverwaltung	43
Familie, Kinder	31
Nachbarn, Bekannte, Freunde	4
Kirche, Pfarrei	8
Selbsthilfegruppen alter Menschen	6
private Anbieter	1
Vereine	3
andere	2

Quelle: sfz/Senioren '92 nbl

Behördengänge) bekannt, Möglichkeiten zur Krankenpflege waren 60% unbekannt. Hauswirtschaftspflege und Mittagessenversorgung für ältere Menschen, noch 1990 nahezu ausschließlich von der Volkssolidarität organisiert, gingen zurück, teils aus Kostengründen (für das Mittagessen mußten die älteren Menschen von einem Tag auf den anderen statt 0,30 Mark 5,50 DM bezahlen), teils weil Hauswirtschaftsleistungen nach dem altbundesdeutschen Sicherungssystem erst seit Anfang 1991 (und das nur in sehr engen Grenzen) durch die Leistungsträger finanziert werden. Zudem gab es Tendenzen, die Volkssolidarität e.V. zu verdrängen, die aber inzwischen überwunden sind.

Ende Dezember 1991 haben die Rentenversicherungsträger die bisher zur Rente geleisteten Zahlungen von Pflegegeld, Sonderpflege- und Behindertengeld eingestellt, da diese Zahlungen mit dem Inkrafttreten des Rentenreformgesetzes 1992 nicht mehr zur Leistungspflicht der Rentenversicherung gehören. Für den weiteren Bezug von Pflegegeld, Sonderpflegegeld oder Blindengeld waren erneute Antragstellungen erforderlich, wobei die Ansprüche bei vier verschiedenen Trägern geltend gemacht werden müssen. Lediglich in Berlin gilt eine Sonderregelung, dort können alle Leistungen beim zuständigen Bezirksamt beantragt werden. Da zugleich die Kriterien, die im Osten bisher für den Erhalt dieser Gelder galten, wegfallen, waren für hunderttausende Bezieher neue Wege, Konsultationen und Antragsgesuche erforderlich.

Von besonders eklatanten Preissteigerungen waren die BewohnerInnen der Alten- und Pflegeheime betroffen. Die Kosten betrugen bis Juni 1990 monatlich 105 M (Feierabendheimplatz) bzw. 120 M (Pflegeheimplatz).

Von Juli bis Dezember 1990 waren 300 DM bzw. 335 DM zu bezahlen; in den folgenden 6 Monaten – unterschiedlich nach dem jeweiligen Bundesland – zwischen 364 DM und 395 DM. Seit Juli 1991 waren 1.800 DM monatlich zu zahlen, und es werden das Vermögen der Heimbewohner sowie unterhaltspflichtige Angehörige zur Finanzierung herangezogen. Das heißt, in einem guten Jahr stiegen die monatlichen Heimkosten um das 15–17fache, wobei die Heime vielerorts weder attraktiver noch Betreuung oder Pflege besser geworden sind. Seit 1992 liegen die Kostensätze zwischen 1.800 DM bis über 3.000 DM.

Nach den in den alten Bundesländern geltenden Maßstäben dürften nur 10% bis 15% der rund 1.500 Heime im Osten weiter betrieben werden, etwa 40% sind abrißreif und müßten so zügig wie möglich durch Neubauten ersetzt werden.

Nach Analysen der Länder ist allein für den Um- und Neubau bis zum Jahr 2000 ein Investitionsbedarf von 16 Milliarden Mark erforderlich[10]. Gleichzeitig befürchten die Wohlfahrtsverbände enorme Probleme durch das Auslaufen vieler Arbeitsbeschaffungsmaßnahmen (ABM). Rund 50% der Stellen in den ostdeutschen Einrichtungen der freien Wohlfahrtspflege sind derzeit mit ABM-Stellen besetzt[11].

Die älteren Menschen haben vor allem der Familie gegenüber eine große Erwartungshaltung bei gegebenenfalls notwendig werdender Hilfeleistung und Unterstützung. Sofern sie in materielle Not gerieten, würden sich 80% an ihre Kinder und andere Verwandte wenden. Erst dann würde man an das Sozialamt herantreten, an Freunde und Bekannte, kaum an kirchliche Sozialdienste, an freie Wohlfahrtsverbände oder Selbsthilfegruppen. Gewiß wird längere Zeit vergehen, bis die in den alten Ländern in Jahrzehnten herausgebildete wohlfahrtsstaatliche bzw. Verbandsstruktur von den Menschen im Osten Deutschlands angenommen wird.

Aufgrund der anderen historischen Entwicklung und sozialen Erfahrung erwarten die ehemaligen DDR-BürgerInnen vor allem auch Hilfe und Unterstützung vom Staat und seinen Behörden. Sie folgen mehr einem Modell der Staatsbürgerversorgung – wie es z. B. in den Niederlanden und in skandinavischen Ländern praktiziert wird – als einem Sozialfürsorgemodell, das die Verantwortung vor allem dem einzelnen und seiner Familie zuordnet.

2. Subjektive Reflexionen des Systemwandels

Die für die ostdeutschen älteren Menschen neuen sozialen Rahmenbedingungen und materiellen Lebenslagen führen zu Veränderungen in der Wichtigkeit einzelner Lebensbereiche, zu neuen subjektiven Bewertungen, zu spezifischen Hoffnungen, aber auch Sorgen und Ängsten.

Für viele ältere Menschen insbesondere in den höheren Lebensaltern, die nach dem Zweiten Weltkrieg, z.T. nach zwei Weltkriegen, an den Sozialismus als

---

10 Die Pflegeheime sind in „unbeschreiblichem Zustand". Berliner Zeitung vom 21. August 1992: 4.
11 Ebenda.

Tabelle 17
Wichtigkeit einzelner Lebensbereiche bei über 60jährigen (Rangfolgen – Anteile in %)

Lebensbereich, Lebensbedingung	1987/88 (n=560) Rang	%	1990 (n= 205) Rang	%	1991 (n= 230) Rang	%	1992 (n=1001) Rang	%
Friedenssicherung	1	86	*		*		1.	99
harmonisches Familienleben	2	76	*		*		4.	95
soziale Sicherheit	3	68	2	79	1	88	2.	98
Familienbeziehungen im Alter	4	64	*		*		4.	95
Arbeit	5	63	6	50	6	66	8.	83
Gesundheit	6	61	4	74	4	76	3.	97
Kinder	7	55	7	46	7	54	7.	84
Umwelt	8	40	1	84	3	83	5.	90
Wohnung	9	39	9	43	9	38	9.	78
Bildung	10	37	10	35	8	39	6.	89
Freizeit	11	28	11	32	10	37	10.	69
Demokratie und Mitbestimmung	12	17	8	45	11	19	11.	68
Einkommen	13	16	3	78	5	75	*	
öffentliche und private Sicherheit	*		5	73	2	87	2.	98
Politik	*		*		*		12.	37
Religion	*		*		*		13.	29

* nicht erfragt
Quelle: ISS/ältere Bürger 1988; ISS/Leben '90 DDR; ISS/Leben '91 Ostdeutschland; sfz/senioren '92 nbl

Hoffnung auf das Andere und Bessere geglaubt und unter schwierigsten Bedingungen den Neuanfang begonnen hatten, ist eine Welt zusammengebrochen, stürzen bisherige Leitbilder, stellt sich die Frage nach dem Sinn des Lebens neu. „Ich kann doch nicht mein ganzes Leben wegwerfen", sagte vor einiger Zeit der Schriftsteller Stefan Heym in einem Interview und drückte damit aus, was viele empfinden.[12] „Vom Richtungs- und Orientierungsverlust sind auch jene betroffen, die sich nicht als Befürworter des Sozialismus verstanden hatten. Zwar stellt sich für sie der Zusammenbruch des alten System als Befreiung, Aufgabe politischer Unmündigkeit, Hoffnung auf ein besseres, weil stärker selbstbestimmtes Leben dar, aber ihre Entwicklungs- und Aufstiegschancen hängen letztlich davon ab, wie sie mit den jeweiligen Bezugsgruppen im Westen mithalten können. Fehlen-

---

12 F. J. Raddatz: Ich kann doch nicht mein Leben wegwerfen. Ein ZEIT-Gespräch mit Stefan Heym. In: DIE ZEIT, 6. 12. 1991: 65.

de Erfahrungen einerseits und erlernte, jetzt nicht selten hinderliche Verhaltensweisen andererseits erschweren den notwendigen Lernprozeß außerordentlich"[13].

Wer sich über Monate mit einer über Nacht eingeführten neuen Rechts- und Sozialordnung vertraut machen und sich im Wirrwarr neuer Institutionen und Zuständigkeiten zurechtfinden muß, seit Monaten keine Rente erhalten hat oder zustehende Leistungen wie Sozialhilfe nicht beanspruchen kann, weil die Vordrucke ausgegangen sind oder eine von den vielen jetzt erforderlichen Unterlagen nicht beigebracht werden kann, wer es mit überforderten Mitarbeitern zu tun bekommt, die z.T. nicht ausreichend qualifiziert sind, wird eher klagen als über die potentiellen Möglichkeiten und real existierenden Chancen der Demokratie und erworbenen Freiheiten im vereinten Deutschland nachdenken. Die Sorge um die berufliche Zukunft der Kinder und Enkelkinder, die arbeitslos geworden sind oder ungewollt als Vorruheständler Altersübergangsgeld in Anspruch nehmen (müssen), bzw. sich der Abwanderungsbewegung „Go West" anschließen, sind weitere Ursachen für das anfangs allseits erfahrbare Klagen-Crescendo. Demzufolge hat sich im Verlaufe des Transformationsprozesses die Wichtigkeit einzelner Lebensbereiche verändert.

Es ist verständlich, daß Fragen der Friedenssicherung für Generationen, die einen, z.T. zwei Kriege erlebt haben, von besonderer Relevanz sind. Es wird sich die Wichtigkeit einzelner Lebensbereiche durch die Vereinigung Deutschlands und im Fortschreiten des Transformationsprozesses verändert haben, während andere in der Relevanzzumessung gleichgeblieben sind. An der Spitze der Rangfolge stehen sozialdeterminierte Lebensbereiche (Friedenssicherung, soziale Sicherheit, öffentliche und private Sicherheit) sowie private Lebensbereiche (Gesundheit), am unteren Ende stehen die Möglichkeiten politischer Einflußnahmen und religiöse Welt- und Lebensanschauungen.

Besonders wichtig, weil für die einzelnen von existentieller Natur, ist die Gewährleistung sozialer Sicherheit, an Bedeutsamkeit gewonnen hat die öffentliche und persönliche Sicherheit, eine Folge der Veränderung vormaliger Alltagsstrukturen.

In einer sauberen und intakten Umwelt zu leben, war nach den ersten Veröffentlichungen zur Umweltsituation in der ehemaligen DDR während und nach der Wende für viele „sehr wichtig" und nimmt als Lebensbereich nach wie vor einen sehr hohen Stellenwert ein. Das Einkommen ist Anfang der 90er Jahre im Vergleich zu 1987/1988 bedeutend wichtiger geworden, spielte aber 1991 schon nicht mehr die dominierende Rolle wie ein Jahr zuvor.

Relativ stabil in der Rangfolge sind die privaten Bereiche Gesundheit, Partnerschaft, Wohnen und Freizeit geblieben. Als verhältnismäßig weniger wichtig ist die Religion bewertet worden. Der sehr hohe Stellenwert, den die Arbeit ein-

---

13 K. Belwe. Zur psychosozialen Befindlichkeit der Menschen in den neuen Bundesländern ein Jahr nach der Vereinigung, in: BISS publik, Heft 8/1992: 13

Tabelle 18
Wie zufrieden sind Sie gegenwärtig – alles in allem – mit Ihrem Leben? – Angaben in %

Zufriedenheitsgrad	Leben '91 (Mai 1991)	Leben '92 (April 1992)	Senioren '92 (Mai/ Juni 1992)
sehr zufrieden	4	5	6
zufrieden	39	43	49
teilweise zufrieden	46	42	37
unzufrieden	9	10	7
sehr zufrieden	2	2	1

Quelle: ISS/Leben '91 Ostdeutschland; sfz/Leben '92 nbl; Senioren '92 nbl

Tabelle 19
Zufriedenheit der über 60jährigen mit einzelnen Lebensbedingungen 1992 – Angaben in %

Bereich	zufrieden	teilweise zufrieden	unzufrieden
Wohnung	73	20	7
Einkaufsmöglichkeiten	60	20	20
Gesundheitswesen	59	34	7
soziale Sicherheit	30	49	21
öffentliche Verwaltung	18	52	30
Umweltsituation	15	50	35
Einkommen und Preise	15	43	42
öffentliche Sicherheit	7	36	57

Quelle: sfz/Senioren '92 nbl

nimmt, hängt mit der ausgeprägten Arbeitsorientierung (Arbeit als Bedürfnis und Lebenswert) der ostdeutschen Bürger zusammen.

Außerdem dürfte hier neben eigenen Erfahrungen auch die Sorge um die berufliche Zukunft der Kinder und Enkelkinder eine Rolle spielen. Demokratische Verhältnisse und Mitbestimmung hatten in der ehemaligen DDR keinen allzu großen Wert, wie der seinerzeitige vorletzte Platz auf der Rangskala ausweist.

Nach einer Zunahme der Wichtigkeit dieses Bereichs im Jahre 1990 hat er inzwischen wieder an Bedeutsamkeit verloren. Ob der Grund dafür die (erneute) soziale Erfahrung ist, daß man bei gegebenen krisenhaften Situationen ohnehin nichts ausrichten kann, oder ob es für viele ältere Menschen schwieriger ist, neue Gewohnheiten zu entwickeln oder positive Quellen für ihren Lebenssinn zu finden, kann nur hypothetisch angenommen werden.

Tabelle 20
Veränderung der Zufriedenheit der über 60jährigen mit einzelnen Lebensbereichen 1990–1992 – Angaben in %

Bereich	Jahr	zufrieden	teilweise zufrieden	unzufrieden
Wohnung	1990	83	13	4
	1991	79	18	3
	1992	73	20	7
Gesundheitswesen	1990	49	37	14
	1991	49	37	14
	1992	58	34	7
soziale Sicherheit	1990	49	38	13
	1991	21	43	36
	1992	30	49	21
öffentliche Verwaltung	1990	12	49	39
	1991	15	42	43
	1992	18	52	30
Umwelt	1990	8	19	73
	1991	14	30	56
	1992	15	50	35
Einkommen und Preise	1990	2	33	65
	1991	4	26	70
	1992	15	43	42
öffentliche Sicherheit	1990	27	52	21
	1991	18	41	41
	1992	7	36	57
Warenangebot	1990	33	47	20
	1991	73	24	3
	1992*			

* nicht erfragt

2.1 Allgemeine Lebenszufriedenheit

Die Gesamtbewertung aller Lebensumstände hat sich nach den hier ausgewerteten Untersuchungen bei den älteren Bürgern verbessert; die Hälfte der Befragten waren 1992 zufrieden, 8% unzufrieden.

Wie beim Stellenwert einzelner Lebensbereiche variiert auch die allgemeine Zufriedenheit nur unwesentlich nach demographischen und sozial relevanten Merkmalen. Relativ unzufrieden sind die 80jährigen und Älteren, die Geschiedenen, diejenigen, die eine höhere Schulbildung und berufliche Qualifikation haben, sowie die Landwirte. Des weiteren spielt das Einkommen für die empfundene Zufriedenheit bzw. Unzufriedenheit mit der Lebenssituation eine Rolle sowie der Gesundheitszustand.

Tabelle 21
Veränderungen in den Lebensbedingungen der über 60jährigen seit der Wende
Angaben in %

	verbesert	gleichge- blieben	verschlechtert
finanzielle Möglichkeiten	46	30	23
Familiensituation	5	84	9
Freizeitangebote	17	58	22
Gesundheit	3	57	39
anderes, was wichtig ist	4	18	9
Differenz zu 100 Prozent: keine Angaben, Quelle: sfz/Senioren '92 nbl			

Tabelle 22
Frage: Wenn Sie an die Entwicklung in den nächsten Wochen denken, haben Sie dann ...?
Angaben in %

	1991	1992
vor allem Hoffnungen	20	28
vor allem Befürchtungen	28	25
sowohl Hoffnungen als auch Befürchtungen	52	42
ich weiß nicht	1	5
Quelle: ISS/sfz/Leben '91 Ostdeutschland; sfz/Senioren '92 nbl		

2.2 Zufriedenheit mit einzelnen Lebensbedingungen

Die Veränderungen in den objektiven Lebensverhältnissen finden ihren Niederschlag in den subjektiven Bewertungen der verschiedenen Lebensbereiche.

Tabelle 20 zeigt, daß sich erwartungsgemäß vor allem die Zufriedenheit hinsichtlich des Warenangebots verbessert hat (1992 wurde nach der Zufriedenheit mit den Einkaufsmöglichkeiten gefragt). Erhöht hat sich in den vergangenen zwei Jahren die Bewertung des Verhältnisses von Einkommen und Preisen (allerdings auf einem insgesamt relativ niedrigem Niveau), die Zufriedenheit mit dem Gesundheitswesen, der örtlichen Verwaltung und der Umweltsituation.

Mit sozialer Sicherheit sind 30% zufrieden, 21% unzufrieden. Der relativ starke Rückgang der Zufriedenen und die Zunahme der Unzufriedenen um fast das Dreifache betreffend die soziale Sicherheit (1991) ist mit den damals vorherrschenden Ungewißheiten über künftige Renten- und Mieterhöhungen, Umlagen für Betriebskosten u.ä. sowie den Möglichkeiten der Inanspruchnahme medizinischer und sozialer Betreuungsleistungen zu erklären. Am unzufriedensten sind

Tabelle 23
Zukunftszuversicht der über 60jährigen nach demographischen und sozialen Merkmalen 1992 – Angaben in %

Merkmale der Befragten	vor allem Hoffnungen	vor allem Befürchtungen	sowohl Hoffnungen als auch Befürchtungen	ich weiß nicht
Insgesamt	28	25	42	5
Geschlecht				
Frauen	27	25	43	5
Männer	29	26	41	4
Alter				
60–69 Jahre	27	26	43	4
70–79 Jahre	31	24	39	6
80 J. und älter	27	25	45	3
Familienstand				
verheiratet	28	24	44	4
ledig	22	31	41	6
geschieden	19	36	41	4
verwitwet	30	24	41	5
Schulbildung				
unter 8 Klassen	25	24	39	12
8. Klasse	31	23	41	5
10. Klasse	16	30	52	2
Abitur	12	39	45	4
berufliche Qualifikation				
keine	31	25	34	7
Teilfacharbeiter	23	24	47	6
Facharbeiter	30	24	41	5
Meister/ Techniker	45	14	40	1
Fachschule	20	27	51	2
Hochschule	9	40	49	2
frühere Tätigkeit				
Arbeiter	30	27	39	4
Bauer/Landwirt	29	23	46	3
Angestellter	27	24	45	4
Intelligenz	12	38	49	1
Handwerker u. andere	37	18	33	12
Rentenhöhe				
unter 800 DM	27	26	41	6
800–999 DM	24	28	44	4
1000–1249 DM	33	25	36	6
1250–1499 DM	27	19	50	4
1500 DM und mehr	31	24	43	2
Quelle: sfz/Senioren '92 nbl				

Tabelle 24
Sorgen und Ängste der über 60jährigen 1992
(Mehrfachnennungen möglich) – Angaben in %

Sorgen und Ängste	ja	nein	keine Antwort
die weltpolitische Lage	77	21	2
Angst, einmal auf fremde Hilfe angewiesen zu sein	59	40	1
Gesundheit	55	44	1
finanzielle Verhältnisse	43	56	1
Angst, Sozialhilfeempfänger(in) zu werden	31	66	3
Alleinsein, Einsamkeit	20	75	5
Zustand der Wohnung	19	79	2
Angst vor nicht ausreichender gesundheitlicher Betreuung	19	79	2
Verhältnis zu Kindern und Verwandten	7	90	3
Angst vor:			
Gewalt und Kriminalität	93	7	0
Rechtsradikalismus	89	10	1
Preiserhöhungen	75	24	1
Mieterhöhungen	65	27	8
Entwertung der Ersparnisse	63	35	2
der Zukunft	40	57	3
Ich habe keine Sorgen und Probleme.	3	–	–
Quelle: sfz/Senioren '92 nbl			

Ältere mit der öffentlichen und persönlichen Sicherheit; der Anteil der Zufriedenen ging um 20% zurück, der der Unzufriedenen verdreifachte sich fast.

Das Bild, das ältere Ostdeutsche sich von ihren Lebensverhältnissen machen und wie sie sie bewerten, wird vervollständigt durch die Antworten auf die Frage, welche Bedingungen sich seit der Wende verändert haben.

Zusammenfassend ist festzustellen, daß die älteren Menschen in der DDR zwar nicht besser gelebt, sich aber sozial sicherer gefühlt haben.

2.3 Zukunftszuversicht älterer Menschen

Der rasche Prozeß der rechtlichen und institutionellen Anpassung und die sich sehr viel langsamer vollziehende Umstellung des Alltagslebens, die nach wie vor als andauernde Umbruchsituation empfunden wird, läßt spezifische Hoffnungen und Befürchtungen aufkommen. Annähernd 30% der 1992 befragten älteren Menschen haben vor allem Hoffnungen, jede(r) vierte vor allem Befürchtungen.

Aufgrund der eigenen sozialen Erfahrung relativieren sich für die neuen Bundesbürger sowohl Hoffnungen als auch Befürchtungen, wobei die älteren eine geringfügig positivere Sichtweise als die jüngeren haben. Für sie ist die Zukunft – bei allen psychischen und emotionalen Belastungen – berechenbarer als für diejenigen, die von Kurzarbeit oder Arbeitslosigkeit betroffen sind, oder für diejenigen, die um den Verlust ihres Arbeitsplatzes bzw. um die ABM-Stelle fürchten müssen.

Der Vergleich der Zukunftszuversicht nach sozial relevanten Merkmalen macht erneut sichtbar, daß es vor allem die Merkmale Schulbildung, berufliche Qualifikation und frühere Stellung im Arbeitsprozeß sind, die Unterschiede in den subjektiven Einschätzungen konstituieren. Zunehmende Bildung und Qualifikation und höhere berufliche Positionen gehen einher mit einer weniger optimistischen Sichtweise.

Nach ihren Sorgen und Ängsten befragt, dominieren bei den über 60jährigen die Ängste vor Gewalt und Kriminalität, Rechtsradikalismus sowie die Sorge um die weltpolitische Lage, gefolgt von der Angst vor Preis- und Mieterhöhungen und vor der Entwertung der Ersparnisse. Erst danach kommen indiviualbezogene Sachverhalte: die Angst, auf fremde Hilfe angewiesen zu sein, die Sorge um die Gesundheit und die eigenen finanziellen Verhältnisse usw. Fast ein Drittel befürchtet Sozialempfänger(in) zu werden; keine Sorgen und Probleme haben nur rund 3% der befragten älteren Menschen.

Vergleicht man dieses Ergebnis mit Befragungsergebnissen aus den Jahren 1987/1988, so hat sich die Zahl derjenigen, die Sorgen und Probleme haben, seitdem fast verzehnfacht[14].

Die Befragung „Senioren '92 nbl" weist auf einen aufwärts gerichteten Trend hin. Immerhin stieg von 1991 auf 1992 der Anteil derjenigen älteren Menschen, die alles in allem mit ihrem Leben zufrieden sind, von 43% auf 55% und jener, die zuversichtlich in die Zukunft blicken, von 20% auf 28%. Dennoch sollte diese Tendenz nicht überbewertet werden. Angesichts der Sorgen und Ängste könnte der ohnehin nicht stark ausgeprägte Zukunftsoptimismus auch Ergebnis eines Kompensationseffekts für augenblicklich bestehende Defizite des subjektiven Wohlbefindens sein. Eine Grundvoraussetzung, um aus dem Spannungsfeld von unbewältigter Vergangenheit, überwältigender Gegenwart und z.T. angstbesetzter Zukunft herauszukommen, ist die Schaffung solcher Lebensbedingungen und -verhältnisse, in denen sich die Alten sozial sicher fühlen, wo ihnen vielfältige Möglichkeiten geboten werden, aktiv am gesellschaftlichen und kulturellen Leben der Gesellschaft teilzunehmen und ein Netz von sozialen Beziehungen und Kontakten zu knüpfen, und wo im Bedarfsfall die erforderliche Betreuung und Pflege gewährleistet ist.

---

14 Vgl. K.-P. Schwitzer u.a.: Altenreport'90 – Zur sozialen Lage von Altersrentnerinnen und Altersrentnern1: 38.

Literaturverzeichnis

Belwe, K. (1992): Zur psychosozialen Befindlichkeit der Menschen in den neuen Bundesländern ein Jahr nach der Vereinigung. In: BISS publik, H.8: 13.

Bundesministerium für Arbeit und Sozialordnung (1993): Ab 1. Juli: Mehr Rente. Bonn.

Intersofia, Gesellschaft für interdisziplinäre Sozialforschung in Anwendung mbH (1992): Berufsstrukturanalyse arbeitsfähiger SozialhilfeempfängerInnen in den östlichen bezirken Berlins. Erster Endbericht.

Jensch, R. (1991): Auswertung des Experten-Ratings zur Finanzierung der Sozialstationen. Dresden (unveröffentlicht).

Raddatz, F.J. (1991): Ich kann doch nicht mein Leben wegwerfen. Ein ZEIT-Gespräch mit Stefan Heym. In: Die ZEIT, 6. 12. 1991: 65.

Schmidtke, H./Schwitzer, K.-P.: Lebensbedingungen und Handlungsintentionen älterer Menschen im Zuge des Transformationsprozesses in den neuen Ländern. KSPW-Studie Nr. 601.

Schwitzer, K.-P. et. al. (1990): Altenreport '90 – Zur sozialen Lage von Altersrentnerinnen und Altersrentnern in der DDR. In: Blätter der Wohlfahrtspflege 137, Sonderausgabe 10+11.

Schwitzer, K.-P. (1992): Behinderte in der DDR. In: Voigt, D./Mertens, L. Minderheiten in und Übersiedler aus der DDR. Berlin.

Schwitzer, K.-P./Winkler, G. (Hrsg.) (1993): Altenreport '92 – Zur sozialen Lage und Lebensweise älterer Menschen in den neuen Bundesländern. Berlin.

Schwitzer, K.-P. (1993): Alte Menschen in den neuen Bundesländern – Das andere deutsche Alter. In: Aus Politik und Zeitgeschichte (Beilage zur Wochenzeitung „Das Parlament") B 44: 42ff.

Statistisches Bundesamt (Hrsg.) (1992): Im Blickpunkt: Ältere Menschen. Stuttgart.

Veränderungen und Kontinuitäten der Lebenslage und des Gesundheitszustandes älterer Menschen zwischen 1989 und 1992

Ergebnisse der Halleschen Längsschnittstudie Seniorenkolleg (HALSEKO)

Monika Genz

Vorbemerkung

Mit der deutschen Wiedervereinigung verbindet sich ein Modernisierungsprozeß der ostdeutschen Gesellschaft. Die damit in Zusammenhang stehenden Veränderungen betreffen auf der Ebene der Gesellschaft die Liquidierung des sozialistischen Systems, die Organisation einer Demokratie durch Neustrukturierung der Verwaltung und die Schaffung nichtstaatlicher Strukturen. Der Prozeß vollzieht sich auf der Grundlage einer neuen, noch nicht praktizierten Gesetzgebung.

Auf der individuellen Ebene kommt es zu einem Bruch der Biographie einer gesamten Bevölkerung. Die Wiedervereinigung verbindet sich für die Menschen in den neuen Bundesländern mit einer ungleich größeren Dramatik, vor allem in der Anfangsphase, mit schnellen Szenenwechseln, tragischen und optimistischen Situationen, Ängsten und Hoffnungen.

Daraus ergab sich geradezu zwingend die Aufgabe der wissenschaftlichen Beobachtung der sich verändernden Lebensräume nach einem historischen Ereignis. Die Beschreibung der erfolgten Veränderungen erhält ihre Konturen sowohl aus der Vergangenheit als auch aus der Gegenwart und dürfte daher wohl auch zu etwas mehr Transparenz im deutsch-deutschen Verstehen beitragen.

Dieser Beitrag basiert auf der Beobachtung einer Gruppe älterer Menschen und deren Reflexion auf die veränderte Lebenslage. Er ist nur ein Mosaikstein im Bild ostdeutschen Alters. Mit der Untersuchung wird aber auch versucht, die Wechselseitigkeit von Lebenslage und Gesundheitszustand im Zuge des Experiments „Wiedervereinigung" mit seinem großen sozio-emotionalen Streß für die Menschen in den neuen Bundesländern, insbesondere für die Älteren, festzuhalten, um die sozialen Bedingungen für ein Konzept der Gesundheitsförderung im Alter zu untersuchen.

1. Theoretisches Konstrukt für den Zusammenhang von Lebenslage und Gesundheitszustand

Die Sozialepidemiologie hat die Beziehungen zwischen sozialer Schicht und unzeitigem Tod und Krankheit oder den Einfluß z.b. des Familienstandes auf die Herzinfarkt-Letalität epidemiologisch nachgewiesen. Sozialwissenschaftliche Krankheitstheorien erklären Krankheit aus chronischem Distreß als Folge sozialer Risikokonstellationen und psychischer Disposition (u.a. Siegrist, 1990). Individuelle Bewältigungsformen innerhalb sozialer Netzwerke mit sozialer Integration oder sozialer Unterstützung werden als entscheidend für die Entschärfung der individuellen Belastung durch Konfliktsituationen angesehen. (Badura, 1981, 1990, 1993; Waltz, 1990; Ergebnisse des Health Survey Somipops-Soziomedizinisches Indikatorensystem der Population der Schweiz 1983). Siegrist spricht in seiner Arbeit „Soziale Krisen und Gesundheit" von den „emotionalen Kosten" der Vergesellschaftung, indem er die sozialen und ökonomischen Veränderungen in Deutschland, die daraus resultierenden langanhaltenden negativen Emotionen über zentralnervöse Reaktionen auf den Organismus, in Beziehung zur Krankheitsentstehung setzt und aus den sozio-emotionalen Motivationen von Menschen ableitet (Siegrist, 1991). Tembrock (1983) beschreibt biologische Grundbedürfnisse im Kontext der Anthropogenese mit Umweltanforderungen, die er nach Raum-, Zeit-, Stoffwechsel-, Schutz-, Informations- und Partneransprüchen klassifiziert. Die Qualität der Motivationen ergeben sich bei ihm durch Bezug auf den Körper, das Verhalten, die Gruppe und Traditionen. Sie werden im Altersleben immer weniger realisiert. Für ostdeutsches Altersleben lassen sich exemplarische Defizite beschreiben, z.B. bei solchen Themen wie altersgerechter Wohnraum oder institutionalisierte ungewollte Wohngemeinschaft, Schutz und Hilfe bei Pflegebedürftigkeit, Information durch Telekommunikation oder solch genereller Themen des Alterslebens: Abnahme von Lebenszeit und körperlicher Integrität, Verlust von Partnern und Freunden, Erfahrung von abnehmender sozialer Kompetenz. Das bestätigt sich auch im Fremdbild vom Alter, welches Pädagogikstudenten im Alter von 20 bis Ende 40 im Direkt- und Fernstudium an der Universität Halle durch Assoziationen zum Alter mit Einsamkeit, Krankheit, Zerfall oder Gebrechlichkeit, Sterben und Tod oder der Orientierung an der Vergangenheit anstatt der absehbaren Zukunft beschreiben. Die zunehmende Prioritätensetzung auf Prävention und Gesundheitsförderung verlangt in diesem Zusammenhang, Altern und Altsein sowohl medizinisch, sozialwissenschaftlich als auch sozialpolitisch integrativ zu verstehen. Angesichts der demographischen Entwicklung sind nicht nur die prognostisch zu erwartenden „Pflegebedürftigen" als Grundlage für die Planungen der offenen und geschlossenen Altenhilfe und die Krankheitskosten infolge chronischer Krankheiten zu analysieren, sondern es ist doch auch danach zu fragen, unter welchen Bedingungen ca. 75% der über 75jährigen leben, die ein autonomes Altersleben ohne schwerwiegende Krankheitseinbußen realisieren.

Lebenslage und Gesundheitszustand älterer Menschen 309

Unter welchen sozialen Bedingungen, in welchem Mikromilieu reagieren Frauen und Männer mit ihrem Gesundheitszustand auf die Aufgaben, die ihnen das Alter stellt, bis hin zu Orientierungsverlust, Verwirrtheit und körperlichem Zusammenbruch (Dörner/Plog, 1988). Welche ökonomischen, sozialen und emotionalen Defizite sind „kränkend"? Sind Voraussetzungen zu organisieren, die altersgemäße somatische Veränderungen kompensieren, um funktionale Störungen zu verhindern, oder läßt sich in einem sekundär bzw. tertiär präventiven Kontext die Verschlechterung der chronischen Krankheit, die zu Autonomieverlust führt, verhindern oder in der Dauer hinausschieben? Hypothetisch ist davon auszugehen, wenn man die Individualität und Variabilität von Altersleben betrachtet.

Aus sozialmedizinischer Sicht könnte schon heute eine integrative Gesundheits-, Sozial- und Altenpolitik, eine kulturelle Enttabuisierung der Konfliktfelder des Alterslebens und ein gerontologischer Ansatz in der medizinischen Versorgung „Kränkungen" durch die Lebenslage im Alter abbauen. Gesundheitsförderung im Alter versteht sich aber auch aus der Bereitschaft zur subjektiven Mitarbeit der Alten, für Ostdeutschland im Sinne von Aktivität gegen eine „Feierabendmentalität" - eine Aufgabe der Geragogik für die Altengenerationen des 21. Jahrhunderts.

Angesichts der Diskussionen um die Beweiskraft sozialwissenschaftlicher Krankheitstheorien (Ökonomie der Prävention, 1990) müssen Konzept und Anspruch illusionistisch erscheinen, solange nicht durch komplexe längsschnittliche personenbezogene Untersuchungen Indikatoren bestimmt worden sind, die eindeutig einen negativen Einfluß auf die gesundheitliche Alterssituation nachweisen.

Die Grundgedanken zu diesem Konzept entstanden aus der ärztlichen und persönlichen Alltagserfahrung in der ehemaligen DDR und führten zu dem Versuch, Lebenssituation und Gesundheitszustand älterer Menschen empirisch zu untersuchen, wobei theoretisch von den offensichtlichen Defiziten des Alterslebens wie Verlusterleben durch Tod, Einsamkeit bzw. fehlende sozial befriedigende Kontakte, finanzielle Einschränkung durch niedrige Renten, Bagatellisierung von körperlichen Beschwerden durch Ärzte als altersbedingte Beschwerden sowie Tabuisierung von Tod und Sterben ausgegangen wurde. Im Rahmen eines Projekts sollten Lebenssituation und Gesundheitszustand älterer Menschen untersucht werden. Die Pilotstudie fand zwischen August und Oktober 1989 statt und konnte danach nicht weitergeführt werden. Aus dem standardisierten Befragungsbogen zur Lebenssituation wurde, eher improvisiert, eine begleitende Forschung zu den Auswirkungen der Wiedervereinigung Deutschlands auf das Altersleben einer für die Durchschnittsaltenbevölkerung der neuen Bundesländer nicht repräsentativen Gruppe durchgeführt.

2. Zusammenfassende Darstellung der Methode

Eine ausführliche Beschreibung der Untersuchung fand schon statt (Genz, 1991; Genz/Kube, 1993; Genz, 1993; 1994). Zusammenfassend läßt sich sagen, daß die vorgestellten Ergebnisse aus drei standardisierten Befragungen stammen, von denen die erste 1989 als Interview, die folgenden 1991 und 1992 schriftlich durchgeführt wurden. Bei der untersuchten Gruppe handelt es sich um Teilnehmer des Seniorenkollegs der Martin-Luther-Universität Halle-Wittenberg, einer Bildungseinrichtung für ältere Menschen, die seit 1970 besteht. Entsprechend der präventiven Zielstellung wurde diese Gruppe, als einer angenommenen kompetenten Vertretung für ältere Menschen, ausgewählt, um Merkmale für erfolgreiches Altern zu finden. Gleichzeitig konnten sie als motiviert für das Forschungsanliegen angesehen werden. Die Bereitschaft zur Mitarbeit bei den weiteren Befragungen und die Ausdauer trotz der umfangreichen Fragebögen bestätigte das. Während die erste Untersuchung bei einer 12,5%igen gezogenen Stichprobe aus der gesamten Teilnehmerschaft (n=50) stattfand, konnte 1992 durch Unterstützung der KSPW eine Totalbefragung der Gruppe von 437 eingeschriebenen HörerInnen erfolgen. Die Rücklaufquote betrug 73,2% (n=326).

3. Beschreibung der Stichprobe

Die Teilnehmerschaft des Seniorenkollegs an der Halleschen Universität besteht überwiegend aus Frauen, deren Qualifikationsniveau und Familienstand in der Tendenz eine Gruppe von Frauen beschreibt, die als Nutzer von Bildungsangeboten allgemein in der deutschsprachigen Gerontologie gelten (Rosenmayr, 1983; Groth/Stahlhofen, 1988). DDR-typisch ist dagegen die Dauer der früheren Berufstätigkeit, mehr als 80% der Frauen und 98% der Männer hatten ein 30jähriges oder längeres Berufsleben. Da 74% der älteren Menschen in der DDR Frauen waren, wurde die ungleichgewichtige Geschlechterverteilung in Kauf genommen. Das Durchschnittsalter lag 1992 bei 70,5 Jahren. Trotz der großen Unterschiede in der Anzahl der befragten Personen zwischen 1989 und 1992 werden die festgestellten Veränderungen als Folge des sozialen und kulturellen Wandels in Ostdeutschland interpretiert und mit folgenden drei Aspekten begründet:
1. Die Gruppe der Seniorstudenten ist als stabile Gruppe zu bezeichnen. Im Mai 1989 bestand sie aus 400, im Mai 1992 aus 437 eingeschriebenen Hörern. 1991 waren 76% länger als 4 Jahre, davon 25% länger als 9 Jahre regelmäßige Besucher.
2. Die geringe Fluktuation äußert sich in der Stabilität der sozialstrukturierenden Merkmale, die in Tab.1–4 dargestellt sind.
3. Eine zusätzliche Bestätigung liefern die zwei kleineren Längsschnittkollektive, die in den jeweiligen Untersuchungswellen enthalten sind (personenbezogen:

Lebenslage und Gesundheitszustand älterer Menschen 311

Tabelle 1
Geschlechtsstruktur

Jahr	Anzahl	Frauen absolut	%	Männer absolut	%
1989	50	47	94	3	6
1991	226	190	84	36	16
1992	325	275	85	50	15

Tabelle 2
Qualifikationsstruktur

Jahr	Anz.	ohne abgeschl. Ausbildung abs.	%	Facharbeiter Meister abs.	%	Fachschul-/ Hochschulabschluß abs.	%
1989	50	4	8,0	22	44,0	24	48,0
1991	223	12	7,2	72	32,3	135	60,5
1992	320	22	6,9	102	31,9	196	61,2

Tabelle 3: Altersverteilung in vier Altersgruppen

Jahr	Anz.	unter 65 Jahre abs.	%	65–70 Jahre abs.	%	70–75 Jahre abs.	%	70 Jahre u. älter abs.	%
1989	50	9	18,0	17	34,0	9	18,0	15	30,0
1991	226	32	14,2	73	32,2	62	27,4	59	26,1
1992	325	59	18,1	99	30,5	92	28,3	75	23,1

Tabelle 4
Familienstand

Jahr	Anz.	ledig abs.	%	verwitwet abs.	%	verheiratet abs.	%	geschieden abs.	%
1989	50	11	22,0	20	40,0	11	22,0	8	16,0
1991	226	54	23,9	81	35,8	58	25,7	33	14,6
1992	320	74	23,1	111	34,7	88	27,5	47	14,7

1989 n = 50, 1991 n = 40, 1992 n = 34, anonym: 1991 n = 226, 1992 n= 194). Auch im Vergleich mit den zwischenzeitlich publizierten repräsentativen Untersuchungen zur sozialen Lage älterer Menschen in den neuen Bundesländern (Winkler, 1993; Schwitzer, 1993) folgen die längsschnittlich erhobenen Daten dieser verzerrten Stichprobe den Auswirkungen auf das Altersleben.
Insgesamt läßt sich die Gruppe mit vier Merkmalen als positive Gruppe beschreiben. Das sind die hohe berufliche Qualifikation, das Bildungsbedürfnis im Alter;

die große sportliche Aktivität, 66,7% treiben Sport, darunter 73,8% zwei und mehr Sportarten, die traditionell sind, wie Wandern, Schwimmen, Radfahren und Gymnastik, kein Golf, kein Tennis. Ferner: die für ostdeutsche, besonders auch für Hallesche Verhältnisse gute Wohnsituation; 95,7% bewohnen eine Wohnung mit Bad oder Dusche, 73,6% mit einer modernen Heizung. Aufgrund dieser Merkmale wurde 1989 die bei mehr als 50% sehr gute oder gute Einschätzung des Gesundheitszustandes interpretiert (gegenüber 20–25% bei anderen in der ehemaligen DDR durchgeführten Untersuchungen), trotz der eigentlich nach dem Familienstand als Risikogruppe definierten Personen.

Die nun folgenden Ergebnisse betreffen fünf Aspekte der Lebenslage, sind Hypothesen für eine Neubestimmung der Altersrolle: die zunehmende Zufriedenheit älterer Menschen, die Effekte auf die sozialen Beziehungen, die Lebenslage als Indikator für den Gesundheitszustand, die Wiedervereinigung als historisches biographisches Ereignis.

4. Hypothesen für die Neubestimmung der Altersrolle

Seit 1990 veränderten sich die Sozialisationsbedingungen einer ganzen Bevölkerung. Orientiert am Strukturmodell von Geulen und Hurrelmann (Geulen/Hurrelmann, 1980; Hurrelmann/Nordlohe, 1989), betraf es die Übernahme sämtlicher gesellschaftlicher Strukturen von Westdeutschland, auf der Grundlage von neuartigen gesetzlichen, ökonomischen und politischen Handlungsräumen. Die sich daraus ableitenden neu geschaffenen Institutionen und sozialen Organisationen bedeuteten einen Eingriff in ein, wenn auch langsam in 40 Jahren gewachsenes Interaktionsmuster, welches sich „über Nacht" auflöste und dadurch unmittelbar soziale Beziehungen störte, die auf der Individualebene einen Prozeß von Neu- und Umbewertungen, Bearbeitung der offenen Fragen zu Lebenszielen und Existenzsicherung initiierte. Durch die Zunahme von psychosomatischen Störungen waren die Auswirkungen auch an den biologischen Funktionen ablesbar, vor allem durch Schmerzen und Schlafstörungen (Allensbach, 1990; Genz/Kube, 1993). Sie waren bei den älter als 60jährigen Frauen und Männern besonders deutlich, da kompensatorische organismische Fähigkeiten infolge des Alterungsprozesses eingeschränkt sind und somit deutlicher den sozio-psycho-somatischen Kontext für den Gesundheitszustand spiegeln. Die negativen Auswirkungen auf die Beurteilung der Lebenssituation zwischen 1989 und 1991 durch eine antizipierte Verschlechterung der eigenen Lebenslage infolge finanziell-ökonomisch fraglicher Existenzsicherung, Verschlechterung der medizinischen Versorgung in Zusammenhang mit befürchteter Verschlechterung des Gesundheitszustandes sowie durch Ängste um die Zukunft der Kinder angesichts zunehmender Arbeitslosigkeit wurden bereits beschrieben (Genz/Kube; 1993). Unter der Annahme der Beeinflussung des Gesundheitszustandes durch sozio-emotionalen Streß, dient das theoretische Konzept der Lebenslage, ihrer sozialen Risiken und sozialen Ungleichheiten (Hradil, 1987; Naegele, 1991; Dieck/Naegele, 1993; Steinkamp, 1990,1993) sowohl dem deutsch-deutschen Vergleich (zur sozialen Lage ostdeutscher älterer Menschen: Schwitzer; Winkler; Michel; Ernst; Riedel/Tews, 1993) als auch der Bestimmung positiver versus „kränkender" Aspekte der Lebenslage auf der personalen Mikroebene in Beziehung zu den Motivationen.

Beobachtungen innerhalb der Gruppe von Seniorstudenten, aber auch im Alltag stellen eine Neuinterpretation der eigenen Lebenslage bei dieser Altersgruppe fest. Folge der Wiedervereinigung war zunächst der Wegfall eines Privilegs der Rentner, nämlich nach Westdeutschland reisen zu dürfen – einem positiven Aspekt von großer Attraktivität des ostdeutschen Eintritts in das Rentenalter, der allerdings nur denjenigen zugute kam, die über verwandtschaftliche Bindungen ihre Reisen finanzieren konnten. Eine Neubestimmung orientiert sich natürlich an positiven Bereichen der veränderten Bedingungen. Diese fanden sich im Vergleich zu den durch Vorruhestand unvorbereitet „jung alt" gemachten Personen. Aus ihm resultierte ein hohes Maß an Selbstzufriedenheit in dem Bewußtsein, selbst über den Austritt aus dem Arbeitsleben entschieden zu haben. Die Älteren fühlen sich in diesem Zusammenhang den Jüngeren überlegen. Es wertet das kalendarisch höhere Alter auf, und als zweiter Gesichtspunkt kann die Erfahrung mit der eigenen Berufsaufgabe zur Unterstützung der Bewältigung des Vorruhestandes bzw. Altersübergangs verwendet werden. Das ist natürlich nur in Zusammenhang mit der ostdeutschen hohen Bewertung von Arbeitsplatz und Berufstätigkeit verständlich (u.a. Tews, 1993). Die erlebte relative Chancenlosigkeit auf dem Arbeitsmarkt von erst 50jährigen führt ebenfalls zu einer veränderten Einstellung zum eigenen Alter, das ursprünglich kalendarisch normiert durch die soziale Zäsur „Rentner" (60 Jahre bei Frauen, 65 Jahre bei Männern) bestimmt wurde, indem mindestens um 15 Jahre Jüngere auch schon die Attraktivität für ein Berufsleben verlieren. Dieser Umbewertungsprozeß ist in die Interpretation der zunehmenden Zufriedenheit älterer Menschen mit den neuen Bedingungen der Lebenslage nach der Wiedervereinigung in repräsentativen Umfragen und in dieser Untersuchung mit einzubeziehen.

5. Zunahme der Zufriedenheit und neue Ungleichheiten

Ein wesentliches Ergebnis ist die auch statistisch nachweisbare größere Zufriedenheit älterer Menschen im ostdeutschen Wandlungsprozeß im Sommer 1992 im Vergleich zu 1991. Die Veränderungen in der Zufriedenheit mit einzelnen Bereichen der Lebenssituation entsprechen den Ergebnissen der Datenbasis Wohlfahrtssurvey-Ost 1990 (Datenreport, 1992) und der repräsentativen Stich-

Tabelle 5
Zufriedenheit zwischen 1989 und 1992 – Angaben in %

	sehr zufrieden			zufrieden			kaum zufrieden/ unzufrieden		
	1989	1991	1992	1989	1991	1992	1989	1991	1992
mit der finanziellen Situation	10,0	1,8	2,6	62,0	51,1	60,6	28,0	47,1	36,8
mit der Lösung von Problemen	4,0	0,9	1,0	68,0	51,2	61,2	28,0	47,9	37,8
mit der ärztlichen Behandlung	14,0	20,2	18,3	46,0	66,8	74,0	28,0*	13,0	7,7
mit dem Leben jetzt, gegenüber 1989	–	5,4	11,3	–	51,4	62,8	–	43,2	25,9

probe bei älteren Menschen aus dem Sozialwissenschaftlichen Forschungszentrum Berlin-Brandenburg (Schwitzer, 1993).

Die Zufriedenheit in den dargestellten Lebensbereichen wirkt sich hoch signifikant in der Bewertung der Lebenslage aus. Die angestiegene Zufriedenheit mit der finanziellen Situation ist natürlich differenziert zu betrachten. 47% der Befragten sind auch 1992 unzufrieden. Analysiert man die Gruppe der Unzufriedenen, so wird deutlich, daß die finanzielle Situation infolge der Rentenreform in Ostdeutschland neue Ungleichheiten schafft, die nicht im Kontext Armut, sondern im Zusammenhang mit empfundener Benachteiligung durch den Verlust von Sonderrentenansprüchen (die größtenteils ja nicht durch „staatsnahe" Tätigkeit, sondern als Honorierung lebenslanger Arbeitszeit in akademischen Berufen mit relativ geringen Einkommen galten) interpretiert werden müssen und die vor allem vor dem Hintergrund vergleichbarer Berufskarrieren in Westdeutschland Verbitterung und Kränkung (eine deutlich schlechtere Bewertung des Gesundheitszustandes) hervorrufen. So beurteilen die geringer qualifizierten Frauen, darunter besonders die verwitweten Arbeiterinnen ihre Lebenssituation und ihren Gesundheitszustand als besser als diejenigen Männer, die hohe Berufsbildungsabschlüsse aufzuweisen haben. Im Verständnis eines theoretischen Krankheitsmodells von sozio-emotionalem Streß und dessen Entlastung durch soziale Faktoren bedeuten zunehmende Zufriedenheiten präventive Aspekte.

Merkmale für die Wahrnehmung der Lebenslage auf der Reduktionsebene der Zufriedenheiten betrafen vier Dimensionen. Neben der materiellen Voraussetzung zur Realisierung des Alterslebens (in den neuen Bundesländern überwiegend durch die monatliche Rente) sind es die Erfahrung der eigenen Kompetenz, der Gesundheitszustand, die damit in Zusammenhang stehende medizinische Betreuung (Genz, 1994) und die soziale Kommunikation sowie die sozialen Beziehungsmuster. Die Zufriedenheit mit der Lebenslage wird auch zum Maßstab bei der Bewertung der Wiedervereinigung.

6. Effekte auf die sozialen Beziehungen und der Versuch einer Deutung

Die Funktion sozialer Beziehungen älterer und alter Menschen kann über drei Aufgaben bestimmt werden. Sie sind entscheidend für die Lösung von Problemen, Konflikten und Belastungen im Altersleben. Soziale Kommunikation bedeutet weiterhin, und das nicht nur für ältere oder alte Menschen, Teilnehmen, Teilhaben am gesellschaftlichen Leben und Integration in das gesellschaftliche Leben. Soziale Beziehungen führen zur Bewertung der eigenen Situation und initiieren daraus abgeleitet Handlungen zu einer möglichen Veränderung der Lebenslage. Drittens besteht in sozialer Interaktion auch soziale Unterstützung, bedeutsam für Prävention in einem Streß-Coping Verständnis.

6.1 Veränderungen im familiären Beziehungsmuster

Lehr (1979) betonte bezüglich sozialer Kontakte die Familienzentriertheit von älteren Frauen. Das bestätigte 1985 auch eine Untersuchung bei alleinstehenden Frauen in Altenheimen der Stadt Halle, in der Frauen mit Kindern innerhalb der letzten zwei Wochen doppelt so viele Kontakte (3,8) infolge von Besuchen durch ihre Kinder gegenüber Frauen ohne Kinder (1,9) hatten (Genz, 1986). Außerhalb von institutionalisiertem Altersleben war aber infolge der hohen Berufstätigkeit von Frauen auch von weiter bestehenden sozialen Netzen zum ehemaligen Betrieb neben familiären Beziehungen – wohl DDR-typisch – auszugehen. Obwohl eine detaillierte Erfassung der Kontakthäufigkeit und die Art der Kontakte in Zusammenhang mit den sozialen Beziehungen nicht Bestandteil der längsschnittlichen Befragung waren, ist die große Bedeutung der familiären Beziehungen in den neuen Bundesländern vor dem Hintergrund des Wegbruchs der betrieblichen Strukturen und Räume anzunehmen.

Schwitzer (1993) stellt bei 95% der älter als 60jährigen harmonisches Familienleben und Familienbeziehungen als dritten wichtigsten Lebensbereich (nach Frieden und sozialer Sicherheit) fest, das wird durch diese Untersuchung bestätigt (harmonische Familienbeziehung besonders wichtig/wichtig: 1989: 96,8%; 1991: 94,3%; 1992: 98,4%). Als noch viel wesentlicher wird aber das Ergebnis gedeutet, daß 1992 familiäre Kontakte die hauptsächliche Ursache für erlebte Freude in den vergangenen vier Wochen waren und Befragte mit einer Familie signifikant öfter überhaupt Freude erlebt hatten.

Im Gegensatz zu der Kontinuität der Belastungen der Lebenssituation durch Einsamkeit seit 1989 (1989: 20,0%; 1991: 23,7%; 1992: 26,3%) und durch die Angst vor Einsamkeit, hinter welchen sich ja Gefühle der Isolation verbergen (1989: 38,0%; 1991: 36,0%; 1992: 37,7%), stellt sich für die Lebenslage auf der

Reduktionsebene der Bedürfnisse ein Einstellungswandel dar, der in dem „Bedürfnis nach mehr Kontakt zu Gleichaltrigen" seinen Ausdruck findet (1989: 14,0%; 1991: 60,5%; 1992: 62,5%).

Beides, familienzentrierte Kontakte und der Wunsch nach Kommunikation mit Gleichaltrigen, wird als Ergebnis des Gesellschaftswandels interpretiert. Zum einen ist der außerfamiliäre Sozialisationsraum weggebrochen, zu welchem kontinuierliche nachberufliche Beziehungen, und sei es nur durch tägliches Betriebsessen, bestanden, zum anderen erlebte jede Altersgruppe, auch innerhalb der Generationen in der Familie, die stattfindenden Veränderungen aus einer anderen Perspektive. Diese betrafen zentral den Arbeitsplatz. Bei Schulabgängern stand die Ausbildung, die Studienrichtung, bei etwas älteren eine Berufskarriere in den Altbundesländern, bei anderen die Frage nach Arbeitsplatzerhalt oder Umschulung, Chancen der Wiederbeschäftigung bei Arbeitslosigkeit, unvorhergesehener Altersübergang bzw. Vorruhestand im Vordergrund. Da blieb wenig Aufgeschlossenheit für die eigentlich gleich gebliebene Situation der älteren Menschen und deren Ängste, z.B. daß die Kinder vielleicht wegziehen und man sich damit nur noch selten sieht usw.

6.2 Auswirkungen und eine Interpretation des Wandels im intergenerativen Verhältnis

Das Bedürfnis nach intergenerativer, außerfamiliärer Kommunikation wird als problemlösendes Verhalten gedeutet und steht eng in Zusammenhang mit dem Wunsch „nach mehr Verständnis für eigene Probleme seitens der Kinder". 1992 äußerten 39% dieses Bedürfnis (1991: 33,9%; 1989: 12,0%). Aus den vorliegenden Ergebnissen lassen sich auch Veränderungen im bisherigen Familienmuster in Form von traditionellen Zeremonien zwischen den Alten, ihren Kindern und Enkeln zunächst durch eine quantitative Reduktion der Kontakte bei 39% der Befragten feststellen (71,5% der Kinder leben in territorialer Nähe, in oder um Halle). Sie erleben, daß die Jüngeren weniger Zeit für sie haben und reagieren auch darauf mit einer „Kränkung". Natürlich ist nur auf der Grundlage statistischer Zusammenhänge zwischen den einzelnen Merkmalen auch eine biographische Umbewertung anzunehmen. Die biographischen Normative, „im Leben immer zuerst für die Familie dagewesen zu sein", wie auch „das harmonische Familienleben" stellen sich nur noch als stabil in Verbindung mit gleichgebliebener Kontakthäufigkeit zu den Kindern dar. Aus der quantitativen Verringerung familiärer Kontakte resultiert außerdem die Einschätzung, daß sich das Verhältnis zwischen den Generationen verschlechtert habe. Unter den 33%, die diese Aussage treffen, sind signifikant mehr Männer, hypothetisch besteht hierbei ein Zusammenhang dazu, daß sie mehr als die Frauen ihre Lebenserfahrung durch Gespräche mit den Enkeln weitergegeben haben. Nur 2% meinen, das Verhältnis hätte sich verbessert. Begründet wird das sich verschlechternde intergenerative Verhältnis durch den subjektiven Eindruck von einem wachsenden Egoismus, einer zunehmenden Bedeutung des Geldes, einem allgemeinen Werteverlust und zunehmender Gewalt. Persönlich diskriminierende Erfahrungen machten 40%, überwiegend aber nicht ausschließlich durch jüngere Menschen. Schuldzuweisungen für die Situation in der ehemaligen DDR erlebten sechs Personen. Zusammengefaßt polarisiert sich aus der Alterssicht ein Erleben von allgemeinem Autoritätsverlust des Alters und einer Entsolidarisierung. Unter dem Eindruck, daß Quantität ein qualitativer Faktor ist, scheint auch aus ostdeutscher Sicht der Skeptizismus von Tews: „Die östliche Gesellschaft – auch die Altersgesellschaft – war und ist ... familistischer vom Verhalten und der Orientierung her, was nicht impliziert, daß Familienverhältnisse intakter gewesen oder es noch sind, obwohl das vielfach behauptet wird" (Tews, 1993), angebracht. Von einer sensiblen Phase zwischen den Generationen ist auszugehen, und unter dem Eindruck der sich verändernden, sich modernisierenden ostdeutschen Gesellschaft, ihrem Kulturwandel, erinnern die gestörten Beziehungen zwischen den Generationen (genealogisch verstanden) an das theoretische Konzept von Mead (1971) zur Entstehung von Konflikten, Klüften („gaps") zwischen den Generationen (vgl. dazu auch Rosenmayr, 1983). Sie unterscheidet drei Kategorien von Kulturen. Die „postfigurative Kultur, in der Kinder primär von ihren Vorfahren lernen, die kofigurative Kultur, in der sowohl Kinder wie Erwachsene von Ebenbürtigen lernen, und die präfigurative Kultur, in der Erwachsene auch von ihren Kindern lernen".

Das Erleben der Veränderung der Gesellschaft der ehemaligen DDR entspricht der Ablösung einer postfigurativen Kultur, in welcher über 40 Jahre kaum Innovation infolge staatsmachtlicher Verordnung eines Denksystems stattfand, aus welchem heraus das kulturelle, soziale Leben reguliert wurde. Als Folge bestand eine destruierende Identität sozialer Erfahrung, die in den gleichen Assoziationen zu den Alltagsbildern in der Arbeits- , Lebens- und Freizeitwelt bei Eltern und Kindern über 30 Jahre ihren Ausdruck findet. Die Auseinandersetzung mit dieser Situation, die Suche nach deren Wurzeln waren ja auch zentrale Themen der Kunst, der Malerei, der Literatur und Dramatik in der ehemaligen DDR. Veränderung der Gesellschaft war bis Ende der 80er Jahre nicht vorstellbar, alternative Gesellschaftsentwürfe wurden politisch verhindert, Verhaltensmuster entsprachen mehrheitlich der Familientradition, aus der heraus sich auch die politische Einstellung entwickelte. Im Ausbruch der Jungen aus dieser Konformität wird eine Wurzel der Ereignisse seit dem Sommer 1989 gesehen. Auf die Übernahme des westdeutschen Gesellschaftssystems reagieren die Jungen mit ihren Anpassungs- und Lernfähigkeiten, ihrer sozialen Mobilität, ihrer Neugier und dem Bedürfnis nach eigenen anderen Lebensstilen, in denen die Eltern oder Großeltern nichts Bekanntes mehr finden, die Welten der Kinder fremde Welten sind, mit anderen Problemen, für die Antworten aus der eigenen Erfahrung heraus in der gegenwärtigen Situation nicht gefunden werden können. Die Zeit nach 1989 läßt sich auch mit einem Bild von Mead beschreiben: die ostdeutsche Gesellschaft wanderte in eine seit dem Zweiten Weltkrieg gewachsene westeuropäische Kultur ein, die nach Habermas seit den 50er Jahren durch „... vorbehaltlose Öffnung der Bundesrepublik gegenüber der politischen Kultur des Westens ..." geprägt worden ist (1990). Die Kommunikationsbarrieren zwischen Ost und West sind ebenfalls ein Beleg dafür.

Für positive ostdeutsche intergenerative Beziehungen sind Interesse, Hinwendung und Toleranz für die neuen Lebenskontexte und Situationen Voraussetzung. Durch rigides Verhalten kann sich eine neue Qualität der Kontakte nur schwer entwickeln, die eine abnehmende Quantität ersetzen würde. Erfahrungen in den NBL weisen auf die Notwendigkeit hin, diese Problematik öffentlich zu machen, um aus der gegenwärtig als sensibel zu bezeichnenden Phase nicht wirkliche „Sprachlosigkeit" und Konflikte entstehen zu lassen. Für die Entwicklung eines neuen gegenseitigen, intergenerativen Verständnisses wird auch eine wesentliche Aufgabe für die Geragogik abgeleitet.

Die längsschnittlich beobachteten Motivationen zu einer verstärkten intragenerativen Kommunikation werden zum Ausdruck flexiblen Verhaltens auch bei älteren Menschen und damit zu persönlichkeitsentwickelnden Momenten und lebenslangem Sozialisationsprozeß. Sie enthalten einen stark präventiven, in dem ganzheitlich psycho-somatischen Kontext erwünschten Aspekt, indem emotionale Entlastung in neuen Formen der sozialen Interaktion gesucht wird. Aus diesem Zusammenhang heraus wird auch die Einstellungsänderung zur Selbsthilfe bei denjenigen Befragten interpretiert, die von ihren Kindern zur Zeit weniger Interesse an ihrer Alterssituation erleben.

Problematisch erscheint, daß die kommunalen Strukturen den Bedürfnissen scheinbar nicht entsprechen. Unter der nur mangelnden Möglichkeit, neue Freunde zu finden, fühlten sich 30% (1991: 24%; 1989: 10%) belastet. In der offenen Frage, ob mehr für alte Menschen getan werden solle, mit welcher ein Einblick in die Erwartungen an die Gesellschaft verbunden war, bildete 1991 und 1992 der Wunsch nach Begegnungsstätten Rangplatz 2, nach der auf Rangplatz 1 stehenden Forderung finanzieller Absicherung (1991) sowie nach der Forderung nach Pflegeabsicherung (1992). Das große Bedürfnis nach Klubs für Ältere in der Nähe der Wohnung bestätigt auch eine repräsentative Befragung der Altenbevölkerung der Stadt Halle 1993 im Rahmen der Erstellung eines Altenplanes für die Kommune (Olk, 1994).

Es bleibt offen, ob die Differenziertheit von Altersstilen, die sich trotz Konformität in der ehemaligen DDR in privaten Lebenswelten entwickelt haben, auch bei ausreichenden kommunalen Angeboten, in der jetzigen Altengeneration dazu führt, daß der Schritt vom Bedürfnis zum Handeln getan wird. Bisherige Erfahrungen lassen eher vermuten, daß kommunale Klubs und Selbsthilfevereine überwiegend von denjenigen genutzt und geprägt werden, die auch früher innerhalb der gesellschaftlichen Strukturen aktiv waren, und daß die Kirchen für christliche ältere Menschen einen alten und neuen Raum für Kontakte bieten, der sich aber nur zögernd für bisher nicht praktizierende Christen erschließt, so daß sich im Bedürfnis nach intergenerativer Kommunikation eine Suche nach denjenigen offenbart, die durch ihre Persönlichkeit öffentliche Aktivität bisher nicht praktizierten und die deshalb ihre Vorstellungen auch nicht in den schon bestehenden, relativ geschlossenen Gruppen durchsetzen können. Ähnliche Phänomene lassen sich übrigens auch bei Selbsthilfegruppen für Vorruheständler beobachten. Ein Nachdenken über andere integrierende Strukturen scheint vor allem auf der kommunalen Ebene angebracht.

7. Die Lebenslage als Indikator für den Gesundheitszustand

Aus sozialmedizinischer Sicht verdeutlicht die Bevölkerungsgruppe der älter als 60jährigen Menschen exemplarisch die Bedeutung der Zusammenhänge zwischen sozialen, bzw. weiter gefaßt, kulturellen Bedingungen und dem Gesundheitszustand im Lebensablauf. Gleichzeitig bestimmt der Gesundheitszustand älterer und alter Menschen unser Fremdbild vom Alter, welches gegenwärtig angesichts des demographischen Wandels im deutschen Sozialsystem einen Prozeß rechtlicher, sozial- und gesundheitspolitischer Veränderungen initiiert und damit die Wechselseitigkeit demonstriert, daß Erscheinungsformen von Krankheit unsere Gesellschaft beeinflussen und verändern. Die Gesundheitsförderung wird als Zukunftsaufgabe und als vorrangig vor der Therapie definiert (Zukunftsaufgabe Gesundheitsvorsorge, 1993).

Gesunde Lebensstile und Verhaltensweisen, Entwicklung der persönlichen Fähigkeit, mit Streßsituationen umzugehen, Ressourcen von Unterstützung zunächst in der Familie oder beim Nachbarn zu finden – das sind zentrale Aspekte der Gesundheitsbildung und Gesundheitsförderung. Die Gefahr dieses positiven Konzepts liegt in der Individualisierung von Gesundheit und Krankheit und einer möglichen Schuldzuschreibung. Die gesellschaftlichen Bedingungen für körperliche und seelische Entwicklung geraten dabei etwas aus der Blickrichtung, was für ältere Menschen vor allem in den neuen Bundesländern, infolge der strukturellen Defizite hinsichtlich der Rehabilitation wie auch Kuration (z.B. Gerontopsychiatrie), zu einer Fortschreibung der Benachteiligung führen würde.

Die eingangs formulierte Hypothese, daß sozio-emotionale Stressoren vor allem für ältere Menschen einen negativen Einfluß auf den somatischen Zustand haben, bezogen auf menschliche Bedürfnisse in ihrer Lebenswelt, war Ausgangspunkt der ursprünglichen Forschungsmotivation (unter dem Eindruck der kulturell geprägten defizitären Ansicht vom Alter in der ehemaligen DDR). In der eher improvisierten Beobachtung einer Stichprobe älterer Menschen hinsichtlich der Effekte des Wiedervereinigungsprozesses ließen sich die Auswirkungen von Ängsten, (hervorgerufen durch das Gefühl einer Bedrohung des Gesundheitszustandes, aber auch durch die zunehmenden psycho-somatischen Beschwerden) mittels eines Beschwerdefragebogens deutlich machen (Genz/Kube, 1993). Daß im Verlauf zunehmender Transparenz hinsichtlich der Entwicklung der eigenen Lebenslage, der steigenden Zufriedenheit 1992 ein statistisch nachweisbarer Einfluß auf das gesundheitliche Befinden nicht festgestellt werden konnte, obwohl der Rückgang der Schmerzzustände knapp das Signifikanzniveau verfehlte, spricht nicht gegen den Einfluß makrostruktureller Bedingungen (mittels der Interpretation der eigenen Mikrowelt) auf den körperlichen Zustand. Zur Erforschung von Wirkungszusammenhängen zwischen sozialen, psychischen und somatischen Faktoren sind Indikatoren nötig, die dem Gegenstand gerecht werden und interdisziplinär auch der Frage nach den Folgen sozialer Ungleichheit im Kontext Krankheit im Alter nachgehen. Groen beschreibt Altern als „... a paradigm of a psychosomatic process of which the bodily, psychic and social aspects are inextricably linked: A combination of biological changes in the structure and functions of the central nervous and endocrine systems ..., together with changes in mental functions and in social position and activities" (1982). Statistisch stellte sich die Verflechtung zwischen somatischen, psychischen und sozialen Aspekten mittels dreidimensionaler Kontingenztafeln dar und wurde schon beschrieben. Den Zusammenhang von Lebenslage und Gesundheitszustand beschreiben auch Dehlinger/Ortmann (1992). Obwohl sie andere Indikatoren und statistische Analysen verwenden (Lebenszufriedenheit und Gesundheitszufriedenheit), sind die vorliegenden Ergebnisse der Halleschen Längsschnittuntersuchung (siehe Tabelle 6), mit den von den Autoren beschriebenen Ergebnissen aus der ehemaligen Bundesrepublik vergleichbar (Unzufriedenheit mit dem Leben und mit der Gesundheit bestand bei 57,4%).

Anhand der bisher größten Stichprobe von 1992 wurde mittels Diskriminanzanalyse versucht, aufgrund der im Befragungsbogen genannten Merkmale die untersuchten Personen bezüglich ihres Gesundheitszustandes zwei Gruppen zuzuordnen. Im Vergleich zur Selbsteinschätzung des Gesundheitszustandes konnte mit zehn Merkmalen (von insgesamt 55) bei einer Fehlerquote von nur 14% eine Neugruppierung der 326 Befragten erfolgen. Die Zuordung erfolgte nach der Selbsteinschäzung (vgl. Tabelle 6).

Die so isolierten Merkmale mit hoher Trennfunktion beschreiben natürlich nur statistisch die Verwobenheit von Lebenslage, deren subjektiver Reflexion und dem köperlichen und psychischen Befinden. Dem medizinischen Aspekt, der die somatische Dimension verdeutlicht, entsprechen die Merkmale:
1. Belastung durch körperliche Beschwerden;
2. Wegen einer chronischen Krankheit in ärztlicher Behandlung;
3. Schmerzzustände und Atemnot unter Belastung.

Tabelle 6
Einschätzung der Lebenssituation in Beziehung zum Gesundheitszustand 1992 – Angaben in %

Gesundheitszustand	Lebenssituation sehr gut/ gut	weniger gut/ schlecht
sehr gut/ gut	25,10	4,00
eher gut als schlecht	63,80	38,70
eher schlecht als gut/ schlecht	11,10	57,30

Dem psychischen Aspekt entsprechen die Merkmale:
1. Mutlosigkeit;
2. Langes Grübeln über Probleme.

Dem kommunikativen sozialen Aspekt entsprechen:
1. Zufriedenheit über einen Ansprechpartner bei Problemen und Konflikten;
2. Das Bedürfnis nach einem Arzt, der als Ansprechpartner zur Verfügung steht.

Den komplexen sozialen Indikator bildet die Einschätzung der Lebenssituation als Interpretation. Darin subsumieren sich besonders ausgeprägt die Belastungen („Kränkungen") durch die veränderte Situation in Ostdeutschland. Sie betreffen die finanzielle Situation und die Verschlechterung der Lebenssituation gegenüber 1991 vor allem bei den höher Qualifizierten, die bisher, da über ihre Sonderrentenansprüche noch nicht endgültig entschieden ist, nicht an der Rentenreform partizipierten. So lebte z.b. ein berentetes Arztehepaar, in welchem die Frau nur Hausfrau war, von einem monatlichen Renteneinkommen in Höhe der Sozialhilfe. Sehr positiver Einfluß auf die reflektierte Lebenslage stellt sich durch Zufriedenheiten mit dem Leben nach der „Wende" dar: mit der finanziellen Situation (Partizipation an der Rentenreform), mit der Lösung eigener Probleme, dem Erfüllen von Wünschen und mit der als besonders wichtig eingeschätzten Wiedervereinigung. Darin sind wesentliche streßentlastende Bedingungen enthalten. Sie unterstreichen für eine präventive Perspektive auf die älteren Menschen die Bedeutung der sozialpolitischen Thematisierung von Altersarmut und Isolation (G. Naegele, 1991; M. Dieck/G. Naegele, 1993), die bisher ja überwiegend mit Blick auf die alten Bundesländer erfolgte, und verlangen hinsichtlich des mehrheitlichen Eintritts in Altersübergang oder Vorruhestand von Geburtskohorten der Jahrgänge zwischen 1930 und 1937 in Ostdeutschland eine Bearbeitung der Frage nach deren ökonomischer Absicherung im Altersleben und der Unterstützung bei der Suche nach neuen Handlungsräumen. Im Hinblick auf den demographischen Wandel wird generell die Notwendigkeit der Diskussion um eine Neuverteilung der Arbeit deutlich.

8. Die Wiedervereinigung als historisches biographisches Ereignis

Bei einer ganzheitlichen Sicht auf die Bevölkerungsgruppe älterer und alter Menschen ist das Verständnis für deren biographische Entwicklung enthalten. Aus dem kohorten-spezifischen Muster sind die Ansätze für zukünftige Altenpolitik, generell die Fragestellungen für gerontologische Forschung zu formulieren. Die zukünftigen Alten werden schon heute absehbar ein anderes Altersbild formen: durch die Tatsache, daß sich ihr Anteil an der Bevölkerung vergrößert hat, durch eine veränderte Geschlechterproportion und den Emanzipationsdrang der Frauengenerationen nach dem Zweiten Weltkrieg. Prospektiv werden sie unsere Lebenskultur durch höhere Bildung, Qualifikation und soziale Kompetenz beeinflussen und infolge dieser Merkmale die Altersproblematik enttabuisieren, indem sie eine Altenrolle im gesellschaftlichen Abseits nicht mehr akzeptieren. Sie werden sich sowohl an der Diskussion zu Fragen der Rehabilitation von Alterskrankheiten angesichts der Ökonomisierung des Gesundheitswesens als auch zu möglicher unerwünschter Intensivtherapie bei finalen Krankheitszuständen beteiligen und ihre Ansprüche einfordern. Altersleben selbst ist aber immer auch Ergebnis individuellen Lebens und integriert in die Gegenwart das Vergangene. Die Retrospektive beinhaltet realisierte und nicht erreichte Ziele, an denen man seine Handlungen orientierte, nach denen man die Gegenwart bewertet und aus denen heraus sich Einstellungen auf die immer kürzer werdende absehbare Zukunft ableiten lassen. Wohlbefinden und Zufriedenheit der Gegenwart besitzen damit auch eine Dimension, welche die Vergangenheit mit einbezieht (Genz, 1990).

Unter dem Eindruck des historischen Ereignisses der Wiedervereinigung zweier deutscher Staaten, deren Trennung aus der gemeinsamen Geschichte resultierte, wurde mit der zur Verfügung stehenden Methode versucht, Veränderungen unter dem biographischen Aspekt zu erfassen. Nur die älter als 60jährigen in den alten und neuen Bundesländern besitzen eine „historisch" gemeinsame Jugend in Deutschland. Die Ergebnisse lassen zwei Bewertungsmuster erkennen, die auf die Wiedervereinigung mit Veränderung reagieren und ein stabiles Bewertungsmuster, welches sich auf die gesamte eigene Biographie bezieht.

Die Wiedervereinigung besitzt als historisches Ereignis eine hohe Wertschätzung. 38% schätzen sie als besonders wichtig, 40,2% als wichtig ein. Aber sie folgt in der Beurteilung nicht einem abstrakten historischen Verständnis, sondern wird in Zusammenhang mit den Auswirkungen auf die eigene Lebenslage interpretiert. Ausschlaggebend ist die erlebte Verbesserung gegenüber dem Leben vor der Berentung (31,5%, signifikant für älter als 65jährige), gegenüber der Zeit vor der Wende (41,0%, signifikant für die 65-75jährigen) und gegenüber 1991 (22,8%).

Die mit der Wiedervereinigung in Zusammenhang stehenden positiven Verän-

Lebenslage und Gesundheitszustand älterer Menschen   323

derungen der Lebenssituation gegenüber 1991 können drei Kategorien zugeordnet werden:
1. einer materiellen Verbesserung der Lebenslage durch finanziellen Rentenzugewinn, was die Bedeutung der materiellen Grundlage für das Altersleben erneut unterstreicht;
2. einer psychisch-emotionalen, in welcher Glück und Freude über die Aufhebung der Teilung Deutschlands zum Ausdruck kommt, als Endpunkt eines in seiner Ganzheit erlebten historischen Prozesses;
3. einer mit sozial umschriebenen Verbesserung, in welcher die wesentlich verbesserten Dienstleistungen, die Einkaufs- und auch neue Kommunikationsmöglichkeiten, soziale und medizinische Versorgungsstrukturen eingeordnet wurden.

Die Subjektivität der Deutung der deutschen Einheit findet eine Entsprechung in der Tatsache, daß die höher qualifizierten Männer die historische Situation als weniger wichtig beurteilen, was wahrscheinlich als Folge der ungleichen Rentenberechnung und mit dem zweiten Bewertungsmuster der schon oben beschriebenen veränderten sozialen Beziehungen im ostdeutschen Gesellschaftswandel in Zusammenhang steht. Normative, nach denen sich das Leben der Befragten orientierte, verändern sich und reflektieren einen Wertewandel. Diese Interpretation bezieht sich auf die gleichlautend gestellte Frage in den bisherigen drei Untersuchungen:
„Wie wichtig sind für Sie die folgenden Dinge?" (Tabelle 7).

Tabelle 7
Biographische Lebensnormative – Angaben in %

	besonders wichtig			wichtig			weniger wichtig/ unwichtig		
	1989	1991	1992	1989	1991	1992	1989	1991	1992
für einen Beruf gelebt zu haben	34,0	32,3	31,3	48,0	45,0	45,0	18,0	22,7	23,8
zuerst für die Familie da zu sein	60,0	39,2	41,0	25,0	46,2	48,8	15,0	14,6	10,2
eine harmonische Familienbeziehung	80,6	59,8	66,2	16,2	34,5	32,2	3,2	5,7	1,6
um Rat gefragt werden	20,4	11,0	4,1	51,0	50,0	46,8	28,6	38,8	39,1
Vermittlung von Lebenserfahrung	10,0	16,8	10,6	52,0	56,7	61,0	20*	26,5	28,4
für Wohlstand und Geld gelebt zu haben	0,0	4,7	1,9	28,0	16,9	11,8	72,0	78,4	86,4

* 18,0. ist nicht mehr erwünscht

Während die Bedeutung des Berufslebens eine Konstante in der Wertschätzung bleibt und die Lebenserfahrung, die man sich erworben hat, als vermittelnswert betrachtet wird (obwohl auch 1989 schon negative Erfahrungen bestanden: „...das interessiert doch keinen..."), signalisieren die Umbewertungen von „besonders wichtig" zu „wichtig" eine Reaktion auf die neue Situation, für welche im Kontext der Ablösung von Kulturformen aus der eigenen Lebenserfahrung heraus keine Ratschläge mehr gegeben werden können, bzw. die jüngeren keinen Rat für die neue Situation erwarten oder anzunehmen bereit sind. Die Umbewertung wird besonders deutlich an der familienzentrierten Normierung. Der aus der Alterssicht erlebte Wertewandel hinsichtlich der Bedeutung des Geldes in Zusammenhang mit dem erlebten Autoritätsverlust des Alters führt scheinbar zu einer fast trotzig relativierenden Einschätzung, indem mehr als 86% Wohlstand und Geld als unwichtig für ihr Leben bezeichnen, andererseits gerade die ökonomischen Aspekte der Lebenslage auf Bewertungen und Einstellungen großen Einfluß besitzen, wie die Untersuchung zeigt. Ein stabiles Bewertungsmuster läßt sich dagegen mit der Methode der Memorierung bedeutsamer Lebensereignisse (Braukmann u.a., 1983) feststellen, die schon bei einer Untersuchung zum Wohlbefinden von Halleschen Altenheimbewohnerinnen erprobt wurde (Genz, 1986, 1991) und Bestandteil der drei hier vorgestellten Befragungen war. Trotz aller Einschränkung dieses methodischen Zugriffs auf die Biographie in einer schriftlichen Befragung, dient sie wiederum in einem präventiven Verständnis der Erprobung von sozialanamnestischen Instrumenten (Zugriffsweisen für die Analyse der Alterssituation aus sozialmedizinischer Perspektive), Kränkungen im Altersleben zu erkennen und therapeutisch zugänglich zu machen. Im Vordergrund stehen dabei diejenigen Personen, die ihr Leben mit emotional negativen Ereignissen wie Tod, Verlust, gescheiterte Ehen usw. beschreiben und die in der Literatur gegenüber Positivmemorierern mit gegensätzlichen Befindlichkeits-, Aktivitäts- und Persönlichkeitsmerkmalen beschrieben werden – hoffnungsloser, lebensunzufriedener und pessimistischer. Da aufgrund früherer Ergebnisse historische Ereignisse infolge des Zweiten Weltkriegs (Tod von Angehörigen, Verlust der Heimat, Internierungslager) große Bedeutung in der negativen Bewertung besaßen, wurde hypothetisch ein Einstellungswandel nach der Wiedervereinigung im Sinn einer „späten Wiedergutmachung" angenommen. Diese Hypothese bestätigte sich in der personenbezogenen Längsschnittuntersuchung nicht. Auch in der anonymen Längsschnittgruppe blieb die Zahl der „Negativmemorierer" konstant. Die Wiedervereinigung ist 1992 aber bei 32% als wichtiges Ereignis der Biographie enthalten. Die statistisch signifikanten Unterschiede zwischen den Personen, die im weitesten Sinn ihr Leben mit positiven oder negativen Ereignissen rückerinnern und damit bilanzieren, unterstreichen die Bedeutung von Intervention und psychotherapeutischen Ansätzen. Die NegativmemoriererInnen sind mehr durch Einsamkeit, Angst vor Einsamkeit und der eingeschränkten Möglichkeit, neue Freunde zu finden, belastet, erleben weniger Situationen, die sie glücklich machen, und sie haben mehr Angst vor dem Ende ihres Daseins. Damit bestätigte sich auch 1992 die Hypothese, daß die biographische Entwicklung für die Realisierung des Alterslebens bedeutungsvoll ist und daß die Akzeptanz des absehbaren Lebens auch in Zusammenhang mit einem selbsterfüllten, selbstverwirklichten Leben zu setzen ist.

9. Zusammenfassung

Die bisher erfolgte Längsschnittbeobachtung einer kompetenten und aktiven Gruppe älterer Menschen verdeutlicht den Einfluß unserer sozialen und kulturellen Umwelt auf die Lebenslage und damit auf den Gesundheitszustand. Sie bestätigt bekannte gerontologische Erkenntnisse und Zusammenhänge auch mit eingeschränkten methodischen Mitteln.

Im Kontext von Prävention und Gesundheitsförderung verweist sie auf die Bedeutung von sozialer Sicherheit und sozialer Unterstützung neben individueller Selbstorganisation, bzw. sie ergänzend oder ersetzend. Sozio-emotionaler Streß im Alter ist „kränkend", seine Entlastung kann zur Erhöhung von körperlicher Kompensationsfähigkeit führen und, noch hypothetisch formuliert, den Verlauf von chronischer Krankheit beeinflussen. Die veränderte Situation in Ostdeutschland führte zu einem aus der Altersicht erlebten Wertewandel und zu einer sensiblen Phase in den intergenerativen Beziehungen. Aus diesen Veränderungen ergeben sich Schwerpunktthemen für die Geragogik innerhalb universitärer Forschung und kommunaler Strukturen der Sozialpolitik. Schließlich: Durch den in der Untersuchung evident gewordenen Zusammenhang zwischen Lebenslage und Gesundheitszustand wird die Notwendigkeit der Einbindung gerontologischer Wissensbestände in die medizinische Aus- und Weiterbildung erneut bestätigt.

Literaturverzeichnis

Archiv des Institutes für Demoskopie, Allensbach (1990): persönliche Mitteilung von E. Piehl.
Arnold, M./Ferber, C.v./Henke, K.-D. (1990): Ökonomie der Prävention. Beiträge zur Gesundheitsökonomie 22. Gerlingen.
Badura, B. (1981): Soziale Unterstützung und chronische Krankheit. Frankfurt a.M.
Badura, B.(1990): Zur Idee von Public Health und ihrer Realisierung in einer „Berliner Hochschule für Gesundheit". In: Laaser, U./Wolters, P./Kaufmann, F.X. (Hrsg.): Gesundheitswissenschaften und öffentliche Gesundheitsförderung. Berlin/Heidelberg/New York: 61–68.
Badura, B.(1993): Soziologische Grundlagen der Gesundheitswissenschaften. In: Hurrelmann, K./Laaser, U. (Hrsg.): Gesundheitswissenschaften. Weinheim/Basel: 63–87.
Braukmann, W./Ahammer, I./Angleitner, A./Filipp, S.-H./Olbrich, E. (1983): Bedeutsame Lebensereignisse als subjektive Orientierungspunkte bei der retrospektiven Betrachtung

der eigenen Biographie. In: Loewe, H./Lehr, U./Birren, I.E. (Hrsg.): Psychologische Probleme des Erwachsenenalters. Berlin.

Bundesministerium für Gesundheit (1993): Zukunftsaufgabe Gesundheitsvorsorge. Hamburg.

Datenreport (1992): Statistisches Bundesamt. Bonn.

Dieck, M./Naegele, G. (1993): „Neue Alte" und alte soziale Ungleichheiten – vernachlässigte Dimensionen im Strukturwandel des Alters. In: Naegele, G./ Tews, H.-P. (Hrsg.): Lebenslagen im Strukturwandel des Alters. Opladen: 43–60.

Dehlinger, E./Ortmann, K. (1992): Gesundheitszufriedenheit in der Bundesrepublik Deutschland und der ehemaligen DDR – ein Vergleich. Gesundh.- wes. 54. Jg.: 88–94.

Dörner, K./Plog, U. (1988): Irren ist menschlich. Leipzig.

Genz, M. (1986): Untersuchung zur Lebensweise und zu Teilbereichen der Biographie in Beziehung zum Wohlbefinden von Altenheimbewohnerinnen. Med. Diss. Berlin, (unveröffentlicht).

Genz, M. (1990): Einige Aspekte zum Wohlbefinden im Alter. (unveröffentlicht).

Genz, M. (1991): Wandlungen 1989/1991. Eingereichter Beitrag zur Max Bürger Preis-Ausschreibung.

Genz, M. (1991): Retrospektive Biographien aus der Sicht älterer Frauen in der ehemaligen Deutschen Demokratischen Republik. In: Gather, C./Gerhard, U./ Prinz, K./Veil, M. (Hrsg.): Frauen-Altersicherung. Berlin: 258–265.

Genz, M. (1992): Wandlungen im Gesundheitszustand und in der Lebenssituation älterer Menschen. KSPW-Studie 6/15. Halle/S.: KSPW

Genz, M./Kube, K.-D. (1993): Auswirkungen des sozialen Wandels in den neuen Bundesländern auf die Lebenssituation, den Gesundheitszustand und die Bildungsbedüfnisse älterer Menschen. In: Kühnert, S./Naegele, G. (Hrsg.): Perspektiven moderner Altenpolitik und Altenarbeit. Hannover: 71–90.

Genz, M. (1994): Ergebnisse zur ambulanten medizinischen Versorgung älterer Menschen vor und nach der Wiedervereinigung Deutschlands. Sozialer Fortschritt.

Geulen, D./Hurrelmann, K. (1980): in Hurrelmann, K./Ulich, D.: Handbuch der Sozialisationsforschung. Weinheim.

Groen, J. (1982): Psychsomatic Aspects of Aging. In: Groen, J. (Hrsg.): Clinical Research in Psychsomatic Medicine. Assen.

Groth, G./Stahlhofen, M. (1988): Bildungsvorstellungen, Einstellungen zur Lernfähigkeit und zum Lernbegriff älterer Erwachsener – Ergebnisse eines empirischen Vergleichs älterer Menschen. Zeitschrift für Gerontologie 21. Jg.: 206–216.

Habermas, J. (1990): Die Moderne – ein unvollendetes Projekt. Leipzig.

Health Survey Somipops (1983): Chronische Behinderungen und soziale Integration im Alter. Sozial – und Präventivmedizin 28. Jg.: 283–286.

Hradil, St. (1987): Sozialstrukturanalyse in einer fortgeschrittenen Gesellschaft. Opladen: 157–170.

Hurrelmann, K./Nordlohe, E. (1989): Sozialisation. In: Endruweit, G./ Trommsdorf, G. (Hrsg.): Wörterbuch der Soziologie. Bd. 3. Stuttgart: 604–611.

Lehr, U. (1979): Psychologie des Alterns. Heidelberg.

Mead, M. (1971): Der Konflikt der Generationen. Jugend ohne Vorbild. Olten/ Freiburg im Breisgau: 24–33.

Michel, M. (1993): Einflußfaktoren auf die intergenerativen Beziehungen in Familie und Gesellschaft in den neuen Bundesländern im Spiegel empirischer Untersuchungen und

Lebenslage und Gesundheitszustand älterer Menschen

einige sozialpolitische Schlußfolgerungen. In: Kühnert, S./Naegele, G. (Hrsg.): Perspektiven moderner Altenpolitik und Altenarbeit. Hannover: 53–70.

Michel, M./Ernst, J./Riedel, St. (1993): Strukturwandel in Ostdeutschland – eine Herausforderung für die Altenpolitik. In: Naegele, G./Tews, H.-P. (Hrsg.): Lebenslagen im Strukturwandel des Alters. Opladen: 286–300.

Naegele, G. (1991): Anmerkungen zur These vom „Strukturwandel des Alters „aus sozialpolitikwissenschaftlicher Sicht. Sozialer Fortschritt 40. Jg.: 162–172.

Olk, Th. u. Mitarb. (1994): Vorabinformation von Ergebnissen zur Erstellung eines Altenplanes der Stadt Halle/S. Im Druck.

Rosenmayr, L.(1983): Die späte Freiheit. Berlin.

Schwitzer, K.-P. (1993): Zur sozialen Lage in den neuen Bundesländern. Sozialer Fortschritt 42. Jg.: 203–210.

Schwitzer, K.-P.(1993): Theorie und Praxis des Alters und Alterns in Ostdeutschland. In: Naegele, G./Tews, H.-P. (Hrsg.): Lebenslagen im Strukturwandel des Alters. Opladen: 273–285.

Siegrist, J. (1990): Chronischer Distress und koronares Risiko: Neue Erkenntnisse und ihre Bedeutung für die Prävention. In: Arnold, M./Ferber,C.v./Henke, K.-D.: Ökonomie der Prävention. Gerlingen: 355–380.

Siegrist, J.(1991): Soziale Krisen und Gesundheit. Prävention 14. Jg: 43–49.

Steinkamp, G. (1990): Sozialepidemiologie als Plädoyer für eine differenzierte Erfassung von Lebenslagen und sozialen Milieus. In: Laaser, U./Wolter, P./Kaufmann, F.X. (Hrsg.): Gesundheitswissenschaften und öffentliche Gesundheitsforschung. Berlin/Heidelberg/ New York: 197–205.

Steinkamp, G.(1993): Soziale Ungleichheit, Erkrankungsrisiko und Lebenserwartung: Kritik der sozialepidemiologischen Ungleichheitsforschung. Soziale Präventivmedizin 38. Jg.: 111–122.

Tembrock, G.(1983): Aspekte zur Evolution von Sekundärmotivationen und Bedürfnissen beim Menschen. Nova acta Leopoldina. NF 55. Nr. 253: 47–56.

Tews, H.-P. (1993): Altern Ost – Altern West. Ergebnisse zum deutsch-deutschen Vergleich. In: Naegele, G./Tews, H.-P. (Hrsg.): Lebenslagen im Strukturwandel des Alters. Opladen: 314–325.

Waltz, M.(1990): Sozialwissenschaftliche Ansätze in der Primärprävention: Das „Social Support Concept". In: Arnold, M./Ferber, C.v./Henke, K.-D.: Ökonomie der Prävention. Gerlingen: 319–331.

Winkler, G. (1993): Zur Praxis der kommunalen Altenplanung in den neuen Bundesländern. Erfahrungen aus einem Landkreis. In: Kühnert, S./Naegele, G. (Hrsg.): Perspektiven moderner Altenpolitik und Altenarbeit. Hannover: 235–259.

Ältere Menschen im Umbruch der lokalen Alltagspraxis Ost (Fallstudie Friedrichshain)

Gudrun Prengel

1. Problemzugang, Grundthesen

Eine von der KSPW von März bis Oktober 1992 geförderte explorative Kurzstudie reflektiert *unmittelbare Erfahrungen älterer Menschen* aus der Nachwendezeit im konkreten Sozialraum eines Berliner Stadtbezirks. Sie entstand 1992 aus einem laufenden *Aktionsforschungszusammenhang* (Der Bezirk Friedrichshain in der Wende)[1]. In Nahaufnahmen des sozialen Wandels sollten das Zusammenspiel von Raum (sozialer Raum, Lebensnahbereich) und Zeit (individueller Lebenszeit, zeitlichem Verlauf des Transformationsprozesses), von Kontinuität (Verwaltungseinheit, Gebietsbewohnern, sozialen Netzen, „Resistenz" des Alltags) und Umbruch (Neukonstruktion von Institutionen, Sicherungssystemen und sozialen Bezügen) empirisch erfaßt werden. Aus einer der Teilstudien, dem ersten Friedrichshainer Seniorenreport[2], werden in folgendem Problemzugänge und einige empirische Befunde vorgestellt.

---

1 Mit der Aktionsforschung im Berliner Stadtbezirk Friedrichshain war ein längerfristig angelegtes Vorhaben gedacht. Der KSPW-Förderzeitraum wurde für eine Reihe lokaler Sozialanalysen genutzt und für eine möglichst weite Öffnung des Fragehorizonts. Kooperative Ansätze einer selbstbestimmten Teilhabe Benachteiligter am Leben des Gemeinwesens sollten gestützt werden. Von der teilnehmenden Beobachtung an den Runden Tischen des Stadtbezirks entwickelten wir ab Dezember 1991 einen Antrag an die Kommission der EG, Mittel zur Armutsbekämpfung bereitzustellen. Der Stadtbezirk erhielt 1992 den Zuschlag für eine Modellmaßnahme. Ergebnisse der Arbeit im Bezirk waren vor allem Pilot- und Sozialstudien für Sanierungsgebiete, eine Übersicht über die im Bezirk arbeitenden freien Träger, Vereine, Selbsthilfegruppen, wofür wir auf der entsprechenden Sozialkonferenz eine institutionalisierte bezirkliche Netzwerkkonstruktion für einen integrierten Sozialplanungsansatz mit auf den Weg brachten. Der erste Friedrichshainer Seniorenreport (Januar 1993) wurde in 14 verschiedenen Veranstaltungen im Bezirk diskutiert. Er ging sowohl in das 1. Rahmengeriatriekonzept des Stadtbezirks (März 1993) als auch in eine Sozialkonferenz (November 1993) ein. Im Herbst 1993 wurde eine Feldstudie zu Vorruhestandsproblemen erarbeitet.
2 Die Seniorenbefragung Friedrichshain (n= 248) war bereits im Juni/Juli 1991 mit einer von uns ehrenamtlich angeleiteten Gruppe von Mitarbeitern (allesamt Laien, ABM- und

Ergänzend zu landesweiten Daten und Studien zur Veränderung von Lebenslagen älterer Menschen[3], über Strukturwandel des Alters, Lebensverläufe, Alterskompetenz und Altensozialpolitik geht es hier um die Frage, wie Senioren den Umbruchprozeß in ihrem lokalen Lebensraum subjektiv wahrnehmen und bewältigen.

Gegen den eindimensionalen Grundtenor der offiziellen Debatten, wo sich „Alterslast" als Kostenfaktor zu einem allgemeinen Volksvorurteil zu verfestigen droht[4], geht es um *Entwicklungspotentiale* der höheren Lebensalter im lokalen Transformationsprozeß. Das scheint unzeitgemäß. Fast alle Erwartungen für den Aufschwung Ost richten sich auf jüngere Generationen, einer „ergrauenden Gesellschaft" zum Trotz. Der Systembruch vollzieht sich faktisch wesentlich als Generationsbruch. „Für uns kommt die Einheit zu spät, aber den Enkeln wird es einmal besser gehen"[5]. Sofern man jedoch nicht der These folgt, daß sich die Probleme älterer Menschen und mit älteren Menschen im Umbruch im wesentlichen „biologisch erledigen", geht es um Ansätze der Entwicklung und gesellschaftlichen „Nutzung" von Alterspotentialen auch in Ostdeutschland. Entsprechend einem lebensweltlichen Ansatz von Prozeßbeobachtung liegt der analytische Schwerpunkt auf qualitativen Methoden. Die quantitative Erhebung (Mitte 1991; n=248) wurde, von der ethnologischen Feldforschung angeregt (vgl.

HZA-Kräfte) durchgeführt worden. Frau Dipl.-Soz. Heidrun Schmidtke leitete die datentechnische Auswertung. Aus einer Datenliste der Seniorenbevölkerung wurde jede 30. Adresse (n= 640) ermittelt. Persönlich gehaltene Anschreiben an die Senioren, Bezirkspresse und Seniorenvertretung machten unser Anliegen bekannt. Die Fragebögen wurden von den Inverviewern selbst nach Angaben der Probanden ausgefüllt. Ende 1991 lief die ABM-Maßnahme aus. Eine Wiederholungsuntersuchung konnte nicht stattfinden, da wir schon 1991 über keinerlei Sachmittel (der „zu früh gekommenen" ABM-Maßnahme) verfügten.

3 Vgl. u.a. Arbeiten von M. Dieck, K.-P. Schwitzer, G. Naegele. Das Lebenslagekonzept geht im Ansatz auf Weisser zurück. Danach ist die Lebenslage der auch den Lebenssinn bestimmende Spielraum, den einem Menschen (einer Gruppe von Menschen) die äußeren Umstände nachhaltig für die Befriedigung der Interessen bieten. Der Vorgehensweise von Lompe folgend, wird zwar das Einkommen als zentrale Ressource verstanden, aber darüber hinaus nach objektiv vorhandenen und subjektiv wahrgenommenen Handlungsspielräumen gefragt.

4 So z.B. in den Debatten um das Pflegehilfsgesetz. Wenngleich *nicht* intendiert, geben bloß sozialpolitische Betrachtungsweisen Defizitmodellen Nahrung. Hingegen bietet z.B. der Ansatz von Gertrud Backes methodische Zugänge, die „Gefährdung der Lebenslage" als Frage nach individuellen und gesellschaftlichen Ressourcen selbständiger Lebensführung im Alter zu fassen (vgl. G. Backes, 1990).

5 Alle im Text mit „5a" bezeichneten Passagen geben Zitate wieder, in denen mehrfache Äußerungen befragter Senioren auf u.E. typische Weise zum Ausdruck kommen. Unter „5b" werden Statements aus Expertengesprächen zitiert. „5c" sind Feststellungen von Beteiligten an Gruppengesprächen, die in den Diskussionen Konsens fanden und dort mehrfach variiert wurden.

Ältere Menschen im Umbruch der lokalen Alltagspraxis 331

C. Lentz, 1992), auch als Exploration für qualitative Befragungen genutzt. In die quantitative Analyse gingen neben den sozialdemographischen Merkmalen der Probanden (vorherige berufliche Tätigkeit und Bildungsgrad) folgende Fragedimensionen ein: Wohnsituation, -kosten und -dauer; soziales Umfeld, Infrastruktur; Gesundheitszustand; Rentenhöhe und -zufriedenheit; primäre und sekundäre soziale Netze; Freizeitaktivitäten; Sorgenkatalog, Wendeerfahrungen und Zukunftsperspektiven; politische Ressourcen, Behördenkontakte. Die Seniorenbefragung wurde nicht nur durch Situationsbeschreibungen und Gesprächsprotokolle vor Ort ergänzt. Auch der politikberatende Anteil der Sozialstudien und vor allem die Rückkoppelung unserer Expertisen in die bezirkliche Diskussion (z.B. zum Rahmengeriatrieplan) gingen in die weitere Analyse mit ein. Die Quellenlage ist breit.[6]

Seit Anfang 1991 wurden im Intervall Expertenerhebungen in allen wesentlichen sozialen Einrichtungen, freien Trägern, in Ämtern, Kirchengemeinden, Sozialkommissionen, seniorenrelevanten Projekten, im Sozialausschuß und in Interessenvertretungen der Senioren durchgeführt. Zu den halbstandardisierten und narrativen Interviews (n=75) kamen teilnehmende Beobachtungen und einige Gruppengespräche mit Aktivbürgern. Sekundär- und Dokumentenanalysen sowie Gebietsbegehungen und Kartierungen ergänzten das Bild.

Aus lokaler Sicht wird besonders deutlich, daß die entschiedene Hinwendung zu Problemen älterer Menschen (eingeschlossen die „jungen Alten", jene eineinhalb Generationen, die faktisch aus dem Kernprozeß der Industriegesellschaft, dem Erwerbsprozeß, herausfielen) auch generelle Fragen nach der gesellschaftlichen Produktivität und Integrationsfähigkeit von (für die Arbeitsgesellschaft scheinbar „überflüssigen") großen Gruppen von Menschen aufwirft. Aber das Spannungsverhältnis zwischen diesem schon quantitativ beträchtlichen Humanpotential

---

6 Seit dem Runden Tisch Soziales (Januar bis Juli 1990) wurde das Entstehen und die laufende Arbeit der unabhängigen Seniorenvertretung Friedrichshain bis Anfang 1993 begleitet (Sitzungsprotokolle, Erfassen von inneren Konfliktlinien, Aushandlungsprozessen und kooperativen Außenbezügen). Wir recherchierten seit Mitte 1991 in allen genannten Einrichtungen und führten im Intervall qualitative (halbstandardisierte und narrative) Interviews nach dem „Unten-und-oben"-Prinzip durch. Die meisten dieser Prozesse wurden auch aus der Perspektive einer kontinuierlichen Teilnahme am bezirklichen Sozialausschuß über den gesamten Zeitraum (Januar 1991 bis heute) begleitet. Im Herbst 1993 kamen 70 Interviews aus dem Bereich Vorruhestand/Altersübergangsgeldbezieher vom Herbst 1993 zustande. Sekundäranalytisch wurden auch andere im Gebiet durchgeführte Untersuchungen herangezogen (z.B. eine Pilotstudie und mehrere Sozialstudien für Sanierungsgebiete, Wohngeldstudien etc.). Beobachtungen und Gespräche mit älteren Menschen auf Grün- und Freiflächen, in Postämtern, Läden des täglichen Bedarfs, Arztpraxen und in Wohngeldstellen vervollständigten die „Lebensbilder".

und der sozial- und gesellschaftspolitischen Bewegungsarmut und Atemstille ist groß. Ältere, vor allem sozial benachteiligte Ältere, befinden sich in einer strukturell defensiven Position. Die Wirkungen sozialer Ungleichheitsrelationen werden auch im Osten Deutschlands erfolgreich durch Alimentierung atomisiert und ruhiggestellt, die politischen Reflexe sind schwach. Die Gefahr einer Segmentierung von Gesellschaftlichkeit durch ungehemmt nach dem „Beuteprinzip" gegeneinander operierende Privatinteressen beschwört tendenziell einen Verfall des öffentlichen Interesses herauf. Aus der Sicht perspektivisch stabiler und moderner, d.h. transformationsfähiger (reformoffener) und lebenswerter Gemeinwesen lenken Strukturbrüche den Blick über individuelle Befindlichkeiten hinaus auf Anschlußstellen und Formbestimmungen der Problemverarbeitung im lokalen Sozialraum. Die Frage, aus welchen Anlässen der subjektive Faktor auf anderen Hierarchieebenen wahrgenommen wird, wie differenzierte Interessenlagen im lokalen Entscheidungssprozeß „transportiert" werden und sich geltend machen, führt uns zu einer tätigkeitsorientierten Hinwendung zu individuellen und kollektiven Akteuren. Wir fanden, daß sich in dem Maße, wie sich zwischen unterschiedlichen Einheiten und auf verschiedenen Ebenen Formbestimmungen und Netze von Koordination und Kooperation aufbauen, z.B. zwischen lokalen Verantwortungs- und Entscheidungsträgern und Aktivbürgerschaft, hier die Verbesserung der Lebenssituation größerer Bevölkerungsgruppen durch wohlfahrtsstaatliche Politik „von oben" mit bildungs-, sozial- und gemeinwesenorientierter Arbeit und Selbstorganisation „von unten" (F. Karl, 1989) verbinden kann. Im Stadtbezirk fanden wir hierfür Anhaltspunkte. Auf Landesebene hingegen erweist sich gerade die fehlende Abstimmung sowohl zwischen den Ressorts als auch von verschiedenen Ebenen als kardinaler Mangel und eine der wesentlichsten Entwicklungsblockaden. Wir gehen davon aus, daß Zeitdruck und sozialer Problemstau, die eine überforderte Lokalverwaltung unter kooperativen Zugzwang setzen, hier zusammentreffen mit dem allgemeinen Wunsch älterer Menschen nach selbstbestimmter Lebensführung. Auch die Befunde der Friedrichshainer Seniorenbefragung zeigen, daß der Wunsch nach Erhaltung ihrer Selbständigkeit bei fast allen Befragten gleichermaßen ausgeprägt ist (vgl. Prengel/Schmidtke, 1993: 27f.). Er ist das Verbindende der unterschiedlichsten Existenzen, der ihnen eigene innere Wunsch. Auch lokalen Entscheidungsträgern ist klar, daß die künftige soziale, demographische und ökonomische Situation durch möglichst selbständige Lebensführung sozial eingebundener älterer Generationen zu bewältigen ist. Das heißt auch, die gängige Praxis zu durchbrechen und das Sozialressort nicht nur als nachtrabende „Reparaturkolonne" für arme Ältere, Kranke, Behinderte und sozial Schwache anzusehen bzw. soziales Engagement weitgehend zu instrumentalisieren. Hier weisen die Interessenslagen der zuständigen Ämter auf lokaler Ebene (Schwierigkeiten der Bewältigung der Pflichtaufgaben unter hohem Kostendruck) und die der älteren Gebietsbewohner z.T. in die gleiche Richtung. Unser Problemzugang setzt an der Frage der Heidelberger Schule nach den

Ältere Menschen im Umbruch der lokalen Alltagspraxis

Bedingungen für die Kapazitätserweiterung älterer Persönlichkeiten an. Thomae/ Lehr/Kruse verstehen Alter nicht als Defizit. Sie fassen Subjekte und Subjektivität konsequent als „Drehpunkt" und konkretisieren den Zugewinn an „Alterskompetenz" auf alltägliche Lebenszusammenhänge im Sozialraum hin. Zugleich muß die östliche Sicht über den individualpsychologischen Zugang hinausgehen; gerade weil der Anforderungsdruck an die individuelle Verarbeitungsfähigkeit des Systembruchs so hoch ist. Dieser destruiert zum Teil die lebenswichtige Vertrautheit mit gesellschaftlichen Beziehungsmustern und Verkehrsformen, ohne daß die Umorganisation oder Neukonstitution integrativer Strukturen eines „sozial geplanten Lebens" (Schelsky, 1963: 218) mit diesem Tempo Schritt halten könnte. „Die Brutalität ist eine Funktion der Zeit", sagt Lepsius. Der Heidelberger Schule folgend, sehen auch wir den Kompetenzerwerb Älterer vor allem auf bestehende soziale Bezugssysteme, auf verläßliche soziale Netzwerke im Lebensnahraum angewiesen. D.h. die Analyse muß vor allem die Prozeßbeobachtung von sozialen Formbestimmungen überkommener und sich neu konstituierender Gemeinschaften, von anschluß-, d.h. entwicklungsfähigen Gemeinschaftsformen einschließen. Diese sind aber oft erst im Ansatz, in Gesellungsformen erkennbar. Wenn diese in der Regel selbstbestimmteren Formen nicht isoliert bleiben sollten, ist den sozialisiatorischen Anschlußwerten solcher Gemeinschaftsformen nachzugehen und nach ihren Wirkungsbedingungen im soziokulturellen Kontext zu fragen. Entwicklungsverläufe und Reichweite, sozialer Spannungsbogen und Integrationsvermögen von Gemeinschaftsformen hängen nicht zuletzt von ihren sozialen Umfeldbezügen ab. Mit dem Blick auf das emanzipatorische Potential beobachteten wir daher auch (wechselnde) kollektive Formen basisnaher Interessenaushandlungsprozesse im Stadtbezirk: Beginnend mit den lokalen Runden Tischen im Januar 1990, nahmen wir zeitweilig an der Steuerungsrunde Bau/Sanierung teil, an laufenden Arbeitsgruppen Seniorenwohnen und Sozialstationen, an zwei Sozialkonferenzen, an Beratungen der Ämter Jugend/ Kultur/Soziales zur multifunktionellen und generationsübergreifenden Nutzung von Freizeitstätten und an Ansätzen lebensraumbezogener integrativer Sozialplanung. Über einen längeren Zeitraum beobachteten wir teilnehmend die Arbeit der bezirklichen Seniorenvertretung und ihre Interaktionen mit dem Bezirksamt und erhielten wichtige Aufschlüsse über die Elastizität überkommener Bezugssysteme. In Befragungen und Prozeßbeobachtungen haben wir folgende Erkenntnisse gewonnen:

Erstens: Aus den Gesprächen auf allen Ebenen wurde deutlich, daß die unterschiedlichen Generationsfolgen der bis etwa 1935 Geborenen in lebensgeschichtlichen Brüchen, in der Konfrontation mit von ihnen kaum zu beeinflussenden „übermächtigen" Zeitereignissen[7], vielfältige Erfahrungen und Ressourcen täti-

---

7 Der gesamte Lebensverlauf dieser Kohorten wurde in beruflicher und familiärer Hinsicht durch Krieg und Nachkrieg aus der Bahn geworfen, viele fühlten sich um ihre besten

gen Überstehens gesellschaftlicher Umbrüche und persönlicher Lebenskrisen gemacht haben. Da sie in ihrem letzten Lebensdrittel jetzt nochmals einschneidende gesellschaftliche Veränderungen erleben, ist die subjektive Verarbeitungsfähigkeit besonders gefordert. Aber die Älteren haben in den Wechselfällen bewegter Lebensläufe nicht nur Unterordnung und Anpassung an zwei Diktaturen gelernt. In ihrer Lebenszeit und mit ihrer Kraft haben sie nicht nur ihre Familien über Krieg und Nachkrieg gebracht, sie haben die Hoffnungen des Neubeginns tätig mitgetragen[8] und die gespaltene Sozialisation zweier deutscher Staaten durchlebt. In den massiv zu bewältigenden Problemlagen des ostdeutschen Umbaus sind erworbene Verhaltensdispositionen weder etwas Passives, Statisches, noch sind die generationsspezifischen Erfahrungen nur als „Altlasten" klassifizierbar. So etwa, als hätte die Lebensleistung Älterer nur einem überlebten System mit einer Führungsriege starrsinniger alter Männer zum verlängerten Machterhalt verholfen. Doch äußert sich der Generationsbruch auch in einer scheinbar allgemeinen Verabredung zur Verdrängung. „Wir können doch nicht unser ganzes Leben wegwerfen." [5a, 5c]

Nur die jüngere Generation scheint im Aufwind. Abgekoppelt von den Lebenserfahrungen Älterer, die nach zwei Diktaturen nie kritisch durchgearbeitet wurden, droht Geschichtsverlust. Ob die Vielfalt von Optionen einer offeneren Gesellschaft von Älteren gelebt wird, hängt auch von der individuellen und gesellschaftlichen Aufarbeitung ab. Die Form von Tribunalen scheint hierfür wenig geeignet. Neu entstehende Gesprächskreise und Projekte, wie z.B. „Erinnern in Wendezeiten" deuten jedoch darauf hin, daß sich in diesem Spannungsfeld etwas bewegt. Im sozialräumlichen Akteursbezug sind die generationsspezifischen Prägungen, Erfahrungen und Potentiale der mittleren bis höheren Lebensalter wesentlich.

Zweitens: Erfahrungswerte und sozialisatorische Prägungen sind nicht nur in der individuellen Dimension wichtig. Zugleich entwickelten sich längerfristig

---

Jahre betrogen. Aus biographischen Studien von Frauen ist ersichtlich, daß manch grauenvolles Erlebnis von Krieg, Flüchtlingstreck, Erfahrungen mit der sowjetischen Besatzungsmacht, Vergewaltigungen bis heute ihr Leben belasten (Lehr, 1977: 24). Diese Rentnergenerationen, namentlich die Frauen (auch die legendären Trümmerfrauen) haben unter schwierigsten Bedingungen die deutsche Nachkriegsentwicklung mitgetragen (vgl. Schwitzer, 1990: 3 f.).

8   Das trifft auch auf die „jungen Alten" als die Generation zu, die hier wie keine andere mit dem „Aufbau des Sozialismus" verbunden war. „Die neue Ordnung brauchte Opfer, um zu funktionieren. Die Opfer sind gebracht worden, aber sie haben sich nicht gelohnt. Es ist nur Lebenszeit verbraucht worden."(H. Müller, Krieg ohne Schlacht, Leben in zwei Diktaturen, Berlin, 1992: 16). Betroffen von Orientierungsverlusten sind auch jene, die sich nicht als Befürworter des Systems verstanden.

gemeinschaftliche Formen als wandlungs- und anschlußfähige soziale Problembearbeitungsstrukturen. Ausgehend von den Anfangsillusionen antifaschistischdemokratischen Neubeginns „eines besseren Deutschlands", über Krisenzeiten und Reformansätze des Staatssozialismus hinweg, entwickelten sich auf dem Erfahrungshintergrund von Stagnation und Implosion des Systems und angesichts der Zukunftshoffnungen und Herausforderungen der Wendezeit auch kollektive Kompetenzen, elastische Gemeinschaftsformen, situativ flexible Kooperationen, spezifische Modi von Auseinandersetzungs-, Resistenz- und Durchsetzungsformen (Kiwitz, 1986: 161). Auch jetzt fordert die Verarbeitung des Systembruchs mehr als nur individuelle Anpassungsleistungen oder pragmatisches Durchwursteln. Überkommene soziale Bezugssysteme sind erodiert, ohne daß im gleichen Zeitmaß neue entstanden wären oder importierte Strukturen die „strukturelle Vergesellschaftungslücke" (M. Kohli 1992: 242) hätten ausfüllen können. Hier stellen die *Gebrauchswerte mitgebrachter sozialer Kompetenzen* und die Elastizität sozialer Bezugssysteme wesentliche soziale Ressourcen dar. Das sind zunächst ganz elementar alltägliche soziale Hilfsnetze, auf die namentlich ältere Menschen bei sich verengendem sozialen Wirkraum existenziell angewiesen sind. Das „WirGefühl" ist mehr als nur „Ich-Schwäche" (wie Wolfgang Engler in Anlehnung an Norbert Elias fand). Gemeinschaftsformen stellen sich auch als *gesellschaftliches Modernisierungspotential* dar. In diesem Sinne sind Familienorientiertheit Ost, engere Nachbarschaftsbeziehungen, kollegiale Hilfsnetze und andere informelle, ausgeprägt interaktive Bezugssysteme und Strukturformen nicht nur „Modernisierungsdefizite". Selbst als „Notgemeinschaften" sind sie z.T. tragfähige, d.h. *anschluß- und wandlungsfähige* Formen von Vergemeinschaftung (Gesellschaftsbildung). Es geht um mehr als nostalgische Rückblicke auf schwindende kleine Nischen. Es geht um integrative Prozesse in lokalen Gemeinwesen, um Ansatzstellen einer Bürgergesellschaft.

Drittens: Als Agens wirken hier Kontextdiskrepanzen, wie sie mit der bruchartigen Übertragung neuer Rechts-, Sozial- und Interventionssysteme auf dem ganz anderen kulturellen und sozialen Boden der neuen Bundesländer laufend entstehen. Das soziale Kapital ausdifferenzierter, „reißfester" sozialer Netze ermöglicht angesichts der Inkompatibilität der Systeme Ost/West hier überhaupt erst das Funktionieren bzw. die Elastizität importierter Strukturen im an sich eher fremdbestimmten Transformationsprozeß. In akuten Notlagen kann angeknüpft werden an Gebrauchswerte spezifischer informeller Feinstrukturen, Kooperationszusammenhänge und gemeinschaftliche Nutzungsformen (Prengel/Schmidtke, 1991: 6, 30), die in den permanenten Mangelsituationen der DDR-Gesellschaft kompensatorisch entwickelt wurden. So sehr hier immer der operative Nothilfecharakter durchscheinen mag, so sehr in den Interessenaushandlungsprozessen starke Verbände das Sagen haben und ältere Menschen deutlich weniger über Spielaushandlungsprozesse, über Spielregelwissen und Informationsressourcen verfügen („Demokratie findet eigentlich nur dort statt, wo es um nichts geht"[5b], stellt sich eine gewisse Problemöffentlichkeit her. Vor allem für Aktivbürger sind hier Möglichkeiten von Informations- und Kompetenzgewinn, von Öffentlichkeit gegeben.

Viertens: Die empirische Prozeßbeobachtung einschlägiger Abstimmungsprozesse im lokalen Alltag zeigte, daß sich die Erwartungen namentlich der älteren Gebietsbewohner, die Initiative zur Verbesserung ihrer Situation würde von den Behörden ausgehen, mit der Neigung der Verwaltung trifft, sich der Folgebereitschaft lokaler Akteure zu versichern. Hierbei sind die Grundausstattungen der Älteren (obrigkeitsstaatliche, kollektiv-selbsthelferische) nichts Passives. Alltagsqualifikationen und Bezugssysteme drängen nach Umsetzung, Betätigung. So sehr Verwaltung und Bürger auseinanderzudriften scheinen, Rückzugserscheinungen aus dem politischem Bereich mit Händen zu greifen sind, so sehr die eine Form der Entfremdung nur durch eine andere ersetzt scheint: Wellen ungelöster sozialer Probleme erzeugen einen beträchtlichen Legitimations- und Handlungsdruck. Vor allem auf kommunaler Ebene erzwingt das Abstimmungsprozesse zwischen Gebietsbewohnern und lokalen Handlungsträgern – wenn Kommunalverwaltungen z.T. kaum noch ihre Pflichtaufgaben erfüllen können und sie damit ihre ordungspolitische wie Orientierungsfunktion in Frage gestellt sehen. „Auf dem Amtswege geht nichts"[5b], war gerade auf den mittleren, aber selbst auf höheren Leitungsebenen im Bezirk immer wieder zu hören. So werden, anknüpfend an vormals entwickelte soziale Beziehungskulturen, wechselseitige Informations- und Austauschprozesse unterschiedlicher Interessen und Teilrationalitäten gefördert (versus Verwaltungsfragmentierungen und Ressortabschottung). Mit den entstehenden Kooperationsinstrumenten entwickeln sich Problemlösungskapazitäten auf mehreren Ebenen. Ferner wirkt das Anknüpfen an in der DDR im vorpolitischen Bereich unterhalb der Institutionen entwickelte Beziehungskulturen als Anschlußofferte für Aktivbürgerschaft. Das ist um so wichtiger, da allseits über Mangel an Mitwirkungsbereitschaft geklagt wird.

2. Friedrichshain – Ein Berliner Stadtbezirk der kleinen Leute

Wir gehen davon aus, daß in einem östlichen Berliner Stadtbezirk Möglichkeiten und innovative Implikationen des Zusammenwachsens beider Landesteile exemplarisch sichtbar werden. Zugleich treten vor Ort die mit der Übernahme westdeutscher sozialer Sicherungsstrukturen verbundenen Risikolagen unmittelbar in Erscheinung. Da ältere Bewohner einen großen Teil ihres Lebens im Bezirk verbracht haben und sich in der Umbruchsituation das Bedürfnis nach personaler und räumlicher Identifikation im lokalen Sozialraum als groß erweist, muß der regionale Bezug hier konkretisiert werden. In diesem citynahen Altberliner Stadtbezirk[9] hat die typische Bewohnerstruktur „kleiner Leute" die wechselnden Zeiten überdauert: Kaiserreich und erste deutsche Republik, Faschismus, Staatssozialismus, Zusammenbruch der DDR, Wende. Bis heute hat sich die Berliner Mischung, das nahräumliche Zusammenwohnen verschiedener Generationen und sozialer Gruppen erhalten. Mit einer Fläche von 9,8 qkm ist Friedrichshain der kleinste der Berliner Bezirke, gehört jedoch mit 105 651 Einwohnern (Statistisches Landesamt Berlin, 30.6.1993) und fast 11.000 Einwohnern je qkm noch heute zu den am dichtesten besiedelten Gebieten Berlins. Wiewohl am Cityrand gelegen, ist die Bewohnerstruktur der DDR-Provinz vergleichbar, eher traditionell mit überkommenen Lebensformen. Überwiegend sind es kleine Angestellte, Verwaltungsmitarbeiter, (ehemalige) Industriearbeiter, Handwerker. Mittelschichten sind – noch mehr als ohnehin in der DDR typisch – ausgedünnt. Bildungsbürgertum und Bürgertum sind kaum vertreten, wohl pädagogische, aber kaum künstlerische Intelligenz. Es gibt bemerkenswerte Rudimente sozialdemokratischen Milieus, während alternative Milieus schwach, allenfalls noch durch die „fremde" Hausbesetzerszene präsent sind. Dennoch geriet die Sozialstruktur Anfang der 80er Jahre stärker in Bewegung. Das zeigt sich auch in der Zunahme von Ein-Personen-Haushalten, von Ein-Eltern-Familien, von nichtehelichen Lebensgemeinschaften. Familien mit mehreren Kindern und Mehrgenerationenfamilien fanden wegen der historischen Erblast zu kleiner und Substandardwohnungen im Bezirk kaum Raum. Dazu kam die schubartige Migration vor allem jüngerer Familien mit Kindern in die jeweiligen Neubautrabantenstädte.[10] Hingegen wurden die komfortablen, billigen und „beziehungsträchtigen" Mietwohnungen der Karl-Marx-Allee (seinerzeit von den Erstbeziehern oft durch hunderte von Aufbaustunden mit erarbeitet), lebenslänglich gehalten oder innerhalb der Familie „vererbt". Bevölkerungspolitisch wirkte der ökonomisch bedingte Verfall der tech-

---

9 Der Berliner Stadtbezirk Friedrichshain, am östlichen Cityrand gelegen, entstand 1920 in seiner heutigen Gestalt als Verwaltungseinheit in Groß-Berlin. Er wies die mit 337.654 Einwohnern (1929) größte Wohndichte ganz Berlins auf (auf eine Wohnung entfielen 3,2 Bewohner). Über 80% der Wohnungen waren Ein- und Zweizimmerwohnungen. Hinsichtlich der Ausstattung mit Bädern stand der Bezirk an letzter Stelle (10,4%). Dieses Erbe prägt sein Bild bis heute. Während des Krieges wurden über 50% der Wohnungen zerstört. In den 50er Jahren wurde mit der Bebauung der Stalinallee ein Anlauf genommen, im traditionellen Arbeiterbezirk komfortable Wohnungen für Arbeiter und repräsentative Stadträume zu schaffen (Zuckerbäckerstil), in Abgrenzung vom „westlichen Formalismus". In den 60er Jahren schwenkte die offizielle Linie zunehmend auf kostensparende industrielle Fertigung um, die „Platte" kam und sollte die „Wohnungsfrage als soziales Problem" lösen. Bis zur rapiden Deindustrialisierung wurde der Bezirk von traditionellen Industrien und ökologischen Problemen geprägt.
10 Vgl. G. Prengel u.a.(1991). Seniorenreport Friedrichshain: 46f., 67, 87f. Allein von 1988 bis 1990 nahm die Bezirksbevölkerung um ca. 10.000 Personen ab, überwiegend Familien und jüngere Erwerbstätige. Die seit der Maueröffnung fortgesetzte Westabwanderung gerade jüngerer Bewohner (1989 machte dies 60% des Wanderungssaldos aus) verschlech-

nischen und sozialen Infrastruktur in den langjährig vernachlässigten Altbauquartieren dieses „Arbeiterbezirks" als sich öffnende Schere zwischen lange einwohnender immobiler älterer Bevölkerung und mobilen, häufig wechselnden jüngeren Bewohnern in den Hinterhäusern. Ferner wurden seit Anfang der 80er Jahre von jung *und* alt zunehmend „Frustfaktoren" benannt, die eine Kumulation von dysfunktionaler Wohnungsbewirtschaftung, gesellschaftlicher Deregulierung und sozialer Desintegration widerspiegeln.
Aufgrund der eigentümlichen Doppelstruktur, daß der kollektive Wohnungsbesitzer, die Kommunale Wohnungsverwaltung (KWV), den Mangel nur verwaltete, während die Eigentümerfunktion, die Verfügung, Wohnungsvergabe der Abteilung Wohnungspolitik im Rat des Stadtbezirks oblag, gab es Mißwirtschaft, Intransparenz, Korruption. Die Ausreisewelle, Anfang der 80er Jahre in Gang gesetzt, verdichtete sich mit dem Scheitern der Reformhoffnungen (Gorbatschow) in der DDR ab 1986. Jüngere Leute und Familien zogen weg, die „Alten" blieben. Gleichwohl bewegt sich deren Zahl und Anteil an der Wohnbevölkerung im Ostberliner Durchschnitt. Laut Statistischem Landesamt waren im Juni insgesamt 1993 19% der Bezirksbewohner über 60 Jahre alt. Fast ein Viertel (24%) ist über 55 Jahre alt, d.h. wird in absehbarer Zeit das Rentenalter erreichen. Viele von ihnen befinden sich bereits im Vorruhestand (grobe Schätzungen gehen von 5.000 Personen aus) oder sind in besonderem Maße von Arbeitslosigkeit betroffen. 35% sind über 45 Jahre alt. Für unsere Fragestellung sind aber nicht nur die quantitativen Altersverteilungen interessant, sondern die soziale Balance und das Miteinander, Nebeneinander und Gegeneinander der Generationen.

terte die demographische Situation. Die Frage nach der Ausstattung der Wohnungen der Senioren ergab folgende Antwortenverteilung: Im Sommer 1991 verfügten über:

Warmwasser:	53,4%
Telefon:	53,8%
Innen WC:	97,6%
moderne Heizung:	59,4%
Bad/Dusche:	86,7%

Im Bezirk fehlen über 1.020 seniorengerechte Wohnungen. Friedrichshainer Seniorenhaushalte leben räumlich beschränkter als der Durchschnitt in den neuen Ländern.

Wohnungsgrößen von Rentnerhaushalten (in%)

Wohnung	Friedrichshain 91	DDR 87/88	neue Länder 92
1-Raum-W.	10,4	14	9,0
2-Raum-W.	65,1	53,0	47,0
3-Raum-W.	17,7	22,0	30,0
4-Raum-W.	4,8	1,0	14,0

3. Soziale Segregation – Kieztypisches Antwortverhalten, komplexes Überforderungssyndrom

„Die Gesellschaft ist wie eine gefährliche Maschine, die funktioniert, ohne daß ich weiß, wie"[5a].

Wir hatten noch nie eine Befragung so probandengerecht vorbereitet und noch nie so viel Mißtrauen und lebhaftes Verweigerungsverhalten (über 35% der angetroffenen Zielpersonen) geerntet! Hier wirkte auch der Zeitfaktor: Die Euphorie über die deutsche Einigung war abgeklungen, eine realistische Anpassung an die Verhältnisse hatte zum Befragungszeitpunkt Mitte 1991 gerade erst eingesetzt.[11] Zum Teil wurde Verbitterung durch die nachträgliche Entwertung der größtenteils in der DDR verbrachten Lebenszeit spürbar, in Bemerkungen wie: „Ich sage Ihnen kein Wort, wir sind ja so belogen und betrogen worden!"[5c]. Doppelte Frustration wurde deutlich: daß jetzt die eigenen Anstrengungen einem diskreditierten System zugeordnet werden und daß Erwartungen einer schnellen Verbesserung ihrer Lebensverhältnisse sich nicht erfüllt haben.

Die soziale Segregation widerspiegelte sich in kieztypischem Antwort- und Verweigerungsverhalten. Während ein Teil der im Schnitt um eineinhalb Jahrzehnte jüngeren Senioren in den Neubaugebieten am Telefon mit sachlicher Vorsicht ohne Angabe von Gründen absagte: „Sie sagen es ja selbst, die Beteiligung an der Befragung ist freiwillig", trafen wir in den maroden Altbaugebieten und in den Quartieren der Karl-Marx-Allee häufiger auf zunächst massiveres Mißtrauen, verbunden mit Hinweisen auf Überforderung und Grundverunsicherung: „Es ist mir jetzt alles zu viel, alles kommt auf einmal"[5a]. In der verwirrenden Vielfalt der Informationen vermochte man kaum noch das für die eigene Person Relevante zu orten. Der Transformationsstreß verdichtete sich zu einem *komplexen Überforderungssyndrom*. Häufig wurde die Elementargewalt von Naturereignissen beschworen: „Wir werden überrollt, überschwemmt". In den Altbaugebieten *und* den Stalinbauten der „Allee" wurden Verweigerungsgründe oft emotional vorgetragen: „Wir haben hier so ruhig gelebt, ich habe Angst davor, daß alles wieder aufgewühlt wird. Wir haben nur einen Wunsch, in Ruhe gelassen zu werden"[5a]. Manches scheint dafür zu sprechen, daß viele den gewaltigen Veränderungszwängen durch Verdrängen, Ignorieren der damit für sie im Zusammenhang stehenden Probleme durch Flucht in eine Wagenburgmentalität ausweichen, was eher auf die „überalterte" Bewohnerstruktur der Allee zutraf. Nicht nur als Reflex einer „politischen Rotverschiebung" werteten wir, daß viele der dortigen *über-*

---

[11] In der gesamten Befragung fiel die Häufigkeit auf, mit der Antwortmuster wie: „Das kann ich nicht beurteilen" gewählt wurden.

wiegend kleinen Leute sich nach der Wende trotz materiellen Zugewinns auf der Verliererseite der deutschen Einheit sehen. Unter schwierigen Bedingungen die Entwicklung hier mit getragen und den Zerfall des Realsozialismus miterlebt zu haben, bewegt sie als Trauer über die nachträgliche Sinnentleerung ihres gelebten Lebens. Auch wegen der Verkürzung ihrer Zukunftszeit ist der Bilanzierungsrahmen ein anderer. Dennoch war in diesen Quartieren die Verweigerungsrate geringer. Hier gab es eher die Tendenz, an einer – wie man zunächst annahm – „von Amts wegen angeordneten Befragung" diszipliniert teilzunehmen. Die gesprächsbereiten Probanden in Gegenden mit Vollkomfort-Neubauwohnungen zeigten sich in den durchgängig sehr intakten, in der Regel wie frisch renovierten Wohnungen locker und gelassen. Sie kannten einander in der Regel recht gut und hatten freundliche und pragmatische Nachbarschaftsbeziehungen (man war zur gleichen Zeit in diese Häuser gezogen, oft von auswärts, worauf die Dialektfärbung hinweist). Besser mit PKW ausgestattet als die Bewohner der Karl-Marx-Allee, kann man ebenfalls vielfach auf Grundstücke im Grünen zurückgreifen, (die als nichtstigmatisierte materielle Mobilitätsressourcen über die Wende gerettet wurden). Hier war man in der Regel mit Erreichen der Altersgrenze planmäßig in Rente gegangen, die materielle Absicherung reichte aus. Emotionalität wurde faktisch nur dort spürbar, wo man sich vom „politischen Rentenstrafrecht" betroffen fühlte oder vorzeitig in den Ruhestand hatte gehen müssen. Die Differenz zum Lebensniveau West wird in allen Wohnvierteln gleichermaßen als Frage nach sozialer Gerechtigkeit diskutiert.

In den Altbaugebieten trafen wir häufiger auf geschlossene Türen, wegen ausgeprägter Furcht vor Drückerkolonnen und Trickbetrügern. Andererseits öffneten die Befragten sich dann weitgehender im Gespräch, wünschten nicht nur eine lange Verweildauer, sondern äußerten ein starkes Bedürfnis nach Sozialität überhaupt und gewährten uns einen hohen Vertrauensvorschuß. In einigen Fällen wurde die Teilnahme an der Befragung von der Bereitschaft der Interviewer abhängig gemacht, bei Behördenangelegenheiten zu helfen, oft wurden wir um Rat gefragt. Vereinzelt, dann aber drastisch, wurden als Verweigerungsgründe allzu zögerliche Bearbeitungen von Anträgen auf Pflegegeld oder Witwenrenten durch die öffentliche Hand benannt: „Die warten, bis wir tot sind, dann hat sich das Problem erledigt."[5a 5c] Fast 20% der Verweigerungen wurden damit begründet, daß in den „völlig heruntergekommenen Häusern seit 1989 noch nicht einmal die notwendigsten Reparaturen gemacht" worden wären. „Und dann diese Ungewißheit: was wird aus unseren Wohnungen (Eigentumsverhältnisse ungeklärt) und Mieten?"[5a] Ebenfalls als ein Stück neuer Selbstbehauptung werteten wir selbstbewußten Eigensinn, häufig ohne Berufung auf die Rechtsgrundlagen: „Wir haben uns früher nicht ausfragen lassen, wir lassen uns auch jetzt nicht ausfragen!"[5a] Eine nennenswerte Zahl – ausschließlich weiblicher Probanden – ließ uns wissen, daß sie nicht zu Hause wären, da sie täglich die Enkelkinder betreuen und „für einige Zeit zu den jungen Leuten (d.h. zu ihren Kindern) gezogen sind, die noch

Arbeit haben."⁵ᵃ Auch im Verweigerungsverhalten wurden für uns die „Kraft der Schwachen" und Ressourcen selbstbestimmten, solidarischen Lebens deutlich. Vorstellungen wurden geäußert, was sich im Stadtbezirk ändern sollte und müßte. Vielfach bestanden die Interviewpartner darauf, daß die fertigen Studien dann auch wirklich einer interessierten Öffentlichkeit zur Verfügung stehen sollten. Ferner schlug man Veranstaltungen, Ausstellungen, Bürgerforen zum Friedrichshainer Seniorenreport vor.

4. Sorgenkatalog, Anpassungsdruck, soziale Ressourcen – Geld als Drehpunkt der deutschen Einheit?

Wir wollten Aufschluß darüber gewinnen, wie ältere Menschen im Stadtbezirk dem enormen Anpassungsdruck an neue gesellschaftliche Bedingungen begegnen und auf welche Ressourcen sie hierbei zurückgreifen können.

Die Frage „Worüber machen Sie sich gegenwärtig Sorgen, was bedrückt Sie?" hatten wir im Gespräch als offene Frage gestellt und möglichst undramatisch eingeleitet: „Für uns alle ist so vieles neu ..." Aus den spontanen Nennungen der Probanden bildeten wir eine Rangordnung. Nur 6% nannten aus eigenem Antrieb *keine* Sorgen oder Probleme. Mit der stärksten emotionalen Auflading versehen, teilweise wortreich kommentiert, dominierte die Besorgnis vor zunehmender Gewalt und Kriminalität (62%). Belegt wird dies u.a. mit Übergriffen (Handtaschenraub, Einbruchsdiebstählen) und vor allem mit der Gefahr wachsenden Rechtsradikalismus: „Wohin das führt, haben wir schon einmal erlebt. Schreiben wir wieder 1932?"⁵ᵃ, ⁵ᵇ, ⁵ᶜ Über die persönliche Sicherheit, über die eigene Person hinaus, werden auch Sorgen um den Gesellschaftszustand geäußert. Sie betreffen den „sozialen Zusammenhalt", Normenverfall, Desolidarisierung: „Droht uns ein Krieg aller gegen alle?"⁵ᵇ, ⁵ᶜ In hohem Maße werden ambivalente Wirkungen einer offenen Gesellschaft thematisiert. Zum einen begrüßt man Wahlfreiheit und macht lebhaft von der Optionenvielfalt Gebrauch, zum anderen äußert man Orientierungsprobleme, und es schien vielen zunächst kaum möglich, das Leben systematisch zu planen. Die geäußerten Sorgen fügen sich zum Grundmuster sozialer (Beziehungs-)Ängste. Bemerkenswerterweise schlug dieses überall in der Erhebung durch, auch bei Fragen, die ganz anders intendiert waren und den Erwartungshorizont so weit wie möglich öffnen sollten: „Es gibt doch jetzt so viele Möglichkeiten ... Was haben Sie sich in den nächsten Jahren überhaupt an Schönem vorgenommen?"¹² Vor allem wünschte man sich, die Selbständigkeit in

---

12 Abgesehen davon, daß 18% keine Wünsche zu äußern wußten, ließen 27% Frustration erkennen, wobei es am häufigsten um das Wohlstandsgefälle Ost-West ging: „Sind wir

den eigenen vier Wänden aufrechtzuerhalten. Ferner wünschte man sich sozialen Frieden und den Erhalt bzw. ein Mehr an sozialen Kontakten. Hier fielen, in der außerordentlichen Bescheidenheit der Wünsche und zurückgenommenen Lebenspläne („Hoffen, daß schönes Wetter ist, in Ruhe auf einer Bank sitzen können, ohne Anrempelei ..."[5a], auch deutliche Einengungen des sozialen Wirkraumes auf. In den zwischenmenschlichen Beziehungen wurden tendenziell mehr Gleichgültigkeit, weniger Interaktion, Sprachlosigkeit, eine mitunter bis zur repressiven Ignoranz gesteigerte Abwendung der jungen von der älteren Generation empfunden bzw. projiziert. Die Sorge um die Aufkündigung des Generationenvertrages und die Diskriminierung der Älteren kumulierte nach der Brandstiftung im einzigen Altenwohnhaus des Bezirks (Ende Oktober 1992) in dem Schreckbild: „Der Gewalt gegen Ausländer folgt nun der Krieg gegen die Alten..."[5a] Diese Äußerung fiel nur einmal. Allerdings wurden unter „Wendeschock" auch zwischen Älteren selbst Rücksichtslosigkeit und Schwanken zwischen Agressivität und Depressivität vermerkt bzw. von ihnen beklagt: Drängeln, Schubsen, rüdes Verhalten. Dort wo sich soziale Verankerungen auflösen, werden die Folgen eigenen Handelns für andere kaum berücksichtigt. Zunächst schien nur noch in der Familie emotionaler Rückhalt gegeben. Als möglicher Anhaltspunkt für verdrängte Ängste vor einem möglichen Abnehmen emotionaler Zuwendung in diesem Bereich könnte gelten, daß die Beziehungen zu den eigenen Kindern als allzu intakt dargestellt und Probleme nur quantitativ, als Zeitproblem thematisiert wurden. „Die Kinder haben jetzt mit sich zu tun, sie haben so wenig Zeit."[5c] Hinter dem Bild angestrengter Harmonisierung steht die Angst vor einem hereinbrechenden sozialen Kältestrom. Natürlich nahmen wie in allen bekannten Seniorenbefragungen in Ost und West Sorgen um den Gesundheitszustand (den eigenen, denjenigen des Partners) immer den zweiten Rangplatz ein. Hier scheint jedoch die grundlegende Umorganisation des Gesundheitswesens (Auflösung der Polikliniken, schnell entstandene Niederlassungen) kaum Sorgen zu bereiten, viele behielten ihre Hausärzte, auch als Vertrauenspersonen. Gesprächsweise noch häufiger wurde „das Geld" thematisiert. Aber schon damals war steigende Rentenzufriedenheit deutlich geworden. Insbesondere Frauen mit lebenslanger Erwerbsbiographie bzw. Bezieherinnen von Witwenrenten erlebten einen Statuszugewinn. Schon damals äußerten 31,7% in einem Atemzug ihre Freude darüber, daß Deutschland wiedervereinigt ist und Befriedigung, daß es ihnen jetzt finanziell besser

---

denn Bürger 2. Klasse? ... Wir wollen hier nicht das Armenhaus sein!" Erwartungsgemäß wurde hier eine lebhafte und intensive Reisetätigkeit bestätigt (beileibe nicht nur Kaffeefahrten); man wünschte sich, Selbstversorger zu bleiben, wollte sich noch einmal teilweise neu einrichten, Kontakte pflegen, „mit der Freundin öfter mal etwas unternehmen ..." – „Früher gab es nur die Volkssolidarität, jetzt kann ich eben auch zur AWO gehen, ist ein anderer Ton dort. Nun finden wir uns im anderen Kreis zusammen. Und da war auch schon ein paarmal unser Bürgermeister, der ist auch Sozialdemokrat."

Ältere Menschen im Umbruch der lokalen Alltagspraxis 343

geht. Zugleich mischt sich das bei veränderten Ausgabenstrukturen und schwer berechenbaren künftigen Kostensätzen oft mit der Sorge, sich nicht mehr zurechtzufinden. Das äußerte ein Fünftel der Befragten spontan. Bei vorgegebenen Antwortmustern, wo persönliche Auswirkungen der Wende benannt werden sollten, stimmten dem sogar 30,5% zu. Von der bloßen Zahl der Nennungen her konnte es so erscheinen, als ob „Geld" der Drehpunkt der Einheit Deutschlands gewesen wäre. Dabei wissen wir, daß das Rentenniveau in der DDR absolut gesehen sehr niedrig war und von mehr als 18% der „Veteranen der Arbeit" als bedrückend empfunden wurde.[13] 1988 betrug die durchschnittliche Rentenhöhe in der DDR nicht mehr als rund 30% der Durchschnittslöhne des Landes (vgl. G. Winkler, 1990: 229). Vor allem Arbeiter und kleine Angestellte hatten über das Erreichen des Rentenalters hinaus gearbeitet, um ihr Alter materiell abzusichern. Andererseits wurde mehrheitlich Stolz über den eigenen bescheidenen Lebenszuschnitt geäußert. Unsere direkte Frage, ob das monatliche Haushaltseinkommen bzw. die Rente für die Befriedigung der eigenen Bedürfnisse und Wünsche ausreicht, wurde zu 61,7% eindeutig positiv beantwortet. Häufig wurde hinzugefügt, daß man immer ausgekommen ist und nie Schulden hatte.[14] Jedoch wurde die Frage „Glauben Sie, daß die Rente Ihrer Lebensarbeitsleistung entspricht?" nur von 16,5% der Probanden bejaht, deutlich seltener von Frauen. Weitere 29,4% waren sich da nicht sicher. Von den Frauen wurde entschiedener der Zusammenhang von lückenloser Erwerbstätigkeit, ihrer Leistung für die Gesellschaft, den für sie verfügbaren materiellen Mitteln und ihrer Menschenwürde reflektiert: „Ich habe meine Kinder zu ordentlichen Menschen erzogen, die ganze Familie über schwere Zeiten gebracht. Jetzt, nach arbeitsreichem Leben, vielleicht in Sozialhilfe zu fallen ..." Diese Möglichkeit berührt den Ehrenpunkt. „Früher war es die Stasi, die über uns Bescheid wußte, heute müßte ich alles beim Sozialamt ausbreiten."[5a,5c] Aber es ist nicht „das Geld an sich" oder Unvereinbarkeit mit den ausgeprägt aufgabenzentrierten und pflichtorientierten Einstellungen der Älteren schlechthin.[15] Hier ist vor allem die Frage der Autonomie als Voraussetzung intakter sozialer Beziehungen berührt. Hinter den materiellen Sorgen steht die

---

13 K.-P. Schwitzer (Hrsg.). Altenreport '90: 8, 38.
14 Nur für 9% der Befragten reicht die Rente nach eigenen Angaben nicht aus. Zu 27% war die Antwort teils-teils, was oft mit der Differenz von Rentenhöhe, Ungewißheit künftiger Preisbewegungen bzw. Geldentwertungen sowie mit lange zurückgehaltenen Konsumwünschen begründet wurde. Vorruheständler bzw. Bezieher von Altersübergangsgeld befürchten Altersarmut. Auch sie haben keine Möglichkeit mehr, durch eigene Leistungen Anwartschaften auf Betriebsrenten oder kapitalbildende Lebensversicherungen zu erwerben.
15 Für die befragten Bezieher von Altersübergangsgeld war es eines der größten Probleme, für Nichtarbeit alimentiert zu werden. Jedes Angebot zur gesellschaftlichen Tätigkeit oder selbstbestimmten Freizeitgestaltung erscheint so eher als Ersatzhandlung.

Angst, daß man sich Liebe, Fürsorge, menschliche Zuwendung vielleicht nicht mehr leisten könne: „Früher konnten wir den Enkeln etwas zustecken ..., jetzt haben wir Angst, den Kindern zur Last zu fallen."[5a,5b,5c] Man sieht mit der Einführung kostendeckender Pflegesätze (in Heimen) familiäre Spannungen vorprogrammiert, etwa dann, wenn Kinder zum Unterhalt herangezogen werden. Als „letzter Grund" und Kern der Sorgen scheint immer wieder Furcht vor einem Verlust an menschlicher Zuwendung, vor Vereinsamung durch. Überwiegend werden auch die Kinder in den Sorgenkatalog mit eingeschlossen. Man fürchtet, daß Kinder oder Enkel arbeitslos werden könnten, daß man auf fremde Hilfe angewiesen ist (20%), d.h., daß man seine Selbstbestimmtheit aufgeben muß. Man hat Angst davor, Nahestehenden fremd bzw. sozial ausgegrenzt, isoliert zu werden. Offenbar geht es hier nicht um Deregulierung schlechthin, vielmehr um die Fragmentierung sozialer Beziehungsgefüge, die den Lebensalltag ausmachen. Befürchtet wird vor allem der Verlust sozialer und kommunikativer Kontexte, mitmenschlicher Bindungen. Entscheidend für soziale Integration überhaupt als Prozeß, als aktive Tätigkeit, sind Vielfalt, Kontinuität und Konsistenz sozialer Bezüge. Quantität und qualitative Grade des psychosozialen Eingebettetseins des einzelnen in ein persönliches Netzwerk (Beziehungen zu Angehörigen, Verwandten, Freunden, Nachbarn, Arbeitskollegen, Interessengruppen) sind zugleich wichtige individuelle soziale Ressourcen der Problemverarbeitung in Umbruch- und Krisenzeiten. Vor allem von der ökonomischen und politischen Entwicklung determiniert, sind elementare soziale Netze mitbestimmend auch für gesellschaftliche Entwicklungsverläufe im sozialen Raum.

5. Anschlußstellen der Problemverarbeitung – Umbruch und Plastizität sozialer Netze

„Die Zeit ist aus den Fugen"?[5b]

Namentlich Ältere erleben nicht nur einen Zuwachs von Freiheit und Freiraum, sondern die Vielfalt der Wahlmöglichkeiten als Orientierungsproblem, stärkere soziale Ausdifferenzierung als zunehmende Ungleichheit, mehr Individualisierung als Vereinzelung. Sie sehen sich einem vielfachen Anforderungsdruck gegenüber. Zugleich zerbrechen bisherige Formen integrativer Konfliktbewältigung. Die vielfach geäußerte Grundverunsicherung Älterer bezieht sich vor allem darauf, daß Verhaltenskontinuität den neuen Verhältnissen nicht angemessen ist. „Das haben wir nicht gelernt!"[5a] Lernprozesse setzen jedoch am eigenen Sozialisationshintergrund und an verfügbaren sozialen Bezugssystemen an.

Die altgewohnte staatliche Versorgungsgarantie als Einheit von paternalistischer Fürsorge und Kontrolle (Manfred Lötsch) bricht weg. Sie hatte mehr auf Stillhalten und Wohlverhalten gesetzt als auf das soziale Durchsetzungsvermögen eigener Ansprüche. Ein vormundschaftliches Staatswesen sorgte für finanzielle Absicherung mit Mindestrenten, Subventionierung von Wohnungsmieten, Nahrungsmitteln und Energieträgern als einer „zweiten Lohntüte". In der hohen Subventionsquote (für Güter des Grundbedarfs lag sie 1988 bei 54%; vgl. Schwitzer, 1990: 127[16]) reflektieren sich auch gewichtige Strukturmängel der Alterssicherung. Immerhin konnte Massenarmut verhindert werden. Jetzt beklagen ältere Menschen und in sozialen Einrichtungen Beschäftigte nicht nur die neuen gesetzlichen Regelungen, sondern vor allem die Wirkungen hoch arbeitsteilig organisierter Sozialdienste, die Dominanz von Verbandsinteressen, die Zersplitterung von Leistungsträgern und Abrechnungssystemen.

Die den Seniorenbereich monopolisierende Megaorganisation Volkssolidarität hatte vereinfachte, transparente Zugänge zu Sozialleistungen, die einem auf bloßes Signalisieren vorhandenen Bedarfs hin teilweise sogar ins Haus gebracht wurden. Sicher erzeugten hier Kontrollmechanismen ein Anpassungsverhalten an autokratische Macht- und provinzielle Lebensverhältnisse. Aber auch das Selbstbewußtsein kleiner Leute wurde gestärkt. Nicht nur die bis heute starke Erwartungshaltung auf staatliche Versorgungsleistungen festigte sich, sondern auch die integrativ wirkende Überzeugung, daß einem hierzulande nichts die materielle Existenz Gefährdendes geschehen konnte: „Keiner mußte sich hier einen Kopf machen um die Zukunft."[5a, 5c] Zugleich entwickelte sich eine höhere Sensibilität für soziale Fragen, soziale Gerechtigkeit. Hilfsbereitschaft und Solidarität hatten im konkurrenzverdünnten Raum ihren Stellenwert. Demgegenüber werden jetzt eher Substanzverluste an sozialer Sicherheit, Mitmenschlichkeit und Identität geäußert. Verhaltensdispositionen, wie sie aus dem Alltagsleben des realsozialistischen Gemeinwesens erwuchsen, enthalten auch sozialisatorische Anschlußwerte. Das Leben in der Gesellschaft permanenten Mangels forderte den einzelnen (und von Familien, Betriebskollektiven) nicht nur „List und einen Kraftaufwand ab, mit dem früher Weltreiche hätten gegründet werden können"[5b, 5c], es förderte auch den intensiven Austausch mit Nachbarn, Freunden. Es schmiedete ganze Hausgemeinschaften in kontinuierlichen Nutzungsformen und gelegentlichen Feuerwehraktionen zusammen, förderte den Zusammenhalt von Arbeitskollektiven, beflügelte die Organisationsintelligenz (natürlich auch das pragmatische Durchwursteln) von Betriebsleitungen und Verwaltungseinheiten in einer an sich immobilen Gesellschaft. Im Anschluß daran könnten die schwer lösbaren Probleme des Umbruchs über Rückgriffe auf diese Verhaltensdispositionen hinaus die Weiterentwicklung kooperativer Handlungsformen fördern.

Neukonstitution sozialer Bezüge schließt immer auch Demontage überkom-

---

16 1989 hatte es in der ganzen DDR nur 2.000 Rentner gegeben, die Sozialhilfeempfänger waren. Durchschnittlich nahmen die Rentnerhaushalte der DDR mindestens 800 Mark gesellschaftliche Aufwendungen, insbesondere kostenlose Leistungen des Gesundheits- und Sozialwesens in Anspruch (vgl. K.-P. Schwitzer/G. Winkler, 1993: 98).

mener ein. Mit der Deindustrialisierung und dem abrupten Abbau der betrieblichen Sozialleistungen fanden auch Gemeinschaftsformen ein Ende, die den einzelnen an „seinen" Betrieb, „das Kollektiv" und die eigenen Lebensarbeitsleistungen zurückbanden. Ohnehin sind den Älteren (auch „jungen Alten") mit der Erwerbsarbeit jene Handlungs- und Erfahrungsräume entzogen, deren Anforderungen ständige Rückkopplungsanstrengungen auferlegen – sowohl im Sinne der Anpassung an systemische Anforderungen als auch im Sinne eines Autonomieerhalts der Lebenswelt.

Aber es gab auch in der DDR Aushandlungsprozesse. Die Werktätigen waren in der Regel für Streit- und Konfliktfälle mit einem hohen Status gegenüber den Betrieben ausgestattet; Leistungszurückhaltung war vielfach möglich, die Lebensmaxime „bis zur Rente keinen Ärger" war „die größte Volksbewegung der DDR"[5b]. Allerdings war das hier geübte Konfliktverhalten eben auf andere als die jetzigen Verhältnisse hin organisiert.

Sicher war der ideologische Nebelschleier auch bequem, organisierte sich eine Art „kollektiver Verantwortungslosigkeit" (Andras Hegedüs). Aber die Unterordnungsbereitschaft der Arbeits- und Betriebskollektive hielt sich in Grenzen. Die Betriebsleitungen reagierten auf Druck von unten und standen in gemeinsamem Interesse an weichen Plänen und höheren Prämien mit ihren Belegschaften gegenüber den übergeordneten Kombinaten und Fachministerien zusammen. Aushandlungsprozesse fanden permanent statt und waren auf betrieblicher Ebene von erstaunlicher Transparenz. Vor allem auch in Parteiversammlungen wurde über Planerfüllung (Schwierigkeiten) diskutiert. In welch ritualisierten Formen auch immer – gesellschaftliche Widersprüche wurden andauernd verhandelt. Im realsozialistischen Alltagsleben nahm man dies aufmerksam wahr, bis hin zu allgemeinen Fragen von Politik und Gesellschaftsentwicklung. Das ergab andauernde Reibungen und Auseinandersetzungen (natürlich auch resignativen Rückzug) aus den allgegenwärtigen Widersprüchen zwischen Sonntagsideologie und Alltagspraxis. Darauf führten viele Ältere ihre kritische Solidarität mit dem System zurück. Da man hier lebte (Mauer), da man sinnvoll tätig sein und sich in seiner Arbeit vergegenständlichen wollte, wurden auf vielfältige Weise Kritikfähigkeit, kreative Umgehungsmanöver, Unterlaufen des „demokratischen Zentralismus" entwickelt.

Man weiß um den Bedeutungszuwachs, den „Familienbande" in Krisenzeiten erfahren. Bei älteren Ehepaaren fiel auf, daß die Partner einander nicht nur stützten, sondern sehr gut miteinander waren. Die Familien schienen „enger zusammenzurücken": Ein hohes Maß an freiwilligen familialen sozialen Hilfeleistungen und auch Unterstützung im Bedarfs- und Pflegefall, die von den Älteren auch in Zukunft erwartet werden, waren für die DDR-Verhältnisse typisch gewesen. Die ökonomische Unabhängigkeit der Generationen voneinander war hierfür die Basis. Gerade mit der (zeitweiligen) Reduktion der außerhäuslichen Kontakte ergab sich ein gesteigerter Erwartungsdruck auf die Familien. Waren diese schon zu DDR-Zeiten mit Kompensationsfunktionen überfrachtet, ist familiale Solidarität heute mitunter bis über die Grenze der Belastbarkeit hinaus gefordert. Vor allem sucht man Orientierungsprobleme, die sich aus dem abrupten Austausch des Rechts- und Institutionensystems ergeben, das Finden individueller Arrangements in der Vielfalt der Wahlmöglichkeiten und deren Durchsetzung mit familialer Hilfe zu bewältigen. 43,4% erwarten, daß vor allem die eigenen Kinder ihnen bei der Durchsetzung von Rechtsansprüchen helfen. Hierbei deutet es sowohl auf eine Flucht in die Familien als auch auf eine gewisse Abstinenz bzw. auf den Verzicht der Durchsetzung von Ansprüchen hin, wenn 64% der Befragten äußerten, sich noch nicht an eine Behörde (nicht näher spezifiziert) gewandt zu haben bzw. 23% ihre Probleme auf andere Weise, vor allem mit familialer Hilfe selbst lösen konnten.

Über Kontakte älterer Bürger zur Verwaltung wurde Widersprüchliches berichtet: Erhöhte früher der offiziöse Charakter einer ideologisch überfremdeten Verwaltung die Distanz zu den Bürgern, schaffen nun „neue Unübersichtlichkeit, Amtsstubenvielfalt, Laufen im Kreis und mangelndes Spielregelwissen".[5a, 5b, 5c] Hemmschwellen. Mehr als die Hälfte derer, die sich an eine Behörde gewandt hatten, taten dies allerdings „ohne Ergebnis", bzw. sie äußerten Mißerfolgserlebnisse (Juni 1991). Als Barrieren wurden vor allem Schwierigkeiten beim Ausfüllen von Formularen genannt, Ohnmachtsgefühle, Hilflosigkeit (es war weniger die Angst, abgewiesen zu werden, als die Furcht vor einer entwürdigenden Prozedur), z.B. wegen fehlender Informationen sowie die Furcht, in eine „Bittstellerrolle" zu geraten. Unkenntnis der Zuständigkeiten und neuen Regelungen spielten damals eine sehr große Rolle, selbst Aktivbürger und in sozialer Arbeit langjährig Erfahrene sahen sich als Anfänger.[5b] Die Risikolage besteht darin, sich einen hinreichenden Überblick über die ausdifferenzierten Regelsysteme und Zuständigkeiten zu verschaffen. Obwohl das Sozialamt des Bezirks handliche, aktuelle Informationshefte über soziale Leistungen, Dienste, Einrichtungen bis hin zu kulturellen Angeboten in großer Auflage breit streut, können diese jedoch eine den individuellen Problemlagen entsprechende Beratung nicht ersetzen. Insgesamt ist der Beratungsbedarf für jene besonders groß, die aufgrund sozialer Isolation, von Pflegebedürftigkeit und Bildungsdefiziten am meisten der informellen Unterstützung bedürfen. Die Bürgerfreundlichkeit der Sozialverwaltung steht unter dem Druck anschwellender Klientenzahlen, die für Beratungsgespräche kaum Zeit lassen, vielmehr zur „Massenabfertigung" zwingen. Dennoch ergaben vergleichende Untersuchungen der Sozialämter der Stadtbezirke Spandau und Friedrichshain, daß im Ostteil die Motivation, „den Menschen zu helfen" besonders ausgeprägt ist. Zwar fiel in Abstimmungsrunden von Amt II des Stadtbezirks und Wohlfahrtsverbänden/ sozialen Projekten/Seniorenvertretung immer noch auf, daß auch Interessenvertreter der Älteren eher „von oben" Angebote, Initiativen und richtungsweisende Vorgaben erwarten, statt selbst Anforderungen zu stellen. Hier aber sind wechselseitige Lernprozesse zu beobachten.

Ältere Bürger treten selbstbewußter, fordernder auf. Das Amt, auf die Bürger angewiesen, holt sie einmal dort ab, wo sie stehen, orientiert zugehende Arbeit und Angebote eher auf fußläufige Erreichbarkeit, auf überschaubare Zusammenhänge. Zum anderen äußern viele Amtsmitarbeiter bis zur Leitungsebene nach innen selbst Unzufriedenheit mit den hochgradig verregelten Abläufen, Ressortabschottungen, den Zersplitterungen von Leistungsträgern und Leistungsarten. Auch hier greift man auf von langer Hand entwickelte informelle Bezüge zurück. Die Bereitschaft von Amt, Seniorenvertretung, Projekten ist in aktueller „Notgemeinschaft" relativ groß, eigene Vorhaben, informelle Hilfsnetze und soziale Einrichtungen abzustimmen und zu vernetzen. Differenzierte Interessenlagen und kontextinternes Detailwissen werden so auch ebenenübergreifend transportiert.

Die größten Defizite gibt es bei der Neukonstitution von Interessenvertretungen Älterer. Auch im Bereich sozialer Sicherungssyteme, wo Selbstdefinition, Ausstreiten von Interessen und organisatorische Ressourcen unerläßlich sind, reproduzieren sich die bekannten Muster einer Delegation von Verantwortung nach oben. Defensiv war die Reaktion auf die Frage, ob Senioren „ein stärkeres Engagement zur Durchsetzung ihrer eigenen sozialen Interessen für notwendig und sinnvoll" hielten. Fast die Hälfte der Probanden reagierte hier ebenso häufig ablehnend oder skeptisch ratlos – wie auf die allgemeine Frage, ob sich Rentner „mehr in politische oder über ihre unmittelbaren Interessen hinausgehende gesellschaftliche Belange einmischen sollten". Da nur 3% der Meinung waren, daß früher wie heute ausreichend viel für Rentner getan wird, ist Handlungsbedarf geäußert, für den es scheinbar keine Akteure gibt. Zu 68% (n=176 Personen, wobei 36% der Probanden hier verweigerten) wurde die Frage verneint, ob den Befragten Vereinigungen bekannt seien, in denen speziell die Interessen von Senioren wahrgenommen werden. Nur 8 Senioren nannten Parteien. Nur 12 der Probanden arbeiteten selbst in irgendeiner öffentlichen Form (Volkssolidarität, Vereine o.ä.) mit. Wir wurden faktisch nur im vorpolitischen Bereich fündig. Dem steht eine relativ hohe allgemeine Erwartung gegenüber, daß es Sache des Staates sei, diese Lücke auszufüllen. Hinsichtlich der Überzeugung aber, daß er dies tatsächlich tut, herrscht starke Skepsis. Unsere Untersuchungen ergaben, daß nur dort konsistente Interessenorganisationen entstanden, wo vor der Wende schon etwas gewesen ist. Die Friedrichshainer unabhängige Seniorenvertretung entwickelte sich aus der Schule des Sozialen Runden Tisches in einer „Montage der Gegensätze" von Kirche[17] und Volkssolidarität. Engagierte soziale Arbeit, prak-

---

17 Für konfessionell Gebundene bilden die (Basis-) Kirchengemeinden ein organisatorisches und soziales Kontinuum hinsichtlich des ganzheitlichen Zuschnitts mitmenschlichen Engagements, wohl aber auch in ihrer Unterprivilegiertheit und dem geringen Zustrom neuer Kräfte. „Die Verlierer des alten Systems sind nicht die Gewinner des neuen" (5b). Nach dem Exodus vieler jüngerer, systemkritischer Menschen „altern" die Gemeinden, werden die selbstgestalteten Tätigkeiten oft traditioneller.

Ältere Menschen im Umbruch der lokalen Alltagspraxis

tisches Durchsetzungsvermögen und Persönlichkeitsprofile eines sozial engagierten „Bewegungstyps" mit Durchhaltevermögen in Basisarbeit hatten z.T. schon vor der Wende die mehr oder weniger verordnete Kontaktabstinenz unterlaufen. Gemeindeschwestern und Helfer der Volkssolidarität hatten sich in manchen Kiezen unter der Hand verständigt, „damit kein Alter durchs Netz fällt".[5b]

Von basiskirchlicher Seite aus hatte man deutlich eher Berührungsängste gegenüber „Massenorganisationen" und kommunalen Entscheidungsträgern abgebaut und auf Bürgerforen Probleme der Gebietsbewohner in der lokalen Öffentlichkeit publik gemacht. Die Volkssolidarität erlebte von Ende 1989 bis Frühjahr 1991 zum Teil einen Lähmungszustand, der vor allem die Führungsspitze befiel. „Nur die Kassierung klappte noch."[5c] Die Parole „Rette sich, wer kann" war ausgegeben worden. Auf die Kreisverbände (auf sich selbst gestellt) wirkte das zum Teil belebend. An der Basis wurde engagiert weitergearbeitet. Bei der Umstrukturierung der Volkssolidarität im Gefüge der Wohlfahrtsorganisationen (als Mitglied des Paritätischen Wohlfahrtsverbandes) steht ihr jedoch vor allem das alte Führungspersonal mit seinem Stellvertreterkomplex im Wege. Anders als die vormaligen „Einpeitscher des Stalinismus" mit ihren institutionellen und Selbstversorgungsinteressen wirken in den Wohngebieten diejenigen, die „schon immer die ganze Kleinarbeit, auch Dreckarbeit gemacht haben"[5b,5c]. Sie kennen oft jeden einzelnen älteren Menschen im Kiez. Sie bilden jetzt das Rückgrat der Sozialkommissionen. „Bloß nach uns, da kommt dann nichts mehr."[5b] Die lokale Basis der Parteien ist schmal, nur PDS (Überalterungsproblem) und SPD erreichen einen Teil der Älteren. Interessant ist, wie sich die Seniorenvertretung – ungeachtet aller internen Auseinandersetzungen so unterschiedlicher Partner und den tragischen Suizid des ersten Vorsitzenden überwindend, immer wieder zusammengehalten allein durch das Bewußtsein, daß sonst niemand anderer an ihrer Stelle wäre – im Stadtbezirk Respekt verschafft.

Ob die Mehrheit der älteren Gebietsbewohner sich eher passiv (wenn nicht resignativ) an die neuen Gegebenheiten anpaßt oder Möglichkeiten einer offeneren Gesellschaft aktiver wahrnimmt, ist noch nicht zu beantworten. An vielen Stellen zeigte sich Streben nach Autonomie, selbständiger Lebensführung, „Eigensinn". In bewegenden Begegnungen, nicht nur bei vielen „jungen Alten", sondern auch bei Hochbetagten in zum Teil wenig menschenwürdigen Wohnungen haben wir Einblick in die Kraft der Schwachen erhalten. Die vielfach bei älteren Frauen ausgeprägte kommunikative Lebensform, ihre Zähigkeit, Lebendigkeit kommen aber zum Teil kaum (warum eigentlich nicht?) außerhalb ihrer vier Wände zum Tragen. Man wünschte ausdrücklich keine Ghettoisierung. Über 75% der Befragten wünschten sich mehr Kontakte und Begegnungen zwischen jung und alt – keineswegs nur auf die eigene Familie beschränkt. Man wollte auch darüber hinaus am Leben, dem, was um einen herum geschieht, teilhaben: „Familie kann doch nicht alles sein."[5a, 5c] Seit Mitte 1992 verzeichnen wir ein wachsendes Bedürfnis der Älteren nach Teilhabe und Gesellung. Die Freizeitstätten wurden wesentlich besser besucht, die Nachfrage nach kulturellen und anderen Angeboten anspruchsvoller. Oder man trifft sich in kleineren Gruppen, treibt Sport, wandert, macht gemeinsam „historische" Ost-West-Ausflüge, z.B. „nach Siemensstadt, wo wir früher mal gewohnt haben".[5c]

6. Ein Beispiel für soziale Ressourcen

Die bevorstehenden Mietpreisänderungen schienen uns geeignet, das Verhältnis von individuellen sozialen Ressourcen im Zusammenhang mit den Stützungsfunktionen primärer sozialer Netze zu beleuchten, da die eigene Wohnung ein hochsensibler Punkt ist. Wir hatten angenommen, daß diejenigen, bei denen sich ungünstige Faktoren sozialer Armut bündeln (z.B. geringes Renteneinkommen, wenig soziale Ressourcen, schlecht ausgestattete Altbauwohnungen), auch weniger von ihren Rechtsansprüchen wüßten bzw. diese voraussichtlich in deutlich geringerem Maße wahrnehmen würden. Wir nahmen an, daß sich dieser bekannte Zusammenhang unter ostdeutschen Bedingungen noch dramatischer darstellen würde. Als Exempel wird der Komplex Wohngeld gewählt. Wir fragten nach, ob man im Falle, wo die Miete die eigenen finanziellen Möglichkeiten überstiege (30% gingen davon aus, 44% wußten das zum Befragungszeitpunkt noch nicht), von einem Rechtsanspruch auf Wohngeld ausgehe. Ob man Zuständigkeiten kenne, ob man Bedenken habe, seine Ansprüche anzumelden, bzw. welche Hemmschwellen man hierbei empfinde. Ferner wollten wir wissen, falls man glaube, die Antragsformalitäten nicht allein bewältigen zu können, ob man jemanden kenne, der hierbei Hilfstellung leisten würde. Unsere Erhebung ergab, daß Frauen in einem weit höheren Maße befürchten, die Miete nicht mehr selbst aufbringen zu können bzw. sich in dieser Frage recht unsicher waren. 23% wußten zum Befragungszeitpunkt definitiv nicht, daß in diesem Falle ein rechtlicher Anspruch auf Wohngeld besteht, 29% äußerten Unsicherheit, 31% bekannten Nichtwissen, wie und wo man seine Ansprüche zu vertreten hätte. Ferner kannten 21% niemanden, der ihnen dabei helfen würde, und 20% äußerten überhaupt Bedenken, in dieser Sache eine Behörde aufzusuchen. Wir nahmen an, daß sich hier eine Kumulation von Faktoren absoluter Benachteiligung ergäbe und sich die Rückwirkung desintegrativer Faktoren sozialer Isolation, mangelnder sozialer Ressourcen und eingeschränkter Kulturfaktoren auf die Lebensbedingungen nachdrücklich bestätigen würde. Tatsächlich aber ergaben sich nur im Zusammenhang mit Bildungsfaktoren Signifikanzen. Die Korrelation mit den Renteneinkommen (bzw. Haushaltseinkommen) war nur eine leicht tendenzielle. Es zeigte sich nämlich, daß in hohem Maße gewachsene soziale Bindungen in den Häusern, in der Wohngegend als Gegengewichte wirkten. Vor allem familiale Hilfsquellen und nachbarschaftliche Beziehungen im Kiez konnten mobilisiert werden und die soziale Kompetenz an sich benachteiligter Älterer stützen. Bei der Wohngeldfrage rech-

Ältere Menschen im Umbruch der lokalen Alltagspraxis 351

neten 35% der Befragten mit familialer oder nachbarschaftlicher Hilfe, 12% setzten auf Unterstützung durch Ämter. Bei der Durchsetzung ihrer Rechtsansprüche erwarten insgesamt 60% Hilfe von erstgenannter Seite, 13% von Selbsthilfegruppen, 12% von Behörden. Sicher fielen Beratungsbedarf und Nutzung von Informationen vielfach auseinander. Die Angebote z.b. des Mietervereins unterliegen deutlich einem Mittelschicht-Bias. Dorthin kommen auch heute noch nicht jene SeniorInnen, die des Rates am meisten bedürfen, sondern überwiegend Bessergestellte und Artikulationsfähige von außerhalb des Gebietes, sehr oft mit Fragen zu (ihrem) Grundstückseigentum am Stadtrand. Höherer Akzeptanz durch die Umwohner erfreut sich die Mieterberatungsstelle im Sanierungsgebiet (es gibt im Bezirk bisher nur eine). Ab Herbst 1991 wurden vor allem die vom Bezirksamt zeitweilig eingerichteten (und mit über 100 Zeitarbeitsvertrags-Mitarbeitern besetzten) Wohngeldstellen als fußläufig erreichbare, dezentrale, bürgernahe Beratungspunkte besucht. Auch mit Wohn(geld)problemen suchen gerade Seniorinnen häufig Einrichtungen auf, die einen ganz anderen Zuschnitt haben, wo man auch sonst gesellig zusammenkommt und bereits Ansprechpartner hat. Lebhaft wurden z.B. die beiden Frauenzentren mit entsprechendem Beratungsbedarf frequentiert, wegen ihres offenen Charakters und der niedrigschwelligen Angebote. Auch die Kirchengemeinden reagierten, wobei hier vor allem die ganzheitliche Problemwahrnehmung und die persönliche Ansprache geschätzt werden. Ergänzt wurde das durch Informationen, die von Mund zu Mund weitergegeben wurden. Anknüpfend an gemeinschaftszugewandte Lebensformen ist dieses Konstrukt von Notgemeinschaft mehr als nur kompensatorischer Art. Die Wohngeldantragstellung erwies sich geradezu als ein Höhepunkt der Kommunikation im Rentnerleben. Wenn sich künftig Ausgrenzungstendenzen schichtspezifisch verstärken und mehr als bisher kulturelles Kapital die tatsächliche Inanspruchnahme von Leistungen des Sozialstaates differenzieren wird, stellt sich die Unterstützung bestehender und entstehender sozialer Netze im Lebensnahbereich, in den Wohngebieten, als wesentlicher Faktor des Abflachens der „Armutspirale" dar. Wenn weder Selbstheilungskräfte des Marktes noch Staatsinterventionen per se solche wirksamen Stützungssysteme herstellen können, vielmehr das Potential von Familie, Nachbarschaften und anderen herkömmlichen und auch neuen Gemeinschaften aufgerufen ist, heißt das jedoch nicht, daß sie gleichsam naturwüchsig wirken und nicht teilweise überfordert wären. Ihre Entwicklungsbedingungen im Gemeinwesen hängen mit davon ab, welche Verbindungen zwischen primären und sekundären Netzwerken zustandekommen. Das heißt, es gibt nicht nur Individualisierungsprozesse, sondern auch vielfältige informelle Beziehungen zwischen primären sozialen Netzen und sekundären Netzwerken, Institutionen, Organisationen, die wichtige gesellschaftliche und individuelle Lernprozesse in Gang setzen können. Die Entwicklung von Solidaransätzen und ihre Verkehrsformen hängen nicht zuletzt von der Beschaffenheit des sozialen Lebensraumes ab. Gerade für die Verarbeitung der Lebenssituation in dieser neuen biographischen Wende sind Dichte und Spannungsbogen der sozialen Kontexte gefordert, in denen sich der einzelne bewegt. Tragfähigkeit, Reichweite und Verschränkung der primären und sekundären sozialen Netze sind wesentliche soziale Ressourcen.

7. Furcht vor Gewalt und Kriminalität

Flucht aus dem öffentlichen Raum? Was wird aus der gesellschaftlichen Teilhabe älterer Menschen?

Oben wurde vermerkt, daß die Sorgen um persönliche und öffentliche Sicherheit in der Seniorenbefragung von 1991 auch bei ganz anders intendierten Fragen „durchschlugen". Der am häufigsten geäußerte Satz lautete: „Wir gehen abends nicht mehr aus dem Haus."[5a, 5c] Tatsächlich schienen Ergebnis und Erfahrung der Vereinigung Deutschlands auch für die relevante Zahl derer, die sie begrüßen, durch die Furcht vor nicht mehr steuerbaren Verhältnissen, durch allgemeine Unsicherheit geprägt. Häufig wurde dies in Verbindung mit der Skandalisierung durch die Medien gebracht. „Durch tägliche Berichte über Gewaltkriminalität werden wir in Atem gehalten, wir kommen gar nicht mehr zur Ruhe."[5a] Gegenüber dem üblichen Verdecken von Problemen in der realsozialistischen Presse wirkten verkaufswirksam aufbereitete „Horrormeldungen" beunruhigend, die sich mit handfesten Tatsachen im Umfeld verbanden (wie Diebstähle, Handtaschenraub, Einbrüche, zwei Morde an hochbetagten Frauen im Kiez, Vandalismus, Brandstiftung im einzigen Seniorenwohnhaus des Bezirks).

Wir hatten angenommen, daß sich mit der realistischeren Anpassung der Älteren an die neuen Verhältnisse auch solche Ängste abschwächen würden. Aber in fünf Gruppengesprächen an der Basis wählten die Befragten in vier Fällen spontan zuerst diesen Themenkomplex für die Diskussion des Seniorenreports aus.[18] Noch zwei Jahre nach der Seniorenerhebung nahmen (1993) solche Fragen quantitativ mit den größten Raum ein und ließen eine kaum verminderte Emphase erkennen. Tendenziell wurden Medien jetzt seltener erwähnt, hingegen wurden die öffentliche, gesellschaftliche Dimension (auch rechtsradikale Tendenzen) etwas häufiger thematisiert. Auch wenn wir hierbei Probleme der Repräsentativität und Validität (bei nur etwa 100 Teilnehmern in den Diskussionsrunden 1993) bedenken und

---

18 Bei geäußertem Interesse, d.h. nur auf Anforderung gingen wir in Seniorenfreizeitstätten und Nachbarschaftstreffs. Wir boten u.a. auf sieben großen Postern zu verschiedenen Themenkomplexen in Tabellen, Grafiken, Fotos etc. optisch aufbereitete Befunde des Reports an. In der Diskussion hatten die Gebietsbewohner die Regie. Ferner dienten z.B. die Befunde zum Sicherheitskomplex im Sommer 1991 einer Zuarbeit für den Bürgermeister (Schreiben an den Polizeipräsidenten bzw. Innensenator).

davon ausgehen müssen, daß sich hier vergleichsweise aktivere und artikulationsfähigere ältere Menschen zusammenfanden, ergänzt dies unsere quantitativen Befunde. Ferner hatten wir aus den Gesprächsprotokollen der Seniorenerhebung, den Experteninterviews und eigenen umfangreichen Erhebungen im Rahmen der Sozialstudien für Sanierungsgebiete 1990-1993 mehr oder weniger quantifizierbare „sicherheitsrelevante" Aussagen zur Bewertung von Problemen des sozialen Umfelds herangezogen. Um Überinterpretationen zu vermeiden, hielten wir uns strikt an die verbalen Äußerungen der älteren Gebietsbewohner.

Generell wurde erkennbar, daß Senioren und Seniorinnen auch in diesem Stadtbezirk im hohem Maße auf Ordnung, Sicherheit, Ruhe und Übersichtlichkeit, auf Steuerbarkeit und soziale Kontrolle der Verhältnisse gestimmt sind. Unter dem Stichwort persönliche Sicherheit wird überwiegend der Ruf nach mehr staatlicher Autorität und Aktivität, häufig auch nach mehr Polizeipräsenz laut. Auf Bürgersinn, Gemeinschaftlichkeit, Zivilcourage wird hingegen kaum abgehoben. Sicherungslücken, die anstelle der früher eng geknüpften Kontrollinstanzen treten, verstärken eher noch das Insistieren auf staatlichen sicherheitspolitischen Interventionen. Würde man diese Aussagen „populistisch" verstehen, käme unter Umständen höhere Polizeipräsenz mit erhöhten Quantitäten von Ordnungskräften mit bürgerkriegsartiger Ausrüstung heraus. Läßt man hingegen dem Nachdenken Raum, tritt nach längerem Hin und Her zutage, daß unter Berufung auf die „unantastbare Würde des Menschen" und auf die „Gleichheit vor dem Gesetz" Sicherheit eingefordert wird (als Sicherheit im Alltag, auch als Verkehrssicherheit), und zwar im Sinne des Rechtsstaatsprinzips als Recht auf allgemeine und gleiche Sicherheit (gleiches Recht für alle). Erst im Laufe von gemeinsamen Diskussionen wurden diese Argumente von den Älteren so entwickelt.

Sicher waren in der DDR staatliche Disziplinierungsstrategien und privates Ordnungsbedürfnis gleichsam ein Bündnis eingegangen. Dies ist scheinbar der einzige Punkt, der fast gleichermaßen auf alle, sowohl mehr auf ehemalige Mitglieder von Funktionseliten als auch auf staatsnahe Personengruppen wie auf die im Bezirk dominierenden „kleinen Leute" zutrifft. Aus dieser Optik könnte die DDR mitunter nostalgisch als Hort sozialer Sicherheit erscheinen. Das heißt, die durchaus repressive Normalität des Alltags wurde nachträglich aufgewertet: „Wir haben hier so ruhig gelebt" – „Jetzt ist der Deckel vom Topf!"[5a, 5c] Kontrollücken gab es kaum. Bei Staatsakten – und welches öffentliche Ereignis wurde nicht als solcher stilisiert – fanden sich ohnehin „mehr Polizisten und Sicherheitsleute als Quadratmeter". Jedoch: „Keiner will zurück zu Honecker."[5a, 5c]

Eindeutig stieg mit Öffnung der Grenze die Kriminalität in den neuen Bundesländern. Obwohl ältere Menschen – laut einer repräsentativen Erhebung des Bundesministeriums für Familie und Senioren – hier nicht in höherem Maße betroffen sind als der Bevölkerungsdurchschnitt, sind sie doch häufiger Opfer bestimmter Delikte (z.B. Handtaschenraub), die überwiegend im häuslichen Umfeld geschehen. Das ist um so gravierender, als sie mehr als Jüngere auf Sicherheit in den eigenen vier Wänden angewiesen sind. Sie sind verletzbarer und leiden stärker und nachhaltiger unter Schäden, die aus Straftaten folgen. Besonders das Eindringen eines Einbrechers in die Privatsphäre bewirkt oft anhaltende Verunsicherungen, ein lange nachwirkendes Gefühl von Schutz- und Hilflosigkeit, Traumatisierungen (vgl. H. Rönsch, 1993: 3). Wenn sich aber durch Vorsichtsmaßnahmen Älterer („Ich öffne die Wohnungstür kaum mehr". „Ich fahre so wenig wie möglich U-Bahn.") der soziale Wirkungsraum weiter verengt, kommt das zusammen mit zum Teil ohnehin altersbedingt eingeschränkter Mobilität und einem sich oft ausdünnenden sozialen Beziehungsfeld (Nachbarn, gleichaltrige Familienangehörige, Freunde „sterben weg"). Die Gefahr der Isolation erhöht sich insbesondere für Alleinstehende, wenn sie auf Sozialkontakte verzichten, weil sie sich nurmehr in der eigenen Wohnung sicher fühlen. Wie sollen sie neue Möglichkeiten wahrnehmen, wie soll hier kompetenzfördernder Austausch mit dem Umfeld zustande kommen?

Die meisten Äußerungen der Senioren beziehen sich auf mangelnde Polizeipräsenz bzw. auf Beunruhigungen Älterer durch Tendenzen zur Durchbrechung des staatlichen Gewaltmonopols, das sie unbedingt anerkennen. „Stellenweise sieht es hier nach rechtsfreiem Raum aus, und das geht nicht, ist zu heiß hier." Polizeipräsenz wird als selektiv erlebt. Zum Beispiel „sind sie bei den kleinen Vietnamesinnen immerzu zugange, aber kaum dort, wo es wirklich Not täte, bei den Auto-Mafiosi, dem Kinderstrich und der explosiveren Szene am Schleidenplatz. Hier stehen die Beamten eher hilflos, abwartend, mit verschränkten Armen."[5a] „Die Polizei ist offenbar in Schwierigkeiten, was ihr Selbstverständnis und ihre Kompetenz angeht." Massive Polizeieinsätze hatte man in der zweitägigen und nächtlichen Straßenschlacht um die Räumung der teilweise besetzten Mainzer Straße im November 1990 erlebt. Auch den überdimensionierten Sicherheitsapparat (der DDR) will man hinter sich lassen. Vor aller Augen hatte der sich als dysfunktional und lähmend erwiesen. Man will mehr Bürgernähe der Polizei.

Ferner erwartet man ein etwa gleichmäßiges Niveau der Sicherheit und des Schutzes der Persönlichkeit in allen Stadtteilen, „wo es keine heruntergekommenen, fallengelassenen, aufgegebenen Ecken mehr gibt"; „wo man sich etwa Sicherheit nur für viel Geld, privat, kaufen kann."[5b, 5c] Mehrmals kam der Hinweis auf die Mainzer Straße, wo die Wachgesellschaft nach Räumung der besetzten Häuser fast zwei Jahre rund um die Uhr zugange war: „Diese Gesichter haben wir doch auch schon früher gesehen." Häufiges Argument: „Was das kostet! Für das Geld hätte man doch besser das ganze Viertel sanieren können."[5c, 5c] Der Erfolg des Vereinigungsprozesses wird insbesondere von Älteren auch daran gemessen, wie es gelingt, Normalität des Lebens herzustellen. „Die Vereinigung mit dem Westen hat DM und Freiheit gebracht. Aber wir haben uns auch anderes eingehandelt: größere Unsicherheit, stärkere soziale Ungleichheit, REPs, Rassismus, linken Radikalismus ...Und alles kommt auf einmal auf uns zu und über uns, man hat sowieso schon Probleme genug."[5c, 5c]

Die oben erwähnte Untersuchung vom BMFuS verbleibt insgesamt zu stark auf der subjektiven Reflexions- und Handlungsebene. Die Fragen und Befunde berühren jedoch auch die soziale Balance, das Zusammenleben der Generationen und die Lebensqualität in den Wohnvierteln insgesamt. Während Jüngere ihren Anspruch auf Präsenz im Sozialraum zum Teil vehement (bis brachial) geltend machen, verzeichneten wir im Frühjahr 1991 eine spürbare Einengung des Wirkradius nicht nur betagter SeniorInnen. Das heißt aber, daß bestimmte Personengruppen hier weniger präsent sind, z.B. Ältere mit ihrem mitmenschlichen Verständnis, ihrer Zeitorganisation, ihren anderen Wertsystemen, ihrem Kommunikationsbedarf, mit ihrem vitalen Interesse an der Erhaltung öffentlicher Einrichtungen.

Das Unbehagen vor allem der Älteren wird durch die Unübersichtlichkeit und den allgegenwärtigen Verfall und Schmutz in den zu Slums tendierenden Altbaugebieten gesteigert, die sich zu einem Sicherheitsrisiko verdichten. Kaum ein Haustürschloß war intakt, „kaum ein öffentlicher Fernsprecher funktioniert, wenn (mir) etwas zustößt, kann ich nicht mal Hilfe herbeiholen." Die Kritik aller Bewohner des Stadtbezirks – nicht nur der der Altbauviertel – richtet sich vor allem auf das Wohnumfeld.[5a] Müllberge, Autowracks, die Zerschlagung des funktionstüchtigen SERO-Systems und der Zustand der Infrastruktur werden von den SeniorInnen in erster Linie genannt. Hierbei bildet sich ein undifferenzierter Block, wo heterogene Erscheinungen sich zum Sicherheitsrisiko summieren. Unterscheidungen zwischen organisierter Kriminalität, Banden, REPs, Vandalismus und vital ihren Platz im öffentlichen Raum behauptenden Jugendlichen wurden von den Älteren kaum gemacht. Kern der Ängste und Verunsicherungen ist die Furcht vor einer weiteren Depravierung des dem „Umkippen" nahen Milieus, in dem man verwurzelt ist und das man mit aller Mühe „sauber und ordentlich" gehalten hat.[5a]

Existenzielle Verluste werden für den eigenen Lebensraum akut befürchtet. Das mögliche soziale „Umkippen" der jahrzehntelang vernachlässigten Wohngebiete und die unterschwellige Furcht vor sozialer Verdrängung im Laufe des Sanierungsgeschehens könnte auch einen Langzeitgrund für die stillschweigende, zum Teil beifällige Akzeptanz ausländerfeindlicher Aktionen bilden. Auch hier wird die Komplexität der Lebensbedingungen im sozialen Raum bestätigt. Auch hier handelt es sich im Kern um Unsicherheitserscheinungen, denen weniger durch städtebauliche als vielmehr durch soziale Maßnahmen begegnet werden kann.

Die Untersuchungsbefunde aus Sanierungsgebieten verwiesen auch hier auf Ressourcen älterer Menschen durch Verwurzelung im Gebiet, intensive Nachbarschaftsbeziehungen, Wahrnehmung von Verantwortung fürs Ganze („ohne die immerwährenden Bemühungen von Haus und Hof wäre von all dem hier nicht mehr viel übrig – wir haben den Verfall aufgehalten, so gut wir konnten."[5a, 5b] Da für die Lebensqualität soziale Kontakte und die Erhaltung der Selbständigkeit im höheren Lebensalter Wohnung und Wohnumfeld von besonderer Bedeutung sind, wurde dies in der Befragung stark akzentuiert. Für 46,2% läßt der bauliche Zustand der Wohnungen und Häuser stark zu wünschen übrig. Trotz der Ausstattungsmängel bildeten die gut gehaltenen, oft gepflegten Wohnungen einen Kontrast zum Zerfall der Häuser und zum unwirtlichen Umfeld. Aber zum Teil nahmen die Älteren noch stärker als an den Mängeln in den Wohnungen Anstoß an Defiziten im Umfeld (auf das man angewiesen ist), am Verfall der öffentlichen Räume. So halten 54,6% die Sauberkeit auf den Straßen für völlig unzureichend; zusätzlich nannten 15,4% die ungenügende Müllbeseitigung als Problem, der Zustand der öffentlichen Grün- und Freiflächen war für 36,5% ein Ärgernis (vgl. K.-P. Schwitzer/G. Winkler, 1993: 67). Der Arbeiterbezirk Friedrichshain wurde – ausgenommen die sogenannte Protokollstrecke, die von den ehemaligen Oberen der DDR zwischen Wandlitz und der Ostberliner Innenstadt befahren wurde – lange Jahre vernachlässigt: von einem Gesamtbestand von etwa 66.000 Wohnungen sind 40.000 dringend sanierungsbedürftig. Dennoch ergaben die Haushaltsbefragungen (Samariterviertel, Oktober 1991), daß lediglich 6% aller Probanden das Gebiet verlassen wollten, obwohl 40% das Gebiet und Wohnumfeld als mäßig oder schlecht beurteilten. 55% wünschen sich eine andere Wohnung, wobei überwiegend rekonstruierte Altbauwohnungen präferiert werden. Bei den Älteren im Kiez bestätigte sich der Zusammenhang von Wohndauer und Gebietsbindung am klarsten. Natürlich liegt die Wohndauer im Bezirk über der in der jeweiligen Wohnung. In Friedrichshain wohnen 35,3% der befragten Senioren länger als 50 Jahre, 33,1% wohnen hier seit bis zu 50 Jahren, und 31,6% leben hier seit bis zu 30 Jahren. Umzüge erfolgten überwiegend innerhalb des Stadtbezirks bzw. innerhalb des Wohngebiets, oder man „arbeitete sich hoch", aus Hinterhäusern ins Vorderhaus. Bei einer durchschnittlichen Wohndauer der Älteren im Bezirk von nicht weniger als 42 Jahren ergab sich für die Altbaubewohner sogar eine besonders hohe Stabilität von 48(!) Jahren (in Neubauten waren es 35 Jahre). Immer wieder wurde der Wunsch geäußert, auf jeden Fall im Kiez, oft auch im Hause, verbleiben zu wollen. „Alte Bäume darf man nicht verpflanzen, schon gar nicht in die Trabantenstädte am Rande der Stadt."[5a] Die gewachsenen Sozialbeziehungen in den Häusern erwiesen sich, im scharfen Kontrast zum Verfall der Wohngebäude und zur Unwirtlichkeit des Umfeldes, als sehr tragfähig. Wir hatten zunächst angenommen, daß sich die Formen gegenseitiger Unterstützung mit dem Schwinden der gemeinschaftlichen Nutzungsformen und DDR-spezifischen Versorgungsstrategien auflösen würden. Für bundesdeutsche Verhältnisse ist schwer vorstellbar, daß ein- bis zweihundert Mark pro Jahr Mieter stimulieren konnten, sich an Hausreinigung, Hofarbeiten und Kleinreparaturen zu beteiligen. Fehlbewirtschaftung des Wohnungsbestandes und das unmittelbare Interesse –

„Wir mußten doch leben, und schließlich sollten unsere Kinder nicht im Chaos aufwachsen."[5a] – erzwangen gemeinsame Anstrengungen. Dies soll keineswegs nostalgisch verklärt werden, zumal sie als „Mach-mit-Wettbewerbe" im wirtschaftlichen Naturaltausch eine zum Teil groteske Rolle spielten.[19] Obwohl sich jetzt kaum noch jemand von den Mietern „um das Ganze", um Haus und Hof kümmert („Dafür bezahlen wir ja jetzt.")[5a], führen intakte nachbarschaftliche Beziehungen immer noch zu Hilfeleistungen gegenüber Älteren und Alleinstehenden. Sie bewirken eine Art Familienersatz. Informelle Beziehungsnetze (wie wir sie vor allem bei Älteren und Familien mit Kindern fanden), spielen im Sozialverbund als Notgemeinschaften auch dann eine hervorgehobene Rolle, wenn die Not ihren Charakter wandelt. Gerade inmitten von Verfall und neuen Unübersichtlichkeiten sind sie ein wesentlicher Faktor sozialer Stabilisierung. Gegenseitige Hilfeleistungen, Gespräche über Hausangelegenheiten und freundschaftliche Kontakte sprechen für ausgeprägte zwischenmenschliche Beziehungen. Beispielsweise beantworteten im Samariterviertel nur 2,4% der Probanden (n=535, Sanierungsstudie) die Frage nach dem Verhältnis der Hausbewohner untereinander nicht. Über 60% antworteten spontan, daß sich einige Bewohner näher kennen bzw. sich gegenseitig helfen. Ebensoviele unterstrichen in Mehrfachnennungen noch die Intensität der Beziehungen. Werden drei Angaben gemacht, geben sogar fast 20% freundschaftliche oder verwandtschaftliche Beziehungen an. Nur sieben Fälle blieben insgesamt übrig, bei denen Befragte ohne Relativierung durch positive Merkmale angaben, daß es keine Kontakte bzw. Streit im Haus gegeben hat. Das Verhältnis der Bewohner ist in der Regel um so schlechter, je maroder der Zustand des Hauses ist. Daher auch die Stabilitätsschere zwischen Vorder- und Hinterhäusern. Sozialbezüge sind in Häusern, wo Familien mit Kindern und ältere Menschen leben, deutlich ausgeprägter und stabiler, hier findet sich ein höheres Maß an sozialer Interaktion. Dazu kommt das vertraute Umfeld, wo man seine Bezugspersonen (Bekannte, Freunde, betreuende Ärzte) hat und in dem man sich

---

19 Die von oben nach unten kommandomäßig „durchgestellten" Jahrespläne konnten nur durch vielseitige Tauschbeziehungen und Abrechnungstricks erfüllt werden. So wurden Eigenleistungen der Bürger, wie Instandhaltung von Wohnungen, durch einen ehemaligen Bürgermeister über einen Baubetrieb abgerechnet. Aber „bei Bauten, wo der Putz 'runter war und die schon nicht mehr isolierten, mußten ein paar tausend Quadratmeter Fassade geputzt werden. Das war Instandsetzung. Aber da der Plan vorsah: so und soviel Instandhaltung, Instandsetzung, Modernisierung und Rekonstruktion – da mußte man objekt- und wohnungsgebunden abrechnen. Also haben wir Wohnungen genommen, die die Bürger in Eigenleistung rekonstruiert hatten, haben die dem Baubetrieb zur Abrechnung übergeben; die haben das als modernisiert abgerechnet und uns dafür die paar tausend Quadratmeter Fassadenputz gemacht. Und so ging das Monat für Monat. Wenn das so gelaufen wäre, wie der Plan vorsieht, wäre gar nichts mehr gegangen ..." (vgl. P. Beckers, 1991: 18).

orientieren kann. Die gewachsenen Strukturen und Sozialbindungen sind ein wesentlicher Rückhalt sozialer Balance, sozialen Friedens gerade unter Bedingungen, wo ein stärkeres Wohlstandsgefälle entsteht und sich verfestigt. Öffentlich geförderte Stadterneuerung muß vor allem jenen Gruppen durch gezielte Hilfeleistungen preiswerten Wohnraum erhalten, die übermäßig stark belastet sind. Auch das ist ein Aspekt sozialer Stabilisierung. Bisher stellen sich im Bewußtsein der Bewohner die – durchaus segregierten – Milieus der Wohnviertel in sich als relativ homogen dar. Bewährte Sozialbezüge und Kommunikationsstrukturen können für die behutsame Stadterneuerung produktiv gemacht werden, indem ansprechendere kleinteilige Räume für soziale Kontakte und auch für intergenerative Begegnungen wiederhergestellt bzw. Aufenthaltsmöglichkeiten geschaffen werden (Hobbywerkstätten, Gemeinschaftsräume, Nischen, Innenhöfe, kleine Grünflecken, Cafés). Vordringlich sind z.b. Hofbegrünungsmaßnahmen, die die Identifikation mit und das Verantwortungsgefühl für Wohngebäude und Wohnumfeld fördern könnten. In der jetzigen Lage könnte der halböffentliche Raum eine wesentliche Brückenfunktion entwickeln, die auch ältere Menschen wieder in den öffentlichen Raum zurückführt. Durch die Aufwertung des Umfelds könnte er als Mittler zwischen dem bisher diskreditierten öffentlichen Raum (durch sozialistische Großrituale und Verfall der Infrastruktur entwertet, als Sicherheitsrisiko erlebt) und der Privatsphäre wirken.

Literaturverzeichnis

Backes, G./Neumann, E.-M. (1990): Lebenssituation älterer Frauen in Berlin. Vgl. auch Behrend, Berichtsmodell sozialgerontologischer Forschung. In: DZA, Beiträge zur Gerontologie und Altenarbeit Bd. 58.

Dieck, M. (1992): Besonderen Perspektiven des Alterns und des Alters im vereinigten Deutschland. In P.B. Baltes/J. Mittelstraß (Hrsg.): Zukunft des Alterns und gesellschaftliche Entwicklung. Forschungsbericht 5. Berlin: Akademie der Wissenschaften.

Dieck, M./Naegele, G. (1988): Die „neuen Alten" – Soziale Ungleichheiten vertiefen sich. In: F. Karl/W. Tokarski (Hrsg.): Beiträge der XVII. Jahrestagung der Deutschen Gesellschaft für Gerontologie. Kasseler Gerontologische Schriften. Kassel.

Karl, F. (1989): Alte Menschen im Stadtteil. Sozialpolitische Analyse von Lebensverhältnissen Älterer im Rahmen eines Projekts zu begehender Altenarbeit. Kasseler Gerontologische Schriften (8), Kassel.

Kohli, M. (1992): Altern in soziologischer Perspektive. In: Zukunft des Alterns und gesellschaftliche Entwicklung.

Lehr, U. (1977): Zur Situation der älter werdenden Frauen. Bestandsaufnahme und Perspektiven bis zum Jahr 2000. München.

Lentz, C. (1992): Qualitative und quantitative Erhebungsverfahren im fremdkulturellen Kontext. Kritische Anmerkungen aus ethnologischer Sicht. In: C. Reichert/E.K. Scheuch/ H.D. Seibel (Hrsg.): Empirische Sozialforschung über Entwicklungsländer. Methodenprobleme und Praxisbezug. Kölner Beiträge zur Entwicklungsländerforschung Bd. 15: 317–339. Saarbrücken.

Müller, H. (1992): Krieg ohne Schlacht. Leben in zwei Diktaturen. Berlin.
Naegele, G. (1992): Aus verpaßten Chancen dennoch das Beste machen. Thesen zur Altenpolitik und -arbeit in Deutschland-Ost mit Rückwirkungen auf Deutschland-West. In: Soziale Sicherheit (3).
Prengel, G. (1990): Runde Tische. Fallbeispiel eines Berliner Stadtbezirks (Friedrichshain). (Manuskript). Berlin.
Prengel, G./Schmidtke, H. (1991): Zur sozialen Lage der Wohnbevölkerung Schreinerstraße. Pilot-Studie im Auftrag des Baustadtrats Berlin-Friedrichshain. März 1991. Berlin.
Prengel, G./Schmidt, R. (1991): Einige Hinweise auf Deutungsmuster und Bewältigungsstrategien „freigesetzter" Älterer im Prozeß der gesellschaftlichen Transformation. Tagung des Deutschen Zentrums für Altersfragen, Berlin-Wannsee, November 1991 (Protokollband). Berlin.
Prengel, G. u.a. (1993): 1. Seniorenreport Berlin-Friedrichshain, Januar 1993; Studie im Auftrag des Bezirksbürgermeisters. Berlin.
Rönsch, H. (1993): Die Angst älterer Menschen vor Gewalt fordert Politik und Gesellschaft zum Handeln auf! Erste Ergebnisse einer bundesweiten Untersuchung. Bonn.
Schelsky, H. (1963): Die Paradoxien des Alters in der modernen Gesellschaft. In: H. Schelsky (Hrsg.): Auf der Suche nach Wirklichkeit. Düsseldorf.
Schwitzer, K.-P. (Hrsg.) (1990): Altenreport '90. Zur Lage der Altersrentnerinnen und Rentner in der DDR. In: Blätter der Wohlfahrtspflege (10/11). Berlin.
Schwitzer, K.-P./Winkler, G. (Hrsg.) (1993): Altenreport '92. Zur sozialen Lage und Lebensweise älterer Menschen in den neuen Bundesländern. Berlin.
Winkler, G. (Hrsg.) (1990): Frauenreport '90. Berlin.
Winkler, G. (Hrsg.) (1990): Sozialreport 1990. Institut für Soziologie und Sozialpolitik der AdW. Berlin.

Vorruhestand – eine neue soziale Realität in Ostdeutschland

Albrecht Kretzschmar und Petra Wolf-Valerius

Vorbemerkung

Der Beitrag basiert auf Aussagen einer Studie, die im Auftrag und mit Mitteln der Kommission für die Erforschung des sozialen und politischen Wandels in den neuen Bundesländern (KSPW) entstand[1]. In die der Studie zugrundeliegende Untersuchung waren 69 Vorruheständler[2] einbezogen. Die mit ihnen anhand eines Leitfadens durchgeführten Interviews zielten auf Informationen erstens zur bisherigen beruflichen Biographie und Sozialisation sowie zur Einstellung und zum Verhältnis der Probanden zur Arbeit und zu ihrer Tätigkeit, zweitens zum Zeitpunkt und zu den Umständen des Übergangs in den Vorruhestand, drittens zur subjektiven Bewältigung des Vorruhestandes, den Auswirkungen auf die Lebensweise, das soziale Wohlbefinden, die Sozialkontakte und die gesellschaftliche Aktivität sowie viertens auf die materielle bzw. finanzielle Situation im Erwerbsleben und im Vorruhestand.

Die Interviewten kamen aus der Industrie (Elektrokohle AG Lichtenberg – zwölf Probanden), der Landwirtschaft (ehemalige LPG im Land Brandenburg – zehn Probanden), dem Apparat von Parteien/Organisationen (Partei des Demokratischen Sozialismus – elf Probanden), der zentralen staatlichen Verwaltung

---

1 Zur Forschungsgruppe gehörten: Leiter: Prof. Dr. Albrecht Kretzschmar (Wissenschaftlicher Mitarbeiter des BISS); Mitarbeiter: Joachim Bohlmann (z.Z. Wissenschaftlicher Mitarbeiter des BISS), Sigrid Döhring (z.Z. Wissenschaftliche Mitarbeiterin des BISS), Barbara Strenge (z.Z. Wissenschaftliche Mitarbeiterin des BISS) und Dr. Petra Wolf-Valerius (Bildungsforum für sozioökonomischen und -kulturellen Wandel e.V.).

2 Innerhalb des Beitrags wird sprachlich und inhaltlich kein Unterschied zwischen dem Vorruhestand und dem Altersübergangsgeld gemacht. Die Intentionen für beide sind die gleichen, die unterschiedlichen Bezeichnungen ergeben sich nur aus der Auflösung des Staates DDR und damit einhergehenden Modifizierungen bzw. Nuancierungen der vorhergehenden Regelungen. Im allgemeinen verwenden wir den Begriff „Vorruhestand" für das von uns untersuchte soziale Phänomen. Insbesondere bei statistischen Angaben werden Vorruheständler und Bezieher von Altersübergangsgeld auch getrennt ausgewiesen. Wenn wir im Text Abkürzungen benutzt haben, steht VR für Vorruhestand und AÜ für Altersübergang sowie VRG für Vorruhestandsgeld und AÜG für Altersübergangsgeld.

(Bundesministerium für Wirtschaft, Außenstelle Berlin – 30 Probanden) und der Wissenschaft (ehemalige Akademie der Wissenschaften der DDR – sechs Probanden).

Neben den Vorruheständlern sind neun Leiter bzw. verantwortliche Mitarbeiter von Institutionen und Vereinen in nichtstandardisierten Interviews befragt worden, die als „Experten" Auskunft über die mit dem Vorruhestand verbundenen Probleme geben konnten.

Der Vielschichtigkeit des untersuchten Phänomens entsprechend, bieten sich für die Fokussierung des soziologischen Erkenntnisinteresses unterschiedliche Perspektiven an.

In einer ersten Perspektive wird die Gruppe der Vorruheständler als ein Phänomen der Sozialstruktur behandelt: ihr Platz in der Sozialstruktur, ihre Position im Ungleichheitsgefüge, der Umfang und die Quellen der sozialen Rekrutierung, sozial bedeutsame Differenzierungen bzw. Gliederungen innerhalb der Vorruheständler. Innerhalb dieser Perspektive, als Moment sozialer Mobilität, rückt vor allem der Übergang in den Vorruhestand in den Blickpunkt, die positionelle Veränderung, damit verbundene Statusgewinne oder auch -verluste, die den vorzeitigen Abbruch des Erwerbslebens erheischenden bzw. ihn unmittelbar auslösenden gesellschaftlichen, ökonomischen, institutionellen etc. Bedingungen und/oder individuellen Dispositionen.

In einer zweiten Perspektive erscheint der Vorruhestand als biographisches Ereignis, als subjektives Erleben und subjektive Bewältigung des neuen Status, als Problem des individuellen Lebenssinns, der Konsequenzen für das subjektive Wohlbefinden sowie für den Lebensstil und die Lebensweise hat.

In einer dritten Perspektive schließlich kann die soziologische Annäherung an die Vorruheständler unter der Fragestellung erfolgen, welche Organisationen bzw. Institutionen sich der Vorruheständler und ihrer Lebensbedingungen annehmen, in welcher Weise und mit welchem Effekt das geschieht, wie diese Organisationen oder Institutionen von den Vorruheständlern selbst angenommen werden. Auch und vor allem geht es bei dieser Fokussierung darum, wie sich Vorruheständler ihrer spezifischen (überindividuellen) Interessen bewußt werden, sich zu deren Wahrnehmung und Durchsetzung zusammenfinden, Vereine und Organisationen gründen etc.

Der folgende Beitrag wendet sich diesen Perspektiven zu und stellt einige Überlegungen und ausgewählte Ergebnisse vor.

1. Vorruheständler als Element der Sozialstruktur

Im September 1993 bezogen in den neuen Bundesländern und Ost-Berlin 199.163 Personen Vorruhestandsgeld und 640.869 Altersübergangsgeld. Insgesamt waren damit im September 840.032 Personen von dieser „Vorverrentung" betroffen.

Mit der Vorruhestands- und der sie ablösenden Altersübergangsregelung wurde somit eine erhebliche Entlastung des Arbeitsmarktes erreicht. Hätte man diese Bezieher von Vorruhestands- und Altersübergangsgeld als Arbeitslose registrieren müssen, läge die für den September 1993 mit 15,9% angegebene Arbeitslosenquote bedeutend höher. Rechnerisch entfallen nach Angaben des Instituts für Arbeitsmarkt- und Berufsforschung im September 1993 auf 100 Arbeitslose 72 Vorruheständler und Altersübergangsgeldempfänger. Dabei gibt es recht beträchtliche regionale Unterschiede. Während in Sachsen eine Entlastung des Arbeitsmarktes durch Vorruhestand/Altersübergang im Verhältnis von 100 Arbeitslosen zu 79 Vorruheständlern zu verzeichnen war, in Thüringen der Arbeitsmarkt um 68 Vorruheständler entlastet wurde, liegt diese Zahl in Ost-Berlin bei 66 (Bach/Jung-Hammon/Otto, 1993: 15).

Vorruheständler und Altersübergangsgeldbezieher machten zum Zeitpunkt September 1993 5,2% der Bevölkerung Ostdeutschlands aus. Ihre Zahl entspricht damit in etwa der zahlenmäßigen Stärke, den die als „soziale Klasse" und als „Hauptbündnispartner der Arbeiterklasse" deklarierte Soziallage der Genossenschaftsbauern in der Endphase der DDR hatte: 1985 gehörten zu dieser Soziallage 885.813 Mitglieder landwirtschaftlicher Produktionsgenossenschaften (Sozialstruktur der DDR, 1988: 97).

„Soziale Herkunft der Vorruheständler"

Mit den Vorruheständlern ist im Ergebnis des bisherigen Transformationsprozesses, unmittelbar ausgelöst durch das Bemühen, den Arbeitsmarkt zu entlasten und die Zahl der Arbeitslosen zu senken, die ostdeutsche Sozialstruktur um ein neues, bislang nicht dagewesenes „Element" erweitert worden. Vorruheständler sind in diesem Sinne keine organisch gewachsene Soziallage, sondern ein soziales (sozialstrukturelles) Resultat einer politischen Intervention in den Arbeitsmarkt. Kennzeichnend für die Soziallage von Vorruheständlern ist, daß die ihr angehörenden Personen zur Entlastung des Arbeitsmarktes noch vor dem Erreichen des regulären Rentenalters dauerhaft aus dem Erwerbsleben ausgeschieden sind. Insofern signalisiert die Zahl der Vorruheständler zugleich beträchtliche Veränderungen in der Relation zwischen dem erwerbstätigen und dem nichterwerbstätigen Teil der Bevölkerung Ostdeutschlands. Mit der Soziallage der Vorruheständler hat sich der Anteil der Erwerbstätigen an der Gesamtbevölkerung verringert, die der Nichterwerbstätigen entsprechend erhöht. Da die Vorruheständler die Mittel für ihren Lebensunterhalt nicht mehr aus eigener Erwerbsarbeit, sondern aus Transferleistungen der Bundesanstalt für Arbeit beziehen (in diesem Sinne nach einer Bezeichnung von Lepsius eine neue „Versorgungsklasse" darstellen), ist damit die relative Belastung, die den Erwerbstätigen für die Sicherung des Unterhalts der Nichterwerbstätigen auferlegt wird, gewachsen. Das wiegt politisch um so schwerer, als die für den Unterhalt der Vorruheständler notwendigen Transferleistungen wesentlich durch Erwerbstätige aus den alten Bundesländern erbracht werden müssen.

Positioniert zwischen den Erwerbstätigen und den Altersrentnern, ist die Zugehörigkeit zu dieser Soziallage an eine klar definierte „Verweildauer" von fünf Jahren bzw. ein ganz bestimmtes Lebensalter von Individuen gebunden. In diesem Sinne ist die Soziallage der Vorruheständler eine soziale „Durchgangslage", deren Spezifik darin besteht, daß sie aus dem Erwerbsleben hinausführt, während ähnlich geartete Durchgangslagen (Lehrling, Student) in das Erwerbsleben hineinführen.

Da die am 1. Juli 1992 in Kraft gesetzte zweite Verlängerung der Regelung über den Altersübergang nur bis zum 31.12.1992 galt, handelt es sich bei den Vorruheständlern um eine zeitweilige, in ihrer Existenz zeitlich befristete Soziallage, deren Umfang gleichsam „abschmilzt". Gegen Ende des Jahres 1993 schieden allmonatlich zwischen 5.000 und 6.000 Personen aus dieser Soziallage aus, um fortan Altersrente zu beziehen (vgl. Ruppelt, 1994: 14).

Zu den Besonderheiten dieser Soziallage gehört weiterhin, daß sich die gegenwärtige Einkommenssituation der Vorruheständler an deren früheren Einkommen im Erwerbsleben bemißt – um rund 35 % verringert -, sich damit in den heutigen Lebensbedingungen der Vorruheständler sowohl die für die Sozialstruktur der ehemaligen DDR charakteristischen Differenzierungen als auch Nivellierungen widerspiegeln.

Über die „soziale Herkunft" der Vorruheständler, ihre frühere Verortung in der Sozialstruktur der DDR, sind bei der gegenwärtigen Datenlage keine exakten quantitativen Aussagen möglich. Dennoch zeigt allein die soziale Zusammensetzung der von uns interviewten Vorruheständlerpopulation, daß die sozialen Lagen, denen die Vorruheständler in der Erwerbsphase zugehörten, sehr weit gefächert sind. Vorverrentung ist in der Gegenwart offenbar keineswegs eine nur auf eine oder wenige Soziallagen der ehemaligen DDR-Sozialstruktur beschränkte oder konzentrierte Erscheinung.

Zu unserer Population gehören sowohl die weibliche ungelernte Hilfskraft aus der LPG-Küche als auch der männliche promovierte Spitzenfunktionär aus dem zuletzt (in der Nachwende-DDR) zusammengelegten Wirtschaftsministerium. Diese beiden Pole charakterisieren schlaglichtartig das gesamte Problemfeld des Vorruhestandes:
- das letzte Nettoeinkommen der Küchenfrau lag unter 600 Mark, das letzte Nettoeinkommen des Spitzenfunktionärs bei über 3.000 Mark;
- die Küchenfrau hat ihr Leben lang körperlich gearbeitet, ohne große geistige oder nervliche Anforderungen, mit einem normalen Arbeitstag (soweit man von der individuellen Hauswirtschaft einmal absieht), ohne Entscheidungsspielräume in ihrer Arbeit; der Spitzenfunktionär hat fast sein ganzes Berufsleben

(38 Jahre) in herausragender Stellung, bei hohen geistigen und nervlichen Anforderungen gearbeitet, sein Arbeitstag hatte 14 bis 17 Stunden, die Hälfte der Wochenenden im Jahr gehörte der Arbeit, bei hoher Verantwortung waren seine Entscheidungsspielräume sehr groß, er war der Vorgesetzte;
- die Küchenfrau hat einmal in ihrem Leben eine Reise unternommen, lebte und lebt nur in ihrem Dorf; der Spitzenfunktionär war ein Drittel des Jahres im Ausland;
- die Küchenfrau hat neben der Familie noch ihr Haus, ihr Feld, ihren Garten, ein paar Tiere und bekommt mehr Geld als während ihrer Berufstätigkeit; der Spitzenfunktionär hat zwar auch seine Familie, um die er sich kümmert, hat sich eine Nebenbeschäftigung gesucht, aber Probleme mit dem Übergang, weil er nicht mehr genügend zu tun hat, und er bekommt deutlich weniger Geld als früher;
- die Küchenfrau ist mit ihrem Leben zufrieden; der Spitzenfunktionärs kann nicht sagen, daß er mit dem Leben jetzt zufrieden ist, er erwartet noch Schlimmes für die Zukunft (auf Grund der Reduzierung seiner erwarteten Rentenbezüge) und das obwohl „ich 40 Jahre" die DDR-Gesellschaft „mitgetragen" habe – ihm widerstrebt die Einschätzung, „umsonst gelebt" zu haben.

Wie aus der Gegenüberstellung der Küchenfrau und des Spitzenfunktionärs sichtbar wurde, verfügen die Vorruheständler – entsprechend ihrer früheren Verortung in der Sozialstruktur der DDR – auch über sozial determinierte unterschiedliche Ressourcen (Bildung, fachliche und soziale Qualifikation, Wissen, Erfahrungen, kognitive und kommunikative Potenzen, Bedürfnisse, Interessen, materielle Mittel) für die Bewältigung des Vorruhestandes. Diese in Abhängigkeit von der früheren Soziallage unterschiedliche Ressourcenausstattung zur Bewältigung des Vorruhestandes läßt sich, wie auch in den von uns geführten Interviews mit den Vorruheständlern sichtbar wurde, nicht einfach als „günstiger" oder „schlechter" charakterisieren. Im jeweiligen „Insgesamt" dieser aus der früheren Soziallage mitgebrachten Ressourcen sind sowohl solche, die die Bewältigung des Vorruhestand relativ erleichtern als auch solche, die sich gleichsam (gegenüber denen anderer Soziallagen) als eher hinderlich erweisen. Das für die ehemaligen Genossenschaftsbauern relativ niedrige Einkommen im Erwerbsleben, ihre relativ engen Interessen und geistig-kulturellen Ansprüche, die Fixierung ihrer Lebensweise auf das Dorf mit seiner schwach entwickelten Infrastruktur, ihre relativ geringen Mobilitätserfahrungen und ähnliche Momente bringen Vorruheständler aus dieser Soziallage z.B. gegenüber Gruppen aus der ehemaligen Intelligenz in eine eher benachteiligte Situation. Andererseits aber können die Bauern ihre ehemalige Erwerbstätigkeit im Vorruhestand nahezu ungebrochen auf dem eigenen Grund und Boden weiterführen; da sie in der Regel in Häusern wohnen, die ihr Eigentum sind, werden sie nicht durch Ängste vor Mieterhöhungen gepeinigt.

Einkommenssituation

Entsprechend ihren früheren Soziallagen sind auch die heutigen Vorruhestandsbezüge[3] unserer Probanden sehr unterschiedlich: Soweit Probanden bereit waren, uns Auskunft über ihre Einkommenssituation zu geben, kann eine Konzentration sehr niedriger Bezüge bei Vorruheständlern aus der Landwirtschaft und bei Vorruheständlern mit geringem Qualifikationsniveau oder einfachen Tätigkeiten festgestellt werden.

Von erheblichem Gewicht für die heutige finanzielle Situation der Vorruheständler ist die familiäre Situation und die damit verbundene Größe des Haushalts sowie die Erwerbs- bzw. Einkommenssituation der Ehepartner oder Lebensgefährten. Während für die Probanden aus der Landwirtschaft eine Potenzierung ihrer relativ schlechten finanziellen Lage dadurch entsteht, daß sie mit Partnern zusammenleben, die ebenfalls geringe Einkünfte aus Vorruhestand oder Rente beziehen, ist für eine Mehrheit der Probanden aus der zentralen staatlichen Verwaltung wie auch aus dem hauptamtlichen Apparat der SED/PDS eine Aufbesserung des Haushaltseinkommens durch relativ gleichwertige Einkünfte von Ehepartnern typisch. Für alleinlebende Vorruheständler ist die Einkommenssituation natürlich viel ungünstiger, da die fixen Lebenshaltungskosten ähnlich hoch wie für in Partnerschaft Lebende sind, aber nur ein Einkommen zur Verfügung steht.

Die Lebensbedingungen der Vorruheständler und die darin begründeten Chancen zur Befriedigung allgemein akzeptierter Lebensziele (Hradil) sind somit einerseits durch dieselben Differenzierungen gekennzeichnet, die auch für die Sozialstruktur der DDR zutreffend waren. In dieser Hinsicht lebt die soziale Realität der DDR weiter fort, Sozialstruktur und Ungleichheitsgefüge des einheitlichen Deutschlands tragen in dieser Hinsicht „Muttermale des Realsozialismus". Zugleich aber sind mit der Einführung des Vorruhestandes neue Differenzierungslinien und neue Achsen sozialer Ungleichheit entstanden. Eine erste betrifft zunächst das Verhältnis zwischen Vorruheständlern und ihren Altersgefährten, die weiter über einen Arbeitsplatz verfügen und bis zum Erreichen der Rentenaltersgrenze durcharbeiten können (müssen). Das auf rund 65% reduzierte Einkommen der Vorruheständler und ihre Abhängigkeit von Transferleistungen benachteiligt diese finanziell erheblich. Bezogen auf ein Einkommen von 1.800 DM im Monat beträgt der Einkommensverlust eines Vorruheständlers gegenüber seinem im Erwerbsleben verbleibenden Altersgefährten 7.560 DM im Jahr und in fünf Jahren Vorruhestand summiert sich das zu rund 38.000 DM, zu denen in vielen Fällen ja noch die Einkommensausfälle der Partner hinzukommen. Diese finanzielle Benachteiligung wirkt – über die Zeit der Zugehörigkeit zur Soziallage der Vorruheständler hinaus – auch differenzierend im Hinblick auf die spätere Altersrente, indem die Inanspruchnahme des Vorruhestandes über die Höhe

---

3 Die Interviews fanden im Frühsommer 1992 statt.

Vorruhestand – eine neue soziale Realität in Ostdeutschland

der sogenannten „Entgeltpunkte" zu einer Minderung der Höhe der Altersrente führt. Vorruheständler werden im Vergleich zu ihren erwerbstätigen Altersgefährten nur bedingt an der Entwicklung des materiellen Wohlstands in Ostdeutschland teilhaben.

Eine weitere Differenzierungslinie verläuft innerhalb der Vorruheständler selbst, eine Differenzierungslinie, die zu allen früheren, aus der DDR überkommenen Ungleichheiten und Differenzierungen „quer" liegt. Sie ergibt sich aus der Dynamik der Einkommensentwicklung nach der Wende bis zur Gegenwart sowie aus den unterschiedlichen Zeitpunkten, zu denen jeweils der Übergang in den Vorruhestand vollzogen wurde. Relativ benachteiligt innerhalb der Soziallage der Vorruheständler sind jene, die als erste in den Vorruhestand gehen mußten und deren Vorruhestandsgeld noch auf der Grundlage ihrer – vergleichsweise niedrigen – DDR-Einkommen erfolgte. Im Januar 1991 betrug das durchschnittliche monatliche Brutto-Einkommen der Erwerbstätigen 1.667 DM, im Oktober des gleichen Jahres 2.086 DM. Am 8. September 1992 teilte das Statistische Bundesamt in Wiesbaden aufgrund erstmals vorgelegter Berechnungen mit, daß Arbeiter und Angestellte im Osten auf monatliche Durchschnitts-Bruttobezüge von 2.080 DM im zweiten Halbjahr 1991 kamen. Im Vorjahresvergleich legten Löhne und Gehälter damit um 52,9% zu. Diejenigen Vorruheständler, die bereits in der DDR zu den weniger Verdienenden gehörten (das waren oft alleinerziehende Mütter mit mehreren Kindern, un- und angelernte Arbeiter, Genossenschaftsbauern, vor allem aus der unmittelbaren landwirtschaftlichen Produktion und aus leistungsschwachen LPGs), sind davon wiederum besonders betroffen und zusätzlich benachteiligt.

Schließlich tun sich fortan auch in gesamtdeutscher Sicht neue Differenzierungslinien auf: Vorruheständler in Deutschland-Ost sind aufgrund ihres durchschnittlich niedrigeren Einkommens, das der Berechnung der Bezüge zugrunde liegt, in einer deutlich schlechteren Situation gegenüber Vorruheständlern in den Alt-Bundesländern. Damit wird die Vereinheitlichung der Lebensverhältnisse zumindest für diese Soziallage nicht befördert, und von einer Angleichung der Lebensverhältnisse an die des Westens kann zu Lebzeiten der heutigen Ost-Vorruheständler nicht die Rede sein.

Die finanzielle Situation wird von den Vorruheständlern unterschiedlich eingeschätzt. Eine kleine Gruppe von ihnen ist durchaus mit der Einkommenshöhe zufrieden und betont, daß sie mit ihren Altersübergangsbezügen auskommt. Einschränkend wird dabei jedoch hervorgehoben, daß man sich einschränke, daß man keine übertriebenen Ansprüche habe, daß der Partner noch berufstätig sei oder ein gutes Einkommen beziehe. Die relative Zufriedenheit mit dem gegenwärtigen Einkommen geht jedoch auch bei diesen Probanden mit Sorgen und Ängsten bezüglich der künftigen Einkommenssituation einher. Angesichts steigender Lebenshaltungskosten – vor allem der Mieten – wird von nicht wenigen der interviewten Vorruheständler befürchtet, sie könnten von Altersarmut betroffen werden. Unzufriedenheit mit ihrer Einkommenssituation bekunden zwar auch Probanden mit niedrigem Einkommen und/oder ungünstiger Einkommenssituation des Haushalts. Häufiger sind jedoch die deutlich Unzufriedenen jene, die über relativ gute Haushaltseinkommen verfügen. Das kann nicht überraschen, denn die relativ guten Vorruhestandsbezüge der ehemaligen Mitarbeiter des Wirtschaftsministeriums und in der SED/PDS werden von ihnen zum einen vor dem Hintergrund ihrer früheren, relativ hohen Einkommen (die sie bei Fortsetzung der Berufstätigkeit hätten ja noch steigern können) und zum anderen mit Blick auf die künftig zu erwartende Rente bewertet. Hier wird es bei allen erhebliche Einbußen geben, da sie nicht die erarbeitete Rente erhalten werden. Gerade in diesen Gruppen ist die Zukunftsangst stark ausgeprägt, die Angst vor dem Abrutschen in die Armut.

Insofern Maßstäbe sichtbar wurden, bezogen sich die Vorruheständler bei der Bewertung ihrer finanziellen und materiellen Lebensumstände dominant auf ihre eigene Vergangenheit, ihre eigene soziale Lage und Situation in der DDR. Selten wurde dagegen der Vergleich zu noch Erwerbstätigen gezogen. Ein dritter Maßstab zeigt sich in der Gruppe der ehemaligen Mitarbeiter in der zentralen staatlichen Verwaltung. Einige wenige dieser Probanden messen ihre Lage an der von Beamten in vergleichbaren Positionen in den alten Bundesländern. Für die Mehrheit der Probanden, die als Maßstab die eigene Vergangenheit wählten, wirkt sich besonders zufriedenheitsfördernd aus, daß die Vorruhestandsbezüge dynamisiert werden und daß auch die Kaufkraft der Einkommen größere Konsumtionsmöglichkeiten eröffnet.

Im Hinblick auf die psychische Befindlichkeit wird häufig auch der Vergleich zu Arbeitslosen gezogen. In dieser Relation fühlen sich die Vorruheständler besser gestellt. Für einige war Arbeitslosigkeit explizit eine „Horrorvision". Neben dieser psychischen Barriere war die Tatsache der sozialen Sicherheit bis zum Erreichen der Rente ein wichtiger Punkt bei der Entscheidung der Probanden für den Vorruhestand, da sie als Arbeitslose im Höchstfall zwei Jahre und vier Monate Arbeitslosengeld bezogen hätten, die Vorruhestandsbezüge ihnen aber für den gesamten Zeitraum bis zur Berentung sicher sind.

2. Vorruhestand als biographisches Ereignis und seine Bewältigung

Der Übergang in den Vorruhestand bedeutet für die davon betroffenen Personen einen Bruch ihrer bislang durch die Erwerbsarbeit bestimmten und strukturierten Biographie, einen Bruch, der für die heutigen Vorruheständler um so schwerwiegender ist, als er für sie unerwartet kommt und sie unvorbereitet trifft.

Mit dem Übergang in den Vorruhestand entfallen fortan nicht nur das in der Arbeit enthaltene Betätigungs- und Vergegenständlichungspotential, die vielfältigen Impulse aus der Arbeitstätigkeit, sondern auch das über die Arbeit vermittelte Gefühl gesellschaftlicher Nützlichkeit und Anerkennung sowie die vielfältigen, ebenfalls über die Arbeit vermittelten Sozialkontakte. Mit der Arbeit und für sie erworbene Fähigkeiten und Fertigkeiten, Kenntnisse und Erfahrungen werden nicht mehr abgefordert, berufliche und soziale Qualifikationen liegen fortan brach. Mit dem Wegfall der Arbeit verringert sich nicht nur die Höhe des Einkommens, es verändert sich vor allem auch die Art und Weise der Erlangung. Erwarb man als Erwerbstätiger sein Einkommen selbst, wobei man – vermittelt über seinen Beruf, die Qualifikation und die reale Leistung – die Höhe des Einkommens (zumindest in bestimmten Grenzen) selbst beeinflußte und bestimmte, so gibt man als Vorruheständler diese Subjektposition preis, man wird fortan zum zu versorgenden Objekt, ohne direkte Möglichkeiten zu haben, die Einkommenshöhe zu beeinflussen. Diese Form von Abhängigkeit wird vor allem von einigen höher qualifizierten Vorruheständlern und insbesondere von Frauen schmerzlich empfunden.

In fast allen Fällen entsprach die Vorverrentung nicht den ursprünglichen Lebensplänen der interviewten Vorruheständler. Unter den gegebenen Bedingungen, die Liquidation ihrer Betriebe und Einrichtungen bzw. drastische Reduzierung der Belegschaft und aufkommende Massen- und Dauerarbeitslosigkeit vor Augen, sahen sie für sich keine wirkliche Perspektive für die weitere (Erwerbs-) Arbeit. Einige der interviewten Vorruheständler bekundeten, daß sie zunächst noch einige Versuche unternommen hätten, einen anderen Arbeitsplatz zu finden, sie hätten aber dann aufgegeben. Faktisch blieb allen befragten Vorruheständlern nur die Alternative „Arbeitslosigkeit oder Vorruhestand".

In Abhängigkeit von den jeweiligen individuellen Prädispositionen und Bedürfnislagen der Probanden, beeinflußt aber auch durch den Zeitpunkt sowie die Art und Weise, in der ihnen die Entscheidung abgenötigt wurde, reichten die ersten emotionalen Reaktionen von starker, schockartiger Betroffenheit („Das war ein Schock"; „Das war eine Sauerei"; „Wir haben die ganze Nacht nicht geschlafen"; „Das war vielleicht eine Enttäuschung"; „Ich war richtig deprimiert"; „Es war fürchterlich") bis hin zu relativ emotionsloser, nüchterner Analyse und Kalkulation, welche Chancen sich damit unter Umständen auftun würden.

Aus den Äußerungen der Vorruheständler lassen sich unterschiedliche Reaktionen auch insofern erkennen, als die Notwendigkeit des Vorruhestandes unterschiedlich von ihnen „angenommen", subjektiv akzeptiert wurde. Die in dieser Akzeptanz bzw. Nichtakzeptanz zum Ausdruck kommende Grundeinstellung zum Vorruhestand hat ganz wesentlichen Einfluß darauf, wie die mit dem Übergang in den Vorruhestand verbundene Veränderung der Lebenssituation und des Sozialstatus erlebt, bewältigt und verarbeitet wird.

Übergang

Nur für einen der von uns interviewten Vorruheständler ist der Übergang in den Vorruhestand so charakteristisch, daß man ihn als „freiwillig" bezeichnen könnte. Der Abbruch des Erwerbslebens entsprach den Bedürfnissen und Wertorientierungen dieser Probandin, er ging mit dem Bestreben einher, „ein neues Leben" aufzubauen und mündete in eine Art neue Lebensstrategie ein. Es handelt sich dabei um eine ungelernte Arbeiterin, die mit 56 Jahren bedingungslos den Vorruhestand anstrebte und beschloß, das Leben ohne Arbeit zu genießen.

Einen anderen Typ des Übergangs könnte man als „relativ freiwillig" bezeichnen. Angesichts der veränderten Umstände hielt es eine Reihe von Probanden für angebracht und für sich in gewisser Weise wünschenswert, nunmehr in den Vorruhestand zu gehen. Eine Lohnbuchhalterin aus dem EKL, die mit 55 Jahren in den Vorruhestand wechselte, wollte angesichts der vielen Entlassungen für Jüngere Platz machen. Sie kam auch mit dem Betriebsklima nicht mehr zurecht, beklagte, daß unter den Vorgesetzten viele „Wendehälse" seien, und hatte auch Angst vor der sicher notwendig werdenden Weiterbildung (Computer).

Diesem Muster sehr nahe kommt eine Reaktionsweise, die als „einsichtiger Übergang" bezeichnet werden kann. Diese Vorruheständler hatten, wie die anderen, eigentlich die Absicht weiterzuarbeiten. Sie fügten sich aber gleichsam aus Einsicht in die Notwendigkeit, weil sie sich angesichts der Situation im Betrieb und Territorium ausgerechnet hatten, daß sie als ältere Arbeitnehmer als erste mit Entlassung zu rechnen hätten. Diese Probanden fanden in der Regel Begründungen, die ihnen ein schnelles Abfinden mit der neuen Situation ermöglichten. Ein Werkzeugmacher, mit 59 Jahren in den Vorruhestand gegangen, formulierte seine damaligen Gedankengänge so: „Zu machen die den Betrieb sowieso, da kannst du auch in den Vorruhestand gehen, bevor du arbeitslos wirst ... Was sollte ich denn anderes machen?"

Eine andere Art der Reaktion kann man als „Übergang wider Willen" bezeichnen. Für diese Probanden ist charakteristisch, daß sie sich in der Regel ungerecht behandelt fühlten, den Übergang nur gezwungenermaßen vollzogen und als eine Art „Rausschmiß" erlebten. Er widersprach völlig ihren Intentionen und wird von ihnen nicht angenommen. Diese subjektive Distanziertheit zur nunmehrigen Lebenssituation wird schmerzlich und konfliktvoll erlebt, diese Vorruheständler fühlen sich regelrecht hinausgedrängt und „hinausgeekelt". Typische Äußerungen hierzu sind etwa die eines Diplomwirtschaftlers: „Es war ein regelrechtes Abschieben ... ausgesprochen herzlos ... Einspruch wäre sinnlos gewesen". Er hat das Gefühl, daß seine Lebensarbeit sinnlos gewesen ist, er fühlt sich in die Ecke geschoben und kaltgestellt. „Ein richtiges Leben ist das nicht mehr, was ich führe". Für einen ehemaligen Genossenschaftsbauern kam die Ankündigung des Vorruhestandes sehr kurzfristig. Er war gerade 55 Jahre und damit der Jüngste von allen männlichen Befragten, als der Vorruhestand für ihn begann. „Es wurde

Vorruhestand – eine neue soziale Realität in Ostdeutschland 371

gesagt, und es steht ja auch überall in den Zeitungen: Jüngere müssen Arbeit haben. Aber wir haben das nicht so gesehen, daß wir nun gehen mußten. Wir waren von Anfang an in der Landwirtschaft beschäftigt. Da sind viel Jüngere, die waren ein, zwei Jahre in der Landwirtschaft, die konnten bleiben." Das empfindet er als große Ungerechtigkeit. Jüngere hätten seiner Meinung nach die Chance, immer wieder eine Arbeit zu finden. Seine jahrelange aufbauende Tätigkeit in der Landwirtschaft wird heute nicht anerkannt. „Sauer waren wir, wir haben eine Nacht lang nicht geschlafen".

Neuer Tagesablauf

Die Antworten der Interviewpartner lassen erkennen, daß sich mit dem Übergang in den Vorruhestand die Lebensachse verändert. Waren es vorher die Erwerbsarbeit, die nicht nur die zeitlichen Abläufe bestimmte, sondern auch die Art und Weise der Reproduktion und der Gestaltung der Freizeit, so ist das Leben der Vorruheständler nunmehr orientiert und konzentriert auf das Haus, das Grundstück, die Wohnung, die Familie und – sofern vorhanden – die eigenen Hobbys. Mit der Erwerbsarbeit fallen damit einerseits viele Impulse weg, die die Persönlichkeit und Individualität, ihre Entwicklung und Reproduktion befördern. Zugleich aber eröffnet sich mit dem Vorruhestand auch ein neues Möglichkeitsfeld, es tun sich neue Chancen und Herausforderungen auf, die eigene Subjektivität zur Geltung zu bringen. Abläufe und Strukturierungen, die bislang durch die Arbeit vorgegeben und in diesem Sinne „fremdbestimmt" waren, müssen und können nunmehr nach eigenem Ermessen ausgefüllt, selbstbestimmt gestaltet werden.

Die Vormittage sind in der Regel angefüllt mit Hausarbeit und Einkaufen, ausgiebigem Zeitungsstudium und der Erledigung von Behördengängen. Die Nachmittage zeigen sich in der Schilderung der Probanden weit weniger strukturiert. In diese Zeit fallen die Beschäftigung mit den Hobbys und der Familie sowie andere Sozialkontakte. Bei den Vorruheständlern aus der Landwirtschaft wird der Tagesablauf durch die Erfordernisse der Tierhaltung bestimmt.

Auswirkungen auf das Familienleben

Im Rahmen der Familienbeziehungen konstatierten die interviewten Vorruheständler tendenziell eine gewisse Verbesserung der Partnerbeziehungen, wobei es viele als einen Gewinn ansehen, jetzt mehr Zeit für den Partner, für das Zusammensein, für gemeinsame Unternehmungen und Erlebnisse mit ihm zu haben. Diese neue, bislang eigentlich nur im Urlaub erlebte Situation, die Dichte der Kontakte, die räumliche Nähe zum Partner verlangen andererseits eine gewisse Anpassung, erheischen Rücksichtnahme. Einige Probanden konstatierten eine gewisse Gereiztheit und Spannung in den Beziehungen zum Partner. Insgesamt werden diese Anpassungsprozesse aber als nicht weiter problematisch empfunden. Eine beachtliche Anzahl von Probanden charakterisierte ihre partnerschaftlichen Beziehungen als unverändert, in der Regel als unverändert gut. Für wenige Probanden kam es allerdings auch zu krisenhaften Erscheinungen in ihren Partnerbeziehungen. Zu ihnen gehören drei Probanden, deren Partner arbeitslos waren. Nicht in jedem Falle konnten diese Krisen auch überwunden werden.

Das Ausscheiden eines oder beider Partner aus dem Erwerbsleben ging bei der Mehrzahl der Probanden mit gewissen Modifizierungen der häuslichen Arbeitsteilung einher. Eine erstaunlich große Zahl von Männern beteiligt sich im Vorruhestand überhaupt erstmals bzw. verstärkt (im Sinne von gleichverpflichtet) an der Erledigung der Hausarbeit.

Die Kontakte zu den Kindern haben sich trotz des größeren Zeitfonds nur bei wenigen Vorruheständlern intensiviert. Dennoch charakterisieren die interviewten Vorruheständler das Verhältnis zu ihren Kindern in der Regel als gut. Viele erwähnen, daß man sich gegenseitig unterstützt. Besonders Vorruheständler mit höherem Bildungs- und Qualifikationsniveau messen der Hilfe für das berufliche Fortkommen und der Berufskarriere der Kinder unter den neuen marktwirtschaftlichen Bedingungen eine große Bedeutung bei. In diesem Sinne widmen sich diese Vorruheständler als Großeltern verstärkt der Betreuung der Enkelkinder. Es gibt allerdings auch einige Probanden, die zwar ein gutes Verhältnis zu ihren Kindern und Enkelkindern haben, aber nicht zuviel Zeit mit ihnen verbringen wollen – man möchte „sich nicht auf der Pelle hocken". Diese Probanden waren in unserer Population jedoch in der Minderheit.

Veränderung von sozialen Kontakten und Aktivitäten

Mit dem Übergang in den Vorruhestand ergaben sich für die Betroffenen erhebliche Veränderungen und Modifizierungen in ihren außerfamilialen Sozialkontakten und -beziehungen. Die wohl einschneidendste Veränderung ist der Verlust der täglichen Kontakte mit den Arbeitskollegen und den Freunden aus dem Kreis der Arbeitskollegen. Heute konzentrieren sich soziale Kontakte auf die Familie und, soweit vorhanden, auf alte Freundschaften. Dies ist die vorherrschende Tendenz für alle untersuchten Bereiche. Die Reduzierung des sozialen Beziehungsgeflechtes wird durch die Probanden dabei unterschiedlich bewertet. Im Hinblick auf die Ausübung ehrenamtlicher Funktionen in Parteien, Organisationen und Verbänden, Vereinen, Bewegungen und der Teilnahme an deren Aktivitäten zeigt nur ein kleiner Teil der interviewten Probanden Engagement. Dieser Fakt ist nicht nur bedenklich im Hinblick auf die Entwicklung einer von Demokratie geprägten politischen Kultur in Ostdeutschland, sondern auch deshalb, weil damit zugleich das kompensatorische Potential einer solchen Tätigkeit ungenutzt bleibt. Dabei spielen für die Vorruheständler offenbar die Erfahrungen ihres früheren Lebens in der DDR eine Rolle. Wenngleich nur vereinzelt so direkt ausgesprochen – die Enttäuschung über das untergegangene System und den Mißbrauch der eigenen Aktivität sitzen tief und bewirken bei einigen, daß sie sich fortan bewußt jeden gesellschaftlichen Engagements enthalten wollen.

Zufriedenheit mit dem Leben heute

Im Hinblick auf die Zufriedenheit mit ihrem heutigen Leben ist in den Äußerungen der Probanden eine als ambivalent zu bezeichnende Haltung zu beobachten. Es dominieren eindeutig jene, die sagen, mit ihrem Leben zufrieden zu sein. Zugleich aber zeigen sich Abstufungen im Niveau der Zufriedenheit, die allein mit den Kategorien „Zufriedenheit" und „Unzufriedenheit" nicht hinreichend zu erfassen sind.

Ohne irgendwelche Einschränkungen, sozusagen „völlig" oder „rundum" zufrieden ist nur ein kleiner Teil der Probanden. Es sind in der Regel jene, deren Erwartungen und Vorstellungen, die sie an den Vorruhestand knüpften, sich erfüllt haben. Sie haben den Vorruhestand für sich angenommen. Von ihrem Erwerbsleben haben sie sich verabschiedet, sie verspüren nicht den Wunsch, wieder eine Erwerbsarbeit aufzunehmen. Ihr Sinnen ist darauf gerichtet, die neue Situation auszuleben. So kann sich z.B. eine frühere Genossenschaftsbäuerin, Frau des LPG-Vorsitzenden, entsprechend ihren Erwartungen den Tag einteilen, sich nach ihren Vorstellungen der Familie und den Freunden widmen. Ihr Urteil: „Ich bin voll und ganz zufrieden. Es geht mir besser als früher". Nach den bisherigen Ergebnissen überrascht es nicht, daß dieses Niveau der Zufriedenheit vor allem unter ehemaligen Genossenschaftsbauern verbreitet ist (von zwei Ausnahmen abgesehen). Auch für die acht Probanden aus der Industrie, die alles in allem mit ihrem Leben zufrieden sind, kulminieren der „relativ freiwillig" vollzogene Eintritt, der im Prinzip unproblematische Übergang und die überwiegend positive Bewertung der neuen Lebensbedingungen in der Lebenszufriedenheit.

Nicht wenige Probanden bewerten ihre Lebenssituation zwar positiv und bekunden, daß sie mit ihrem gegenwärtigen Leben zufrieden seien, nehmen diese Wertung jedoch teilweise zurück, schränken deren Geltungsbereich ein. Dabei sind zwei Muster erkennbar: Der Proband läßt erkennen, daß seine Lebenssituation seinen Erwartungen und Ansprüchen eigentlich nicht angemessen ist und er von daher eigentlich unzufrieden sein müßte. Er fügt sich jedoch in die Umstände, weil er weiß und sehen kann, daß es ihm auch schlechter gehen könnte. Dieses Muster wird deutlich im Urteil einer Probandin aus dem ehemaligen Wirtschaftsministerium: „Es ist eine erzwungene Zufriedenheit, mit engen Grenzen".

In einer anderen Variante relativieren Probanden ihre Zufriedenheit, indem sie zwischen der Zufriedenheit mit ihrem unmittelbaren Dasein (finanzielle Situation, Gesundheitszustand, Partnerbeziehungen) und einer mehr gesellschaftlichen und politischen Dimension der Zufriedenheit unterscheiden. Diese Position ist nach der früheren Sozialisation und sozialen Position der Probanden vor allem für Vorruheständler charakteristisch, die sich stark mit der Gesellschaft und dem politischen System der DDR identifizierten und sich auch engagierten, Probanden also, die vor allem unter den ehemaligen Mitarbeitern des Apparates der SED/PDS und des Wirtschaftsministeriums zu finden sind. Die eigenen, unmittelbaren Lebensumstände werden positiv bewertet, in dieser Hinsicht ist man zufrieden bzw. „muß man zufrieden sein", die gesellschaftspolitische Situation jedoch wird negativ bewertet, in dieser Hinsicht ist man unzufrieden. Für diese Probanden wird der enge Zusammenhang zwischen gesellschaftlichem und persönlichem Umbruch besonders deutlich. Die Wahrnehmung des Vorruhestandes wird durch das Prisma ihrer kritisch-distanzierten Haltung zum gesellschaftlichen Umbruch in Ostdeutschland und zur Art und Weise der deutschen Vereinigung gebrochen.

Wie diejenigen, die volle Zufriedenheit mit ihrem Leben bekunden, so bilden auch diejenigen, die völlig unzufrieden sind, eine Minderheit unter unseren Probanden. Es handelt sich hierbei in der Regel um solche Personen, die den Übergang wider den eigenen Willen vollzogen, ihn als ungerecht empfunden haben und noch empfinden, sich als überflüssig und in die Ecke gestellt fühlen.

3. Vorruheständler – ein neues soziales Subjekt?

Als neue „Versorgungsklasse" sind Vorruheständler und Altersübergangsgeldbezieher auf Transferleistungen angewiesen, die in ihrer Höhe, im Zeitpunkt und in den Bedingungen ihrer Bereitstellung Ergebnis von Verteilungskämpfen und damit politisch vermittelt sind. Angesichts dieser Tatsache wiegt es um so schwerer, daß die Vorruheständler nur über geringe Ressourcen und Mittel zur Wahrnehmung und Durchsetzung ihrer spezifischen Interessen verfügen. Die den Erwerbstätigen zur Verfügung stehende Möglichkeit, die Arbeit zu verweigern, entfällt für sie. Überdies befindet sich die Soziallage der Vorruheständler in einer Situation, die als „institutionelles Vakuum" gekennzeichnet werden kann: Weder gibt es eine die gesamte Soziallage umfassende Organisation, die deren Interessen artikuliert und wahrnimmt, noch gibt es entsprechende Struktureinheiten in den staatlichen und kommunalen Verwaltungen, die speziell auf die Probleme der Vorruheständler zugeschnitten sind.

Soweit die Lebensbedingungen und spezifischen Probleme der Vorruheständler durch die Verwaltungen wahrgenommen werden, spielen sie in deren Struktur und Tätigkeit eine nur untergeordnete Rolle. In Berlin ist das Problem der Vorruheständler vor kurzem in die Verantwortlichkeit der Senatsverwaltung für Soziales übergegangen. Aber dort gibt es keine personelle und materielle Ausstattung für die Beschäftigung mit der Problemlage dieser Bevölkerungsgruppe. Der „nur nebenbei" auch für den Vorruhestand zuständige Referent vertritt die Auffassung, daß hier keine zentralen Maßnahmen helfen könnten. Die menschlichen und sozialen Probleme der Vorruheständler müssen nach seiner Auffassung „regional in Vereinen, Verbänden und Selbsthilfegruppen gelöst werden". Er sieht da vor allem auch eine Aufgabe für die Sozialämter in den Stadtbezirken. Damit dürfte das Problem aber nur delegiert sein, denn auch diese Ämter verfügen über keinerlei Mittel zur Hilfe.

Der eigenartige Zwischenstatus der Vorruheständler zwischen (Noch-)Erwerbstätigen, Arbeitslosen und Rentnern bewirkt, daß die Lebensbedingungen der Vorruheständler und die darin begründeten Interessen nur partiell mit den Interessen bestehender Institutionen und Organisationen kompatibel sind: Die Arbeitsämter sind primär damit befaßt, die Arbeitslosen zu betreuen, für sie ist jeder Vorruheständler in erster Linie eine Entlastung des angespannten Arbeitsmarktes. Der Arbeitslosenverband kümmert sich seiner Bestimmung nach auch ebenfalls vorrangig um die „echten Arbeitslosen"; die Vorruheständler als ständig aus dem Erwerbsleben Ausgeschiedene sind nicht seine zentrale Klientel. Für die Gewerkschaften wiederum sind die Vorruheständler nur in der Phase des bevorstehenden Übergangs von Relevanz, mit dem vollzogenen Übergang in den Vorruhestand scheiden sie ohnehin in der Regel aus den Gewerkschaften aus. Für die Rentnerverbände sind die Vorruheständler auch nur von randläufigem Interesse, erscheinen sie doch aus deren Sicht als noch zu jung, sind noch keine „richtigen Rentner". Verstärkt und zugespitzt wird dieses Vakuum auch dadurch, daß in der Regel Betriebe und Institutionen, in denen die Vorruheständler einst tätig waren, liquidiert wurden bzw. neue Eigentümer erhielten. Damit entfällt aber eine Institution, die sich in der Vergangenheit um die Betreuung „ihrer" Veteranen kümmerte, materielle Unterstützung gab, kulturelle Aktivitäten (Weihnachtsfeiern, Ausfahrten etc.) organisierte und auch Ansprechpartner in Fragen des Renten- und Sozialrechts war. Aber auch dann, wenn die einstigen Betriebe und Institutionen noch existieren, lassen es deren heutige finanzielle und personelle Situation nicht zu, sich intensiv den Vorruheständlern zuzuwenden, selbst dann nicht, wenn das gewollt würde. Aus der Presse wurden Fälle bekannt, in denen Betriebe bzw. deren juristische Nachfolger von Regelungen, mit denen sie einst Teile der Belegschaft in den Vorruhestand köderten, wieder zurückgetreten sind. Der in dieser Hinsicht bekannteste Fall im Berliner Raum ereignete sich in Wildau, wo Vorruheständler aus dem ehemaligen VEB Schwermaschinenbau monatelang mit z.T. spektakulären Maßnahmen gegen den Vertragsbruch durch die Betriebsleitung protestierten. Aus der finanziellen Situation und generellen Interessenlage der heutigen Eigentümer/Manager heraus gibt es wenig Veranlassung, Mittel bereitzustellen und sich um Leute zu kümmern, die vorher einem anderen Eigentümer gedient haben; in dieser Perspektive erscheinen die Vorruheständler eher als eine Art „Altlast", deren man sich entledigen möchte.

Mit diesem institutionellen Vakuum korrespondiert, daß eine große Mehrheit der von uns interviewten Vorruheständler (und mit Sicherheit der Vorruheständler überhaupt) passiv bleibt, nichts tut, um die spezifischen Interessen der Vorruheständler in die Öffentlichkeit zu bringen. Vielen ist die Spezifik ihrer Interessenlage durchaus bewußt – das betrifft sowohl die Möglichkeiten des Nebenverdienstes, ihre zukünftigen Renten als auch die Chancen für eine sinnvolle und würdige Gestaltung ihres Lebensabends. Die Ursachen dieser verbreiteten Passivität im Hinblick auf die Wahrnehmung der Interessen der Vorruheständler sind dabei offenbar in zweierlei Richtung zu suchen: Die in der DDR eingeübte Mentalität, kollektive Probleme nicht individuell anzugehen, sondern auf jemanden zu warten, der sich darum kümmern wird, scheint für viele zum Hemmschuh eigener Interessenverwirklichung zu werden. Das ist eine mögliche Erklärung dafür, warum die Reflexion über ein von der Gesellschaft unbeachtetes, randständiges Leben – weil man den Arbeitsmarkt nicht mehr und die Rentenfonds noch nicht belastet – bei den meisten nicht zu entsprechenden Aktivitäten führt. Diese Erkenntnis wird auch durch die Expertengespräche gestützt. Der Verein „Selbst-Hilfe im Vorruhestand", der im West- und im Ostteil Berlins arbeitet, konstatiert aus seinen Erfahrungen, daß die Vorruheständler im Osten mehr auf Hilfe warten als selbst aktiv werden. Die Betroffenen im Westen wären psychisch besser disponiert, mit Veränderungen im Leben fertig zu werden. Sie hätten es ein Leben lang lernen müssen, sich um ihre Probleme selbst zu kümmern. Unsere Gesprächspartner schränkten diese Aussage aber auch ein, indem sie das Problemfeld relativierten und auf einen nicht zu unterschätzenden Grund für die abwartende Haltung der Vorruheständler in den neuen Bundesländern aufmerksam machten, der darin zu sehen ist, daß deren Lebenskrise einfach viel größer als bei Vorruheständlern im Westen ausfällt. Sie ist mit grundlegenden Identitätsproblemen, mit dem Gefühl verbunden, daß die eigene Lebensbilanz nicht mehr stimmt.

Ergänzend zu den genannten Ursachen kommt hinzu, daß sich ein Teil jener Vorruheständler, die sich in ihrem Erwerbsleben in der DDR aktiv und z.T. sehr zeitaufwendig gesellschaftlich engagierten, aus Enttäuschung und Frustration bewußt aus jedem gesellschaftlichen Engagement zurückgezogen hat. Von jenen, die sich bereits in der Vergangenheit wesentlich auf die Wahrnehmung ihrer unmittelbaren privaten Interessen konzentrierten und jedes darüber hinaus gehende „überindividuelle" Engagement ablehnten, konnte ohnehin nicht erwartet werden, daß sie mit dem Übergang in den Vorruhestand ihrem Verhalten eine völlig andere Orientierung geben würden.

Durch die fehlende staatliche Verantwortung für die komplexen Problemlagen der Vorruheständler haben in den letzten zwei Jahren eine Reihe von sozialambitionierten Menschen in Eigeninitiative die Probleme dieser Bevölkerungsgruppe aufgegriffen. Trotz persönlich starker Bemühungen kann eingeschätzt werden, daß angesichts der großen Zahl der Vorruheständler und ihrer differenzierten Probleme diese Initiativen bei weitem nicht ausreichen.

Zu den gesellschaftlichen Kräften, die sich der Probleme der Vorruheständler angenommen haben, zählen in unserem Untersuchungsfeld:
- der Verein „Jahresringe";
- der Verein „Selbst-Hilfe im Vorruhestand";
- der Arbeitslosenverband, vor allem in den örtlichen Beratungsstellen und Zentren;
- einige sozialmedizinische Beratungsstellen;
- einige persönlich engagierte Wissenschaftler, z.B. an der Charité.

Ein Hindernis dieser Initiativen ist die meist noch mangelhafte finanzielle und personelle Ausstattung. Erschwerend wirkt auch die fehlende Koordinierung der Aktivitäten. Sie entstanden und entstehen meist spontan aus unmittelbarer Betroffenheit und sind deshalb sehr stark von den darin engagierten Persönlichkeiten abhängig. Hier ist der Zufall maßgebender als die tatsächlichen Notwendigkeiten, die in den einzelnen Territorien bestehen.

Alles in allem ist damit die in der Überschrift dieses Abschnitts gestellte Frage mit einem „Nein" zu beantworten. Nach der gegenwärtigen Lage der Dinge sind die Vorruheständler noch weit davon entfernt, ein soziales Subjekt zu sein. Sie laufen damit Gefahr, bei den härter werdenden Verteilungskämpfen weiter benachteiligt zu werden.

Das Gesamtbild der Bewältigung des Vorruhestandes durch die interviewten Vorruheständler macht deutlich, wie einschneidend, konfliktvoll und für nicht wenige Probanden schmerzlich der gesellschaftliche Umbruch als Bruch der eigenen Biographie, als Neukonstituierung der individuellen Lebensbedingungen und Lebensweise erlebt und erfahren wird. Ganz entscheidend für die Bewältigung des Lebensabschnittes Vorruhestand ist offenbar der Grad der „Freiwilligkeit". Jene, die – aus welchen Gründen auch immer – relativ freiwillig den Schritt in den Vorruhestand gegangen sind, haben fast immer auch konkrete Vorstellungen über die Gestaltung des neuen Lebens entwickelt, haben diese Vorstellungen in der Regel auch realisieren können, haben damit zusammenhängend im allgemeinen insgesamt bessere Lebensverhältnisse konstatiert und sind mit ihrem jetzigen Leben zufrieden. Diese Tendenz läßt sich durch unsere Untersuchung belegen und dürfte wohl auch in einer repräsentativen Erhebung beweisbar sein.

Älteren Menschen den Übergang in den Ruhestand schrittweise zu ermöglichen, das ist eine Schlußfolgerung unserer Untersuchung, die sich aus vielen Beispielen der Bewältigung des Vorruhestandes durch die interviewten Probanden ableiten läßt. Dies ist auch eine Bestätigung von Erkenntnissen, die in früheren Analysen in der alten BRD und der DDR besonders auch aus gerontologischer Sicht herausgearbeitet wurden. Viele Probanden vermissen, obwohl es ihnen durchaus nicht an Beschäftigungen fehlt, ihre Arbeitstätigkeit und das erst in zweiter Linie aus materiellen Gründen. Die Bauern, die nach wie vor, jetzt allerdings auf ihrem Hof in kleinem Maßstab, landwirtschaftlichen Beschäftigungen nachgehen, oder jener Journalist, der im Winterhalbjahr noch unentgeltlich weiterarbeitet und im Sommerhalbjahr durch körperliche Betätigung auf seinem Grundstück einen Ausgleich findet, oder die Wissenschaftler, die sich weiterhin mit ihren Forschungen beschäftigen - für die sich ihr Tagesablauf kaum geändert hat - sie sind zufrieden mit ihrem Vorruhestandsleben, obwohl es ihnen materiell nicht in jedem Fall gut geht. Die Umsetzung dieser Schlußfolgerung setzt aber eine veränderte Sicht auf den Vorruhestand voraus. Vorruhestand kann nicht mehr als kurzfristiges Mittel zur Entlastung des Arbeitsmarktes ausgestaltet werden, sondern muß als Moment einer gerechteren und humaneren Verteilung eines in der Gesellschaft immer geringer werdenden Arbeitsvolumens konzipiert werden. Vor allem Erwerbstätige bestimmter Berufsgruppen mit stark belastenden Arbeitsbedingungen sollten die Möglichkeit erhalten, auf eigenen Wunsch vorzeitig und zu günstigen finanziellen Bedingungen aus dem Erwerbsleben gänzlich oder teilweise auszuscheiden. Der sehr plötzliche und unvorbereitete Sturz aus einem durch Arbeit bestimmten Leben, das von der Gewißheit eines sicheren Arbeitsplatzes geprägt war, in ein – gerade für Ostdeutsche besonders spürbar – randständiges Leben ist, wie unsere Untersuchung zeigt, für viele ein schockierendes Erlebnis. Die psychische Situation der Vorruheständler in den neuen Bundesländern verdient nicht zuletzt auch deshalb gesellschaftliche Beachtung, weil vielfach die Betriebe und Institutionen liquidiert wurden, in denen die Vorruheständler früher arbeiteten und die sich traditionell um ihre aus Altersgründen ausgeschiedenen Kollegen kümmerten. Ganz gleich, wie man das bewerten mag: viele der von uns interviewten Vorruheständler haben dieses Modell internalisiert, sie haben die Erwartung, betreut zu werden. Heute, so haben nicht wenige unserer Probanden reflektiert, kümmert sich „niemand mehr" um die aus dem Berufsleben Ausgeschiedenen.

Die Analyse zeigt:

Erstens: Vorruheständler/Altersübergangsgeldbezieher sind eine Gruppe der ostdeutschen Bevölkerung, die, sowohl ob ihrer zahlenmäßigen Stärke, mehr noch aber ob ihrer spezifischen, sehr differenzierten und in vielerlei Hinsicht ungünstigen und sie benachteiligenden Lebensbedingungen sowie der Kompliziertheit der ihnen abverlangten biographischen Anpassungsleistungen, ein gesellschaftliches Problemfeld konstituieren. Dieses Problemfeld erheischt von den Verantwortlichen in Politik und Verwaltung, aber auch in gesellschaftlichen Verbänden und Organisationen, in seiner Eigenständigkeit und Gewichtigkeit wahrgenommen zu werden. Eine systematische sozialwissenschaftliche Forschung hierzu könnte nicht nur wichtige empirisch-analytische und theoretische Voraussetzungen für die Gestaltung der Arbeitsmarkt- und Sozialpolitik gegenüber den Vorruheständlern sowie entsprechender sozialpädagogischer Maßnahmen erbringen, sondern zugleich die Öffentlichkeit für die Probleme der Vorruheständler sensibilisieren, nicht zuletzt aber auch die Fähigkeit und den Willen der Vorruheständler zu eigenem Engagement befördern.

Zweitens: Diese Problemwahrnehmung durch Politik und Öffentlichkeit ist um so dringender, als sich die Lebensumstände und die Lebenssituation ostdeutscher Vorruheständler bei mancher Ähnlichkeit doch von denen der Vorruheständler in den Alt-Bundesländern unterscheiden. Das betrifft die juristischen Regelungen zum Vorruhestand, seine Finanzierungsquellen, die durchschnittliche Höhe des Vorruhestandsgeldes, die aus dem Erwerbsleben „mitgebrachten" materiellen und finanziellen Ressourcen der Vorruheständler, aber auch den Zeitpunkt und die Art und Weise des vorzeitigen Abbruchs des Erwerbslebens. Unterschiede und Besonderheiten gegenüber den Altbundesländern gibt es offenbar auch hinsichtlich der sozialen Zusammensetzung bzw. der „sozialen Herkunft" und damit der sozialen Rekrutierungsquellen, der fachlichen und sozialen Qualifikation sowie der Relation zwischen Männern und Frauen. Besonderheiten und Unterschiede existieren aber nicht nur in der objektiven Situation, sondern zugleich auch im Erleben des Vorruhestandes, seiner subjektiven „Bewältigung", den Deutungen, Art und Umfang der subjektiven Anpassungsleistung. In dieser Hinsicht ist die Situation der ostdeutschen Vorruheständler keineswegs nur eine Art „Verlängerung" oder „räumliche Ausdehnung" eines aus den alten Bundesländern bekannten Zustandes. Sie ist vielmehr ein Phänomen von eigener Qualität, das auch in der praktischen Politik und in der wissenschaftlichen Forschung als solches wahrgenommen und behandelt werden sollte. Eine mechanische Übertragung von Erkenntnissen und Rezepten, auch wenn sich diese in den Alt-Bundesländern bewährt haben, ist nicht angemessen.

Literaturverzeichnis

Bach, H.-U./Jung-Hammon, Th./ Otto, M. (1993): Neue Bundesländer. Aktuelle Daten vom Arbeitsmarkt. (Stand: September 1993). Nürnberg: Institut für Arbeitsmarkt- und Berufsforschung, 1992. IAB Werkstattbericht vom 15. 9. 1993.
Beschäftigungsobservatorium Ostdeutschland (1993): Arbeitsmarktentwicklungen und Arbeitsmarktpolitik in den neuen Bundesländern. Heft 9, November 1993
Ruppelt, W. (1994): Hauptreferat zur Fachtagung „Vorruhestand – Altersübergang". – In: Jahresringe Verband für Vorruhestand und aktives Altern e.V., Gesamtverband und Landesverband Berlin (Hrsg.): Material zur Fachtagung „Vorruhestand – Altersübergang: Erfahrungen, Ergebnisse, Erwartungen". – Berlin: unveröffentlichtes Material
Sozialstruktur der DDR (1988): Autorenkollektiv unter der Leitung von Rudi Weidig. Berlin. Dietz Verlag

Die Autoren des Bandes

Dr. oec. Dietmar Dathe, geboren 1953. Von 1981 bis 1991 wissenschaftlicher Mitarbeiter am Institut für Wirschaftswissenschaften der Akademie der Wissenschaften der DDR. 1992/1993 KAI e.V. (Wissenschaftler-Integrationsprogramm); seit 1994 wissenschaftlicher Mitarbeiter im Fachbereich Sozialwissenschaften der Humboldt-Universität zu Berlin. Arbeitsschwerpunkte: Einkommensverteilung und -umverteilung in der ehemaligen DDR und in den neuen Bundesländern.Veröffentlichungen u.a.: Die Widerspiegelung sozialer Prozesse mit Hilfe mathematisch-statistischer Kennziffern – am Beispiel der Einkommensverteilung. In: Soziologie und Sozialpolitik (Reihe Kolloquien und Symposien) Nr.V-2, 1988; Ziele, Tätigkeiten und Perspektiven der Treuhandanstalt (Koautor: B. Fritsche), RWI-Papiere Nr.31, 1992; Die Einkommensentwicklung in Ostdeutschland in der Periode 1990–1992. In: BWI-Wirtschaftsdienst Brandenburg, August 1993.

Dipl. phil. Thomas Gensicke, geboren am 19.3.1962 in Magdeburg. Von 1984 bis 1989 Philosophie-Studium in Leipzig. 1990/1991 Forschungsarbeit zum Thema „Wertewandel in der DDR und in den neuen Bundesländern" am Berliner Institut für Sozialwissenschaftliche Studien (BISS e.V.). Seit Oktober 1991 am Forschungsinstitut für öffentliche Verwaltung bei der Hochschule für Verwaltungswissenschaften Speyer (Lehrstuhlleiter Prof. Helmut Klages). Dissertationsthema: „Wertewandel"; zu dieser Thematik mehrere Veröffentlichungen.

Dr. med. Monika Genz, geboren 1942. Studium der Medizin in Halle. 1978 Diplom, 1986 Promotion. Praktizierende Ärztin bis 1987. Seit 1989 wissenschaftliche Mitarbeiterin am Institut für Sozial- und Arbeitsmedizin der Martin-Luther-Universität Halle-Wittenberg. 1990 Facharztkolloquium für Sozialhygiene; seit 1992 Lehrauftrag für Sozialmedizin. Forschungsschwerpunkte seit 1989: Gesundheitszustand werktätiger Frauen; sozialmedizinische Gerontologie; Gesundheitszustand und Gesundheitsförderung im Alter; Durchführung einer Längsschnittuntersuchung zu den Auswirkungen der Wiedervereinigung auf die Lebenslage und den Gesundheitszustand älterer Menschen.

Die Autoren des Bandes

Dr. phil. Heidrun Großmann, geboren 1962. Studium der Soziologie sowie Promotion an der Humboldt-Universität zu Berlin.Von 1987 bis 1991 wissenschaftliche Mitarbeiterin am Institut für Soziologie und Sozialpolitik der Akademie der Wissenschaften der DDR. Seit 1992 Arbeit an Projekten im Rahmen des Wissenschaftler-Integrationsprogramms zum Thema Armut in Zeiten des Umbruchs (soziale Lage von Familien mit Kindern; soziale Risiken bei Alleinerziehenden). Seit 1994 wissenschaftliche Mitarbeiterin an der Universität Potsdam.

Prof. Dr. sc. phil. Siegfried Grundmann, geboren 1938, Soziologe. Projektleiter am Berliner Institut für Sozialwissenschaftliche Studien (BISS e.V.). Seit Beginn der 70er Jahre Forschungen zur „Soziologie des Territoriums", darunter zu territorialen Aspekten von Sozialstruktur und Lebensweise, zu den Stadt-Land-Beziehungen, zur Soziologie der Stadt und zur Binnenmigration in der DDR. Veröffentlichungen zu diesem Komlex: „Das Territorium – Gegenstand soziologischer Forschung", Berlin 1981; „Die Stadt. Gedanken über Geschichte und Funktion", Berlin 1984; „Wohnortwechsel. Volkswirtschaftliche und soziale Aspekte der Migration" (Koautorin: Ines Schmidt), Berlin 1988. Seit 1989 Schwerpunkt der Forschungsarbeit und der Publikationen auf folgenden Themen: Ausländer in der DDR; die Ost-West-Migration in Deutschland; regionale Folgen des Beitritts der DDR zur Bundesrepublik Deutschland.

Dr. rer. nat. Winfried Hansch, geboren 1939 in Dierhagen. Studium der Arbeits- und Ingenieurpsychologie an der Technischen Universität Dresden. 1965 Abschluß Diplompsychologe. Bis 1969 Forschungsarbeit und Publikationen zum Thema Belastung bei geistiger Arbeit. 1976 Promotion an der TU Dresden. Von 1970 bis 1976 Leitung mehrerer Forschungsprojekte an der Hochschule für Verkehrswesen Dresden zu Ursachen und Genese von Unfällen und Havarien sowie zur Fehleranalyse. Von 1976 bis 1990 Studien zu Lateinamerika; während dieser Zeit 11 Jahre Tätigkeit als Mitarbeiter der Botschaften der DDR in Argentinien und Mexiko. Von 1991 bis 1993 Arbeiten zur Migrationsforschung im Rahmen des Vereins zum Studium der Sozialstruktur und des Sozialraumes Berlin.

Dr. phil. Dr. Ing. Bernd Hunger, geboren 1953 in Apolda. Wichtige Arbeitsetappen: Hochschule für Architektur und Bauwesen Weimar, Lehrstuhl Stadtsoziologie: sozialorientierte Innenstadterneuerung und Stadtentwicklung; Planungsstudien für mehrere ostdeutsche Städte; Institut für Städtebau und Architektur der Bauakademie der DDR: Stadtentwicklung und Wohnmilieus in Innenstädten und randstädtischen Neubauwohngebieten; Bundesforschungsanstalt für Landeskunde und Raumordnung: städtebauliche Weiterentwicklung großer ostdeutscher Neubaugebiete; Tätgkeit als freier Stadtplaner, Inhaber eines Büros für Stadtplanung und Stadtforschung. Veröffentlichungen u.a.: Städtebauprognose DDR. Arbeitshefte des Instituts für Stadt- und Regionalplanung der TU Berlin 42, Ber-

Die Autoren des Bandes

lin 1990; Stadtverfall und Stadtentwicklung – Stand und Vorschläge. In: Peter Marcuse/Fred Staufenbiel, Wohnen und Stadtpolitik im Umbruch, Berlin 1991.

Dr. paed. Sabine Huth, geboren 1948. Studium der Berufspädagogik an der Technischen Universität Dresden. Promotion 1975. Forschungsarbeit am Institut für Soziologie und Sozialpolitik der Akademie der Wissenschaften der DDR zu sozialen Folgen der technischen Entwicklung. Ab 1992 Forschungsförderung im Rahmen des Wissenschaftler-Integrationsprogramms; Arbeiten zum Thema soziale Ungleichheit und Geschlechterverhältnis im Transformationsprozeß. Wissenschaftliche Mitarbeiterin an der Universität Potsdam seit 1994.

Dr. agr. habil. Eckhard Kienast, 1938 in Liegnitz geboren. Studium der Agrarwissenschaften (Spezialisierung Agrarökonomie) von 1956–1961 an der Humboldt-Universität zu Berlin. Seit 1969 im Bereich der Erziehungs- und Sozialwissenschaften auf nationaler und internationaler Ebene tätig (UNESCO, Konsultant Dritte-Welt-Staaten). Seit 1991 Arbeiten zum Transformationsprozeß in Ostdeutschland. Themen: Bildung, interkulturelle Erziehung, Arbeitsmarktprobleme, Arbeitsmigration.

Prof. Dr. sc. phil. Albrecht Kretzschmar, geboren 1937. Studium der Philosophie und Soziologie in Jena, Leipzig und Leningrad; Promotion 1969 (Leningrad), Habilitation 1982 (Berlin). Seit 1970 wissenschaftlicher Mitarbeiter, Dozent und Professor (1985) am Institut für Soziologie der Akademie für Gesellschaftswissenschaften in Berlin. Seit 1990 wissenschaftlicher Mitarbeiter am Berliner Institut für Sozialwissenschaftliche Studien (BISS e.V.). Arbeitsschwerpunkt: Sozialer Wandel in den neuen Bundesländern.

Prof. Dr. Helga Marburger, geboren 1952, Professorin für Erziehungswissenschaft an der Technischen Universität Berlin (Schwerpunkt Interkulturelle Erziehung). Veröffentlichungen u.a.: Schulische Sexualerziehung bei türkischen Migrantenkindern, Frankfurt a.M. 1987; BRD/DDR. Alte und neue Rassismen im Zuge der deutsch-deutschen Einigung (Mithrsg.) Frankfurt a.M. 1990; Schule in der multikulturellen Gesellschaft – Ziele, Aufgaben und Wege Interkultureller Erziehung (Hrsg.), Frankfurt a.M. 1991; „Und wir haben unseren Beitrag zur Volkswirtschaft geleistet" – Eine aktuelle Bestandsaufnahme der Situation der Vertragsarbeitnehmer der ehemaligen DDR vor und nach der Wende (Hrsg.), Frankfurt a.M. 1993.

Dr. phil. Gudrun Prengel, 1942 in Schweidnitz geboren. Studium der Nordistik und Germanistik in Greifswald (Diplom). Von 1969 bis 1978 wissenschaftliche Mitarbeiterin an der Humboldt-Universität zu Berlin im Bereich Grundlagenstudium. Von 1979 bis 1991 wissenschaftliche Mitarbeiterin am Institut für Soziologie und Sozialpolitik der Akademie der Wissenschaften der DDR. Arbeitschwerpunkte: kommunale Sozialanalysen, Studien zu Sanierungsproblemen; Aktionsforschung, Politikforschung. Promotion 1991 zum Thema Regulierung des Arbeitskräftemarktes in Schweden. Ab 1994 wissenschaftliche Mitarbeiterin im Fachbereich Sozialwissenschaften/Lehrstuhl Verwaltungswissenschaft an der Humboldt-Universität zu Berlin (im Rahmen des Wissenschaftler-Integrationsprogramms).

Dr. phil. Ursula Schröter, 1941 in Leipzig geboren. Mathematikstudium von 1961 bis 1966. Aspirantur an der Akademie für Gesellschaftswissenschaften Berlin von 1976 bis 1980, danach bis 1990 wissenschaftliche Mitarbeiterin an dieser Akademie, tätig vorwiegend im Bereich Methodik/Rechentechnik. Seit 1990 am Institut für Sozialdatenanalyse e.V. Berlin. Arbeitsschwerpunkt: Frauenprobleme in der Zeit der Wende. Veröffentlichungen u.a.: Momente des Umbruchs (Hrsg. D. Wittich), Berlin 1994.

Dipl. phil. Kerstin Schweigel, geboren 1964, wissenschaftliche Mitarbeiterin an der Universität Potsdam. Studium der Philosophie an der Lomonossow-Universität Moskau, anschließend wissenschaftliche Mitarbeiterin am Institut für Soziologie und Sozialpolitik der Akademie der Wissenschaften der DDR. Arbeitsschwerpunkt: Sozialstruktur- und Milieuforschung. Publikationen auf diesem Gebiet.

Dr. Astrid Segert, geboren 1955, wissenschaftliche Mitarbeiterin an der Universität Potsdam. Studium der Philosophie an der Humboldt-Universität zu Berlin. Promotion 1983. Wissenschaftliche Mitarbeiterin am Institut für Soziologie und Sozialpolitik der Akademie der Wissenschaften der DDR. Arbeitsschwerpunkt: Sozialstuktur- und Milieuforschung; Publikationen auf diesem Gebiet.

Dr. sc. phil. Klaus-Peter Schwitzer, geboren 1946. Studium der Philosophie und Soziologie an der Humboldt-Universität zu Berlin. Von 1982 bis Ende 1991 wissenschaftlicher Mitarbeiter bzw. Forschungsgruppenleiter am Institut für Soziologie und Sozialpolitik der Akademie der Wissenschaften der DDR, danach wissenschaftliche Tätigkeit im Rahmen des Wissenschaftler-Integrationsprogramms. Seit 1994 wissenschaftlicher Mitarbeiter am Institut für Soziologie der Humboldt-Universität zu Berlin. Arbeitsschwerpunkte: Sozialpolitik; Soziale Gerontologie, Lebenslagen und Lebensweisen älterer Menschen. Veröffentlichungen u.a.: Lexikon der Sozialpolitik (Mitautor), Berlin 1987; Sozialreport 90, Berlin/Bonn 1990; Aiding and Aging, New York /Westport/London 1990; Altenreport '92 (Mithrsg. und Mitautor); Zur sozialen Lage und Lebensweise älterer Menschen in den neuen Bundesländern, Berlin 1993.

Die Autoren des Bandes

Dr. phil. Petra Wolf-Valerius, geboren 1956. Soziologiestudium 1975 bis 1980 am Institut für Soziologie der Humboldt-Universität zu Berlin, danach wissenschaftliche Assistentin. 1984 Promotion. Von 1984 bis 1990 wissenschaftliche Mitarbeiterin am Institut für Soziologie der Akademie für Gesellschaftswissenschaften Berlin. 1990 bis 1991 tätig am Berliner Institut für Sozialwissenschaftliche Studien (BISS e.V.). Von 1991 bis 1993 wissenschaftliche Tätigkeit im Bildungsforum für sozioökonomischen und -kulturellen Wandel e.V.; gegenwärtig tätig am Berliner Institut für Sozialwissenschaftliche Studien (BISS e.V.).

Dr. sc. Irene Zierke, geboren 1952, wissenschaftliche Mitarbeiterin an der Universität Potsdam. Studium der Kulturwissenschaft an der Humboldt-Universität zu Berlin. Promotion 1979. Wissenschaftliche Mitarbeiterin am Institut für Soziologie und Sozialpolitik der Akademie der Wissenschaften der DDR. Habilitation 1989. Arbeitsschwerpunkt: Sozialstruktur- und Milieuforschung. Publikationen auf diesem Gebiet.

Namenverzeichnis

Adamek, S. 263, 270
Adamy, W. 163
Adler, F. 84, 113
Altena, H. 150

Bach, H.-U. 363
Backes, G. 330
Badura, B. 308
Barnewitz, F. 217, 218, 219
Beauvoir, S. de 142
Becker, H. 236
Becker, U. 194, 200
Beckers, P. 357
Becker-Schmidt, R. 183
Bedau, K.-D. 74, 81, 82, 93, 94
Belitz-Demiriz, H. 7
Belwe, K. 298
Bender, St. 72
Benken, I. 103
Berger, H. 72, 74, 78, 89, 97, 102, 105, 106, 109, 110, 111, 115
Bertram, H. 75, 84, 85, 130
Blaschke, D. 98
Bodenschatz, H. 236
Böltken, F. 39
Bohlmann, J. 361
Bourdieu, P. 191
Bräutigam, G. 57
Brandis, F. 263
Braukmann, W. 324
Braun, M. 103, 130
Brenske, P. 7
Brock, D. 198
Büschges, G. 90, 96, 97
Buhr, P. 159, 183

Dathe, D. IX, 71, 381
Dehlinger, E. 320
Dieck, M. 312, 321, 330

Dietrich, H. 85
Döhring, S. 361
Dölling, I. 145, 160
Dörner, K. 309

Engler, W. 335
Elias, N. 335
Ernst, J. 313
Erpenbeck, J. 116, 129

Faber, Ch. 159, 183
Ferchland, R. 152
Fischer, J. 228
Freitag, K. 44
Frick, J. 80, 96, 108, 160
Friedrich, W. 103, 119, 120, 121
Fritsche, B. 381
Frühwirth, B. 146
Fuchs, Th. IX, 235, 237

Gaus, G. 197
Gehrmann, M. 103
Geißler, R. 83, 98, 113, 155, 195
Geissler, B. 162
Gensicke, Th. IX, 101, 102, 103, 116, 120, 122, 124, 125, 126, 131, 132, 133, 134, 381
Genz, M. X, 307, 310, 312, 314, 315, 320, 322, 324, 381
Gerhard, U. 159, 185
Geulen, D. 312
Glaeßner, G.-J. 117
Glatzer, W. 102, 183
Göschel, A. 121, 126, 127, 128
Grabher, G. 97, 98
Greiffenhagen, M. 103
Greiffenhagen, S. 103
Griese, H. 103, 121
Groen, J. 320

Großmann, H. IX, 159, 161, 162, 163, 181, 382
Groth, G. 310
Grundmann, S. VIII, 3, 12, 13, 14, 16, 17, 20, 23, 40, 44, 63, 66, 382
Grunert, R. 76, 77, 79
Günther, B. 268

Habermas, J. 387
Haecker, G. 183
Hanesch, W. 78, 90, 91, 92, 93, 95, 96
Hanf, Th. 201
Hansch, W. VIII, 47, 59, 66, 382
Harvey, D. 239
Hasenstab, R. 243
Hauptmann, Ch. 167, 174
Hauser, R. 74, 75, 76, 80, 88, 89, 90, 93, 96, 152
Hegedüs, A. 346
Heide, B. 264
Helbing, H. 235
Henning, W. 103
Henninges, H. 98
Herbert, W. 120, 122
Herrmann, Th. 203
Heyden, H. 260, 261
Heym, St. 297
Hinrichs, W. 102, 105, 106, 109, 110, 111, 115
Hofemann, K. 163
Hofmann, M. 194, 195
Hofrichter, J. 71
Holst, E. 179
Hradil, St. 104, 113, 177, 312, 366
Hübinger, W. 183
Hunger, B. IX, 209, 382
Hurrelmann, K. 312
Huster, U. 146
Huth, S. IX, 159, 161, 162, 163, 163, 181, 383

Ipsen, D. IX, 235, 236, 237

Jaufmann, D. 161
Jensch, R. 294
Jung, H. 122
Jung-Hammon, Th. 363

Karl, F. 332
Kempe, M. 199
Kern, H. 197
Kienast, E. X, 257, 383
Kind, G. 98
Kiwitz, H. 335
Klages, H. 113, 116, 120, 122, 123, 381
Klenner, C. 146
Kleinhenz, G. 89
Koch, A. 114
Koch, Th. 115, 116
Köhler, A. 103, 118
Köppe, I. 205
Kohli, M. 335
Krause, P. 92
Kreckel, R. 145, 155
Kretzschmar, A. X, 84, 361, 383
Krügel, G. 267
Kruse, L. 333
Kube, K.-D. 310, 312, 320
Kulawik, Th. 183
Kunze, F. 265
Kurz-Scherf, I. 142

Landua, D. 72, 86, 195
Lehr, U. 315, 333, 334, 406
Lentz, C. 331
Lepsius, R. 333
Lötsch, I. 63
Lötsch, M. 344
Ludwig, M. 183
Luhmann, N. 111
Lutz, F.Ph. 103, 121

Maier, F. 162
Marburger, H. X, 257, 383
Marcuse, P. 214, 383
Marek, L. 258
Martens, H. 196
Mead, M. 317
Meck, S. 7
Meier, U. 145, 166, 167
Meisner, N. 60
Menning, S. 44
Mertens, L. 294
Meuschel, S. 117
Meyer, W. 72
Michel, M. 313

Namenverzeichnis

Miethe, H. 192
Möller, C. 146
Mühlberg, D. 194
Mühler, K. 155
Müller, H. 334
Müller, K. 78, 80, 82, 89, 90, 92
Müller-Hartmann, I. 84, 85
Münz, R. 44

Naegele, G. 312, 321, 330
Nickel, H.-M. 162
Niethammer, L. 196, 197
Niemann, H. 102, 114, 117, 119
Noelle-Neumann, E. 103, 122
Noll, H.-H. 102, 103
Nordlohe, E. 312
Notz, G. 142
Nowossadeck, E. 44

Offermann, V. 146
Olk, Th. 318
Ortmann, K. 320
Ott, N. 184
Otto, M. 363

Piore, M. J. 237
Pfaff, A. 161
Plog, U. 309
Pollack, D. 118, 119
Prengel, G. X, 329, 332, 335, 337, 383
Priller, E. 102, 105, 106, 109, 110, 111, 115
Pura, L. 263

Raddatz, F.J. 297
Rempel, K. 235
Riedel, St. 313
Riedmüller, B. 159, 183, 184
Rönsch, H. 354
Rollert, O. 244
Roloff, J. 161
Rosenberg, D. 145
Rosenmayr, L. 310, 317
Rudolph, C. 228
Rudolph, H. 192
Rüddenklau, W. 202
Ruppelt, W. 364

Sabel, Ch. F. 237

Schäuble, W. 4
Schelsky, H. 333
Schied, A. 44
Schlegel, U. 147
Schmidt, I. 7, 382
Schmidtke, H. 163, 278, 330, 332, 335
Schorlemmer, F. 144
Schröter, U. 141, 143, 146, 148, 152, 384
Schuldt, K. 143
Schulz zur Wiesch, J. 236
Schupp, J. 72
Schuster, F. 103
Schuster, M. 161, 167, 171
Schwarze, J. 72, 79, 82
Schweigel, K. 189, 204, 384
Schwitzer, K.-P. X, 277, 278, 281, 294, 304, 311, 313, 315, 330, 334, 343, 345, 356, 384
Segert, A. 189, 199, 384
Siegrist, J. 308
Stahlhofen, M. 310
Stange, C. 142
Staritz, D. 117
Staufenbiel, F. 215, 383
Steinhöfel, M. 108
Steinkamp, G. 312
Strenge, B. 361
Stresow, F. 194
Szedlik, M. 197
Szydlik, M. 83, 84

Tembrock, G. 308
Tews, H.-P. 313, 317
Thomae 333
Timmermann, H. 102
Tügel, A. 161, 167, 171

Ueltzhoffer, J. 200
Ullrich, R. 149
Ulrich, R. 44

Vester, M. 71, 73, 98
Voigt, D. 294

Wagner, G. 72
Wahse, J. 192
Waltz, M. 308
Weber, H. 117

Weidacher, A. 75, 83, 84, 88, 95
Weidenfeld, W. 103, 121
Wenzel, R. 160
Winkler, G. 107, 143, 278, 311, 313, 343, 345, 356
Wintergerst-Gaasch, I. 90, 96, 97
Wittich, D. 384
Woderich, R. 115, 116
Wolf-Valerius, P. X, 361, 385

Zapf, K. 236
Zapf, W. 102, 116
Ziegler, K. 194
Zierke, I. 189, 385
Zinnecker, J. 103